石油石化职业技能等级认定复习指导书

汽车维修电工

中国石油大庆职业技能鉴定中心 编

中国石油大学出版社
CHINA UNIVERSITY OF PETROLEUM PRESS
山东·青岛

图书在版编目(CIP)数据

汽车维修电工 / 中国石油大庆职业技能鉴定中心编
. --青岛 : 中国石油大学出版社, 2024.3
石油石化职业技能等级认定复习指导书
ISBN 978-7-5636-8091-7

Ⅰ. ①汽… Ⅱ. ①中… Ⅲ. ①汽车—电工—维修—职业技能—鉴定—自学参考资料 Ⅳ. ①U463.6

中国国家版本馆 CIP 数据核字(2024)第 041758 号

丛 书 名: 石油石化职业技能等级认定复习指导书
书 名: 汽车维修电工
编 者: 中国石油大庆职业技能鉴定中心

责任编辑: 韩 斌(电话 0532-86983560)
责任校对: 陈丽雯(电话 0532-86983559)
封面设计: 孙晓娟(电话 0532-86981529)

出 版 者: 中国石油大学出版社
(地址: 山东省青岛市黄岛区长江西路 66 号 邮编: 266580)
网 址: http://cbs.upc.edu.cn
电子邮箱: zyepeixun@126.com
排 版 者: 青岛天舒常青文化传媒有限公司
印 刷 者: 泰安市成辉印刷有限公司
发 行 者: 中国石油大学出版社(电话 0532-86983560, 86983440)
开 本: 787 mm×1 092 mm 1/16
印 张: 31.5
字 数: 782 千字
版 印 次: 2024 年 3 月第 1 版 2024 年 3 月第 1 次印刷
书 号: ISBN 978-7-5636-8091-7
定 价: 95.00 元

《石油石化职业技能等级认定复习指导书》

编委会

前言

为了进一步适应油田企业发展的需要，提高油田企业员工队伍素质，满足员工认定、培训、学习的需要，中国石油大庆职业技能鉴定中心组织专家编写了本套《石油石化职业技能等级认定复习指导书》（以下简称《复习指导书》）。

《复习指导书》的编写紧紧围绕职业技能等级标准和认定题库，本着"标准和题库要求掌握什么，《复习指导书》就讲什么"的原则，内容涵盖了理论知识和操作技能的所有认定点，做到了《复习指导书》与标准、题库相统一。《汽车维修电工》复习指导书分为八个部分，内容包括初级工、中级工、高级工、技师的理论知识试题与操作技能试题。此外，为了提高学习效率，检验学习成果，《复习指导书》还为读者免费提供了学习增值服务，读者通过移动终端注册登录后即可进行在线练习。本套《复习指导书》既可用于职业技能等级认定前培训，又可用于员工岗位技术培训和自学提高。

《汽车维修电工》复习指导书由通勤服务公司培训公司符江利任主编，由第一采油厂张有兴任副主编，参加编写的人员有装备制造集团石油专用设备公司撬装分厂缪开娟、钻探工程公司运输一公司高培杰，参加审定的人员有第二采油厂赵海涛、第九采油厂罗贤银。在此表示衷心感谢。

由于编者水平有限，书中难免存在错误、疏漏之处，恳请广大读者提出宝贵意见。

编　者

2024 年 2 月

目录 Contents

第一部分　初级工理论知识试题

第二部分　初级工操作技能试题

第三部分　中级工理论知识试题

第四部分　中级工操作技能试题

第五部分　高级工理论知识试题

第六部分　高级工操作技能试题

第七部分　技师理论知识试题

第八部分　技师操作技能试题

附　　录

第一部分

初级工理论知识试题

认定要素细目表

行为领域	代码	认定范围（重要程度比例）	认定比重	代码	认定点	重要程度	备注
基础知识 A 30%（46:10:03）	A	电工基础知识（15:04:01）	10%	001	电路的组成	X	上岗要求
				002	电流的方向	X	上岗要求
				003	电流的单位	X	上岗要求
				004	电压的单位	X	上岗要求
				005	电动势与电压降的关系	Z	上岗要求
				006	电阻的基本概念	Y	上岗要求
				007	电阻的单位	X	上岗要求
				008	绝缘体的概念	X	上岗要求
				009	半导体的概念	X	上岗要求
				010	电阻的串联电路	X	上岗要求
				011	电阻的并联电路	X	上岗要求
				012	串联电路的特点	X	上岗要求
				013	并联电路的特点	X	上岗要求
				014	电功的概念	X	上岗要求
				015	电功率的概念	X	上岗要求
				016	电流的热效应	X	上岗要求
				017	电气设备的额定值	X	上岗要求
				018	电路的状态	Y	上岗要求
				019	电容器的概念	Y	上岗要求
				020	电容器的串联与并联	Y	上岗要求
	B	常用工、用、量具知识（12:02:01）	8%	001	螺丝刀的规格	X	上岗要求
				002	螺丝刀的种类	X	上岗要求
				003	螺丝刀的使用要求	X	上岗要求
				004	扳手的种类	X	上岗要求
				005	活动扳手的规格	X	上岗要求
				006	活动扳手的使用要求	X	上岗要求
				007	手钳的种类	X	上岗要求

续表

行为领域	代码	认定范围（重要程度比例）	认定比重	代码	认定点	重要程度	备注
基础知识 A 30%（46:10:03）	B	常用工、用、量具知识（12:02:01）	8%	008	管钳的种类	Y	上岗要求
				009	管钳的使用要求	X	上岗要求
				010	钢锯的组成	X	上岗要求
				011	钢锯的使用要求	X	上岗要求
				012	錾子的种类	Z	上岗要求
				013	锉刀的使用要求	X	上岗要求
				014	锉刀的种类	Y	上岗要求
				015	钢卷尺的使用方法	X	上岗要求
	C	汽车构造基础知识（19:04:01）	12%	001	汽车的组成	X	上岗要求
				002	发动机的组成	X	上岗要求
				003	曲柄连杆机构的组成	X	上岗要求
				004	活塞连杆组的作用	Y	上岗要求
				005	配气机构的组成	X	上岗要求
				006	凸轮轴的组成	X	上岗要求
				007	凸轮轴的传动方式	X	上岗要求
				008	曲轴的组成	X	上岗要求
				009	飞轮的作用	X	上岗要求
				010	汽车的类型	X	上岗要求
				011	车辆识别代号	X	上岗要求
				012	汽车运行的受力分析方法	X	上岗要求
				013	发动机的分类	X	上岗要求
				014	发动机型号的编制规则	X	上岗要求
				015	冷却系的结构	X	上岗要求
				016	润滑系的结构	X	上岗要求
				017	传动系的基本构造	X	上岗要求
				018	变速器的结构和原理	Y	上岗要求
				019	万向传动装置的构造	Y	上岗要求
				020	驱动桥的构造	Y	上岗要求
				021	行驶系的作用及组成	X	上岗要求
				022	车架的结构及作用	X	上岗要求
				023	车桥的作用	Z	上岗要求
				024	转向轮定位的概念	X	上岗要求

续表

行为领域	代码	认定范围（重要程度比例）	认定比重	代码	认定点	重要程度	备注
专业知识 B 70%（113:22:07）	A	测量电子元件（15:03:01）	9%	001	电工仪表的分类	Y	上岗要求
				002	电工仪表的准确度等级	Z	上岗要求
				003	数字式万用表的特点	Y	上岗要求
				004	数字式万用表的工作原理	X	上岗要求
				005	数字式万用表的使用要求	X	上岗要求
				006	电流表的使用要求	X	上岗要求
				007	电压表的使用要求	X	上岗要求
				008	功率表的使用要求	X	上岗要求
				009	电能表的作用	Y	上岗要求
				010	钳形表的使用要求	X	上岗要求
				011	兆欧表的使用要求	X	上岗要求
				012	使用万用表测量直流电压的注意事项	X	上岗要求
				013	使用万用表测量直流电流的方法	X	上岗要求
				014	使用万用表测量电阻的量程选择要求	X	上岗要求
				015	使用万用表判断二极管极性的方法	X	上岗要求
				016	使用万用表判断二极管材质的方法	X	上岗要求
				017	使用万用表判断二极管性能的方法	X	上岗要求
				018	三极管的结构	X	上岗要求
				019	使用万用表测量三极管的方法	X	上岗要求
	B	测量发电机线圈（10:02:01）	6%	001	指针式万用表的组成	Z	上岗要求
				002	指针式万用表的工作原理	Y	上岗要求
				003	指针式万用表的使用方法	X	上岗要求
				004	示波器的使用要求	Y	上岗要求
				005	发电机滑环的结构	X	上岗要求
				006	发电机转子的组成	X	上岗要求
				007	发电机转子的作用	X	上岗要求
				008	发电机电刷的结构	X	上岗要求
				009	发电机定子的结构	X	上岗要求
				010	发电机定子的作用	X	上岗要求
				011	使用万用表不解体检测发电机的方法	X	上岗要求
				012	发电机解体后主要部件的检测方法	X	上岗要求
				013	发电机拆装的注意事项	X	上岗要求

续表

行为领域	代码	认定范围（重要程度比例）	认定比重	代码	认　定　点	重要程度	备注
专业知识B 70%（113:22:07）	C	维护、调整汽车电气元件（29:06:02）	18%	001	照明系的组成	X	上岗要求
				002	前照灯的作用	Y	上岗要求
				003	前照灯的类型	Y	上岗要求
				004	灯光的控制方法	X	上岗要求
				005	汽车大灯光束的调整方法	X	上岗要求
				006	电动刮水器的构造	X	上岗要求
				007	永磁式电动刮水器的构造	Z	上岗要求
				008	音响信号的作用	X	上岗要求
				009	双丝灯泡的作用	X	上岗要求
				010	电源总开关的分类	Y	上岗要求
				011	电动燃油泵的结构组成	Z	上岗要求
				012	电动燃油泵的维护要求	X	上岗要求
				013	怠速电机的作用及组成	X	
				014	怠速电机的分类	Y	
				015	怠速电机的工作原理	X	
				016	启动机电刷的作用	X	上岗要求
				017	启动机电刷的维护与调整方法	X	上岗要求
				018	蓄电池的组成	X	上岗要求
				019	汽车电源的电压	X	上岗要求
				020	汽车电源系的组成	X	上岗要求
				021	汽车发电机的作用	Y	上岗要求
				022	蓄电池的作用	X	上岗要求
				023	汽车电系的特点	X	上岗要求
				024	蓄电池极板的连接方法	X	上岗要求
				025	蓄电池极板的内容	X	上岗要求
				026	蓄电池隔板的内容	X	上岗要求
				027	浓硫酸的特性	X	上岗要求
				028	蓄电池的使用方法	X	上岗要求
				029	蓄电池的型号	X	上岗要求
				030	蓄电池充电的方法	X	上岗要求
				031	密度计的使用要求	X	上岗要求
				032	点火系的组成	X	上岗要求
				033	高压电路的组成	X	上岗要求

续表

行为领域	代码	认定范围（重要程度比例）	认定比重	代码	认定点	重要程度	备注
专业知识 B 70% (113:22:07)	C	维护、调整汽车电气元件 (29:06:02)	18%	034	低压电路的组成	X	上岗要求
				035	点火线圈的作用	X	上岗要求
				036	火花塞的作用	X	上岗要求
				037	火花塞的结构	Y	上岗要求
	D	更换汽车电气元件 (29:05:01)	18%	001	调节器的作用	X	上岗要求
				002	调节器的种类	X	上岗要求
				003	启动机的组成	X	上岗要求
				004	更换启动机电磁开关的技术要求	X	上岗要求
				005	更换启动机电刷的技术要求	X	上岗要求
				006	直流串励电动机的结构	X	上岗要求
				007	启动机传动机构的组成	X	上岗要求
				008	焊接前的处理工艺	X	上岗要求
				009	电烙铁功率的选择方法	X	上岗要求
				010	焊接的注意事项	X	上岗要求
				011	充电系导线的连接要求	X	上岗要求
				012	重复性保险装置的工作原理	Z	上岗要求
				013	一次性保险装置的分类	X	上岗要求
				014	锡焊焊剂的作用	X	上岗要求
				015	锡焊焊料的选用要求	X	上岗要求
				016	锡焊的特点	X	上岗要求
				017	焊料的成分	X	上岗要求
				018	常用焊料的特点	X	上岗要求
				019	焊剂的种类	X	上岗要求
				020	焊剂的选用要求	X	上岗要求
				021	清洗剂的选用要求	X	上岗要求
				022	润滑剂的种类	X	上岗要求
				023	常用润滑脂的种类	X	上岗要求
				024	胶黏剂的组成	X	上岗要求
				025	胶黏剂的种类	Y	上岗要求
				026	胶黏剂的使用要求	X	上岗要求
				027	汽车电气设备中绝缘材料的作用	X	上岗要求
				028	绝缘材料的分类	X	上岗要求
				029	绝缘材料的基本性能	X	上岗要求

续表

行为领域	代码	认定范围（重要程度比例）	认定比重	代码	认定点	重要程度	备注
专业知识B 70% (113:22:07)	D	更换汽车电气元件 (29:05:01)	18%	030	复合材料的性能	Y	上岗要求
				031	黏带的种类	Y	上岗要求
				032	绝缘漆的种类	X	上岗要求
				033	云母制品的功用	Y	上岗要求
				034	软磁材料的特性	Y	上岗要求
				035	硬磁材料的特性	X	上岗要求
	E	诊断汽车电路故障 (10:02:01)	7%	001	车速里程表的组成	Y	上岗要求
				002	信号系的组成	X	上岗要求
				003	燃油表的组成	Y	上岗要求
				004	信号灯具的组成	X	上岗要求
				005	电流表的作用	X	上岗要求
				006	闪光继电器的种类	Z	上岗要求
				007	汽车电气仪表的种类	X	上岗要求
				008	硅整流发电机的组成	X	上岗要求
				009	硅整流发电机的特点	X	上岗要求
				010	汽油表故障的判断方法	X	上岗要求
				011	水温表故障的诊断方法	X	上岗要求
				012	机油压力表故障的诊断方法	X	上岗要求
				013	不解体诊断硅整流发电机故障的方法	X	上岗要求
	F	检修汽车损坏部件 (20:04:01)	12%	001	汽车大修的内容	X	上岗要求
				002	汽车零件的维修方法	X	上岗要求
				003	汽车修理作业的要求	X	上岗要求
				004	送修车的装备条件	X	上岗要求
				005	零件的检验方法	X	上岗要求
				006	零件的分类	X	上岗要求
				007	送修车辆的检验要求	X	上岗要求
				008	点火开关的功用	X	上岗要求
				009	点火开关的接线要求	X	上岗要求
				010	点火顺序的规定	X	上岗要求
				011	汽车常用电工材料的种类	X	上岗要求
				012	导电材料的分类	Z	上岗要求
				013	漆包线的性能	Y	上岗要求
				014	漆包线的特点	Y	上岗要求

续表

行为领域	代码	认定范围（重要程度比例）	认定比重	代码	认定点	重要程度	备注
专业知识 B 70%（113:22:07）	F	检修汽车损坏部件（20:04:01）	12%	015	漆包线的种类	Y	上岗要求
				016	电磁导线的选用要求	X	上岗要求
				017	汽车低压导线的选用要求	X	上岗要求
				018	汽车高压导线的选用要求	X	上岗要求
				019	熔体材料的性能	Y	上岗要求
				020	电刷的选用要求	X	上岗要求
				021	电触头材料的性能	X	上岗要求
				022	热双金属片材料的性能	X	上岗要求
				023	电阻合金的性能	X	上岗要求
				024	电热材料的性能	X	上岗要求
				025	启动机常见故障的检修方法	X	上岗要求

注：X—核心要素；Y—一般要素；Z—辅助要素。

理论知识试题

一、单选题(每题有4个选项,其中只有1个是正确的,将正确的选项号填入括号内)

1. AA001　在电路的组成中,电源内部的一段电路称为内电路,而对电源来说,(　　)称为外电路。
A. 负载、导线　B. 负载、监测仪表　C. 导线、控制设备　D. 负载、导线、开关
2. AA001　在电路中必须有(　　)。
A. 电容　B. 电源　C. 电感　D. 灯泡
3. AA001　电路由(　　)组成。
A. 电压、导线、开关　B. 电源、导线、负载、开关
C. 导线、开关、灯泡　D. 灯泡、电容、电阻
4. AA001　电路就是导电的回路,它提供(　　)通过的路径。
A. 电流　B. 电压　C. 电源　D. 电动势
5. AA002　在内电路中,电流的方向是(　　)。
A. 由电源正极流向负极　B. 由电源负极流向正极
C. 由高电位点流向低电位点　D. 由电源负极流向低电位点
6. AA002　在外电路中,电流的方向是(　　)。
A. 电源正极→负载→电源负极　B. 电源负极→负载→电源正极
C. 电源内部正极→电源内部负极　D. 负载上从右到左
7. AA002　在金属导体中,电流的形成实际是(　　)移动而不是正电荷移动。
A. 电荷　B. 自由电子　C. 质子　D. 原子
8. AA002　电流是由(　　)形成的。
A. 电荷定向移动　B. 灯泡发出的光　C. 电炉发出的热　D. 机械运动
9. AA003　关于电流单位的换算,下列等式正确的是(　　)。
A. 1 A=10^3 mA　B. 1 A=10^{-3} mA　C. 1 A=10^{-6} μA　D. 1 μA=10^3 mA
10. AA003　电流的基本单位是(　　)。
A. 伏[特]　B. 欧[姆]　C. 安[培]　D. 楞次
11. AA003　电流的单位常用符号(　　)表示。
A. kV、mV　B. V、Ω　C. kA、A、mA、μA　D. kΩ
12. AA003　下列电流的单位中,大于安[培]的是(　　)。
A. μA　B. A　C. mA　D. kA
13. AA004　下列单位中,最大的电压单位是(　　)。
A. mV　B. kV　C. μV　D. V

14. AA004　电压的基本单位是(　　)。
A. 安[培]　B. 伏[特]　C. 楞次　D. 焦[耳]

15. AA004　电压也可称为(　　)。
A. 电感　B. 电容　C. 电位差　D. 电阻

16. AA004　电压基本单位的符号是(　　)。
A. V　B. A　C. Ω　D. W

17. AA005　在电路里,电动势通常理解为电压升,而(　　)通常理解为电压降。
A. 电阻　B. 电位　C. 电压　D. 电流

18. AA005　电流经过负载时,两端的电压叫作(　　)。
A. 电动势　B. 电位　C. 电压降　D. 电容

19. AA005　在一个回路中,部分电路电压降的数值(　　)总电动势的数值。
A. 小于　B. 等于　C. 大于　D. 大于等于

20. AA005　在一个回路中,电动势的代数和(　　)各电阻上电压降的代数和。
A. 大于　B. 小于　C. 无法判断　D. 等于

21. AA006　同一导体,当温度发生变化时,其(　　)也要发生变化。
A. 电感值　B. 电阻值　C. 阻抗值　D. 电流值

22. AA006　下列材料中,电阻率较大的是(　　)。
A. 铜　B. 铝　C. 铁　D. 橡胶

23. AA006　实验证明,相同形状、不同材质的导体电阻的数值不同。下列材料中,(　　)的电阻率较小。
A. 金属　B. 木材　C. 玻璃　D. 陶瓷

24. AA006　电子在导体中移动所遇到的阻力叫作(　　)。
A. 电流　B. 电压　C. 电阻　D. 电容

25. AA007　在电阻的单位中,(　　)是兆欧的符号。
A. Ω　B. kΩ　C. MΩ　D. μΩ

26. AA007　电阻的基本单位是(　　)。
A. 安[培]　B. 伏[特]　C. 欧[姆]　D. 法[拉]

27. AA007　电阻基本单位的符号是(　　)。
A. Ω　B. A　C. r　D. s

28. AA007　实际工作中常用的电阻单位的符号是(　　)。
A. MΩ、μΩ　B. Ω、kΩ、MΩ　C. Ω、μΩ　D. Ω、ks

29. AA008　常用的(　　)材料有层压制品、云母、塑料制品等。
A. 导体　B. 半导体　C. 绝缘体　D. N 型半导体

30. AA008　绝缘材料具有很好的绝缘性能和(　　)。
A. 吸热性能　B. 导热性能　C. 耐热性能　D. 散热性能

31. AA008　绝缘材料由于其电阻率大于(　　),所以一般认为是不导电的。
A. $10^7\ \Omega\cdot m$　B. $10^6\ \Omega\cdot m$　C. $10^5\ \Omega\cdot m$　D. $10^4\ \Omega\cdot m$

32. AA008　绝缘体的(　　)一般是指它在高温作用下,不改变其介电、机械、理化等性能的能力。
A. 耐拉性　B. 绝缘性　C. 耐压性　D. 耐热性

33. AA009　光线照射在某些半导体上时，它们表现出导体的性质，但在没有光照时，它们(　　)的性质。

A. 仍具有导体　　B. 就具有了绝缘体

C. 只具有半导体　　D. 具有了 N 型半导体

34. AA009　在(　　)中掺入微量杂质，其导电性能会成万倍增强。

A. 导体　　B. 绝缘体　　C. 气体　　D. 半导体

35. AA009　当有光线照射半导体时，其导电性能(　　)。

A. 增强　　B. 减弱　　C. 不变　　D. 为零

36. AA009　当半导体的表面温度升高时，其导电性能(　　)。

A. 减弱　　B. 不变　　C. 增强　　D. 为零

37. AA010　两个或两个以上电阻首尾相接的形式称为电阻的(　　)。

A. 并联　　B. 混联　　C. 单联　　D. 串联

38. AA010　电阻串联后总阻值等于各个电阻阻值(　　)。

A. 之差　　B. 之和　　C. 之积　　D. 之商

39. AA010　下列属于串联电路的是(　　)。

A. 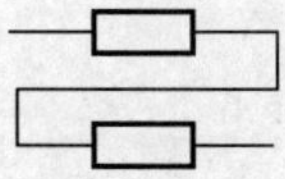　　B. 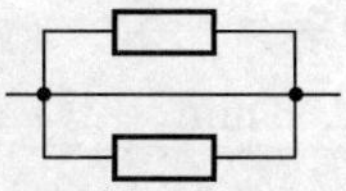　　C. 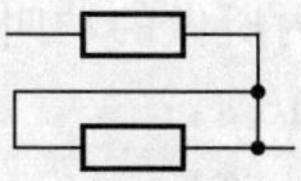　　D.

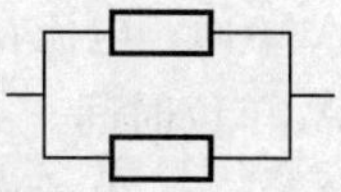

40. AA010　电路中串联入新电阻后，其总阻值(　　)。

A. 增大　　B. 减小

C. 不变　　D. 是各支路电阻的倒数之和

41. AA011　电阻并联后，(　　)等于各支路电阻的倒数之和。

A. 总电阻　　B. 总电阻的倒数　　C. 总电阻的相反数　　D. 各电阻之积

42. AA011　电阻首首相联、尾尾相联的形式称为电阻的(　　)。

A. 串联　　B. 混联　　C. 并联　　D. 单联

43. AA011　电路中并联入新电阻后，其总阻值(　　)。

A. 减小　　B. 增加　　C. 不变　　D. 为零

44. AA011　下列属于并联电路的是(　　)。

A. 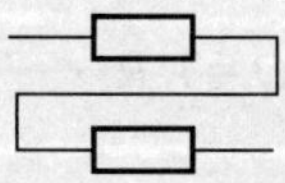　　B. 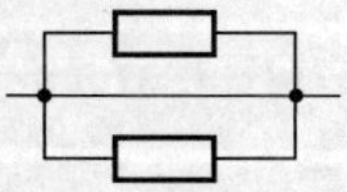　　C. 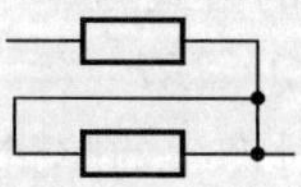　　D.

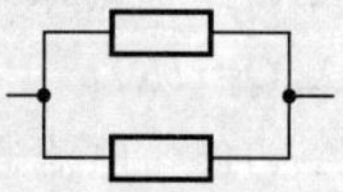

45. AA012　串联电路又叫(　　)电路。

A. 分流　　B. 分压　　C. 分阻　　D. 分配

46. AA012　在闭合电路中，电流处处相等的是(　　)电路。

A. 并联　　B. 混联　　C. 串联　　D. 星接

47. AA012　在闭合电路中，总电压等于各电压降之和的是(　　)电路。

A. 串联　　B. 并联　　C. 混联　　D. 星接

48. AA012　在串联电路中，某段电路电压降大，说明该段电路(　　)。

A. 阻值小　　B. 阻值大　　C. 阻值为零　　D. 阻值是变化的

49. AA013　并联电路的总电流等于各分支电路电流(　　)。

A. 之和　　B. 倒数之和　　C. 之积　　D. 之差

50. AA013　并联电路的特点是各个负载(　　)相等。
A. 电流　B. 电阻　C. 电动势　D. 端电压

51. AA013　在并联电路中,负载增多,总电流(　　)。
A. 减小　B. 不变　C. 等于零　D. 增大

52. AA013　在并联电路中,(　　)。
A. 各支路两端电压相等　B. 各支路电流一定相等
C. 总电流等于各支路电流之差　D. 总电压等于各支路电压之和

53. AA014　在用电负载两端加上电压,负载内就建立了(　　)。
A. 电场　B. 磁场　C. 声场　D. 阻抗

54. AA014　在电路中,电场力推动(　　)定向移动要做功。
A. 电子　B. 自由电子　C. 自由离子　D. 离子

55. AA014　电功的常用单位是(　　)。
A. 焦[耳]　B. 千瓦　C. 千瓦·时　D. 毫瓦·时

56. AA014　电场力所做的功常常说成(　　),简称电功。
A. 电子做的功　B. 原子做的功　C. 电压做的功　D. 电流做的功

57. AA015　电流在(　　)内所做的功叫作电功率。
A. 单位时间　B. 10 s　C. 1 min　D. 1 h

58. AA015　电功率简称(　　)。
A. 电功　B. 功率　C. 度　D. 功

59. AA015　电功率的单位是(　　)。
A. 焦[耳]　B. 法[拉]　C. 瓦[特]　D. 安[培]

60. AA015　电功率用字母(　　)表示。
A. J　B. W　C. kW　D. P

61. AA016　电流通过导体时会(　　),这种现场叫作电流的热效应。
A. 产生热量　B. 产生磁场　C. 产生磁力　D. 产生电磁感应

62. AA016　电流的热效应是电能转换为(　　)的效能。
A. 风能　B. 热能　C. 机械能　D. 动能

63. AA016　焦耳-楞次定律的公式为(　　)。
A. $Q=IR/t$　B. $Q=IRt$　C. $Q=I^2Rt$　D. $Q=I^2R/t$

64. AA016　电流通过导体时产生的热量(　　)。
A. 与电压成反比　B. 与导体的电阻成反比
C. 与通电时间成反比　D. 与电流的二次方成正比

65. AA017　各生产厂家对其生产的电气设备都规定了连续工作时允许通过的(　　),这个电流称为额定电流。
A. 最大电流　B. 最小电流　C. 工作电流　D. 平均电流

66. AA017　额定电流用字母(　　)表示。
A. I_E　B. I_N　C. I_e　D. I_n

67. AA017　为了保证绝缘材料的绝缘性能,电气设备生产厂家规定了其产品的(　　),称为额定电压。
A. 最大电压　B. 最小电压　C. 工作电压　D. 平均电压

68. AA017　对电阻型负载而言，电气设备的额定电流和额定电压（　　）就是它的额定功率。

A. 之和　B. 之差　C. 之商　D. 之积

69. AA018　电路中的开关闭合，负载中有电流通过，这时的电路处于（　　）状态。

A. 通路　B. 断路　C. 短路　D. 搭铁

70. AA018　电源两端或电路中某处断开，电路中没有电流通过，这时的电路处于（　　）状态。

A. 通路　B. 断路　C. 短路　D. 轻载

71. AA018　电源未经负载而直接由导体接通构成闭合回路，这时的电路处于（　　）状态。

A. 通路　B. 断路　C. 短路　D. 过载

72. AA018　断路可以分为（　　）两类。

A. 故障性断路和空载性断路　B. 控制性断路和过载性断路

C. 过载性断路和故障性断路　D. 控制性断路和故障性断路

73. AA019　用绝缘物质隔开的两个导体的组合构成了一个（　　）。

A. 电容器　B. 电容量　C. 电阻　D. 容量

74. AA019　能储存电荷的元件称为（　　）。

A. 电阻　B. 电位器　C. 电容器　D. 电刷

75. AA019　电容的常用单位是（　　）。

A. 微法　B. 毫法　C. 千法　D. 兆法

76. AA019　电容的基本单位是（　　）。

A. 亨[利]　B. 法[拉]　C. 瓦[特]　D. 厘米

77. AA020　电容器并联时，每只电容器的（　　）相等。

A. 端电压　B. 电流　C. 电阻　D. 电容量

78. AA020　在某些电路中，如果需要较大的电容器，可以将较小的几个电容器（　　）使用。

A. 并联　B. 串联　C. 混联　D. 星接

79. AA020　在电路修理中，为了判断电容器是否短路，常将好的电容器（　　）在该电路中。

A. 串接　B. 并接　C. 角接　D. 混接

80. AA020　在电压较高的电路中，如果电容器的耐压能力不够，可采取（　　）方法接在电路中。

A. 并联　B. 混联　C. 星接　D. 串联

81. AB001　螺丝刀的规格按长度分为 50 mm、100 mm、150 mm、200 mm 和（　　）等数种。

A. 275 mm　B. 280 mm　C. 300 mm　D. 375 mm

82. AB001　下列不属于汽车维修电工常用螺丝刀规格的是（　　）。

A. 75 mm　B. 100 mm　C. 150 mm　D. 450 mm

83. AB001　下列属于汽车维修电工常用螺丝刀规格的是（　　）。

A. 75 mm、100 mm　B. 200 mm、300 mm

C. 150 mm、200 mm　D. 100 mm、250 mm

84. AB001　螺丝刀的旋杆长度有（　　）等多种。

A. 50～350 mm　B. 50～300 mm　C. 50～250 mm　D. 50～200 mm

85. AB002　冲击螺丝刀是常用的电工拆装工具，其内有可调整(　　)的转向机构。

A. 正　B. 反　C. 正、反　D. 频率

86. AB002　便于携带、可改变头部形状的螺丝刀是(　　)。

A. 平口螺丝刀　B. 十字螺丝刀　C. 木柄螺丝刀　D. 多用螺丝刀

87. AB002　汽车修理过程中不常用的螺丝刀是(　　)。

A. 平口螺丝刀　B. 电动螺丝刀　C. 十字螺丝刀　D. 通柄螺丝刀

88. AB002　常用手锤敲打的螺丝刀是(　　)。

A. 塑料螺丝刀　B. 微型螺丝刀　C. 通柄螺丝刀　D. 电动螺丝刀

89. AB003　小螺钉旋具一般用来紧固电气装置界限桩头上的小螺钉，使用时可用手指顶住旋具的(　　)。

A. 末端用力旋转　B. 中部捻旋　C. 末端捻旋　D. 中部用力旋转

90. AB003　旋具的(　　)应与螺钉尾部槽形相配合，斜度不宜太大，不应该有倒角，否则容易打滑。

A. 头部厚度　B. 头部硬度　C. 头部长度　D. 尾部厚度

91. AB003　大螺钉旋具一般用来紧固较大的螺钉，使用时，除大拇指、(　　)要夹住握柄外，手掌还要顶住柄的末端。

A. 小指　B. 食指和中指　C. 中指和小指　D. 食指和小指

92. AB003　应根据旋紧或松开的螺钉头部的槽宽和(　　)选用适当的螺丝刀。

A. 槽长　B. 槽的硬度　C. 槽深　D. 槽形

93. AB004　同一工具可以拆装不同规格螺母的是(　　)。

A. 开口扳手　B. 梅花扳手　C. 专用扳手　D. 活动扳手

94. AB004　汽车电路的修理中不常用的扳手是(　　)。

A. 链条扳手　B. 开口扳手　C. 梅花扳手　D. 活动扳手

95. AB004　发动机修理中利用率和工作效率较高的扳手是(　　)。

A. 活动扳手　B. 套筒扳手　C. 开口扳手　D. 链条扳手

96. AB004　可以直观控制扭矩的扳手是(　　)。

A. 开口扳手　B. 梅花扳手　C. 套筒扳手　D. 扭力扳手

97. AB005　200 mm 活动扳手能拆装的最大螺母直径是(　　)。

A. 8 mm　B. 16 mm　C. 24 mm　D. 32 mm

98. AB005　汽车维修电工常用活动扳手的规格是(　　)。

A. 50 mm、100 mm　B. 75 mm、300 mm　C. 150 mm、200 mm　D. 300 mm、500 mm

99. AB005　汽车维修电工不常用活动扳手的规格是(　　)。

A. 300 mm　B. 250 mm　C. 200 mm　D. 150 mm

100. AB005　使用(　　)时，开口大小必须调节到与六角头两边贴紧。

A. 活动扳手　B. 开口扳手　C. 梅花扳手　D. 套筒扳手

101. AB006　使用活动扳手扳动时，拉力方向要与扳手的手柄成(　　)。

A. 锐角　B. 夹角　C. 直角　D. 钝角

102. AB006　扳动生锈的螺母时，可在螺母上滴几滴煤油或(　　)。

A. 柴油　B. 汽油　C. 机油　D. 黄油

103. AB006　活动扳手使用时活动扳口要(　　)。

A. 朝后　B. 朝前　C. 朝上　D. 朝下

104. AB006　在使用活动扳手扳动大螺母时，必须使用比较大的力矩，且手最好握在靠近(　　)的地方。

A. 柄上部　B. 柄下部　C. 柄中部　D. 柄尾部

105. AB007　在工作中，用来剥线皮的钳子是(　　)。

A. 扁嘴钳　B. 剥线钳　C. 弹簧钳　D. 大力钳

106. AB007　用于剪切导线的钳子是(　　)。

A. 克丝钳　B. 扁嘴钳　C. 弹簧钳　D. 大力钳

107. AB007　汽车维修电工在实际工作中不能用来剥线皮的钳子是(　　)。

A. 克丝钳　B. 管钳　C. 剥线钳　D. 尖嘴钳

108. AB007　能在较狭小的工作空间内操作，不带刃口的只能夹捏工件，带刃口的能剪切细小零件，修理汽车电气设备时常用的工具是(　　)。

A. 鲤鱼钳　B. 尖嘴钳　C. 钢丝钳　D. 剥线钳

109. AB008　管钳有张开式和(　　)两种。

A. 压紧式　B. 锁紧式　C. 链条式　D. 液压式

110. AB008　张开式管钳有(　　)规格。

A. 8 种　B. 9 种　C. 10 种　D. 11 种

111. AB008　链条式管钳有 3 种规格，全长 600 mm 的管钳能够夹持的管子的公称直径范围是(　　)。

A. 40～125 mm　B. 40～130 mm　C. 45～125 mm　D. 45～130 mm

112. AB008　管钳按承载能力分为重级和(　　)两个等级。

A. 低级　B. 高级　C. 普通级　D. 轻级

113. AB009　使用管钳时，应(　　)。

A. 一手握钳柄，另一手握钳头　B. 双手握钳头

C. 一手握钳柄，另一手握管件　D. 双手握钳柄

114. AB009　管钳使用时(　　)可以调节。

A. 管钳长度　B. 开口宽度　C. 用力方向　D. 用力大小

115. AB009　管钳要保持干净，不用时(　　)要涂油防锈。

A. 固定销钉　B. 调整螺母　C. 钳牙　D. 钳柄

116. AB009　管钳使用前应检查固定销钉是否牢固，(　　)是否断裂。

A. 钳头　B. 钳牙　C. 钳尾　D. 钳柄

117. AB010　手钢锯由(　　)和锯条组成。

A. 手柄　B. 锯弓　C. 活动夹头　D. 螺母

118. AB010　用来夹持和拉紧锯条的工具是(　　)。

A. 锯弓　B. 锯齿　C. 蝶形螺母　D. 固定夹头

119. AB010　锯条一般用渗碳软钢(　　)制成。

A. 冷拉　B. 冷轧　C. 冷拔　D. 热轧

120. AB010　锯条锯齿的排列形式有交叉形和(　　)。

A. 斜线形　B. 三角形　C. 环形　D. 波浪形

121. AB011 使用钢锯时，按要求应先（ ）再下料。
A. 打光 B. 下锯 C. 划线 D. 磨平
122. AB011 用钢锯锯切（ ）等材料时应用粗齿锯条。
A. 铝合金 B. 硬钢 C. 厚壁管子 D. 薄壁管子
123. AB011 用钢锯锯切（ ）等材料时应用中齿锯条。
A. 铝合金 B. 铜管 C. 塑料 D. 薄壁管子
124. AB011 用钢锯锯切（ ）等材料时应用细齿锯条。
A. 铝合金 B. 铸铁 C. 厚壁管子 D. 薄壁管子
125. AB012 錾子可分为扁錾、窄錾和（ ）等。
A. 圆錾 B. 油槽錾 C. 方錾 D. 长錾
126. AB012 錾子的长度一般在（ ）之间。
A. 100～200 mm B. 90～190 mm C. 80～180 mm D. 60～160 mm
127. AB012 錾槽一般使用（ ）。
A. 方錾 B. 圆錾 C. 扁錾 D. 油槽錾
128. AB012 刃口在 20 mm 以内的錾子是（ ）。
A. 扁錾 B. 圆錾 C. 方錾 D. 油槽錾
129. AB013 锉削加工时，锉 V 形槽应使用（ ）。
A. 圆锉 B. 扁平锉 C. 半圆锉 D. 三角锉
130. AB013 锉削加工时，不能用来锉平面的是（ ）。
A. 三角锉 B. 方锉 C. 圆锉 D. 扁平锉
131. AB013 为了延长锉刀的使用寿命，对低碳钢工件应选用（ ）。
A. 粗齿锉刀 B. 中齿锉刀 C. 细齿锉刀 D. 油光锉刀
132. AB013 锉削速度应以每分钟（ ）为宜。
A. 10～40 次 B. 20～50 次 C. 30～60 次 D. 40～70 次
133. AB014 锉刀的种类很多，每 10 mm 长度上有 13～36 齿的是（ ）。
A. 粗锉 B. 细锉 C. 油光锉 D. 什锦锉
134. AB014 锉刀的种类很多，每 10 mm 长度上有 4～12 齿的是（ ）。
A. 油光锉 B. 什锦锉 C. 细锉 D. 粗锉
135. AB014 锉刀按加工要求可分为（ ）。
A. 普通锉、什锦锉、特种锉 B. 普通锉、特种锉、平尖锉
C. 竹叶锉、三角锉 D. 竹叶锉、普通锉
136. AB014 加工木材、易磨金属和极软的金属时，可用（ ）。
A. 细锉 B. 粗锉 C. 油光锉 D. 什锦锉
137. AB015 钢卷尺是用薄钢片制成的带状尺，可卷入圆盒内，故又称钢尺，尺宽（ ），长度有 1 m、2 m、3 m、5 m、10 m、20 m、30 m 和 50 m 等几种。
A. 5～10 mm B. 10～15 mm C. 15～20 mm D. 10～20 mm
138. AB015 钢卷尺的优点是抗拉强度高，不易（ ），在工程测量中常用钢卷尺量距。
A. 拉伸 B. 收缩 C. 折断 D. 磨损
139. AB015 钢卷尺刻线的基本分划为（ ），在每米及每分米处都有数字注记，适用于一般的距离测量。

A. 米　　B. 分米　　C. 厘米　　D. 毫米

140. AB015　钢卷尺是以刻在前端的(　　)作为尺长的零线，在测距时可获得较高的精度。

A. “10”刻线　　B. “5”刻线　　C. “1”刻线　　D. “0”刻线

141. AC001　在汽车的组成部分中，(　　)属于动力部分。

A. 发电机　　B. 启动系　　C. 启动机　　D. 发动机

142. AC001　汽车(　　)的样式取决于汽车的用途。

A. 车身　　B. 启动机　　C. 离合器　　D. 变速器

143. AC001　在汽车的四大组成部分中，使汽车产生运动，保证汽车正常行驶，并主要由传动系、行驶系、转向系和制动系组成的是(　　)。

A. 发动机　　B. 底盘　　C. 车身　　D. 减速器

144. AC001　不属于汽车四大组成部分的是(　　)。

A. 发动机　　B. 底盘　　C. 制动系　　D. 车身

145. AC002　发动机基本由(　　)组成。

A. 两大机构、三大系统　　B. 两大机构、五大系统

C. 一大机构、五大系统　　D. 一大机构、四大系统

146. AC002　下列选项中，属于发动机组件的是(　　)。

A. 变速器　　B. 离合器　　C. 气缸盖　　D. 差速器

147. AC002　下列选项中，不属于发动机组件的是(　　)。

A. 气缸体　　B. 曲轴与飞轮　　C. 传动轴　　D. 连杆

148. AC002　发动机通常由(　　)、配气机构、燃料系、润滑系、冷却系和启动系以及汽油机的点火系组成。

A. 曲轴　　B. 飞轮　　C. 活塞　　D. 曲柄连杆机构

149. AC003　曲柄连杆机构的活塞连杆组包括(　　)。

A. 活塞、活塞环、气门、气缸盖　　B. 活塞、活塞环、活塞销、连杆

C. 活塞、连杆、气门、气缸盖　　D. 活塞、活塞销、连杆、气门

150. AC003　发动机曲柄连杆机构包括(　　)三部分。

A. 活塞连杆组、曲轴飞轮组、缸体曲轴箱组

B. 活塞、活塞环、曲轴

C. 曲轴、飞轮、机体

D. 活塞连杆组、曲轴组、飞轮组

151. AC003　在曲柄连杆机构中，将从活塞经连杆传来的推力转变成旋转的扭力传递给汽车传动系的是(　　)。

A. 曲轴飞轮组　　B. 曲轴　　C. 活塞环　　D. 飞轮

152. AC003　下列选项中，不属于曲柄连杆机构的是(　　)。

A. 凸轮轴　　B. 曲轴　　C. 活塞　　D. 连杆

153. AC004　活塞连杆组中的活塞的作用是承受气缸内的气体压力，并通过活塞销和连杆传给(　　)。

A. 曲轴　　B. 飞轮　　C. 凸轮轴　　D. 活塞环

154. AC004　活塞裙部具有(　　)作用。

A. 散热　　B. 减少积碳形成　　C. 密封　　D. 导向

155. AC004 活塞要承受气缸内气体的压力，直径为 100 mm 的汽油机活塞在动力行程开始时，要承受约( )的气体压力。

A. 500 kgf　B. 1 000 kgf　C. 2 000 kgf　D. 3 000 kgf

156. AC004 保证活塞与气缸壁间的密封，并将活塞顶部的热量传导给气缸壁，由冷却液或空气带走的是( )。

A. 气环　B. 油环　C. 活塞销　D. 连杆

157. AC005 配气机构由气门组和( )组成。

A. 气门传动组　B. 气缸　C. 燃烧室　D. 进气管

158. AC005 下列选项中，属于气门组的零件是( )。

A. 气门和气门座　B. 连杆　C. 凸轮轴　D. 飞轮

159. AC005 下列选项中，属于气门传动组的零件是( )。

A. 凸轮轴　B. 气门弹簧　C. 气门导管　D. 曲轴

160. AC005 气门传动组由( )、正时齿轮、推杆、挺杆、摇臂及摇臂轴等组成。

A. 凸轮轴　B. 气门弹簧　C. 气门导管　D. 曲轴

161. AC006 常用的汽车发动机的凸轮轴上装有驱动汽油泵的( )。

A. 偏心轮　B. 斜齿轮　C. 直齿轮　D. 螺旋齿轮

162. AC006 凸轮轴由凸轮、偏心轮、螺旋齿轮和( )等组成。

A. 凸轮轴颈　B. 止推销　C. 飞轮　D. 平衡块

163. AC006 凸轮轴上的( )升降时，可以控制气门的开启和闭合。

A. 凸轮　B. 止推销　C. 飞轮　D. 平衡块

164. AC006 凸轮轴由若干个( )凸轮和支承轴颈与杆身制成一体。

A. 进、排气　B. 进气　C. 排气　D. 做功

165. AC007 在大多数汽油机上，凸轮轴是由( )驱动的。

A. 凸轮　B. 曲轴　C. 飞轮　D. 齿轮

166. AC007 下列选项中，不属于凸轮轴传动方式的是( )。

A. 齿轮传动　B. 链条传动　C. 皮带传动　D. 气压传动

167. AC007 曲轴与凸轮轴之间的 3 种传动方式包括( )。

A. 光电传动　B. 齿轮传动　C. 液力传动　D. 万向节传动

168. AC007 下列选项中，不属于曲轴与凸轮轴之间的传动方式的是( )。

A. 齿轮传动　B. 光电传动　C. 链条传动　D. 齿形皮带传动

169. AC008 曲轴由曲轴前端、曲轴销、曲柄、主轴颈和( )组成。

A. 曲轴后端　B. 曲拐　C. 连杆轴颈　D. 连杆瓦

170. AC008 曲轴的曲拐数取决于气缸的( )和排列方式。

A. 直径　B. 数目　C. 高度　D. 容积

171. AC008 曲轴的曲拐由两个主轴颈和曲柄夹着( )组成。

A. 平衡块　B. 凸缘　C. 曲柄销　D. 连杆盖

172. AC008 在曲轴中，( )是连接连杆轴颈和主轴颈的连接件。

A. 曲柄　B. 曲拐　C. 曲轴销　D. 连杆瓦

173. AC009 飞轮具有便于( )的作用。

A. 发动机启动　B. 汽车转弯

C. 降低发动机的转动惯量　　D. 降低曲轴连杆的转动惯量

174. AC009　飞轮的主要作用是将在做功行程中输入曲轴的一部分动能储存起来，克服其他行程阻力，保证曲轴的旋转角速度和输出转矩(　　)。

A. 增大　　B. 减小　　C. 不变　　D. 尽可能均匀

175. AC009　发动机中的飞轮往往是传动系中离合器的(　　)。

A. 主动件　　B. 摩擦片　　C. 传动片　　D. 压盘

176. AC009　发动机的飞轮外缘上压有齿环，可与启动机的驱动齿轮啮合，供(　　)用。

A. 启动发电机　　B. 输出动力　　C. 启动发动机　　D. 启动打滑

177. AC010　按(　　)分，汽车有汽油车、柴油车、天然气汽车、液化石油气汽车和双燃料汽车、电动汽车等。

A. 使用燃料　　B. 用途　　C. 外形　　D. 法规规定

178. AC010　在(　　)中，把汽车分为载货汽车、越野汽车、自卸汽车、牵引汽车、专用汽车、客车、轿车、半挂车和专用半挂车九类。

A. GB/T 15089—2001　　B. GB/T 9417—1988

C. GB/T 3730-1—2001　　D. GB/T 16736—1997

179. AC010　在 GB/T 3730. 1—2022 中，参考国际标准，把汽车分为乘用车和(　　)两大类。

A. 客车　　B. 货车　　C. 商用车　　D. 轿车

180. AC010　(　　)汽车主要用于坏路或无路地区行驶，是全轮驱动的高通过性汽车。

A. 载货　　B. 自卸　　C. 牵引　　D. 越野

181. AC011　车辆识别代号的英文缩写是(　　)。

A. LSV　　B. VIN　　C. ECU　　D. ABS

182. AC011　车辆识别代号由三部分组成：一是世界制造厂识别代号，二是车辆说明部分，三是车辆(　　)。

A. 车身类型　　B. 发动机结构　　C. 指示部分　　D. 装配级别

183. AC011　车辆识别代号的第三部分的第一位一般指示(　　)。

A. 出厂序号　　B. 车型　　C. 装配厂　　D. 年份

184. AC011　车辆识别代号由阿拉伯数字和大写的英文字母组成，共有(　　)。

A. 17 位　　B. 18 位　　C. 19 位　　D. 10 位

185. AC012　加速时克服惯性力的动力消耗是指(　　)。

A. 滚动阻力　　B. 空气阻力　　C. 上坡阻力　　D. 加速阻力

186. AC012　为了使汽车行驶，必须克服各种阻力，因而必须对汽车施加一个推动前进的力，这个力就是(　　)。

A. 驱动力　　B. 加速阻力　　C. 滚动阻力　　D. 空气阻力

187. AC012　汽车起步后其运行情况取决于驱动力和总阻力的相互关系，当驱动力和总阻力相等时，汽车(　　)。

A. 加速行驶　　B. 匀速行驶　　C. 减速行驶　　D. 停车

188. AC012　汽车起步后其运行情况取决于驱动力和总阻力的相互关系，当驱动力大于总阻力时，汽车(　　)。

A. 减速行驶　　B. 匀速行驶　　C. 加速行驶　　D. 停车

189. AC013　发动机按(　　)分为四行程发动机和二行程发动机。
A. 工作循环所需活塞行程　　B. 所用燃料
C. 冷却方式　　D. 气缸数
190. AC013　发动机按(　　)分为水冷发动机和风冷发动机。
A. 工作循环所需活塞行程　　B. 所用燃料
C. 冷却方式　　D. 气缸数
191. AC013　发动机按(　　)分为自然吸气式发动机和增压发动机。
A. 工作循环所需活塞行程　　B. 所用燃料
C. 冷却方式　　D. 气缸进气压力
192. AC013　发动机按(　　)分为单缸发动机和多缸发动机。
A. 工作循环所需活塞行程　　B. 气缸数
C. 冷却方式　　D. 气缸进气压力
193. AC014　内燃机型号首部为(　　)。
A. 区分符号　　B. 缸数符号
C. 结构和用途特征代号　　D. 产品特征代号
194. AC014　内燃机型号尾部为(　　)。
A. 区分符号　　B. 缸数符号
C. 结构和用途特征代号　　D. 产品特征代号
195. AC014　内燃机型号后部为(　　)。
A. 区分符号　　B. 缸数符号
C. 结构和用途特征代号　　D. 产品特征代号
196. AC014　柴油机型号 YC6105QC 表示:玉林柴油机厂生产、六缸、直列、四行程、缸径(　　)、水冷、汽车用。
A. 610 mm　　B. 105 mm　　C. 610 cm　　D. 105 cm
197. AC015　利用高速空气流吹过气缸盖、气缸体等高温零部件的外表面,把从气缸内部传出的热量散发到大气中去,这种发动机的冷却方式是(　　)
A. 大循环　　B. 液冷　　C. 风冷　　D. 水冷
198. AC015　目前多用冷却液作为传热介质,因为冷却液与水相比(　　)且防腐、防锈性能好。
A. 沸点高、冰点低　　B. 沸点高、冰点高　　C. 沸点低、冰点低　　D. 沸点低、冰点高
199. AC015　冷却液的循环有三种,其中在冷机启动暖机或冬季气温特别低时,节温器主阀门关闭,冷却液到节温器后改道从小循环水管直接流入水泵,即不经过散热器散热冷却,是(　　)。
A. 既有大循环又有小循环　　B. 混合循环
C. 大循环　　D. 小循环
200. AC015　冷却液的循环有三种,其中冷却液温度高于节温器主阀门开启温度,节温器全开的是(　　)。
A. 既有大循环又有小循环　　B. 大循环
C. 混合循环　　D. 小循环
201. AC016　在高速、重负荷的摩擦表面应采用强制供油的(　　)

A. 飞溅润滑方式　B. 定期加注润滑方式
C. 压力润滑方式　D. 混合润滑方式

202. AC016　把润滑油从机油盘中吸出并加压送到各润滑表面的机件是(　　)。
A. 机油泵　B. 机油尺　C. 限压阀　D. 旁通阀

203. AC016　润滑系中有三个滤清器，它们的滤清能力按从粗到细排列的是(　　)。
A. 机油集滤器—机油粗滤器—机油细滤器
B. 机油粗滤器—机油集滤器—机油细滤器
C. 机油粗滤器—机油细滤器—机油集滤器
D. 机油细滤器—机油粗滤器—机油集滤器

204. AC016　在负荷较小、部分暴露或滑动速度较低的摩擦表面应采用(　　)。
A. 定期加注润滑方式　B. 飞溅润滑方式
C. 压力润滑方式　D. 混合润滑方式

205. AC017　汽车转弯时，左右车轮在同一时间内行驶距离不同，(　　)可使左右车轮以不同的角速度转动，不致出现车轮相对于地面滑动的现象。
A. 变速器　B. 差速器　C. 离合器　D. 主减速器

206. AC017　传动系传动比应能在最大值和最小值间变化，即传动系应起(　　)作用。
A. 制动　B. 减速　C. 变速　D. 中断传动

207. AC017　传动系应设置(　　)和变速器空挡，以便必要时中断传动。
A. 离合器　B. 差速器　C. 万向传动装置　D. 主减速器

208. AC017　传动系通常由离合器、变速器、万向传动装置、主减速器、差速器和(　　)组成。
A. 凸轮轴　B. 飞轮　C. 曲轴　D. 半轴

209. AC018　变速器的传动机构基本都安装在(　　)。
A. 变速器盖上　B. 变速器盖下　C. 变速器壳内　D. 变速器壳外

210. AC018　变速器传动机构的作用主要是改变转矩的(　　)。
A. 大小　B. 大小和速度　C. 方向　D. 大小和方向

211. AC018　变速器的操纵机构基本都安装在(　　)。
A. 变速器盖上　B. 变速器盖下　C. 变速器壳内　D. 变速器壳外

212. AC018　变速器的作用之一是(　　)，以使发动机能够启动、怠速，方便换挡或动力输出。
A. 变速　B. 利用空挡切断动力传递
C. 使汽车既能前进又能后退　D. 平稳起步

213. AC019　万向传动装置可装在(　　)之间。
A. 变速器与主减速器　B. 分动器与驱动桥
C. 转向驱动桥的半轴连接　D. 动力输入装置和转向操纵机构

214. AC019　万向传动装置由(　　)、传动轴及中间支撑组成。
A. 驱动桥　B. 万向节　C. 变速器　D. 分动器

215. AC019　刚性万向节有(　　)、准等速万向节和等速万向节等数种。
A. 不等速万向节　B. 球叉式万向节　C. 球笼式万向节　D. 双十字轴式万向节

216. AC019　在不等速万向节中汽车传动系使用最多的是十字轴式刚性万向节，它使用时允许两轴有(　　)的交角。

A. 5°～10°　B. 10°～15°　C. 15°～20°　D. 20°～25°

217. AC020　驱动桥将万向节传动装置传递的动力改变方向,折转(　　)。

A. 45°　B. 90°　C. 180°　D. 360°

218. AC020　主减速器把动力传递方向改变90°,并将输入转速降低,转矩(　　)。

A. 不变　B. 减小　C. 增大　D. 为零

219. AC020　消除轮胎边滑边滚现象的组件是(　　)。

A. 主减速器　B. 半轴　C. 桥壳　D. 差速器

220. AC020　差速器与主减速器共用齿轮油进行(　　)。

A. 激溅润滑　B. 定期加注润滑　C. 压力润滑　D. 混合润滑

221. AC021　汽车行驶系将传动系传来的(　　)转化为汽车行驶的驱动力。

A. 力矩　B. 转矩　C. 附着力　D. 动能

222. AC021　汽车行驶系与转向系配合,以正确控制汽车的(　　)。

A. 附着力方向　B. 阻力方向　C. 行驶方向　D. 力矩方向

223. AC021　汽车行驶系承受并传递路面作用于(　　)上的各种反力及力矩。

A. 车架　B. 悬架　C. 车桥　D. 车轮

224. AC021　汽车在弯道或横向坡道上行驶时,有侧向力在车轮与路面间产生,这个力理所当然地由(　　)承受和传递。

A. 行驶系　B. 传动系　C. 润滑系　D. 转向系

225. AC022　在行驶系中,(　　)是整个汽车的基体,上面固定有汽车绝大部分部件,并承受车内外的各种载荷。

A. 车桥　B. 悬架　C. 车架　D. 车轮

226. AC022　车架前端装有(　　),在汽车受到冲撞时可以保护车身、翼子板、散热器等不受或少受损失。

A. 转向灯　B. 车桥　C. 悬架　D. 保险杠

227. AC022　由一根贯穿汽车纵向的中央纵梁和若干横向悬伸托架构成,其中纵梁多制成管形或箱形断面,传动轴封装于中梁内孔的车架是(　　)。

A. 边梁式车架　B. 脊梁式车架　C. 综合式车架　D. 半浮式车架

228. AC022　在汽车车架的结构形式中,(　　)前半部分便于安装发动机,后半部分用悬伸出的支架安装车身。

A. 综合式车架　B. 脊梁式车架　C. 边梁式车架　D. 半浮式车架

229. AC023　按车桥上车轮的功用不同,车桥可分为(　　)。

A. 4 种　B. 5 种　C. 6 种　D. 7 种

230. AC023　转向桥能承受地面与车架之间的(　　)、纵向力和横向力。

A. 水平载荷　B. 垂直载荷　C. 驱动力　D. 摩擦力

231. AC023　车桥的作用是承受和传递地面与(　　)之间的作用力。

A. 车轮　B. 轮胎　C. 悬架　D. 车架

232. AC023　转向桥的作用是利用转向节的(　　)来实现汽车的转向。

A. 振动　B. 摆动　C. 摆转　D. 转动

233. AC024　转向轮、转向节和(　　)三者之间具有一定的相对位置。这种具有一定相对位置的安装叫作转向轮定位。

A. 半轴 B. 前轴 C. 前桥 D. 悬挂

234. AC024 转向轮定位包括主销后倾、主销内倾、前轮外倾和( )。

A. 主销外倾 B. 前轮后倾 C. 前轮前束 D. 前轮内倾

235. AC024 主销轴线与通过前轮中心的垂线间有一夹角,这个夹角称为主销后倾角,一般在( )以内。

A. 10° B. 8° C. 5° D. 3°

236. AC024 主销在前轴上安装时,上端略向内倾斜一个角度,这个角度称为主销内倾角,一般在( )。

A. 5°～8° B. 6°～9° C. 8°～11° D. 10°～13°

237. BA001 电工仪表按( )不同,可分为电流表、电压表、功率表、电能表及欧姆表等。

A. 结构 B. 准确度等级 C. 被测电量种类 D. 测量对象

238. BA001 电工仪表按( )不同,可分为交流表、直流表及交直流两用表等。

A. 结构 B. 准确度等级 C. 被测电量种类 D. 测量对象

239. BA001 电工仪表按( )不同,可分为电磁机械式仪表和电子数字式仪表两种。

A. 结构 B. 准确度等级 C. 被测电量种类 D. 测量对象

240. BA001 电工仪表中的电磁机械式仪表按( )不同,可分为磁电系仪表、电磁系仪表、电动系仪表及感应系仪表。

A. 结构 B. 工作原理 C. 被测电量种类 D. 测量对象

241. BA002 用准确度等级为2.0级,满量程为50 V的电压表测量时,可能产生的误差是( )。

A. 0.1 V B. 0.2 V C. 0.5 V D. 1 V

242. BA002 电工仪表的七个准确度等级中,数字越小者( )。

A. 准确度越低,基本误差越小 B. 准确度越低,基本误差越大

C. 准确度越高,基本误差越小 D. 准确度越高,基本误差越大

243. BA002 通常0.1级和0.2级仪表用作( )。

A. 标准表 B. 实验用表 C. 工程用表 D. 测量用表

244. BA002 电工仪表选择量程时,通常应使读数在满刻度的( )以上。

A. 1/3 B. 2/3 C. 1/2 D. 3/4

245. BA003 数字式万用表是靠( )显示测量值的。

A. 刻度 B. 数字 C. 指针 D. 光标

246. BA003 数字式万用表必须安装( ),方可使用。

A. 指针 B. 光标 C. 电池 D. 保护盒

247. BA003 数字式万用表与指针式万用表的体积与质量相比,数字式万用表( )。

A. 体积小,质量大 B. 体积大,质量大 C. 体积大、质量小 D. 体积小、质量小

248. BA003 数字式万用表与指针式万用表相比,具有( ),使用故障率低的特点。

A. 能反映变化过程和变化趋势 B. 采用分立元件和磁电式表头

C. 抗干扰能力差 D. 保护电路较完善,过载能力强

249. BA004 数字式万用表的基本结构包括面板、外壳、( )、测量电路及转换开关等几个部分。

A. 模/数转换器　　B. 液晶显示器

C. 计数器　　D. 译码显示器和控制器

250. BA004　数字式万用表主要利用(　　)转换器转换被测电量。

A. 交-直流电压　　B. 电压-电流　　C. 电压-电阻　　D. 电阻-电流

251. BA004　数字式万用表的交流电压挡采用的是(　　)。

A. 线性整流电路　　B. 线性交流电路　　C. 非线性整流电路　　D. 非线性交流电路

252. BA004　数字式万用表采用数字化测量技术,把被测电量转换成(　　),并以数字形式加以显示。

A. 电磁信号　　B. 电阻信号　　C. 电流信号　　D. 电压信号

253. BA005　用数字式万用表测量三极管时,应将量程开关拨至(　　)位置。

A. DCA　　B. Ω 挡　　C. CAP 挡　　D. h_{FE}

254. BA005　DT890 型数字式万用表的数值显示范围为(　　)。

A. 0～+1 999　　B. −1 999～+1 999

C. −1 999～0　　D. −1 000～+1 000

255. BA005　数字式万用表在测量直流电流时,能自动转换或显示极性,若显示值为正,说明(　　)。

A. 电压流入红表笔　　B. 电压流入黑表笔

C. 电流流入红表笔　　D. 电流流入黑表笔

256. BA005　用数字式万用表的电阻挡测量电路时,表内电池的"+"极应接(　　)。

A. 红表笔　　B. 黑表笔　　C. 零线　　D. 地

257. BA006　测量电流时,电流表必须(　　)在被测量的电路中。

A. 混联　　B. 并联　　C. 串联　　D. 星联

258. BA006　用直流电流表测量直流电流,接线时必须使电流表的正端钮接被测电路的(　　)。

A. 负载电阻　　B. 低电位端　　C. 高电位端　　D. 电源

259. BA006　用交流电流表测量交流电流时,如需扩大量程,可加接(　　)。

A. 电流互感器　　B. 低阻值电流分流器

C. 高阻值电流分流器　　D. 高阻值电阻分压器

260. BA006　通常配用电流互感器的交流电流表的量程为(　　)。

A. 2 A　　B. 5 A　　C. 10 A　　D. 15 A

261. BA007　测量电压时,电压表必须(　　)在被测量的电路中。

A. 混联　　B. 并联　　C. 串联　　D. 星联

262. BA007　用交流电压表测量交流电压时,如需扩大量程,可加接(　　)。

A. 电流互感器　　B. 低阻值电流分流器

C. 电压互感器　　D. 高阻值电阻分压器

263. BA007　用直流电压表测量直流电压时,如需扩大仪表量程,应在仪表上串联配套的(　　)。

A. 电流互感器　　B. 低阻值电流分流器

C. 高阻值电流分流器　　D. 高阻值电阻分压器

264. BA007　通常配用互感器的交流电压表的量程为(　　)。

A. 100 V　　B. 50 V　　C. 25 V　　D. 5 V

265. BA008　功率表又称(　　)，是一种电动系仪表。
A. 电流表　B. 电压表　C. 瓦特表　D. 电能表
266. BA008　功率表有两组线圈，一组是固定的电流线圈，与被测电路(　　)。
A. 短路　B. 断路　C. 并联　D. 串联
267. BA008　功率表有两组线圈，一组是可动的电压线圈，经与附加电阻(　　)。
A. 串联后和被测电路负载并联　B. 串联后和被测电路负载串联
C. 并联后和被测电路负载并联　D. 并联后和被测电路负载串联
268. BA008　测量直流电路的功率时，功率表指针的偏转角(读数)与电压、电流的(　　)。
A. 乘积成反比　B. 乘积成正比　C. 和成正比　D. 和成反比
269. BA009　用来测量某一段时间内用电负载所消耗电能的仪表是(　　)。
A. 电流表　B. 电压表　C. 电能表　D. 功率表
270. BA009　电能表的接线原则与(　　)相同。
A. 电流表　B. 电压表　C. 微安表　D. 功率表
271. BA009　电能表的接线原则是电流线圈与负载串联，电压线圈与负载(　　)。
A. 并联　B. 串联　C. 混联　D. 星联
272. BA009　在中性点非有效接地的高压线路中，应选用经互感器接入的(　　)。
A. 直流式电能表　B. 三相交流感应式电能表
C. 单相电能表　D. 电子数字式电能表
273. BA010　测量范围基本上囊括了电路的全部常规电参数的是(　　)。
A. 电流表　B. 电压表　C. 钳形表　D. 功率表
274. BA010　钳形表按(　　)不同可分为互感器式钳形表、电磁系钳形表和电子数字式钳形表等。
A. 形状　B. 作用　C. 工作原理　D. 结构
275. BA010　使用钳形表时，为(　　)，应将钳口开合数次后再进行测量。
A. 消除铁芯中剩磁的影响　B. 读数准确
C. 选择合适的量限　D. 减小误差
276. BA010　使用钳形表测量较小的电流时，为使读数准确，在条件允许的情况下，可(　　)再进行测量。
A. 将钳口开合数次后　B. 将被测导线多绕几圈
C. 转动手柄几次　D. 将被测导线置于钳口内中心位置
277. BA011　专门用来测定电动机、电气设备及线路的绝缘电阻的仪表是(　　)。
A. 电流表　B. 钳形表　C. 兆欧表　D. 功率表
278. BA011　兆欧表上有“E(地)”“G(屏)”“L(线)”三个接线端钮，测量时，应将被测绝缘电阻连接在(　　)之间。
A. “G”和“L”　B. “G”和“E”　C. “L”和“G”　D. “L”和“E”
279. BA011　当被测设备的表面潮湿或有污物时，表面就会有漏电流，使兆欧表的测量值(　　)用电设备的真实绝缘电阻值。
A. 低于　B. 高于　C. 等于　D. 高于或等于
280. BA011　为了消除用电设备表面漏电流的影响，兆欧表设计了接线端钮(　　)，专门用来屏蔽用电设备表面电流。

A.“L” B.“G” C.“E” D.“L”和“E”

281. BA012 用万用表测量直流电压时必须注意仪表的( )。

A. 电压 B. 极性 C. 波形 D. 电流波形

282. BA012 用万用表测直流电压时,应先选择( )。

A. 交流电压量程挡 B. 直流电压量程挡

C. 直流电流量程挡 D. 电阻量程挡

283. BA012 用万用表测直流电压时,万用表与被测电源应( )。

A. 串联 B. 并联

C. 万用表的正极接电源的负极 D. 万用表的负极接电源的正极

284. BA012 测量直流电压时,禁止使用( )量程挡。

A. 直流电压高一级 B. 直流电压高压 C. 电压 D. 电阻

285. BA013 用万用表测直流电流时,应选( )被测值的量程。

A. 稍大于 B. 等于 C. 远小于 D. 远大于

286. BA013 用万用表测 200 mA 左右的电流时,应选( )量程。

A. 10 μA B. 50 μA C. 500 mA D. 100 mA

287. BA013 用万用表测直流电流时,应将( )。

A. 万用表并联接于电路中 B. 万用表串联接于电路中

C. 万用表的正极接电源的正极 D. 万用表的负极接电源的正极

288. BA013 用万用表测直流电压时,如选择“V”挡,应通过两表笔快速碰击电源两端,观察万用表指针的偏转方向,确定电源的正极,然后( )进行测量。

A. 黑表笔接负极,红表笔串接在回路中 B. 黑表笔接正极,红表笔串接在回路中

C. 红表笔接负极,黑表笔串接在回路中 D. 红表笔接正极,黑表笔串接在回路中

289. BA014 用万用表测量电阻时,下列做法错误的是( )。

A. 被测电阻应从电路中拆下后再测量 B. 一只手接触两支表笔的金属杆

C. 两只手同时接触校验棒的金属部分 D. 一只手接触被测电阻的两个引脚

290. BA014 用万用表测 24 Ω 电阻时,应选用( )量程。

A. $R\times1$ B. $R\times100$ C. $R\times1$k D. $R\times10$

291. BA014 用万用表测 2.4 Ω 电阻时,应选用( )量程。

A. $R\times1$ B. $R\times10$ C. $R\times100$ D. $R\times1$k

292. BA014 用万用表测 24 kΩ 电阻时,应选用( )量程。

A. $R\times1$ B. $R\times10$ C. $R\times1$k D. $R\times100$

293. BA015 欲测二极管的极性,应选用万用表的( )量程。

A. $R\times100$~$R\times1$k B. $R\times1$

C. $R\times2$ D. $R\times10$k

294. BA015 在测定二极管的极性时,( )是二极管的正极。

A. 阻值很大说明黑表笔所接的极 B. 阻值较小说明黑表笔所接的极

C. 阻值较小说明红表笔所接的极 D. 无阻值说明红表笔所接的极

295. BA015 在测定二极管的极性时,用万用表不同的欧姆挡测试同一个二极管,所得阻值是不同的,这是因为不同的挡位两表笔间的( )。

A. 电流不同 B. 电容不同 C. 端电压不同 D. 电阻不同

296. BA015 在测定二极管的极性时,( )是二极管的负极。

A. 阻值较小说明黑表笔所接的极　B. 阻值很大说明红表笔所接的极
C. 无阻值说明黑表笔所接的极　D. 阻值很大说明黑表笔所接的极

297. BA016　用万用表测得二极管的正向电阻值是 60 Ω,则此管属于(　　)二极管。
A. 硅　B. 锗　C. 铜　D. 铝

298. BA016　欲测试锗二极管,应选用万用表的(　　)量程。
A. $R\times1$　B. $R\times10k$　C. $R\times10\sim R\times100$　D. $R\times1k\sim R\times10k$

299. BA016　欲测试硅二极管时,应选用万用表的(　　)量程。
A. $R\times1$　B. $R\times10$
C. $R\times100\sim R\times10k$　D. $R\times100\sim R\times1k$

300. BA016　汽车用整流二极管正向导通时的电阻值应为(　　)。
A. 1 Ω　B. 1～10 kΩ　C. >10 kΩ　D. 8～10 Ω

301. BA017　用万用表判断二极管的好坏时,可将万用表的黑表笔接二极管的一个极,红表笔接二极管的另一个极,若此时电阻为(　　),则说明此二极管单向导电性能较好。
A. 0　B. 100～10 000 Ω　C. ∞　D. 时大时小

302. BA017　二极管正、反向电阻值相差越大,说明二极管的单向导电性能(　　)。
A. 越好　B. 越差　C. 一般　D. 无法判断

303. BA017　如果测得的二极管正、反向电阻都是无穷大,则证明此二极管(　　)。
A. 是好的　B. 内部烧断　C. 被击穿　D. 已短路

304. BA017　如果测得的二极管正、反向电阻都为零,则证明此二极管(　　)。
A. 是好的　B. 内部烧断　C. 已短路　D. 反向击穿

305. BA018　由晶体三极管的输出特性曲线可知,晶体三极管有(　　)工作区域。
A. 1 个　B. 2 个　C. 3 个　D. 4 个

306. BA018　晶体三极管是由两个(　　)构成的一种半导体器件。
A. PN 结　B. NP 结　C. P 结　D. N 结

307. BA018　晶体三极管从发射区引出的电极叫作发射极,用字母(　　)表示。
A. d　B. e　C. f　D. g

308. BA018　根据 PN 结的组合方式不同,晶体三极管可分为 PNP 型和(　　)两种类型。
A. NPP 型　B. PPN 型　C. NNP 型　D. NPN 型

309. BA019　使用万用表判别晶体管的类型时,应使用(　　)。
A. $R\times1$ 挡　B. $R\times10$ 挡　C. $R\times100$ 挡　D. $R\times10k$ 挡

310. BA019　使用万用表黑表笔接三极管某一管脚,红表笔分别接另外两个管脚,如果两次测得的电阻值都很小,再将表笔调换测试,此时电阻值显示很大,则证明在电阻值小的那次测量中,黑表笔所接的管脚是(　　)。
A. NPN 型三极管的基极　B. PNP 型三极管的基极
C. NPN 型三极管的发射极　D. NPN 型三极管的集电极

311. BA019　使用万用表黑表笔接三极管某一管脚,红表笔分别接另外两个管脚,如果两次测得的电阻值都很小,再将表笔调换测试,当红表笔接某一管脚,黑表笔分别接另外两个管脚时,如果电阻值都很小,则红表笔所接的管脚是(　　)。
A. PNP 型三极管的发射极　B. PNP 型三极管的基极
C. PNP 型三极管的集电极　D. NPN 型三极管的基极

312. BA019　使用万用表分别测量三极管 b-e、b-c 间 PN 结的正、反向电阻值，如果测得的正、反向电阻都很大，说明(　　)。

A. 管子良好　　B. 管子内部被击穿

C. 管子短路　　D. 管子内部断路

313. BB001　指针式万用表一般由面板和外壳、表头和表盘、(　　)等几部分组成。

A. 计数器　　B. 液晶显示器

C. 测量线路及转换开关　　D. 电流-电压转换器

314. BB001　指针式万用表的(　　)是一块高灵敏度的磁电系直流电流表，其有万用表"心脏"之称。

A. 面板　　B. 转换开关　　C. 表头　　D. 表盘

315. BB001　指针式万用表的(　　)的大旋钮位于面板下部正中。

A. 表头　　B. 表盘　　C. 计数器　　D. 转换开关

316. BB001　指针式万用表的主要性能指标基本上取决于(　　)的性能。

A. 表头　　B. 表盘　　C. 测量线路　　D. 转换开关

317. BB002　指针式万用表的直流电流测量电路实际上是一个多量程的(　　)。

A. 直流电压表　　B. 整流系电压表　　C. 直流电流表　　D. 欧姆表

318. BB002　指针式万用表的直流电阻测量电路就是一个多量程的(　　)。

A. 直流电压表　　B. 整流系电压表　　C. 直流电流表　　D. 欧姆表

319. BB002　用指针式万用表测量直流电阻时，若被测电阻值为 0 Ω，则回路中的(　　)。

A. 电阻最小，电流最大　　B. 电阻最小，电流最小

C. 电阻最大，电流最大　　D. 电阻最大，电流最小

320. BB002　指针式万用表的电流测量电路是靠(　　)电阻来扩大量程的。

A. 串联　　B. 并联　　C. 断开　　D. 短路

321. BB003　用指针式万用表测量电流或电压时，如果被测电流或电压的大小未知，应先拨到(　　)量程上试测。

A. 1/3　　B. 中间　　C. 最大　　D. 最小

322. BB003　用指针式万用表测量电阻时，首先要选择适当的倍率挡，然后将表笔(　　)。

A. 串联　　B. 并联　　C. 断路　　D. 短路

323. BB003　指针式万用表上标有"Ω"的标度尺为测量(　　)时使用。

A. 电阻　　B. 电流　　C. 直流电压　　D. 交流电压

324. BB003　使用指针式万用表测量直流量时，读(　　)标度尺。

A. AC　　B. DC　　C. ～　　D. Ω

325. BB004　示波器可以把被测电信号随(　　)变化的规律用图形显示出来。

A. 电流　　B. 电压　　C. 时间　　D. 电阻

326. BB004　用示波器测量交流电压，已知开关的指示值是 2 V/cm，波形在垂直方向的高度是 4.6 cm，则被测交流电压的峰-峰值是(　　)。

A. 2.6 V　　B. 6.6 V　　C. 2.3 V　　D. 9.2 V

327. BB004　用示波器测量直流电压，已知开关置于"0.5 V/cm"挡，波形在垂直方向的高度是 3.8 cm，则被测直流电压的值是(　　)。

A. 1.9 V　　B. 4.3 V　　C. 3.3 V　　D. 76 V

328. BB004　示波器面板控制开关(钮)的初设位置规定，触发电路的工作方式选择开关应置于(　　)位置。

A.“+”　　B.“自激”　　C.“内”　　D.“交替”

329. BB005　发电机的滑环是两个(　　)安装在转子轴上。

A. 互相绝缘的铜环　　B. 互相绝缘的铝环

C. 垫片　　D. 整流子

330. BB005　发电机的滑环通过(　　)固定在转子轴上。

A. 冷却　　B. 化学方法　　C. 绝缘套　　D. 清洗

331. BB005　发电机的两个滑环分别与(　　)接头焊接在一起。

A. 定子绕组　　B. 磁场绕组　　C. 二极管　　D. 整流子

332. BB005　发电机励磁绕组的两根引出线分别焊在与轴绝缘的(　　)上。

A. 定子绕组　　B. 转子轴　　C. 磁轭　　D. 滑环

333. BB006　发电机转子由(　　)和磁极、磁轭等组成。

A. 二极管　　B. 整流子　　C. 绕组　　D. 铝轴

334. BB006　交流发电机转子轴上安装有(　　)。

A. 螺栓　　B. 整流器　　C. 传感器　　D. 滑环

335. BB006　发电机转子共有(　　)磁极。

A. 6 对　　B. 4 对　　C. 3 对　　D. 2 对

336. BB006　发电机的转子在转子轴上压装有(　　)爪极。

A. 1 块　　B. 2 块　　C. 3 块　　D. 4 块

337. BB007　发电机转子的作用是产生(　　)。

A. 电压　　B. 电动势　　C. 电流　　D. 旋转磁场

338. BB007　发电机转子(　　)是用来建立磁场的。

A. 绕组　　B. 轴　　C. 轴承　　D. 滑环

339. BB007　发电机转子铁芯是用来增强(　　)的。

A. 电压　　B. 电动势　　C. 磁场　　D. 电流

340. BB007　当励磁绕组通电产生磁场后，爪极被磁化，一侧为 N 极，另一侧为 S 极，形成了相互交错的(　　)。

A. 磁感应电流　　B. 磁极　　C. 磁场　　D. 磁通

341. BB008　电刷的导线分别与“搭铁”和“磁场”接柱连接，从而将激磁电流引入(　　)的接线柱。

A. 励磁磁场　　B. 激磁线圈　　C. 磁场　　D. 磁极

342. BB008　发电机内的电刷靠弹簧的压力保证与(　　)的接触。

A. 绝缘体　　B. 轴　　C. 刷架　　D. 滑环

343. BB008　电刷是通过与(　　)接触来向绕组传递励磁电流的。

A. 二极管　　B. 弹簧　　C. 滑环　　D. 绝缘

344. BB008　两只电刷装在电刷架的孔内，将直流电引入(　　)。

A. 励磁绕组　　B. 发电机　　C. 滑环　　D. 定子

345. BB009　定子总成由绕在铁芯上的(　　)电枢线圈构成。

A. 2 组　　B. 3 组　　C. 4 组　　D. 5 组

346. BB009　发电机定子总成的线圈采用(　　)。
A. 混联　B. 三角形连接　C. 串联　D. 星形连接

347. BB009　发电机定子总成固定在(　　)之间。
A. 两端盖　B. 磁场　C. 两滑环　D. 两元件板

348. BB009　定子铁芯由硅钢片叠成,上面共有(　　)槽。
A. 12 个　B. 24 个　C. 36 个　D. 40 个

349. BB010　发电机的定子铁芯还可用来嵌固(　　)。
A. 端盖　B. 底座　C. 绕组　D. 磁场

350. BB010　交流发电机定子绕组的作用是(　　)。
A. 产生电动势　B. 降低电压　C. 产生电阻　D. 建立磁场

351. BB010　发电机定子铁芯的作用是(　　)。
A. 连接骨架　B. 导磁　C. 建立磁场　D. 导电

352. BB010　定子总成是三相交流发电机的电枢,用来产生(　　)。
A. 单相交流电　B. 三相交流电　C. 脉冲电　D. 直流电

353. BB011　使用万用表不解体检测发电机时,在空载试验中,启动发动机,须使发动机转速由怠速提高到略高于(　　)。
A. 800 r/min　B. 1 000 r/min　C. 1 200 r/min　D. 1 300 r/min

354. BB011　使用万用表不解体检测发电机时,在空载试验中,当发动机达到要求的转速后,此时测得的电压应为(　　)。
A. 10 V　B. 12 V　C. 14 V　D. 18 V

355. BB011　使用万用表不解体检测发电机时,在空载试验中,当发动机达到要求的转速后,此时测得的电流应为(　　)。
A. 12 A　B. 10 A　C. 15 A　D. 20 A

356. BB011　使用万用表不解体检测发电机时测得“F”与“—”接线柱之间的电阻值为无穷大,说明(　　)。
A. 励磁绕组断路　B. 励磁绕组短路　C. 滑环间短路　D. 个别二极管断路

357. BB012　发电机解体后,使用万用表检测滑环与转子轴颈之间的电阻值,应为(　　)。
A. 无穷大　B. 20 Ω　C. 10 Ω　D. 5 Ω

358. BB012　发电机解体后检测滑环厚度,其值不能低于(　　)。
A. 0.8 mm　B. 1.0 mm　C. 1.2 mm　D. 1.5 mm

359. BB012　发电机解体后,检测定子绕组 3 根接线之间的电阻值,应为(　　)。
A. 0.10～0.15 Ω　B. 0.15～0.20 Ω　C. 0.20～0.25 Ω　D. 0.25～0.30 Ω

360. BB012　发电机解体后,检测整流二极管的正向电阻值,应为(　　)。
A. 0～20 Ω　B. 5～50 Ω　C. 8～100 Ω　D. 100～1 kΩ

361. BB013　发电机拆卸前,严禁随意大拆大卸,应做好(　　)。
A. 位置标记　B. 零件清洗　C. 零件保养　D. 零件检测

362. BB013　发电机拆卸时,卸下的螺栓、螺钉等应(　　)。
A. 按大小成组地分别放置　B. 按顺序成套地分别放置
C. 按轻重成组地分别放置　D. 按材质成组地分别放置

363. BB013　发电机拆卸时,如果螺栓锈死在螺孔内,应在经过润滑后,用(　　)按顺、逆时针方向反复冲击松动,然后拧出。

A. 卡簧钳　B. 尖嘴钳　C. 钝錾子　D. 螺丝刀

364. BB013 发电机拆卸下来的机件最好使用( )清洗。

A. 水或汽油　B. 水或煤油　C. 汽油或柴油　D. 煤油或轻柴油

365. BC001 汽车照明系统的灯具主要由前照灯、尾灯和( )等部分组成。

A. 顶灯　B. 信号灯　C. 牌照灯　D. 指示灯

366. BC001 下列不属于照明用灯具的是( )。

A. 后照灯　B. 防雾灯　C. 顶灯　D. 制动灯

367. BC001 下列属于照明用灯具的是( )。

A. 仪表灯　B. 尾灯　C. 制动灯　D. 转向灯

368. BC001 汽车的照明系统主要由( )组成。

A. 3 部分　B. 4 部分　C. 5 部分　D. 6 部分

369. BC002 目前汽车前照灯普遍使用( ),其照程高达 300 m 以上。

A. 卤钨灯　B. 钨丝灯　C. 普通灯丝　D. 电子灯丝

370. BC002 前照灯( )的内外表面为抛物线旋转体,经真空镀铬抛光,可使反射系数高达 94%。

A. 倒车镜　B. 反射镜　C. 后视镜　D. 散光玻璃

371. BC002 前照灯的( )用来将狭窄的光束折向所要求的方向。

A. 灯丝　B. 卤钨灯　C. 散光玻璃　D. 反射镜

372. BC002 目前前照灯采用的( )可起到防眩目的作用。

A. 卤钨灯　B. 散光玻璃　C. 双灯泡　D. 反射镜

373. BC003 按光学组件的结构不同,前照灯分为( )。

A. 1 种　B. 2 种　C. 3 种　D. 4 种

374. BC003 由反射镜和配光镜分别安装组成,气密性较差的是( )前照灯。

A. 半封闭式　B. 可拆式　C. 固定式　D. 封闭式

375. BC003 配光镜靠卷曲反射镜边缘上的牙齿而紧固在反射镜上,且二者之间垫有胶皮密封圈,灯泡只能从反射镜后端装入的是( )前照灯。

A. 半封闭式　B. 可拆式　C. 固定式　D. 封闭式

376. BC003 反射镜和配光镜用玻璃制成一体,形成灯泡,里面充以惰性气体的是( )前照灯。

A. 半封闭式　B. 可拆式　C. 固定式　D. 封闭式

377. BC004 前照灯的远光灯灯丝多为( )。

A. 60～70 W　B. 70～80 W　C. 45～55 W　D. 90～100 W

378. BC004 为了保证安装时( )位于反射镜的焦点上,将灯泡的插头做成插片式的。

A. 远光灯丝　B. 顶灯　C. 近光灯丝　D. 示宽灯

379. BC0004 汽车上的转向灯开启时( )也会亮。

A. 尾灯　B. 近光灯　C. 远光灯　D. 示宽灯

380. BC004 普通双丝灯泡近光灯灯丝位于焦点的( )。

A. 下方　B. 上方　C. 右方　D. 左方

381. BC005 对汽车大灯进行调整时,汽车应停在水平地面上,而且( )也要符合规定。

A. 轮胎气压和发动机转速　　B. 发动机气缸压力
C. 轮胎外观　　D. 灯的端电压

382. BC005　对汽车大灯进行调整是为了使大灯在规定距离内将道路照得明亮而均匀，而且不使迎面来车的驾驶员眩目，以保证(　　)。
A. 光线充足　B. 光线均匀　C. 行车安全　D. 高速行驶

383. BC005　汽车大灯光束可利用(　　)进行调整。
A. 街道　B. 树林　C. 胡同　D. 屏幕或墙壁

384. BC005　在汽车上调整左侧大灯的光束时应(　　)。
A. 遮住左侧大灯　　B. 遮住其他大灯
C. 遮住右侧另一只大灯　　D. 遮住所有灯光

385. BC006　电动刮水器由(　　)组成。
A. 电动机和一套传动机构　　B. 指示表和传感器
C. 机械油泵和晶体管开关电路　　D. 控制电路和机械油泵

386. BC006　电动刮水器工作时，电动机旋转，通过(　　)降速。
A. 摆杆和拉杆　B. 蜗杆和蜗轮　C. 摆杆和蜗轮　D. 拉杆和蜗轮

387. BC006　刮水器的电动机有(　　)两种。
A. 自励式和电磁式　　B. 复励式和电磁式
C. 复励式和永磁式　　D. 自励式和永磁式

388. BC006　目前，汽车上刮水器的直流电动机一般采用改变(　　)的方法来改变转速。
A. 电源电压或两电刷间的串联导体数　　B. 电源电压和电枢回路中的电阻
C. 磁通或电枢回路中的电阻　　D. 磁通或两电刷间的导体数

389. BC007　永磁式电动刮水器的调速是靠改变(　　)实现的。
A. 两电刷间的导体数　　B. 磁通
C. 电源极性　　D. 电动机常数

390. BC007　永磁式电动刮水器的定子是(　　)，磁场强弱是不能改变的。
A. 铁氧体永久磁铁　　B. 电磁铁
C. 铜氧体永久磁铁　　D. 铝氧体永久磁铁

391. BC007　永磁式电动刮水器常采用三刷式电动机，低速电刷与高速电刷相差(　　)，用以改变两电刷间的导体数。
A. 30°　B. 45°　C. 60°　D. 90°

392. BC007　当永磁式电动机变速开关工作在“Ⅱ”挡时，电流通过高低速公用电刷和高速电刷间的(　　)，从而使刮水片在快速摆动下工作。
A. 有效导体数增加，转速升高　　B. 有效导体数增加，转速降低
C. 有效导体数减少，转速降低　　D. 有效导体数减少，转速升高

393. BC008　有的汽车为了获得悦耳的高、低音，配备了高、低音喇叭，由于两个喇叭的电流较大，故增设了喇叭继电器，以减轻按钮的(　　)。
A. 磨损　B. 电流　C. 腐蚀　D. 烧蚀

394. BC008　汽车上的喇叭用来警告行人和其他车辆，以引起注意，保证(　　)。
A. 互相联络　B. 行车安全　C. 音响充足　D. 唤人方便

395. BC008　目前普遍应用的振动式电喇叭是利用(　　)的变化吸动振动盘发生声频振动

来发出声波的。

A. 电压　B. 电阻　C. 电流　D. 电动势

396. BC008　汽车上的喇叭除了用于警告行人外，还可用于(　　)与传递信号。

A. 放电　B. 排气　C. 驱散　D. 催行

397. BC009　前照灯的强光会使迎面来车的驾驶员眩目，严重威胁汽车夜间行车的安全，采用(　　)可有效防止眩目。

A. 双丝灯泡　B. 单丝灯泡　C. 真空灯泡　D. 普通灯泡

398. BC009　将双丝灯泡的双丝并联后接到电源上，其亮度较原来的单灯丝泡(　　)。

A. 差不多　B. 亮　C. 暗　D. 不确定

399. BC009　将双丝灯泡的双丝串联起来接到电源上，其亮度较原来的单丝灯泡(　　)。

A. 差不多　B. 亮　C. 暗　D. 不确定

400. BC009　非对称配光双丝灯泡使本车前方道路右侧(　　)夹角范围内变为亮区，可照射较远。

A. 40°　B. 30°　C. 20°　D. 15°

401. BC010　既能安装在蓄电池火线上又能安装在蓄电池搭铁线上的是(　　)。

A. 熔断器　B. 启动机

C. 电磁式电源总开关　D. 发电机

402. BC010　目前使用的电源总开关有(　　)两种。

A. 自动型和手动型　B. 闸刀式和电磁式

C. 玻璃管式和片式　D. 有触点式和无触点式

403. BC010　电磁式电源总开关利用(　　)控制电磁线圈的通断。

A. 熔断器　B. 铁芯　C. 点火开关　D. 动触点

404. BC010　断开点火开关，电磁线圈断电，电磁力消失，活动铁芯在复位弹簧弹力的作用下复位，(　　)，停止供电。

A. 触点闭合，电路接通　B. 触点打开，电路接通

C. 触点闭合，电路切断　D. 触点打开，电路切断

405. BC011　电动燃油泵按(　　)方式可分为内装式和外装式。

A. 安装　B. 接电　C. 接线　D. 输出

406. BC011　电动燃油泵主要由(　　)、油泵、泵体等部分组成。

A. 电动机　B. 直流电动机　C. 交流电动机　D. 发电机

407. BC011　外装式电动燃油泵主要由(　　)和泵套等组成。

A. 转子、定子　B. 定子、滚柱　C. 转子、滚柱　D. 转子、泵体

408. BC011　电动燃油泵按(　　)可分为滚柱式、齿轮式、涡轮式、侧槽式。

A. 启动方式　B. 输出方式　C. 供油方式　D. 油泵的结构

409. BC012　对于(　　)电动燃油泵，禁止在油箱缺油的情况下启动发动机。

A. 外装式　B. 内装式　C. 滚柱式　D. 齿轮式

410. BC012　从油箱中取出内装式电动燃油泵做试验时，每次通电时间不得超过(　　)。

A. 6 s　B. 10 s　C. 15 s　D. 20 s

411. BC012　延长电动燃油泵使用寿命的关键是(　　)。

A. 燃油供给充足　B. 电压稳定　C. 燃油高度清洁　D. 电流稳定

412. BC012 电动燃油泵应按照使用与维护的要求定期清洗( )，以防止燃油泵被杂质卡滞或发生早期磨损而损坏。

A. 转子 B. 限压阀 C. 单向阀 D. 各处滤网

413. BC013 步进电动机是将电脉冲信号转变为( )的开环控制元件。

A. 角位移或线位移 B. 角速度或线速度

C. 角位移或转速 D. 角速度或线位移

414. BC013 在非超载的情况下，步进电动机的转速、停止的位置只取决于脉冲信号的( )。

A. 强弱和频率 B. 频率和脉冲数 C. 强弱和脉冲数 D. 时间和强弱

415. BC013 步进电动机通过接收到的脉冲信号调整电动机( )，从而达到调速的目的。

A. 输出的功率 B. 输出的电压

C. 转动的速度和加速度 D. 输出的电流

416. BC013 步进电动机的转子由硅钢片叠成或用( )材料做成凸极结构。

A. 硬磁性 B. 合金 C. 陶瓷 D. 软磁性

417. BC014 步进电动机按励磁方式分为( )大类。

A. 两 B. 三 C. 四 D. 五

418. BC014 步进电动机按( )分为单相、二相、三相、四相和五相等系列。

A. 定子的数量 B. 转子的数量

C. 定子上绕组的数量 D. 磁极的数量

419. BC014 反应式步进电动机的步距角小，可达( )。

A. 4° B. 3° C. 2.2° D. 1.2°

420. BC014 转子的极数与定子的极数相同的是( )步进电动机。

A. 永磁式 B. 反应式 C. 电子式 D. 混合式

421. BC015 当电流流过步进电动机的定子绕组时，定子绕组会产生( )。

A. 矢量磁场 B. 电场 C. 热能 D. 动能

422. BC015 步进电动机的定子磁场会带动转子旋转一个角度，使得转子的一对磁场方向与定子的磁场方向( )。

A. 相差 90° B. 一致 C. 相差 60° D. 相差 30°

423. BC015 如果改变步进电动机中( )，电动机就会反转。

A. 绕组的电流大小 B. 绕组的电压大小

C. 绕组的通电顺序 D. 转子的通电顺序

424. BC015 步进电动机工作时，每输入一个电脉冲，电动机转动一个角度并( )。

A. 后退一步 B. 后退两步 C. 前进两步 D. 前进一步

425. BC016 启动电动机电刷主要由( )组成。

A. 石墨和铝粉 B. 铜粉和石灰岩 C. 石墨和铜粉 D. 石灰石

426. BC016 启动电动机电刷由铜粉和石墨压制而成，含铜量为( )。

A. 100% B. 80% C. 60% D. 50%

427. BC016 启动电动机电刷与换向器的接触面为( )接触。

A. 平面 B. 弧形 C. 菱形 D. 斜面

428. BC016 启动机电刷的作用是连接( )。

A. 换向器和电枢　　B. 励磁绕组和电枢
C. 换向器和励磁绕组　　D. 电枢和滑环

429. BC017 维护启动机的电刷时，应检查电刷，当电刷架内有（　　）而不能自由活动时，应将其清除。
A. 汽油　　B. 污垢　　C. 污水　　D. 润滑油

430. BC017 启动机的电刷弹簧的压力一般为（　　）。
A. 5～10 N　　B. 8～13 N　　C. 10～15 N　　D. 15～20 N

431. BC017 检验启动机的电刷与换向器外圆的接触弧面，如果弧面不符合标准，可用（　　）进行修磨。
A. 80 号砂纸　　B. 60 号砂纸　　C. 30 号砂纸　　D. 00 号细砂纸

432. BC017 维护启动机的电刷时，如果电刷弹簧的压力不够，可将电刷弹簧（　　），以增加其弹力。
A. 向螺旋相反方向拨动一下　　B. 向螺旋方向拨动一下
C. 用力压缩一下　　D. 剪短一部分

433. BC018 蓄电池是在装有（　　）的容器内插入正负极板而构成的化学电源。
A. 浓硫酸　　B. 稀硫酸　　C. 稀盐酸　　D. 浓盐酸

434. BC018 将单格电池串联起来，提高蓄电池总成端电压的部件是（　　）。
A. 极板　　B. 隔板　　C. 外壳　　D. 联条

435. BC018 蓄电池由（　　）组成。
A. 滤清器、离合器等　　B. 壳体、电解质、滤芯等
C. 极板、隔板、电解液、壳体等　　D. 极板、联条、机油、电解液等

436. BC018 由栅架及铅膏涂料组成，属于蓄电池的基本部件的是（　　）。
A. 极板　　B. 隔板　　C. 壳体　　D. 联条

437. BC019 对于技术状况良好的蓄电池，其单格电池端电压应在（　　）以上。
A. 0.8 V　　B. 1 V　　C. 1.2 V　　D. 1.5 V

438. BC019 蓄电池在（　　）内迅速下降到标准端电压以下，则说明该电池电量不足或有故障。
A. 5 s　　B. 10 s　　C. 20 s　　D. 30 s

439. BC019 汽车发电机的电压必须（　　）蓄电池的电压。
A. 等于　　B. 低于　　C. 高于　　D. 小于等于

440. BC019 蓄电池中，每个单格电池的电压为（　　）。
A. 2 V　　B. 3 V　　C. 4 V　　D. 5 V

441. BC020 在发电机转速和负荷变化时，保持发电机输出电压恒定的部件是（　　）。
A. 发动机　　B. 启动机　　C. 蓄电池　　D. 调节器

442. BC020 在汽车电源系中，内阻小，短时间内可提供大电流的是（　　）。
A. 蓄电池　　B. 调节器　　C. 发动机　　D. 用电器

443. BC020 汽车电源系中有（　　）总成。
A. 启动机　　B. 分电器　　C. 化油器　　D. 发电机

444. BC020 汽车电源系包括（　　）。
A. 蓄电池、发电机和调节器　　B. 电源部分和用电设备部分

C. 点火装置、启动装置、照明系统　　D. 报警装置和辅助电器

445. BC021　发电机(　　),开始向外供电。

A. 电压高于蓄电池电动势时　　B. 电压低于蓄电池电动势时

C. 电压等于蓄电池电动势时　　D. 功率最大时

446. BC021　汽车发电机可以为(　　)充电。

A. 启动机　　B. 蓄电池　　C. 用电器　　D. 调节器

447. BC021　汽车发电机可以向(　　)供电。

A. 离合器　　B. 滤清器　　C. 照明系　　D. 气压表

448. BC021　车用发电机可以向(　　)供电。

A. 启动机　　B. 滤清器　　C. 离合器　　D. 报警装置

449. BC022　当发电机电压(　　)蓄电池电压时,蓄电池可以将发电机的电能转化为化学能储存起来。

A. 高于　　B. 低于　　C. 等于　　D. 小于等于

450. BC022　蓄电池除向用电设备供电外,还能(　　)电能。

A. 向灯泡提供　　B. 向喇叭提供　　C. 向录音机提供　　D. 储存

451. BC022　蓄电池在汽车上的主要作用是(　　)。

A. 向启动机提供大电流　　B. 向转向灯供电

C. 向仪表供电　　D. 向冷却系供电

452. BC022　当发电机过载时,蓄电池(　　)。

A. 向发电机供电　　B. 协助发电机供电　　C. 将电能储存起来　　D. 向启动机供电

453. BC023　采用单线制时,蓄电池的一个电极须接至车架上,称为(　　)。

A. 搭铁　　B. 断路　　C. 短路　　D. 桥接

454. BC023　下列符合汽车电源系特点的是(　　)。

A. 负载串联　　B. 双线交流　　C. 直流低压　　D. 正极搭铁

455. BC023　汽车上的所有用电设备均为(　　)。

A. 串联　　B. 混联　　C. 并联　　D. 星联

456. BC023　汽车电源系的特点是:两个电源、(　　)。

A. 直流低压、并联单线、负极搭铁　　B. 直流高压、并联单线、负极搭铁

C. 直流低压、串联单线、正极搭铁　　D. 直流高压、串联单线、正极搭铁

457. BC024　一般柴油车的两块蓄电池之间的连接方式是(　　)。

A. 并联　　B. 混联　　C. 绝缘　　D. 串联

458. BC024　蓄电池单格与单格之间的连接方式是(　　)。

A. 并联　　B. 绝缘　　C. 串联　　D. 混联

459. BC024　蓄电池单格内的正、负极板的连接方式是(　　)。

A. 并联　　B. 串联　　C. 绝缘　　D. 混联

460. BC024　蓄电池多片正、负极板各自(　　),用横板焊接,分别组成正、负极板组。

A. 并联　　B. 串联　　C. 绝缘　　D. 混联

461. BC025　蓄电池负极板表面呈(　　)。

A. 白色　　B. 红色　　C. 灰色　　D. 黑色

462. BC025　蓄电池正极板表面的物质是(　　)。

A. 纯铅　B. 二氧化铅　C. 铜　D. 铝

463. BC025　蓄电池正极板表面呈(　　)。

A. 黑色　B. 深棕色　C. 蓝色　D. 白色

464. BC025　负极板总比正极板(　　)，使强度差的正极板得到保护。

A. 少一片　B. 多一片　C. 少两片　D. 多两片

465. BC026　蓄电池隔板的作用是(　　)。

A. 减小电阻　B. 增大电流　C. 防止短路　D. 升高温度

466. BC026　蓄电池隔板带槽的一面应(　　)。

A. 水平安放　B. 竖直安放　C. 对准负极　D. 倾斜 45°放置

467. BC026　蓄电池(　　)带槽的一面应对准正极。

A. 壳体　B. 联条　C. 孔盖　D. 隔板

468. BC026　微孔塑料隔板被做成(　　)，紧包在正极板的外部。

A. 三角形　B. 四边形　C. T 形　D. 袋状

469. BC027　浓硫酸具有(　　)，可以吸收空气中的水分。

A. 腐蚀性　B. 氧化性　C. 脱水性　D. 吸水性

470. BC027　浓硫酸具有(　　)，可使纸张、衣服等脱水。

A. 脱水性　B. 氧化性　C. 吸水性　D. 还原性

471. BC027　浓硫酸具有(　　)，可使某些金属生成一层氧化物而慢慢脱落。

A. 脱水性　B. 吸水性　C. 氧化性　D. 还原性

472. BC027　如有硫酸溅到皮肤或衣服上，应立即用(　　)的苏打水擦洗，然后用清水冲净。

A. 5%　B. 10%　C. 15%　D. 20%

473. BC028　冬季使用蓄电池，特别是冷启动发动机时，应进行预热，且每次启动时间不应超过(　　)。

A. 25 s　B. 30 s　C. 15 s　D. 20 s

474. BC028　蓄电池在使用时不宜长时间(　　)放电。

A. 高压　B. 小电流　C. 大电流　D. 低压

475. BC028　蓄电池在使用时不能(　　)充电。

A. 大电流　B. 小电流　C. 长时间　D. 短时间

476. BC028　蓄电池的充电电压不能过高，当充电电压增高 10%～12%时，蓄电池的寿命将会缩短(　　)左右。

A. 1/4　B. 1/3　C. 1/2　D. 2/3

477. BC029　根据 GB/T 5008.2—2023《起动用铅酸蓄电池　第 2 部分：产品品种规格和端子尺寸、标记》的规定，蓄电池的型号由(　　)组成。

A. 5 部分　B. 4 部分　C. 3 部分　D. 2 部分

478. BC029　蓄电池的型号 3-Q-45 中，“3”代表(　　)。

A. 3 V　B. 3 A　C. 3 个格　D. 3 Ω

479. BC029　蓄电池的型号 3-Q-90 中的“Q”代表(　　)。

A. 放电　B. 充电　C. 厂家　D. 启动型

480. BC029　蓄电池型号 6-Q-105 中的“105”代表(　　)。

A. 额定容量　B. 高度　C. 质量　D. 材质

481. BC030　将两个或两个以上的蓄电池串联后进行充电的方法是(　　)充电法。

A. 定电压　B. 定电流　C. 混合　D. 循环

482. BC030　将两个小容量蓄电池并联,然后串联一块蓄电池进行充电的方法是(　　)充电法。

A. 定电压　B. 定电流　C. 循环　D. 混合

483. BC030　将两个或两个以上相同电压的蓄电池并联后充电的方法称为(　　)充电法。

A. 定电流　B. 混合　C. 定电压　D. 循环

484. BC030　充电时间短,充电效率高,去“硫化”效果显著的是(　　)充电法。

A. 定电流　B. 混合　C. 定电压　D. 脉冲

485. BC031　使用新型密度计测量电解液的密度时,只要(　　)就可准确测出密度值。

A. 1 滴　B. 0.5 L　C. 0.6 L　D. 1 L

486. BC031　使用密度计时应轻拿轻放,防止碰坏(　　)。

A. 吸嘴　B. 吸球　C. 吸管　D. 隔网

487. BC031　使用密度计时,吸入的液体应使(　　)为好。

A. 液面可见　B. 液体吸满　C. 液面接近吸球　D. 浮子浮起

488. BC031　密度计用完后要用蒸馏水洗净,然后放在专用盒内,防止(　　)。

A. 破碎　B. 丢失　C. 脏污　D. 腐蚀

489. BC032　蓄电池点火系由电源、点火线圈、分电器、火花塞、(　　)等组成。

A. 电子元件　B. 半导体元件　C. 点火开关　D. 永磁电机

490. BC032　霍尔效应式无触点点火系主要由内装霍尔传感器的(　　)、点火控制器、点火线圈等组成。

A. 分电器　B. 火花塞　C. 配电器　D. 附加电阻

491. BC032　电容储能全晶体管点火装置由直流升压器、(　　)、储能电容器和触发器等部件组成。

A. 晶闸管　B. 转子　C. 铁芯　D. 遮光盘

492. BC032　下列(　　)不属于汽车上使用的蓄电池点火系的组成部件。

A. 点火线圈　B. 分电器　C. 储能电容器　D. 火花塞

493. BC033　高压电路的组成部件中,(　　)将低压电转变为高压电。

A. 点火线圈　B. 火花塞　C. 配电器　D. 白金触点

494. BC033　下列属于高压电路组成部件的是(　　)。

A. 电容器　B. 附加电阻　C. 断电器　D. 配电器

495. BC033　组成高压电路的部件有(　　)。

A. 分火头、火花塞侧电极　B. 分火头、断电器

C. 配电器、点火开关　D. 蓄电池、分电器

496. BC033　高压电路的负载是(　　)。

A. 火花塞间隙　B. 点火线圈的一次绕组

C. 点火线圈的二次绕组　D. 蓄电池或发电机

497. BC034　在低压电路的组成部件中,(　　)串联在低压电路中。

A. 配电器　B. 火花塞　C. 附加电阻　D. 分火头

498. BC034　下列不属于低压电路组成部件的是(　　)。

A. 点火线圈的初级绕组　　B. 火花塞

C. 分电器的触点　　D. 点火开关

499. BC034　下列属于低压电路组成部件的是(　　)。

A. 电容器、分火头　　B. 电容器、附加电阻

C. 分火头、分电器　　D. 分电器、火花塞

500. BC034　低压电路的负载是(　　)。

A. 火花塞间隙的电火花　　B. 点火线圈的一次绕组

C. 点火线圈的二次绕组　　D. 蓄电池或发电机

501. BC035　点火线圈实际上是一个(　　)。

A. 分电器　　B. 变压器　　C. 调节器　　D. 转换器

502. BC035　点火线圈高压绕组的作用是产生(　　)。

A. 电流　　B. 互感高压电　　C. 互感低压电　　D. 三相交流电

503. BC035　点火线圈低压绕组的作用是利用绕组内电流的变化实现(　　)。

A. 高压输出　　B. 低压输出　　C. 电磁互感　　D. 点火

504. BC035　点火线圈的作用是将 12 V 的低压电转变为(　　)的高压电。

A. 24 V　　B. 24 kV　　C. 15～20 kV　　D. 15～20 V

505. BC036　火花塞是点火系次级电路的负载，它的机械强度高，点燃混合气时火花塞裙部受到的爆发压力可高达(　　)。

A. 1.96～2.94 MPa　　B. 3.92～4.90 MPa

C. 4.90～5.88 MPa　　D. 5.88～6.86 MPa

506. BC036　火花塞将(　　)引入气缸燃烧室，使混合气燃烧。

A. 电流　　B. 高压电　　C. 电火花　　D. 低压电

507. BC036　火花塞的主要作用是产生(　　)，点燃混合气。

A. 高压电　　B. 低压电　　C. 电火花　　D. 高温

508. BC036　发动机在启动时，由于混合气雾化不良，废气稀释严重，加之电极温度低，电火花能量必须达到(　　)才能满足启动的要求。

A. 1～5 mJ　　B. 10 mJ　　C. 20 mJ　　D. 100 mJ

509. BC037　火花塞的中心电极与侧电极一般采用相同的(　　)制成。

A. 镍铜合金　　B. 镍铬合金　　C. 镍锰合金　　D. 镍钼合金

510. BC037　火花塞瓷绝缘体中心孔的上部装有(　　)，用来通过接线螺母与高压导线相连。

A. 接触头　　B. 金属杆　　C. 锡箔带　　D. 调节板

511. BC037　火花塞由中心电极、侧电极、外壳和(　　)等部分组成。

A. 碳棒　　B. 锡片　　C. 瓷绝缘体　　D. 导电片

512. BC037　火花塞中心电极与侧电极之间的间隙为(　　)。

A. 0.3～0.4 mm　　B. 0.4～0.5 mm　　C. 0.6～0.7 mm　　D. 1.0～1.2 mm

513. BD001　电压调节器失调或调整不当，使其调节(　　)时，极易使灯泡烧坏。

A. 电压过低　　B. 电阻过低　　C. 电阻过高　　D. 电压过高

514. BD001　当发电机的(　　)超过规定值时，调节器中的三极管截止，起到降低电压的

作用。

A. 电流　B. 电阻　C. 温度　D. 电压

515. BD001　调节器的作用是限制发电机的(　　)不超过额定值。

A. 电流　D. 温度　C. 电压　D. 转速

516. BD001　当发电机低速运转时,激磁电流不受(　　)控制。

A. 调节器　B. 转速　C. 温度　D. 皮带

517. BD002　发电机调节器有单级式、(　　)和晶体管式等类型。

A. 电阻式　B. 电容式　C. 双级式　D. 霍尔式

518. BD002　与硅整流发电机配套使用的调节器有(　　)晶体管调压器。

A. 离心式　B. 霍尔式　C. 圆柱式　D. 振动式

519. BD002　发电机调节器分触点式和(　　)等类型。

A. 晶体管式　B. 霍尔式　C. 圆柱式　D. 离心式

520. BD002　多直接装于发电机内部,不仅防振、防尘、防溅污,还耐湿防潮的是(　　)电压调节器。

A. 晶体管式　B. 触点式　C. 电磁振动式　D. 集成电路式

521. BD003　启动机是由(　　)、开关及单向啮合器等组成的。

A. 发电机　B. 直流电动机　C. 发动机　D. 永磁电机

522. BD003　启动机由驱动装置、(　　)和控制装置等组成。

A. 开关　B. 变速器　C. 传动机构　D. 二极管

523. BD003　启动机的传动机构是一杠杆机构,主要由传动叉和(　　)组成。

A. 啮合器　B. 电动机　C. 接触盘　D. 回位弹簧

524. BD003　启动机的组成部分中,其作用是产生转矩的是(　　)。

A. 曲柄连杆机构　B. 转子　C. 传动机构　D. 直流电动机

525. BD004　启动机操纵机构又称启动机(　　)。

A. 机械开关　B. 电磁开关　C. 吸拉开关　D. 电子开关

526. BD004　电磁开关由(　　)线圈组成。

A. 1 个　B. 2 个　C. 3 个　D. 4 个

527. BD004　能使活动铁芯向铁芯移动的是(　　)的作用。

A. 电磁线圈　B. 保持线圈　C. 吸拉线圈　D. 电感线圈

528. BD004　能使活动铁芯保持在触点接触位置的是(　　)的作用。

A. 电磁线圈　B. 保持线圈　C. 吸拉线圈　D. 电感线圈

529. BD005　更换电刷时,应检查电刷与(　　)是否配合自如。

A. 换向器　B. 电刷架　C. 弹簧　D. 端盖

530. BD005　更换电刷时,应检查电刷高度,其不得低于(　　)。

A. 6 mm　B. 10 mm　C. 15 mm　D. 20 mm

531. BD005　更换电刷时,应检查(　　)的圆度。

A. 电刷　B. 换向器　C. 刷架　D. 电枢

532. BD005　更换电刷时,应检查电刷与(　　)的接触面积。

A. 电刷架　B. 换向器　C. 弹簧　D. 电枢

533. BD006　直流串励电动机装有(　　)。

A. 电枢绕组　B. 高速触点　C. 低速触点　D. 加速电阻

534. BD006　在直流串励电动机的组成中，起到产生电磁转矩作用的部件是（　）。
A. 机壳　B. 磁极　C. 电刷　D. 电枢

535. BD006　为了增大启动转矩，直流串励电动机的磁极数一般为（　）。
A. 2 个　B. 3 个　C. 4 个　D. 5 个

536. BD006　直流串励电动机电刷与换向器配合，将电流引入（　）。
A. 电枢铁芯　B. 励磁绕组及电枢绕组
C. 电枢轴　D. 励磁铁芯

537. BD007　滚柱式离合器的外壳与十字块之间形成 4 个楔形槽，（　）处于 4 个楔形槽中。
A. 驱动齿轮　B. 活动柱　C. 滚柱　D. 拨环

538. BD007　启动机的摩擦式离合器由驱动齿轮与外接合毂、（　）、主动摩擦片、内接合毂、花键套筒、缓冲弹簧等组成。
A. 从动摩擦片　B. 半圆键　C. 活动柱　D. 扭力弹簧

539. BD007　下列不属于弹簧式离合器的零件的是（　）。
A. 挡圈　B. 护盖　C. 护圈　D. 垫圈

540. BD007　强制啮合式启动机传动机构的主要部件是（　）。
A. 驱动齿轮　B. 单向离合器　C. 花键套筒　D. 主动棘轮

541. BD008　焊接前清除漆包线接头绝缘漆的方法是（　）。
A. 用棉布擦　B. 用刀刮、砂布打磨　C. 用泡沫擦　D. 用盐酸腐蚀

542. BD008　清除铜焊件的氧化物和锈迹所用的物品是（　）。
A. 泡沫　B. 棉布　C. 棉纱　D. 刀、砂布

543. BD008　在锡焊的加热过程中，锡铅合金熔化后将氧化物、污锈与（　）混合成渣，漂浮于焊接头表面。
A. 焊剂　B. 焊锡　C. 焊件　D. 水

544. BD008　能除去被焊接金属表面的氧化物及杂质，净化金属与熔融焊料的接触表面的是（　）。
A. 焊剂　B. 焊锡　C. 焊件　D. 水

545. BD009　在电气设备的修理过程中，焊接晶体管元件时应使用（　）的内热式电烙铁。
A. 200 W　B. 300 W　C. 500 W　D. 20～30 W

546. BD009　焊接普通导线及漆包线头应使用（　）的电烙铁。
A. 30 W，45 W　B. 130 W，145 W　C. 230 W，245 W　D. 430 W，445 W

547. BD009　焊接启动机等的线头应使用（　）的电烙铁。
A. 200 W　B. 2 W　C. 20 W　D. 15 W

548. BD009　焊接强电元件应使用（　）以上的电烙铁。
A. 20 W　B. 30 W　C. 45 W　D. 15 W

549. BD010　用镊子夹住晶体管脚进行焊接，是为了（　）。
A. 管脚散热　B. 管脚加热　C. 焊接牢固　D. 保护烙铁

550. BD010　进行晶体管焊接时，错误的操作方法是（　）。
A. 电烙铁接地　B. 用镊子夹住元件管脚焊接

C. 焊锡量过多　　D. 在短时间内焊接

551. BD010　焊接晶体管时,正确的操作方法是(　　)。
A. 可长时间加温　　B. 焊接时间不宜过长
C. 电烙铁功率越大越好　　D. 用手拿着元件焊接

552. BD010　钎焊焊好后焊头应该(　　)。
A. 慢慢提起　　B. 迅速提起　　C. 迅速放下　　D. 缓慢放下

553. BD011　汽车发电机的正极接柱通过电流表接到蓄电池的正极,发电机的负极通过(　　)接到蓄电池的负极。
A. 搭铁　　B. 电流表　　C. 负载　　D. 启动机

554. BD011　EQ1090 型汽车发电机磁场的正极通过(　　)与点火开关接到电源的正极。
A. 负载　　B. 调节器　　C. 继电器　　D. 专用开关

555. BD011　CA1091 型汽车发电机磁场的正极是通过(　　)接到电源的。
A. 调节器　　B. 继电器　　C. 点火开关　　D. 电流表

556. BD011　发电机与蓄电池之间的导线要连接可靠,如果突然断开,将会产生瞬时过电压,容易损坏(　　)。
A. 调节器　　B. 继电器　　C. 二极管　　D. 晶体管

557. BD012　重复性保险装置在电路(　　)时会自动断开,若需要使电路再接通,自动型保险装置不需要手动复位,手动型保险装置需要手动复位。
A. 短路或过载　　B. 断路　　C. 负载　　D. 断路或过载

558. BD012　在电路短路或过载时会自动断开电路,待恢复正常后无需更换元件,可重复使用的装置是(　　)。
A. 一次性保险装置　　B. 重复性保险装置
C. 电源总开关　　D. 保险装置

559. BB012　重复性保险装置是将(　　)置于熔断器外壳内构成的。
A. 熔断片　　B. 熔丝　　C. 双金属片　　D. 熔断管

560. BD012　当电路电流正常时,重复性保险装置靠双金属片的弓形使(　　)。
A. 电流增大　　B. 电路切断　　C. 触点分开　　D. 触点闭合

561. BD013　一次性保险装置又称(　　)。
A. 熔断器　　B. 电容器　　C. 断电器　　D. 配电器

562. BD013　当负载电流为额定电流的 1.35 倍,片式熔断器的熔断时间应不少于 0.75 s,不大于(　　)。
A. 70 s　　B. 60 s　　C. 80 s　　D. 90 s

563. BD013　设置在熔丝盒最下端的是容量为 30 A 的(　　),它主要用来保护发电机和线束。
A. 熔断器　　B. 双金属片　　C. 熔断片　　D. 熔断管

564. BD013　熔断片在电流超过规定值后能迅速熔断,熔断后必须换用相同容量的(　　)。
A. 铝丝　　B. 铜丝　　C. 一般熔丝　　D. 快速熔片

565. BD014　在锡焊中使用的焊剂的作用之一是(　　)。
A. 传递热量　　B. 冷却　　C. 保护烙铁　　D. 加快氧化

566. BD014　锡焊中使用的焊剂的重要作用之一是(　　)。

A. 冷却　B. 提高温度　C. 清除污物　D. 使焊点光滑

567. BD014　锡焊焊剂在高温下提供活性或保护性气体，防止焊料中的(　　)挥发。

A. 杂质　B. 松香　C. 锈迹　D. 元素

568. BD014　锡焊焊剂可防止加热过程中焊料的继续挥发，降低熔融焊料的(　　)，以得到牢固的焊接接头。

A. 密度　B. 导电性　C. 温度　D. 表面张力

569. BD015　在汽车电气维修中常用的焊料以(　　)为主。

A. 松香焊芯焊条　B. 硫酸铅　C. 盐酸焊料　D. 铅条

570. BD015　在汽车电气维修中焊接晶体管时，多选用直径为(　　)的焊丝。

A. 3 mm　B. 4 mm　C. 0.5～1.2 mm　D. 3～4 mm

571. BD015　在焊接启动机导线等接头的工作中，选用焊条的规格一般为(　　)。

A. 0.5 mm　B. 0.8 mm　C. 1 mm　D. 2.5～4 mm

572. BD015　焊接汽车发电机的电磁线、散热器等元件用的焊料为(　　)。

A. 料 601　B. 料 600　C. 料 603　D. 料 602

573. BD016　锡焊的缺点是(　　)。

A. 锡焊料的熔点低，硬度和强度都较小　B. 锡焊料的熔点低，硬度和强度都较大
C. 锡焊料的熔点高，硬度和强度都较小　D. 锡焊料的熔点高，硬度和强度都较大

574. BD016　锡焊利用比母材(　　)的焊料作中间介质。

A. 硬度小　B. 硬度大　C. 熔点低　D. 熔点高

575. BD016　锡焊具有加热温度低，被焊零件的应力和(　　)的特点。

A. 强度小　B. 变形大　C. 硬度小　D. 变形小

576. BD016　锡焊的优点有(　　)。

A. 焊接方法简单，成本低　B. 焊接方法复杂，成本低
C. 焊点的熔点低，硬度和强度都较小　D. 能改变材料性能

577. BD017　锡焊焊料的主要成分是(　　)，另外还含有一定量熔点比较低的其他金属。

A. 锡和铅　B. 锌和锑　C. 铁和镍　D. 铜和铋

578. BD017　HLSnPb10 为锡铅焊料，其铅元素含量为(　　)。

A. 40%　B. 58%　C. 90%　D. 10%

579. BD017　HLSnPb58-2 为锡铅焊料，其锡元素含量为(　　)。

A. 10%　B. 1.5%～2%　C. 58%　D. 40%

580. BD017　料 600 中的“6”表示(　　)。

A. 锡铅合金　B. 焊料　C. 焊剂　D. 焊料不同牌号

581. BD018　料 600 的熔点为(　　)。

A. 135 ℃　B. 185 ℃　C. 235 ℃　D. 256 ℃

582. BD018　可焊接印制电路板及汽车电器开关、仪表中的导流丝的焊料是(　　)。

A. 料 601　B. 料 603　C. 料 600　D. 料 602

583. BD018　不能受高热的焊料是(　　)。

A. 料 601　B. 料 603　C. 料 602　D. 料 600

584. BD018　料 602 的熔点为(　　)。

A. 135 ℃　B. 185 ℃　C. 235 ℃　D. 256 ℃

585. BD019 用氯化锌、树脂和脂肪类材料调和而成的膏剂是(　　)。
A. 氯化锌和氯化铵的混合物　　B. 焊锡膏
C. 中性焊剂　　D. 酒精助焊剂

586. BD019 焊接性能好,焊点光滑、美观,无腐蚀作用的焊剂是(　　)。
A. 松香助焊剂　　B. 焊锡膏　　C. 中性焊剂　　D. 酒精助焊剂

587. BD019 具有高的导电性、化学作用强、锡焊性能好的焊剂是(　　)。
A. 氯化锌和氯化铵的混合物　　B. 焊锡膏
C. 中性焊剂　　D. 氯化锌和氯化铅的混合物

588. BD019 锡焊流动性差、焊接时间长的焊剂是(　　)。
A. 氯化锌和氯化铵的混合物　　B. 松香助焊剂
C. 中性焊剂　　D. 酒精助焊剂

589. BD020 在电子电路中禁止使用的焊剂是(　　)。
A. 氯化锌和氯化铵的混合物　　B. 焊锡膏
C. 中性焊剂　　D. 松香助焊剂

590. BD020 适用于镍和镍合金、铜和铜合金等金属焊接的焊剂是(　　)。
A. 氯化锌　　B. 焊锡膏　　C. 中性焊剂　　D. 酒精助焊剂

591. BD020 常用于电子电路焊接的焊剂是(　　)。
A. 氯化铵　　B. 焊锡膏　　C. 中性焊剂　　D. 松香助焊剂

592. BD020 可用于仪表、继电器等器件焊接的焊剂是(　　)。
A. 氯化锌和氯化铵的混合物　　B. 焊锡膏
C. 中性焊剂　　D. 酒精助焊剂

593. BD021 常用的清洗剂有(　　)。
A. 无水酒精和三氟三氯乙烷　　B. 水
C. 酒精和洗涤剂　　D. 松香、酒精助焊剂

594. BD021 用于焊后清洗的清洗剂是(　　)。
A. 水　　B. 焊锡膏　　C. 无水酒精　　D. 三氟三氯乙烷

595. BD021 无水酒精要求乙醇含量在(　　)以上。
A. 90%　　B. 95%　　C. 99%　　D. 99.5%

596. BD021 具有不燃不爆、无腐蚀性、绝缘能力强、去油能力强的特点的高档清洗剂是(　　)。
A. 氯化锌和氯化铵的混合物　　B. 焊锡膏
C. 无水酒精　　D. 三氟三氯乙烷

597. BD022 下列具有内摩擦力小的特点的是(　　)。
A. 润滑油　　B. 润滑脂　　C. 固体润滑剂　　D. 二硫化钼

598. BD022 在润滑剂中,(　　)不易流失,密封装置简单,维护保养方便,具有防尘和防潮能力。
A. 润滑油　　B. 润滑脂　　C. 固体润滑剂　　D. 酒精

599. BD022 车辆上较为分散的电气元件,如发电机、启动机、刮水电动机等器件上的轴承均使用(　　)润滑。
A. 润滑油　　B. 润滑脂　　C. 二硫化钼　　D. 酒精

600. BD022 在高温、高速下仍具有良好润滑性能的是（ ）。
A. 润滑油 B. 二硫化钼 C. 固体润滑剂 D. 酒精

601. BD023 由动植物脂肪与石灰制成的钙皂稠化矿物润滑油和水（添加剂）制成的是（ ）。
A. 钙基润滑脂 B. 通用锂基润滑脂 C. 复合钙基润滑脂 D. 二硫化钼

602. BD023 由天然脂肪酸锂皂稠化，并加抗氧、缓蚀剂制成的是（ ）。
A. 钙基润滑脂 B. 通用锂基润滑脂 C. 复合锂基润滑脂 D. 二硫化钼

603. BD023 由乙酸钙复合的脂肪酸钙皂稠化矿物润滑油制成的是（ ）。
A. 钙基润滑脂 B. 通用锂基润滑脂 C. 复合钙基润滑脂 D. 二硫化钼

604. BD023 用于润滑分电器凸轮的是（ ）。
A. 钙基润滑脂 B. 通用钙基润滑脂 C. 复合钙基润滑脂 D. 二硫化钼

605. BD024 胶黏剂的主要构成材料是（ ）。
A. 基料 B. 固化剂 C. 增塑剂 D. 稀释剂

606. BD024 能与基料发生化学反应，使基料固化硬结的是（ ）。
A. 增塑剂 B. 固化剂 C. 润滑剂 D. 稀释剂

607. BD024 能提高胶黏剂的柔韧性、耐寒性和冲击强度的是（ ）。
A. 基料 B. 润滑剂 C. 增塑剂 D. 稀释剂

608. BD024 能降低胶黏剂的黏度，提高其浸润能力的是（ ）。
A. 润滑剂 B. 固化剂 C. 增塑剂 D. 稀释剂

609. BD025 用于受力构件的胶接的是（ ）。
A. 结构胶黏剂 B. 绝缘胶黏剂 C. 导电胶黏剂 D. 导磁胶黏剂

610. BD025 环氧树脂、酚醛属于（ ）。
A. 结构增塑剂 B. 绝缘胶黏剂 C. 导电胶黏剂 D. 导磁胶黏剂

611. BD025 在胶黏剂中加入导电填料制成的是（ ）。
A. 结构稀释剂 B. 绝缘胶黏剂 C. 导电胶黏剂 D. 导磁胶黏剂

612. BD025 用于黏结变压器铁芯等磁性材料的是（ ）。
A. 结构胶黏剂 B. 绝缘稀释剂 C. 导电胶黏剂 D. 导磁胶黏剂

613. BD026 胶黏剂须按规定的（ ）配制，并搅拌均匀。
A. 比例 B. 温度 C. 密度 D. 质量

614. BD026 涂敷时应注意胶黏剂的黏度和涂敷的（ ）。
A. 比例 B. 速度 C. 温度 D. 质量

615. BD026 涂敷时必须保证胶层（ ）。
A. 疏松 B. 无气泡，无缺胶 C. 牢固 D. 符合温度要求

616. BD026 加热固化时，须严格控制胶缝的（ ）。
A. 密度 B. 宽度 C. 长度 D. 实际温度

617. BD027 绝缘材料按（ ）可分为气体绝缘材料、液体绝缘材料和固体绝缘材料。
A. 物理形态 B. 化学成分 C. 工作原理 D. 材质

618. BD027 绝缘材料按（ ）可分为有机绝缘材料和无机绝缘材料。
A. 物理形态 B. 化学成分 C. 工作原理 D. 材质

619. BD027 下列属于固体绝缘材料的是（ ）。

A. 氧气 B. 电容器油 C. 二氧化碳 D. 云母制品

620. BD027 下列属于液体绝缘材料的是(　　)。

A. 空气 B. 电容器油 C. 二氧化碳 D. 云母制品

621. BD028 电工绝缘材料主要用来隔离不同(　　)的导体。

A. 电位 B. 电流 C. 电阻 D. 电压

622. BD028 电气设备的功能和工作极限在很大程度上取决于绝缘材料的(　　)。

A. 规格和型号 B. 品种和质量 C. 温度和质量 D. 品种和密度

623. BD028 电容器绝缘薄膜除具有隔离不同电位导体的作用外,还具有(　　)的作用。

A. 防潮 B. 防霉 C. 防静电 D. 灭弧

624. BD028 铅蓄电池壳体除具有隔离不同电位导体的作用外,还具有(　　)的作用。

A. 防潮 B. 防霉 C. 装配支撑 D. 灭弧

625. BD029 绝缘材料被外部施加的电压击穿时的电压值叫作(　　)。

A. 绝缘强度 B. 绝缘等级 C. 耐热等级 D. 电压降

626. BD029 绝缘材料承受高温而不致损坏的能力是(　　)。

A. 绝缘硬度 B. 耐热性 C. 耐热等级 D. 电击穿性

627. BD029 固体绝缘材料按(　　)程度不同分为 7 个等级。

A. 耐寒 B. 耐热 C. 耐磨 D. 耐压

628. BD029 石英、石棉、云母、玻璃和电瓷材料的极限工作温度均在(　　)以上。

A. 120 ℃ B. 130 ℃ C. 155 ℃ D. 180 ℃

629. BD030 在薄膜的一面或两面黏合纤维材料而制成的一类绝缘材料称为(　　)。

A. 复合材料 B. 绝缘薄膜 C. 有机绝缘材料 D. 电热材料

630. BD030 复合材料的厚度一般为(　　)。

A. 0.006～0.02 mm B. 0.10～0.30 mm

C. 0.02～0.10 mm D. 0.03～0.06 mm

631. BD030 复合材料中的纤维材料主要用来加强薄膜的(　　),提高其抗拉强度和表面硬度。

A. 抗氧化性 B. 力学性能 C. 抗熔焊性 D. 耐腐蚀性

632. BD030 聚酯薄膜绝缘纸复合绝缘材料的型号为 6520,耐热等级为(　　)。

A. A 级 B. B 级 C. E 级 D. F 级

633. BD031 具有良好的黏结性能、电气性能和耐溶性能的是(　　)。

A. 薄膜黏带 B. 织物黏带 C. 无底材黏带 D. 电磁材料

634. BD031 以无碱玻璃布或棉布为底材,涂以胶黏剂,经烘焙、切割而成的是(　　)。

A. 薄膜黏带 B. 织物黏带 C. 无底材黏带 D. 电热材料

635. BD031 由硅橡胶或丁基橡胶和填料、硫化剂等经混炼、挤压而成的是(　　)。

A. 薄膜黏带 B. 织物黏带 C. 无底材黏带 D. 电解材料

636. BD031 具有弹性好、伸缩性大、包扎紧密性好的特点的是(　　)。

A. 薄膜黏带 B. 织物黏带 C. 无底材黏带 D. 绝缘材料

637. BD032 具有涂层薄、附着力强、坚硬、光滑、厚度均匀、耐油、耐潮、电气性能好的特点的是(　　)。

A. 硅钢片漆 B. 覆盖漆 C. 浸渍漆 D. 油漆

638. BD032 在溶剂漆中，具有较好的耐油性、耐电弧性，干燥迅速，涂膜平滑而有光泽的是（ ）。

A. 聚酯亚胺浸渍漆 B. 醇酸浸渍漆
C. 有机硅浸渍漆 D. 三聚氰胺醇酸浸渍漆

639. BD032 无溶剂浸渍漆具有固化时间短、（ ）、流动性和渗透性好、绝缘整体性好、固化过程中挥发物少等特点。

A. 黏度随空气湿度变化快 B. 黏度随空气湿度变化慢
C. 黏度随温度变化快 D. 黏度随温度变化慢

640. BD032 在溶剂漆中，用于工作温度高、电气性能要求高的电动机、电气绕组浸渍的是（ ）。

A. 聚酯亚胺浸渍漆 B. 醇酸浸渍漆
C. 有机硅浸渍漆 D. 三聚氰胺醇酸浸渍漆

641. BD033 常用于直流电动机换相器铜片间绝缘的云母制品是（ ）。

A. 白云母 B. 金云母 C. 云母板 D. 合成云母

642. BD033 常用于电动机匝间绝缘或绕组绝缘的云母制品是（ ）。

A. 白云母 B. 云母带 C. 金云母 D. 绝缘薄膜

643. BD033 云母制品是以云母、胶黏剂及（ ）为基料，经过不同加工制成的绝缘物。

A. 稀释剂 B. 溶剂 C. 补强材料 D. 固化剂

644. BD033 云母制品具有（ ）的性能。

A. 不燃烧、不吸潮 B. 附着力强 C. 伸缩性强 D. 导热性强

645. BD034 软磁材料是一种（ ）的磁性材料。

A. 易于磁化，也易于去磁 B. 易于磁化，不易于去磁
C. 不易于磁化，易于去磁 D. 不易于磁化，不易于去磁

646. BD034 铁镍合金和其他软磁材料相比，是在弱磁场下由（ ）的材料制成的。

A. 磁导率低、矫顽力低 B. 磁导率低、矫顽力高
C. 磁导率高、矫顽力高 D. 磁导率高、矫顽力低

647. BD034 软磁材料具有很高的磁导率，（ ）。

A. 剩磁和矫顽力很低，磁滞现象较重 B. 剩磁和矫顽力很高，磁滞现象较重
C. 剩磁和矫顽力很低，磁滞现象较轻 D. 剩磁和矫顽力很高，磁滞现象较轻

648. BD034 电阻率高、饱和磁感应强度低、温度稳定性差的是（ ）。

A. 电工纯铁 B. 软磁铁氧体 C. 硅钢片 D. 铁镍合金

649. BD035 硬磁材料又称永磁材料或恒磁材料，它有较高的（ ）和矫顽力。

A. 剩磁 B. 抗腐蚀性 C. 磁导率 D. 导电性

650. BD035 用于制作车用雨刮电动机、暖风驱动电动机、座位移动升降电动机的磁极的是（ ）。

A. 半硬磁材料 B. 复合硬磁材料 C. 金属硬磁材料 D. 铁氧体材料

651. BD035 飞轮使用的硬磁材料主要是（ ）。

A. 铝镍钴永磁材料 B. 钐钴永磁材料
C. 铁氧体永磁材料 D. 钕铁硼永磁材料

652. BD035 速度计传感器使用的硬磁材料为（ ）。

A. 铝镍钴永磁材料　B. 钐钴永磁材料
C. 铁氧体永磁材料　D. 钕铁硼永磁材料

653. BE001　磁感应车速里程表主要由(　　)、感应罩、护罩壳、盘形弹簧、刻度盘和指针六部分组成。
A. 永久磁铁　B. 电阻　C. 转子　D. 黄铜片

654. BE001　下列属于车速指示表的组件的是(　　)。
A. 永磁铁　B. 盘形弹簧　C. 数字轮　D. 指针

655. BE001　电传动动圈式车速里程表由变速器上的(　　)和仪表板上的指示表组成。
A. 整流器　B. 变换器　C. 蜗杆　D. 传感器

656. BE001　下列属于磁感应里程计数器组件的是(　　)。
A. 永磁铁　B. 蜗轮蜗杆　C. 盘形弹簧　D. 护罩

657. BE002　下列属于灯光信号装置的是(　　)。
A. 报警器　B. 蜂鸣器　C. 喇叭　D. 制动灯

658. BE002　下列属于音响信号装置的是(　　)。
A. 报警器　B. 小灯　C. 尾灯　D. 工作灯

659. BE002　汽车上除了标识灯外，还有必备的声信号设备，如(　　)等。
A. 音响设施　B. 报警器、制动灯　C. 蜂鸣器、喇叭　D. 制动灯、蜂鸣器

660. BE002　发出转向信号和危险警报信号的必要元件是(　　)，它串联在转向信号灯与转向指示灯电路中。
A. 音响设施　B. 报警器　C. 闪光器　D. 蜂鸣器

661. BE003　汽车上都装有燃油表，用来指示燃油箱内的油量，它由燃油传感器和(　　)两个主要部分组成。
A. 指示表　B. 油压表　C. 温度表　D. 密度表

662. BE003　下列不属于电磁式燃油指示表的组件的是(　　)。
A. 浮子　B. 转子　C. 指针　D. 左线圈

663. BE003　下列不属于燃油传感器组件的是(　　)。
A. 浮子　B. 转子　C. 浮子杆　D. 滑动触点

664. BE003　燃油表有电热式和电磁式两种类型，但其传感器均为(　　)。
A. 滑线式电阻器　B. 热敏电阻器　C. 压敏电阻器　D. 可变电阻器

665. BE004　转向信号灯的灯光为(　　)或琥珀色。
A. 白色　B. 绿色　C. 黄色　D. 蓝色

666. BE004　制动灯又叫作刹车灯，灯光为红色，要求白天在距离车尾(　　)处能确认其灯光信号。
A. 20 m　B. 50 m　C. 80 m　D. 100 m

667. BE004　前示宽灯的灯光为(　　)或琥珀色。
A. 白色　B. 黄色　C. 绿色　D. 蓝色

668. BE004　尾灯俗称后灯，灯光多为红色，灯泡功率一般为(　　)。
A. 4～6 W　B. 5～7 W　C. 6～8 W　D. 8～10 W

669. BE005　在汽车上，电流表可以检视(　　)的电流。
A. 启动机　B. 蓄电池充放电　C. 发电机励磁　D. 电喇叭

670. BE005 有的电磁式电流表的表壳上有一个转换按钮，除能够测量铅蓄电池的充放电电流外，还能检测汽车电系的（ ）。

A. 启动机电流 B. 发电机电流 C. 电喇叭电流 D. 电压高低

671. BE005 在汽车上电流表主要用来指示蓄电池充电电流和放电电流的大小，此外还能根据放电电流的大小来判断（ ）电路的故障。

A. 启动系 B. 点火系 C. 音响 D. 仪表

672. BE005 发电机向蓄电池充电时，电磁式电流表（ ）。

A. 永久磁铁磁感应强度增大 B. 永久磁铁磁场方向改变

C. 合成磁场方向改变 D. 合成磁场方向不变

673. BE006 闪光继电器的种类繁多，包括电热式、（ ）和晶体管式等多种。

A. 电容式 B. 阻丝电磁式 C. 液压式 D. 多级触点式

674. BE006 电子闪光继电器分为晶体管式和（ ）两种。

A. 电感式 B. 热丝式 C. 集成电路式 D. 电磁式

675. BE006 下列属于晶体管闪光继电器的是（ ）闪光继电器。

A. 单触点式 B. 双触点式 C. 无触点式 D. 热丝式

676. BE006 利用电容器充放电变化使电磁力变化，进而使转向灯和转向指示灯闪烁的是（ ）闪光器。

A. 翼片式 B. 热丝式 C. 集成电路式 D. 电容式

677. BE007 在汽车上属于电气仪表的是（ ）。

A. 水温表、机油压力表、燃油表 B. 水温表、气压表、里程表

C. 机油压力表、气压表、里程表 D. 燃油表、气压表、里程表

678. BE007 汽车上用的电流表是（ ）。

A. 交流电流表 B. 直流电流表 C. 交直流两用表 D. 交、直流表均可

679. BE007 由指示表及传感器组成，用来显示发动机主油道机油压力大小的汽车电气仪表是（ ）。

A. 燃油表 B. 气压表 C. 油压表 D. 机油压力表

680. BE007 汽车电气仪表中，指示发动机冷却水工作温度是否正常的是（ ）。

A. 电流表 B. 水温表 C. 燃油表 D. 机油压力表

681. BE008 汽车上的硅整流发电机一般由一台三相交流发电机和一套（ ）两大部分组成。

A. 硅三极管整流器 B. 硅二极管整流器

C. 调节器 D. 晶体管

682. BE008 下列属于硅整流发电机组件的是（ ）。

A. 开关 B. 啮合器 C. 换向器 D. 转子

683. BE008 下列不属于硅整流发电机组件的是（ ）。

A. 定子 B. 电刷 C. 拨叉 D. 端盖

684. BE008 硅整流发电机组件中能产生三相对称交流电的是（ ）。

A. 定子 B. 啮合器 C. 换向器 D. 转子

685. BE009 硅整流发电机的优点有（ ）。

A. 不怕短路 B. 安装困难 C. 温度低 D. 对无线电干扰小

686. BE009　硅整流发电机的优点有(　　)。
A. 热量高　B. 热量低　C. 体积小、质量轻　D. 高速不充电

687. BE009　硅整流发电机的缺点有(　　)。
A. 结构复杂　B. 低速充电性能差　C. 怕短路　D. 配用的调节器复杂

688. BE009　硅整流发电机的优点不包括(　　)。
A. 结构简单　B. 低速充电性能好　C. 高速充电性能好　D. 配用的调节器简单

689. BE010　判断燃油表故障时，首先应检查(　　)。
A. 开关　B. 仪表保险　C. 传感器　D. 线路

690. BE010　接通点火开关后燃油表指针指向“无油”位置不动，此时应检查燃油表接线，若接线正确，应接通点火开关，拆下传感器导线，若指针向“油满”处移动，说明(　　)。
A. 导线断路　B. 传感器断路　C. 传感器内部搭铁　D. 传感器短路

691. BE010　接通点火开关后燃油表指针指向“无油”位置不动，此时应检查燃油表接线，若接线正确，应接通点火开关，拆下传感器导线，若指针不动，此时将燃油表电流接线柱搭铁试火，如有火花，说明(　　)。
A. 浮子损坏　B. 燃油表内部线圈断路
C. 电源线断路　D. 电源线短路

692. BE010　接通点火开关后燃油表指针指向“油满”位置，将燃油表传感器导线搭铁，若指针退回，则说明(　　)。
A. 燃油表过载　B. 传感器损坏　C. 燃油表内部短路　D. 燃油表内部断路

693. BE011　查找水温表故障时，首先应检查(　　)。
A. 开关　B. 仪表保险　C. 水温传感器　D. 线路

694. BE011　当水温指示出现故障，显示不准时，首先应检查(　　)。
A. 开关　B. 仪表保险　C. 水温传感器　D. 线路

695. BE011　发动机工作时，指针不动，将点火开关接通，若此时燃油表或其他警告灯不亮，则说明故障在(　　)之间。
A. 水温表至传感器　B. 蓄电池至水温表
C. 点火开关至水温表　D. 点火开关至蓄电池

696. BE011　当接通点火开关，指针指向最高温度时，拔出水温表传感器上的导线插头，若指针不能退回低温处，表明(　　)。
A. 导线搭铁　B. 导线断路　C. 导线短路　D. 传感器失效

697. BE012　机油压力表无显示时首先应检查(　　)。
A. 开关　B. 仪表保险　C. 机油压力传感器　D. 线路

698. BE012　机油压力表显示不准时，首先应检查(　　)。
A. 开关　B. 仪表保险　C. 机油压力传感器　D. 线路

699. BE012　如果机油压力表压力低，可以拆下传感器，发动机怠速运转，如果连接传感器的孔没有机油流出，则说明问题出在(　　)。
A. 油压表　B. 传感器　C. 发动机　D. 线路

700. BE012　如果油压表失灵，此时拆下导线，将点火开关接通，用导线瞬时触地，如果指针(　　)，则说明油压表良好，而传感器有故障。

A. 为零　　B. 走到上限　　C. 来回摆动　　D. 走到中间

701. BE013　在不解体诊断硅整流发电机故障中，当使用万用表电压挡进行诊断时，要求发动机运转在(　　)以上。

A. 怠速　　B. 低速　　C. 中速　　D. 高速

702. BE013　在不解体诊断硅整流发电机故障中，当使用万用表电压挡进行诊断时，应将红表笔接(　　)。

A. 发电机“B+”接线柱　　B. 发电机外壳

C. 发电机导线接头　　D. 车架

703. BE013　在不解体诊断硅整流发电机故障中，当使用万用表电压挡进行诊断时，12 V 电气系统的电压标准值应在(　　)左右。

A. 10 V　　B. 14 V　　C. 18 V　　D. 20 V

704. BE013　在不解体诊断硅整流发电机故障中，当使用外接电流表进行诊断时，电流表应有(　　)充电指示，表明发电机工作正常，否则表明发电机不发电。

A. 10～12 A　　B. 8～10 A　　C. 5～8 A　　D. 3～5 A

705. BF001　对于载货汽车，以发动机附离合器总成为主，结合车架总成或者两个及两个以上其他主要总成需要大修时，即可组织(　　)。

A. 整车大修　　B. 总成大修　　C. 汽车小修　　D. 汽车中修

706. BF001　汽车大修中，一种错误的做法是恢复汽车的(　　)。

A. 经济性　　B. 动力性　　C. 外貌　　D. 可靠性

707. BF001　经过技术鉴定，多数总成已达到磨损极限，对汽车所进行的一次全面恢复性修理称为(　　)。

A. 总成大修　　B. 汽车中修　　C. 汽车小修　　D. 汽车大修

708. BF001　新车或者大修后的车辆在行驶一定里程后，经过检测诊断和技术鉴定，用修理或更换车辆任何零部件的方法，恢复车辆的完好技术状况，完全或接近完全恢复车辆寿命的恢复性修理是(　　)。

A. 总成大修　　B. 汽车中修　　C. 汽车小修　　D. 汽车大修

709. BF002　零件修复中最基本、最重要和最常用的修复方法是(　　)。

A. 机械加工修复法　　B. 焊接和堆焊法

C. 修理尺寸法　　D. 附加零件修理法

710. BF002　将待修配合副中的一个零件利用机械加工的方法恢复其正确的几何形状并获得新的修理尺寸，然后选配具有相应尺寸的另一配合件与之相配，恢复配合性质的修复方法是(　　)。

A. 附加零件修理法　　B. 修理尺寸法

C. 零件的局部更换修理法　　D. 转向和翻转修理法

711. BF002　通过机械加工方法将磨损部分切去，恢复零件磨损部位的几何形状，然后加工一个套，采用过盈配合的方法将其镶在被切去的部位，以代替零件磨损或损伤部分，恢复其基本尺寸的修复方法是(　　)。

A. 零件的局部更换修理法　　B. 修理尺寸法

C. 附加零件修理法　　D. 转向和翻转修理法

712. BF002　具有多个工作面的汽车零件，由于各工作表面在使用中磨损不一致，当某些部位损坏时，其他部位尚可使用，为防止浪费，可采用(　　)。

A. 转向和翻转修理法　　B. 修理尺寸法

C. 附加零件修理法　　D. 局部更换修理法

713. BF003　主要螺栓的螺纹均应伸出螺母(　　)。

A. 1～3 扣　　B. 2 扣以上　　C. 3 扣以上　　D. 4 扣以上

714. BF003　用过的铜皮、铁皮、石棉衬垫及软木衬垫，在完全合用的条件下仍可装用，各种垫片不得涂抹(　　)。

A. 汽油　　B. 油漆　　C. 柴油　　D. 酒精

715. BF003　所有皮质油封在装配之前必须浸入已加热至(　　)的机油和煤油各半的混合液中 5～8 min 方可使用。

A. 40 ℃　　B. 50 ℃　　C. 60 ℃　　D. 70 ℃

716. BF003　气缸盖，进、排气歧管，化油器，水泵及气缸水道侧盖等处的螺栓和双头螺栓安装前螺纹上应涂(　　)以利于密封。

A. 汽油　　B. 柴油　　C. 润滑油　　D. 红丹油

717. BF004　汽车进厂大修时，随车工具及备用品不属于汽车附件者由(　　)保管。

A. 修理厂　　B. 车主　　C. 送修单位　　D. 专人

718. BF004　除肇事车或长期停驶等特殊情况外，送修汽车必须保持(　　)状态。

A. 行驶　　B. 解体　　C. 装合　　D. 易拆

719. BF004　送修车辆或总成应是(　　)。

A. 解体状态

B. 装备齐全状态，零件、总成不得缺少或拆换

C. 易拆状态

D. 螺栓与螺母分开状态

720. BF004　车辆和总成送修时，应将车辆和总成的(　　)一并送承修单位。

A. 有关技术档案　　B. 随车工具　　C. 随车备用品　　D. 保修合同

721. BF005　利用量具或测量仪器测出零件的损伤情况的方法称为(　　)。

A. 检视法　　B. 探伤法　　C. 测量法　　D. 敲击法

722. BF005　下列属于探伤方法的是(　　)。

A. 磁力探伤和浸油敲击探伤　　B. 检视法

C. 测量法　　D. 外表检查法

723. BF005　由检验人员通过感官掌握零件的损伤情况，并根据经验判断零件是否可用的方法叫作(　　)。

A. 测量法　　B. 检视法　　C. 探伤法　　D. 磁力法

724. BF005　鉴定零件深层缺陷的方法是(　　)。

A. 检视法　　B. 磁力探伤法　　C. 荧光探伤法　　D. 超声波探伤法

725. BF006　汽车修理中，根据检验结果，零件可分为(　　)三类。

A. 可用零件、待修零件、报废零件　　B. 报废零件、新零件、加工零件

C. 需修零件、新零件、加工零件　　D. 可用零件、新零件、加工零件

726. BF006　使用后磨损轻微的零件，其尺寸、形状、位置误差和配合关系均在大修技术标准中的许用尺寸和许用配合要求范围内，不经修理尚可继续装车使用，这类零

件是(　　)。

A. 报废零件　B. 待修零件　C. 可用零件　D. 新零件

727. BF006　通过各种修理工艺,可恢复其基本尺寸、几何形状和位置、力学性能及配合关系的零件是(　　)。

A. 报废零件　B. 待修零件　C. 可用零件　D. 新零件

728. BF006　损耗严重,其尺寸、形状、位置误差和配合关系不仅超过了许用尺寸或许用配合要求,甚至接近或超过了维修技术数据中规定的使用极限,无修复价值的零件叫作(　　)。

A. 报废零件　B. 需修零件　C. 可用零件　D. 修理零件

729. BF007　下列属于进厂检验的是(　　)。

A. 外表检验和行驶检验　B. 正常检验

C. 非正常检验　D. 解体检验

730. BF007　察看汽车外部有无碰伤、零部件是否齐全的检查叫作(　　)。

A. 正常检查　B. 外表检查　C. 非正常检查　D. 行驶检查

731. BF007　送修车辆除进行外表检查外,还要进行(　　)。

A. 正常检查　B. 非正常检查　C. 行驶检查　D. 仪器检查

732. BF007　对送修车辆离合器工作有无发抖、打滑的检查属于(　　)。

A. 正常检查　B. 外表检验　C. 行驶检查　D. 仪器检查

733. BF008　点火开关的作用是控制点火系(　　)、仪表电路、启动机的断电器电路等。

A. 次级电路　B. 初级电路　C. 初级线圈　D. 次级线圈

734. BF008　点火开关的主要作用是接通或切断(　　)。

A. 转向灯电路　B. 音响电路　C. 点火电路　D. 仪表电路

735. BF008　点火开关除能接通点火电路外,启动发动机时还能接通(　　)。

A. 灯光　B. 启动机　C. 音响　D. 暖风

736. BF008　CA1091 型汽车点火开关逆时针旋转,转为正挡,使发动机熄火,接通(　　)。

A. 顶灯电路　B. 工作灯电路　C. 刹车灯电路　D. 音响电路

737. BF009　CA1091 型汽车点火开关上的 1 号接柱应接(　　)。

A. 电源正极　B. 电源负极　C. 负载正极　D. 负载负极

738. BF009　CA1091 型汽车点火系的电源应该接在点火开关的(　　)上。

A. 1 号接柱　B. 2 号接柱　C. 3 号接柱　D. 4 号接柱

739. BF009　CA1090 型汽车启动机的控制电路应接在点火开关的(　　)上。

A. 1 号接柱　B. 2 号接柱　C. 3 号接柱　D. 4 号接柱

740. BF009　大多数汽车采用四挡位式点火开关,其中Ⅱ挡为(　　)。

A. ON(通)　B. OFF(断)　C. ST(启动)　D. ACC(辅助电器)

741. BF010　国产汽车六缸发动机的点火顺序常用的是(　　)。

A. 1—5—3—6—2—4　B. 1—3—2—6—4—5

C. 1—2—3—4—5—6　D. 1—6—2—3—4—5

742. BF010　国产汽车四缸发动机常用的点火顺序是(　　)。

A. 1—2—3—4　B. 1—3—4—2　C. 1—4—2—3　D. 1—4—3—2

743. BF010　国产汽车六缸发动机的点火顺序除常用的外,还有(　　)。

A. 1—6—5—4—3—2　B. 1—3—5—2—4—6
C. 1—4—2—6—3—5　D. 1—2—4—3—5—6

744. BF010　V 形六缸发动机的点火顺序是（　　）。
A. 1—4—5—2—3—6　B. 1—4—5—6—2—3
C. 1—5—4—3—6—2　D. 1—6—4—5—3—2

745. BF011　电磁导线、电线电缆属于电工材料中的（　　）。
A. 导电材料　B. 绝缘材料　C. 磁性材料　D. 其他电工材料

746. BF011　电阻率大于 $10^7\ \Omega \cdot m$ 的材料在电工技术上叫作（　　）。
A. 导电材料　B. 绝缘材料　C. 磁性材料　D. 其他电工材料

747. BF011　软磁材料分为金属软磁材料、（　　）和磁介质三大类。
A. 合金软磁材料　B. 铁软磁材料　C. 铁氧体软磁材料　D. 复合软磁材料

748. BF011　金属硬磁材料包括铝镍钴系永磁合金、（　　）和塑性变形硬磁材料。
A. 铁镍系永磁合金　B. 稀土钴系永磁合金
C. 铁铝系永磁合金　D. 铁氧永磁合金

749. BF012　通以电流后产生磁场，或切割磁力线后产生电流，以实现电能与磁能相互转换的是（　　）。
A. 电磁导线　B. 电线电缆　C. 高压电缆　D. 电工材料

750. BF012　常用以绕制电机、电工仪表中的线圈或绕组的是（　　）。
A. 电磁导线　B. 电线电缆　C. 低压电缆　D. 电工材料

751. BF012　汽车上各种电气设备之间的联系是通过（　　）及各种配电设备完成的。
A. 电磁导线　B. 电线电缆　C. 导线　D. 电工材料

752. BF012　熔体材料以及电刷、电阻合金等导电材料不仅具备传统导电材料的功能，还具有（　　）等特殊功能。
A. 高电阻、电热、电接触　B. 低电阻、电热、电接触
C. 能实现电能和磁能的相互转换　D. 切割磁力线后产生电流

753. BF013　漆包线的（　　）包括导电线芯金属的电导率和涂膜的击穿电压强度。
A. 电性能　B. 热性能　C. 力学性能　D. 防静电性能

754. BF013　漆包线的（　　）包括导热性、热冲击、热老化及耐热等级等。
A. 电性能　B. 热性能　C. 绝缘性能　D. 化学性能

755. BF013　漆包线的（　　）包括涂膜的耐刮性、柔软性、附着性、回弹性及伸长率等。
A. 绝缘性能　B. 热性能　C. 力学性能　D. 化学性能

756. BF013　漆包线的（　　）是指涂膜承受化学物品侵蚀的能力。
A. 电性能　B. 热性能　C. 力学性能　D. 化学性能

757. BF014　适用于作高速电动机的绕组和矩形线圈以及电气绕组等的是（　　）。
A. 缩醛漆包线　B. 聚酯漆包线　C. 聚氨酯漆包线　D. 聚酯亚胺漆包线

758. BF014　具有优良的电气性能和热稳定性，广泛用于各类电机、仪表绕组中的是（　　）。
A. 缩醛漆包线　B. 聚酯漆包线　C. 缩氨漆包线　D. 聚酯亚胺漆包线

759. BF014　允许在 200 ℃的温度下长期使用的是（　　）。
A. 聚醛漆包线　B. 聚酯漆包线　C. 聚酰亚胺漆包线　D. 聚酯亚胺漆包线

760. BF014　在含水的密封系统中容易水解的是(　　)。
A. 缩醛漆包线　B. 聚酯漆包线　C. 聚氨漆包线　D. 聚酯亚胺漆包线
761. BF015　漆包线按(　　)分为普通漆包线、耐高温漆包线和特种漆包线。
A. 长期使用温度及使用特点　B. 长期使用质量及使用特点
C. 长期使用温度及使用规格　D. 长期使用质量及使用性能
762. BF015　下列属于耐高温漆包线的是(　　)。
A. 缩醛漆包线　B. 聚酰亚胺漆包线　C. 聚氨酯漆包线　D. 聚酯亚胺漆包线
763. BF015　下列属于普通漆包线的是(　　)。
A. 聚酰胺酰亚胺漆包线　B. 聚酰亚胺漆包线
C. 聚酯漆包线　D. 无磁性聚氨酯漆包线
764. BF015　下列属于特种漆包线的是(　　)。
A. 缩醛漆包线　B. 聚酯漆包线
C. 聚氨酯漆包线　D. 环氧基自黏性漆包圆铜线
765. BF016　选用电磁导线时,应根据(　　)确定线径。
A. 电流值及散热条件　B. 承受的电压值
C. 环境温度　D. 绕组的空间因素
766. BF016　根据导体的形状、绝缘层的厚度来选择电磁导线的(　　)。
A. 抗击穿强度值　B. 耐热等级与热性能
C. 空间因素　D. 相容性
767. BF016　选用电磁导线时,应根据所承受的电压值选择(　　)。
A. 空间因素　B. 耐热等级与热性能
C. 抗击穿强度值　D. 相容性
768. BF016　导线截面积相同的电磁导线中,带(箔)状线的空间因素最高,(　　)。
A. 方形线次之,圆线最低　B. 扁线次之,空心线最低
C. 圆线次之,扁线最低　D. 扁线次之,圆线最低
769. BF017　汽车低压导线的选用分为截面积的选用和(　　)的选用。
A. 长度　B. 强度　C. 颜色　D. 线径
770. BF017　为保证导线具有足够的机械强度,选择汽车导线时以截面积不小于(　　)为宜。
A. 0.2 mm^2　B. 0.5 mm^2　C. 0.8 mm^2　D. 1.0 mm^2
771. BF017　选用汽车用低压电线时,应(　　)。
A. 优先选用黑色,再选用白色　B. 优先选用白色,再选用黑色
C. 优先选用单色,再选用双色　D. 优先选用双色,再选用单色
772. BF017　选用低压导线时,导线截面积的确定,除主要考虑用电设备的负载电流外,还应考虑线路的(　　)。
A. 颜色　B. 线径　C. 长度　D. 电压降
773. BF018　高压导线在点火系中的工作电压一般为(　　)。
A. 2～5 kV　B. 5～10 kV　C. 10～15 kV　D. 15～20 kV
774. BF018　高压导线的(　　)。
A. 工作电流较小,截面积较大　B. 工作电流较小,截面积较小

C. 工作电流较大，截面积较大　　D. 工作电流较大，截面积较小

775. BF018　为保证高压导线良好的绝缘性能，应根据点火系(　　)的数值选择其绝缘材料和导线外径。

A. 一次电压　　B. 二次电压　　C. 电压降　　D. 电压

776. BF018　为抑制和衰减点火系产生的(　　)，应选择高压阻尼点火导线。

A. 电压降　　B. 电磁波　　C. 电火花　　D. 无线电电磁波

777. BF019　延时熔断器用于对(　　)的保护。

A. 大容量电路　　B. 电子电路　　C. 小容量电路　　D. 电热设备

778. BF019　熔体材料的主要参数是(　　)。

A. 材质和型号　　B. 熔点和电阻温度系数

C. 热导率和灭弧能力　　D. 稳定性和可靠性

779. BF019　对于电子设备负载，一旦电流超过额定值，熔体应(　　)。

A. 在较长时间内熔断　　B. 分解

C. 在极短时间内立即熔断　　D. 不熔断

780. BF019　易熔线主要用于保护(　　)。

A. 弱电流电路　　B. 小电流电路　　C. 大电阻电路　　D. 大电流电路

781. BF020　电刷是常用的电工材料之一，用于(　　)。

A. 电机换向器或集电环　　B. 熔断器或易熔线

C. 闪光继电器或电热式自动阻风门　　D. 暖风机或电热塞

782. BF020　选用电刷时，应首先根据电机的种类及用途选择电刷的材质，再根据电刷的允许(　　)及使用环境选择电刷的型号。

A. 弹簧压力、规格尺寸　　B. 电流密度、圆周速度

C. 振动情况、温度　　D. 规格尺寸、结构形式

783. BF020　电刷的材质是天然石墨质时，适用于(　　)。

A. 油泵电动机　　B. 座位移动电动机　　C. 直流发电机　　D. 24 V 启动电动机

784. BF020　电刷的材质是电化石墨质时，适用于(　　)。

A. 暖风电动机　　B. 刮水电动机　　C. 洗涤机电动机　　D. 交流发电机

785. BF021　若为感性负载，且触头的运动速度较快时，应选用机械磨损低、电损蚀小、(　　)的电触头材料。

A. 抗熔焊性能好、灭弧能力强　　B. 导电、导热性能良好

C. 硬度大、强度高　　D. 耐腐蚀、抗氧化

786. BF021　大电流条件下应选用(　　)，在通断过程中耐热、耐侵蚀且抗熔焊性好的电触头材料。

A. 机械磨损低、电损蚀小　　B. 导电、导热性能良好

C. 硬度大、强度高　　D. 接触电阻小

787. BF021　小电流条件下应选用(　　)、耐腐蚀、抗氧化、使用寿命长的电触头材料。

A. 灭弧能力强　　B. 导电、导热性能良好

C. 硬度大、强度高　　D. 接触电阻小

788. BF021　通断频率高的电触头应选用(　　)、接触电阻稳定、抗熔焊性能好的电触头材料。

A. 机械磨损低　　B. 导电、导热性能良好
C. 硬度大、强度高、耐蚀性好　　D. 接触电阻小

789. BF022　热双金属片材料是由(　　)系数差异较大的两种金属(或合金)牢固结合而形成的组合材料。
A. 热膨胀　　B. 磨损　　C. 耐腐蚀　　D. 导电

790. BF022　热双金属片常用的被动层材料为(　　)。
A. 锰镍铜铁合金　　B. 铁镍合金　　C. 铁镍铬合金　　D. 镍锰铁合金

791. BF022　热双金属片受热时(　　)是它的基本特性。
A. 把电位不同的带电部分隔离开来　　B. 接通电路
C. 切断电路　　D. 产生弯曲变形

792. BF022　汽车电器中的闪光继电器采用的是(　　)材料。
A. 电触头　　B. 电阻合金　　C. 热双金属片　　D. 电刷

793. BF023　汽车调节器中的加速电阻采用(　　)制成。
A. 康铜　　B. 锰铜　　C. 硅锰铜　　D. 镍铬

794. BF023　精密仪器仪表用的标准电阻一般采用温度系数小的(　　)材料制成。
A. 康铜　　B. 锰铜　　C. 硅锰铜　　D. 镍铬

795. BF023　汽车点火线圈上的附加电阻采用(　　)制成。
A. 康铜　　B. 锰铜　　C. 硅锰铜　　D. 镍铬丝或铁铬铝丝

796. BF023　电阻合金按用途可分为调节用电阻合金、精密仪器仪表用电阻合金、(　　)三类。
A. 温度补偿用电阻合金　　B. 产生弯曲变形用电阻合金
C. 传感器用电阻合金　　D. 切段电路用电阻合金

797. BF024　按材料的性质不同,电热材料可分为金属材料和(　　)两类。
A. 非金属材料　　B. 磁性材料　　C. 非磁性材料　　D. 导电材料

798. BF024　电热材料应具有较高的电阻率,(　　)。
A. 较高的电阻温度系数　　B. 较低的电阻温度系数
C. 较低的感抗系数　　D. 较高的感抗系数

799. BF024　碳化硅属于(　　)电热材料。
A. 金属　　B. 磁性　　C. 导电　　D. 非金属

800. BF024　电热材料在汽车的(　　)中应用广泛。
A. 分电器　　B. 闪光继电器　　C. 暖风机　　D. 启动开关

801. BF025　启动机通电后不运转,可能的原因是启动机(　　)。
A. 内部断路　　B. 电刷弹簧折断　　C. 内部搭铁　　D. 内部短路

802. BF025　启动机空转,需检修啮合器是否(　　)。
A. 烧蚀或打滑　　B. 打滑或损坏　　C. 脏污或打滑　　D. 烧蚀或损坏

803. BF025　启动机运转缓慢无力,主要原因是启动机内部的(　　)。
A. 电磁卡关断路　　B. 磁场线圈断路　　C. 减震弹簧折断　　D. 电刷磨损过限

804. BF025　蓄电池电量不足,会引起启动机(　　)。
A. 空转　　B. 不运转　　C. 运转缓慢无力　　D. 转速过快

二、判断题(正确的填“√”,错误的填“×”)

(　　)1. AA001　电路组成中,电源是供应电能的装置。
(　　)2. AA001　所谓电路,就是把电源、用电器、开关用导线连接起来组成的电压路径。
(　　)3. AA002　习惯上规定用正电荷移动的方向来表示电流方向。
(　　)4. AA002　金属中的电流是电子定向移动产生的,液体中的电流是离子定向移动产生的。
(　　)5. AA003　如果在 1 s 内通过导体横截面的电量是 1 C,则此导体中的电流为 1 A。
(　　)6. AA003　电流的强度就是电流的宽度。
(　　)7. AA004　如果电场力把 1 C 电量从 A 端移到 B 端所做的功是 1 J,则 A、B 两端间的电压就等于 1 V。
(　　)8. AA004　1 mV 等于 10^3 V。
(　　)9. AA005　负载两端的电压叫作电压降。
(　　)10. AA005　电动势的基本单位是安[培]。
(　　)11. AA006　同一材质的导体,截面积相同,长度不同,电阻值就不相同。
(　　)12. AA006　铜的电阻较大,是良好的绝缘体。
(　　)13. AA007　加在某电阻两端的电压是 1 V,电阻内通过的电流是 1 A 时,这个电阻的阻值是 1 mΩ。
(　　)14. AA007　大于欧[姆]的单位有“兆欧”和“千欧”等。
(　　)15. AA008　变压器油、开关油等属于绝缘材料。
(　　)16. AA008　电流不容易通过的物体叫作导体。
(　　)17. AA009　半导体的电阻率一般在 $10^{-3}\sim10^{8}$ Ω·m 范围内。
(　　)18. AA009　利用半导体的导电能力随外界条件变化而发生显著变化的特性,可以制出不同用途的晶体管。
(　　)19. AA010　串联电路中流过每个电阻的电流相等。
(　　)20. AA010　电阻串联后,每个电阻两端的电压大于电路两端的总电压。
(　　)21. AA011　两个电阻并联,总电阻等于两个电阻之积比上两个电阻之和。
(　　)22. AA011　把几个导体并联起来,若其中一个电阻变大,则总阻值变大。
(　　)23. AA012　串联电路中,某一用电设备的端电压增大,其他设备的端电压就要减小。
(　　)24. AA012　在串联电路中电压处处相等。
(　　)25. AA013　并联电路中总电压与各支路电压相等。
(　　)26. AA013　并联电路中各支路电流一定相等。
(　　)27. AA014　电流在一段电路上所做的功与这段电路两端的电压成正比。
(　　)28. AA014　电流通过用电负载做功的过程,实际上就是机械能转换为其他形式能量的过程。
(　　)29. AA015　负载上的电功率与负载两端的电压成正比。
(　　)30. AA015　负载上的电功率与负载中的电流成反比。
(　　)31. AA016　汽车上的照明灯是利用电流产生的热量使灯丝达到白炽状态而发光的。
(　　)32. AA016　熔丝是利用电压产生的热量使其熔断而切断电源的。
(　　)33. AA017　电气设备的额定电流、额定电压、额定功率等统称为电气设备的额定值。

(　　)34. AA017　只要用电设备的工作电压高于额定电压，用电设备就可正常工作。
(　　)35. AA018　当电源两端被短路时，外电路的电阻接近零，电源中将通过极大的电流。
(　　)36. AA018　负载在额定功率下的工作状态叫作额定工作状态或过载。
(　　)37. AA019　电容器一般用纸、云母、空气、瓷等作为介质。
(　　)38. AA019　电容器不但能储存电荷，还可以发电。
(　　)39. AA020　两电容器串联后，总电容等于两电容器电容的倒数之和。
(　　)40. AA020　两电容器并联后，总电容等于两电容器电容之和。
(　　)41. AB001　在汽车电路修理中，常用的是 300 mm 规格的螺丝刀。
(　　)42. AB001　螺丝刀的规格可以按手柄长短分。
(　　)43. AB002　冲击螺丝刀属于电动式螺丝刀。
(　　)44. AB002　螺丝刀有平口、十字、通柄、快速、多用、电动等种类。
(　　)45. AB003　螺丝刀可作为撬杠或錾子使用。
(　　)46. AB003　如螺丝刀的刀口损坏、变钝，应及时修磨，无法修磨的应报废。
(　　)47. AB004　火花塞套筒和轮胎螺丝扳手属于常用扳手。
(　　)48. AB004　扳手有多用、专用、套筒、梅花、开口、活动、电动等多种类型。
(　　)49. AB005　在工作中，尺寸小的活动扳手不能代替尺寸大的活动扳手使用。
(　　)50. AB005　尺寸大的活动扳手可以代替尺寸小的活动扳手使用。
(　　)51. AB006　用活动扳手扳动较大的螺母时，应握在接近头部的位置，施力时手指可随时旋调蜗轮，收紧活动扳唇，以防打滑。
(　　)52. AB006　活动扳手使用时应注意：扳手不可反用，以免损坏活动扳唇，也不可用钢管接长手柄来施加较大的力矩。
(　　)53. AB007　全长 600 mm 的张开式管钳夹持管子的最大外径是 85 mm。
(　　)54. AB007　张开式管钳由钳柄、套夹和活动钳等组成。
(　　)55. AB008　克丝钳常用来拆装小螺钉。
(　　)56. AB008　鲤鱼钳不能拆装螺母。
(　　)57. AB009　较小的管钳在必要时可加力杠以增大其力矩。
(　　)58. AB009　装卸地面管件时，应一只手扶管钳头，另一只手按钳柄，按钳柄的手指应平伸，管钳头不能反使。
(　　)59. AB010　钢锯条在锯弓上的角度是可调的。
(　　)60. AB010　钢锯条和锯弓是一体的。
(　　)61. AB011　锯割时锯的握法为：右手满握锯柄，左手轻扶锯弓中部。
(　　)62. AB011　起锯方法分为远起锯和近起锯。
(　　)63. AB012　汽车修理中经常使用的是扁錾。
(　　)64. AB012　尖錾子刃口宽度为 10 mm。
(　　)65. AB013　锉削加工时，扩圆孔一般用圆锉。
(　　)66. AB013　三角锉可以代替任何形状的锉使用。
(　　)67. AB014　普通锉刀按断面形状不同，可分为刀口锉、菱形锉、扁三角锉等几种。
(　　)68. AB014　常用锉刀按齿纹分为三种。
(　　)69. AB015　钢卷尺是最常用的丈量工具。

(　　)70. AB015 钢卷尺的缺点有坚硬,易折断,柔韧性差,使用时要避免扭折,防止受潮。
(　　)71. AC001 汽车型号、用途和结构各异,所以其基本组成、原理也各不相同。
(　　)72. AC001 汽车车身用来安置驾驶员、乘客或者货物。
(　　)73. AC002 柴油发动机的组成中无点火装置。
(　　)74. AC002 柴油发动机与汽油发动机由于使用燃料不同,所以发动机的组成也有所不同。
(　　)75. AC003 气缸体、气缸盖和上、下曲轴箱均属于曲柄连杆机构。
(　　)76. AC003 曲柄连杆机构包括活塞、活塞环、活塞销、连杆四部分。
(　　)77. AC004 同样直径的柴油机活塞所承受的气体压力大于汽油机所承受的气体压力。
(　　)78. AC004 由于活塞的主要作用是承受气体压力,所以活塞材质一般应选用刚度好的钢材。
(　　)79. AC005 摇臂和摇臂轴属于配气机构的气门传动组。
(　　)80. AC005 配气机构的气门组包括气门、气门座、气门导管、气门弹簧、弹簧座及锁片等。
(　　)81. AC006 凸轮是凸轮轴最基本、最主要的组成部分。
(　　)82. AC006 凸轮轴上没有螺旋齿轮。
(　　)83. AC007 柴油机上凸轮轴与曲轴中心距一般较远,需要加入中间惰轮传动。
(　　)84. AC007 有些发动机采用的凸轮轴传动方式为链式传动。
(　　)85. AC008 在曲轴上常把连杆轴颈叫作曲轴销。
(　　)86. AC008 曲柄是用来连接主轴颈和前端轴的,曲柄内有润滑油道。
(　　)87. AC009 飞轮能够使发动机启动平稳。
(　　)88. AC009 质量较大的飞轮可以减小曲柄连杆机构的转动惯量,从而提高曲轴旋转的均匀性。
(　　)89. AC010 商用车的定义是:在其设计和技术特性上主要用于载运乘客及其随身行李或临时物品的汽车,包括驾驶员座位在内不超过 9 个座位。
(　　)90. AC010 商用车又分为客车、货车和半挂牵引车三类。
(　　)91. AC011 国家标准规定,车辆识别代号应位于车辆的左侧并尽可能位于车辆的前半部分。
(　　)92. AC011 车辆识别代号足以保证每个制造厂在 30 年内生产的每辆车具有唯一性,即每车一号,30 年内不重复。
(　　)93. AC012 汽车运行时会受到各种阻力,当汽车等速行驶时,这些阻力是滚动阻力、空气阻力和上坡阻力,加速行驶时再加上加速阻力。
(　　)94. AC012 保证汽车行驶的条件是:附着力＞驱动力＞总行驶阻力。
(　　)95. AC013 按混合气形成方式不同,汽油机可分为化油器发动机和汽油喷射式发动机。
(　　)96. AC013 发动机按所用燃料不同分为汽油机和煤油机。
(　　)97. AC014 内燃机型号中部和后部的符号根据具体情况可不表示,但首部和尾部的符号必须表示。
(　　)98. AC014 492QA 型汽油机是四缸、直列、四行程、缸径 92 mm、水冷、汽车用汽油机。

(　　)99. AC015　采用水冷却的冷却系,由百叶窗、散热器、风扇、水泵、水套、加温器和水温表等组成。

(　　)100. AC015　发动机冷却方式有液冷和风冷两种,以采用液冷冷却系的居多。

(　　)101. AC016　机油集滤器属于润滑系中三个滤清器之一,它的滤清能力最好。

(　　)102. AC016　润滑系中设有机油尺,又叫量油尺,用来检查润滑油存量。

(　　)103. AC017　在机械式传动系中若不计摩擦,驱动轮转矩与发动机转矩之比大于发动机转速与驱动轮转速之比,这就是传动比。

(　　)104. AC017　传动系一般通过在变速器中加倒挡来解决倒驶问题。

(　　)105. AC018　变速器由变速传动机构和操纵机构组成。

(　　)106. AC018　按传动比变化方式,变速器可分为机械变速器、自动变速器和无级变速器三种。

(　　)107. AC019　汽车传动系多使用挠性万向节,刚性万向节因为弹性件的弹性变形量有限,常用于两轴间夹角不大及微量轴向位移的传动场合。

(　　)108. AC019　刚性万向节有不等速万向节、准等速万向节和等速万向节等类型。

(　　)109. AC020　驱动桥前边与发动机相连,后边两侧与驱动轮相连。

(　　)110. AC020　在驱动桥的组成中,起到固定左右驱动轮的相对位置,与前桥一起支撑汽车重量的作用的部件是桥壳。

(　　)111. AC021　汽车行驶系的主要功能有:支承汽车的总负荷,减少阻力,缓和冲击,保证汽车行驶。

(　　)112. AC021　行驶系由车架、车桥、车轮和悬架组成。

(　　)113. AC022　所有的汽车都有车架。

(　　)114. AC022　边梁式车架便于安装和布置车身和其他总成部件,有利于改变车型,所以被广泛使用。

(　　)115. AC023　转向桥绝大多数位于汽车前部,也称为从动桥。

(　　)116. AC023　越野汽车的前桥负有转向和驱动两种任务,故称为转向驱动桥。

(　　)117. AC024　前轮安装后,两前轮的旋转平面不平行,前端略向外束,使两轮前端距离大于后端距离。

(　　)118. AC024　前轮安装后,其上端略向外倾斜。

(　　)119. BA001　电流表分为直流电流表和交流电流表两种,直流电流表一般为磁电系仪表,交流电流表一般为电磁系仪表。

(　　)120. BA001　电工仪表按准确度等级不同可分为 0.1 级、0.2 级、0.5 级、1.0 级、1.5 级和 2.5 级,共 6 个等级。

(　　)121. BA002　电工仪表的准确度等级是指在规定条件下使用时,可能产生的基本误差占满刻度的百分数,它表示了该仪表基本误差的大小。

(　　)122. BA002　对同一块仪表,用小的量程测量比用大的量程测量准确度要低。

(　　)123. BA003　数字式万用表比指针式万用表便于携带。

(　　)124. BA003　数字式万用表能反映被测电量的连续变化。

(　　)125. BA004　数字式万用表的显示结果通常只反映本次采样期内被测量的大小。

(　　)126. BA004　数字式万用表是通过连续的方式进行测量的。

(　　) 127. BA005 用数字式万用表测量电容时，两只手不得碰触电容的电极引线或表笔的金属端，否则数字式万用表将严重跳数，甚至过载。

(　　) 128. BA005 用数字式万用表测量交流电压时，为减小测量误差，应当用红表笔去接触被测电压的低电位端。

(　　) 129. BA006 用交流电流表测量交流电流时，电流表不分极性，只要在测量量程范围内将它串入被测电路即可。

(　　) 130. BA006 用直流电流表测量直流电流时，要注意仪表的极性，无须注意仪表的量程。

(　　) 131. BA007 用交流电压表测量交流电压时，只要在测量量程范围内将它直接并联到被测电路中即可。

(　　) 132. BA007 用直流电压表测量直流电压，接线时只要在测量量程范围内将它直接并联到被测电路中即可。

(　　) 133. BA008 功率表可用于测量直流电路和交流电路的功率。

(　　) 134. BA008 功率表的读数与电压、电流之间的相位角之和有关。

(　　) 135. BA009 单相电能表有四个接线端，其排列形式有两种：一种是跳入式接线方式，另一种是顺入式接线方式。

(　　) 136. BA009 电气机械式电能表包括电动式和感应式两种，前者用来测量交流电能，后者用来测量直流电能。

(　　) 137. BA010 钳形电表的钳口应保持良好接触，当被测导线置于钳口后，若发现有明显的噪声或表针振动现象，应将钳形表的手柄转动几次或重新开合几次，若噪声依然存在，应检查钳口处有无污垢。

(　　) 138. BA010 使用钳形表测量时，为减小误差，应将被测导线置于钳口内。

(　　) 139. BA011 测量前，应先对兆欧表进行一次开路和短路试验，以检查兆欧表是否良好。

(　　) 140. BA011 兆欧表和被测设备之间的连接导线可以使用并在一起的双股绝缘导线或双绞线。

(　　) 141. BA012 使用万用表测试直流电压时，量程可选得稍大一些。

(　　) 142. BA012 使用万用表测试直流电压时，量程转换开关拨在电流挡位对万用表无影响。

(　　) 143. BA013 使用万用表测量电流时，要先把电路断开，然后再将电流表接到电路中。

(　　) 144. BA013 使用万用表测量 10 mA 电流时，必须使用 10 μA 量程挡。

(　　) 145. BA014 使用万用表测量电阻时，不能带电测量。

(　　) 146. BA014 使用万用表测量电阻时，可随意更换量程，无需调零。

(　　) 147. BA015 测定二极管的极性可选用万用表的电阻挡任意量程。

(　　) 148. BA015 如果万用表有晶体管测试插孔，可以用它直接测出二极管的极性。

(　　) 149. BA016 硅二极管的反向电阻值为几十欧。

(　　) 150. BA016 用万用表测硅二极管的正向电阻值，应为几百至几千欧。

(　　) 151. BA017 用万用表测二极管时，若量程选择不对，极易把二极管击穿或烧坏。

(　　) 152. BA017 用万用表测得二极管的反向电阻很小，说明此管是好的。

(　　)153. BA018　晶体三极管从基区引出的电极叫基极，用字母 a 表示。

(　　)154. BA018　晶体三极管按材料不同可分为硅管和锗管两大类。

(　　)155. BA019　根据 PN 结的单向导电特性，可以用万用表判别三极管的好坏。

(　　)156. BA019　用万用表测量三极管，如果测得的正、反向电阻值相差很小或为零，说明管子良好。

(　　)157. BB001　指针式万用表面板上部是表头和表盘。

(　　)158. BB001　指针式万用表有的标度尺是不均匀的，如直流电压、直流电流和交流电压共用标度尺。

(　　)159. BB002　用指针式万用表测量直流电流时，由于表头的满偏转电流很小，所以采用分流电阻来扩大量程。

(　　)160. BB002　指针式万用表测量直流电压，是通过转换开关换接电路中与表头并联的不同分压电阻来实现不同电压量程的转换的。

(　　)161. BB003　每次测量完毕，应将指针式万用表转换开关拨到交流电压最高挡。

(　　)162. BB003　指针式万用表可带电测量电阻。

(　　)163. BB004　在汽车维修中，常用示波器来检测发动机的传感器、执行器、点火系、喷油脉冲、喷油时间和燃烧时间等。

(　　)164. BB004　示波器面板控制开关(钮)的初设位置规定：触发信号耦合开关应置于“＋”。

(　　)165. BB005　发电机的滑环与转子轴是互相绝缘的。

(　　)166. BB005　发电机的滑环是铝质的。

(　　)167. BB006　发电机转子的励磁绕组是用高强度漆包线绕制的。

(　　)168. BB006　发电机转子的磁轭由铝合金加工制成。

(　　)169. BB007　发电机转子绕组是用来建立磁场的。

(　　)170. BB007　发电机转子铁芯是用来产生电压的。

(　　)171. BB008　发电机上安装电刷和滑环是为了使运动的绕组有电流通过。

(　　)172. BB008　无刷发电机上装有滑环。

(　　)173. BB009　发电机中性点接线是由发电机定子线圈的尾端接在一起完成的。

(　　)174. BB009　发电机定子线圈的引出线分别接元件板和端盖上硅二极管的引出线。

(　　)175. BB010　发电机定子绕组的作用是产生感应电动势。

(　　)176. BB010　发电机定子铁芯是用来建立磁场的。

(　　)177. BB011　使用万用表不解体检测发电机，对车性能进行试验前首先应检查 V 带的张紧度是否适当。

(　　)178. BB011　使用万用表不解体检测发电机“＋”与“－”接线柱之间的电阻值时，正向电阻小于规定值，说明个别二极管断路。

(　　)179. BB012　解体发电机后，检测滑环磨损深度，应小于 0.2 mm。

(　　)180. BB012　解体发电机后，检测电子绕组各接线柱与定子铁芯之间的电阻值，均应为 20 Ω。

(　　)181. BB013　发电机拆下来的线圈不能用煤油清洗，否则会降低线圈的绝缘强度。

(　　)182. BB013　拆卸发电机时，细小的零件和易损的零件可与其他零件一同放置。

(　　)183. BC001　汽车的工作灯属于汽车的照明系。

(　　) 184. BC001　汽车照明系的电源为蓄电池。

(　　) 185. BC002　前照灯的反射镜和配光镜可以使前照灯明亮而均匀地照亮车前 100 m 以内的任何障碍物。

(　　) 186. BC002　前照灯又称前大灯,其作用是在夜间行车时照亮车前的道路和物体,确保行车安全。

(　　) 187. BC003　半封闭式前照灯由于减少了对光学组件的影响因素,维修方便,因此得到了广泛应用。

(　　) 188. BC003　封闭式前照灯的反射效率高,照明效果好,但使用寿命短,成本高,因此限制了其使用范围。

(　　) 189. BC004　开远光灯或近光灯时小灯都会熄灭。

(　　) 190. BC004　我国汽车的变光开关有的装在离合器踏板旁边,有的装在方向盘下,与转向灯共用一个操作手柄。

(　　) 191. BC005　汽车前照灯光束调整后,还应对其照度进行测量。

(　　) 192. BC005　调整汽车大灯光束时,必须使用集光式大灯检验器进行调整。

(　　) 193. BC006　永磁式电动刮水器采用两刷式电动机。

(　　) 194. BC006　复励式刮水器电动机的磁场由磁极铁芯和励磁绕组产生。

(　　) 195. BC007　永磁式电动刮水器刮水开关电路断开时,电动机立即停止转动,改以发电机的形式继续运转,刮水片到规定位置后电动机重新转动。

(　　) 196. BC007　永磁式电动刮水器的制动定位是靠定位片及电枢的发电制动实现的。

(　　) 197. BC008　电喇叭中,与触点并联的电容用来减少触点分开时的火花,以延长触点的使用寿命。

(　　) 198. BC008　转向灯开关用来控制音响信号。

(　　) 199. BC009　双丝灯泡中有两组灯丝,其中一组为远光灯丝,其功率较小,位于反射镜焦点上,当对面无来车时接入远光灯丝。

(　　) 200. BC009　普通双丝灯泡虽然有一小部分光线投向上方,但不会对行车安全造成影响。

(　　) 201. BC010　闸刀式电源总开关一般用于控制蓄电池正极与外电路的通断。

(　　) 202. BC010　电源总开关的用途是接通与切断蓄电池电路。

(　　) 203. BC011　不同类型的电动燃油泵主要是泵油组件不同,泵油组件按工作原理可分为容积泵和流体动力泵两大类。

(　　) 204. BC011　外装式电动燃油泵安装在燃油箱的外壁上。

(　　) 205. BC012　由于电动燃油泵是整体封装式的,属于不可修复零件,一旦出现损坏,应当更换相同型号的燃油泵。

(　　) 206. BC012　对于外装式电动燃油泵,无汽油冷却的时间过长,容易导致燃油泵电机绕组烧坏。

(　　) 207. BC013　步进电动机的转速及停止的位置不受负载变化的影响。

(　　) 208. BC013　步进电动机一般由定子和转子两大部分组成。

(　　) 209. BC014　永磁式步进电动机的特点是动态性能好、输出力矩小,但这种电动机精度高、步矩角小。

(　　) 210. BC014　混合式步进电动机综合了反应式步进电动机和永磁式步进电动机的

优点，其定子上有多相绕组，转子上采用永磁材料。

(　　) 211. BC015　步进电动机输出的角位移与输入的脉冲数成正比，转速与脉冲频率成反比。

(　　) 212. BC015　可通过控制脉冲数量、频率及电动机各相绕组的通电顺序来控制步进电动机的转动。

(　　) 213. BC016　电刷有绝缘电刷与打铁电刷之分。

(　　) 214. BC016　电刷的含铜量越高越好，含铜量高，其硬度就高。

(　　) 215. BC017　检查启动机电刷时，如果因电刷尺寸导致其不能在电刷架内自由活动，则应修正电刷尺寸。

(　　) 216. BC017　维修启动机电刷时，应检查电刷弹簧位置，如果弹簧位置不正确，应予以校正。

(　　) 217. BC018　铅蓄电池的隔板是由微孔橡胶、塑料及玻璃纤维板制成的。

(　　) 218. BC018　蓄电池的电解液是由高纯度的硫酸和纯净水按规定比例配制而成的。

(　　) 219. BC019　铅蓄电池的电压可用高率放电计检验。

(　　) 220. BC019　汽车常用的电源电压只有 12 V 一种。

(　　) 221. BC020　汽车电源系中只有蓄电池一个电源。

(　　) 222. BC020　蓄电池在用电时将储存的机械能变成电能供给用电设备。

(　　) 223. BC021　汽车发电机与蓄电池须并联起来共同工作。

(　　) 224. BC021　在汽车上，发电机可向启动机供电。

(　　) 225. BC022　蓄电池不具有稳压作用。

(　　) 226. BC022　当汽车发电机转速或负载变化时，蓄电池能吸收电路中出现的瞬时过电压，保护电子元件不被击穿。

(　　) 227. BC023　汽车电系有两个电源，蓄电池是主要电源，发电机主要在启动时供电。

(　　) 228. BC023　汽车电系的电源常用低压直流电，主要是从蓄电池充、放电来考虑的。

(　　) 229. BC024　柴油车使用的两块蓄电池是并联的。

(　　) 230. BC024　蓄电池由若干个互通的单格组成。

(　　) 231. BC025　蓄电池的充、放电过程是靠极板上的惰性物质与电解液起物理反应来实现的。

(　　) 232. BC025　正、负极板上的二氧化铅及纯铅在蓄电池充、放电过程中会转变。

(　　) 233. BC026　蓄电池的隔板具有很小的电阻。

(　　) 234. BC026　蓄电池的隔板应具有多孔性，以保证电解液畅通无阻。

(　　) 235. BC027　浓硫酸稀释后，能与许多金属作用生成硫酸盐。

(　　) 236. BC027　浓硫酸不仅能使纸张、木材脱水，还能使皮肤脱水。

(　　) 237. BC028　冬季使用蓄电池时，若电解液密度降低，蓄电池会结冰。

(　　) 238. BC028　蓄电池中的电解液越多越好。

(　　) 239. BC029　蓄电池型号的第三部分是结构特征代号。

(　　) 240. BC029　蓄电池型号的第五部分表示特殊性能，用数字表示。

(　　) 241. BC030　在汽车上充电采用的是定电流充电法。

(　　) 242. BC030　脉冲充电法的充电时间短，提高了充电效率。

(　　) 243. BC031　用密度计测量液体的密度，其数值与温度无关，所以冬季和夏季测量结果一样。

(　　) 244. BC031 使用密度计测量密度时，吸入的液体使浮子浮起，液面所对应的浮子上的刻度即为液体的密度。

(　　) 245. BC032 微机控制点火系主要由与点火有关的各种传感器、电子控制器、点火器、点火线圈、配电器、火花塞等组成。

(　　) 246. BC032 晶体管点火系按有无断电器触点分为无触点晶体管点火装置和电感储能式晶体管点火装置。

(　　) 247. BC033 点火系高压电路由点火线圈、分电器和高压线组成。

(　　) 248. BC033 分电器是点火系高压电路的组成部件。

(　　) 249. BC034 点火系低压电路由点火开关、点火线圈和电容器组成。

(　　) 250. BC034 附加电阻和电容器都属于点火系低压电路的部件。

(　　) 251. BC035 点火线圈的作用是将汽车电源系的高压电变为低压电。

(　　) 252. BC035 点火线圈又称为变压器，它是点火装置中的主要部件。

(　　) 253. BC036 由于火花塞的特殊工作环境，它必须具有耐压 2 000 V 以上的绝缘强度。

(　　) 254. BC036 火花塞是点火装置中工作条件最恶劣、技术性能要求最高，而又最易损坏的部件。

(　　) 255. BC037 采用高能电子点火系，其火花塞间隙可调整到 1.0～1.2 mm。

(　　) 256. BC037 火花塞钢质壳体的外侧有便于拆装的四角平面。

(　　) 257. BD001 电压调节器失调或调整不当，会引起启动机电压过低。

(　　) 258. BD001 发电机调节器的作用是防止发电机搭铁。

(　　) 259. BD002 单级调节器和双级调节器都称为触点式调节器。

(　　) 260. BD002 晶体管调节器分单级和双级两种。

(　　) 261. BD003 电动机就是启动机。

(　　) 262. BD003 启动机的传动机构在发动机启动后能及时切断发动机倒拖电动机的动力。

(　　) 263. BD004 电磁操纵机构又称启动机电磁开关。

(　　) 264. BD004 电磁开关由吸拉线圈和保持线圈组成。

(　　) 265. BD005 启动机启动无力，其原因可能是电刷与换向器接触不良。

(　　) 266. BD005 电刷与换向器接触不良对启动机工作影响不大。

(　　) 267. BD006 直流串励式电动机装有温度补偿电阻。

(　　) 268. BD006 直流串励式电动机的磁极由绕组和掌形铁芯组成。

(　　) 269. BD007 启动机上没有离合器。

(　　) 270. BD007 启动机的传动机构是由驱动齿轮、花键套筒和移动衬套等组成的。

(　　) 271. BD008 清除元件表面氧化层的方法是左手捏住电阻或其他元件的本体，右手用锯条轻刮元件引脚的表面，左手慢慢地转动，直到表面氧化层全部去除。

(　　) 272. BD008 采用锡焊前，必须清除焊件表面的氧化物、锈迹和绝缘层，以保证焊接质量。

(　　) 273. BD009 焊接半导体元件等要用功率在 50 W 以下的电烙铁。

( ) 274. BD009 焊接集成电路等受热易损的电气元件时要用功率在 40 W 以下的电烙铁。
( ) 275. BD010 刚使用过的电烙铁应放在工作台上。
( ) 276. BD010 电烙铁是一种在高温下长时间工作的电器，其绝缘材料较易老化、损坏，造成漏电现象，使用中应加强电烙铁的绝缘性能检测。
( ) 277. BD011 BJ121 型汽车发电机磁场正极通过点火开关接至电源正极。
( ) 278. BD011 CA1091 型汽车发电机中性点接柱"N"通过导线接至组合继电器线圈接柱。
( ) 279. BD012 所有重复性保险装置在电路短路或过载时会自动断开电路，断开后又会自动恢复。
( ) 280. BD012 目前汽车上用的重复性保险装置有自动型和手动型两种。
( ) 281. BD013 片式熔断器的插片由镍铬合金材料冲制而成。
( ) 282. BD013 当前汽车上的熔丝都集中安装。
( ) 283. BD014 焊接电子元件时，常用的锡焊焊剂是松香酒精焊剂。
( ) 284. BD014 银和白金等的锡焊使用的是氯化锌和氯化氨的混合物。
( ) 285. BD015 松香焊芯焊料的直径有 0.5 mm、0.8 mm、1 mm、1.2 mm、1.5 mm、2.5 mm、3 mm 和 4 mm 等多种。
( ) 286. BD015 在汽车电器维修中，锡焊用的焊料是 100%的锡。
( ) 287. BD016 锡焊是利用焊料作中间介质，将其与被连接件加热到稍高于焊锡的熔化温度后，焊料熔化并填满被连接件的间隙，冷凝后即形成牢固的接头，将零件连接起来。
( ) 288. BD016 锡焊是连接各种材质零件的一种方法。
( ) 289. BD017 料 600 中的"料"表示焊料。
( ) 290. BD017 料 600 的第二、第三位数字表示焊料的化学组成类型。
( ) 291. BD018 料 603 的特点是润湿性好，焊点表面光洁。
( ) 292. BD018 料 603 的熔点是 185 ℃。
( ) 293. BD019 锡焊性能好，但腐蚀作用大的是氯化锌与氯化铵的混合物。
( ) 294. BD019 松香是一种焊剂，具有一定的腐蚀性。
( ) 295. BD020 焊剂应根据被焊金属、焊料和焊接方法的特点选取。
( ) 296. BD020 中性焊剂适用于对绝缘及防腐要求不高的小焊件焊接。
( ) 297. BD021 使用清洗剂的目的是在焊接前除去被焊件上的油污或在焊后清除残留物。
( ) 298. BD021 三氟三氯乙烷具有易挥发、易吸水的特点，用于焊后清洗。
( ) 299. BD022 汽车电器中所用的润滑剂分为润滑油、润滑脂和固体润滑剂三类。
( ) 300. BD022 汽车电器中采用的固体润滑剂是二硫化铁。
( ) 301. BD023 通用锂基润滑脂具有良好的机械安定性、胶体安定性、防锈性、氧化安定性和抗水性。
( ) 302. BD023 钙基润滑脂适用于较高温度及潮湿条件下的润滑。
( ) 303. BD024 胶黏剂主要由基料、固化剂、增塑剂、稀释剂、填料及其他辅料配合而成。
( ) 304. BD024 基料用于增加黏度，提高硬度、导热性、耐磨性及耐热性，降低膨胀系数及收缩率。

( ) 305. BD025 绝缘胶黏剂的体积电阻率在 100 Ω·cm 以上。

( ) 306. BD025 具有导电和粘接双重性能的胶黏剂是导磁胶黏剂。

( ) 307. BD026 为能使胶黏剂在被黏结件的表面形成均匀的薄膜,增加胶黏剂与黏结件间的吸附能力,黏结前须对黏结件进行表面处理。

( ) 308. BD026 胶黏剂的固化方法有室温固化法和加热固化法两种。

( ) 309. BD027 空气、氮气、二氧化碳等属于气体绝缘材料。

( ) 310. BD027 橡胶属于液体绝缘材料。

( ) 311. BD028 绝缘材料的稳定性和可靠性是电气设备正常工作的基础。

( ) 312. BD028 一般在研究绝缘材料的基本性能时又称其为电介质。

( ) 313. BD029 绝缘强度越大,使之击穿需要的电压越低。

( ) 314. BD029 表征绝缘材料在外加电压达到某一极限时保持绝缘性能的能力的指标是耐热性。

( ) 315. BD030 汽车维修电工常用的复合材料因复合层的材质不同,其性能亦不同。

( ) 316. BD030 聚酯薄膜玻璃漆布复合绝缘材料的耐热等级为 F 级。

( ) 317. BD031 醋酸布黏带属于织物黏带,防霉性好。

( ) 318. BD031 电工黏带分为薄膜黏带、织物黏带和无底材黏带。

( ) 319. BD032 绝缘漆的种类很多,常用的有浸渍漆、覆盖漆和硅钢片漆。

( ) 320. BD032 浸渍漆能达到防止老化,提高耐腐蚀性、耐潮性和耐化学性,改善热导率的目的。

( ) 321. BD033 云母制品适宜在油中使用。

( ) 322. BD033 云母制品具有良好的电气、力学性能。

( ) 323. BD034 在弱磁场中工作的器件用的软磁材料是铁铝合金。

( ) 324. BD034 常用软磁材料中的铁铝合金和铁镍合金相比,电阻率高,相对密度小。

( ) 325. BD035 硬磁材料是经过强磁场饱和磁化后形成的,具有宽大的导磁回线。

( ) 326. BD035 硬磁材料能在较长时间内保持强而稳定的磁性。

( ) 327. BE001 电子组合式里程表设有数据采集、储存运算及自动控制装置等。

( ) 328. BE001 磁感应车速里程表由一个计数器和两套按一定传动比设计的蜗轮蜗杆装置组成。

( ) 329. BE002 信号系由灯光信号装置和音响信号装置两部分组成。

( ) 330. BE002 信号系由大灯、小灯、尾灯、指示灯、制动灯、蜂鸣器、喇叭和报警器等部件组成。

( ) 331. BE003 在电磁式燃油表中,左、右两个铁芯上分别绕有线圈。

( ) 332. BE003 电热式燃油表的刻度盘标从右到左标有 0、1/2、1。

( ) 333. BE004 后示宽灯要求白天在距车 50 m 处能确认其灯光信号。

( ) 334. BE004 示宽灯俗称小灯,它装在汽车前后两侧的边缘。

( ) 335. BE005 电流表只能指示铅蓄电池的充电电流值。

( ) 336. BE005 磁性线圈式电流表在发电机向蓄电池充电时,充电电流越大,产生的电磁力就越大,指示的充电数值也就越大。

( ) 337. BE006 闪光继电器简称闪光器,它串联于转向信号灯和转向指示灯与电源之

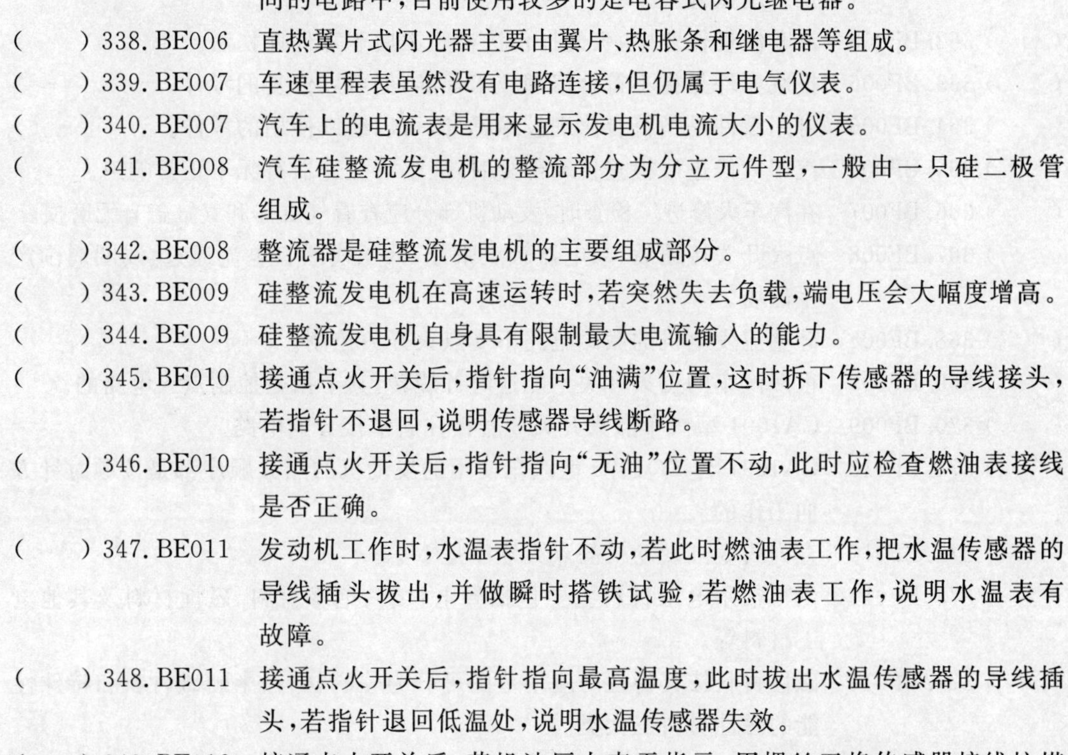

间的电路中，目前使用较多的是电容式闪光继电器。

(　　) 338. BE006 直热翼片式闪光器主要由翼片、热胀条和继电器等组成。

(　　) 339. BE007 车速里程表虽然没有电路连接，但仍属于电气仪表。

(　　) 340. BE007 汽车上的电流表是用来显示发电机电流大小的仪表。

(　　) 341. BE008 汽车硅整流发电机的整流部分为分立元件型，一般由一只硅二极管组成。

(　　) 342. BE008 整流器是硅整流发电机的主要组成部分。

(　　) 343. BE009 硅整流发电机在高速运转时，若突然失去负载，端电压会大幅度增高。

(　　) 344. BE009 硅整流发电机自身具有限制最大电流输入的能力。

(　　) 345. BE010 接通点火开关后，指针指向“油满”位置，这时拆下传感器的导线接头，若指针不退回，说明传感器导线断路。

(　　) 346. BE010 接通点火开关后，指针指向“无油”位置不动，此时应检查燃油表接线是否正确。

(　　) 347. BE011 发动机工作时，水温表指针不动，若此时燃油表工作，把水温传感器的导线插头拔出，并做瞬时搭铁试验，若燃油表工作，说明水温表有故障。

(　　) 348. BE011 接通点火开关后，指针指向最高温度，此时拔出水温传感器的导线插头，若指针退回低温处，说明水温传感器失效。

(　　) 349. BE012 接通点火开关后，若机油压力表无指示，用螺丝刀将传感器接线柱搭铁，仍无指示，说明机油压力表损坏或导线连接有断路。

(　　) 350. BE012 观察发动机启动后机油压力表有无指示，若无指示，接通点火开关后其他仪表也都无指示，说明仪表线断。

(　　) 351. BE013 在不解体诊断发动机故障中，用万用表电压挡诊断时，若测得的电压为蓄电池电压，则表明发电机工作正常。

(　　) 352. BE013 在不解体诊断发动机故障中，采用试灯法诊断，若发动机中速运转时试灯点亮，说明发动机工作正常，否则说明发电机不发电。

(　　) 353. BF001 无特殊情况，在达到大修间隔里程以后即应对汽车进行大修。

(　　) 354. BF001 当汽车行驶里程达到对该类型车所规定的大修间隔里程后，应进行技术鉴定，看该车是否达到送修的标准。

(　　) 355. BF002 修理铸铁零件时，铸铁套的厚度不得小于 2 mm。

(　　) 356. BF002 转向和翻转修理法是将零件磨损或损坏的部分翻转一定角度，利用零件未磨损部位恢复零件工作能力的一种修复方法。

(　　) 357. BF003 所有电线的焊接，除蓄电池旧线外，均应用酸液作焊剂。

(　　) 358. BF003 正在修理的汽车应挂“正在修理”的标识牌，如果不是修理制动系统，应拉紧驻车制动器并用三角木塞住车轮。

(　　) 359. BF004 汽车大修时，送修车辆可以少装轮胎，但轮胎气压应充足。

(　　) 360. BF004 除少数通用件外，送修车辆或总成应装备齐全，零件、总成不得缺少或拆换。

(　　) 361. BF005 生产中常用的探伤方法有磁力探伤、浸油敲击、荧光探伤、超声波探伤及水压试验。

( ) 362. BF005 汽车修理作业中,荧光探伤法检验不属于零件探伤法。

( ) 363. BF006 报废零件是指不符合修理技术标准,但可以修复的零件。

( ) 364. BF006 可用零件是指符合修理技术标准,可以继续使用的零件。

( ) 365. BF007 汽车大修进厂检查传动部分时,应察听变速器有无不正常响声。

( ) 366. BF007 在汽车大修进厂检查时,发动机部分应查看气缸体和气缸盖有无磨损。

( ) 367. BF008 点火开关接通后,断电器触点张开,低压线圈有电流通过,线圈周围产生磁场。

( ) 368. BF008 硅整流发电机的激磁电路不受点火开关控制。

( ) 369. BF009 很多汽车的点火开关不能逆时针旋转,其Ⅰ挡是控制点火电路的。

( ) 370. BF009 CA1091 型汽车点火开关 3 号接柱通常接音响电路。

( ) 371. BF010 CA1091 与 EQ1090 型汽车使用的发动机的点火顺序都是按顺时针方向工作的。

( ) 372. BF010 直列式 5 缸发动机的点火顺序是 1—3—4—5—2。

( ) 373. BF011 汽车常用电工材料主要包括导电材料、绝缘材料、磁性材料及其他电工材料等。

( ) 374. BF011 磁性材料按其特性与应用范围可分为软磁材料、半硬磁材料和特殊性能的磁性材料三大类。

( ) 375. BF012 汽车常用的导电材料有电磁导线、电线电缆及其他电工材料等。

( ) 376. BF012 电性能、力学性能以及耐油后的力学性能是导线的主要性能。

( ) 377. BF013 漆包线的特点是涂膜薄且牢固、均匀光滑,有利于线圈的高速绕制。

( ) 378. BF013 热冲击是表示热性能的重要参数之一。

( ) 379. BF014 环氧漆包线涂膜的弹性和耐刮性能较差,使用时注意不要采取高速绕制工艺。

( ) 380. BF014 油性漆包线能用于磨损和撞击较大的场合。

( ) 381. BF015 漆包线按导电线芯材料分为铜漆包线、铝漆包线、锰铜漆包线及康铜漆包线。

( ) 382. BF015 漆包线按其使用特点分为圆线、扁线、方形线和空心线。

( ) 383. BF016 漆包线和氧化膜铝线的绝缘层最薄,空间因素最高。

( ) 384. BF016 选用电磁导线时,只需考虑电性能、耐热等级与热性能、空间因素。

( ) 385. BF017 汽车低压导线的颜色有单色和双色两种。

( ) 386. BF017 双色电线中面积比例大的颜色为辅助色,面积比例小的颜色为主色。

( ) 387. BF018 高压导线是点火系中承担高压电输送任务的导线。

( ) 388. BF018 为抑制和衰减点火系产生的无线电电磁波,应选择低压阻尼点火导线。

( ) 389. BF019 熔断器的主要组成部分是熔体,串联在电路中使用。

( ) 390. BF019 对熔断要求不高的熔断器采用高熔点熔体材料。

( ) 391. BF020 电刷按所用材料及生产工艺的不同分为石墨电刷、碳石墨电刷、电化石墨电刷、金属石墨电刷及树脂石墨电刷。

( ) 392. BF020 影响电刷工作性能的因素较多,主要有电机的种类、电刷的性能、工作条件、使用范围、周围环境等。

( ) 393. BF021 有些电触头材料具有高的耐损失性、抗熔焊性和一定的机械强度。

( ) 394. BF021 电触头材料起着传导电流的作用,还具有传递热能、导通磁路等特殊功能。

( ) 395. BF022 选用热双金属片时可根据使用温度、加热方式、热敏感性要求或有无特殊要求等进行选择。

( ) 396. BF022 热双金属片热膨胀系数大的一层称为被动层。

( ) 397. BF023 电阻合金的材料不同,其性能也不一样。

( ) 398. BF023 电阻合金是以电阻特性为主要特征的纯金属材料。

( ) 399. BF024 选用电热材料时应根据被加热工件的温度要求和加热条件来选择。

( ) 400. BF024 电热材料是一种能将热能转变成电能的材料。

( ) 401. BF025 启动机飞轮齿轮变形会导致启动齿轮与飞轮齿圈啮合不良。

( ) 402. BF025 启动机电枢线圈局部断路会导致启动机空转故障。

理论知识试题答案

一、单选题

1. D　2. B　3. B　4. A　5. B　6. A　7. B　8. A　9. A　10. C
11. C　12. D　13. B　14. B　15. C　16. A　17. C　18. C　19. A　20. D
21. B　22. D　23. A　24. C　25. C　26. C　27. A　28. B　29. C　30. C
31. A　32. D　33. B　34. D　35. A　36. C　37. D　38. B　39. A　40. A
41. B　42. C　43. A　44. D　45. B　46. C　47. A　48. B　49. A　50. D
51. D　52. A　53. A　54. B　55. C　56. D　57. A　58. B　59. C　60. D
61. A　62. B　63. C　64. D　65. A　66. B　67. C　68. D　69. A　70. B
71. C　72. D　73. A　74. C　75. A　76. B　77. A　78. A　79. A　80. D
81. C　82. D　83. A　84. A　85. C　86. D　87. B　88. C　89. C　90. A
91. B　92. D　93. D　94. A　95. B　96. D　97. C　98. C　99. A　100. A
101. C　102. C　103. B　104. D　105. B　106. A　107. B　108. B　109. C　110. B
111. A　112. C　113. A　114. B　115. C　116. D　117. B　118. A　119. B　120. D
121. C　122. A　123. B　124. D　125. B　126. A　127. D　128. A　129. D　130. C
131. B　132. C　133. B　134. D　135. A　136. B　137. B　138. A　139. C　140. D
141. D　142. A　143. B　144. C　145. B　146. C　147. C　148. D　149. B　150. A
151. A　152. A　153. A　154. D　155. D　156. A　157. A　158. A　159. A　160. A
161. A　162. A　163. A　164. A　165. B　166. D　167. B　168. B　169. A　170. B
171. C　172. A　173. A　174. D　175. A　176. C　177. A　178. B　179. C　180. D
181. B　182. C　183. D　184. A　185. D　186. A　187. B　188. C　189. A　190. C
191. D　192. B　193. D　194. A　195. C　196. B　197. C　198. A　199. D　200. B
201. C　202. A　203. A　204. B　205. B　206. C　207. A　208. D　209. C　210. D
211. A　212. B　213. D　214. B　215. A　216. C　217. B　218. C　219. D　220. A
221. B　222. C　223. D　224. A　225. C　226. D　227. B　228. A　229. A　230. B
231. D　232. C　233. B　234. C　235. D　236. A　237. D　238. C　239. A　240. B
241. D　242. C　243. A　244. B　245. B　246. C　247. D　248. D　249. B　250. A
251. A　252. D　253. D　254. B　255. C　256. A　257. C　258. C　259. A　260. B
261. B　262. C　263. D　264. A　265. C　266. D　267. A　268. B　269. C　270. D
271. A　272. B　273. C　274. D　275. A　276. B　277. C　278. D　279. A　280. B
281. B　282. B　283. B　284. D　285. A　286. C　287. B　288. D　289. C　290. D
291. A　292. C　293. A　294. B　295. C　296. D　297. B　298. C　299. D　300. D

301.B 302.A 303.B 304.C 305.C 306.A 307.B 308.D 309.C 310.A
311.B 312.D 313.C 314.C 315.D 316.A 317.C 318.D 319.A 320.B
321.C 322.D 323.A 324.B 325.C 326.D 327.A 328.B 329.A 330.C
331.B 332.D 333.C 334.D 335.A 336.B 337.D 338.A 339.C 340.B
341.B 342.D 343.C 344.C 345.B 346.D 347.A 348.C 349.C 350.A
351.B 352.B 353.D 354.C 355.B 356.A 357.A 358.D 359.B 360.C
361.A 362.B 363.C 364.D 365.C 366.D 367.A 368.A 369.A 370.B
371.C 372.C 373.C 374.B 375.A 376.D 377.C 378.A 379.D 380.B
381.A 382.C 383.D 384.C 385.A 386.B 387.C 388.D 389.A 390.A
391.C 392.D 393.D 394.B 395.C 396.D 397.A 398.B 399.C 400.D
401.C 402.B 403.C 404.D 405.A 406.B 407.C 408.D 409.B 410.A
411.C 412.D 413.A 414.B 415.C 416.D 417.B 418.C 419.D 420.A
421.A 422.B 423.C 424.D 425.C 426.B 427.B 428.C 429.B 430.C
431.D 432.A 433.B 434.D 435.C 436.A 437.D 438.A 439.C 440.A
441.D 442.A 443.D 444.A 445.A 446.B 447.C 448.D 449.A 450.D
451.A 452.B 453.A 454.C 455.C 456.A 457.D 458.C 459.A 460.A
461.C 462.B 463.B 464.B 465.C 466.B 467.D 468.D 469.D 470.A
471.C 472.B 473.C 474.C 475.A 476.D 477.A 478.C 479.D 480.A
481.B 482.D 483.C 484.D 485.A 486.C 487.D 488.A 489.C 490.A
491.A 492.C 493.A 494.D 495.A 496.A 497.C 498.B 499.B 500.B
501.B 502.B 503.C 504.C 505.D 506.B 507.C 508.D 509.C 510.B
511.C 512.C 513.D 514.D 515.C 516.A 517.C 518.D 519.A 520.D
521.B 522.C 523.D 524.D 525.B 526.B 527.C 528.B 529.B 530.B
531.B 532.B 533.A 534.D 535.C 536.B 537.C 538.A 539.B 540.B
541.B 542.D 543.A 544.A 545.D 546.A 547.A 548.C 549.A 550.C
551.B 552.B 553.A 554.B 555.C 556.C 557.A 558.B 559.C 560.D
561.A 562.B 563.C 564.D 565.A 566.C 567.D 568.D 569.A 570.C
571.D 572.D 573.A 574.C 575.D 576.A 577.A 578.C 579.D 580.A
581.B 582.C 583.D 584.D 585.B 586.C 587.A 588.C 589.A 590.C
591.D 592.C 593.A 594.C 595.D 596.D 597.A 598.B 599.B 600.A
601.A 602.B 603.C 604.A 605.A 606.B 607.C 608.D 609.A 610.B
611.C 612.D 613.A 614.B 615.B 616.D 617.A 618.B 619.D 620.B
621.A 622.B 623.D 624.C 625.A 626.B 627.B 628.D 629.A 630.B
631.B 632.C 633.A 634.B 635.C 636.C 637.A 638.B 639.C 640.A
641.A 642.B 643.C 644.A 645.A 646.D 647.C 648.B 649.A 650.D
651.C 652.B 653.A 654.C 655.D 656.B 657.D 658.A 659.C 660.C
661.A 662.A 663.B 664.D 665.C 666.D 667.A 668.D 669.B 670.D
671.B 672.C 673.A 674.B 675.C 676.D 677.A 678.B 679.D 680.B
681.B 682.D 683.C 684.A 685.D 686.C 687.C 688.C 689.B 690.C
691.B 692.B 693.B 694.C 695.D 696.A 697.B 698.C 699.C 700.B

701. C	702. A	703. B	704. D	705. A	706. C	707. D	708. D	709. A	710. B
711. C	712. D	713. A	714. B	715. C	716. D	717. C	718. A	719. B	720. A
721. C	722. A	723. B	724. D	725. A	726. C	727. B	728. A	729. A	730. B
731. C	732. C	733. B	734. C	735. B	736. D	737. A	738. B	739. D	740. C
741. A	742. B	743. C	744. D	745. A	746. B	747. C	748. B	749. A	750. A
751. C	752. A	753. A	754. B	755. C	756. D	757. A	758. B	759. C	760. D
761. A	762. B	763. C	764. D	765. A	766. B	767. C	768. D	769. C	770. B
771. C	772. D	773. D	774. B	775. B	776. D	777. A	778. B	779. C	780. D
781. A	782. B	783. C	784. D	785. A	786. B	787. D	788. C	789. A	790. B
791. D	792. C	793. A	794. B	795. D	796. C	797. A	798. B	799. D	800. C
801. A	802. B	803. D	804. C						

二、判断题

1. √	2. ×	3. √	4. √	5. √	6. ×	7. √	8. ×	9. √	10. ×
11. √	12. ×	13. ×	14. √	15. √	16. ×	17. √	18. ×	19. √	20. ×
21. √	22. √	23. √	24. ×	25. √	26. ×	27. √	28. ×	29. √	30. ×
31. √	32. ×	33. √	34. ×	35. √	36. ×	37. √	38. ×	39. ×	40. √
41. ×	42. ×	43. ×	44. √	45. ×	46. √	47. ×	48. √	49. √	50. ×
51. ×	52. √	53. ×	54. √	55. √	56. ×	57. ×	58. √	59. √	60. ×
61. ×	62. √	63. √	64. ×	65. √	66. ×	67. ×	68. √	69. √	70. ×
71. ×	72. √	73. √	74. √	75. √	76. ×	77. √	78. ×	79. √	80. √
81. √	82. ×	83. √	84. √	85. √	86. ×	87. √	88. ×	89. ×	90. √
91. ×	92. √	93. √	94. ×	95. √	96. ×	97. ×	98. √	99. ×	100. √
101. ×	102. √	103. ×	104. √	105. ×	106. √	107. ×	108. √	109. ×	110. √
111. ×	112. √	113. ×	114. √	115. ×	116. √	117. ×	118. √	119. √	120. ×
121. √	122. ×	123. √	124. ×	125. √	126. ×	127. √	128. ×	129. √	130. ×
131. √	132. ×	133. √	134. ×	135. √	136. ×	137. √	138. ×	139. √	140. ×
141. √	142. ×	143. √	144. ×	145. √	146. ×	147. ×	148. √	149. ×	150. √
151. √	152. ×	153. ×	154. √	155. √	156. ×	157. √	158. ×	159. √	160. ×
161. √	162. ×	163. √	164. ×	165. √	166. ×	167. √	168. ×	169. √	170. ×
171. √	172. ×	173. √	174. √	175. √	176. ×	177. √	178. ×	179. √	180. ×
181. √	182. ×	183. √	184. ×	185. √	186. √	187. √	188. ×	189. ×	190. √
191. √	192. ×	193. ×	194. √	195. ×	196. √	197. √	198. ×	199. ×	200. ×
201. ×	202. √	203. √	204. ×	205. √	206. ×	207. √	208. √	209. ×	210. √
211. ×	212. √	213. √	214. ×	215. √	216. ×	217. √	218. ×	219. √	220. ×
221. ×	222. ×	223. √	224. ×	225. ×	226. √	227. ×	228. √	229. ×	230. ×
231. ×	232. √	233. √	234. √	235. √	236. √	237. √	238. ×	239. √	240. ×
241. ×	242. √	243. ×	244. √	245. √	246. ×	247. ×	248. √	249. ×	250. √
251. ×	252. √	253. ×	254. √	255. √	256. ×	257. ×	258. ×	259. √	260. ×
261. ×	262. √	263. √	264. √	265. √	266. ×	267. ×	268. √	269. ×	270. √

271.√ 272.√ 273.√ 274.× 275.× 276.√ 277.× 278.√ 279.× 280.√
281.× 282.√ 283.√ 284.× 285.√ 286.× 287.√ 288.× 289.√ 290.×
291.√ 292.× 293.√ 294.× 295.√ 296.× 297.√ 298.× 299.√ 300.×
301.√ 302.× 303.√ 304.× 305.√ 306.× 307.√ 308.√ 309.√ 310.×
311.√ 312.√ 313.× 314.× 315.√ 316.× 317.√ 318.√ 319.√ 320.×
321.× 322.√ 323.× 324.√ 325.× 326.√ 327.√ 328.× 329.√ 330.×
331.√ 332.× 333.× 334.√ 335.× 336.√ 337.√ 338.× 339.√ 340.×
341.× 342.√ 343.√ 344.× 345.× 346.√ 347.× 348.√ 349.√ 350.√
351.× 352.√ 353.√ 354.× 355.× 356.√ 357.× 358.√ 359.× 360.√
361.√ 362.× 363.× 364.√ 365.√ 366.× 367.× 368.× 369.× 370.√
371.√ 372.× 373.√ 374.× 375.√ 376.× 377.× 378.× 379.√ 380.×
381.√ 382.× 383.√ 384.× 385.√ 386.× 387.√ 388.× 389.√ 390.×
391.√ 392.× 393.√ 394.× 395.√ 396.× 397.√ 398.× 399.√ 400.×
401.√ 402.×

2. 正确:所谓电路,就是把电源、用电器、开关用导线连接起来组成的电流路径。

6. 正确:电流的强度就是电流的大小。

8. 正确:1 mV 等于 10^{-3} V。

10. 正确:电动势的基本单位是伏[特]。

12. 正确:铜的电阻较小,是良好的导体。

13. 正确:加在某电阻两端的电压是 1 V,电阻内通过的电流是 1 A 时,这个电阻的阻值是 1 Ω。

16. 正确:电流不容易通过的物体叫作绝缘体。

18. 正确:利用半导体的导电能力随外界亮度条件变化而发生显著变化的特性,可以制出各种光敏元件。

20. 正确:电阻串联后,每个电阻两端的电压小于电路两端的总电压。

24. 正确:在串联电路中总电压等于各段电压之和。

26. 正确:并联电路中如果各支路负载不同,则电流不相等。

28. 正确:电流通过用电负载做功的过程,实际上就是电能转换为其他形式能量的过程。

30. 正确:负载上的电功率与负载中的电流成正比。

32. 正确:熔丝是利用电流产生的热量使其熔断而切断电源的。

34. 正确:不论用电设备的工作电压比额定电压高或低,用电设备都不能正常工作。

36. 正确:负载在额定功率下的工作状态叫作额定工作状态或满载。

38. 正确:电容器只能储存电荷,不能发电。

39. 正确:两电容器串联后,总电容的倒数等于两电容器电容倒数之和。

41. 正确:在汽车电路修理中,常用的是 75 mm、100 mm、150 mm 规格的螺丝刀。

42. 正确:螺丝刀的规格按旋杆长度分。

43. 正确:冲击螺丝刀是用手锤敲击冲击螺丝刀冲头来工作的,不属于电动式螺丝刀。

45. 正确:螺丝刀不可作为撬杠或錾子使用。

47. 正确:火花塞套筒和轮胎螺丝扳手属于专用扳手。

50. 正确:尺寸大的活动扳手在空间不允许的情况下不能代替尺寸小的活动扳手使用。

51. 正确:用活动扳手扳动较小的螺母时,应握在接近头部的位置,施力时手指可随时旋调蜗轮,收紧活动扳唇,以防打滑。

53. 正确:全长 600 mm 的张开式管钳夹持管子的最大外径是 75 mm。

56. 正确:鲤鱼钳可以拆装螺母。

57. 正确:较小的管钳不能用力过大,不能加力杠使用。

60. 正确:钢锯条和锯弓不是一体的,锯条可以随时更换。

61. 正确:锯割时锯的握法为:右手满握锯柄,左手轻扶锯弓前段。

64. 正确:尖錾子刃口宽度为 5 mm。

66. 正确:三角锉不能代替圆锉使用。

67. 正确:普通锉刀按断面形状不同,可分为平锉、方锉、三角锉等几种。

70. 正确:钢卷尺的缺点有性脆,易折断,易生锈,使用时要避免扭折,防止受潮。

71. 正确:汽车型号、用途和结构各异,但其基本组成、原理是比较一致的。

76. 正确:曲柄连杆机构包括气缸体、气缸盖和上、下曲轴箱组成的机体以及活塞连杆组和曲轴飞轮组。

78. 正确:由于活塞的主要作用是承受气体压力,又在高温下工作,所以活塞材质应选用导热性好的铝合金。

82. 正确:凸轮轴上设有螺旋齿轮。

86. 正确:曲柄是用来连接主轴颈和连杆轴颈的,曲柄内有润滑油道。

88. 正确:质量较大的飞轮可以增大曲柄连杆机构的转动惯量,从而提高曲轴旋转的均匀性。

89. 正确:乘用车的定义是:在其设计和技术特性上主要用于载运乘客及其随身行李或临时物品的汽车,包括驾驶员座位在内不超过 9 个座位。

91. 正确:国家标准规定,车辆识别代号应位于车辆的右侧并尽可能位于车辆的前半部分。

94. 正确:保证汽车行驶的条件是:附着力≥驱动力≥总行驶阻力。

96. 正确:发动机按所用燃料不同分为汽油机、柴油机和其他燃料发动机。

97. 正确:内燃机型号首部和尾部的符号根据具体情况可不表示,但中部和后部的符号必须表示。

99. 正确:采用水冷却的冷却系,由百叶窗、散热器、风扇、水泵、水套、节温器和水温表等组成。

101. 正确:机油集滤器属于润滑系中三个滤清器之一,它的滤清能力最差。

103. 正确:在机械式传动系中若不计摩擦,驱动轮转矩与发动机转矩之比等于发动机转速与驱动轮转速之比,这就是传动比。

105. 正确:变速器由主动部分、从动部分、压紧机构和操纵机构四部分组成。

107. 正确:汽车传动系多使用刚性万向节,挠性万向节因为弹性件的弹性变形量有限,常用于两轴间夹角不大及微量轴向位移的传动场合。

109. 正确:驱动桥前边与传动轴相连,后边两侧与驱动轮相连。

111. 正确:汽车行驶系的主要功能有:支承汽车的总质量,减少振动,缓和冲击,保证汽车平顺行驶。

113. 正确:并不是所有的汽车都有车架,有些小客车和大客车就取消了车架。

115. 正确:转向桥绝大多数位于汽车前部,也称为前桥。

117. 正确:前轮安装后,两前轮的旋转平面不平行,前端略向内束,使两轮前端距离小于后端距离。

120. 正确:电工仪表按准确度等级不同可分为 0.1 级、0.2 级、0.5 级、1.0 级、1.5 级、2.5 级和 4.0 级,共 7 个等级。

122. 正确:对同一块仪表,用小的量程测量比用大的量程测量准确度要高。

124. 正确:数字式万用表不能反映被测电量的连续变化。

126. 正确:数字式万用表是通过断续的方式进行测量的。

128. 正确:用数字式万用表测量交流电压时,为减小测量误差,应当用黑表笔去接触被测电压的低电位端。

130. 正确:用直流电流表测量直流电流时,要注意仪表的极性和量程。

132. 正确:用直流电压表测量直流电压,接线时必须使电压表的正端钮接被测电路的高电位端,负端钮接被测电路的低电位端。

134. 正确:功率表的读数与电压、电流之间的相位角之差有关。

136. 正确:电气机械式电能表包括电动式和感应式两种,前者用来测量直流电能,后者用来测量交流电能。

138. 正确:使用钳形表测量时,为减小误差,被测导线应置于钳口内中心位置。

140. 正确:兆欧表和被测设备之间的连接导线不能使用并在一起的双股绝缘导线或双绞线,应用单股导线分开连接,以防因导线绝缘不良而产生误差。

142. 正确:使用万用表测试直流电压时,量程转换开关拨在电流挡位将会损坏表头。

144. 正确:使用万用表测量 10 mA 电流时,必须使用 50 mA 量程挡。

146. 正确:使用万用表测量电阻时,每换一次量程,都需要重新调零。

147. 正确:测定二极管的极性一般不能用万用表电阻挡的 $R\times1$ 挡或 $R\times10\text{k}$ 挡。

149. 正确:硅二极管的反向电阻值为几十千欧。

152. 正确:用万用表测得反向电阻很小的二极管是坏管。

153. 正确:晶体三极管从基区引出的电极叫基极,用字母 b 表示。

156. 正确:用万用表测量三极管,如果测得的正、反向电阻值相差很小或为零,说明管子极间已短路或已击穿。

158. 正确:指针式万用表有的标度尺是均匀的,如直流电压、直流电流和交流电压共用标度尺。

160. 正确:指针式万用表测量直流电压,是通过转换开关换接电路中与表头串联的不同分压电阻来实现不同电压量程的转换的。

162. 正确:指针式万用表不能带电测量电阻,以免损坏万用表。

164. 正确:示波器面板控制开关(钮)的初设位置规定:触发信号耦合开关应置于"内"。

166. 正确:发电机的滑环是铜质的。

168. 正确:发电机转子的磁轭由低碳钢加工制成。

170. 正确:发电机转子铁芯是用来增强磁场、建立磁极的。

172. 正确:无刷发电机上没有滑环。

176. 正确:发电机定子铁芯是导磁器。

178. 正确:使用万用表不解体检测发电机"+"与"−"接线柱之间的电阻值时,正向电阻小于规定值，说明个别二极管短路。

180. 正确：解体发电机后，检测电子绕组各接线柱与定子铁芯之间的电阻值，均应为∞。

182. 正确：拆卸发电机时，细小的零件和易损的零件要专门存放，以防丢失或损坏。

184. 正确：汽车照明系的电源为蓄电池和发电机。

188. 正确：封闭式前照灯的反射效率高，照明效果好，使用寿命长，但成本高，因此限制了其使用范围。

189. 正确：开远光灯或近光灯时小灯都亮。

192. 正确：很多车辆调整大灯光束时采用屏幕方式调整。

193. 正确：永磁式电动刮水器采用三刷式电动机。

195. 正确：永磁式电动刮水器刮水开关电路断开时，电动机不会立即停止转动，将以发电机的形式继续运转，刮水片到规定位置后电动机再停止转动。

198. 正确：转向灯开关主要用来控制灯光信号。

199. 正确：双丝灯泡中有两组灯丝，其中一组为远光灯丝，其功率较大，位于反射镜焦点上，当对面无来车时接入远光灯丝。

200. 正确：普通双丝灯泡有一小部分光线投向上方，会对汽车驾驶员的行车安全造成影响。

201. 正确：闸刀式电源总开关一般用于蓄电池搭铁线的控制。

204. 正确：外装式电动燃油泵安装在燃油箱外的输油管路中。

206. 正确：对于内装式电动燃油泵，无汽油冷却的时间过长，容易导致燃油泵电机绕组烧坏。

209. 正确：永磁式步进电动机的特点是动态性能好、输出力矩大，但这种电动机精度差、步矩角大。

211. 正确：步进电动机输出的角位移与输入的脉冲数成正比，转速与脉冲频率成正比。

214. 正确：电刷的含铜量应在 80%～90%之间。

216. 正确：维修启动机电刷时，应检测电刷弹簧压力点位置，如果压力点位置不对，应予以校正。

218. 正确：蓄电池的电解液是由高纯度的硫酸和蒸馏水按规定比例配制而成的。

220. 正确：汽车常用的电源电压有 12 V 和 24 V 两种。

221. 正确：汽车电源系中有两个电源。

222. 正确：蓄电池在用电时将储存的化学能变成电能供给用电设备。

224. 正确：在汽车上，发电机向用电设备(除启动机外)供电。

225. 正确：蓄电池除起到电源的作用外，还具有稳定车上电网电压的作用。

227. 正确：汽车电系有两个电源，发电机是主要电源，蓄电池主要在启动时供电。

229. 正确：柴油车使用的两块蓄电池是串联的。

230. 正确：蓄电池由若干个单格组成，单格之间互不相通，使用联条将它们串联起来。

231. 正确：蓄电池的充、放电过程是靠极板上的活性物质与电解液起电化学反应来实现的。

238. 正确：正常情况下，蓄电池液面应高出极板 10～15 mm。

240. 正确：蓄电池型号的第五部分表示特殊性能，用字母表示。

241. 正确：在汽车上充电采用的是定电压充电法。

243. 正确：用密度计测量液体的密度，其数值与温度有关，温度升高，密度会下降。

246. 正确：晶体管点火系按有无断电器触点分为无触点晶体管点火装置和有触点晶体管点

火装置。

247. 正确:点火系高压电路由点火线圈次级绕组、分电器、高压线和火花塞等部件组成。

249. 正确:点火系低压电路由电源、点火开关、点火线圈初级绕组、电容器、附加电阻和断电器等组成。

251. 正确:点火线圈的作用是将汽车电源系的低压电变为高压电。

253. 正确:由于火花塞的特殊工作环境,它必须具有耐压 20 000 V 以上的绝缘强度。

256. 正确:火花塞钢质壳体的外侧有便于拆装的六角平面。

257. 正确:电压调节器失调或调整不当,会引起发电机端电压过高。

258. 正确:发电机调节器的作用是防止发电机电压过高。

260. 正确:晶体管调节器不分单级和双级。

261. 正确:电动机只是启动机的一个组成部分。

266. 正确:电刷与换向器接触不良会造成启动机工作无力。

267. 正确:温度补偿电阻是发电机调节器的部件。

269. 正确:启动机的传动机构就是单向离合器。

274. 正确:焊接集成电路等受热易损的电气元件时要用功率在 20 W 以下的电烙铁。

275. 正确:刚使用过的电烙铁不可以随便放在工作台上,应放在烙铁支架上,待冷却后存放,以免烫坏工作台或其他物品。

277. 正确:BJ121 型汽车发电机磁场正极通过调解器、点火开关接至电源正极。

279. 正确:手动型保险装置在电路断开后,若需再使电路接通,需手动复位。

281. 正确:片式熔断器的插片由铜锌合金材料冲制而成。

284. 正确:银和白金等的锡焊常用中性焊剂。

286. 正确:在汽车电器维修中,锡焊用的焊料由铅锡合金组成,有的焊料中还有锑。

288. 正确:锡焊是连接金属零件的一种方法。

290. 正确:料 600 的第二、第三位数字表示同一类型焊料的不同牌号。

292. 正确:料 603 的熔点是 235 ℃。

294. 正确:松香是一种焊剂,无腐蚀性。

296. 正确:焊锡膏适用于对绝缘及防腐要求不高的小焊件焊接。

298. 正确:无水酒精具有易挥发、易吸水的特点,用于焊后清洗。

300. 正确:汽车电器中采用的固体润滑剂是二硫化钼。

302. 正确:复合钙基润滑脂适用于较高温度及潮湿条件下的润滑。

304. 正确:填料用于增加黏度,提高硬度、导热性、耐磨性及耐热性,降低膨胀系数及收缩率。

306. 正确:具有导电和粘接双重性能的胶黏剂是导电胶黏剂。

310. 正确:橡胶属于固体绝缘材料。

313. 正确:绝缘强度越大,使之击穿需要的电压越高。

314. 正确:表征绝缘材料在外加电压达到某一极限时保持绝缘性能的能力的指标是绝缘强度。

316. 正确:聚酯薄膜玻璃漆布复合绝缘材料的耐热等级为 B 级。

320. 正确:覆盖漆能达到防止老化,提高耐腐蚀性、耐潮性和耐化学性,改善热导率的目的。

321. 正确:云母制品有吸油性,因而不宜在油中使用。

323. 正确:在弱磁场中工作的器件用的软磁材料是铁镍合金。
325. 正确:硬磁材料是经过强磁场饱和磁化后形成的,具有宽大的磁滞回线。
328. 正确:磁感应车速里程表由一个计数器和三套按一定传动比设计的蜗轮蜗杆装置组成。
330. 正确:信号系由转向灯、尾灯、指示灯、制动灯、警报灯、蜂鸣器、喇叭和报警器等部件组成。
332. 正确:电热式燃油表的刻度盘标从左到右标有 0、1/2、1。
333. 正确:后示宽灯要求白天在距车 100 m 处能确认其灯光信号。
335. 正确:电流表不但能指示铅蓄电池的充电电流值,还能指示其放电电流的大小。
338. 正确:直热翼片式闪光器主要由翼片、热胀条和触点等组成。
340. 正确:汽车上的电流表是用来显示蓄电池充、放电电流大小的仪表。
341. 正确:汽车硅整流发电机的整流部分为分立元件型,一般由六只硅二极管组成。
344. 正确:硅整流发电机自身具有限制最大电流输出的能力。
345. 正确:接通点火开关后,指针指向“油满”位置,这时拆下传感器的导线接头,若指针不退回,说明传感器导线搭铁。
347. 正确:发动机工作时,水温表指针不动,若此时燃油表工作,把水温传感器的导线插头拔出,并做瞬时搭铁试验,若燃油表工作,说明传感器有故障。
351. 正确:在不解体诊断发动机故障中,用万用表电压挡诊断时,若测得的电压为蓄电池电压,则表明发电机不发电。
355. 正确:修理铸铁零件时,铸铁套的厚度不得小于 4 mm。
357. 正确:所有电线的焊接,除蓄电池旧线外,均应用松香作焊剂,不得使用酸液作焊剂。
359. 正确:汽车大修时,送修车辆必须配齐轮胎,并充足气压。
362. 正确:汽车修理作业中,荧光探伤法检验属于零件探伤法中的一种。
363. 正确:报废零件是指不符合修理技术标准,又无法修复或无修复价值的零件。
366. 正确:在汽车大修进场检查时,发动机部分应查看气缸体和气缸盖有无裂缝和漏水。
367. 正确:点火开关接通后,断电器触点闭合,低压线圈有电流通过,线圈周围产生磁场。
368. 正确:硅整流发电机的激磁电路受点火开关控制。
369. 正确:很多汽车的点火开关不能逆时针旋转,这种点火开关的 I 挡是解方向盘锁的。
372. 正确:直列式 5 缸发动机的点火顺序是 1—2—4—5—3。
374. 正确:磁性材料按其特性与应用范围可分为软磁材料、硬磁材料和特殊性能的磁性材料三大类。
376. 正确:电性能、力学性能以及耐油后的力学性能是电线电缆的主要性能。
378. 正确:耐热等级是表示热性能的重要参数之一。
380. 正确:油性漆包线由于漆层的力学性能较差,不能用于磨损和撞击较大的场合。
382. 正确:漆包线按其外形分为圆线、扁线、方形线和空心线。
384. 正确:选用电磁导线时,应考虑电性能、耐热等级与热性能、空间因素,此外,还应考虑力学性能、相容性、环境条件及其他因素。
386. 正确:双色电线中面积比例大的颜色为主色,面积比例小的颜色为辅助色。
388. 正确:为抑制和衰减点火系产生的无线电电磁波,应选择高压阻尼点火导线。
390. 正确:对熔断要求不高的熔断器采用低熔点熔体材料。

392. 正确:影响电刷工作性能的因素较多,主要有接触电压降、摩擦系数、电流密度、圆周速度及施于电刷上的单位弹力等。

394. 正确:电触头材料起着传递电能、接通或切断电路的作用。

396. 正确:热双金属片热膨胀系数大的一层称为主动层。

398. 正确:电阻合金是以电阻特性为主要特征的合金材料。

400. 正确:电热材料是一种能将电能转变成热能的材料。

402. 正确:启动机电枢线圈局部短路会导致启动机空转故障。

第二部分

初级工操作技能试题

认定要素细目表

<table>
<tr><th>行为领域</th><th>代码</th><th>认定范围</th><th>认定比重</th><th>代码</th><th>认　定　点</th><th>重要程度</th><th>备注</th></tr>
<tr><td rowspan="20">操作技能 A
100%</td><td rowspan="6">A</td><td rowspan="6">使用仪器仪表</td><td rowspan="6">35%</td><td>001</td><td>使用万用表检测交流发电机正侧板二极管质量</td><td>X</td><td>上岗要求</td></tr>
<tr><td>002</td><td>使用万用表检测交流发电机负侧板二极管质量</td><td>X</td><td>上岗要求</td></tr>
<tr><td>003</td><td>用万用表测直流电压、电阻</td><td>X</td><td>上岗要求</td></tr>
<tr><td>004</td><td>用万用表检测三极管(区分锗管与硅管)</td><td>X</td><td>上岗要求</td></tr>
<tr><td>005</td><td>用万用表检测发电机转子线圈</td><td>Y</td><td>上岗要求</td></tr>
<tr><td>006</td><td>用万用表检查发电机定子线圈</td><td>Z</td><td>上岗要求</td></tr>
<tr><td rowspan="6">B</td><td rowspan="6">维护、调整、安装</td><td rowspan="6">35%</td><td>001</td><td>调整汽车前照灯光束</td><td>Y</td><td>上岗要求</td></tr>
<tr><td>002</td><td>维护、调整发动机怠速电动机</td><td>Y</td><td></td></tr>
<tr><td>003</td><td>维护、调整启动机电刷</td><td>X</td><td>上岗要求</td></tr>
<tr><td>004</td><td>更换启动机电磁开关与触点</td><td>X</td><td>上岗要求</td></tr>
<tr><td>005</td><td>更换启动机电刷</td><td>X</td><td>上岗要求</td></tr>
<tr><td>006</td><td>根据导线颜色连接充电系电路</td><td>Y</td><td>上岗要求</td></tr>
<tr><td rowspan="8">C</td><td rowspan="8">诊断、维修</td><td rowspan="8">30%</td><td>001</td><td>焊接点火开关导线接头</td><td>Z</td><td>上岗要求</td></tr>
<tr><td>002</td><td>检修启动机磁场线圈</td><td>X</td><td>上岗要求</td></tr>
<tr><td>003</td><td>检修启动机空转正常但无力启动发动机(CA-1091 型)故障</td><td>Y</td><td>上岗要求</td></tr>
<tr><td>004</td><td>不解体诊断硅整流发电机故障</td><td>Y</td><td>上岗要求</td></tr>
<tr><td>005</td><td>检修汽车启动机电刷</td><td>X</td><td>上岗要求</td></tr>
<tr><td>006</td><td>诊断汽油表指示故障</td><td>X</td><td>上岗要求</td></tr>
<tr><td>007</td><td>诊断水温表指示故障</td><td>X</td><td>上岗要求</td></tr>
<tr><td>008</td><td>诊断机油压力表指示故障</td><td>X</td><td>上岗要求</td></tr>
</table>

注:X—核心要素;Y—一般要素;Z—辅助要素。

操作技能试题

一、AA001 使用万用表检测交流发电机正侧板二极管质量

1.准备要求

(1)材料准备。

序号	名 称	规 格	单 位	数 量	备 注
1	交流发电机正侧板		块	1	

(2)量具准备。

序号	名 称	规 格	单 位	数 量	备 注
1	万用表	500型	只	1	

2.操作程序说明

(1)校表。

(2)选择量程。

(3)测量二极管的正向电阻。

(4)测量二极管的反向电阻。

(5)收表。

3.考核规定说明

(1)如操作违章或未按操作程序执行操作,将停止考核。

(2)考核采用百分制,考核项目得分按认定比重进行折算。

(3)考核方式说明:本项目为实际操作(过程型),考核过程按评分标准及操作过程进行评分。

(4)测量技能说明:本项目主要测量考生对使用万用表检测交流发电机正侧板二极管质量的掌握程度。

4.考核时限

(1)准备时间:1 min(不计入考核时间)。

(2)正式操作时间:6 min。

(3)提前完成操作不加分,到时停止操作考核。

5.评分记录表

序号	考核内容	评分要素	配分	评分标准	检测结果	扣分	得分	备注
1	校 表	将表放平,调零	10	未水平放置万用表扣5分; 未调零扣5分				

续表

序号	考核内容	评分要素	配分	评分标准	检测结果	扣分	得分	备注
2	选择量程	根据所测范围选择量程(R×1 kΩ)	10	量程选择错误扣10分				
		量程选好后校表	10	未校表扣10分				
3	测量二极管的正向电阻	正表笔接电枢接柱，负表笔分别接二极管的引线端子	10	表笔接错一处扣5分，扣完为止				
		管脚和表笔接触应良好	5	管脚和表笔接触不良扣5分				
		读数：8～10 Ω为良好，0 Ω为二极管击穿，无限大为断路	15	读数错误一次扣5分；判断错误扣10分				
4	测量二极管的反向电阻	负表笔接电枢接柱，正表笔分别接二极管的引线端子	10	表笔接错一处扣5分，扣完为止				
		管脚和表笔接触应良好	5	管脚和表笔接触不良扣5分				
		读数：10 kΩ以上为良好，0 Ω为二极管击穿短路	15	读数错误一次扣5分；判断错误扣10分				
5	收　表	将万用表擦拭干净并装盒	10	未清洁万用表扣5分；未装盒扣5分				
6	安全文明操作	按国家或企业颁发的有关安全规定执行		每违反一项规定从总分中扣5分；严重违规取消考核				
7	考核时限	在规定时间内完成		到时停止操作考核				
合　计			100					

二、AA002　使用万用表检测交流发电机负侧板二极管质量

1. 准备要求

(1) 材料准备。

序号	名　称	规　格	单　位	数　量	备　注
1	交流发电机负侧板		块	1	

(2) 量具准备。

序号	名　称	规　格	单　位	数　量	备　注
1	万用表	500型	只	1	

2. 操作程序说明

(1) 校表。

(2) 选择量程。

(3) 测量二极管的正向电阻。

（4）测量二极管的反向电阻。

（5）收表。

3.考核规定说明

（1）如操作违章或未按操作程序执行操作，将停止考核。

（2）考核采用百分制，考核项目得分按认定比重进行折算。

（3）考核方式说明：本项目为实际操作（过程型），考核过程按评分标准及操作过程进行评分。

（4）测量技能说明：本项目主要测量考生对使用万用表检测交流发电机负侧板二极管质量的掌握程度。

4.考核时限

（1）准备时间：1 min（不计入考核时间）。

（2）正式操作时间：6 min。

（3）提前完成操作不加分，到时停止操作。

5.评分记录表

<table>
<tr><th>序号</th><th>考核内容</th><th>评分要素</th><th>配分</th><th>评分标准</th><th>检测结果</th><th>扣分</th><th>得分</th><th>备注</th></tr>
<tr><td>1</td><td>校　表</td><td>将表放平，调零</td><td>10</td><td>未水平放置万用表扣5分；未调零扣5分</td><td></td><td></td><td></td><td></td></tr>
<tr><td rowspan="2">2</td><td rowspan="2">选择量程</td><td>根据所测范围选择量程（$R\times 1\ k\Omega$）</td><td>10</td><td>量程选择错误扣10分</td><td></td><td></td><td></td><td></td></tr>
<tr><td>量程选好后校表</td><td>10</td><td>未校表扣10分</td><td></td><td></td><td></td><td></td></tr>
<tr><td rowspan="3">3</td><td rowspan="3">测量二极管的正向电阻</td><td>正表笔接二极管的引线，负表笔接搭铁</td><td>10</td><td>表笔接错一处扣5分，扣完为止</td><td></td><td></td><td></td><td></td></tr>
<tr><td>管脚和表笔接触应良好</td><td>5</td><td>管脚和表笔接触不良扣5分</td><td></td><td></td><td></td><td></td></tr>
<tr><td>读数：8～10 Ω为良好，0 Ω为二极管击穿，无限大为断路</td><td>15</td><td>读数错误一次扣5分；判断错误扣10分</td><td></td><td></td><td></td><td></td></tr>
<tr><td rowspan="3">4</td><td rowspan="3">测量二极管的反向电阻</td><td>负表笔接二极管的引线，正表笔接搭铁</td><td>10</td><td>表笔接错一处扣5分，扣完为止</td><td></td><td></td><td></td><td></td></tr>
<tr><td>管脚和表笔接触应良好</td><td>5</td><td>管脚和表笔接触不良扣5分</td><td></td><td></td><td></td><td></td></tr>
<tr><td>读数：10 kΩ以上为良好，0 Ω为二极管击穿</td><td>15</td><td>读数错误一次扣5分；判断错误扣10分</td><td></td><td></td><td></td><td></td></tr>
<tr><td>5</td><td>收　表</td><td>将万用表擦拭干净并装盒</td><td>10</td><td>未清洁万用表扣5分；未装盒扣5分</td><td></td><td></td><td></td><td></td></tr>
<tr><td>6</td><td>安全文明操作</td><td>按国家或企业颁发的有关安全规定执行</td><td></td><td>每违反一项规定从总分中扣5分；严重违规取消考核</td><td></td><td></td><td></td><td></td></tr>
<tr><td>7</td><td>考核时限</td><td>在规定时间内完成</td><td></td><td>到时停止操作考核</td><td></td><td></td><td></td><td></td></tr>
<tr><td colspan="3">合　计</td><td>100</td><td></td><td></td><td></td><td></td><td></td></tr>
</table>

三、AA003 用万用表测直流电压、电阻

1. 准备要求

(1) 设备准备。

序号	名 称	规 格	单 位	数 量	备 注
1	蓄电池	6-Q-60	块	1	

(2) 材料准备。

序号	名 称	规 格	单 位	数 量	备 注
1	电 阻	200 Ω～24 kΩ	个	10	

(3) 量具准备。

序号	名 称	规 格	单 位	数 量	备 注
1	万用表	500 型	只	1	

2. 操作程序说明

(1) 校表。

(2) 测量直流电压。

(3) 测量电阻。

(4) 检测质量。

(5) 收表。

3. 考核规定说明

(1) 如操作违章或未按操作程序执行操作,将停止考核。

(2) 考核采用百分制,考核项目得分按认定比重进行折算。

(3) 考核方式说明:本项目为实际操作(过程型),考核过程按评分标准及操作过程进行评分。

(4) 测量技能说明:本项目主要测量考生使用万用表测直流电压、电阻的掌握程度。

4. 考核时限

(1) 准备时间:1 min(不计入考核时间)。

(2) 正式操作时间:10 min。

(3) 提前完成操作不加分,到时停止操作考核。

5. 评分记录表

序号	考核内容	评分要素	配分	评分标准	检测结果	扣分	得分	备注
1	校 表	将表放平,调零	10	未水平放置万用表扣 5 分;未调零扣 5 分				
		将红表笔插入"+"插孔,将黑表笔插入"－"插孔	10	表笔插错扣 10 分				

续表

序号	考核内容	评分要素	配分	评分标准	检测结果	扣分	得分	备注
2	测量直流电压	测量直流电压应选择直流V挡量程	10	量程选错扣10分				
		分清极性,并把表笔并联接入被测电路中	10	测量错误扣10分				
		读出正确数值	5	未读数或读数错误扣5分				
3	测量电阻	测量电阻时,应选择Ω挡量程	10	量程选错扣10分				
		读出正确数值	5	未读数或读数错误扣5分				
		表针应摆过中值	10	表针未过中值扣10分				
4	检测质量	按操作规程测量: (1)测电压时,不能带电换量程; (2)测电阻时,不能带电测量; (3)选择量程时,要先选大的,后选小的	15	操作不规范一处扣5分,扣完为止				
		不得损坏设备、用具	5	损坏设具、工具扣5分				
5	收 表	将万用表擦拭干净,放入盒中	10	未擦拭万用表扣5分;未放入盒中扣5分				
6	安全文明操作	按国家或企业颁发的有关安全规定执行		每违反一项规定从总分中扣5分;严重违规取消考核				
7	考核时限	在规定时间内完成		到时停止操作考核				
合 计			100					

四、AA004 用万用表检测三极管

1. 准备要求

(1)材料准备。

序号	名 称	规 格	单 位	数 量	备 注
1	三极管	3Ax31、3DG30	只	各2	
2	工具盘		个	1	

(2)量具准备。

序号	名 称	规 格	单 位	数 量	备 注
1	万用表	500型	只	1	鉴定站准备

2. 操作程序说明

(1) 校表。

(2) 测出锗管的基极。

(3) 测出锗管的发射极。

(4) 测出硅管的基极。

(5) 测出硅管的发射极。

(6) 收表。

3. 考核规定说明

(1) 如操作违章或未按操作程序执行操作,将停止考核。

(2) 考核采用百分制,考核项目得分按认定比重进行折算。

(3) 考核方式说明:本项目为实际操作(过程型),考核过程按评分标准及操作过程进行评分。

(4) 测量技能说明:本项目主要测量考生对万用表的使用以及三极管参数、质量的掌握程度。

4. 考核时限:

(1) 准备时间:1 min(不计入考核时间)。

(2) 正式操作时间:10 min。

(3) 提前完成操作不加分,到时停止操作考核。

5. 评分记录表

序号	考核内容	评分要素	配分	评分标准	检测结果	扣分	得分	备注
1	校　表	将表放平,调零	5	未水平放置万用表扣3分;未调零扣2分				
		将红表笔插入“+”插孔;将黑表笔插入“-”插孔	5	表笔插错扣5分				
2	测出锗管的基极	选择万用表量程 $R\times100$ 挡或 $R\times1$ k挡	10	量程选择不正确扣10分				
		测出锗管基极	5	未测出锗管基极扣5分				
3	测出锗管的发射极	选择万用表量程 $R\times100$ 挡或 $R\times1$ k挡测量一次	10	量程选择不正确扣10分				
		正负表笔对调再次测量	10	未对调表笔再次测量扣10分				
		确定发射极	5	未能确定发射极扣5分				
4	测出硅管的基极	选择 $R\times1$ k挡测硅管	10	量程选择不正确扣10分				
		测出硅管基极	10	未测出硅管基极扣10分				
5	测出硅管的发射极	选择万用表量程 $R\times1$ k挡测量一次	10	量程选择不正确扣10分				
		正负表笔对调再次测量	10	未对调表笔再次测量扣10分				
		确定发射极	5	未能确定发射极扣5分				

续表

序号	考核内容	评分要素	配分	评分标准	检测结果	扣分	得分	备注
6	收　表	将万用表擦拭干净，放入盒中	5	未擦拭万用表扣3分；未放入盒中扣2分				
7	安全文明操作	按国家或企业颁发的有关安全规定执行		每违反一项规定从总分中扣5分；严重违规取消考核				
8	考核时限	在规定时间内完成		到时停止操作考核				
合　计			100					

五、AA005　用万用表检测发电机转子线圈

1. 准备要求

(1) 设备准备。

序号	名　称	规　格	单　位	数　量	备　注
1	硅整流发电机		个	1	

(2) 量具准备。

序号	名　称	规　格	单　位	数　量	备　注
1	万用表	500型	只	1	

2. 操作程序说明

(1) 校表。

(2) 选择量程。

(3) 检查是否搭铁。

(4) 检查是否短路或断路。

(5) 收表。

3. 考核规定说明

(1) 如操作违章或未按操作程序执行操作，将停止考核。

(2) 考核采用百分制，考核项目得分按认定比重折算。

(3) 考核方式说明：本项目为实际操作（过程型），考核过程按评分标准及操作过程进行评分。

(4) 考核技能说明：本项目主要测量考生对使用万用表检测转子线圈的掌握程度。

4. 考核时限

(1) 准备时间：1 min（不计入考核时间）。

(2) 正式操作时间：10 min。

(3) 提前完成操作不加分，到时停止操作考核。

5. 评分记录表

序号	考核内容	评分要素	配分	评分标准	检测结果	扣分	得分	备注
1	校　表	将万用表平放并调零	10	未将万用表放平扣 5 分；未将万用表调零扣 5 分				
2	选择量程	选用万用表的 $R\times1\ \Omega$ 挡或 $R\times10\ \Omega$ 挡	10	量程选择错误扣 10 分				
3	检查是否搭铁	一表笔接在一个滑环上，另一表笔接在转子铁芯或轴上	15	表笔接错一处扣 5 分				
		正确读取数值	10	未读数或读数错误扣 10 分				
		其值应为无限大，阻值为 0 Ω 则为搭铁	10	不清楚判断标准扣 5 分；判断错误扣 5 分				
4	检查是否短路或断路	两只表笔分别接在两个滑环上	10	表笔接错一处扣 5 分				
		正确读取数值	10	未读数或读数错误扣 10 分				
		判断：K 系列为 4.1～4.3 Ω，12R、5R 配触点式调节器为 3.9～4.1 Ω，配 1C 式调节器为 2.8～3 Ω，如阻值小于上述值为短路，表针不动为断路	15	不清楚判断标准一处扣 5 分；判断错误扣 5 分				
5	收　表	将万用表擦拭干净，放入盒中	10	未擦拭万用表扣 5 分；未放入盒中扣 5 分				
6	安全文明操作	按国家或企业颁发的有关安全规定执行		每违反一项规定从总分中扣 5 分；严重违规取消考核				
7	考核时限	在规定时间内完成		到时停止操作考核				
合　计			100					

六、AA006　用万用表检测发电机定子线圈

1. 准备要求

（1）设备准备。

序号	名　称	规　格	单　位	数　量	备　注
1	硅整流发电机		台	1	

（2）量具准备。

序号	名　称	规　格	单　位	数　量	备　注
1	万用表	500 型	只	1	

2.操作程序说明

(1) 校表。

(2) 检查是否搭铁。

(3) 检查是否短路或断路。

(4) 收表。

3.考核规定说明

(1) 如操作违章或未按操作程序执行操作,将停止考核。

(2) 考核采用百分制,考核项目得分按认定比重折算。

(3) 考核方式说明:本项目为实际操作(过程型),考核过程按评分标准及操作过程进行评分。

(4) 测量技能说明:本项目主要测量考生对使用万用表检测定子线圈的掌握程度。

4.考核时限

(1) 准备时间:1 min(不计入考核时间)。

(2) 正式操作时间:10 min。

(3) 提前完成操作不加分,到时停止操作考核。

5.评分记录表

序号	考核内容	评分要素	配分	评分标准	检测结果	扣分	得分	备注
1	校　表	将万用表平放,将万用表调零	10	未将万用表放平扣5分;未将万用表调零扣5分				
2	检查是否搭铁	选用万用表的 $R\times1\ \text{k}\Omega$ 挡或 $R\times10\ \text{k}\Omega$ 挡	5	量程选择错误扣5分				
		一表笔接在定子外壳上,另一表笔分别接每相线圈的引线	10	表笔接错一处扣5分,扣完为止				
		正确读取数值	10	读数错误扣10分				
		数值应为无限大,阻值为0 Ω则为搭铁	10	不清楚判断标准扣5分;判断错误扣5分				
3	检查是否断路或短路	选用万用表的 $R\times1\ \Omega$ 挡	5	量程选择错误扣5分				
		一表笔接中性点,另一表笔分别接每相线圈的引线	10	表笔接错一处扣5分,扣完为止				
		正确读取数值	10	读数错误扣10分				
		判断: ① 阻值在1 Ω左右,且三相阻值平衡是正常; ② 某一相阻值为0 Ω是短路; ③ 阻值为无限大是断路	20	不清楚判断标准一处扣5分,判断错误扣5分,扣完为止				

续表

序号	考核内容	评分要素	配分	评分标准	检测结果	扣分	得分	备注
4	收　表	将万用表擦拭干净，放入盒中	10	未将万用表擦拭干净并放入盒中扣10分				
5	安全文明操作	按国家或企业颁发的有关安全规定执行		每违反一项规定从总分中扣5分，严重违规停止操作				
6	考核时限	在规定时间内完成		到时停止操作考核				
合　计			100					

七、AB001　调整汽车前照灯光束

1. 准备要求

(1) 设备准备。

序号	名　称	规　格	单　位	数　量	备　注
1	汽　车	现有车型	辆	1	

(2) 工具、量具准备。

序号	名　称	规　格	单　位	数　量	备　注
1	螺丝刀	75 mm、100 mm	把	2	平口十字各1把
2	扳　手	8～10 mm、12～14 mm	个	各1	
3	钢卷尺	2 m	个	1	

2. 操作程序说明

(1) 准备工作。

(2) 利用屏幕或墙壁调整光束。

(3) 画水平线。

(4) 画垂直线。

(5) 调整前照灯。

3. 考核规定说明

(1) 如操作违章或未按操作程序执行操作，将停止考核。

(2) 考核采用百分制，考核项目得分按认定比重折算。

(3) 考核方式说明：本项目为实际操作（过程型），考核过程按评分标准及操作过程进行评分。

(4) 测量技能说明：本项目主要测量考生对调整汽车前照灯光束的掌握程度。

4. 考核时限

(1) 准备时间：3 min（不计入考核时间）。

(2) 正式操作时间：15 min。

(3) 提前完成操作不加分,到时停止操作考核。

5. 评分记录表

序号	考核内容	评分要素	配分	评分标准	检测结果	扣分	得分	备注
1	准备工作	工具、量具准备	5	选择工具错一件扣1分,扣完为止				
2	利用屏幕或墙壁调整光束	在距屏幕或墙壁10 m的地方将汽车停在水平地面上	10	停车错误扣10分				
		检查轮胎气压是否符合规定	10	未检查轮胎气压扣10分				
		擦净玻璃	5	未擦净玻璃扣5分				
3	画水平线	在距汽车前大灯10 m的屏幕或墙壁上画一水平线	10	画线不水平扣10分				
		此水平线距地面高度为1 m	10	高度错误扣10分				
4	画垂直线	画出汽车对应的中心垂线	10	画线不垂直扣10分				
		距中垂线大约两灯间距的1/2处作两条垂线	10	位置错一条扣5分				
5	调整前照灯	遮住右灯,调整左侧灯光	15	左灯调整错误扣10分,未遮住右灯扣5分				
		遮住左灯,调整右侧灯光	15	右灯调整错误扣10分,未遮住左灯扣5分				
6	安全文明操作	按国家或企业颁发的有关安全规定执行		每违反一项规定从总分中扣5分;严重违规取消考核				
7	考核时限	在规定时间内完成		到时停止操作考核				
合计			100					

八、AB002 维护、调整发动机怠速电动机

1. 准备要求

(1) 设备准备。

序号	名 称	规 格	单 位	数 量	备 注
1	电喷发动机	CA1091车型	台	1	
2	工作台	2 m^2	张	1	

(2) 材料准备。

序号	名 称	规 格	单 位	数 量	备 注
1	砂 纸	00	张	1	
2	清洗液	标 准	瓶	1	

（3）工具、用具、量具准备。

序号	名　称	规　格	单　位	数　量	备　注
1	螺丝刀	75 mm、100 mm	把	各 1	
2	手　钳	180 mm	把	1	
3	硬　纸		张	适　量	
4	万用表	数字式	只	1	
5	清洗盆		个	1	
6	工具盘		个	1	

2. 操作程序说明

（1）准备工作。

（2）检查发动机的工作情况。

（3）清洗电动机。

（4）调整触点间隙。

（5）组装试验。

（6）清理场地。

3. 考核规定说明

（1）如操作违章或未按操作程序执行操作，将停止考核。

（2）考核采用百分制，考核项目得分按认定比重进行折算。

（3）考核方式说明：本项目为实际操作（过程型），考核过程按评分标准及操作过程进行评分。

（4）测量技能说明：本项目主要测量考生对怠速电动机的工作原理及故障排除方法的掌握程度。

4. 考核时限

（1）准备时间：1 min（不计入考核时间）。

（2）正式操作时间：15 min。

（3）提前完成操作不加分，到时停止操作考核。

5. 评分记录表

序号	考核内容	评分要素	配分	评分标准	检测结果	扣分	得分	备注
1	准备工作	准备工具、用具、量具及材料	5	工具、用具、量具及材料选错一件扣 1 分，扣完为止				
2	检查发动机的工作情况	启动发动机，判断怠速情况	10	未启动发动机扣 5 分；判断错误扣 5 分				
		查看怠速电动机有无积碳	5	未查看怠速电动机有无积碳扣 5 分				
		检查怠速电动机插头	10	未检查怠速电动机插头扣 10 分				

续表

序号	考核内容	评分要素	配分	评分标准	检测结果	扣分	得分	备注
3	清洗电动机	用清洗剂清洗电动机	10	未清洗电动机扣10分				
		调整接触面	10	调整后接触面小于70%扣10分				
4	调整触点间隙	清除电动机上的积碳	10	未清除电动机上的积碳扣10分				
		通电检查电动机运行情况	15	未检查电动机运行情况扣10分;间隙偏差较大扣5分				
5	组装试验	装回电动机	15	漏装一项扣5分				
		组装后启动发动机试验	10	未试验扣10分				
6	清理场地	清理场地,收拾工具、用具、量具及材料		未收、少收工具、用具、量具及材料从总分中扣3分;场地不清洁从总分中扣5分				
7	安全文明操作	按国家或企业颁发的有关安全规定执行		每违反一项规定从总分中扣5分;严重违规取消考核				
8	考核时限	在规定时间内完成		到时停止操作考核				
合　计			100					

九、AB003　维护、调整启动机电刷

1. 准备要求

(1) 设备准备。

序号	名　称	规　格	单　位	数　量	备　注
1	启动机		台	1	

(2) 材料准备。

序号	名　称	规　格	单　位	数　量	备　注
1	清洗剂	电喷车用		适　量	
2	砂　纸			适　量	

(3) 工具、用具准备。

序号	名　称	规　格	单　位	数　量	备　注
1	螺丝刀	75 mm、100 mm	把	各1	
2	毛　巾		条	2	
3	毛　刷		把	1	
4	清洗盆		个	1	

续表

序号	名　称	规　格	单　位	数　量	备　注
5	扳　手	8～10 mm、10～12 mm、12～14 mm	组	各 1	
6	活动扳手	200 mm	把	1	

2. 操作程序说明

(1) 准备工作。

(2) 解体启动机。

(3) 检查清洗。

(4) 保养组装。

(5) 试验。

(6) 清理场地。

3. 考核规定说明

(1) 如操作违章或未按操作程序执行操作，将停止考核。

(2) 考核采用百分制，考核项目得分按认定比重折算。

(3) 考核方式说明：本项目为实际操作（过程型），考核过程按评分标准及操作过程进行评分。

(4) 测量技能说明：本项目主要测量考生对维护、调整启动机电刷的掌握程度。

4. 考核时限

(1) 准备时间：1 min（不计入考核时间）。

(2) 正式操作时间：15 min。

(3) 提前完成操作不加分，到时停止操作考核。

5. 评分记录表

序号	考核内容	评分要素	配分	评分标准	检测结果	扣分	得分	备注
1	准备工作	准备工具、用具及材料	5	工具、用具及材料选错一件扣 1 分，扣完为止				
2	解体启动机	断开电瓶连接线	10	未断开电瓶连接线扣 10 分				
		拆下启动机	10	未拆下电动机扣 10 分				
		解体启动机	10	少解体一处扣 10 分，扣完为止				
3	检查清洗	清洗零件	5	未清洗零件扣 5 分				
		检查电刷	10	未检查电刷扣 10 分				
		检查启动机整流子	10	未检查启动机整流子扣 10 分				
		检查电刷与整流子接触情况		未检查电刷与整流子接触情况此项不得分（即扣 25 分）				

续表

序号	考核内容	评分要素	配分	评分标准	检测结果	扣分	得分	备注
4	保养组装	用专用清洁剂正确清洗启动机零件并擦净	15	清洗剂使用不正确扣5分；不会清洗扣10分				
		擦净后按顺序装回	15	安装顺序错一处扣5分，扣完为止				
5	试验	检查试验	10	未试验扣10分				
6	清理场地	清理场地，收拾工具、用具及材料		未收、少收工具、用具及材料从总分中扣3分；场地不清洁从总分中扣5分				
7	安全文明操作	按国家或企业颁发的有关安全规定执行		每违反一项规定从总分中扣5分；严重违规取消考核				
8	考核时限	在规定时间内完成		到时停止操作考核				
合计			100					

十、AB004 更换启动机电磁开关与触点

1. 准备要求

(1) 设备准备。

序号	名称	规格	单位	数量	备注
1	电源	220 V	个	1	

(2) 材料准备。

序号	名称	规格	单位	数量	备注
1	启动机电磁开关	解放141型	件	1	
2	焊锡丝	ϕ2 mm	mm	200	
3	细砂布		张	1	
4	棉纱			适量	

(3) 工具、用具、量具准备。

序号	名称	规格	单位	数量	备注
1	锉刀	平锉	把	1	
2	螺丝刀	75 mm、100 mm	把	各1	
3	电烙铁	200 W	把	1	
4	清洗盆		个	1	
5	工具盘		个	1	
6	尖嘴钳	150 mm	把	1	
7	万用表	500型或数字型	只	1	

2. 操作程序说明

(1) 准备工作。

(2) 拆下启动机电磁线圈。

(3) 打开后盖。

(4) 检查接触铜片。

(5) 组装试验。

(6) 清理场地。

3. 考核规定说明

(1) 如操作违章或未按操作程序执行操作,将停止考核。

(2) 考核采用百分制,考核项目得分按认定比重进行折算。

(3) 考核方式说明:本项目为实际操作(过程型),考核过程按评分标准及操作过程进行评分。

(4) 测量技能说明:本项目主要测量考生对电磁开关及触点的工作原理和线圈产生电磁力作用的掌握情况。

4. 考核时限:

(1) 准备时间:1 min(不计入考核时间)。

(2) 正式操作时间:20 min。

(3) 提前完成操作不加分,到时停止操作考核。

5. 评分记录表

序号	考核内容	评分要素	配分	评分标准	检测结果	扣分	得分	备注
1	准备工作	准备工具、用具、量具及材料	5	工具、用具、量具及材料选错一件扣1分,扣完为止				
2	拆下启动机电磁线圈	清洗启动机	5	未清洗启动机扣5分				
		拆下电磁线圈	10	未拆下电磁线圈扣10分				
		检查电磁线圈	10	未检查电磁线圈扣10分				
3	打开后盖	接通电烙铁电源,将电烙铁加热,烫开线圈上的焊锡,做好记号	10	未烫开焊锡扣5分;未做记号扣5分				
		拆下螺母,拨开线头,打开后盖	15	漏拆一处扣5分				
4	检查接触铜片	检查接触铜片能否使用	10	未检查接触铜片能否使用扣5分;判断不准扣5分				
		铜片可翻过面使用或用锉刀修复,然后用砂纸磨平	10	不会修复铜片扣10分				

续表

序号	考核内容	评分要素	配分	评分标准	检测结果	扣分	得分	备注
5	组装试验	将铜片装回	5	未装回铜片扣5分				
		将线头焊好	10	焊接不规范扣10分				
		通电试验	10	未进行通电试验扣10分				
6	清理场地	清理场地,收拾工具、用具、量具及材料		未收、少收工具、用具、量具及材料从总分中扣3分;场地不清洁从总分中扣5分				
7	安全文明操作	按国家或企业颁发的有关安全规定执行		每违反一项规定从总分中扣5分;严重违规取消考核				
8	考核时限	在规定时间内完成		到时停止操作考核				
	合　计		100					

十一、AB005　更换启动机电刷

1. 准备要求

(1) 设备准备。

序号	名　称	规　格	单　位	数　量	备　注
1	完好汽车	解放1091	辆	1	
2	启动机	解放1091	台	1	

(2) 工具、用具准备。

序号	名　称	规　格	单　位	数　量	备　注
1	套　筒		套	1	
2	螺丝刀	100 mm	把	1	
3	钢锯条		根	1	
4	清洗盆		个	1	
5	工具盘		个	1	

2. 操作程序说明

(1) 准备工作。

(2) 直观检查。

(3) 修理。

(4) 检查调整。

(5) 组装试验。

(6) 清理场地。

3. 考核规定说明

(1) 如操作违章或未按操作程序执行操作,将停止考核。

(2) 考核采用百分制，考核项目得分按认定比重进行折算。

(3) 考核方式说明：本项目为实际操作(过程型)，考核过程按评分标准及操作过程进行评分。

(4) 测量技能说明：本项目主要测量考生对启动机工作原理及启动机修理技能的掌握程度。

4. 考核时限

(1) 准备时间：1 min(不计入考核时间)。

(2) 从准备工作起到操作完毕共计 20 min。

(3) 提前完成操作不加分，到时停止操作考核。

5. 评分记录表

序号	考核内容	评分要素	配分	评分标准	检测结果	扣分	得分	备注
1	准备工作	准备工具、用具	3	工具、用具选错1件扣1分，扣完为止				
2	直观检查	启动发动机，检查启动机运转情况	20	未启动发动机扣10分；判断不清扣10分				
		检查启动机各连接线	15	未检查启动机各连接线一处扣5分，扣完为止				
3	修　理	清洗启动机	5	未清洗启动机扣5分				
		调整间隙	10	未调整间隙或调整间隙不准扣10分				
4	检查调整	检查整流子磨损情况	10	未检查整流子磨损情况或检查结果错误扣10分				
		检查电刷弹簧弹力及整流子与云母深度	10	未检查电刷弹簧弹力及整流子与云母深度一处扣5分，扣完为止				
		检查电刷与整流子接触面积	10	未检查电刷与整流子接触面积或检查结果错误扣10分				
5	组装试验	按顺序组装	10	组装顺序错误一次扣5分				
		通电试验	7	未进行通电试验扣7分				
6	清理场地	清理场地，收拾工具、用具		未收、少收工具、用具从总分中扣3分；场地不清洁从总分中扣5分				
7	安全文明操作	按国家或企业颁发的有关安全规定执行		每违反一项规定从总分中扣5分；严重违规取消考核				
8	考核时限	在规定时间内完成		到时停止操作考核				
合　计			100					

十二、AB006　根据导线颜色连接充电系电路(CA-1091)

1.准备要求

(1) 设备准备。

序号	名　称	规　格	单　位	数　量	备　注
1	发电机	500 W	台	1	
2	调节器	CA-1091 型车	台	1	
3	蓄电池	6-QA-100	块	1	
4	电流表		块	1	
5	启动机	国　产	台	1	

(2) 材料准备。

序号	名　称	规　格	单　位	数　量	备　注
1	点火开关		只	1	
2	总成线		套	1	

(3) 工具、用具准备。

序号	名　称	规　格	单　位	数　量	备　注
1	砂布、棉纱			适　量	
2	螺丝刀	75mm、100 mm	把	各 1	
3	手　钳	180 mm	把	1	

2.操作程序说明

(1) 准备工作。

(2) 检查发电机各接柱。

(3) 发电机接线。

(4) 调节器接线。

(5) 试验。

(6) 清理场地。

3.考核规定说明

(1) 如操作违章或未按操作程序执行操作,将停止考核。

(2) 考核采用百分制,考核项目得分按认定比重进行折算。

(3) 考核方式说明:本项目为实际操作(过程型),考核过程按评分标准及操作过程进行评分。

(4) 测量技能说明:本项目主要测量考生根据导线颜色连接充电系电路(CA-1091)的熟练程度。

4.考核时限

(1) 准备时间:3 min(不计入考核时间)。

(2) 正式操作时间:25 min。

(3) 提前完成操作不加分,到时停止操作考核。

5. 评分记录表

序号	考核内容	评分要素	配分	评分标准	检测结果	扣分	得分	备注
1	准备工作	准备工具、用具及材料	3	工具、用具及材料选错一件扣1分				
2	检查发电机各接柱	检查发电机各接柱，拆下各接柱螺母及垫片	15	未检查发电机各接柱扣5分；未拆下各接柱螺母及垫片扣10分				
3	发电机接线	粗红线接发电机“＋”接柱	8	未接或接错扣8分				
		黑线接发电机“－”接柱	8	未接或接错扣8分				
		细红线接发电机磁场接柱	8	未接或接错扣8分				
		黄线接发电机磁场另一接柱	8	未接或接错扣8分				
		蓝线一端接发电机N接柱，另一端接组合继电器N接柱	16	未接或接错一端扣8分				
4	调节器接线	细红线另一端接调节器上的“＋”接柱	8	未接或接错扣8分				
		黄线另一端接调节器磁场接柱	8	未接或接错扣8分				
		黑线另一端接调节器“－”接柱	8	未接或接错扣8分				
5	试　验	进行试验	10	未进行试验扣10分				
6	清理场地	清理场地，收拾工具、用具及材料		未收、少收工具、用具及材料从总分中扣3分；场地不清洁从总分中扣5分				
7	安全文明操作	按国家或企业颁发的有关安全规定执行		每违反一项规定从总分中扣5分；严重违规取消考核				
8	考核时限	在规定时间内完成		到时停止操作考核				
合　计			100					

十三、AC001　焊接点火开关导线接头

1. 准备要求

(1) 设备准备。

序号	名　称	规　格	单　位	数　量	备　注
1	工作台	2 m^2	张	1	
2	电　源	220 V	组	1	

(2) 材料准备。

序号	名　称	规　格	单　位	数　量	备　注
1	导　线	1.5～2.5 mm^2		若　干	
2	焊　丝	ϕ2.0 mm	mm	200	
3	点火开关		个	1	
4	插接件			适　量	
5	砂　布	200 mm	张	1	

(3) 工具、用具准备。

序号	名　称	规　格	单　位	数　量	备　注
1	电烙铁	30～45 W	把	1	
2	螺丝刀	微　型	把	1	
3	剥线钳		把	1	
4	清洗盆		个	1	
5	工具盘		个	1	

2. 操作程序说明

(1) 准备工作。

(2) 选择导线。

(3) 接通电烙铁电源。

(4) 清除杂质。

(5) 焊接组合。

(6) 清理场地。

3. 考核规定说明

(1) 如操作违章或未按操作程序执行操作，将停止考核。

(2) 考核采用百分制，考核项目得分按认定比重进行折算。

(3) 考核方式说明：本项目为实际操作(过程型)，考核过程按评分标准及操作过程进行评分。

(4) 测量技能说明：本项目主要测量考生对电烙铁的使用要求和焊接技术的掌握程度。

4. 考核时限：

(1) 准备时间：1 min(不计入考核时间)。

(2) 正式操作时间：15 min。

(3) 提前完成操作不加分，到时停止操作考核。

5. 评分记录表

序号	考核内容	评分要素	配分	评分标准	检测结果	扣分	得分	备注
1	准备工作	准备工具、用具及材料	3	工具、用具及材料选错一件扣1分				
2	选择导线	根据颜色和直径选择导线	10	选择导线不正确扣10分				
		去掉导线端部线皮	10	未去掉导线端部线皮扣10分				

续表

序号	考核内容	评分要素	配分	评分标准	检测结果	扣分	得分	备注
3	接通电烙铁电源	将电烙铁放在安全支架上	10	未将电烙铁放在安全支架上扣10分				
		接通电烙铁电源,加温	10	未加温扣10分				
4	清除杂质	清除导线端头及插件杂质	10	未清除导线端头杂质扣5分;未清除插件杂质扣5分				
		清除电烙铁头部杂质	7	未清除电烙铁头部杂质扣7分				
		将导线头部挂上焊锡	10	未在导线头部挂焊锡扣10分				
5	焊接组合	将已挂锡的导线与插件焊在一起	10	焊接不标准扣10分				
		按导线颜色插好插件组合	20	插接错误扣10分;组合错误扣10分				
6	清理场地	清理场地,收拾工具、用具及材料		未收、少收工具、用具及材料从总分中扣3分;场地不清洁从总分中扣5分				
7	安全文明操作	按国家或企业颁发的有关安全规定执行		每违反一项规定从总分中扣5分;严重违规取消考核				
8	考核时限	在规定时间内完成		到时停止操作考核				
合计			100					

十四、AC002 检修启动机磁场线圈

1. 准备要求

(1) 设备准备。

序号	名 称	规 格	单 位	数 量	备 注
1	启动机		台	1	

(2) 材料准备。

序号	名 称	规 格	单 位	数 量	备 注
2	绝缘纸			适 量	
3	纱 带		卷	1	

(3) 工具、用具准备。

序号	名 称	规 格	单 位	数 量	备 注
1	剪 刀	230 mm	把	1	
2	手 钳	180 mm	把	1	
3	电工刀	中 号	把	1	

续表

序号	名 称	规 格	单 位	数 量	备 注
4	螺丝刀	75mm、100 mm	把	各1	

2. 操作程序说明

(1) 准备工作。

(2) 解体启动机。

(3) 检修磁场线圈。

(4) 包扎固定。

(5) 组装试验。

(6) 清理场地。

3. 考核规定说明

(1) 如操作违章或未按操作程序执行操作，将停止考核。

(2) 考核采用百分制，考核项目得分按认定比重进行折算。

(3) 考核方式说明：本项目为实际操作(过程型)，考核过程按评分标准及操作过程进行评分。

(4) 测量技能说明：本项目主要测量考生检修启动机磁场线圈的熟练程度。

4. 考核时限

(1) 准备时间：1 min(不计入考核时间)。

(2) 正式操作时间：20 min。

(3) 提前完成操作不加分，到时停止操作考核。

5. 评分记录表

序号	考核内容	评分要素	配分	评分标准	检测结果	扣分	得分	备注
1	准备工作	准备工具、用具及材料	5	工具、用具及材料选错一件扣1分，扣完为止				
2	解体启动机	清洗启动机	5	未清洗启动机扣5分				
		解体各部件	15	未解体或少解体一处扣5分，扣完为止，损坏原线圈此项不得分				
3	检修磁场线圈	清除磁场线圈旧绝缘纸	5	未清除磁场线圈旧绝缘纸扣5分				
		将新绝缘纸剪成与导线同宽	10	剪新绝缘纸未达到标准扣10分				
		用螺丝刀撬开导线，将新绝缘纸夹在导线之间	10	未操作或操作错误扣10分				
4	包扎固定	将导线用纱带包扎好	10	导线未包扎扣10分				
		将绕组装回原位置固定	10	绕组未固定或操作错误扣10分				

续表

序号	考核内容	评分要素	配分	评分标准	检测结果	扣分	得分	备注
5	组装试验	按顺序装回各部件	20	顺序错一处扣10分				
		进行通电试验	10	未进行试验扣10分				
6	清理场地	清理场地，收拾工具、用具及材料		未收、少收工具、用具及材料从总分中扣3分；场地不清洁从总分中扣5分				
7	安全文明操作	按国家或企业颁发的有关安全规定执行		每违反一项规定从总分中扣5分；严重违规取消考核				
8	考核时限	在规定时间内完成		到时停止操作考核				
合　计			100					

十五、AC003　检修启动机空转正常但无力启动发动机故障

1. 准备要求

(1) 设备准备。

序号	名　称	规　格	单　位	数　量	备　注
1	启动机	国　产	台	1	好坏各1台

(2) 材料准备。

序号	名　称	规　格	单　位	数　量	备　注
1	电　刷		把	4	好坏各2把
2	棉　纱			适　量	
3	砂　布	细	张	2	

(3) 工具、用具、量具准备。

序号	名　称	规　格	单　位	数　量	备　注
1	万用表	500型或数字型	只	1	
2	螺丝刀	75 mm、100 mm	把	各1	
3	扳　手	12～14 mm、14～17 mm	把	各1	
4	锉　刀		把	1	
5	钢丝钩		把	1	

2. 操作程序说明

(1) 准备工作。

(2) 解体启动机。

(3) 检查电刷。

(4) 检修铜套及铁芯。

(5) 检修开关触点及绕组。

(6) 清理场地。

3. 考核规定说明

(1) 如操作违章或未按操作程序执行操作，将停止考核。

(2) 考核采用百分制，考核项目得分按认定比重进行折算。

(3) 考核方式说明：本项目为实际操作（过程型），考核过程按评分标准及操作过程进行评分。

(4) 测量技能说明：本项目主要测量考生检修启动机空转正常但无力启动发动机（CA1091 型）故障的熟练程度。

4. 考核时限

(1) 准备时间：3 min（不计入考核时间）。

(2) 正式操作时间：25 min。

(3) 提前完成操作不加分，到时停止操作考核。

5. 评分记录表

序号	考核内容	评分要素	配分	评分标准	检测结果	扣分	得分	备注
1	准备工作	准备工具、用具、量具及材料	5	工具、用具、量具及材料选错一件扣 1 分，扣完为止				
2	解体启动机	解体启动机	10	未解体或少解体一处扣 5 分，扣完为止				
		清洁各部件	10	未清洁或少清洁一处扣 5 分，扣完为止				
3	检查电刷	检查电刷的磨损情况	10	未检查电刷的磨损情况或检查结果错误扣 10 分				
		检查弹簧压力是否满足要求	5	未检查弹簧压力是否满足要求或检查结果错误扣 5 分				
4	检修铜套及铁芯	检查铜套间隙是否过大	15	未掌握标准扣 5 分；铜套间隙过大未调整扣 10 分				
		检修电枢与磁场铁芯磨损状况	15	未检查电枢与磁场铁芯磨损状况或检查结果错误扣 5 分；磨损严重未修理扣 10 分				
5	检修开关触点及绕组	检查启动机开关触点是否烧蚀	15	未检查启动机开关触点是否烧蚀或检查结果错误扣 5 分；有烧蚀未修理扣 10 分				
		检查激磁绕组或电枢绕组是否局部短路	15	未检查扣 5 分；未修理扣 10 分				
6	清理场地	清理场地，收拾工具、用具、量具及材料		未收、少收工具、用具、量具及材料从总分中扣 3 分；场地不清洁从总分中扣 5 分				

续表

序号	考核内容	评分要素	配分	评分标准	检测结果	扣分	得分	备注
7	安全文明操作	按国家或企业颁发的有关安全规定执行		每违反一项规定从总分中扣5分;严重违规取消考核				
8	考核时限	在规定时间内完成		到时停止操作考核				
合计			100					

十六、AC004　不解体诊断硅整流发电机故障

1. 准备要求

(1) 设备准备。

序号	名称	规格	单位	数量	备注
1	工作台	2 m^2	张	1	
2	电源	220 V	组	1	
3	交流发电机	500 W	台	1	

(2) 材料准备。

序号	名称	规格	单位	数量	备注
1	棉纱			适量	
2	砂布	细	张	2	

(3) 工具、用具、量具准备。

序号	名称	规格	单位	数量	备注
1	万用表	500型	只	1	
2	螺丝刀	75 mm、100 mm	把	各1	
3	扳手	12～14 mm、8～10 mm	把	各1	

2. 操作程序说明

(1) 准备工作。

(2) 检查充电系统。

(3) 检查发电机。

(4) 判断故障部位。

(5) 粗略检查二极管质量。

(6) 清理场地。

3. 考核规定说明

(1) 如操作违章或未按操作程序执行操作,将停止考核。

(2) 考核采用百分制,考核项目得分按认定比重进行折算。

(3) 考核方式说明:本项目为实际操作(过程型),考核过程按评分标准及操作过程进行评分。

(4) 测量技能说明:本项目主要测量考生初步检修硅整流发电机的熟练程度。

4.考核时限

(1) 准备时间:3 min(不计入考核时间)。

(2) 正式操作时间:20 min。

(3) 提前完成操作不加分,到时停止操作考核。

5.评分记录表

<table>
<tr><th>序号</th><th>考核内容</th><th>评分要素</th><th>配分</th><th>评分标准</th><th>检测结果</th><th>扣分</th><th>得分</th><th>备注</th></tr>
<tr><td>1</td><td>准备工作</td><td>准备工具、用具、量具及材料</td><td>5</td><td>工具、用具、量具及材料选错一件扣1分</td><td></td><td></td><td></td><td></td></tr>
<tr><td rowspan="2">2</td><td rowspan="2">检查充电系统</td><td>将万用表的正表笔接发电机输出电压桩,负表笔接外壳</td><td>5</td><td>不会测量扣5分</td><td></td><td></td><td></td><td></td></tr>
<tr><td>发动机不工作时,表指向电瓶电压;发动机中速运转时,表应指向14.5~28 V</td><td>15</td><td>不清楚标准一处扣5分,扣完为止;未判断扣5分</td><td></td><td></td><td></td><td></td></tr>
<tr><td rowspan="4">3</td><td rowspan="4">检查发电机</td><td>拆除发电机的激磁线</td><td>5</td><td>未拆除发电机的激磁线扣5分</td><td></td><td></td><td></td><td></td></tr>
<tr><td>拆除发电机+B与电瓶之间的连线</td><td>5</td><td>未拆除发电机+B与电瓶之间的连线扣5分</td><td></td><td></td><td></td><td></td></tr>
<tr><td>将发电机+B与激磁线圈的F桩连接起来</td><td>5</td><td>未将发电机+B与激磁线圈的F桩连接起来扣5分</td><td></td><td></td><td></td><td></td></tr>
<tr><td>将电压表的正表笔接在发电机输出接线桩(+B)上,负表笔接外壳</td><td>10</td><td>电压表表笔连接错误扣10分</td><td></td><td></td><td></td><td></td></tr>
<tr><td rowspan="3">4</td><td rowspan="3">判断故障部位</td><td>用从发电机+B接线柱上拆下的那根来自蓄电池的火线碰一下发电机的激磁线柱并移开</td><td>10</td><td>未进行操作扣10分</td><td></td><td></td><td></td><td></td></tr>
<tr><td>缓慢提高发动机转速</td><td>5</td><td>未缓慢提高发动机转速扣5分</td><td></td><td></td><td></td><td></td></tr>
<tr><td>观察到电压表数值随转速升高而增大,说明交流发电机良好;若电压表无指示,说明交流发电机有故障</td><td>10</td><td>未观察电压表数值扣5分;不会判断扣5分</td><td></td><td></td><td></td><td></td></tr>
<tr><td>5</td><td>粗略判断二极管质量</td><td>用万用表的$R\times1\ \Omega$挡测试发电机电枢与外壳之间的正向电阻</td><td>10</td><td>量程选择错误扣5分;表笔接错扣5分</td><td></td><td></td><td></td><td></td></tr>
</table>

续表

序号	考核内容	评分要素	配分	评分标准	检测结果	扣分	得分	备注
5	粗略判断二极管质量	电阻值在 40～50 Ω，说明二极管完好；电阻值在 10 Ω 左右，说明个别二极管击穿；电阻值在 0 Ω 左右，则说明正侧板和负侧板上二极管均有击穿短路	15	标准不清扣 5 分；不会判断扣 10 分				
6	清理场地	清理场地，收拾工具、用具、量具及材料		未收、少收工具、用具、量具及材料从总分中扣 3 分；场地不清洁从总分中扣 5 分				
7	安全文明操作	按国家或企业颁发的有关安全规定执行		每违反一项规定从总分中扣 5 分；严重违规取消考核				
8	考核时限	在规定时间内完成		到时停止操作考核				
合计			100					

十七、AC005　检修汽车启动机电刷

1. 准备要求

(1) 设备准备。

序号	名称	规格	单位	数量	备注
1	工作台	2 m^2	张	1	
2	台虎钳	100 mm	台	1	
3	启动机	解放 141	台	1	

(2) 材料准备。

序号	名称	规格	单位	数量	备注
1	砂纸		张	2	粗细各 1 张
2	电刷		只	4	启动机用电刷
3	棉纱			适量	

(3) 工具、用具准备。

序号	名称	规格	单位	数量	备注
1	钢锯		把	1	
2	螺丝刀	75 mm、100 mm	把	各 1	
3	扳手	8～10 mm、12～14 mm	把	各 1	

续表

序号	名称	规格	单位	数量	备注
4	钢丝钳		把	1	
5	工具盘		个	1	
6	清洗盆		个	1	

2. 操作程序说明

(1) 准备工作。

(2) 解体启动机。

(3) 改制电刷。

(4) 加工电刷。

(5) 组装试验。

(6) 清理场地。

3. 考核规定说明

(1) 如操作违章或未按操作程序执行操作,将停止考核。

(2) 考核采用百分制,考核项目得分按认定比重进行折算。

(3) 考核方式说明:本项目为实际操作(过程型),考核过程按评分标准及操作过程进行评分。

(4) 测量技能说明:本项目主要测量考生对启动机的原理及电刷作用的掌握程度。

4. 考核时限

(1) 准备时间:1 min(不计入考核时间)。

(2) 正式操作时间:25 min。

(3) 提前完成操作不加分,到时停止操作考核。

5. 评分记录表

序号	考核内容	评分要素	配分	评分标准	检测结果	扣分	得分	备注
1	准备工作	准备工具、用具及材料	5	工具、用具及材料选错一件扣1分				
2	解体启动机	解体启动机	15	解体顺序错一处扣3分				
		清洗启动机	5	未清洗启动机扣5分				
3	改制电刷	准备稍大一点的电刷	10	电刷误差较大扣10分				
		根据原电刷划线	10	划线错误扣10分				
4	加工电刷	用钢锯按划线锯掉多余部分	10	锯掉多余部分时尺寸偏差较大扣10分				
		将电刷在砂布上磨平	10	未将电刷在砂布上磨平扣10分				
		再将电刷磨成与整流子相同的形状,方向与启动机旋转方向一致	15	电刷与整流子形状差别较大扣5分;方向错误扣10分				

续表

序号	考核内容	评分要素	配分	评分标准	检测结果	扣分	得分	备注
5	组装试验	按解体相反顺序组装	10	组装顺序错乱扣 10 分				
		试验转动情况	10	未试验转动情况扣 10 分				
6	清理场地	清理场地，收拾工具、用具及材料		未收、少收工具、用具及材料从总分中扣 3 分；场地不清洁从总分中扣 5 分				
7	安全文明操作	按国家或企业颁发的有关安全规定执行		每违反一项规定从总分中扣 5 分；严重违规取消考核				
8	考核时限	在规定时间内完成		到时停止操作考核				
合　计			100					

十八、AC006　诊断汽油表指示故障

1. 准备要求

(1) 设备准备。

序号	名　称	规　格	单　位	数　量	备　注
1	汽　车	现　有	辆	1	

(2) 材料准备。

序号	名　称	规　格	单　位	数　量	备　注
1	汽　油			若　干	
2	棉　纱			若　干	

(3) 工具、用具、量具准备。

序号	名　称	规　格	单　位	数　量	备　注
1	螺丝刀	75mm、100 mm	把	各 1	
2	尖嘴钳	180 mm	把	1	
3	扳　手	8～10mm、12～14 mm	把	各 1	
4	万用表	500 型或数字型	只	1	
5	工具盘		个	1	
6	清洗盆		个	1	

2. 操作程序说明

(1) 准备工作。

(2) 判断有无故障。

(3) 外观检查。

(4) 检查搭铁回路。

(5) 断路检查。

(6) 清理场地。

3. 考核规定说明

(1) 如操作违章或未按操作程序执行操作，将停止考核。

(2) 考核采用百分制，考核项目得分按认定比重进行折算。

(3) 考核方式说明：本项目为实际操作（过程型），考核过程按评分标准及操作过程进行评分。

(4) 测量技能说明：本项目主要测量考生对汽油表的作用及工作原理的掌握程度。

4. 考核时限

(1) 准备时间：1 min（不计入考核时间）。

(2) 正式操作时间：20 min。

(3) 提前完成操作不加分，到时停止操作考核。

5. 评分记录表

序号	考核内容	评分要素	配分	评分标准	检测结果	扣分	得分	备注
1	准备工作	准备工具、用具、量具及材料	5	工具、用具、量具及材料选错一件扣1分				
2	判断有无故障	接通点火开关	10	未接通点火开关扣10分				
		无论油箱存油多少，表针总指向“0”位，说明有故障	10	判断不清扣10分				
3	外观检查	检查指示表的两个接柱是否接反	10	未检查或检查结果错误扣10分				
		检查燃油表到传感器间接线有无短路或搭铁	10	未检查或检查结果错误扣10分				
4	检查搭铁回路	从汽油表外壳上临时接一根搭铁线，若恢复正常，说明搭铁不良	20	未操作或操作错误扣10分；判断错误扣10分				
5	断路检查	将接到传感器的线路拆下	10	未拆下接到传感器的线路扣10分				
		闭合点火开关	10	未闭合点火开关扣10分				
		指针指“1”，说明指示表正常，而传感器内部搭铁；指针指“0”，说明燃油表损坏	15	判断错误扣5分，未查明故障原因扣10分				
6	清理场地	清理场地，收拾工具、用具、量具及材料		未收、少收工具、用具、量具及材料从总分中扣3分；场地不清洁从总分中扣5分				

续表

序号	考核内容	评分要素	配分	评分标准	检测结果	扣分	得分	备注
7	安全文明操作	按国家或企业颁发的有关安全规定执行		每违反一项规定从总分中扣5分;严重违规取消考核				
8	考核时限	在规定时间内完成		到时停止操作考核				
合　　计			100					

十九、AC007　诊断水温表指示故障

1. 准备要求

(1) 设备准备。

序号	名　称	规　格	单　位	数　量	备　注
1	汽　车	现　有	辆	1	

(2) 工具、用具准备。

序号	名　称	规　格	单　位	数　量	备　注
1	尖嘴钳	180 mm	把	1	
2	螺丝刀	75 mm、100 mm	把	各1	
3	扳　手	8～10 mm、12～14 mm	把	各1	

2. 操作程序说明

(1) 准备工作。

(2) 判断有无故障。

(3) 判断是否断路。

(4) 判断搭铁故障。

(5) 清理场地。

3. 考核规定说明

(1) 如操作违章或未按操作程序执行操作,将停止考核。

(2) 考核采用百分制,考核项目得分按认定比重折算。

(3) 考核方式说明:本项目为实际操作(过程型),考核过程按评分标准及操作过程进行评分。

(4) 测量技能说明:本项目主要测量考生诊断水温表指示故障的熟练程度。

4. 考核时限

(1) 准备时间:1 min(不计入考核时间)。

(2) 正式操作时间:20 min。

(3) 提前完成操作不加分,到时停止操作考核。

5. 评分记录表

序号	考核内容	评分要素	配分	评分标准	检测结果	扣分	得分	备注
1	准备工作	准备工具、用具	5	工具、用具选错一件扣2分，扣完为止				
2	判断有无故障	未接通点火开关时，水温表表针正常应停在高温端；接通点火开关后，表针应指向低温端；发动机启动后随温度的升高，表针慢慢上升为正常	25	未观察水温表表针位置扣10分；未判断水温表是否故障或判断错误一处扣5分				
		接通点火开关后，各仪表均不动，说明仪表电源线未接通	10	未判断故障原因或判断错误扣10分				
		接通点火开关后，只有水温表不动，说明水温表电路中断或水温表内部断路	10	未判断故障原因或判断错误扣10分				
3	判断是否断路	用螺丝刀将传感器导线接头搭铁	10	未将传感器导线接头搭铁扣10分				
		表针摆动说明指示表是好的；如搭铁后表针指向低温不动，则说明仪表内部断路	10	未判断故障原因或判断错误扣10分				
4	判断搭铁故障	接通点火开关后，表针指向低温不动，说明指示表到传感器之间搭铁	15	未接通点火开关扣5分；未判断故障原因或判断错误扣10分				
		拆下传感器导线，表针仍不动，说明连线有搭铁；若表针回摆，则说明搭铁故障在传感器上	15	未拆下传感器线扣5分；不会判断故障原因扣10分				
5	清理场地	清理场地，收拾工具、用具		未收、少收工具、用具从总分中扣3分；场地不清洁从总分中扣5分				
6	安全文明操作	按国家或企业颁发的有关安全规定执行		每违反一项规定从总分中扣5分；严重违规取消考核				
7	考核时限	在规定时间内完成		到时停止操作考核				
合　　计			100					

二十、AC008 诊断机油压力表指示故障

1. 准备要求

(1) 设备准备。

序号	名 称	规 格	单 位	数 量	备 注
1	汽 车	现 有	辆	1	

(2) 工具、用具准备。

序号	名 称	规 格	单 位	数 量	备 注
1	尖嘴钳	180 mm	把	1	
2	螺丝刀	75 mm、100 mm	把	各 1	
3	扳 手	8～10 mm	把	1	

2. 操作程序说明

(1) 准备工作。

(2) 试验检查。

(3) 判断指示表。

(4) 判断搭铁部位。

(5) 清理场地。

3. 考核规定说明

(1) 如操作违章或未按操作程序执行操作，将停止考核。

(2) 考核采用百分制，考核项目得分按认定比重折算。

(3) 考核方式说明：本项目为实际操作(过程型)，考核过程按评分标准及操作过程进行评分。

(4) 测量技能说明：本项目主要测量考生诊断机油压力表指示故障的熟练程度。

4. 考核时限

(1) 准备时间：1 min(不计入考核时间)。

(2) 正式操作时间：20 min。

(3) 提前完成操作不加分，到时停止操作考核。

5. 评分记录表

序号	考核内容	评分要素	配分	评分标准	检测结果	扣分	得分	备注
1	准备工作	准备工具、用具	5	工具、用具选错一件扣 1 分				
2	试验检查	观察发动机启动后机油指示表有无指示	10	未启动发电机扣 5 分；未观察机油指示表扣 5 分				
		接通点火开关后，其他仪表都无指示，说明仪表线断	10	故障原因判断错误扣 10 分				

续表

序号	考核内容	评分要素	配分	评分标准	检测结果	扣分	得分	备注
2	试验检查	接通点火开关后，若机油指示表无指示，用螺丝刀将传感器接线柱搭铁；若有指示，说明指示表完好	20	未接通点火开关扣10分；操作错一处扣10分				
3	判断指示表	上述试验仍无指示，说明机油指示表坏，或导线有断路	10	故障原因判断不准确扣10分				此项也可用万用表诊断
		若指示表正接柱有电，将指示表负接柱搭铁；如指示表仍无指示，说明指示表坏	10	故障原因判断错误扣10分				
4	判断搭铁部位	接通点火开关，如指示表有较高的指示，说明指示表到传感器之间有搭铁故障	15	未接通点火开关扣5分；未判断出故障点扣10分				
		拆下传感器导线，故障消除，说明传感器搭铁；拆下传感器导线，若指示表仍指示较大，则说明连接导线有搭铁	20	未拆下传感器导线扣10分；故障原因判断错误扣10分				
5	清理场地	清理场地，收拾工具、用具		未收、少收工具、用具从总分中扣3分；场地不清洁从总分中扣5分				
6	安全文明操作	按国家或企业颁发的有关安全规定执行		每违反一项规定从总分中扣5分；严重违规取消考核				
7	考核时限	在规定时间内完成		到时停止操作考核				
合计			100					

第三部分

中级工理论知识试题

认定要素细目表

行为领域	代码	认定范围（重要程度比例）	认定比重	代码	认定点	重要程度	备注
基础知识 A 28%（44:09:03）	A	电工基础知识（20:04:01）	12%	001	一段电路欧姆定律的内容	X	
				002	全电路欧姆定律的内容	X	
				003	交流电的概念	Y	
				004	交流电的三要素	X	
				005	交流电的有效值	X	
				006	纯电阻交流电路	X	
				007	纯电感交流电路	X	
				008	纯电容交流电路	X	
				009	*RLC* 串联电路	X	
				010	三相交流电路的概念	X	
				011	触电的概念	Z	
				012	触电的救护措施	X	
				013	安全电压的概念	Y	
				014	安全用电的措施	X	
				015	磁铁的概念	Y	
				016	磁场的概念	X	
				017	电流的磁场	X	
				018	磁感应强度的概念	X	
				019	磁通量的概念	X	
				020	磁导率的概念	X	
				021	磁场强度的概念	X	
				022	N 型半导体的构成	X	
				023	P 型半导体的构成	X	
				024	二极管的概念	X	
				025	二极管的伏安特性	Y	

续表

行为领域	代码	认定范围（重要程度比例）	认定比重	代码	认定点	重要程度	备注
基础知识 A 28%（44:09:03）	B	常用工用量具知识（08:01:01）	5%	001	钢直尺的使用要求	X	
				002	游标卡尺的规格	Y	
				003	游标卡尺的使用要求	X	
				004	千分表的使用要求	X	
				005	千分尺的结构与原理	X	
				006	千分尺的使用要求	X	
				007	厚薄规的用途	Z	
				008	厚薄规的使用注意事项	X	
				009	百分表的结构	X	
				010	百分表的使用方法	X	
	C	汽车构造基础知识（16:04:01）	11%	001	四行程发动机的进气行程原理	X	
				002	四行程发动机的压缩行程原理	X	
				003	四行程发动机的做功行程原理	X	
				004	四行程发动机的排气行程原理	X	
				005	汽油发动机燃料供给系的组成	X	
				006	汽油滤清器的结构	X	
				007	空气滤清器的结构	X	
				008	化油器的组成	Y	
				009	汽油泵的组成	Y	
				010	汽油泵的工作过程	X	
				011	化油器油面的控制过程	Z	
				012	柴油发动机供给系的工作原理	Y	
				013	提高发动机动力性的措施	Y	
				014	配气相位的概念	X	
				015	混合气浓度对汽油发动机的影响	X	
				016	汽油发动机工况对可燃混合气浓度的要求	X	
				017	悬架的结构分类	X	
				018	车轮的组成	X	
				019	轮胎的结构分类	X	
				020	转向系的组成	X	
				021	车轮制动器的分类	X	

续表

行为领域	代码	认定范围（重要程度比例）	认定比重	代码	认　定　点	重要程度	备注
专业知识 B 72% (116∶21∶07)	A	维护、调整汽车电气元件 (29∶06∶02)	18%	001	电子点火系的特点	Z	
				002	电子点火系的分类	X	
				003	无触点电感储能电子点火系的结构	Y	
				004	无触点电感储能电子点火系的原理	Y	
				005	电子控制器的基本组成	X	
				006	电子控制器的工作原理	X	
				007	无触点电容储能式电子点火系的原理	X	
				008	微机控制点火系的组成	X	
				009	微机控制点火系的主要电路	X	
				010	微机控制点火系的控制功能	X	
				011	微机控制直接点火系的优点	X	
				012	维护电子点火系的注意事项	X	
				013	火花塞的热特性	X	
				014	火花塞的技术要求	X	
				015	火花塞的检查方法	X	
				016	高压线的分类	Y	
				017	蓄电池的放电过程	X	
				018	蓄电池的充电过程	X	
				019	蓄电池自行放电故障的原因	X	
				020	蓄电池电解液的配制要求	X	
				021	蓄电池电解液密度的规定	X	
				022	蓄电池的充电特性	Y	
				023	蓄电池的放电特性	X	
				024	蓄电池的容量	Z	
				025	蓄电池过充电的危害	X	
				026	蓄电池的维护方法	X	
				027	蓄电池容量的影响因素	X	
				028	干式荷电蓄电池的结构特点	Y	
				029	干式荷电蓄电池的使用要求	X	
				030	发动机电控燃油喷射系统的功用及组成	X	
				031	发动机电控燃油喷射系统的优点	X	
				032	发动机电控系统中信号输入装置的功用	X	
				033	防抱死(ABS)车轮传感器的工作原理	X	

续表

行为领域	代码	认定范围（重要程度比例）	认定比重	代码	认 定 点	重要程度	备注
专业知识B 72% (116:21:07)	A	维护、调整汽车电气元件 (29:06:02)	18%	034	防抱死(ABS)车轮传感器的维护方法	X	
				035	雨刮器电路的组成	Y	
				036	电动刮水器电路的组成	X	
				037	电动刮水器的变速原理	X	
	B	更换汽车电气元件 (26:04:01)	16%	001	电子仪表的显示装置	X	
				002	电子仪表的测量系统	X	
				003	电子仪表显示系统的检测维修要求	X	
				004	导线的种类	X	
				005	低压线的性质	X	
				006	插接器的功用	X	
				007	开关的种类	X	
				008	继电器的构造	X	
				009	易熔线的功用	X	
				010	熔断器的特点	X	
				011	电路断路保护器的概念	Y	
				012	线束的功用	Z	
				013	高压阻尼线的功用及组成	Y	
				014	水温传感器的原理	X	
				015	油压传感器的原理	X	
				016	燃油传感器的原理	X	
				017	安装充电设备的技术要求	X	
				018	发电机的发电原理	X	
				019	发电机的整流原理	X	
				020	发电机的输出特性	Y	
				021	发电机的外特性	Y	
				022	交流发电机的分类	X	
				023	交流发电机的型号	X	
				024	交流发电机二极管检测更换的技术要求	X	
				025	交流发电机转子检测更换的技术要求	X	
				026	交流发电机定子检测更换的技术要求	X	
				027	交流发动机维护检修后整机试验的技术要求	X	
				028	晶体管式调节器的优点	X	

续表

行为领域	代码	认定范围（重要程度比例）	认定比重	代码	认定点	重要程度	备注
专业知识 B 72% (116:21:07)	B	更换汽车电气元件 (26:04:01)	16%	029	晶体管式调节器的工作原理	X	
				030	晶体管式调节器的检测要求	X	
				031	汽车仪表指示灯的组成	X	
	C	诊断汽车电路故障 (24:05:02)	15%	001	点火系低压电路故障的判断方法	X	
				002	点火系高压电路故障的判断方法	X	
				003	危险信号灯的控制原理	Y	
				004	闪光频率不一致故障的判断方法	X	
				005	低压直流日光灯的工作原理	X	
				006	低压直流日光灯的常见故障	X	
				007	光纤照明的原理	Y	
				008	报警装置的工作原理	X	
				009	车灯开关的种类	Z	
				010	灯光继电器的组成	Z	
				011	汽车前照灯的检测标准	X	
				012	汽车前照灯检测仪的使用要求	X	
				013	前照灯一侧发暗故障的检查方法	X	
				014	示宽灯故障的判断方法	X	
				015	电子闪光器的结构组成	Y	
				016	电子闪光器的工作原理	X	
				017	汽车充电系电路故障的诊断方法	X	
				018	喇叭不响故障的判断方法	X	
				019	喇叭接线柱的换用规定	X	
				020	喇叭按钮控制的极性要求	X	
				021	电流表的接线方法	X	
				022	连接电流表的注意事项	X	
				023	汽车灯泡的规格种类	Y	
				024	汽车灯泡的光电参数	Y	
				025	影响汽车灯泡燃点寿命的因素	X	
				026	汽车电气故障的诊断要领	X	
				027	汽车电气故障诊断的基本方法	X	
				028	发电机充电电流过小故障的判断方法	X	
				029	发电机充电电流过大故障的判断方法	X	
				030	不充电故障的判断方法	X	
				031	充电电流不稳故障的判断方法	X	

续表

行为领域	代码	认定范围（重要程度比例）	认定比重	代码	认　定　点	重要程度	备注
专业知识B 72%（116:21:07）	D	检修汽车损坏部件（19:03:01）	12%	001	发动机转速传感器的种类	Z	
				002	发动机转速传感器的检修方法	X	
				003	单向啮合器的工作原理	X	
				004	启动机电磁开关的组成	Y	
				005	启动机电磁开关的检修方法	X	
				006	启动机换向器的检修方法	X	
				007	启动机电枢的检修方法	X	
				008	启动机的装复调整	X	
				009	启动机装复后的试验	X	
				010	磁脉冲式信号发生器的原理	X	
				011	霍尔效应的原理	X	
				012	霍尔式信号发生器的原理	X	
				013	光电式信号发生器的原理	X	
				014	磁脉冲式电子点火组件的检修方法	X	
				015	霍尔式电子点火组件的检修方法	X	
				016	电动汽油泵的检修方法	X	
				017	汽车电气检修的注意事项	X	
				018	电磁喷油器的结构	Y	
				019	电磁喷油器检修的技术要求	X	
				020	汽车空调系统的功能	Y	
				021	汽车空调系统的特点	X	
				022	汽车空调制冷剂的特性	X	
				023	汽车空调冷冻机的特性	X	
	E	绘制电路图（17:00:00）	8%	001	绘制汽车电路图的原则	X	
				002	电气工程用限定图形符号	X	
				003	汽车电路图导线的连接图形符号	X	
				004	汽车电路图用触点图形符号	X	
				005	汽车电路图用开关图形符号	X	
				006	电阻器的图形符号	X	
				007	电磁铁的图形符号	X	
				008	测量仪表的图形符号	X	
				009	汽车仪表的图形符号	X	
				010	汽车传感器的图形符号	X	

续表

行为领域	代码	认定范围（重要程度比例）	认定比重	代码	认定点	重要程度	备注
专业知识 B 72% (116:21:07)	E	绘制电路图 (17:00:00)	8%	011	照明装置的图形符号	X	
				012	信号装置的图形符号	X	
				013	电动机的图形符号	X	
				014	蓄电池的图形符号	X	
				015	电阻的图形符号	X	
				016	电容的图形符号	X	
				017	二极管的图形符号	X	
	F	识读电路图 (04:01:00)	3%	001	电路图的概念	X	
				002	线路图的概念	X	
				003	汽车电路图的附加内容	Y	
				004	汽车电路图的一般规律	X	
				005	汽车电路识图的一般方法	X	

注：X—核心要素；Y——般要素；Z—辅助要素。

理论知识试题

一、单选题(每题有 4 个选项,其中只有 1 个是正确的,将正确的选项号填入括号内)

1. AA001 一段电路中,电流的大小与电阻的阻值( )。
A. 成正比 B. 成反比 C. 成对数关系 D. 成正弦函数关系
2. AA001 在一段电路中,端电压越高,则流过这段电路的电流( )。
A. 越小 B. 不变 C. 越大 D. 为零
3. AA001 在一段电路中,电阻越高,则流过这段电路的电流( )。
A. 越大 B. 不变 C. 为零 D. 越小
4. AA001 部分电路欧姆定律的公式是( )。
A. $U=I/R$ B. $I=U/R$ C. $I=R/U$ D. $R=I/U^2$
5. AA002 在全电路中,若电源电动势为 12 V,用电器电阻为 10 Ω,电源内阻为 2 Ω,则电路中流过的电流大小为( )。
A. 0.3 A B. 0.67 A C. 1 A D. 1.5 A
6. AA002 在闭合电路中,电源电动势的表达式为( )。
A. $E=IR+IR_{内}$ B. $E=IR_{内}$ C. $E=IR$ D. $I=E/R+R_{内}$
7. AA002 在电源电动势为 2 V,内阻为 0.1 Ω,外电阻为 2 Ω 的电路中,其总电阻为( )。
A. 1.1 Ω B. 2.1 Ω C. 3.1 Ω D. 4.1 Ω
8. AA002 含有电源,并包括内外电路在内的闭合电路称为( )。
A. 部分电路 B. 全电路 C. 开路 D. 短路
9. AA003 交流电按其变化规律可分为正弦交流电和( )。
A. 非正弦交流电 B. 余弦交流电 C. 非余弦交流电 D. 正切交流电
10. AA003 一般现实中,若没有特殊说明,交流电都是指( ),简称交流电。
A. 非正弦交流电 B. 正弦交流电 C. 余弦交流电 D. 正切交流电
11. AA003 交流电在某一时刻所对应的电动势瞬时值用字母( )表示。
A. E B. F C. e D. f
12. AA003 交流电在某一时刻所对应的电动势瞬时值的表达式为( )。
A. $I=I_m\sin(\omega-\Phi_0)$ B. $I=I_m\sin(\omega t-\Phi_0)$
C. $I=I_m\sin\omega t$ D. $I=I_m\sin(\omega t+\Phi_0)$
13. AA004 在交流电的要素中,用来表示交流电变化范围的物理量是( )。
A. 最大值 B. 频率 C. 周期 D. 角频率
14. AA004 交流电每秒钟变化的次数叫作( )。

A. 相位　　B. 频率　　C. 周期　　D. 角频率

15. AA004　交流电每秒钟变化的弧度叫作(　　)。

A. 相位　　B. 频率　　C. 角频率　　D. 弧长

16. AA004　在交流电的瞬时值表达式中,把($\omega t+\Phi_0$)叫作相位角,而把 $t=$(　　)时的相位角叫作初相角。

A. 90 s　　B. 30 s　　C. 10 s　　D. 0 s

17. AA005　人们引入交流电的有效值,是为了(　　)方便。

A. 计算和测量　　B. 计算和核对　　C. 审核和测量　　D. 观察和计算

18. AA005　交流电的有效值是根据其(　　)来确定的。

A. 导电性　　B. 热效应　　C. 磁感应　　D. 放电性

19. AA005　人们平时所说的交流电电流、电压和电动势的大小,如 10 A、220 V、380 V 等均是指它的(　　)。

A. 最小值　　B. 最大值　　C. 有效值　　D. 瞬时值

20. AA005　正弦交流电的有效值和最大值的关系式正确的是(　　)。

A. $E=1.507E_m$　　B. $E=1.207E_m$ 30　　C. $E=0.907E_m$　　D. $E=0.707E_m$

21. AA006　在纯电阻电路中,交流电压、电流和电阻的关系符合(　　)。

A. 欧姆定律　　B. 楞次定律　　C. 基尔霍夫定律　　D. 基尔霍夫第二定律

22. AA006　在纯电阻电路中,电压的瞬时值与电流的瞬时值的(　　)叫作瞬时功率。

A. 和　　B. 差　　C. 积　　D. 商

23. AA006　在纯电阻电路中,瞬时功率的值在任一瞬间(　　)。

A. 均为正值　　B. 均为负值　　C. 均为 0　　D. 时正时负

24. AA006　电阻起主要作用,(　　)可忽略不计的电路称为纯电阻电路。

A. 电压和电流　　B. 电感和电容　　C. 电压和电容　　D. 电流和电感

25. AA007　当线圈或绕组接在交流电路中,如果忽略(　　)作用,就成为纯电感电路。

A. 电流　　B. 电压　　C. 电容　　D. 电阻

26. AA007　在纯电感电路中,有效功率为(　　)。

A. 1 kW　　B. −1 kW　　C. 0　　D. 正值

27. AA007　纯电感电路瞬时功率的最大值称为电路的(　　)。

A. 有功功率　　B. 无功功率　　C. 功率　　D. 无功伏安

28. AA007　对于正弦纯电感电路,下列公式中正确的是(　　)。

A. $I=U_m/X_L$　　B. $I=U_L/X_L$　　C. $I=U/L$　　D. $I=U/\omega L$

29. AA008　在纯电容电路中,电压滞后电流(　　)。

A. 45°　　B. 60°　　C. 90°　　D. 180°

30. AA008　在纯电容电路中,容抗与电容量和电压的频率(　　)。

A. 成正比　　B. 成反比　　C. 相等　　D. 成倒数和

31. AA008　纯电容电路的瞬时功率是瞬时电压与瞬时电流之(　　)。

A. 和　　B. 差　　C. 积　　D. 商

32. AA008　电容起主要作用,而(　　)均可忽略不计的电路称为纯电容电路。

A. 电压和电流　　B. 电流和电阻　　C. 电流和电感　　D. 电阻和电感

33. AA009　由电阻、电感和(　　)串联组成的交流电路称为 *RLC* 串联电路。

A. 电容　　B. 二极管　　C. 三极管　　D. 晶闸管

34. AA009　在 *RLC* 串联电路中，只有(　　)消耗功率。

A. 电容　　B. 电阻　　C. 电感　　D. 二极管

35. AA009　在 *RLC* 串联电路中，存在(　　)相似三角形。

A. 1 个　　B. 2 个　　C. 3 个　　D. 4 个

36. AA009　在 *RLC* 串联电路中，没有(　　)相似三角形。

A. 阻抗　　B. 电压　　C. 功率　　D. 电流

37. AA010　三相交流电路中，交变电动势的相位差为(　　)。

A. 120°　　B. 145°　　C. 180°　　D. 270°

38. AA010　三相交流电路一般由(　　)的交变电动势供电。

A. 2 个对称　　B. 3 个对称　　C. 2 个不对称　　D. 3 个不对称

39. AA010　三相交流发电机在向外供电时，其绕组有(　　)连接法。

A. 星形和菱形　　B. 三角形和菱形　　C. 星形和三角形　　D. 星形和串联

40. AA010　星形连接的三相交流发电机在输电时，有中线的叫作(　　)。

A. 三相不对称负载　　B. 三相对称负载　　C. 三相三线制　　D. 三相四线制

41. AA011　常见的触电方式中最危险的是(　　)。

A. 直接触电　　B. 跨步电压触电　　C. 剩余电荷触电　　D. 感应电压触电

42. AA011　为防止触电，在接线或接触带电设备时，应避免同时接触(　　)。

A. 两根火线和一根零线　　B. 一根火线和一根零线

C. 一根火线　　D. 两根火线

43. AA011　人同时接触到(　　)发生的触电称为两相触电。

A. 一根火线和一根零线　　B. 两根火线

C. 两根零线　　D. 两根火线和一根零线

44. AA011　人接触到(　　)发生的触电称为单相触电。

A. 两根火线　　B. 一根火线和一根零线

C. 一根火线　　D. 两根火线和一根零线

45. AA012　若发现有人触电，首先应进行的操作是(　　)。

A. 汇报领导　　B. 用手拉开触电人　　C. 切断电源　　D. 叫救护车

46. AA012　若触电者脱离电源，应立即(　　)。

A. 将其送往医院　　B. 将其移到通风的地方

C. 汇报领导　　D. 进行人工呼吸

47. AA012　如果触电者触及断落在地上的带电高压导线，且尚未确证线路无电，救护人员在未做好安全措施前，不能接近断线点 8～10 m 范围内，防止(　　)伤人。

A. 短路电压　　B. 跨步电压　　C. 交流电压　　D. 接地电压

48. AA012　触电的时间越长，(　　)越高，人体所受的电损伤就越大。

A. 电荷　　B. 电抗　　C. 电流　　D. 电压

49. AA013　安全电压是为了(　　)而采用特殊电源供电的电压。

A. 不烧保险　　B. 满足电路负荷　　C. 保证设备功率　　D. 防止触电事故

50. AA013　当电气设备采用的电压(　　)安全电压时，必须按规定采取直接接触带电体的保护措施。

A. 低于　B. 等于　C. 大于　D. 不等于

51. AA013　安全电压系列的上限，即两导体间或任一导体与地之间的电压，在任何情况下，都不超过交流(　　)50 V。

A. 有效值　B. 最大值　C. 最小值　D. 平均值

52. AA013　安全电压是以人体允许电流与(　　)为依据确定的。

A. 线路保险大小　B. 电路负荷大小　C. 人体电阻的乘积　D. 人体不导电

53. AA014　将电气设备的金属外壳或(　　)与大地可靠地连接起来叫作保护接地。

A. 构架　B. 电源　C. 保险　D. 金属内壳

54. AA014　安全用电措施要求合理选择(　　)。

A. 供电电压和导体　B. 供电电压和导线　C. 供电电阻和导线　D. 供电电流和导线

55. AA014　很多单相电器采用三脚插头，其粗脚与(　　)相连，工作时通过插座与电源保护零线或地线连接，以达到保护接零或保护接地的目的。

A. 火线　B. 地线　C. 金属外壳　D. 金属内壳

56. AA014　采用保护接零后，若电动机内部一相绝缘损坏而碰壳时，则该相(　　)。

A. 正常导通　B. 搭铁　C. 断路　D. 短路

57. AA015　人们把某些物质能够吸引铁、镍、(　　)及其合金等物质的性质叫作磁性。

A. 钴　B. 铝　C. 铜　D. 锡

58. AA015　天然磁铁是一种铁矿石，呈(　　)。

A. 灰色　B. 灰黑色　C. 黄色　D. 褐色

59. AA015　磁性能够长期保存，一般做成条状、马蹄形和针形的是(　　)。

A. 天然磁铁　B. 电磁铁　C. 永久磁铁　D. 铁矿石

60. AA015　磁铁拿走后，被磁化的物质还会保留一定的磁性，此现象叫作(　　)。

A. 磁感　B. 同化　C. 磁化　D. 剩磁

61. AA016　磁力线是(　　)。

A. 闭合的曲线　B. 断开的曲线　C. 有数的曲线　D. 平行的直线

62. AA016　磁场的强弱和方向可以用一种带箭头的线条来表示，这就是(　　)。

A. 磁力　B. 磁力线　C. 磁感应强度　D. 磁通

63. AA016　当(　　)全部从铁芯通过时，在一个无分支的磁路中，磁通不受各段磁路截面积的影响。

A. 磁力　B. 磁力线　C. 电流　D. 磁阻

64. AA016　下列关于磁力线的描述正确的是(　　)。

A. 在磁铁内部是相互垂直的　B. 在磁铁内部是由 N 极到 S 极

C. 离磁极越近，磁力线越疏　D. 在磁铁内部是由 S 极到 N 极

65. AA017　通电导体周围的空间有(　　)存在，这种现象叫作电流的磁效应。

A. 磁场　B. 磁力　C. 磁力线　D. 磁通量

66. AA017　通电导体周围各点(　　)与导体中电流的大小成正比。

A. 自感的强弱　B. 磁场的强弱　C. 电感的强弱　D. 互感的强弱

67. AA017　通电线圈内部的磁力线与线圈的轴线(　　)。

A. 重合　B. 垂直　C. 平行　D. 相交

68. AA017　通电线圈磁场的强弱不仅与线圈的电流大小有关，而且与线圈的(　　)有关。

A. 宽度　　B. 长度　　C. 电阻　　D. 匝数

69. AA018　用来定量描述磁场中各点的磁场强弱和方向的物理量是(　　)。

A. 磁感应强度　　B. 导磁系数　　C. 磁场强度　　D. 磁通量

70. AA018　关于磁感应强度的公式,下列表述正确的是(　　)。

A. $B=FI/L$　　B. $B=F/IL$　　C. $B=I/FL$　　D. $B=L/FI$

71. AA018　磁感应强度公式中的“F”代表的是通电导体受到的(　　)。

A. 引力　　B. 阻力　　C. 作用力　　D. 摩擦力

72. AA018　磁感应强度的方向就是该点的磁场方向,即该点磁力线的(　　)。

A. 水平方向　　B. 斜 45°方向　　C. 斜 60°方向　　D. 切线方向

73. AA019　用来表示磁场在某一范围内分布情况的物理量是(　　)。

A. 磁感应强度　　B. 导磁系数　　C. 磁场强度　　D. 磁通量

74. AA019　磁通量是研究磁场中(　　)磁场强弱的物理量。

A. 某个面积上　　B. 某个点上　　C. 某个直线上　　D. 某个体积内

75. AA019　磁通量用字母 Φ 表示,它的单位是(　　)。

A. 安培　　B. 韦伯　　C. 安匝　　D. 亨利

76. AA019　关于磁通量的公式,下列表述正确的是(　　)。

A. $\Phi=BI$　　B. $\Phi=B/S$　　C. $\Phi=BS$　　D. $\Phi=BF$

77. AA020　为了表征介质的磁性,引入的物理量是(　　)。

A. 磁感应强度　　B. 磁场强度　　C. 磁导率　　D. 磁通量

78. AA020　通电线圈激起磁场的强弱与线圈电流和线圈匝数的乘积成正比,这个乘积称为磁动势,它的单位是(　　)。

A. 安培　　B. 韦伯　　C. 亨利　　D. 安匝

79. AA020　磁导率用字母 μ 表示,单位名称是(　　)。

A. 亨利/米　　B. 韦伯/米　　C. 安培/米　　D. 安匝/米

80. AA020　相对磁导率的物理意义是:在其他条件相同的情况下,介质中的磁感应强度是(　　)中磁感应强度的多少倍。

A. 空气　　B. 真空　　C. 液体　　D. 固体

81. AA021　磁场中与磁介质的性质无关的物理量是(　　)。

A. 磁感应强度　　B. 导磁系数　　C. 磁场强度　　D. 磁通

82. AA021　磁极对磁极的作用是通过(　　)传递的。

A. 空气　　B. 电力线　　C. 电场　　D. 磁场

83. AA021　导体中电流产生的磁场的方向与电流的方向有关,可用(　　)确定。

A. 磁通定则　　B. 右手螺旋定则　　C. 左手定则　　D. 磁场定则

84. AA021　磁场中磁力线越密,说明该区域磁场(　　)。

A. 越强　　B. 越弱　　C. 恒定　　D. 为零

85. AA022　在半导体中加入(　　)等元素,可变成 N 型半导体。

A. 砷、磷　　B. 锑、铟　　C. 硼、铟　　D. 镍、铟

86. AA022　N 型半导体中有许多(　　)。

A. 带正电的质子　　B. 中子　　C. 电荷　　D. 带负电的电子

87. AA022　在纯净的硅中加入(　　)可以合成 N 型半导体。

A. 铁 B. 铝 C. 磷 D. 银

88. AA022 在N型半导体中,( )是多数载流子。

A. 空穴 B. 硅 C. 电子 D. 锗

89. AA020 空穴型半导体常称为( )。

A. P型半导体 B. N型半导体 C. 圆形半导体 D. 方形半导体

90. AA023 P型半导体中产生空穴的原因是在( )中加入了铝、硼、镍等元素。

A. 导体 B. 绝缘体 C. 半导体 D. 介质

91. AA023 在纯净的硅中加入( )可以合成P型半导体。

A. 铁 B. 硼 C. 铝 D. 银

92. AA023 在P型半导体中,( )是多数载流子。

A. 空穴 B. 电子 C. 硅原子 D. 锗原子

93. AA023 晶体二极管是由( )加上相应的电极引线和外壳封装而成的。

A. 一个PN结 B. 一个P型半导体 C. 一个N型半导体 D. 两个PN结

94. AA024 晶体二极管有( )电极。

A. 1个 B. 2个 C. 3个 D. 4个

95. AA024 晶体二极管从P型半导体引出的电极叫作( )。

A. 基极 B. 集电极 C. 正极 D. 负极

96. AA024 晶体二极管按用途的不同分为整流二极管、稳压二极管、( )等。

A. 硅二极管和开关二极管 B. 锗二极管和开关二极管

C. 硅二极管和锗二极管 D. 开关二极管和检波二极管

97. AA025 加在二极管两端的电压和流过二极管的电流之间的关系叫作二极管的( )。

A. 伏安特性 B. 稳压特性 C. 稳流特性 D. 放大特性

98. AA025 当二极管采用正向接法时,随电压的逐渐增大( )也增大。

A. 电流 B. 电容 C. 电阻 D. 电动势

99. AA025 当二极管采用反向接法时,反向电流随( )变化较大。

A. 电压 B. 温度 C. 电阻 D. 电容

100. AA025 二极管的反向电压过大会使二极管( )。

A. 电流剧降 B. 产生死区 C. 反向击穿 D. 产生单向保护

101. AB001 钢直尺最小读数值为( )。

A. 10 mm B. 1 mm C. 0.5 mm D. 0.1 mm

102. AB001 可以利用( )和内外卡钳配合进行零件直径尺寸的测量。

A. 游标卡尺 B. 千分尺 C. 钢直尺 D. 角尺

103. AB001 用钢直尺测量长度时,为了减少误差,视线和刻度应在一条( )上。

A. 垂线 B. 直线 C. 平行线 D. 射线

104. AB001 测量时必须保证钢直尺的( )。

A. 水平度 B. 垂直度 C. 平直度 D. 平行度

105. AB002 游标卡尺的精度最高可达到( )。

A. 0.1 mm B. 0.05 mm C. 0.02 mm D. 0.01 mm

106. AB002 游标卡尺主尺背面设有( ),可以测量沟槽的深度。

A. 游标　B. 副尺　C. 卡脚　D. 深度尺

107. AB002 游标卡尺的规格分为(　　)、0～200 mm、0～500 mm 三种。

A. 0～50 mm　B. 0～100 mm　C. 0～125 mm　D. 0～150 mm

108. AB002 游标卡尺按其精确度(mm)有(　　)等几种。

A. 0.20 mm，0.30 mm，0.40 mm　B. 0.10 mm，0.05 mm，0.02mm

C. 0.05 mm，0.03 mm，0.01 mm　D. 0.03 mm，0.01mm，0.005 mm

109. AB003 使用游标卡尺测量时，整数读数(　　)小数读数等于被测量的尺寸。

A. 加　B. 减　C. 乘　D. 除

110. AB003 使用游标卡尺读数时，副尺上“0”刻度线所对正的主尺位置左方第一条刻度线即为读数的(　　)。

A. 小数部分　B. 整数部分　C. 精确值　D. 两倍

111. AB003 游标卡尺的上卡脚用于(　　)。

A. 内径测量　B. 外径测量　C. 深度测量　D. 长度测量

112. AB003 游标卡尺的下卡脚用于(　　)。

A. 深度测量　B. 内径测量　C. 外径测量　D. 长度测量

113. AB004 千分表的刻度盘上有 100 个等分，每一等分由(　　)指示。

A. 大指针　B. 小指针　C. 测量杆　D. 测量头

114. AB004 千分表只能测出与标准尺寸的(　　)，而不能测出零件的绝对尺寸。

A. 乘积　B. 和　C. 商　D. 差值

115. AB004 千分表刻度盘上有 100 个等分，每一等分代表(　　)。

A. 0.1 mm　B. 0.01 mm　C. 0.001 mm　D. 0.000 1 mm

116. AB004 使用千分表进行测量时，可转动刻度盘，将大指针调到零位，且测量杆应(　　)被测零件的表面。

A. 平行于　B. 垂直于　C. 交叉于　D. 放置于

117. AB005 外径千分尺又称为分厘卡、螺旋测微器，它是一种(　　)的量具。

A. 精度较低　B. 精度中等　C. 精度较高　D. 普通

118. AB005 当千分尺活动套管转一格时，(　　)就随之推进 0.01 mm。

A. 主尺　B. 副尺　C. 游标　D. 滚筒

119. AB005 千分尺是通过(　　)来测定零件尺寸的。

A. 读数机构　B. 微动尺距　C. 测微螺旋　D. 微动螺母

120. AB005 千分尺的测微螺杆旋转一周时，两测量面之间的距离改变(　　)。

A. 半个螺距　B. 一个螺距　C. 两个螺距　D. 三个螺距

121. AB006 用千分尺进行测量时，应将待测件表面清洗干净，一手握住待测件，一手转动千分尺螺旋测微器的(　　)，将待测件置于两测杆之间。

A. 活动滚筒　B. 止动旋钮　C. 棘轮　D. 尺架

122. AB006 千分尺的固定套管上刻有纵刻度线，作为微分筒读数的(　　)。

A. 分度线　B. 基准线　C. 间距线　D. 公法线

123. AB006 使用千分尺测取三个不同方位的数据，取其(　　)作为测量结果。

A. 最大值　B. 最小值　C. 平均值　D. 函数

124. AB006 千分尺在读数时，要注意固定刻度尺上表示(　　)的刻线是否露出。

A. 分米　　B. 厘米　　C. 半厘米　　D. 半毫米

125. AB007　测量工件间隙大小时，应选用(　　)。

A. 厚薄规　　B. 钢直尺　　C. 千分尺　　D. 游标卡尺

126. AB007　厚薄规每片上都标有各自的厚度值，其单位是(　　)。

A. 毫米　　B. 厘米　　C. 分米　　D. 微米

127. AB007　厚薄规是检验作业中比较常用的(　　)之一。

A. 物理用具　　B. 量具　　C. 刀具　　D. 仪表

128. AB007　厚薄规可以与(　　)及等高垫铁配合使用，来检验工作台台面的平面度。

A. 百分表　　B. 千分尺　　C. 平尺　　D. 游标卡尺

129. AB008　使用厚薄规测量时，应根据被测间隙的大小选择合适的塞片，将塞片轻轻插入被测间隙内，如有间隙则再选择(　　)尺寸的塞片依次插入。

A. 较薄　　B. 最薄　　C. 较厚　　D. 最厚

130. AB008　测量时，塞尺上和被测面不允许有污垢、金属屑等杂物，否则影响测量(　　)。

A. 系统误差　　B. 速度　　C. 精度　　D. 基本误差

131. AB008　使用完塞尺，应清洁塞片表面，并涂上(　　)。

A. 汽油　　B. 润滑油　　C. 防锈油　　D. 石蜡

132. AB008　使用厚薄规时，应注意根据被测(　　)的大小选择合适的塞片。

A. 间隙　　B. 物体　　C. 工件　　D. 目标

133. AB009　百分表的最小读数值为(　　)。

A. 0.01 mm　　B. 0.05 mm　　C. 0.1 mm　　D. 1 mm

134. AB009　百分表的主要零部件有测量杆、指针、表盘、表圈、套筒和(　　)等。

A. 量杆　　B. 测量头　　C. 量块　　D. 砝码

135. AB009　百分表测量杆的运动方向及形式为(　　)。

A. 回转式　　B. 螺旋式　　C. 直线移动　　D. 弧线移动

136. AB009　百分表由表体部分、传动系统和(　　)组成。

A. 绝缘装置　　B. 计量系统　　C. 称重装置　　D. 读数装置

137. AB010　百分表常装在(　　)上使用。

A. 工件　　B. 机床　　C. 测量箱　　D. 表架

138. AB010　测量平面时，百分表的测量杆要与平面(　　)。

A. 垂直　　B. 平行　　C. 斜交　　D. 水平重合

139. AB010　用百分表测量偏心距较大的工件时，需把工件放在(　　)上间接测量偏心距。

A. 表盘　　B. V 形铁　　C. 平面　　D. 测量杆

140. AB010　用百分表测量时，不要使测量杆的行程超过它的测量范围，不要使表头突然撞到工件上，也不要用百分表测量(　　)的工件。

A. 表面粗糙度大、有显著凹凸不平　　B. 表面粗糙度小、无显著凹凸不平

C. 表面粗糙度大、无显著凹凸不平　　D. 表面粗糙度小、有显著凹凸不平

141. AC001　四行程汽油机的压缩行程是为了(　　)。

A. 推动曲轴旋转　　B. 压缩混合气　　C. 排除废气　　D. 吸收新鲜空气

142. AC001　依靠飞轮的惯性，曲轴带动活塞从下止点往上止点运动，曲轴旋转另一个 180°，进、排气门均在关闭状态的行程是(　　)。

A. 进气行程　B. 压缩行程　C. 做功行程　D. 排气行程

143. AC001　四行程汽油机的做功行程是为了(　　)。

A. 使混合气吸进气缸　B. 使混合气在气缸内压缩

C. 使发动机产生动力　D. 排出废气

144. AC001　下列属于汽油机做功行程的工作过程是(　　)。

A. 点燃可燃混合气　B. 进气门开启

C. 排气门开启　D. 排除废气

145. AC002　下列不属于汽油机做功行程的工作过程是(　　)。

A. 进、排气门关闭　B. 火花塞发出火花　C. 点燃可燃混合气　D. 进气门开启

146. AC002　做功行程中,高温高压的燃气推动活塞从上止点向下止点运动,通过(　　)使曲轴旋转并对外输出动力。

A. 曲柄　B. 连杆　C. 飞轮　D. 火花塞

147. AC002　活塞在做功行程将要终了时,排气门逐渐打开,气缸内的气体压力高于大气压,并在上行活塞推动下,使废气从排气门排出缸外,直到活塞上行到上止点为止。这一行程称为(　　)。

A. 进气行程　B. 压缩行程　C. 做功行程　D. 排气行程

148. AC002　下列不属于发动机排气行程的工作过程是(　　)。

A. 排气门开启　B. 进气门关闭　C. 排出废气　D. 产生动力

149. AC004　四行程发动机的排气行程是为了(　　)。

A. 吸入可燃混合气　B. 排出废气

C. 使发动机产生动力　D. 压缩可燃混合气

150. AC004　下列属于四行程汽油机排气行程的工作过程是(　　)。

A. 排气门开启　B. 进气门开启　C. 吸进可燃混合气　D. 产生动力

151. AC005　汽油发动机燃料供给系中,使油、气混合的装置是(　　)。

A. 汽油泵　B. 空气滤清器　C. 油箱　D. 化油器

152. AC005　下列属于汽油发动机燃料供给系组件的是(　　)。

A. 高压泵　B. 柱塞　C. 喷油器　D. 化油器

153. AC005　下列不属于汽油发动机燃料供给系组件的是(　　)。

A. 高压泵　B. 汽油泵　C. 汽油箱　D. 化油器

154. AC005　供给发动机汽油的装置是(　　)。

A. 进气管　B. 汽油泵　C. 空气滤清器　D. 消声器

155. AC006　下列不是汽油滤清器的组成零件的是(　　)。

A. 油箱　B. 进油管接头　C. 沉淀杯　D. 滤芯

156. AC006　汽油滤清器内装有(　　)。

A. 泵油装置　B. 滤芯　C. 摇臂　D. 推杆

157. AC006　组成汽油滤清器的部件有(　　)。

A. 定子　B. 转子　C. 沉淀杯　D. 柱塞

158. AC006　汽油滤清器的组成包括滤清器盖、(　　)和放油螺塞。

A. 摇臂、泵膜拉杆　B. 摇臂、油量调节机构

C. 滤芯、紧固螺杆　D. 滤芯、沉淀杯

159. AC007　下列属于空气滤清器的部件的是(　　)。

A. 滤芯　B. 弹簧　C. 推杆　D. 挺杆

160. AC007　下列不属于空气滤清器的部件的是(　　)。

A. 外壳　B. 弹簧　C. 紧固螺杆　D. 盖

161. AC007　空气滤清器设有(　　)。

A. 过滤装置　B. 泵油装置　C. 降压装置　D. 降温装置

162. AC007　空气滤清器的组件包括滤清器壳、滤清器盖、(　　)。

A. 推杆、泵膜拉杆　B. 推杆、传动机构　C. 滤芯、紧固螺杆　D. 滤芯、沉淀杯

163. AC008　化油器(　　)的作用是控制进入气缸中混合气的数量和改变喉管区的真空度。

A. 浮子　B. 节气门　C. 阻风门　D. 量孔

164. AC008　下列不属于化油器主供油系统的结构或零件的是(　　)。

A. 大喉管　B. 小喉管　C. 浮子　D. 主量孔

165. AC008　下列属于化油器启动系统的零件的是(　　)。

A. 进油口结头　B. 进油滤网　C. 浮子　D. 阻风门

166. AC008　化油器(　　)的作用是限制汽油的流量。

A. 节气门　B. 喉管　C. 量孔　D. 浮子室

167. AC009　下列属于汽油泵的组成部件的是(　　)。

A. 泵膜弹簧　B. 上体衬垫　C. 下体衬垫　D. 浮子

168. AC009　下列不属于汽油泵的组成部件的是(　　)。

A. 手拉杆轴　B. 泵膜弹簧　C. 内摇臂　D. 浮子

169. AC009　汽油泵由上体、下体、泵膜组件三大部分组成,其内装有(　　)。

A. 滤芯　B. 回位弹簧　C. 上体衬垫　D. 下体衬垫

170. AC009　汽油泵的泵膜总成由膜片、膜片上下护盘、(　　)和固定螺母组成。

A. 泵膜拉杆　B. 油量调节机构　C. 紧固螺杆　D. 沉淀杯

171. AC010　将汽油从油箱中吸出,经油管和汽油滤清器,将其送入化油器浮子室的部件是(　　)。

A. 汽油泵　B. 化油器　C. 高压泵　D. 限压阀

172. AC010　汽油泵的泵油量取决于(　　)。

A. 发动机耗油量　B. 膜片行程　C. 油压　D. 浮子室针阀开度

173. AC010　汽油泵是通过(　　)进行工作的。

A. 皮带轮带动　B. 空气压力　C. 凸轮轴带动　D. 电动机带动

174. AC010　发动机耗油量少时,浮子室针阀开度小,(　　),泵油量随之减少。

A. 油管内阻力减小,泵膜行程延长　B. 油管内阻力增大,泵膜行程延长

C. 油管内阻力减小,泵膜行程缩短　D. 油管内阻力增大,泵膜行程缩短

175. AC011　可以控制化油器油面高低的是(　　)。

A. 调整阻风门　B. 主量孔　C. 浮子、针阀　D. 功率量孔

176. AC011　化油器是(　　)的一个组成部分。

A. 冷却系　B. 燃料供给系　C. 润滑系　D. 配气机构

177. AC011　现代汽车用(　　)可以满足发动机在各种情况下对混合气成分的要求。

A. 化油器　　B. 汽油泵　　C. 喷油器　　D. 高压泵

178. AC011　在装配化油器浮子室时，阀杆端面距上体下平面的距离为（　　）。

A. 8～10 mm　　B. 10～12 mm　　C. 12～13.9 mm　　D. 13.9～14.2 mm

179. AC012　柴油发动机混合气形成装置是（　　）。

A. 机油泵　　B. 空气滤清器　　C. 化油器　　D. 燃烧室

180. AC012　喷油泵又称（　　）。

A. 汽油泵　　B. 高压油泵　　C. 浮子室　　D. 喷油器

181. AC012　不属于柴油机供给系的零件的是（　　）。

A. 喷油器　　B. 供油自动提前器　　C. 化油器　　D. 调速器

182. AC012　对柴油机供给系的使用寿命起着决定性作用的是（　　）的质量及定期保养情况。

A. 柴油滤清器　　B. 调速器　　C. 供油自动提前器　　D. 化油器

183. AC013　提高发动机的动力性，即提高它的（　　）。

A. 有效转矩　　B. 转速　　C. 有效功率　　D. 升功率

184. AC013　在提高发动机动力性的措施中，（　　）可以提高充气和做功的频率。

A. 提高充气量　　B. 改善混合气质量　　C. 减少机械损失　　D. 提高发动机的转速

185. AC013　下列不属于提高发动机动力性的措施的是（　　）。

A. 提高充气量　　B. 改善混合气质量

C. 提高有效比燃油消耗量　　D. 提高发动机转速

186. AC013　提高发动机动力性的首要措施是（　　）。

A. 提高充气量　　B. 降低混合气浓度　　C. 增加进气量　　D. 降低发动机温度

187. AC014　配气相位是用曲轴转角表示进、排气门的（　　）。

A. 开启时刻和开启延续时间　　B. 开启时刻和关闭时刻

C. 关闭时刻和关闭延续时间　　D. 开启延续和关闭延续时间

188. AC014　理论上讲，发动机进气、压缩、做功、排气各占（　　）。

A. 210°　　B. 180°　　C. 90°　　D. 45°

189. AC014　发动机进气门早开增大了进气行程开始时气门的开启高度，从而（　　）。

A. 减小进气阻力、减少进气量　　B. 增加进气阻力、增加进气量

C. 减小进气阻力、增加进气量　　D. 增加进气阻力、减少进气量

190. AC014　两个气门同时开启的时间对应的曲轴转角被称为（　　）。

A. 排气转角　　B. 气门转角　　C. 进气重叠角　　D. 气门重叠角

191. AC015　常用经济混合气 α 值多在（　　）范围内。

A. 1.3～1.4　　B. 1.25～1.3　　C. 1.15～1.20　　D. 1.05～1.15

192. AC015　当混合气稀到 α 值为（　　）时火焰无法燃烧，该值称为火焰传播下限。

A. 1.3～1.4　　B. 1.25～1.3　　C. 1.15～1.20　　D. 1.05～1.15

193. AC015　若混合气过浓，则燃烧不充分，会产生大量的（　　）。

A. H_2O　　B. CO　　C. CO_2　　D. SO_2

194. AC015　当混合气浓到 α 值为 0.4～0.5 时，火焰将无法传播，发动机熄火，此值称为（　　）。

A. 完全燃烧下限　　B. 火焰燃烧上限　　C. 火焰传播上限　　D. 火焰燃烧下限

195. AC016　发动机处于(　　)工况时，要求供给的混合气浓度 α 值为 0.6～0.8。
A. 小负荷　　B. 大负荷　　C. 怠速　　D. 加速

196. AC016　发动机处于(　　)工况时，要求供给的混合气浓度 α 值为 0.9～1.1。
A. 小负荷　　B. 加速　　C. 全负荷　　D. 中等负荷

197. AC016　在发动机处于冷启动工况时，只有供给混合气 α 值为 0.4～0.5 时，才能保证进入气缸内的混合气中有足够的(　　)，利于发动机启动。
A. 汽油蒸气　　B. 水蒸气　　C. 空气　　D. 氧气

198. AC016　发动机处于(　　)工况时，要求供给的混合气浓度 α 值为 0.7～0.9。
A. 全负荷　　B. 小负荷　　C. 怠速　　D. 加速

199. AC017　悬架由弹性元件、导向装置和(　　)等组成。
A. 供给装置　　B. 互锁装置　　C. 万向传动装置　　D. 减震装置

200. AC017　在悬架构件中，(　　)可以承受和传递垂直载荷，缓和行驶时引起的冲击。
A. 导向装置　　B. 减震装置　　C. 弹性元件　　D. 液力减震器

201. AC017　两侧车轮用一根整体式车桥连接，车轮和车桥一起通过弹性悬架悬挂在车架下面的悬架是(　　)。
A. 非独立悬架　　B. 独立悬架　　C. 平衡悬架　　D. 摆臂式平衡悬架

202. AC017　两侧车轮不是连在一根整轴上，而是每一侧车轮单独通过弹性悬架悬挂在车架(或车身)的下面，并能各自独立行动的悬架是(　　)。
A. 非独立悬架　　B. 独立悬架　　C. 平衡悬架　　D. 摆臂式平衡悬架

203. AC018　用来安装轮胎的车轮组件是(　　)。
A. 轮辋　　B. 轮毂　　C. 轮盘　　D. 前轮定位

204. AC018　在车轮的组件中，(　　)通过圆锥滚子轴承装在半轴套管或转向节轴上。
A. 轮辋　　B. 轮毂　　C. 轮盘　　D. 前轮定位

205. AC018　在车轮的组件中，(　　)是轮胎装配、固定的基础。
A. 轮辋　　B. 轮毂　　C. 轮盘　　D. 前轮定位

206. AC018　在车轮的组件中，(　　)是连接半轴凸缘、制动鼓和轮盘总成的部件。
A. 轮辋　　B. 轮胎　　C. 轮辐　　D. 轮毂

207. AC019　轮胎除了在胎面上有增强附着作用的各种花纹，还必须具有承受动、静载荷的能力和适宜的(　　)。
A. 韧性　　B. 耐疲劳性　　C. 刚性　　D. 弹性

208. AC019　充气轮胎按胎体中帘线排列的方向不同，分为(　　)。
A. 内胎轮胎和无内胎轮胎　　B. 充气轮胎和高压充气轮胎
C. 普通斜线胎和子午线胎　　D. 斜线胎和子午线胎

209. AC019　普通斜线胎胎体中帘线排列和胎面中心线约成(　　)。
A. 30°　　B. 45°　　C. 60°　　D. 90°

210. AC019　无内胎轮胎气密性好，结构简单，自重较轻，可直接通过(　　)散热，所以温升较低，寿命较长。
A. 轮胎　　B. 轮辋　　C. 轮辐　　D. 轮毂

211. AC020　转向系由(　　)、转向器和转向传动机构组成。
A. 转向动力机构　　B. 转向控制机构　　C. 转向执行机构　　D. 转向操纵机构

212. AC020　在转向系中，将驾驶员对转向盘的操纵力改变方向，以转矩的形式传递出去的是（　）。

A. 转向执行机构　B. 转向器　C. 转向操纵机构　D. 转向传动机构

213. AC020　在转向系中，可将转向盘输出的力经传动副减速增扭，使转向轻便的是（　）。

A. 转向器　B. 转向执行机构　C. 转向控制机构　D. 转向操纵机构

214. AC020　在转向系中，将转换器输出的力和运动传给转向轮的是（　）。

A. 转向轴　B. 转向传动机构　C. 转向传动轴　D. 转向操纵机构

215. AC021　制动蹄非对称布置，两制动蹄分别设有各自的制动分泵的是（　）。

A. 鼓式制动器　B. 自动增力式制动器

C. 非平衡式制动器　D. 平衡式制动器

216. AC021　车轮制动器可分为（　）。

A. 2 种　B. 3 种　C. 4 种　D. 5 种

217. AC021　鼓式车轮制动器按其（　）可分为简单非平衡式、平衡式和自动增力式。

A. 工作原理　B. 性能特点　C. 制动方式　D. 结构特点

218. AC021　旋转部分是与车轮固定在一起的以端面为工作表面的制动盘的是（　）。

A. 平衡式制动器　B. 鼓式制动器　C. 盘式制动器　D. 非平衡式制动器

219. BA001　电子点火系是指利用（　）或晶闸管作为开关，控制点火线圈一次电流通断的点火系。

A. 晶体二极管　B. 发光二极管　C. 稳压二极管　D. 晶体三极管

220. BA001　由于电子点火系晶体管的开关速度高，其（　），点火可靠。

A. 高压电形成迅速，火花能量大　B. 高压电形成迅速，火花能量小

C. 高压电形成缓慢，火花能量大　D. 高压电形成缓慢，火花能量小

221. BA001　电子点火系减小了火花塞积碳的影响，即使火花塞严重积碳也能产生足够的二次电压，（　）。

A. 减少废气污染　B. 确保点火时间精确

C. 实现可靠点火　D. 有利于汽车的高速化

222. BA001　电子点火系能适应现代汽车发动机（　）和向多缸方向发展的要求，有利于汽车的高速化。

A. 高转速、低压缩比　B. 高转速、高压缩比

C. 低转速、高压缩比　D. 低转速、低压缩比

223. BA002　在各种电子点火系中，（　）结构最简单，成本最低。

A. 无触点电子点火系　B. 有触点电子点火系

C. 霍尔式电子点火系　D. 光电式电子点火系

224. BA002　按（　）分，电子点火系分为电感储能电子点火系和电容储能电子点火系。

A. 储能方式　B. 触发方式　C. 有无触点　D. 结构

225. BA002　按（　）分，电子点火系分为磁脉冲式、霍尔式、光电式和振荡式四种。

A. 电子器材形式　B. 有无触点　C. 储能方式　D. 触发方式

226. BA002　目前多用于赛车的是（　）。

A. 有触点电感储能电子点火系　B. 无触点电感储能电子点火系

C. 电容储能电子点火系　　D. 电阻储能电子点火系

227. BA003　无触点电感储能电子点火系的优点是可将点火电流提高到(　　)。

A. 5 A　　B. 7～8 A　　C. 10 A　　D. 20 A

228. BA003　无触点电感储能电子点火系的优点是点火高压为(　　)。

A. 10 kV　　B. 20 kV　　C. 30 kV　　D. 50 kV

229. BA003　下列属于无触点电感电子点火器的优点的是(　　)。

A. 体积小　　B. 接触面小　　C. 体积大　　D. 接触面大

230. BA003　下列不属于无触点电感电子点火器优点的是(　　)。

A. 体积小　　B. 没有触点　　C. 触点寿命长　　D. 点火电压高

231. BA004　无触点电感放电式电子点火装置利用(　　)代替机械断电器,触发和控制点火系的工作。

A. 电子控制器　　B. 开关放大器　　C. 信号发生器　　D. 触发器

232. BA004　无触点电感放电式电子点火装置主要由蓄电池、(　　)、点火线圈、分电器和火花塞等组成。

A. 点火信号发生器、开关放大器　　B. 点火信号发生器、触发器

C. 电子控制器、开关放大器　　D. 储能电容器、开关放大器

233. BA004　点火信号发生器的作用是为(　　)提供点火信号。

A. 储能电容器　　B. 电子控制器　　C. 三极管开关电路　　D. 分立元件

234. BA004　点火信号发生器驱动开关放大器导通或截止,以使点火线圈获得(　　)。

A. 感应电流　　B. 高压电能　　C. 高压电流　　D. 初级电流

235. BA005　在电子控制器的组成部件中,将点火信号发生器送来的脉冲信号整形,使其信号幅值不受发动机转速影响的是(　　)。

A. 脉冲整形电路　　B. 积分比较电路　　C. 稳流电路　　D. 稳压电路

236. BA005　在电子控制器的组成部件中,能达到控制一次绕组通电时间长短、适应发动机转速变化目的的是(　　)。

A. 脉冲形成电路　　B. 通电时间控制电路

C. 功放电路　　D. 稳流电路

237. BA005　在电子控制器的组成部件中,将通电时间控制电路送来的信号放大,实现对一次电流控制的是(　　)。

A. 脉冲整形电路　　B. 通电时间控制电路

C. 功放电路　　D. 稳压电路

238. BA005　在电子控制器的组成部件中,提供点火系所需要的稳定电压,以保证点火系正常工作的是(　　)。

A. 积分比较电路　　B. 脉冲形成电路　　C. 功放电路　　D. 稳压电路

239. BA006　通电时间控制也称为(　　)。

A. 闭合角控制　　B. 自动限流控制　　C. 停车断电控制　　D. 点火提前角控制

240. BA006　由于点火线圈的自感作用,高速时,一次绕组通电时间缩短,没有足够的时间使一次电流达到饱和值,因而必须利用电子控制器的(　　)增加一次绕组的通电时间。

A. 脉冲整形电路　　B. 通电时间控制电路

C. 定电容电路　　D. 稳流电路

241. BA006　定电流控制电路的作用是：当一次电流上升到(　　)时，使一次电流不再上升。

A. 2 A　　B. 5 A　　C. 7 A　　D. 10 A

242. BA006　闭合角减小电路的作用是使(　　)大致保持为一定值。

A. 脉冲整形控制时间　　B. 定电阻控制时间

C. 定电压控制时间　　D. 定电流控制时间

243. BA007　电容储能式电子点火系是将产生火花的能量以(　　)的形式储存在专门的储能电容器中。

A. 电场能　　B. 磁场能　　C. 电动势　　D. 动能

244. BA007　电容储能式电子点火系中，直流升压器将电源的低压电升压到(　　)左右，并向储能电容器充电。

A. 200 V　　B. 400 V　　C. 800 V　　D. 1 000 V

245. BA007　电容储能式电子点火系中，在信号发生器(触发器)的输出信号作用下，导通储能电容器和点火线圈一次线圈的放电回路的是(　　)。

A. 光敏三极管　　B. 储能电容器　　C. 晶闸管　　D. 直流升压器

246. BA007　电容储能式电子点火系中，信号发生器按发动机点火要求规律地产生触发信号，导通(　　)。

A. 直流升压器　　B. 点火线圈一次线圈的放电回路

C. 储能电容器　　D. 晶闸管

247. BA008　微机控制点火系中，(　　)是用来监测与发动机点火有关的各种工况信息的装置。

A. 传感器　　B. 发动机控制器　　C. 点火执行器　　D. 电子点火器

248. BA008　微机控制点火系中，向主 ECU 输入电源电压信号的是(　　)。

A. 爆燃传感器　　B. 电源电压传感器　　C. 车速传感器　　D. 水温传感器

249. BA008　微机控制点火系中，根据各传感器输入的信号，计算出最佳的点火提前角，并向电子点火器输出点火控制信号的是(　　)。

A. 传感器　　B. 节气门位置传感器

C. 发动机控制器　　D. 电子点火器

250. BA008　微机控制点火系中，向主 ECU 输入点火提前角修正信号的是(　　)。

A. 传感器　　B. 电子点火器

C. 发动机控制器　　D. 节气门位置传感器

251. BA009　微机控制点火系中，当汽车电源供电电压过高时，(　　)使点火器放大电路中的功率晶体管截止，以保护点火线圈与功率管。

A. 过电压保护电路　　B. 闭合角控制电路

C. 锁止保护电路　　D. 恒流控制电路

252. BA009　可控制点火器中功率管导通时间的是(　　)。

A. 电压保护电路　　B. 闭合角控制电路　　C. 锁止保护电路　　D. 电流保护电路

253. BA009　发动机熄火而点火开关仍接通，点火线圈和功率管的导通时间超过预定值时，(　　)能控制功率管截止，切断一次侧电路的电流。

A. 过电压保护电路　　B. 脉冲形成电路
C. 锁止保护电路　　D. 电流控制电路

254. BA009　保证在任何转速下，在极短的时间内，使点火线圈一次电流都能达到规定值，以减小转速对二次电压影响的是（　　）。
A. 电压保护电路　B. 闭合角控制电路　C. 脉冲整形电路　D. 恒流控制电路

255. BA010　在 ECU 内存中，存放有与（　　）相对应的点火提前角数据表。
A. 发动机转速和进气流量　　B. 电源电压和发动机转速
C. 电源电压和进气流量　　D. 闭合角和发动机转速

256. BA010　在 ECU 内存中，储存了根据（　　）确定的点火闭合角三维数据表格。
A. 发动机转速和进气流量　　B. 电源电压和发动机转速
C. 电源电压和进气流量　　D. 闭合角和发动机转速

257. BA010　发动机正常运行期间的实际点火提前角＝初始点火提前角＋（　　）。
A. 基本点火提前角　　B. 基本点火提前角－修正点火提前角
C. 基本点火提前角＋修正点火提前角　　D. 修正点火提前角

258. BA010　当初始点火提前角设定之后，受 ECU 控制的点火提前角只有基本点火提前角和修正点火提前角，此两项之和最大为（　　）。
A. －10°～0°　B. 0°～15°　C. 15°～35°　D. 35°～45°

259. BA011　微机控制直接点火系简称（　　）。
A. DLI 系　B. ECU 系　C. ABS 系　D. IGF 系

260. BA011　微机控制直接点火系由于没有传统的（　　），各缸火花塞直接与点火线圈二次绕组相连。
A. 分火头　B. 分电器　C. 气缸　D. 活塞

261. BA011　相对于有分电器的点火系，微机控制直接点火系的特点为（　　）。
A. 增加了安装空间　　B. 能量损失增大
C. 高速时点火能量有保证　　D. 电磁辐射增大

262. BA011　由于直接点火系取消了分电器，（　　），有利于发动机室的合理布置，对于小轿车有特别重要的意义。
A. 点火能量有保证　B. 电磁辐射减小　C. 能量损失减少　D. 节省了安装空间

263. BA012　电子点火系中的电子器件应安放在（　　）的位置上。
A. 易于散热、通风良好　　B. 便于安装和拆卸
C. 便于接线和调试　　D. 便于修理

264. BA012　电子点火系电子元件较多，精度要求高，装配时应注意（　　）。
A. 引脚数量　B. 管脚极性　C. 引脚位置　D. 管脚数量

265. BA012　焊接电子点火系元件时，应先用（　　）夹住管脚，焊接速度应尽可能快，防止烙铁热量传入管内，损坏晶体管或集成块。
A. 管钳　B. 鲤鱼钳　C. 尖嘴钳　D. 梅花扳手

266. BA012　清洗发动机时，应（　　），不得直接清洗电子组件。
A. 启动发动机　　B. 采用“短路法”检查
C. 采用“试火法”检查　　D. 断开点火开关

267. BA013　火花塞的热特性是指火花塞瓷绝缘体管裙部吸收的热量与散出的热量达到平

衡状态时的温度,对于选择适合于(　　)和工作条件的火花塞是十分重要的。

A. 发动机转速　B. 发动机种类　C. 发电机种类　D. 启动机种类

268. BA013　火花塞的自净温度是(　　)。

A. 300～400 ℃　B. 400～500 ℃　C. 500～600 ℃　D. 700～800 ℃

269. BA013　火花塞的热特性主要取决于绝缘体裙部的(　　)。

A. 体积　B. 材质　C. 宽度　D. 长度

270. BA013　当温度低于自净温度时,火花塞会因积碳而(　　)。

A. 漏电　B. 爆震　C. 早燃　D. 跳火

271. BA014　火花塞主要零件必须具备足够高的机械强度,因为在混合气燃烧时,火花塞裙部受到的爆发压力可高达(　　)。

A. 388～486 kPa　B. 488～586 kPa　C. 588～686 kPa　D. 688～786 kPa

272. BA014　在混合气燃烧温度为(　　)的情况下,火花塞应不变形、不发生局部过热。

A. 1 000～1 500 ℃　B. 1 500～2 500 ℃

C. 1 800～2 800 ℃　D. 2 000～3 000 ℃

273. BA014　按 ISO 的标准,火花塞的电阻应在 1～20 kΩ 之间,但一般的火花塞电阻在(　　)之间。

A. 1～12 kΩ　B. 1～15 kΩ　C. 5～15 kΩ　D. 8～20 kΩ

274. BA014　火花塞必须具备(　　)以上的绝缘强度。

A. 10 kV　B. 15 kV　C. 20 kV　D. 30 kV

275. BA015　启动发动机,使其怠速运转,用螺丝刀逐缸对火花塞短路,听发动机转动的响声,若发动机转动的响声变化明显,表示火花塞(　　)。

A. 已报废　B. 良好　C. 需修理　D. 需润滑

276. BA015　用万用表可以检查火花塞的电阻,其电阻值应为(　　)左右,过大或过小都应更换。

A. 1 000 Ω　B. 1 500 Ω　C. 2 000 Ω　D. 2 500 Ω

277. BA015　用厚薄规可以检查火花塞的(　　)。

A. 电极间隙　B. 中心电极高度　C. 旁电极厚度　D. 螺纹卡度

278. BA015　用观色法检查火花塞时,若火花塞为(　　),说明火花塞正常。

A. 白色　B. 赤褐色　C. 有黑色沉积物　D. 有油性沉积物

279. BA016　汽车高压线分为(　　)。

A. 1 种　B. 2 种　C. 3 种　D. 4 种

280. BA016　铜芯高压线的缺点是(　　)。

A. 成本高　B. 重量大

C. 易对无线电设备产生电磁干扰　D. 电阻小

281. BA016　捷达中心高压阻尼线的阻值在(　　)。

A. 5 Ω　B. 5～10 Ω　C. 1～3 kΩ　D. 5 kΩ

282. BA016　按(　　)的不同,高压线可分为铜芯线和阻尼线。

A. 绝缘性　B. 耐压性　C. 线芯　D. 结构

283. BA017　用密度计测定电解液密度时,相对密度每减少 0.01 相当于蓄电池放电(　　)。

A. 2%　B. 4%　C. 6%　D. 8%

284. BA017　蓄电池放电过程中，负极板上的铅与电解液中的(　　)生成硫酸铅。
A. 水　B. 硫酸根　C. 硫　D. 氢

285. BA017　蓄电池放电时的化学反应方程式为(　　)。
A. $PbO_2 + Pb + H_2SO_4 \longrightarrow PbSO_4 + H_2O$
B. $PbSO_4 + H_2O \longrightarrow PbO_2 + Pb + H_2SO_4$
C. $PbO_2 + Pb + 2H_2SO_4 \longrightarrow 2PbSO_4 + 2H_2O$
D. $2PbSO_4 + 2H_2O \longrightarrow PbO_2 + Pb + 2H_2SO_4$

286. BA017　蓄电池放电过程中，正极板上的二氧化铅与电解液中的硫酸根生成(　　)。
A. 硫酸铅　B. 水　C. 氢　D. 杂质

287. BA018　脉冲快速充电，具有(　　)、空气污染小、节省电能等优点，因此应用日益广泛。
A. 充电时间短、电解液温升低　B. 充电时间长、电解液温升低
C. 充电时间短、电解液温升高　D. 充电时间长、电解液温升高

288. BA018　蓄电池充电过程中，(　　)上的硫酸铅分解，与氧生成二氧化铅。
A. 隔板　B. 负极板　C. 底板　D. 正极板

289. BA018　蓄电池在充电过程中，(　　)上的硫酸铅分解生成铅。
A. 负极板　B. 隔板　C. 正极板　D. 底板

290. BA018　蓄电池充电时的化学反应式为(　　)。
A. $PbO_2 + Pb + 2H_2SO_4 \longrightarrow 2PbSO_4 + 2H_2O$
B. $2PbSO_4 + 2H_2O \longrightarrow PbO_2 + Pb + 2H_2SO_4$
C. $PbO_2 + Pb + H_2SO_4 \longrightarrow PbSO_4 + H_2O$
D. $PbSO_4 + H_2O \longrightarrow PbO_2 + Pb + H_2SO_4$

291. BA019　当电解液中含铁量达到(　　)时，24 h 就会将蓄电池电量放尽。
A. 1%　B. 0.2%　C. 0.5%　D. 0.8%

292. BA019　蓄电池自行放电的原因之一是电解液中含有杂质，沉附于极板上的杂质与极板之间、不同杂质之间形成(　　)，变成了一个局部电池，从而使蓄电池失去容量。
A. 磁场　B. 电位差　C. 电动势　D. 短路

293. BA019　不属于蓄电池自行放电的原因的是(　　)。
A. 蓄电池外部导线有短路处　B. 隔板损坏
C. 电解液杂质含量过高　D. 极板硫化

294. BA019　当蓄电池隔板破裂、穿孔，会使(　　)，引起蓄电池自行放电。
A. 极桩短路　B. 极板搭铁　C. 极板短路　D. 极板断路

295. BA020　配制电解液时，应使用密度为 1.835 g/cm^3(15 ℃)的纯硫酸和(　　)。
A. 自来水　B. 蒸馏水　C. 矿化水　D. 纯净水

296. BA020　配制电解液时，如果温度升高过快，可暂缓加入硫酸，待温度低于(　　)后再配制。
A. 55 ℃　B. 65 ℃　C. 75 ℃　D. 80 ℃

297. BA020　初配好的电解液温度可能高达(　　)，故不可立刻注入电池槽内。
A. 55 ℃　B. 60 ℃　C. 70 ℃　D. 80 ℃

298. BA020　配制电解液应使用(　　)、耐高温的器皿。
A. 耐摩擦　B. 透气好　C. 密封好　D. 耐腐蚀

299. BA021　电解液的密度在不同温度时是不一样的,所以测量电解液的密度时,除应知道当时的温度外,还应查出(　　)。
A. 标准值　B. 误差　C. 密度　D. 修正值

300. BA021　蓄电池电解液的密度一般为(　　)。
A. 1.11～1.20 g/cm^3　B. 1.24～1.28 g/cm^3
C. 1.29～1.30 g/cm^3　D. 1.30～1.35 g/cm^3

301. BA021　蓄电池电解液的密度在夏季为(　　)左右。
A. 1.11 g/cm^3　B. 1.20 g/cm^3　C. 1.25 g/cm^3　D. 1.27 g/cm^3

302. BA021　蓄电池电解液的密度在冬季约为(　　)。
A. 1.20 g/cm^3　B. 1.23 g/cm^3　C. 1.25 g/cm^3　D. 1.27 g/cm^3

303. BA022　当蓄电池充电接近终了,蓄电池电压达到(　　)时,若继续充电,会因极板内部压力增高,加速活性物质的脱落,使极板过早损坏。
A. 0.3～0.4 V　B. 1.3～1.4 V　C. 2.3～2.4 V　D. 3.3～3.4 V

304. BA022　蓄电池的充电特性是指以恒流充电时,端电压、(　　)、电解液的密度随时间变化的规律。
A. 电阻　B. 电动势　C. 亮度　D. 电感

305. BA022　在蓄电池充电过程中,使充电电流保持恒定的充电方法称为(　　)。
A. 定电流充电法　B. 定电阻充电法　C. 定电容充电法　D. 定电压充电法

306. BA022　蓄电池定流充电时,第一阶段单格电压为(　　)。
A. 2.4 V　B. 2.7 V　C. 3.7 V　D. 4.4 V

307. BA023　蓄电池放电接近终止时,极板上的活性物质大部分会转变为硫酸铅积聚在孔隙内,阻塞电解液渗入极板内层,而使极板孔隙中的电解液密度(　　)。
A. 迅速下降　B. 迅速上升　C. 缓慢升高　D. 缓慢下降

308. BA023　蓄电池的放电是一种将化学能转变为(　　)的过程。
A. 电阻　B. 电能　C. 电容　D. 电感

309. BD023　蓄电池放电允许的终止电压与(　　)大小有关。
A. 放电电压　B. 蓄电池电阻　C. 蓄电池电容　D. 放电电流

310. BD023　蓄电池放电特性是指恒流放电时电动势、电解液密度、(　　)随时间的变化规律。
A. 电阻　B. 电容　C. 电流　D. 端电压

311. BA024　电解液的温度对实际输出的(　　)也有影响。
A. 电能　B. 额定容量　C. 容量　D. 功率

312. BA024　蓄电池的容量与放电(　　)成正比。
A. 电压　B. 电动势　C. 电阻　D. 时间

313. BA024　蓄电池以恒流放电时,放电电流与放电时间的乘积称为蓄电池的(　　)。
A. 电压　B. 电阻　C. 容量　D. 体积

314. BA024　蓄电池的额定容量就是设计容量,是检验蓄电池性能、(　　)的重要指标。
A. 应用蓄电池　B. 保养蓄电池　C. 存储蓄电池　D. 修理蓄电池

315. BA025 蓄电池过充电会使水大量蒸发，这时若加液孔盖的通气孔堵塞，会使蓄电池(　　)。

A. 压力下降　　B. 爆炸　　C. 水增加　　D. 链条断裂

316. BA025 蓄电池(　　)会发生水的电解。

A. 放电　　B. 温度低　　C. 过充电　　D. 存放

317. BA025 蓄电池过充电会(　　)。

A. 导致温度低　　B. 产生高电压　　C. 自放电　　D. 增加水的消耗

318. BA025 蓄电池过充电的危害有(　　)。

A. 会使硫酸减少　　B. 会使活性物质脱落

C. 会使蒸馏水减少　　D. 会使链条断裂

319. BA026 蓄电池在 0 ℃以下使用时，应将(　　)，以防止电解液结冰将蓄电池外壳冻裂。

A. 蒸馏水减少　　B. 电解液密度提高　　C. 电解液密度降低　　D. 蒸馏水增加

320. BA026 蓄电池的放电程度在夏季不应大于(　　)。

A. 50%　　B. 40%　　C. 30%　　D. 20%

321. BA026 蓄电池存在过充电时，需加(　　)进行调整补充。

A. 电解液　　B. 浓硫酸　　C. 蒸馏水　　D. 硫酸

322. BA026 要定期检查蓄电池电解液的(　　)。

A. 纯度　　B. 温度　　C. 重量　　D. 密度

323. BA027 一般情况下，温度每降低 1 ℃，小电流放电时，蓄电池容量减少(　　)。

A. 4%　　B. 3%　　C. 2%　　D. 1%

324. BA027 一般情况下，采用密度偏低的电解液有利于提高蓄电池的(　　)。

A. 充电电流和容量　　B. 容量和电动势

C. 放电电流和容量　　D. 放电电流和电动势

325. BA027 电解液密度超过一定值，将导致(　　)，使蓄电池容量下降。

A. 黏度过大、内阻减小　　B. 黏度过大、内阻增大

C. 渗透能力增大、内阻增大　　D. 黏度减小、渗透能力下降

326. BA027 当电解液温度上升时，电解液的(　　)，使蓄电池容量升高。

A. 溶解度、电离度提高　　B. 溶解度、电离度减小

C. 渗透能力、内阻增大　　D. 黏度减小，渗透能力下降

327. BA028 干式荷电蓄电池与普通蓄电池的区别是：其(　　)在干燥状态下能够较长期地保存在制造过程中所得到的电荷。

A. 极板组　　B. 隔板　　C. 极柱　　D. 联条

328. BA028 干式荷电蓄电池在规定的保存期内，只要灌入规定密度的电解液，静置(　　)，就可直接使用。

A. 5 min　　B. 8 min　　C. 10 min　　D. 15 min

329. BA028 干式荷电蓄电池负极板的活性物质是在(　　)中配入一定比例的抗氧化剂。

A. 铝　　B. 铅　　C. 铜　　D. 铁

330. BA028 干式荷电蓄电池在制造过程中，反复进行充、放电循环，使之在(　　)形成海绵状的铅。

A. 隔板的表面　B. 隔板的深层　C. 极板的深层　D. 联条的深层

331. BA029　干式荷电蓄电池初次使用时，需将蓄电池加液盖旋开，(　　)。

A. 清洗隔板　B. 检查联条　C. 疏通通气孔　D. 观察液面高度

332. BA029　干式荷电蓄电池初次使用时，加入标准电解液到规定高度后，记下相对密度和温度，静置 20 min，再测量电解液温度和相对密度，如温度上升不到(　　)，相对密度下降不到 0.01，蓄电池即可使用。

A. 12 ℃　B. 10 ℃　C. 8 ℃　D. 6 ℃

333. BA029　干式荷电蓄电池注入电解液后，超过(　　)没使用，需对其补充充电。

A. 48 h　B. 36 h　C. 24 h　D. 12 h

334. BA029　由于发电机工作不良、(　　)等原因造成蓄电池容量损失时，需对干式荷电蓄电池补充充电。

A. 启动机工作不良　B. 行驶行程过短

C. 车辆行程过长　D. 点火开关工作不良

335. BA030　发动机电控燃油喷射系统以发动机 ECU 为控制中心，利用安装在发动机不同部位的各种传感器来检测发动机的(　　)。

A. 进气量　B. 空燃比　C. 各种工作参数　D. 喷油量

336. BA030　发动机电控燃油喷射系统通过 ECU 中的控制程序，实现启动加浓、暖风加浓、加速加浓、全负荷加浓、自动怠速控制、(　　)等功能。

A. 减速加浓、强制怠速调稀　B. 减速断油、强制怠速调稀

C. 减速调稀、强制怠速调稀　D. 减速调稀、强制怠速断油

337. BA030　在发动机电控燃油喷射系统的组成中，根据发动机运转状况和车辆运行状况确定燃油最佳喷油量的是(　　)。

A. 电子控制系统　B. 进气控制系统　C. 燃油供给系统　D. 废气排出系统

338. BA030　发动机电控燃油系统中进气控制系统的作用主要是(　　)燃油燃烧时所需的进气量。

A. 检测和控制　B. 测量和控制　C. 监测和过滤　D. 过滤和控制

339. BA031　发动机电控燃油喷射系统的进气系统没有歧管，压力损失小，提高了(　　)。

A. 空燃比和喷油量　B. 进气量和充气效率

C. 进气量和输出功率　D. 进气量和喷油量

340. BA031　发动机电控燃油喷射系统在各个工况下均能提供最佳空燃比的混合气，燃油(　　)，各缸分配均匀。

A. 固化好　B. 气化好　C. 雾化好　D. 雾化低

341. BA031　发动机电控燃油喷射系统与传统的化油器相比，废气排放量减少了(　　)左右。

A. 5%　B. 10%　C. 15%　D. 20%

342. BA031　发动机电控燃油系统与点火系配合使用时，燃油消耗降低(　　)。

A. 5%～15%　B. 10%～20%　C. 15%～25%　D. 20%～30%

343. BA032　空气流量计是燃油喷射和点火控制的主控信号发生器，它一般设于(　　)前。

A. 分电器　B. 飞轮　C. 发动机缸体　D. 节气门

344. BA032　缸序判别传感器一般布置于(　　)中。

A. 进气管　B. 变速器　C. 发动机　D. 分电器

345. BA032　爆震传感器通过检测(　　)是否产生爆震,以控制点火提前角。

A. 启动机　B. 压缩机　C. 发动机　D. 发电机

346. BA032　发电机负荷信号作为喷油量与点火提前角的修正信号,由(　　)中的自检电压系统直接测量得出。

A. 传感器　B. 电子控制器　C. 执行器　D. 霍尔信号发生器

347. BA033　装有 ABS 的汽车制动时,由各个车轮传感器将(　　)输入 ABS 电脑。

A. 车轮的压力信号　B. 发动机的转速信号

C. 车轮的阻力信号　D. 车轮的转速信号

348. BA033　装有 ABS 的汽车在制动过程中,电脑对各轮速传感器的信号进行(　　)。

A. 存储　B. 计算处理　C. 传输　D. 分析编辑

349. BA033　电控制动防抱死系统控制是一种(　　)。

A. 自动控制　B. 开环控制　C. 闭环控制　D. 声控控制

350. BA033　装有 ABS 的汽车在制动过程中,如果某个车轮的计算数据超过了(　　),电脑就控制制动液压调节装置,使该轮制动压力减小。

A. 怠速值　B. 最佳速度值　C. 设定最小值　D. 设定参数值

351. BA034　在维护 ABS 车轮传感器时,应检查传感头磁极顶端与齿圈顶端之间是否有约(　　)的间隙,该间隙过大或过小都会导致传感器不能正常工作。

A. 0.3 mm　B. 0.5 mm　C. 1 mm　D. 1.5 mm

352. BA034　在维护 ABS 车轮传感器的过程中,拔下传感器导线插接器,拆下传感头,用万用表的电阻挡测量电磁线圈的电阻值,其阻值应在(　　)之间。

A. 0.9～1.5 kΩ　B. 1.8～2.5 kΩ　C. 2.0～2.6 kΩ　D. 2.5～3.1 kΩ

353. BA034　传感器磁铁顶端在工作中容易吸附(　　)或油泥污染,应予清理。

A. 金属微粒　B. 铁磁性微粒　C. 塑料颗粒　D. 橡胶颗粒

354. BA034　在维护 ABS 车轮传感器的过程中,应检测车轮传感器信号电压,正常情况下其信号电压的波形应是(　　)。

A. 一条水平线　B. 一条斜线　C. 正弦波　D. 方波

355. BA035　雨刮器开关在低速挡时,(　　),磁场增强,电机转速较低。

A. 电阻接通　B. 电阻串入　C. 电阻短路　D. 电阻并入

356. BA035　雨刮器开关在高速挡时,(　　)激磁电路,磁场减弱,转速较高。

A. 电阻串入　B. 电阻并入　C. 电阻隔离　D. 电阻短路

357. BA035　雨刮器电路的开关有时兼作(　　)。

A. 照明开关　B. 信号开关　C. 音响开关　D. 洗涤器开关

358. BA035　雨刮器开关回到停止位置,刮雨摆刷摆到驾驶员视界之外时,凸块将(　　)顶开,雨刮器停止工作。

A. 电阻　B. 磁极　C. 刷摆　D. 触点

359. BA036　电动刮水器的动力来自一台直流电动机,常采用的调速方法有两种,一是改变(　　),二是改变正、负两电刷之间串联的导体数。

A. 电压　B. 磁通

C. 电枢回路中的电压降　D. 电枢回路中的电流

360. BA036 为保证刮水器系统在不工作时(开关切断电源后)其雨刷始终停在风挡玻璃下沿,大多数刮水器的减速箱内设有( )。

A. 回位装置 B. 间歇控制器 C. 减速机构 D. 可变电阻

361. BA036 电动刮水器由电源、( )、开关及调速电阻等组成。

A. 永磁电机 B. 电动机 C. 发电机 D. 启动机

362. BA036 轿车刮水器电路装有( )。

A. 闪光器 B. 报警器 C. 间歇继电器 D. 电流器

363. BA037 电动刮水器的变速是利用直流电动机的( )实现的。

A. 变压原理 B. 变频原理 C. 降压原理 D. 变速原理

364. BA037 电动刮水器的转速公式表述正确的是( )。

A. $n=(U+IR)/(KZ\Phi)$ B. $n=(U+IR)\Phi/(KZ)$

C. $n=(U-IR)/(KZ\Phi)$ D. $n=(U-IR)\Phi/(KZ)$

365. BA037 在电动刮水器转速公式中,符号 Φ 代表的是( )。

A. 常数 B. 磁极磁通 C. 导体数 D. 电动机端电压

366. BA037 改变电动机( )的变速方法只适用于绕线式直流电动机。

A. 磁极磁通 B. 导体数 C. 电刷数 D. 磁场电压

367. BB001 其显像材料由长杆形分子构成,在一定温度内具有普通液体的流动性质的电子图像显示装置是( )。

A. 发光二极管显示器 B. 真空荧光管显示器

C. 液晶显示器 D. 阴极射线管显示器

368. BB001 具有全彩色显示功能,图像显示灵活性大、分辨率高、对比度高的电子图像显示装置是( )。

A. 发光二极管显示器 B. 阴极射线管显示器

C. 液晶显示器 D. 真空荧光管显示器

369. BB001 发光二极管一般由半导体材料砷化镓制成,当加上 1.5～2 Vd 正向电压时,能发出( )。

A. 蓝绿光 B. 绿光 C. 黄光 D. 红光

370. BB001 目前在汽车上采用最多且是一种低压真空管的是( )。

A. 真空荧光管 B. 阴极射线管 C. 液晶显示器 D. 发光二极管

371. BB002 水温测量系统输出的信息显示“TEMP”字样,表示水温( )。

A. 为 0 ℃ B. 正常 C. 过高 D. 过低

372. BB002 所有传感器信号经过微机( )等数据处理后,分别送到相应的显示装置和报警装置。

A. 分析、判断 B. 运算、判断 C. 输出、输入 D. 储存、运算

373. BB002 8005 型组合仪表总成由车速里程表、( )、双针气压计和报警显示装置组合而成。

A. 电流表 B. 水温表 C. 气压表 D. 组合仪表

374. BB002 ED-2 型电子式组合仪表采用( ),适用于负极搭铁及电压为 12V 的轻型载货汽车、旅行车、吉普车和轿车等。

A. 发光二极管显示器 B. 阴极射线管显示器

C. 液晶显示器　　D. 真空荧光管显示器

375. BB003　当更换仪表板上的部件时，通常要拆下仪表板总成，在进行这项作业时，应首先(　　)。

A. 清洁总成　　B. 使用静电保护装置

C. 切断蓄电池电源　　D. 进行静电放电

376. BB003　在使用测试设备对仪表进行检测之前，应先完成仪表盘的(　　)。

A. 部分自检　　B. 全部自检　　C. 清洁　　D. 拆卸

377. BB003　在处理车速里程表的电路片时，如不慎碰及电路片的接头，会使仪表(　　)，此时必须到专门的修理单位经重新编程后才能使用。

A. 读数为 1　　B. 消磁　　C. 损坏　　D. 读数消除

378. BB003　在拆装作业中，要注意防止人身上的静电损坏集成电路片，为清除身上静电，应(　　)。

A. 不时接触已知接地点　　B. 切断蓄电池电源

C. 在潮湿的地方进行操作　　D. 爱护元器件

379. BB004　用作各种传感器和电子控制装置的信号线以及汽车收音机的天线馈线的是(　　)。

A. 高压点火线　　B. 低压线　　C. 屏蔽线　　D. 接地线

380. BB004　用于发动机点火线圈至火花塞之间的是(　　)。

A. 蓄电池搭铁线　　B. 高压点火线　　C. 屏蔽线　　D. 低压线

381. BB004　按线芯的不同，(　　)可分成铜芯线和阻尼线两类。

A. 蓄电池搭铁线　　B. 接地线　　C. 屏蔽线　　D. 高压点火线

382. BB004　高压线的选择主要以(　　)为依据。

A. 耐压能力　　B. 工作时的电压降　　C. 颜色　　D. 电阻

383. BB005　为了保证导线本身有足够的机械强度，低压线截面积应不小于(　　)。

A. 1.0mm^2　　B. 0.8 mm^2　　C. 0.5 mm^2　　D. 0.3 mm^2

384. BB005　一般截面积(　　)时，采用双色线。

A. >4 mm^2　　B. ≤4 mm^2　　C. >6 mm^2　　D. ≤6 mm^2

385. BB005　12 V 电系电热塞导线截面积的推荐值是(　　)。

A. 0.5 mm^2　　B. 0.8 mm^2　　C. 1.5 mm^2　　D. 4～6 mm^2

386. BB005　连接蓄电池与启动机的导线根据(　　)来选定。

A. 工作时的电压降　　B. 工作电流大小

C. 耐压能力　　D. 电阻大小

387. BB006　插接器接合时，应对准(　　)，插头与插孔稍用力插入即可。

A. 插头　　B. 插座　　C. 导向定位槽　　D. 接线片

388. BB006　为了防止汽车行驶中插接器脱开，插接器设有(　　)。

A. 自锁装置　　B. 闭锁装置　　C. 自检装置　　D. 防脱装置

389. BB006　为了便于接线、查线，汽车线束中各导线端头均焊有接线片，这种接线一般与接线柱配合使用，容易搞错，不大方便。为此，国产新型汽车和国外汽车上大都采用(　　)。

A. 易熔线　　B. 电路断路保护器　　C. 熔断器　　D. 插接器

390. BB006 各线束装车后，靠中央配电盒及（ ）相互连接，构成整车线束。
A. 插接器 B. 电路断路保护器 C. 熔断器 D. 易熔线

391. BB007 接通与切断蓄电池电路的是（ ）。
A. 点火开关 B. 点火锁 C. 电源总开关 D. 组合开关

392. BB007 用于控制常用电器的电源电路和启动电路的是（ ）。
A. 电源总开关 B. 点火开关
C. 电磁式电源总开关 D. 组合开关

393. BB007 既可以安装在蓄电池的火线上，又可以安装在蓄电池的搭铁线上的是（ ）。
A. 点火锁 B. 点火开关
C. 闸刀式电源总开关 D. 电磁式电源总开关

394. BB007 将灯光开关、转向灯开关、危险报警灯开关、雨刮器开关、洗涤器按钮、喇叭按钮等组合一体的是（ ）。
A. 组合开关 B. 点火开关
C. 电磁式电源总开关 D. 电源总开关

395. BB008 继电器分为（ ）两种。
A. 常开继电器和常闭继电器 B. 接柱式继电器和插接式继电器
C. 功能继电器和电路控制继电器 D. 闪光继电器和雨刮器间歇继电器

396. BB008 继电器的工作电压分为（ ）两种。
A. 6 V 和 12 V B. 12 V 和 24 V C. 24 V 和 36 V D. 220 V 和 380 V

397. BB008 继电器按接触点的不同分为（ ）。
A. 6 种 B. 5 种 C. 4 种 D. 3 种

398. BB008 继电器由（ ）等组成。
A. 电磁线圈和触点 B. 手柄和外壳 C. 触点和复位垫圈 D. 插头和插座

399. BB009 易熔线与一般熔丝的不同之处在于其（ ）。
A. 闭合反应快 B. 熔断反应快 C. 熔断反应较慢 D. 闭合反应慢

400. BB009 易熔线是一种截面积（ ）被保护电路导线截面积的、可长时间通过额定电流的铜线或合金导线。
A. 大于 B. 小于 C. 等于 D. 大于等于

401. BB009 标称容量为 60 A 的易熔线的颜色为（ ）。
A. 棕色 B. 绿色 C. 黑色 D. 红色

402. BB009 常用于保护总体电路或重要电路的是（ ）。
A. 易熔线 B. 熔断器 C. 电路断路保护器 D. 点火控制器

403. BB010 汽车用熔断器要求流过的电流为额定电流的 110% 时，（ ）。
A. 在 60 s 内熔断 B. 在 15 s 内熔断 C. 不熔断 D. 在 5 s 内熔断

404. BB010 汽车用熔断器要求流过的电流为额定电流的 200% 时，在（ ）以内熔断。
A. 60 s B. 30 s C. 15 s D. 5 s

405. BB010 汽车用熔断器要求流过的电流为额定电流的 150% 时，20 A 以内的熔丝在（ ）以内熔断。
A. 60 s B. 30 s C. 15 s D. 5 s

406. BB010 汽车用熔断器要求流过的电流为额定电流的 150% 时，30 A 以内的熔丝在

( )以内熔断。

A. 60 s　B. 30 s　C. 15 s　D. 5 s

407. BB011　电路断路保护器简称( )。

A. 熔断器　B. 保险丝　C. 电路断路器　D. 易熔线

408. BB011　电路断路保护器常用于保护( )的电气设备。

A. 总体电路　B. 较大容量　C. 重要电路　D. 较小容量

409. BB011　与易熔线和熔断器相比,电路断路保护器的特点是( )。

A. 单纯实现电路通断　B. 能承受额定电流的长时间负载

C. 熔断反应慢　D. 可重复使用

410. BB011　电路断路保护器的基本组成部分是( )。

A. 一对受热敏双金属片控制的触点　B. 多股受热敏双金属片控制的绞合线

C. 熔体　D. 电磁线圈

411. BB012　构成线束总成的主体是( )。

A. 熔断器　B. 插接器　C. 导线　D. 护套

412. BB012　线束总成与电气设备实现可靠的电气与机械连接的关键零件是( )。

A. 端子　B. 插接器　C. 导线　D. 卡簧

413. BB012　线束中对端子及端子与导线连接部位实行密封保护的重要器件是( )。

A. 浮子　B. 插接器　C. 导线　D. 护套

414. BB012　各线束装车后,靠( )及插接件相互连接,构成整车线束。

A. 电路断路保护器　B. 熔断器　C. 易熔线　D. 中央配电盒

415. BB013　对于阻尼点火线,要求每 1 m 长的线芯电阻不应超过( )。

A. 20 kΩ　B. 10 kΩ　C. 5 kΩ　D. 1 kΩ

416. BB013　带阻尼的高压线每根的电阻值一般是( )。

A. 10 kΩ　B. 1 kΩ　C. 不相等的　D. 50 kΩ

417. BB013　为了防止( ),很多汽车上采用阻尼高压线。

A. 对无线电干扰　B. 电压过高　C. 电压过低　D. 高压伤人

418. BB013　阻尼线一般由金属丝、( )组成。

A. 合金、塑料　B. 附加电阻、塑料　C. 玻璃、塑料　D. 玻璃粗纱、塑料

419. BB014　水温传感器内的双金属条形片在温度低时不易弯曲,所以触点( )。

A. 常闭合　B. 常断开　C. 闭合的时间长　D. 闭合的时间短

420. BB014　水温传感器在高温时触点闭合的时间短,流过指示表的电流( )而指示高温。

A. 平均值大　B. 平均值小　C. 绝对值大　D. 绝对值小

421. BB014　水温传感器的触点在温度较低时,流过指示表的电流( ),因而指针指示低温。

A. 平均值大　B. 平均值小　C. 绝对值大　D. 绝对值小

422. BB014　热敏电阻式水温传感器的阻值( )。

A. 平均值大　B. 平均值小

C. 随温度的升高而变大　D. 随温度的升高而变小

423. BB015　油压传感器触点间压力小时,平均电流小,此时指示表( )。

A. 温度高　B. 为零　C. 指示高压　D. 指示低压

424. BB015 当发动机转速较高时，油压传感器膜片承受的压力大，所以触点（　）。

A. 断开　B. 常闭合　C. 闭合时间长　D. 闭合时间短

425. BB015 当发动机转速较低时，由于油压传感器膜片承受的压力小，所以触点（　）。

A. 断开　B. 闭合时间短　C. 常闭合　D. 闭合时间长

426. BB015 电热式油压表在安装传感器时，传感器外壳上的箭头应（　）。

A. 向上小于垂直位置 30°　B. 向下小于垂直位置 30°

C. 向上小于垂直位置 45°　D. 向下小于垂直位置 45°

427. BB016 当油箱无油时，燃油传感器中的浮子处在（　）位置。

A. 最低　B. 最高　C. 中间　D. 1/3

428. BB016 当油箱装满油时，浮子带动滑片使电阻全部接入，此时左线圈电流最小，右线圈电流最大，而使指针指在（　）位置。

A. 0　B. 1/4　C. 1/2　D. 1

429. BB016 当燃油箱无油时，滑动电阻被短路，右线圈也被短路而无电流通过，左线圈产生磁力而使指针指向（　）位置。

A. 1　B. 1/2　C. 1/4　D. 0

430. BB016 当油箱内有半箱油时，滑动电阻的一半接入，使右线圈有电流，左线圈电流减小，两线圈产生的磁场使指针处于（　）位置。

A. 1/2　B. 1/3　C. 1/4　D. 0

431. BB017 蓄电池充电必须用（　）。

A. 交流电源　B. 直流电源　C. 交直流均可　D. 可变电源

432. BB017 蓄电池充电有（　）方法。

A. 1 种　B. 2 种　C. 3 种　D. 4 种

433. BB017 新蓄电池加注电解液时，液面应高出极板（　）。

A. 5 mm　B. 10 mm　C. 15 mm　D. 20 mm

434. BB017 新电瓶加注电解液后，应静止（　）。

A. 1～2 h　B. 2～4 h　C. 3～6 h　D. 8 h

435. BB018 硅整流发电机中的六只二极管是轮流工作的，即某一时刻只有两只二极管导通，每一周期中流过每只二极管的平均电流只是发电机输出电流的（　）。

A. 1/6　B. 1/4　C. 1/3　D. 1/2

436. BB018 汽车用硅整流发电机产生的交流电是（　）。

A. 单相交流电　B. 双相交流电　C. 三相交流电　D. 多相交流电

437. BB018 发电机电枢绕组中的电流是利用线圈（　）磁力线产生的。

A. 切割　B. 控制　C. 推动　D. 连接

438. BB018 汽车用硅整流发电机电枢的三相绕组互差（　）。

A. 60°　B. 120°　C. 180°　C. 360°

439. BB019 硅整流交流发电机发出的三相交流电，通过六只（　）进行全波整流后，便可输出直流电。

A. 硅二极管　B. 硅三极管　C. 锗二极管　D. 锗三极管

440. BB019 汽车用整流电路中，每只二极管承受的最高反向电压（　）线电压的最大值。

A. 小于等于　B. 小于　C. 等于　D. 远大于

441. BB019　汽车用硅整流发电机外壳上中性点“N”接柱的电压是发电机直流输出电压的（　）。

A. 一半　B. 1 倍　C. 2 倍　D. 3 倍

442. BB019　汽车用硅整流发电机的直流输出电压数值为三相交流电线电压的（　）。

A. 1.05 倍　B. 1.15 倍　C. 1.25 倍　D. 1.35 倍

443. BB020　所谓输出特性，是指发电机向负载供电时，保持其端电压不变，输出电流随（　）而变化的关系。

A. 电压　B. 电阻　C. 电功率　D. 转速

444. BB020　由汽车用硅整流发电机的输出特性可知，它具有（　）充电性能好的优点。

A. 低速　B. 高速　C. 低压　D. 高压

445. BB020　当汽车用硅整流发电机转速达到一定值后，发电机输出（　）几乎不增加。

A. 电压　B. 电流　C. 电阻　D. 转速

446. BB020　由汽车用硅整流发电机的输出特性可知，硅整流发电机在较低空载转速时就可以达到（　）。

A. 额定电压值　B. 最低电压值　C. 额定电阻值　D. 最高电阻值

447. BB021　发电机的外特性曲线即转速为常数时，端电压和（　）的关系。

A. 相电压　B. 输出电流　C. 输出电压　D. 端电流

448. BB021　从外特性曲线可以看出发电机电压受（　）变化影响较大。

A. 转速　B. 负载　C. 阻抗　D. 电容

449. BB021　由硅整流发电机的外特性曲线可知，发电机必须装配（　）。

A. 电流限制器　B. 三极管　C. 逆流截断器　D. 电压调节器

450. BB021　从硅整流发电机外特性曲线可以看出，（　）。

A. 发电机转速越低，输出电压越高　B. 发电机转速越高，输出电压为 1

C. 发电机转速越高，输出电压越高　D. 发电机转速越高，输出电压为零

451. BB022　在载货汽车和大型客车上应用较普遍的是（　）交流发电机。

A. 整体式　B. 无刷　C. 永磁　D. 外装电压调节器式

452. BB022　多用于轿车的交流发动机是（　）交流发电机。

A. 整体式　B. 无刷　C. 永磁　D. 外装电压调节器式

453. BB022　交流发电机可以按结构、二极管数量以及（　）等分类。

A. 励磁绕组圈数　B. 励磁绕组搭铁方式

C. 电刷数量　D. 定子绕组圈数

454. BB022　按装用的二极管数量分类的交流发电机中，应用最为广泛的是（　）交流发电机。

A. 9 管　B. 8 管　C. 6 管　D. 4 管

455. BB023　QC/T 73—1993《汽车电气设备产品型号编制方法》规定，国产汽车交流发电机型号主要由（　）组成。

A. 3 部分　B. 4 部分　C. 5 部分　D. 6 部分

456. BB023　国产汽车交流发电机型号的第一部分为（　）。

A. 分类代号　B. 电流等级代号　C. 设计序号代号　D. 产品名称代号

457. BB023　国产汽车交流发电机型号组成中的分类代号即(　　)，用一位阿拉伯数字表示。

A. 电压等级代号　B. 电流等级代号　C. 电阻等级代号　D. 功率等级代号

458. BB023　国产交流发电机型号组成部分中，以交流发电机调整臂的位置作为(　　)。

A. 分类代号　B. 变型代号　C. 设计序号代号　D. 产品名称代号

459. BB024　在测量交流发电机后端的三个二极管时，若二极管承受正向电压，其阻值应在(　　)。

A. 8～10 Ω　B. 10～12 Ω　C. 14～16 Ω　D. 18～20 Ω

460. BB024　在测量交流发电机后端的三个二极管时，若二极管承受反向电压，其阻值应在(　　)左右。

A. 1 kΩ　B. 3 kΩ　C. 5 kΩ　D. 10 kΩ

461. BB024　在测量交流发电机后端的三个二极管时，如果正反两次测得的阻值均为零，则该二极管(　　)。

A. 良好　B. 断路　C. 短路　D. 搭铁

462. BB024　在更换交流发电机二极管时，新换的管子与承孔为过盈配合，过盈量一般为(　　)。

A. 0.05～0.07mm　B. 0.07～0.09 mm　C. 0.09～0.11 mm　D. 0.11～0.13 mm

463. BB025　交流发电机励磁绕组的端头焊点易发生折断，可用万用表(　　)挡进行检查。

A. $R\times1$ k　B. $R\times100$　C. $R\times10$　D. $R\times1$

464. BB025　交流发电机励磁绕组与转子铁芯间的绝缘情况可用万用表测量，即一支测试棒接触转子轴，另一支测试棒接触滑环，表针指在(　　)为良好。

A. 无穷大　B. 10　C. 1　D. 0

465. BB025　当交流发电机滑环表面烧蚀严重、圆柱度误差大于(　　)时，应用车床加工。

A. 0.01 mm　B. 0.025 mm　C. 0.05 mm　D. 0.1 mm

466. BB025　当交流发电机滑环厚度小于(　　)时，应予以更换。

A. 1.5 mm　B. 2 mm　C. 2.5 mm　D. 3 mm

467. BB026　用万用表检测交流发电机定子绕组的阻值，应在(　　)之间。

A. 0.6～0.9 Ω　B. 0.5～0.8 Ω　C. 0.4～0.7 Ω　D. 0.2～0.5 Ω

468. BB026　用万用表检测发现交流发电机定子绕组的阻值为无穷大，说明绕组(　　)。

A. 断路　B. 搭铁　C. 短路　D. 良好

469. BB026　定子绕组故障时，可选用(　　)的电烙铁焊接修复。

A. 10 W、220 V　B. 35 W、220 V　C. 60 W、220 V　D. 80 W、220 V

470. BB026　用万用表检测定子绕组接线端与定子铁芯间的电阻时，应选择欧姆挡的(　　)挡。

A. 最大　B. $R\times1$　C. $R\times10$　D. $R\times100$

471. BB027　交流发电机在经过维护和检修后，应在汽车电气试验台上进行(　　)试验。

A. 空载电流和负载电压　B. 空载电流和负载功率

C. 空载电压和负载电流　D. 空载电压和负载功率

472. BB027　在交流发电机空载试验时，要逐步提高转速到(　　)，然后断开蓄电池，使发动机自励。

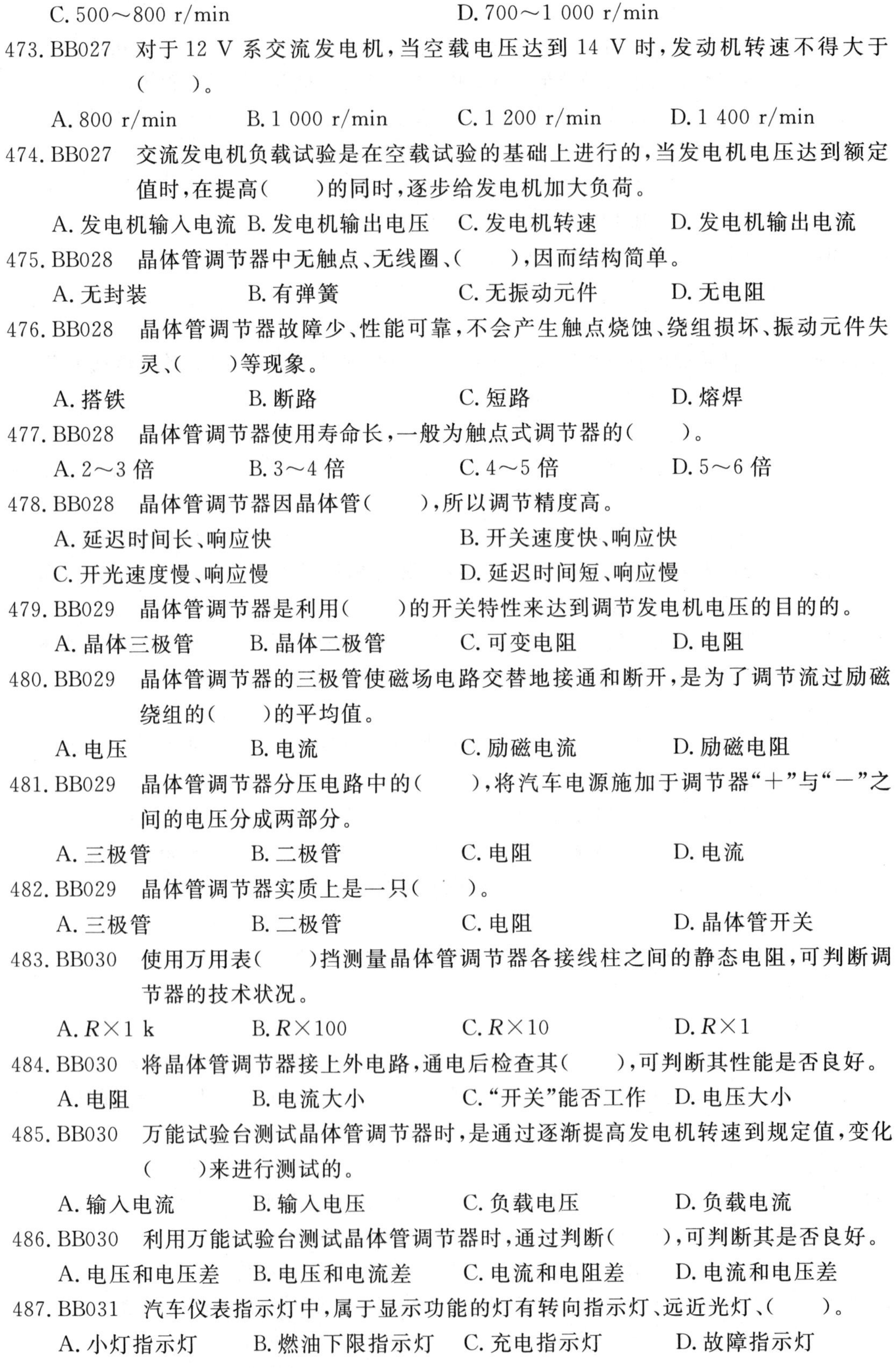

A. 200～500 r/min　　B. 300～600 r/min

C. 500～800 r/min　　D. 700～1 000 r/min

473. BB027　对于 12 V 系交流发电机，当空载电压达到 14 V 时，发动机转速不得大于(　　)。

A. 800 r/min　　B. 1 000 r/min　　C. 1 200 r/min　　D. 1 400 r/min

474. BB027　交流发电机负载试验是在空载试验的基础上进行的，当发电机电压达到额定值时，在提高(　　)的同时，逐步给发电机加大负荷。

A. 发电机输入电流　B. 发电机输出电压　C. 发电机转速　D. 发电机输出电流

475. BB028　晶体管调节器中无触点、无线圈、(　　)，因而结构简单。

A. 无封装　B. 有弹簧　C. 无振动元件　D. 无电阻

476. BB028　晶体管调节器故障少、性能可靠，不会产生触点烧蚀、绕组损坏、振动元件失灵、(　　)等现象。

A. 搭铁　B. 断路　C. 短路　D. 熔焊

477. BB028　晶体管调节器使用寿命长，一般为触点式调节器的(　　)。

A. 2～3 倍　B. 3～4 倍　C. 4～5 倍　D. 5～6 倍

478. BB028　晶体管调节器因晶体管(　　)，所以调节精度高。

A. 延迟时间长、响应快　　B. 开关速度快、响应快

C. 开光速度慢、响应慢　　D. 延迟时间短、响应慢

479. BB029　晶体管调节器是利用(　　)的开关特性来达到调节发电机电压的目的的。

A. 晶体三极管　B. 晶体二极管　C. 可变电阻　D. 电阻

480. BB029　晶体管调节器的三极管使磁场电路交替地接通和断开，是为了调节流过励磁绕组的(　　)的平均值。

A. 电压　B. 电流　C. 励磁电流　D. 励磁电阻

481. BB029　晶体管调节器分压电路中的(　　)，将汽车电源施加于调节器“＋”与“－”之间的电压分成两部分。

A. 三极管　B. 二极管　C. 电阻　D. 电流

482. BB029　晶体管调节器实质上是一只(　　)。

A. 三极管　B. 二极管　C. 电阻　D. 晶体管开关

483. BB030　使用万用表(　　)挡测量晶体管调节器各接线柱之间的静态电阻，可判断调节器的技术状况。

A. $R\times1$ k　B. $R\times100$　C. $R\times10$　D. $R\times1$

484. BB030　将晶体管调节器接上外电路，通电后检查其(　　)，可判断其性能是否良好。

A. 电阻　B. 电流大小　C. “开关”能否工作　D. 电压大小

485. BB030　万能试验台测试晶体管调节器时，是通过逐渐提高发电机转速到规定值，变化(　　)来进行测试的。

A. 输入电流　B. 输入电压　C. 负载电压　D. 负载电流

486. BB030　利用万能试验台测试晶体管调节器时，通过判断(　　)，可判断其是否良好。

A. 电压和电压差　B. 电压和电流差　C. 电流和电阻差　D. 电流和电压差

487. BB031　汽车仪表指示灯中，属于显示功能的灯有转向指示灯、远近光灯、(　　)。

A. 小灯指示灯　B. 燃油下限指示灯　C. 充电指示灯　D. 故障指示灯

488. BB031　汽车仪表灯也称仪表灯，其功能分为(　　)。
A. 2 种　B. 3 种　C. 4 种　D. 5 种

489. BB031　在汽车仪表指示灯中，有提醒功能的指示灯颜色一般为(　　)。
A. 蓝色　B. 绿色　C. 黄色　D. 红色

490. BB031　在车辆出现故障或异常情况下才点亮，属于汽车仪表指示灯的(　　)。
A. 指示功能　B. 显示功能　C. 提醒功能　D. 警告功能

491. BC001　打开点火开关，电流表指示在“0”的位置，摇动曲轴或启动启动机时不摆动，说明低压电路(　　)。
A. 短路　B. 断路　C. 点火开关搭铁　D. 附加电阻短路

492. BC001　若接通点火开关，电流表无指示，下列说法错误的是(　　)。
A. 电路中有短路　B. 故障触点未闭合
C. 保险熔断　D. 开关到分电器之间有断路

493. BC001　若接通点火开关，电流表有指示，但表针不摆动，下列说法错误的是(　　)。
A. 触点不能分开　B. 电容器短路
C. 电路中有断路　D. 点火线圈到分电器之间有搭铁处

494. BC001　发动机启动后，只需松开点火开关钥匙，点火开关就自动转回点火工作挡位，启动继电器线圈，打开断电触点，随即断开(　　)，使启动机停止工作。
A. 继电器　B. 电磁开关　C. 机械开关　D. 启动机

495. BC002　拔下分电器盖上的中央高压线，进行跳火试验，若跳出很弱的(　　)，应检查点火线圈至中央高压线间是否有短路以及电容是否损坏。
A. 蓝色火花　B. 黄色火花　C. 红色火花　D. 白色火花

496. BC002　分缸高压线跳火正常，但该缸不工作，说明是(　　)。
A. 高压线故障　B. 分火头故障　C. 火花塞故障　D. 电容器故障

497. BC002　当点火电路有故障时，接通点火开关，用中心高压线试火，若有较强火花，则表明(　　)。
A. 高压电路有故障　B. 高压电路正常　C. 低压电路有故障　D. 电容器有故障

498. BC002　如果中心高压线试火正常，而分缸高压线试火时无火花，说明是(　　)或分电器盖故障。
A. 电容器故障　B. 分火头故障　C. 触点故障　D. 火花塞故障

499. BC003　危险信号灯开关的作用之一是控制电路中的(　　)。
A. 电容　B. 电阻　C. 电流　D. 电压

500. BC003　当接通危险信号灯开关后，(　　)转向信号灯及转向信号指示灯同时闪烁。
A. 部分　B. 全部　C. 左侧　D. 右侧

501. BC003　危险信号灯开关的作用是：接通时将左右两侧转向灯(　　)。
A. 串联　B. 分离　C. 关闭　D. 并联

502. BC003　当接通危险信号灯开关后，全部(　　)同时闪烁。
A. 转向信号灯及转向信号指示灯　B. 前照灯和示宽灯
C. 示宽灯及雾灯　D. 停车灯及制动灯

503. BC004　触点间隙减小时，由于镍铬丝受热伸长所需的时间短，所以转向灯闪光频率(　　)。

A. 降低　B. 升高　C. 为零　D. 先快后慢

504. BC004　使用电热式闪光继电器开左转向灯时，若左侧闪光频率较高，则（　）。
A. 左侧灯泡功率大　B. 左侧灯泡功率小
C. 右侧灯泡功率小　D. 右侧断路

505. BC004　使用电容闪光继电器开右转向灯时，若右侧闪光频率较高，则（　）。
A. 右侧灯泡功率小　B. 右侧灯泡功率大
C. 左侧灯泡功率小　D. 左侧有断路

506. BC004　使用电容式闪光继电器开右转向灯时，闪光频率较高，是因为（　）。
A. 右侧灯泡功率大　B. 左侧有断路
C. 右侧个别灯泡断路　D. 左侧灯泡功率小

507. BC005　低压直流日光灯具有（　）等特点。
A. 发光效率高、光色均匀白净、省电　B. 耗电量大、光线较暗
C. 发光效率低、光色均匀白净　D. 耗电量小、光色较暗

508. BC005　公共汽车和小客车上的低压直流电源不能使日光灯起辉，必须通过（　）把低压直流电变换为适合日光灯的交流电，才能使日光灯起辉。
A. 变压器　B. 电源变换器　C. 电容器　D. 配电器

509. BC005　低压直流日光灯的输出功率是（　）。
A. 2 W　B. 4 W　C. 8 W　D. 16 W

510. BC005　电源变换器的作用是（　）。
A. 把交流电变为低压直流电　B. 把低压直流电变为高压交流电
C. 把低压直流电变为高压直流电　D. 把低压直流电变为交流电

511. BC006　低压直流日光灯灯管不亮且有叫声，其原因是（　）。
A. 变压器线头接错　B. 日光灯管烧坏
C. 三极管损坏　D. 振荡频率太低

512. BC006　低压直流日光灯不起辉，若输入电流正常，则故障原因是（　）。
A. 变压器断路　B. 三极管工作点变动
C. 日光灯管烧坏　D. 振荡频率太低

513. BC006　低压直流日光灯起辉亮度异常，灯管亮度太强，其故障原因是（　）。
A. 变压器搭铁　B. 三极管工作点变动
C. 日光灯管烧坏　D. 振荡器短路

514. BC006　低压直流日光灯不起辉，无输入电流，其故障原因是（　）。
A. 变压器线头接错　B. 三极管工作点变动
C. 日光灯管烧坏　D. 电源接反

515. BC007　在只需要微弱光线且不便安装灯泡的地方，如仪表表面、门锁孔等处，应采用（　）。
A. 光纤照明　B. 低压直流日光灯照明
C. 透明装置照明　D. 反光镜照明

516. BC007　光纤照明是一种（　）的装置。
A. 远距离传输电能　B. 近距离传导热量　C. 远距离传输光线　D. 近距离传输光线

517. BC007　光纤照明以普通车用灯泡为光源，让光线通过（　）传到末端。

A. 导线　　B. 光导纤维　　C. 电缆　　D. 软管

518. BC007　光导纤维由(　　)制成。

A. 石棉　　B. 铁镍合金　　C. 醋酸纤维　　D. 有机玻璃丝

519. BC008　晶体管倒车报警器由(　　)、倒车开关和无稳态电路与反相器组成的开关电路等组成。

A. 一只功率小的电喇叭　　B. 一只功率大的电喇叭

C. 振荡器　　D. 传感器

520. BC008　机油滤清器堵塞报警装置中,警报开关和滤清器为(　　)。

A. 断路油路　　B. 混联油路　　C. 并联油路　　D. 串联油路

521. BC008　当储气筒气压升高到(　　)以上时,开关中膜片向上的推力大于复位弹簧张力,使膜片上移,触点断开,切断了警告灯电路,低气压警告灯熄灭。

A. 0.34 MPa　　B. 0.4 MPa　　C. 0.44 MPa　　D. 0.5 MPa

522. BC008　当制动液液面下降到规定值以下时,(　　),磁铁的磁力吸动舌簧接触点闭合,接通警告灯亮,发出警告。

A. 复位弹簧向下移动　　B. 复位弹簧向上移动

C. 浮筒上升　　D. 浮筒下降

523. BC009　控制全车照明灯的接通、切断以及变换的是(　　)。

A. 车灯总开关　　B. 前照灯变光开关　　C. 制动灯开关　　D. 指示灯开关

524. BC009　根据行驶与会车的需要,及时变换远光与近光的是(　　)。

A. 制动灯开关　　B. 前照灯变光开关　　C. 示宽灯开关　　D. 车灯总开关

525. BC009　汽车制动停车或减速时,自动接通制动灯电路的是(　　)。

A. 车灯总开关　　B. 前照灯变光开关　　C. 制动灯开关　　D. 组合式开关

526. BC009　各种不同功能的电气开关组装在一个组合体内,安装在汽车的转向柱上的是(　　)。

A. 车灯总开关　　B. 指示灯开关　　C. 制动灯开关　　D. 组合式开关

527. BC010　灯光继电器由(　　)组成。

A. 电磁线圈和一对常开触点　　B. 电磁线圈和一对常闭触点

C. 传感器和一对常开触点　　D. 电阻和一对常闭触点

528. BC010　灯光继电器一般用于(　　)。

A. 自动接通侧灯照明　　B. 控制前照灯电流

C. 自动接通尾灯照明　　D. 控制总车灯开关电流

529. BC010　东风 EQ1090 型汽车灯光继电器用于(　　)。

A. 控制制动灯开关电流　　B. 自动接通倒车灯照明

C. 自动接通侧灯照明　　D. 控制总车灯开关电流

530. BC010　当东风 EQ1090 型汽车前照灯、示宽灯、后灯某处发生搭铁故障时,继电器线圈中有电流通过,产生电磁力,使(　　)。

A. 继电器触点张开,断开侧灯电路　　B. 继电器触点闭合,断开侧灯电路

C. 继电器触点张开,接通侧灯电路　　D. 继电器触点闭合,接通侧灯电路

531. BC011　在检验前照灯近光光束照射位置时,若前照灯在距离屏幕 10 m 处,光束明暗截止线转角或中点的高度应为(　　)(H 为前照灯基准中心高度)。

A. 0.2H～0.4H　B. 0.4H～0.6H　C. 0.6H～0.8H　D. 0.8H～1.0H

532. BC011　在检验前照灯近光光束照射位置时，前照灯在距离屏幕 10 m 处，其水平方向位置向左右偏差均不得超过(　　)。

A. 50 mm　B. 100 mm　C. 150 mm　D. 200 mm

533. BC011　在调整四灯制前照灯的远光单光束灯时，其水平位置要求左灯向右偏不得大于(　　)。

A. 140 mm　B. 150 mm　C. 160 mm　D. 170 mm

534. BC011　在调整四灯制前照灯的远光单光束灯时，其水平位置要求左灯向左偏不得大于(　　)。

A. 100 mm　B. 150 mm　C. 170 mm　D. 200 mm

535. BC012　因为底箱被安排在导轨上做左右移动，所以必须保证全自动前照灯检测仪(　　)。

A. 导轨的垂直度，前后导轨的水平度　B. 导轨的垂直度，前后导轨的垂直度

C. 导轨的平直度，前后导轨的垂直度　D. 导轨的平直度，前后导轨的水平度

536. BC012　全自动前照灯检测仪的光接收箱尾部的水准泡应指示在水平位置，并保证有(　　)的检测距离。

A. 3 m　B. 4 m　C. 5 m　D. 6 m

537. BC012　当前照灯检测仪移动的终点位置不正确时，应检查(　　)。

A. 制动器是否释放　B. 限位开关是否损坏

C. 电源是否接通　D. 信号通路上各继电器是否接触不良

538. BC0412　当前照灯检测仪移动过程中发生抖动时，应检查(　　)。

A. 制动器是否释放　B. 限位开关是否损坏

C. 电源是否接通　D. 信号通路上各继电器是否接触不良

539. BC013　若前照灯一侧发暗，除检查搭铁、灯泡外，还要检查(　　)的情况。

A. 保险　B. 固定螺丝　C. 反光镜　D. 火线

540. BC013　若汽车前照灯一侧发暗，应先检查发暗一侧的(　　)。

A. 火线情况　B. 保险情况　C. 安装情况　D. 搭铁情况

541. BC013　如果汽车前照灯一侧发暗，同时搭铁良好，则应检查该侧的(　　)。

A. 灯泡情况　B. 火线情况　C. 保险情况　D. 螺丝安装情况

542. BC013　有些车辆的前照灯每一侧用一个保险，当某一侧的保险熔断后，开前照灯时该侧灯会(　　)。

A. 发红　B. 发暗　C. 不亮　D. 很亮

543. BC014　若示宽灯一侧不亮，更换灯泡后仍不亮，但搭铁良好，则应检查(　　)。

A. 灯泡好坏　B. 搭铁线　C. 火线　D. 导线

544. BC014　若示宽灯一侧发亮，表明保险是好的，可更换灯泡进行试验，如果更换后不亮一侧的灯泡亮了，则表明该侧(　　)。

A. 原灯泡是好的　B. 原灯泡是坏的　C. 搭铁不良　D. 导线断路

545. BC014　示宽灯一侧不亮，更换灯泡后仍不亮，如果正极是好的，则应检查(　　)。

A. 灯泡好坏　B. 火线　C. 电阻　D. 搭铁线

546. BC014　接通车灯总开关后，若示宽灯灯光均不亮，首先应检查(　　)。

A. 车灯总开关接线柱的线头　　B. 熔丝
C. 搭铁处是否接触良好　　D. 火线

547. BC015 电子闪光器具有(　　)的特点。
A. 闪光频率稳定　B. 闪光频率不稳　C. 闪光明暗不一　D. 闪光迟缓

548. BC015 电子闪光器主要由(　　)组成。
A. 电阻　B. 电容　C. 晶体管　D. 双金属片

549. BC015 电子闪光器主要是(　　)。
A. 电子电路　B. 机械电路　C. 振荡电路　D. 控制电路

550. BC015 电子闪光器有(　　)接线。
A. 1 根　B. 2 根　C. 3 根　D. 4 根

551. BC016 电子闪光器利用的是(　　)的开关特性。
A. 三极管　B. 二极管　C. 晶体管　D. 导体

552. BC016 电子闪光器利用的是(　　)的延时特性。
A. 电阻器　B. 电容器　C. 传感器　D. 发射器

553. BC016 电子闪光器能控制继电器线圈的(　　)。
A. 电压大小　B. 电阻大小　C. 电容大小　D. 通、断电

554. BC016 电子闪光器可控制(　　)。
A. 点火早晚　B. 发电快慢　C. 电容大小　D. 信号灯闪烁

555. BC017 测量发电机电枢接线柱电压,用试灯连接,如果灯不亮,说明没有电压,其故障原因为电瓶到发电机电枢接线柱之间线路接触不良,有(　　)。
A. 接口松动现象　B. 搭铁现象　C. 短路现象　D. 断路现象

556. BC017 用试灯检查发电机磁场接线柱,试灯不亮,其故障原因为电瓶到发电机磁极接线柱之间(　　)。
A. 电压过高　B. 线路短路　C. 线路断路　D. 电压过低

557. BC017 拆下发电机电枢接线柱导线,启动发动机,用表与试灯检查是否有电,如果试灯不亮或亮度低,其故障原因为(　　)。
A. 导线短路　B. 导线断路　C. 发电机不发电　D. 保险丝断

558. BC017 充电时电流表不指示充电,指针在"0"位不动,且充电指示灯熄灭,说明(　　)。
A. 电瓶电量不足　B. 发电机损坏　C. 调节器损坏　D. 电瓶电量充足

559. BC018 减小电喇叭衔铁与铁芯间的间隙,喇叭音调将(　　)。
A. 降低　　B. 提高
C. 时而降低,时而提高　　D. 不变

560. BC018 喇叭正极电路正常,自身和继电器均良好,若其不响,则故障可能是按钮损坏或(　　)。
A. 其他电路　B. 安装位置　C. 搭铁不良　D. 短路

561. BC018 如果喇叭不响,应先检查(　　)。
A. 保险　B. 导线　C. 发电机　D. 蓄电池

562. BC018 如果保险良好而喇叭不响,故障是(　　)或正极断路。
A. 发电机损坏　B. 喇叭本身损坏　C. 导线　D. 蓄电池损坏

563. BC019 电路中如果装有喇叭继电器，两个接柱的喇叭可以换用(　　)接柱的喇叭。
A. 一个　B. 三个　C. 四个　D. 五个

564. BC019 一个接柱的喇叭换两个接柱的喇叭时，如果不加装继电器，应将喇叭(　　)。
A. 壳体绝缘　B. 解体　C. 接柱去掉　D. 触点调整

565. BC019 两个接柱的喇叭换用一个接柱的喇叭时应加装(　　)。
A. 调节器　B. 电容器　C. 电阻器　D. 继电器

566. BC019 喇叭继电器的作用是利用铁芯线圈的(　　)，从而保护转向盘按钮触点不被烧坏。
A. 小电流控制触点的小电流　B. 大电流控制触点的小电流
C. 小电流控制触点的大电流　D. 大电流控制触点的大电流

567. BC020 一个接柱的喇叭接柱应接(　　)。
A. 电源的正极　B. 电源的负极　C. 继电器的正极　D. 继电器的负极

568. BC020 使用两个接柱的喇叭时，按钮控制的是(　　)。
A. 喇叭的正极　B. 继电器的正极　C. 喇叭的负极　D. 电源的正极

569. 575. BC020 使用一个接柱的喇叭时，按钮控制的是(　　)。
A. 电源的正极　B. 继电器的负极
C. 喇叭的正极　D. 继电器的正极

570. BC020 喇叭按钮都是控制(　　)。
A. 继电器的正极　B. 继电器的负极　C. 喇叭电源的正极　D. 喇叭电源的负极

571. BC021 电流表两个接柱的接法应以发电机为准，正极搭铁的发电机电枢接柱接到电流表的(　　)。
A. 正极　B. 负极　C. 外壳　D. 第三接柱

572. BC021 电流表应(　　)在发电机与蓄电池之间。
A. 并联　B. 混联　C. 串联　D. 星形连接

573. BC021 电流表不能与(　　)串联。
A. 发电机　B. 蓄电池　C. 前照灯　D. 启动机

574. BC021 发电机的正极应接电流表的(　　)。
A. 正极　B. 负极　C. 外壳　D. 第三接柱

575. BC022 汽车电流表是直流式仪表，具有正、负极性，所以接错时，充、放电(　　)。
A. 指示相反　B. 指示“无穷大”　C. 指示相同　D. 指示“零”

576. BC022 蓄电池与电流表的正确连接方法应是蓄电池的(　　)。
A. 正极接电流表的正极　B. 负极接电流表的负极
C. 正极接电流表的负极　D. 负极接电流表的正极

577. BC022 检查电流表时，应将被试电流表与标准电流表以及可变电阻(　　)在一起，比较两个电流表的读数。
A. 并联　B. 串联　C. 混联　D. 星形连接

578. BC022 为了保护电流表，减少指针的摆动，一般不让大电流(　　)工作的电器通过电流表。
A. 连续长时　B. 连续短时　C. 断续长时　D. 断续短时

579. BC023 汽车灯泡主要有充气灯泡、卤钨灯泡和(　　)等几种规格。

A. 钨丝灯泡 B. 双丝灯泡 C. 高亮度放电灯 D. 高亮度弧光灯

580. BC023 充气灯泡是从玻璃中抽出空气，再充以（ ）的混合惰性气体制成的。

A. 氩和氮 B. 氩和氦 C. 氦和氮 D. 氮和氖

581. BC023 卤钨灯泡是在充入的（ ）中掺入某种卤族元素制成的。

A. 空气 B. 惰性气体 C. 氢气 D. 氧气

582. BC023 由弧光灯组件、电子控制器和升压器三大部分组成的是（ ）。

A. 充气灯泡 B. 高亮度放电灯 C. 高亮度弧光灯 D. 高强度放电灯

583. BC024 一般汽车标配的是（ ）灯泡。

A. 40 W/35 W B. 50 W/45 W C. 60 W/55 W D. 80 W/75 W

584. BC024 普通汽车灯泡的色温是 2 400 k，色温代表颜色，2 400 k 是（ ）。

A. 白光 B. 蓝光 C. 红光 D. 黄光

585. BC024 最早的灯泡都是真空的，现在基本都是填充卤素，所谓卤素就是（ ）。

A. 惰性气体 B. 微量金属 C. 氙气 D. 稀有金属

586. BC024 普通汽车灯泡都是钨丝发光的，（ ）电压已能让它发光。

A. 4 V B. 12 V C. 20 V D. 30 V

587. BC025 空气中含有（ ）等对灯丝有害的成分，提高真空度可以减少其对灯丝的影响。

A. 氧气和氦气 B. 氧气和水 C. 氙气和水 D. 氩气和水

588. BC025 填充气体的（ ）对灯泡的寿命也有影响。

A. 质量和浓度 B. 质量和压力 C. 压力和成分 D. 密度和成分

589. BC025 灯泡内部的真空度无法达到（ ），添加消气剂能够降低有害气体对灯丝的氧化。

A. 80% B. 85% C. 90% D. 100%

590. BC025 灯泡内部惰性气体（ ），会使其对钨原子蒸发速度的阻碍作用下降。

A. 原子密度下降 B. 原子密度上升 C. 浓度上升 D. 成分增加

591. BC026 在汽车电气系统出现故障时，先对电子控制系统以外的可疑故障部位进行检查，属于电气诊断中的（ ）。

A. 先外后里原则 B. 先简后繁原则 C. 先思后行原则 D. 先熟后生原则

592. BC026 在汽车电气系统出现故障时，先用看、摸、听等直观方式来检查，属于电气诊断中的（ ）。

A. 先外后里原则 B. 先简后繁原则 C. 先思后行原则 D. 先熟后生原则

593. BC026 对汽车电气系统的故障现象先进行分析，在明确可能的故障原因后再进行故障检查，属于电气诊断中的（ ）。

A. 先熟后生原则 B. 先简后繁原则 C. 先思后行原则 D. 先备后用原则

594. BC026 在检修车辆前，应准备有关检修数据资料，属于电气诊断中的（ ）。

A. 先熟后生原则 B. 先简后繁原则 C. 先思后行原则 D. 先备后用原则

595. BC027 汽车电路发生搭铁故障时，可以用（ ）判断故障的位置和原因。

A. 短路法 B. 换件法 C. 直观法 D. 断路法

596. BC027 汽车电路发生断路故障时，可以用（ ）判断该电路的情况。

A. 短路法 B. 换件法 C. 直观法 D. 断路法

597. BC027 要对线路进行必要的检查，确保线路正常才可以使用的诊断方法是（ ）。
A. 电压法 B. 换件法 C. 电阻法 D. 电流法

598. BC027 汽车行驶时，若听到电喇叭长鸣，可以将继电器按钮接线柱上的导线拆开，此时电喇叭停鸣，则说明喇叭按钮至继电器这段电路中有搭铁故障。此种诊断法是（ ）。
A. 短路法 B. 直观法 C. 断路法 D. 电阻法

599. BC028 发电机中一个二极管断路会使（ ）减小。
A. 电阻 B. 绕组 C. 电容 D. 充电电流

600. BC028 发电机充电电流过小的原因可能是（ ）。
A. 温度高 B. 皮带过松 C. 温度低 D. 导线粗

601. BC028 晶体管调节器中稳压管稳定电压降低会使（ ）减小。
A. 充电电流 B. 电阻 C. 电容 D. 绕组

602. BC028 发电机中、高速运转时，充电电流过小，应检查（ ）。
A. 励磁绕组 B. 导线是否接触不良
C. 外励磁电路 D. 内励磁电路

603. BC029 白天中速行车 3 h 后电流表仍指在“+15 A”上，发电机和点火线圈发热（蓄电池电解液消耗快），此时故障一般在（ ）。
A. 皮带 B. 调节器 C. 电枢接线柱 D. 磁场接线柱

604. BC029 如果充电电流过大，拆下磁场接柱导线后充电电流减小，则故障在（ ）。
A. 发电机 B. 启动机 C. 调节器 D. 皮带

605. BC029 如果充电电流过大，拆下磁场接柱导线后充电电流仍过大，则故障在（ ）。
A. 调节器 B. 启动机 C. 皮带 D. 发电机

606. BC029 如果充电电流过大，拆下磁场接柱导线后充电电流仍过大，则说明（ ）。
A. 发电机磁场接线柱断路 B. 发电机磁场接线柱短路
C. 弹簧拉力小 D. 弹簧拉力大

607. BC030 电流表指示不充电，原因可能是发电机（ ）。
A. 温度高 B. 温度低 C. 皮带紧 D. 皮带断

608. BC030 如果在汽车上指示不充电，去掉调节器直接励磁（发动机中速）时仍不充电，则故障在（ ）。
A. 调节器 B. 发电机 C. 电动机 D. 皮带

609. BC030 如果在汽车上指示不充电，去掉调节器直接励磁显示充电，则故障在（ ）。
A. 调节器 B. 发电机 C. 电动机 D. 皮带

610. BC030 如果在汽车上交流发电机不发电，检查发动机有磁性且发电机接线柱上电压也正常，则说明（ ）部分有故障。
A. 电枢 B. 励磁电路 C. 调节器 D. 发电机内励磁电路

611. BC031 发电机滑环不平整会使（ ）不稳。
A. 运转 B. 充电电流 C. 密度 D. 行驶

612. BC031 励磁绕组与滑环接触不良会使（ ）。
A. 充电电流过大 B. 行驶不稳 C. 充电电流过小 D. 充电电流不稳

613. BC031 发电机皮带过松会使（ ）不稳。

A. 运转　B. 行驶　C. 充电电流　D. 密度

614. BC031 汽车充电电流不稳，当用试灯法检测发电机时，如果试灯闪烁发光，则说明(　)。

A. 调节器部分有故障　B. 励磁电路接头松动

C. 电枢接头松动　D. 整流器部分有故障

615. BD001 常用于柴油机上，用来检测发动机转速的是(　)转速传感器。

A. 电磁式　B. 脉冲信号式　C. 光电式　D. 信号板外装式

616. BD001 装在发动机控制系统上，用以检测发动机的曲轴角度的是(　)转速传感器。

A. 电磁式　B. 脉冲信号式　C. 光电式　D. 电容式

617. BD001 通常内装于分电器上，设有与分电器同轴旋转的转子板的是(　)转速传感器。

A. 变磁阻式　B. 脉冲信号式　C. 光电式　D. 信号板外装式

618. BD001 在脉冲式信号传感器中，随着磁通的变化在信号线圈的两端会产生(　)。

A. 感应电压　B. 感应电阻　C. 电流　D. 电容

619. BD002 利用发动机电控单元上与转速传感器相连的两个插脚间的波形信号，检测发动机转速时，当拉动传感器导线或插头时信号中断，说明传感器到(　)之间的连接导线有松脱。

A. 发电机　B. 火花塞　C. 发动机电控单元　D. 启动机

620. BD002 检修发动机转速传感器时，应先检查传感器的(　)。

A. 导线　B. 插头　C. 波形　D. 插脚

621. BD002 如果启动机工作正常，只是启动能量不足，应先检查(　)。

A. 传感器　B. 蓄电池　C. 点火开关　D. 离合器

622. BD002 发动机电控单元没有接收到转速信号，原因是(　)。

A. 传感器到靶轮的距离过大　B. 传感器到靶轮的距离过小

C. 靶轮上有金属碎屑　D. 传感器插头短路

623. BD003 滚柱式啮合器的驱动齿轮转速高于花键套时，滚柱滑向宽的一端，驱动齿轮不能带动(　)旋转。

A. 轴　B. 花键套　C. 飞轮　D. 拨叉

624. BD003 在启动机滚柱式啮合器中，当花键套转动时，使滚柱滑向窄的一端，所以能带动外壳及(　)旋转。

A. 驱动齿轮　B. 磁场　C. 开关　D. 拨叉

625. BD003 滚柱式啮合器是靠滚柱与(　)的摩擦力来传递扭矩的。

A. 轴　B. 拨叉　C. 外壳　D. 花键套

626. BD003 切断启动电源时，滚柱式啮合器在(　)的作用下，驱动齿轮与飞轮的齿环脱开，电动机停止旋转。

A. 滚子　B. 拨叉　C. 花键套　D. 回位弹簧

627. BD004 启动机常用的控制装置有机械式和电磁式，电磁式控制装置又叫作(　)。

A. 电磁开关　B. 磁力开关　C. 电磁阀　D. 电枢

628. BD004 当启动机电路接通后，保持线圈和吸引线圈的电流是由电磁控制装置的(　)进入的。

A. 端子 30　B. 端子 50　C. 可动铁芯　D. 接触片

629. BD004　当驱动齿轮与飞轮齿圈进入啮合后，将两个接触点接通，使电动机通电运转的部件是(　　)。

A. 回位弹簧　B. 端子　C. 接触片　D. 吸引线圈

630. BD004　发动机启动后，切断启动电路，保持线圈断电，在弹簧的作用下，电磁式控制装置中的(　　)回位，切断了电动机电路。

A. 保持线圈　B. 端子　C. 接触片　D. 可动铁芯

631. BD005　拆下电磁开关塑料盖的安装螺丝，目测检查静触点、接触圆盘烧蚀程度，若只是轻微的烧损可用(　　)细砂纸打光修复。

A. 50 号　B. 30 号　C. 20 号　D. 00 号

632. BD005　用万用表检查电磁开关吸拉线圈时，将一触针与粗线始端接触，另一触针与粗线末端接触，若所测电阻值为零，则表示线圈(　　)。

A. 短路　B. 良好　C. 断路　D. 搭铁

633. BD005　用万用表检查电磁开关保持线圈时，将一触针与细线始端接触，另一触针与细线末端接触，若所测电阻值接近零，则表示线圈(　　)。

A. 短路　B. 良好　C. 断路　D. 绕线始端有假焊

634. BD005　用万用表检查电磁开关吸拉线圈时，将一触针与粗线始端接触，另一触针与开关壳接触，若所测电阻值接近零，则表示线圈(　　)。

A. 良好　B. 短路　C. 搭铁　D. 虚焊

635. BD006　启动机换向器与电枢轴的同轴度误差应不大于(　　)。

A. 0.03 mm　B. 0.05 mm　C. 0.08 mm　D. 0.10 mm

636. BD006　换向器直径不小于标准值(　　)。

A. 3.1 mm　B. 2.1 mm　C. 1.5 mm　D. 1.1 mm

637. BD006　检查换向器径向圆跳动时，先目测换向器外圆表面，其应光滑、无污垢、(　　)。

A. 平整、有轻微烧蚀　B. 有轻微凹凸、无轻微烧蚀

C. 平整、无轻微烧蚀　D. 有轻微凹凸、有轻微烧蚀

638. BD006　检查换向器的外圆尺寸时，需使用(　　)进行测量。

A. 千分尺　B. 游标卡尺　C. 百分表　D. 直尺

639. BD007　用试灯检查启动机电枢绕组时，用两触针依次与两相邻换向器铜片接触，若试灯不亮或暗淡，则说明其(　　)。

A. 断路　B. 短路　C. 搭铁　D. 良好

640. BD007　启动机电枢绕组断路故障多发生于(　　)与换向器的连接处。

A. 电枢轴　B. 电枢绕组线头　C. 励磁绕组　D. 电枢铁芯

641. BD007　用万用表检查电枢对搭铁的绝缘情况时，需将万用表拨至(　　)。

A. $R\times1$ 挡　B. $R\times100$ 挡　C. $R\times1$ k 挡　D. $R\times10$ k 挡

642. BD007　由于启动机电枢绕组采用波绕法，若电枢的两相邻线圈在端部有一处短路，则其在电枢短路器上的电枢会出现(　　)槽钢片跳动。

A. 二　B. 三　C. 四　D. 五

643. BD008　启动机电枢轴有(　　)支撑轴承。

A. 2 个　　B. 3 个　　C. 4 个　　D. 5 个

644. BD008 启动机固定中间支撑板螺栓时，应装（　　）。

A. 弹簧垫圈　　B. 弹簧　　C. 密封环　　D. 密封垫圈

645. BD008 启动机磁场铁芯与电枢铁芯间隙为（　　）。

A. 0.22～0.38 mm　　B. 0.42～0.78 mm

C. 0.82～1.8 mm　　D. 1.22～1.58 mm

646. BD008 启动机电枢轴轴向间隙不得过大，一般应为（　　）。

A. 0.025～0.05 mm　　B. 0.045～0.08 mm

C. 0.125～0.5 mm　　D. 0.25～0.8 mm

647. BD009 启动机装复后，可先用（　　）试验启动机的空转情况，若转速均匀有力，说明性能良好。

A. 额定电压　　B. 额定电压的一半　　C. 额定电压的 2/3　　D. 额定电压的 3/4

648. BD009 启动机装复后，测量启动机的空载电流和（　　）并与标准值比较，以判断启动机内部有无电路和机械故障。

A. 空载电压　　B. 空载电阻　　C. 空载转速　　D. 空载功率

649. BD009 启动机装复后，测量启动机的空载电流，若电流大于标准值，而转速低于标准值，说明（　　）。

A. 电枢绕组断路　　B. 电刷弹簧压力不足

C. 换向器与电刷接触不良　　D. 电枢绕组短路

650. BD009 启动机装复后，进行全制动试验时，每次试验通电时间不得超过（　　），以免损坏启动机。

A. 5 s　　B. 4 s　　C. 3 s　　D. 2 s

651. BD010 磁脉冲式信号发生器主要由（　　）、永久磁铁、衔铁和绕在铁芯上的传感线圈组成。

A. 定时转子　　B. 集成电路　　C. 信号转子　　D. 耦合线圈

652. BD010 磁脉冲式信号发生器定时转子的齿数（　　）发动机的气缸数。

A. 小于等于　　B. 小于　　C. 大于　　D. 等于

653. BD010 磁脉冲式信号发生器的定时转子由（　　）带动旋转。

A. 传感线圈　　B. 永久磁铁　　C. 分电器轴　　D. 衔铁

654. BD010 定时转子每转一周，传感线圈两端输出（　　）交变信号。

A. 2 个　　B. 4 个　　C. 6 个　　D. 8 个

655. BD011 将一块半导体基片放在磁场中，在与磁场垂直的方向通以电流，则在与磁场和电流相垂直的另一横向侧面上就会产生电压，这个电压称为（　　）。

A. 霍尔电压　　B. 直流电压　　C. 交流电压　　D. 稳恒电压

656. BD011 霍尔电压与通过霍尔元件的电流和磁感应强度（　　）。

A. 成正弦函数关系　　B. 成余弦函数关系

C. 成反比　　D. 成正比

657. BD011 霍尔电压与（　　）成反比。

A. 时间　　B. 通过霍尔元件的磁感应强度

C. 基片厚度　　D. 通过霍尔元件的电流

658. BD011 当通过霍尔元件的电流一定时，霍尔电压随(　　)的大小变化而变化。
A. 基片厚度　B. 磁感应强度　C. 霍尔系数　D. 时间
659. BD012 霍尔信号发生器由(　　)、霍尔传感器底板、带导板的永久磁铁和霍尔集成电路组成。
A. 触发叶轮　B. 传感线圈　C. 分电器轴　D. 衔铁
660. 666. BD012 当霍尔信号发生器内触发叶轮叶片(　　)霍尔集成块之间的空气间隙时，火花塞跳火。
A. 增大　B. 减小　C. 进入　D. 离开
661. BD012 由于霍尔电压较低，因此首先要把信号放大并转换成矩形脉冲，这一任务由(　　)完成。
A. 触发叶轮　B. 传感器　C. 霍尔集成电路　D. 永久磁铁
662. BD012 霍尔信号发生器的输出脉冲电压仅与(　　)有关。
A. 触发叶轮的转速　B. 触发叶轮上的叶片数
C. 发动机转速　D. 基片厚度
663. BD013 光电式信号发生器由(　　)、光源和光接收器组成。
A. 遮光盘　B. 传感线圈　C. 分电器轴　D. 衔铁
664. BD013 光电式信号发生器的光接收器是一只(　　)。
A. 发光二极管　B. 达林顿三极管　C. 普通三极管　D. 光敏三极管
665. BD013 光敏三极管的灵敏度较高，只要接收到(　　)的正常光线就可饱和导通。
A. 2%　B. 5%　C. 10%　D. 20%
666. BD013 遮光盘用金属或塑料制成，安装在分电器轴上，位于(　　)。
A. 分火头上面　B. 分火头下面　C. 分火头左侧　D. 分火头右侧
667. BD014 在检查隔磁转盘凸齿与传感器铁芯之间的间隙时，必须使用(　　)。
A. 塑料塞尺　B. 钢质塞尺　C. 千分尺　D. 钢卷尺
668. BD014 CA1092 型汽车转子凸齿与定子铁芯或凸齿之间的气隙为(　　)。
A. 0.2～0.4 mm　B. 0.3～0.5 mm　C. 0.5～0.7 mm　D. 0.7～0.9 mm
669. BD014 拆下线束接插件，用万用表对信号发生器的线圈进行测量，若示数为(　　)，则为断路。
A. 无穷大　B. 500 Ω　C. 10 Ω　D. 零
670. BD014 使用干电池检查点火控制器，时间应尽可能短，每次不得超过(　　)。
A. 15 s　B. 10 s　C. 8 s　D. 5 s
671. BD015 拆下控制器接线盒上的橡皮套，将高阻抗电压表连于控制器线柱上，接通点火开关，转动分电器转子，当叶片离开气隙时，电压表读数应小于(　　)，否则，说明信号发生器已失效。
A. 0.4 V　B. 0.6 V　C. 0.7 V　D. 0.8 V
672. BD015 拆下控制器接线盒上的橡皮套，将高阻抗电压表连于控制器线柱上，接通点火开关，转动分电器转子，当叶片进入气隙时，电压表读数应大于(　　)，否则，说明信号发生器已失效。
A. 5 V　B. 7 V　C. 17 V　D. 28 V
673. BD015 在点火线圈“－”接线柱与搭铁间连一试灯。将插接器中心端作短促搭铁，同时取点火线圈中心线距缸体 3～5 mm 进行跳火。若试灯有明暗变化,中心线跳火强烈,说明(　　)。

A. 信号输入器正常　　B. 信号输出器断路
C. 信号发生器已失效　　D. 信号发生器正常

674. BD015　在点火线圈"－"接线柱与搭铁间连一试灯。将插接器中心端作短促搭铁,同时取点火线圈中心线距缸体 3～5 mm 进行跳火。若试灯亮度不变,说明(　　)。

A. 信号发生器正常　　B. 信号发生器断路
C. 模/数转换器断路　　D. 控制器坏或控制器信号线断路

675. BD016　检测电动汽油泵插头上(　　)与熔丝之间是否正常,如不正常则要检修并更换。

A. 零线　　B. 火线　　C. 接地线　　D. 继电器

676. BD016　用数字式万用表测量电动汽油泵的阻值,一般为 6～10 Ω,若测得的阻值过小,说明(　　)。

A. 电动机电刷接触不良　　B. 电动机线圈断路
C. 汽油泵线圈短路　　D. 转子断路

677. BD016　用数字式万用表测量电动汽油泵的阻值,若测得的阻值稍大于标准值,说明(　　)。

A. 电动机线圈断路　　B. 电动机线圈搭铁
C. 转子断路　　D. 电动机电刷接触不良

678. BD016　用数字式万用表测量电动汽油泵的阻值,结果一般为 6～10 Ω,若测得的阻值为无穷大,说明(　　)。

A. 电动机线圈断路　　B. 电动机电刷接触不良
C. 汽油泵线圈短路　　D. 转子断路

679. BD017　在汽车电气系统电路中,不允许使用(　　)来判断故障,否则会造成电子元件损坏。

A. 试灯法　　B. 电压法　　C. 电流法　　D. 试火法

680. BD017　在汽车电气系统检修时,在断开蓄电池(　　)或更长时间之后,才能进行维修。

A. 20 s　　B. 15 s　　C. 10 s　　D. 5 s

681. BD017　在汽车电气系统检修时,对需要进行电弧焊的车辆,应将(　　)的连接断开。

A. 电子控制单元与传感器　　B. 电子控制单元与蓄电池
C. 传感器与启动机　　D. 电子控制单元与启动机

682. BD017　在对电子控制元件进行检修时,要注意(　　)对电子控制单元芯片的影响。

A. 电流　　B. 电压　　C. 人体静电　　D. 电动势

683. BD018　为了满足各种性能要求,先后开发研制了各种结构形式的电磁喷油器,主要有轴针式、球阀式、(　　)等。

A. 外装式　　B. 内装式　　C. 片阀式　　D. 翼片式

684. BD018　轴针式电磁喷油器主要由滤网、线束插接器、针阀、衔铁、轴针、(　　)等组成。

A. 转子　　B. 膜片　　C. 阻尼稳定器　　D. 电磁线圈

685. BD018 球阀式电磁喷油器与轴针式电磁喷油器的主要区别在于(　　)的结构不同。
A. 阀针　B. 滤网　C. 线束插接器　D. 转子

686. BD018 在球阀式电磁喷油器中，由钢球、导杆和衔铁用激光束接成整体的是(　　)。
A. 回位弹簧　B. 阀针　C. 转子　D. 燃油分配管

687. BD019 喷油器堵塞的检测，是根据发动机的运转情况，即(　　)时发动机是否运转不平稳、有喘振现象来进行判断的。
A. 加速　B. 怠速　C. 减速　D. 输出功率最大

688. BD019 良好的喷油器应喷射雾化好，且(　　)，否则说明喷油工作不良。
A. 声响沉闷　B. 冒黑烟　C. 声响干脆　D. 冒蓝烟

689. BD019 检测喷油器电磁线圈时，高电阻喷油器的电阻应为(　　)。
A. 5～9 Ω　B. 7～11 Ω　C. 9～13 Ω　D. 13～17 Ω

690. BD019 燃油泵工作后，观察喷油器有无滴漏现象，若在 1 min 内喷油器滴油不超过(　　)，则说明良好，否则应更换。
A. 1 滴　B. 3 滴　C. 5 滴　D. 7 滴

691. BD020 汽车空调系统的制冷装置能对车内空气或由外部进入车内的新鲜空气进行(　　)。
A. 冷却或除湿　B. 冷却或加湿　C. 冷却或除尘　D. 冷却或除臭

692. BD020 汽车空调系统的暖风装置可对车内空气或由外部进入车内的新鲜空气进行加热，达到(　　)的目的。
A. 取暖、加湿　B. 取暖、除湿　C. 取暖、除臭　D. 取暖、除尘

693. BD020 汽车空调系统的通风装置可将外部新鲜空气吸进车内，起到(　　)作用。
A. 通风和除尘　B. 通风和除湿　C. 通风和换气　D. 通风和加湿

694. BD020 汽车空调净化装置能除去车内空气中的(　　)、烟气及有毒气体，使车内空气变得清洁。
A. 氢气、臭味　B. 尘埃、水　C. 水、臭味　D. 尘埃、臭味

695. BD021 汽车空调系统抗冲击力强，因此要求各个零部件应有较强的抗振能力，接头牢固，并具有(　　)功能。
A. 防腐蚀　B. 防漏电　C. 防火　D. 防漏

696. BD021 汽车空调系统电气控制所需的电力有所不同，一般车辆采用(　　)电源。
A. 12 V 单线制　B. 24 V 单线制　C. 24 V 双线制　D. 5 V 双线制

697. BD021 汽车空调系统的动力源多样，轿车、(　　)制冷所需的动力来自汽车驱动用发动机，这种空调系统叫作非独立空调系统。
A. 中型客车和大型客车　B. 轻型汽车和中型客车
C. 中型客车和冷藏车　D. 客车和冷藏车

698. BD021 汽车空调的控制方式是多样的，高级豪华型轿车一般采用(　　)。
A. 手动控制或自动控制　B. 自动控制或液压控制
C. 自动控制或气动控制　D. 气动控制或液压控制

699. BD022 汽车空调制冷剂在适当蒸发温度时，蒸发压力(　　)。
A. 不高于大气压　B. 无法判断　C. 不低于大气压　D. 等于大气压

700. BD022 装汽车制冷剂的钢瓶要储存在阴凉、(　　)的地方。

A. 潮湿、通风　B. 潮湿、不通风　C. 干燥、不通风　D. 干燥、通风

701. BD022　在冲灌制冷剂时，对装制冷剂的容器进行加热，应使用(　　)以下的温水。

A. 40 ℃　B. 45 ℃　C. 50 ℃　D. 55 ℃

702. BD022　制冷剂不会燃烧和爆炸，但与明火接触时，会分解出对人体有害的(　　)。

A. 液体　B. 气体　C. 氰化物　D. 硫化物

703. BD023　汽车空调冷冻机油在低温下有良好的(　　)。

A. 挥发性　B. 流动性　C. 凝固性　D. 腐蚀性

704. BD023　汽车空调冷冻机油在空调制冷系中有润滑、密封、(　　)等作用。

A. 防爆和降低压缩机噪声　B. 冷却和防潮

C. 冷却和降低压缩机噪声　D. 防尘和冷却

705. BD023　冷冻机油的(　　)，具有较高的热稳定性。

A. 闪点温度低　B. 凝固点高　C. 溶解性低　D. 闪点温度高

706. BD023　冷冻机油(　　)能力极强，加注或更换时，操作必须迅速，不得有渗漏现象。

A. 吸收潮气　B. 分解　C. 凝固　D. 氧化

707. BE001　电路图的绘制要遵循构成电源正极到开关、控制器、(　　)、电源负极这样一个闭合回路的原则。

A. 执行器　B. 导线　C. 插接器　D. 继电器

708. BE001　电路图的(　　)对反映电路结果、工作原理至关重要。

A. 绘图效果　B. 合理布局　C. 绘图方法　D. 重点突出

709. BE001　电路图的绘制是对(　　)、工作情况进行学习的过程，也是将其消化后的产物。

A. 电气元件结构　B. 电气元件原理　C. 电路原理　D. 电路结构

710. BE001　电路图在绘图时应以简单明了、走向清楚、(　　)为宗旨。

A. 难点突出、抓住关键　B. 布局合理、一目了然

C. 重点突出、布局合理　D. 重点突出、一目了然

711. BE002　直流的图形符号是(　　)。

A. ⊥　B. ≂　C. ～　D. —

712. BE002　中性点的图形符号是(　　)。

A. P　B. N　C. F　D. B

713. BE002　磁场的图形符号是(　　)。

A. P　B. N　C. B　D. F

714. BE002　交流的图形符号是(　　)。

A. ⊥　B. ≂　C. ～　D. —

715. BE003　导线连接的图形符号是(　　)。

A. ┬　B. -oo-　C. ⊥　D. ┼

716. BE003　导线交叉连接的图形符号是(　　)。

A. ┬　B. -oo-　C. ╋　D. ┼

717. BE003　导线分支连接的图形符号是(　　)。

A. ┬　B. ≂　C. ╋　D. ┼

718. BE003　导线跨越的图形符号的是(　　)。

A. 　　B. 　　C. 　　D.

719. BE004　动合(常开)触点的图形符号是(　　)。

A. 　　B. 　　C. 　　D.

720. BE004　先断后合触点的图形符号是(　　)。

A. 　　B. 　　C. 　　D.

721. BE004　动断(常闭)触点的图形符号是(　　)。

A. 　　B. 　　C. 　　D.

722. BE004　中间断开的双向触点的图形符号是(　　)。

A. 　　B. 　　C. 　　D.

723. BE005　联动开关的图形符号是(　　)。

A. 　　B. 　　C. 　　D.

724. BE005　按钮开关的图形符号是(　　)。

A. 　　B. 　　C. 　　D.

725. BE005　旋转、旋钮开关的图形符号是(　　)。

A. 　　B. 　　C. 　　D.

726. BE005　定位(非自动复位)开关的图形符号是(　　)。

A. 　　B. 　　C. 　　D.

727. BE006　可变电阻器的图形符号是(　　)。

A. U　　B. 　　C. t　　D.

728. BE006　压敏电阻器的图形符号是(　　)。

A. U　　B. 　　C. 　　D.

729. BE006　滑线式变阻器的图形符号是(　　)。

A. U　　B. 　　C. t　　D.

730. BE006　热敏电阻器的图形符号是(　　)。

A. 　　B. 　　C. t　　D.

731. BE007　一个绕组电磁铁的图形符号是(　　)。

A. 　　B. 　　C. 　　D.

732. BE007　两个绕组电磁铁的图形符号是(　　)。

A.　　B.　　C.　　D.

733. BE007　不同方向绕组电磁铁的图形符号是(　　)。

A.　　B.　　C.　　D.

734. BE007　永久磁铁的图形符号是(　　)。

A.　　B.　　C.　　D.

735. BE008　电流表的图形符号是(　　)。

A.　　B. (A)　　C. (W)　　D. [K]

736. BE008　电压表的图形符号是(　　)。

A.　　B. (A)　　C. (V)　　D. [K]

737. BE008　欧姆表的图形符号是(　　)。

A. (A)　　B. (MA)　　C. (μA)　　D. (Ω)

738. BE008　不属于电流表图形符号的是(　　)。

A. (A)　　B. (MA)　　C. (μA)　　D. (V)

739. BE009　转速表的图形符号是(　　)。

A. (A)　　B. (Q)　　C. (n)　　D. (OP)

740. BE009　油压表的图形符号是(　　)。

A. (A)　　B. (V)　　C. (Q)　　D. (OP)

741. BE009　燃油表的图形符号是(　　)。

A. (A)　　B. (V)　　C. (t)　　D. (Q)

742. BE009　温度表的图形符号是(　　)。

A. (A)　　B. (n)　　C. (t)　　D. (Q)

743. BE010　制动压力传感器的图形符号是(　　)。

A. [op]　　B. [BP]　　C. [Q]　　D. [K]

744. BE010　空气温度传感器的图形符号是(　　)。

A. [op]　　B. [t_a]　　C. [Q]　　D. [K]

745. BE010　水温传感器的图形符号是(　　)。

A. [t_w]　　B. [A]　　C. [K]　　D. [Q]

746. BE010　爆震传感器的图形符号是(　　)。

A. [t_w]　　B. [op]　　C. [K]　　D. [Q]

747. BE011　信号灯的图形符号是(　　)。

A.　　B.　　C.　　D.

748. BE011　双丝灯的图形符号是(　　)。

A.　　B.　　C.　　D.

749. BE011　荧光灯的图形符号是(　　)。

A.　　B.　　C.　　D.

750. BE011　仪表灯的图形符号是(　　)。

A.　　B.　　C.　　D.

751. BE012　电喇叭的图形符号是(　　)。

A.　　B.　　C.　　D.

752. BE012　蜂鸣器的图形符号是(　　)。

A.　　B.　　C.　　D.

753. BE012　报警器的图形符号是(　　)。

A.　　B.　　C.　　D.

754. BE012　电警笛的图形符号是(　　)。

A.　　B.　　C.　　D.

755. BE013　风扇电动机的图形符号是(　　)。

A. M　　B. M S　　C. M　　D. SM

756. BE013　天线电动机的图形符号是(　　)。

A. M S　　B. M　　C. M　　D. SM

757. BE013　刮水电动机的图形符号是(　　)。

A. M　　B. M　　C. M　　D. SM

758. BE013　直流伺服电动机的图形符号是(　　)。

A. M　　B. M　　C. M S　　D. SM

759. BE014　蓄电池图形符号中的长横线代表的是(　　)。

A. 负极　　B. 正极　　C. 上引线　　D. 下引线

760. BE014　蓄电池图形符号中的短粗线代表的是(　　)。

A. 负极　　B. 正极　　C. 上引线　　D. 下引线

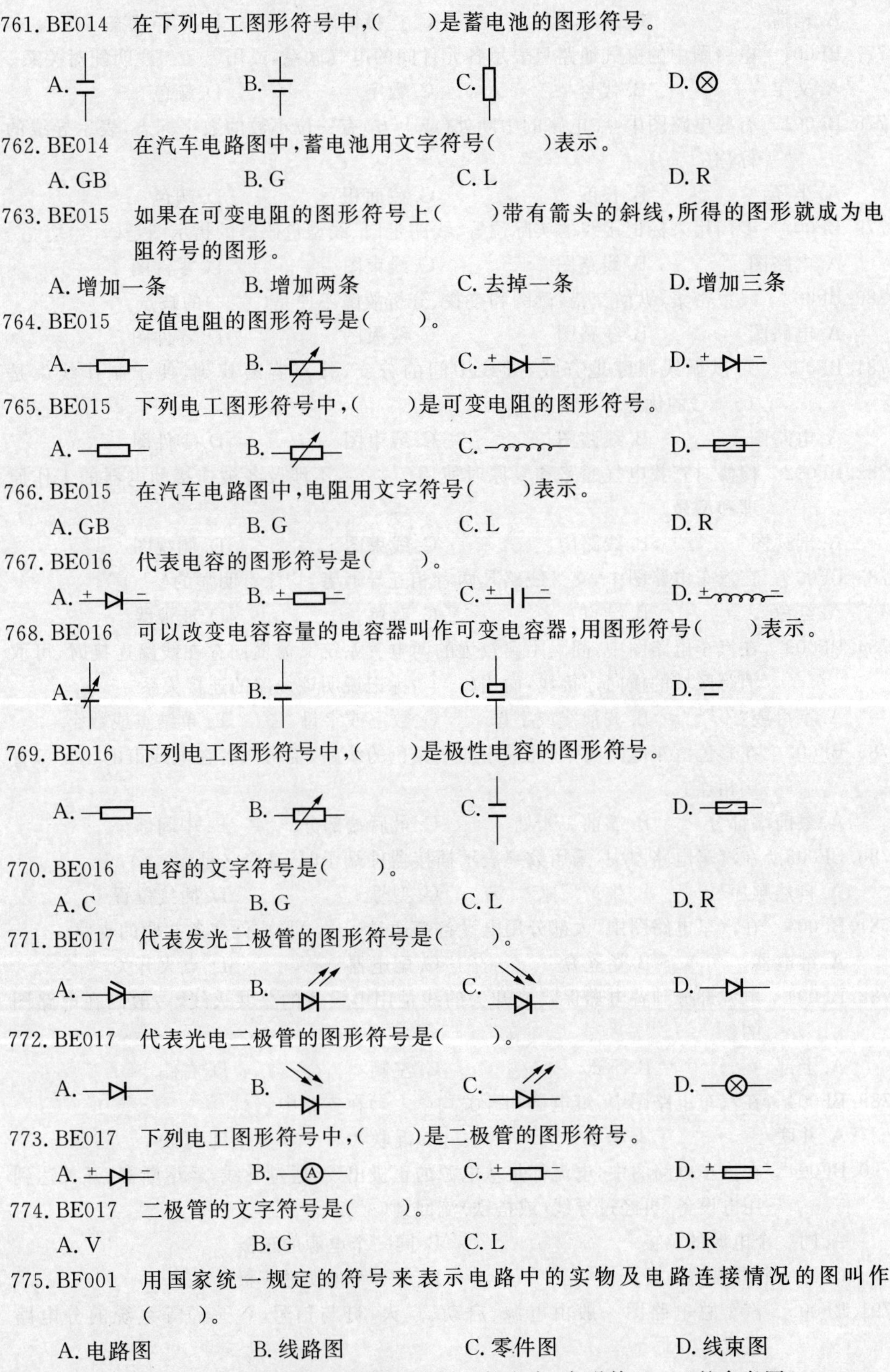

761. BE014　在下列电工图形符号中，(　　)是蓄电池的图形符号。

A.　　B.　　C.　　D.

762. BE014　在汽车电路图中，蓄电池用文字符号(　　)表示。

A. GB　　B. G　　C. L　　D. R

763. BE015　如果在可变电阻的图形符号上(　　)带有箭头的斜线，所得的图形就成为电阻符号的图形。

A. 增加一条　　B. 增加两条　　C. 去掉一条　　D. 增加三条

764. BE015　定值电阻的图形符号是(　　)。

A.　　B.　　C. + −　　D. + −

765. BE015　下列电工图形符号中，(　　)是可变电阻的图形符号。

A.　　B.　　C.　　D.

766. BE015　在汽车电路图中，电阻用文字符号(　　)表示。

A. GB　　B. G　　C. L　　D. R

767. BE016　代表电容的图形符号是(　　)。

A. + −　　B. + −　　C. + −　　D. + −

768. BE016　可以改变电容容量的电容器叫作可变电容器，用图形符号(　　)表示。

A.　　B.　　C.　　D.

769. BE016　下列电工图形符号中，(　　)是极性电容的图形符号。

A.　　B.　　C.　　D.

770. BE016　电容的文字符号是(　　)。

A. C　　B. G　　C. L　　D. R

771. BE017　代表发光二极管的图形符号是(　　)。

A.　　B.　　C.　　D.

772. BE017　代表光电二极管的图形符号是(　　)。

A.　　B.　　C.　　D.

773. BE017　下列电工图形符号中，(　　)是二极管的图形符号。

A. + −　　B. A　　C. + −　　D. + −

774. BE017　二极管的文字符号是(　　)。

A. V　　B. G　　C. L　　D. R

775. BF001　用国家统一规定的符号来表示电路中的实物及电路连接情况的图叫作(　　)。

A. 电路图　　B. 线路图　　C. 零件图　　D. 线束图

776. BF001　汽车上的电路图是包含所有电气元件在内，表明其(　　)的参考图。

A. 构造 B. 工作原理 C. 连接情况 D. 工作状态

777. BF001 电路图中的电气通路只表示各元件间的电气联系，或用(　　)注明配对关系。

A. 文字 B. 代号 C. 数字 D. 颜色

778. BF001 有些电路图中，在电路的中断处(或上方)有一位小数的数字标志，表示导线的标称(　　)。

A. 半径 B. 长度 C. 截面积 D. 颜色

779. BF002 专门用来标记接线的实际位置、线路走向、线型色码等的指示图是(　　)。

A. 电路图 B. 线路图 C. 线束图 D. 零件图

780. BF002 线束密集，纵横交错，读图和查找、分析故障不便是(　　)的缺点。

A. 电路图 B. 线路图 C. 线束图 D. 零件图

781. BF002 可以循线跟踪地查线，导线中间的分支、接点容易找到，便于制作线束是(　　)的优点。

A. 电路图 B. 线路图 C. 线束图 D. 零件图

782. BF002 检修时查找电气通路和复原时使用(　　)，不涉及各被连接的电器的工作原理和型号。

A. 剖视图 B. 线路图 C. 线束图 D. 侧视图

783. BF003 在汽车电路图中，交叉线路凡两者相互导通者，均涂有明显的(　　)。

A. 红色 B. 结点 C. 蓝色 D. 波浪线

784. BF003 在汽车电路图中，间隔距离较远的两电气系统又需横向存在线路连接时，可取消跨区域的横向连接线，而用(　　)标记说明该线路的连接关系。

A. 字母或“+” B. 波浪线或字母 C. 数字或字母 D. 单结点或数字

785. BF003 在彩色汽车电路图中，凡采用同一颜色的线路，说明两者在电线束的(　　)直接相连。

A. 最前端部分 B. 靠前 1/4 处 C. 最后端部分 D. 中间部分

786. BF003 在汽车电路图中，采用数字表示插接器件端子时，其含义是(　　)。

A. 自然顺序号 B. 生产厂家 C. 型号 D. 插接位置

787. BF004 在汽车电路图中，大部分用电设备都通过(　　)形成许多条并联的支路。

A. 继电器 B. 熔丝盒 C. 配电器 D. 点火开关

788. BF004 电源部分到各电器保险或开关的线是用电设备的公共火线，一般画在电路图的(　　)。

A. 上部 B. 下部 C. 左侧 D. 右侧

789. BF004 在汽车电路图中，继电器和开关均(　　)在支路中。

A. 并联 B. 串联 C. 混联 D. 星联

790. BF004 在汽车电路图中，电流都是从电源的正极出发，通过导线，经熔断器、开关达到用电设备，再经过导线(或搭铁)流回到(　　)。

A. 同一个电源的负极 B. 同一个电源的正极

C. 另一个电源的负极 D. 另一个电源的正极

791. BF005 汽车总电路图一般由电源、启动、点火、灯与信号、(　　)等系统的分电路组成。

A. 负载、开关、导线 B. 负载、开关、仪表

C. 仪表、空调、电容器　　D. 仪表、空调、辅助电器

792. BF005　在汽车电路图中，各电气系统的电源和电源总开关是公共的，任何一个系统都应该是一个完整的电路，都遵循（　　）。

A. 回路原则　　B. 通路原则　　C. 典型电路原则　　D. 分电路原则

793. BF005　只要我们抓住汽车电路图的特点，分系统、（　　）一条一条电路地弄清，任何复杂的电路都能读懂。

A. 按用电器结构　　B. 按工作原理　　C. 按熔丝的多少　　D. 按区域

794. BF005　在识读汽车电气总线路图时，最好先在电路图上查出电路后，再到（　　）上找出相应的元件。

A. 零件图　　B. 电路图　　C. 线路图　　D. 线束图

二、判断题（正确的填"√"，错误的填"×"）

（　　）1. AA001　一段电路中，通过某部分导线的电流越小，则该部分导线的电阻就越大。

（　　）2. AA001　欧姆定律揭示了电流、电压和电容三者之间的关系，是电路的基本定律之一。

（　　）3. AA002　在闭合电路中，电路中流过的电流大小与总电阻值成反比。

（　　）4. AA002　全电路欧姆定律公式为 $I=U/R$。

（　　）5. AA003　交流电的电流大小是随时间并按由小到大的规律变化的。

（　　）6. AA003　交流电电动势的大小和方向随时间而变化。

（　　）7. AA004　在交流电中，最大的有效值称为最大值，也称为振幅或峰值。

（　　）8. AA004　交流电的三要素是指能够完整地描述和表达交流电特性的三个基本物理量。

（　　）9. AA005　交流电表所指示的数值是瞬时值。

（　　）10. AA005　在交流电路中，把热效应与之相等的直流电的值叫作交流电的有效值。

（　　）11. AA006　在纯电阻电路中，电流起主要作用，而电感和电压的影响很小，可以忽略不计。

（　　）12. AA006　在纯电阻电路中，负载两端的电压和流过电阻的电流是同相位的。

（　　）13. AA007　纯电感电路的欧姆定律只适用于电流、电压的有效值或最小值。

（　　）14. AA007　纯电感线圈在交流电路中消耗电能。

（　　）15. AA008　纯电容电路是指无电阻、电感的作用，而只有电容负载的直流电路。

（　　）16. AA008　在纯电容电路中，电容电路的欧姆定律只适用于电压、电流的有效值和最大值。

（　　）17. AA009　*RLC* 串联电路中的有功功率等于电压有效值与电流有效值的乘积。

（　　）18. AA009　*RLC* 串联电路中的无功功率是电路中的电感和电容两个元件共同作用形成的。

（　　）19. AA010　采用星形连接法的三相交流发电机中，从电源中心点引出的一根与负载相接的导线叫作火线。

（　　）20. AA010　三相四线制与三相三线制发电机的不同之处是三相四线制发电机可以输出两种电压。

（　　）21. AA011　人体的触电方式主要有单相触电、两相触电和跨步触电等几种。

(　　) 22. AA011　在线路或设备装有防止触电的断路保护装置的情况下，人体允许的电流可达到 50 mA。

(　　) 23. AA012　漏电保护装置可用作附加保护，也能单独使用。

(　　) 24. AA012　矿井以及多导电粉尘等场所应使用 36 V 灯照明。

(　　) 25. AA013　电流通过人体的持续时间是影响电击伤害程度的次要因素。

(　　) 26. AA013　根据生产和作业场所的特点，采用相应等级的安全电压，是防止发生触电伤亡事故的根本性措施。

(　　) 27. AA014　为防止触电事故发生，应做到低压带电体不靠近高压带电体，这是安全用电的基本原则。

(　　) 28. AA014　在同一供电线路中的保护措施可以不一致，允许一部分电气设备采用保护接地，而另一部分电气设备采用保护接零。

(　　) 29. AA015　无论怎样分割磁铁，分割后所得到的每一块小磁铁总是只有一个极。

(　　) 30. AA015　磁铁的两端磁性最强，这两端叫作磁极。

(　　) 31. AA016　均匀磁场可用疏密均匀、方向相同的磁力线来表示。

(　　) 32. AA016　磁力线上某一点的方向就是电荷的受力方向。

(　　) 33. AA017　通电线圈的外部，磁力线从 S 极出发进入 N 极。

(　　) 34. AA017　通电线圈的磁场相当于一块条形永久磁铁的磁场。

(　　) 35. AA018　因为磁感应强度既反映了磁场的强度，又反映了磁场的方向，所以其是一个矢量。

(　　) 36. AA018　对于磁场中某一个固定点，磁感应强度的方向是完全确定的，而大小是不确定的。

(　　) 37. AA019　磁通量是标量，只有方向而无大小。

(　　) 38. AA019　磁通量可以认为是通过垂直于磁场方向上某一截面积的磁力线数量。

(　　) 39. AA020　磁导率大的媒介质磁导能力强。

(　　) 40. AA020　铁磁性物质的相对磁导率稍大于 1。

(　　) 41. AA021　磁极是磁体中磁性最强的地方。

(　　) 42. AA021　形象描述磁体磁场的磁力线应是闭合曲线。

(　　) 43. AA022　N 型半导体的导电性能高于纯半导体的导电性能。

(　　) 44. AA022　在半导体中加入铟、硼、铝等元素就会产生许多带负电的电子。

(　　) 45. AA023　在硅中加入硼能够合成 N 型半导体。

(　　) 46. AA023　P 型半导体中的空穴不带电子。

(　　) 47. AA024　按结构的不同二极管可分为点接触型二极管和线接触型二极管。

(　　) 48. AA024　二极管的外壳上一般都印有符号或记号表示极性。

(　　) 49. AA025　二极管的伏安特性是指二极管的双向导电特性。

(　　) 50. AA025　二极管正向接法会产生死区。

(　　) 51. AB001　钢直尺是普通量具，它可以用来测量长度和宽度，也可以配合卡钳测量两点间的距离。

(　　) 52. AB001　钢直尺必须经常保持完好状态，尺身不得弯曲，尺端和尺边不得损伤。

(　　) 53. AB002　游标卡尺主尺上的数字为标准的公制，最小的度量为 1 mm。

(　　) 54. AB002　游标卡尺的精度除了 0.02 mm 外，还有 0.1 mm 和 0.5 mm 两种。

(　　) 55. AB003　游标卡尺是一种常用的量具,主要用于工件内外尺寸、宽度、长度、深度和孔距等的长度测量。

(　　) 56. AB003　用游标卡尺测量工件时,先将卡脚张开,再慢慢地推动主尺,使两卡脚与工件接触,禁止硬卡硬拉。

(　　) 57. AB004　千分表测出的是零件的绝对尺寸。

(　　) 58. AB004　千分表的小指针每移动一格为 1 mm,是大指针的 10 倍。

(　　) 59. AB005　千分尺是一种应用广泛的精密量具,故使用时不需要零位校对。

(　　) 60. AB005　千分尺可分为外径千分尺、杠杆千分尺、内径千分尺、深度千分尺等类型。

(　　) 61. AB006　可以用千分尺来测量表面粗糙的工件。

(　　) 62. AB006　用千分尺测量读数时,应先读出微分套筒以左反映在固定套筒上的尺寸,最小值为 0.5 mm。

(　　) 63. AB007　温度较高的工件不能用塞尺测量。

(　　) 64. AB007　塞尺主要用于检查两平面或配合件两平面之间间隙的大小。

(　　) 65. AB008　塞尺每使用一次,就应清洗一次,以免产生误差。

(　　) 66. AB008　在测量间隙时,必须将塞尺塞片用力塞入间隙。

(　　) 67. AB009　用手转动百分表表圈时,表盘也跟着转动,可使指针对准任一刻线。

(　　) 68. AB009　百分表测量杆是沿着表盘上下移动的。

(　　) 69. AB010　百分表既能测出相对数值,也能测出绝对数值。

(　　) 70. AB010　百分表是用来校正零件或夹具的安装位置、检验零件的形状精度或相互位置精度的工具。

(　　) 71. AC001　曲轴推动活塞由下止点向上止点移动,这时进、排气门全部关闭,混合气受压缩,这个行程称为进气行程。

(　　) 72. AC001　四行程发动机的进气行程中,进气门关闭,排气门打开。

(　　) 73. AC001　四行程发动机压缩行程中可燃混合气在气缸内被压缩,使其温度和压力同时下降。

(　　) 74. AC002　四行程发动机在压缩行程中,借助飞轮的惯性,活塞从下止点向上止点运动。

(　　) 75. AC003　四行程发动机做功行程中,进、排气门保持开启。

(　　) 76. AC003　四行程发动机具有进气、压缩、做功、排气四个行程。

(　　) 77. AC004　在做功行程将要终了时排气门逐渐打开,气缸内气体压力低于大气压,并在上行活塞推动下,使废气从排气门排出缸外,直到活塞上行到上止点为止,这一行程称为排气行程。

(　　) 78. AC004　四行程发动机的工作顺序是:排气→进气→做功→压缩。

(　　) 79. AC005　汽油发动机燃料供给系中汽油供给装置的功用是按发动机各种工况提供纯净的定量的汽油。

(　　) 80. AC005　高压泵是汽油发动机的供油装置。

(　　) 81. AC006　汽油滤清器安装在汽油箱和汽油泵之间,用以除去汽油中的水分和杂质。

(　　) 82. AC006　汽油滤清器不用安装滤芯。

(　　) 83. AC007　空气滤清器的滤芯是用经过树脂处理的微孔纸制成的。

( ) 84. AC007 空气滤清器内设有沉淀杯。

( ) 85. AC008 按喉管处混合气的流动方向，化油器可分为下吸式、上吸式和平吸式三种，其中上吸式应用最广。

( ) 86. AC008 化油器的工作装置有进油装置、怠速装置、启动装置、主供油装置、加浓装置和加速装置。

( ) 87. AC009 装在汽油泵下体的摇臂由内外两部分组成，即内摇臂和外摇臂。

( ) 88. AC009 汽油泵上、下体之间装有油杯。

( ) 89. AC010 在工作中，汽油泵泵油的最大压力取决于膜片的行程。

( ) 90. AC010 汽油泵是通过凸轮轴上偏心轮的驱动来进行工作的。

( ) 91. AC011 化油器可以把汽油雾化，根据发动机的实际工作需要，把汽油与空气按一定比例混合成可燃混合气，并保证发动机在各种工况之间圆滑过渡。

( ) 92. AC011 在发动机燃料供给系中，柴油由油箱进入化油器再进入燃烧室。

( ) 93. AC012 调速器的作用是在供油拉杆位置不变时，随外界负荷变化自动调节供油量，稳定转速，防止“飞车”。

( ) 94. AC012 供油提前角指喷油泵开始供油时到活塞到达下止点时的曲轴转角。

( ) 95. AC013 发动机的转速越高越好。

( ) 96. AC013 除了改善燃烧过程，减少机械损失等措施外，提高发动机的压缩比是提高发动机的经济性行之有效的办法。

( ) 97. AC014 发动机进气门早开、排气门晚关，会造成在同一时间内两个气门同时开启。

( ) 98. AC014 发动机排气门晚关，延长了进气时间，在进气压力和废气压力的作用下，使排气干净。

( ) 99. AC015 稀混合气可以保证所有汽油分子获得足够的氧气而实现完全燃烧，因而经济性较好，故称为经济混合气。

( ) 100. AC015 浓混合气由于汽油分子相对较多，混合气燃烧速度快、压力大、热损失小，发动机输出功率大，因此称为功率混合气。

( ) 101. AC016 当发动机进入大负荷甚至全负荷工况下，要求混合气由稀变浓，最后加浓到保证发动机发出最大动力。

( ) 102. AC016 发动机在暖机工况期间，混合气的浓度随温度的升高而升高，从启动时的极稀升高到稳定怠速运转所要求的浓度为止。

( ) 103. AC017 在悬架的组成构件中，导向装置可以迅速衰减车架和车身的震动，以改善汽车的行驶平顺性。

( ) 104. AC017 悬架根据其结构可分为非独立悬架、独立悬架和平衡悬架三种。

( ) 105. AC018 7.00-20 表示轮辋宽度为 7.00 in、名义直径为 20 in 的多件式轮辋。

( ) 106. AC018 连接轮毂和轮辋的部件是轮盘。

( ) 107. AC019 175/70HR13 中的 R 表示普通斜线胎。

( ) 108. AC019 子午线胎具有滚动阻力小、耐磨性好、弹性大、缓冲附着性能好和负载能力大等优点。

( ) 109. AC020 转向系组成中的转向器由转向盘、转向轴、转向万向节和转向传动轴组成。

( ) 110. AC020 转向系组成中的转向器能将转向盘上的旋转力转换成摇臂的摆动力。

( ) 111. AC021 只有制动鼓正向旋转时，才能借蹄鼓摩擦起自增力作用的是自动式增力车轮制动器。

( ) 112. AC021 固定部分的摩擦片是面积不大的摩擦衬块的是盘式车轮制动器。

( ) 113. BA001 电子点火系点火时间精确，混合气燃烧迅速、完全，汽车的经济性、动力性好。

( ) 114. BA001 电子点火系结构简单，质量小，体积小，使用和维护方便，但对无线电干扰大。

( ) 115. BA002 电容储能电子点火系结构简单，成本低，放电时间长。

( ) 116. BA002 电感储能电子点火系按有无触点可分成有触点电感储能电子点火系和无触点电感储能电子点火系两种。

( ) 117. BA003 无触点电感储能电子点火器在火花塞积碳阻值为 100 k 的情况下，仍能可靠点火。

( ) 118. BA003 无触点电感储能电子点火器减少了空气污染，改善了混合器燃烧情况。

( ) 119. BA004 常见的点火信号发生器有磁脉冲式、霍尔式、光电式和振荡式四种。

( ) 120. BA004 无触点电感储能电子点火装置存在触点抖动、触点间隙放电和触点烧蚀等弊病。

( ) 121. BA005 电子控制器一般由脉冲整形电路、点火线圈通电时间控制电路、功放电路和稳压电路组成。

( ) 122. BA005 功放电路将通电时间控制电路送来的信号缩小，从而实现对一次电流的控制。

( ) 123. BA006 带定电流和闭合角控制的点火组件能够将一次电流控制在 7 A 左右，因而从低速到高速都可以获得稳定的二次高压。

( ) 124. BA006 为了改善一次电流的上升状况，在全电子点火系上增设了附加电阻，以增大一次电路的电阻。

( ) 125. BA007 电容储能式电子点火系主要由电源、直流升压器、储能电容器、晶闸管、分电器、点火线圈和火花塞等组成。

( ) 126. BA007 电容储能式电子点火系得到触发信号至产生高压电的速率高，可完全克服传统点火系的缺点。

( ) 127. BA008 微机控制点火系主要由各类传感器、发动机控制器 ECU 和点火执行器三部分组成。

( ) 128. BA008 微机控制点火系中的爆燃传感器可检测进气量。

( ) 129. BA009 当点火线圈一次电流切断时，产生反电动势触发 IGF 信号发生电路，使其输出一个点火确认信号给 ECU 的是点火确认信号发生电路。

( ) 130. BA009 当发动机转速急剧上升，加速状态检测电路对这种加速状态进行检测，将检测到的状态信号输送给闭合角控制电路，使其中的功率管延迟导通，以减小闭合角。

( ) 131. BA010 爆燃强，推迟点火的角度大；爆燃弱，推迟点火的角度小。

( ) 132. BA010 基本点火提前角随发动机转速升高而减小，随进气流量增大而增大。

( ) 133. BA011 直接点火系在微机的控制下，各二次绕组产生的高压直接加到各缸的火花塞上，依照发动机的点火顺序，控制各缸火花塞点火。

( ) 134. BA011 直接点火系由于高压电路中存在分火头与旁电极间火花放电现象，且高压引线短，引线辐射降低，因而对车内外的无线电装置的电磁干扰较小。

( ) 135. BA012 电子点火系中电子元件较多，精度要求高，一般不得随意拆卸焊接。

( ) 136. BA012 检测时，可采用“试火法”“短路法”检查电子点火系故障。

( ) 137. BA013 火花塞的热特性选用是否合适，可根据运行状态判断。

( ) 138. BA013 火花塞的热特性主要取决于绝缘体裙部的长度。

( ) 139. BA014 火花塞应具有尽可能高的击穿电压，以提高点火系的可靠性。

( ) 140. BA014 火花塞的材料必须具备抵抗燃烧过程中产生的各种有害气体腐蚀的能力。

( ) 141. BA015 用高压试火的方法检查火花塞跳火情况的操作为：把高压总线接在火花塞的螺母上，用螺丝刀拨动断电器触点开闭，火花塞间隙应有火花跳过，否则说明火花塞有故障。

( ) 142. BA015 根据火花塞工作后的热值状况可以判断所选用的火花塞是否合适。

( ) 143. BA016 常用的高压阻尼线有金属阻丝式和合金阻丝式两种。

( ) 144. BA016 高压阻尼线可有效防止电磁干扰。

( ) 145. BA017 蓄电池放电过程中消耗了水，故电解液中硫酸浓度升高。

( ) 146. BA017 蓄电池放电过程中电解液的密度增大。

( ) 147. BA018 恒流充电可任意选择充电电流，有益于延长蓄电池使用寿命，这种充电方法适用于新蓄电池的充电，也适用于使用过的蓄电池的补充充电和去硫充电。

( ) 148. BA018 蓄电池充电过程中，电解液密度减小。

( ) 149. BA019 蓄电池盖上积存有尘土等污物时，会使正、负极桩导通，引起蓄电池自行放电。

( ) 150. BA019 蓄电池长期存放，硫酸密度不均匀，使极板产生电流，会引起蓄电池自行放电。

( ) 151. BA020 配制电解液可在干净的铝质容器内进行。

( ) 152. BA020 配制电解液时，应将水倒入硫酸中。

( ) 153. BA021 测量电解液密度时，若环境温度低于 15 ℃，实测数值应加上修正值，从而得出当时温度条件下的电解液密度。

( ) 154. BA021 蓄电池电解液的密度一般为 1.24～1.28 g/cm^3。

( ) 155. BA022 充电特性说明电解液的密度维持恒定。

( ) 156. BA022 在充电过程中，电流一定时，单位时间内生成的硫酸的量应该是相同的。

( ) 157. BA023 放电开始时，由于极板孔隙中的硫酸迅速消耗，密度降低，故电压从 2.1 V 迅速下降。

( ) 158. BA023 蓄电池放电终了的标志是电解液的相对密度下降至低于许可值(约 1.00)。

(　　)159. BA024　蓄电池电解液的密度越大,其容量也越大。
(　　)160. BA024　蓄电池的容量大小标志着蓄电池供电能力的大小,容量越大,能够提供的能量越多。
(　　)161. BA025　蓄电池的放电电流越大,其容量就越大。
(　　)162. BA025　电解液的纯度对蓄电池的容量有很大影响,纯度低的电解液会明显减小蓄电池的容量。
(　　)163. BA026　蓄电池充的电量越大越好。
(　　)164. BA026　蓄电池过充电会降低其使用寿命。
(　　)165. BA027　新蓄电池安装到车上之后,应定期检查电解液密度。若电解液密度高,液面低,应检查是否过充电,是否需加电解液调整补充。
(　　)166. BA027　蓄电池加液孔盖的通气孔要保持通畅。
(　　)167. BA028　干式荷电蓄电池目前均采用穿壁跨接式联条、分体塑料容器结构。
(　　)168. BA028　干式荷电铅蓄电池正极板上的活性物质是二氧化铅,在空气中很稳定。
(　　)169. BA029　干式荷电蓄电池干态储存超过1年的,不需对其进行补充充电即可使用。
(　　)170. BA029　干式荷电蓄电池的电解液相对密度低于1.087时,需对其进行补充充电。
(　　)171. BA030　电控燃油喷射系主要由进气控制系统、废气排出系统、燃油供给系统和电子控制系统组成。
(　　)172. BA030　电控燃油控制系组成中的电子控制系统主要包括各种传感器、ECU和执行器。
(　　)173. BA031　电控燃油喷射系统易启动、暖机性能好,能明显改善发动机的低温启动性能。
(　　)174. BA031　电控燃油喷射系具有存储、记忆能力,具备自维护能力,提高了故障诊断效率。
(　　)175. BA032　活塞上止点位置传感器以第一缸活塞上止点为依据,作为点火控制的主控信号发生器,一般设于飞轮上,有的设于分电器中。
(　　)176. BA032　空气流量计是燃油喷射和点火控制的主控信号发生器,一般设于节气门后。
(　　)177. BA033　电控ABS主电脑可以根据前轮轮速传感器信号不断修正对制动液压调节装置的控制指令。
(　　)178. BA033　ABS能够使各车轮的滑移率保持在理想范围之内,避免车轮出现制动抱死的现象。
(　　)179. BA034　检查车轮传感器的信号电压时,其输出的波形一般从万用表上读出。
(　　)180. BA034　应检查车轮传感器插接器及连接导线是否牢固,接触是否良好。
(　　)181. BA035　雨刮器电路中只装有开关和电动机。
(　　)182. BA035　较高档的汽车雨刮器电路控制系统中,雨刮器开关中还设有可变电阻、单板计算机、雨水感知传感器、自动喷水洗涤挡风玻璃装置等,可实现汽车刮水器的无级刮水、自动刮水、自动洗涤等自控功能。
(　　)183. BA036　电动刮水器电路必须装有间歇控制装置。

(　　) 184. BA036　电动刮水器通常都有两种以上速度挡位。
(　　) 185. BA037　在电动刮水器转速公式中，R 代表的是电枢绕组的电阻。
(　　) 186. BA037　电动刮水器的变速只能采取改变电动机端电压的方式来实现。
(　　) 187. BB001　被动型电子图像显示器由发光二极管、真空荧光管、阴极射线管制作。
(　　) 188. BB001　电子仪表常用的显示方法有电子图像显示和电子声音显示。
(　　) 189. BB002　8005 型组合仪表总成中，车速里程表的速度指示范围为 0～120 km/h。
(　　) 190. BB002　ED-2 型电子式组合仪表具有功能完善、性能可靠、造型新颖、结构合理及内照明效果良好等特点。
(　　) 191. BB003　在处理车速里程表的电路片时，必须使用新塑料盒，以免其因静电放电而损坏。
(　　) 192. BB003　仪表盘的新元器件存放于镀镍包装袋内，应在安装时再从袋内取出，而不能提早取出。
(　　) 193. BB004　高压线的绝缘性能耐压应在 5 kV 以上。
(　　) 194. BB004　汽车上使用的导线有低压线、高压点火线和屏蔽线三种。
(　　) 195. BB005　12 V 电系转向灯线路导线截面积推荐值是 1.0 mm^2。
(　　) 196. BB005　低压线按用途不同可分为普通低压线、启动电缆及蓄电池搭铁线三类。
(　　) 197. BB006　拆卸插接器时，用力拉即可。
(　　) 198. BB006　插接器插脚有片状和针状(柱状)两种。
(　　) 199. BB007　点火开关有“OFF(断)”“ON(通)”“ACC(辅助电器)”三个挡位。
(　　) 200. BB007　开关的种类很多，常用的是电源总开关、点火开关和组合开关。
(　　) 201. BB008　12 V 继电器和 24 V 继电器可以换用。
(　　) 202. BB008　电路继电器通过流经开关和继电器线圈的小电流，控制用电装置的大电流，起到减小开关电流负荷、保护开关触点不被烧蚀的作用。
(　　) 203. BB009　易熔线通常接在电路的起始端，即蓄电池负极端附近。
(　　) 204. BB009　易熔线比普通低压导线更为柔软，长度一般为 50～200 mm。
(　　) 205. BB010　熔断器俗称保险丝，常用于保护总体电路或重要电路。
(　　) 206. BB010　汽车用熔断器要求流过的电流为额定电流的 135%时，在 60 s 以内熔断。
(　　) 207. BB011　手揿复位式电路断路器在电路断路后，双金属片冷却，会使触点重新闭合而接通电路。
(　　) 208. BB011　电路断路器按其动作后的恢复形式不同可分为手揿复位式和自动复位式两种。
(　　) 209. BB012　在绕过锐角或穿过金属时，线束必须拉得很紧，否则容易磨坏线束而发生短路、搭铁，并有烧毁全车线束、酿成火灾的危险。
(　　) 210. BB012　安装汽车线束时，一般事先将仪表盘、车灯总开关和点火开关等连接好，然后再往汽车上安装线束。
(　　) 211. BB013　高压阻尼线输送的电流较小，但输出电压都高达几万伏，击穿能力很强。
(　　) 212. BB013　塑料芯导线式的电阻线外面包有耐腐蚀的合金或橡胶等绝缘体。
(　　) 213. BB014　水温传感器内部的双金属条形片在高温时容易变形。
(　　) 214. BB014　水温传感器内的双金属条形片温度低时容易断裂，从而使触点闭合的时间缩短。

( ) 215. BB015 油压传感器触点间压力大时，通过指示表的平均电流大，指示表指示高油压。

( ) 216. BB015 油压传感器触点间压力小时，指示表指示高油压。

( ) 217. BB016 油箱内油量增加时，燃油传感器的浮子随油面升高而降低。

( ) 218. BB016 燃油传感器是靠油箱内燃油液面的浮子带动滑动电阻来控制电流的。

( ) 219. BB017 蓄电池充电时，于充电设备应正极接正，负极接负。

( ) 220. BB017 蓄电池的充电方法有定流充电、定压充电和脉冲快速充电。

( ) 221. BB018 汽车用硅整流发电机每相绕组中产生的电动势的有效值与发电机的转速和磁场的磁通量成反比。

( ) 222. BB018 发电机的发电原理是电磁感应。

( ) 223. BB019 硅整流发电机旋转时，三相定子线圈中产生的是相位依次相差 60°的三相交流电。

( ) 224. BB019 硅整流器利用硅二极管的单向导电性，将交流电转换为稳恒电流。

( ) 225. BB020 从输出特性曲线可以看出，当发电机的转速很低时，电压低于规定值，是不能向外供电的。

( ) 226. BB020 输出特性是指发电机输出电压一定时，发电机的输出电流与电压之间的关系。

( ) 227. BB021 从外特性曲线可知，如果发电机在高速运转时突然失去负载，则其电压会突然降低，这时发电机的硅元件和调节器的电子元件有被击穿的危险。

( ) 228. BB021 由硅整流发电机外特性可知，硅整流发电机怕短路。

( ) 229. BB022 带泵交流发电机多用于柴油车，其在发电机后端带有真空制动助力泵。

( ) 230. BB022 9 管交流发电机具有 4 个励磁二极管，其整流器总成共有 9 只二极管。

( ) 231. BB023 整体式交流发电机产品名称代号为 JFB。

( ) 232. BB023 国产交流发电机电流等级代号为“1”，说明此交流发电机的输出电流小于等于 19 A。

( ) 233. BB024 新换的交流发电机二极管与承孔应为过盈配合，否则应对二极管进行加工或者在二极管上加垫薄钢皮。

( ) 234. BB024 在拆装交流发电机二极管时，严禁敲击，应在工具桌上进行拆装。

( ) 235. BB025 用万用表检查励磁绕组时，若阻值较小，说明励磁绕组断路。

( ) 236. BB025 当交流发电机滑环表面有轻微烧蚀时，可用“00”号砂布打磨修复。

( ) 237. BB026 检测发电机定子绕组时，如果三相绕组的电流不相等，则说明某相绕组有断路故障，应更换定子绕组。

( ) 238. BB026 用数字式导通挡位检查定子绕组接线端与定子铁芯的电阻时，若电阻值为零，万用表发出响声，说明搭铁有故障。

( ) 239. BB027 用示波器测试交流发电机的整流波形，可以判断定子绕组和整流电路的故障。

( ) 240. BB027 交流发电机在经过维护后，应先进行负载试验，再进行空载试验。

( ) 241. BB028 晶体管调节器不能适应大功率发电机的要求。

(　) 242. BB028 晶体管调节器工作中无触点火花，因而对无线电干扰较小。
(　) 243. BB029 在发电机电压较低的情况下，晶体管调节器稳压管处于截止状态。
(　) 244. BB029 晶体管调节器的第一级开关电路可以灵敏地感受电源电压的变化，以控制电子电路的通断。
(　) 245. BB030 晶体管调节器由电子元件装配后封装起来，一旦损坏应整体更换。
(　) 246. BB030 检测晶体管调节器比较困难，常用的检测方法有静态测组法和动态试验法两种。
(　) 247. BB031 冷却液温度指示灯的作用主要是显示发动机内冷却液的温度，只在车辆行驶时点亮数秒，平时为熄灭状态。
(　) 248. BB031 机油压力指示灯用来显示发动机内机油的压力状况。
(　) 249. BC001 触点间隙过小会使发动机点火提前。
(　) 250. BC001 触点间隙过大会使点火提前角增大。
(　) 251. BC002 接通点火开关，摇转曲轴，观察电流表指示的电流值，如果电流表指示的电流值在 4 A 左右，并且指针摇动，说明高压电路正常，应检查低压电路。
(　) 252. BC002 高压线及分火头完好，中心高压火花正常，但分缸火花不正常，那么故障是炭精缺损或分电器盖被击穿造成的。
(　) 253. BC003 危险信号灯与转向灯共用同一个开关。
(　) 254. BC003 CA1091 型汽车危险信号灯开关与转向信号灯开关组装在一起，分别独立控制。
(　) 255. BC004 若左、右转向灯功率相同，而闪光频率不一致，说明闪光慢的一侧线路中有接触不良之处。
(　) 256. BC004 如果电容式闪光继电器有一侧灯泡功率小或有断路处，则该侧闪光频率升高。
(　) 257. BC005 低压直流日光灯的电源电压为 220 V。
(　) 258. BC005 低压直流日光灯由灯具和电源变换器两部分组成。
(　) 259. BC006 低压直流日光灯不起辉，输入电流过小，故障原因可能是振荡频率太低。
(　) 260. BC006 低压直流日光灯灯管亮，但有叫声，故障原因是振荡频率太低。
(　) 261. BC007 增加光导纤维的数量可以降低光缆输出端的亮度。
(　) 262. BC007 光缆可任意弯曲或扭转，而不影响光线的传输。
(　) 263. BC008 当机油滤清器滤芯堵塞，使阻力增大到 0.4 MPa 时，球阀开启，警报开关闭合，警报灯亮。
(　) 264. BC008 真空度警告灯由装载于真空筒上的真空度警告灯开关和仪表盘上的红色警告灯组成。
(　) 265. BC009 旋转式车灯总开关主要用于解放 CA1091 汽车。
(　) 266. BC009 自动变光开关一般由光电传感器、信号放大器和继电器组成。
(　) 267. BC010 在正常情况下，东风 EQ1090 型汽车的侧灯由继电器控制。
(　) 268. BC010 灯光继电器是一只小型电压继电器。
(　) 269. BC011 调整四灯制前照灯的远光单光束灯时，要求光束中心在屏幕上离地高度为(0.85～0.90)H。

(　　)270. BC011　机动车装用远光和近光双光束灯时，应以调整远光光束为主。
(　　)271. BC012　对于四灯制的车辆，在检测时应将同侧两只前照灯同时测量。
(　　)272. BC012　全自动前照灯检测仪使用前应检查各指示计的零位是否漂移。
(　　)273. BC013　夜间行车前照灯的亮度随速度变化而变化，该故障多由蓄电池严重亏电造成，应检查蓄电池的存电量，给予补充充电。
(　　)274. BC013　在夜间行车时，前照灯亮度逐渐降低，关断其他辅助设备后，亮度仍然暗淡，该故障可能发生在总灯开关或变光开关上。
(　　)275. BC014　示宽灯一侧不亮说明保险是好的。
(　　)276. BC014　示宽灯一侧不亮说明该侧灯泡是好的。
(　　)277. BC015　电子闪光器应按电压使用。
(　　)278. BC015　电子闪光器必须接线正确，否则会烧坏元件。
(　　)279. BC016　电子闪光器由一个三极管的开关电路组成。
(　　)280. BC016　电子闪光器控制输出高电平。
(　　)281. BC017　测试调节器时，当电源电压由零逐渐升高时，试灯亮度也随之升高，电压达到 13.5～14.5 V 时试灯熄灭为正常，否则说明调节器损坏。
(　　)282. BC017　检查硅整流发电机充电故障时，应将调压器上“＋”与“F”接线柱连接线拆下(悬空)，用试灯跨接于发电机“＋”与“F”接线柱之间，逐渐提高发动机转速，观察试灯。如试灯闪烁，说明充电不稳。
(　　)283. BC018　喇叭继电器触点接触不良会出现喇叭不响的故障。
(　　)284. BC018　喇叭出现长鸣故障时，故障在喇叭本身。
(　　)285. BC019　一个接柱的喇叭可以直接代替两个接柱的喇叭。
(　　)286. BC019　两个接柱的喇叭可以换用一个接柱的喇叭，但应加装继电器或将喇叭外壳绝缘，使外壳成为另一接柱。
(　　)287. BC020　喇叭按钮都是控制继电器正极的。
(　　)288. BC020　喇叭按钮通常控制喇叭电源的负极。
(　　)289. BC021　汽车为负极搭铁，装用交流发电机时，电流表的“－”应接发电机火线。
(　　)290. BC021　电流表与前照灯及蓄电池是并联连接。
(　　)291. BC022　汽车电流表的指针双向都能摆动，与接线极性无关。
(　　)292. BC022　如果汽车电流表的接柱松动，容易烧坏电流表的绝缘垫。
(　　)293. BC023　充气灯泡利用充入的惰性混合气体减少钨的蒸发，从而延长灯泡的使用寿命。
(　　)294. BC023　卤钨灯泡里没有灯丝，取而代之的是装在石英管内的两个电极。
(　　)295. BC024　汽车灯泡的类型分为 H1、H3、H4、H7、H11 等多种，日系车大部分用的是 H1(双灯丝)。
(　　)296. BC024　汽车灯泡若使用 100 W 甚至 140 W 灯泡时，必须加装增光线束，以免电流达不到要求。
(　　)297. BC025　密封不严会导致外部的气体进入灯泡内部，造成灯丝被氧化，从而引起灯泡失效。
(　　)298. BC025　随着工作电流的降低，汽车灯泡的实际寿命会下降。
(　　)299. BC026　由于质量和使用环境等原因，汽车电气系统的某一故障现象多源于某些电子元件的故障，应先对这些常见故障元件进行检查。

(　　) 300. BC026 故障码优先原则是指汽车电气系统一般都有故障自诊断功能，诊断故障时应先读取故障码，并检查和排除故障码所指的故障。

(　　) 301. BC027 电压法是指利用万用表相应的电压挡，测量电路中的电压值，来判断线路或用电设备是否正常的方法。

(　　) 302. BC027 试灯法是用试灯的一端接用电设备电源线，另一端与车身搭铁，如果试灯亮则为通路，不亮则为短路。

(　　) 303. BC028 如果励磁电流不经调节器而是直接励磁时充电电流仍小，说明故障在调节器上。

(　　) 304. BC028 排除充电电流小的故障时，应先隔离调节器直接励磁，如果充电电流变大了，说明充电电流小的故障出在调节器上。

(　　) 305. BC029 发电机内“磁场”与“电枢”接线柱短路，会导致充电电流过小。

(　　) 306. BC029 晶体管调节器中大功率管被击穿会使充电电流过大。

(　　) 307. BC030 发电机皮带断了就不能充电。

(　　) 308. BC030 发电机内部整流元件虚接就不能充电。

(　　) 309. BC031 发电机皮带过松会使充电电流不稳。

(　　) 310. BC031 发电机线圈或者电阻接触不良、短路等会使充电电流不稳。

(　　) 311. BD001 柴油机用转速传感器装在喷油泵的飞轮齿轮处。

(　　) 312. BD001 信号板外装式曲轴角度传感器的信号板安装在曲轴皮带轮上。

(　　) 313. BD002 检修发动机转速传感器时，应断开发动机转速传感器导线，目视检查导线状态，看其有无松脱。

(　　) 314. BD002 发动机转速传感器和靶轮之间的安装间隙应为 1 mm±0.5 mm。

(　　) 315. BD003 发电机启动后，有单向离合器的保护，即使不能回位，启动机也不会随发动机运转。

(　　) 316. BD003 启动机的齿轮与发动机的飞轮要始终保持啮合状态。

(　　) 317. BD004 电磁式控制装置主要由吸引线圈、保持线圈、回位弹簧、可动铁芯和接触片等组成。

(　　) 318. BD004 电磁式控制装置中的两线圈通电后会产生较强的电磁力，克服回位弹簧弹力使接触片移动。

(　　) 319. BD005 如果保持线圈搭铁点虚焊或假焊，不必清理，直接用松香焊剂将其焊牢即可。

(　　) 320. BD005 如果电磁开关吸拉线圈、保持线圈内部短路或断路，应重绕线圈或更换电磁开关。

(　　) 321. BD006 测得换向器外圆尺寸小于极限尺寸时应更换电枢。

(　　) 322. BD006 用游标卡尺检查换向器的径向圆跳动时，其径向圆跳动应小于 0.05 mm。

(　　) 323. BD007 当用万用表检查电枢对搭铁的绝缘情况时，若测得的电阻很小，说明电枢绕组有搭铁故障。

(　　) 324. BD007 当用电枢短路器检查时，若电枢在同一槽内上下两层的导线发生短路，则其在短路检验器上的电枢短路槽会跳动，而其余槽上的钢片不会跳动。

(　　)325. BD008　启动机电枢轴的各个支撑轴承不需同轴。

(　　)326. BD008　发现启动机电枢轴轴向间隙过大时，可在轴前端或后端改变垫片厚度进行调整。

(　　)327. BD009　启动机装复后全制动试验的目的是测量启动机在完全制动时所消耗的电流和电压，以判断启动机主电路是否正常。

(　　)328. BD009　启动机装复后的全制动试验应在空载试验的基础上进行，空载试验不合格的启动机不能进行全制动试验。

(　　)329. BD010　当定时转子顺时针转到衔铁对着定时转子两凸齿中心线时，衔铁与定时转子间的气隙最大。

(　　)330. BD010　发动机转速越慢，磁通的变化率越大，所产生的磁脉冲电压也越高。

(　　)331. BD011　改变电流强度和磁感应强度都可以使霍尔电压变化。

(　　)332. BD011　霍尔电压的高低与磁通的变化率有关。

(　　)333. BD012　霍尔信号发生器无磨损部件，不受灰尘、油污的影响，工作可靠，寿命长。

(　　)334. BD012　当霍尔电压为零时，霍尔信号发生器的输出电压降至 0.4～0.5 V。

(　　)335. BD013　光电式信号发生器的光敏管在光源照射下输出低电平。

(　　)336. BD013　光电式信号发生器的光敏管在没有光源照射时输出低电流。

(　　)337. BD014　检查信号发生器的输出信号电压，并与规定值比较，偏低或为零表明有故障。

(　　)338. BD014　拆下线束接插件，用万用表电阻挡对信号发生器的线圈进行测量，若阻值较小，说明其故障为断路。

(　　)339. BD015　用万用表电压挡测分电器信号线插接器两边缘线头，若电压值大于 9 V，说明点火控制器正常。

(　　)340. BD015　将万用表正极连向点火线圈“＋”接线柱，负极连向点火线圈“－”接线柱，拔出分电器信号线插接器，接通点火开关，电压表读数为 5～6 V，并在 2 s 左右的时间内降到零，说明控制器已失效。

(　　)341. BD016　拆下电动汽油泵出油管，将电动汽油泵两接线柱接 12 V 电压，启泵油量应不低于 650 mL/30 s，否则说明泵体或出油阀有故障，应更换。

(　　)342. BD016　检测电动燃油泵的泵油压力，其值应为 130～150 kPa。

(　　)343. BD017　在检修汽车电气系统时，振动的线束部分应用卡子或扎带固定，以免因振动使线束与其他部件接触导致断路。

(　　)344. BD017　在检修汽车电气系统时，如需更换熔丝，必须使用相同规格的熔丝。

(　　)345. BD018　为使燃油充分雾化，轴针式电磁喷油器在针阀前端磨出一段喷油轴针。

(　　)346. BD018　为保证燃油密封，轴针式阀针必须有较长的导向杆，而球阀具有自动旋转作用，无需较长的导向杆。

(　　)347. BD019　查看喷油嘴滴漏情况时，若系统油压正常，要求喷油嘴呈干燥状，而无滴油发生。

(　　)348. BD019　一般喷油器的喷油量为 50～70 mL/15 s，各缸喷油器的喷油量相差不应超过 10％。

(　　)349. BD020　汽车空调系统的制冷装置能使车内空气变得凉爽舒适。

(　　)350. BD020　汽车空调系统的通风装置能进行风窗玻璃除尘。

( ) 351. BD021 汽车空调效果在车内分配均匀，这是由汽车车身的结构所造成的。
( ) 352. BD021 由于汽车车身的特点，要求汽车空调结构紧凑、质量小。
( ) 353. BD022 汽车空调制冷剂无色、无味、无毒、无刺激性，对人体健康无损害。
( ) 354. BD022 汽车空调制冷剂性能系数低，泄漏时不易检测。
( ) 355. BD023 汽车空调冷冻机油也叫作冷冻润滑油，是冷凝器的专用润滑油，能保证冷凝器正常运转、可靠工作并延长其使用寿命。
( ) 356. BD023 冷冻机油只允许加到规定的用量，绝不允许过量使用，以避免降低制冷效果。
( ) 357. BE001 电路图绘图时要抓住难点，找到突破口，既能达到分析电路、消化电路的目的，又能增强绘图效果。
( ) 358. BE001 电路图绘制时，能用短线的不用长线，能用直线的不用弯线、折线。
( ) 359. BE002 交直流的图形符号是≂。
( ) 360. BE002 搭铁的图形符号是～。
( ) 361. BE003 [符号]是屏蔽导线的图形符号。
( ) 362. BE003 [符号]是导线的跨越图形符号。
( ) 363. BE004 双动合触点的图形符号是[符号]。
( ) 364. BE004 单动断双动合触点的图形符号是[符号]。
( ) 365. BE005 手动开关的一般图形符号是[符号]。
( ) 366. BE005 液位控制开关的图形符号是[符号]。
( ) 367. BE006 电阻器的图形符号是[符号]。
( ) 368. BE006 [符号]是热敏电阻器的图形符号。
( ) 369. BE007 [符号]是两个绕组电磁铁的图形符号。
( ) 370. BE007 [符号]是三个绕组电磁铁的图形符号。
( ) 371. BE008 欧姆表的图形符号是Ⓞ(Ω)。
( ) 372. BE008 Ⓥ是瓦特表的图形符号。
( ) 373. BE009 水温表的图形符号是[符号 tw]。
( ) 374. BE009 [符号 tw]是速度表的图形符号。
( ) 375. BE010 转速传感器的图形符号是[符号 v]。
( ) 376. BE010 空气压力传感器的图形符号是[符号 AP]。

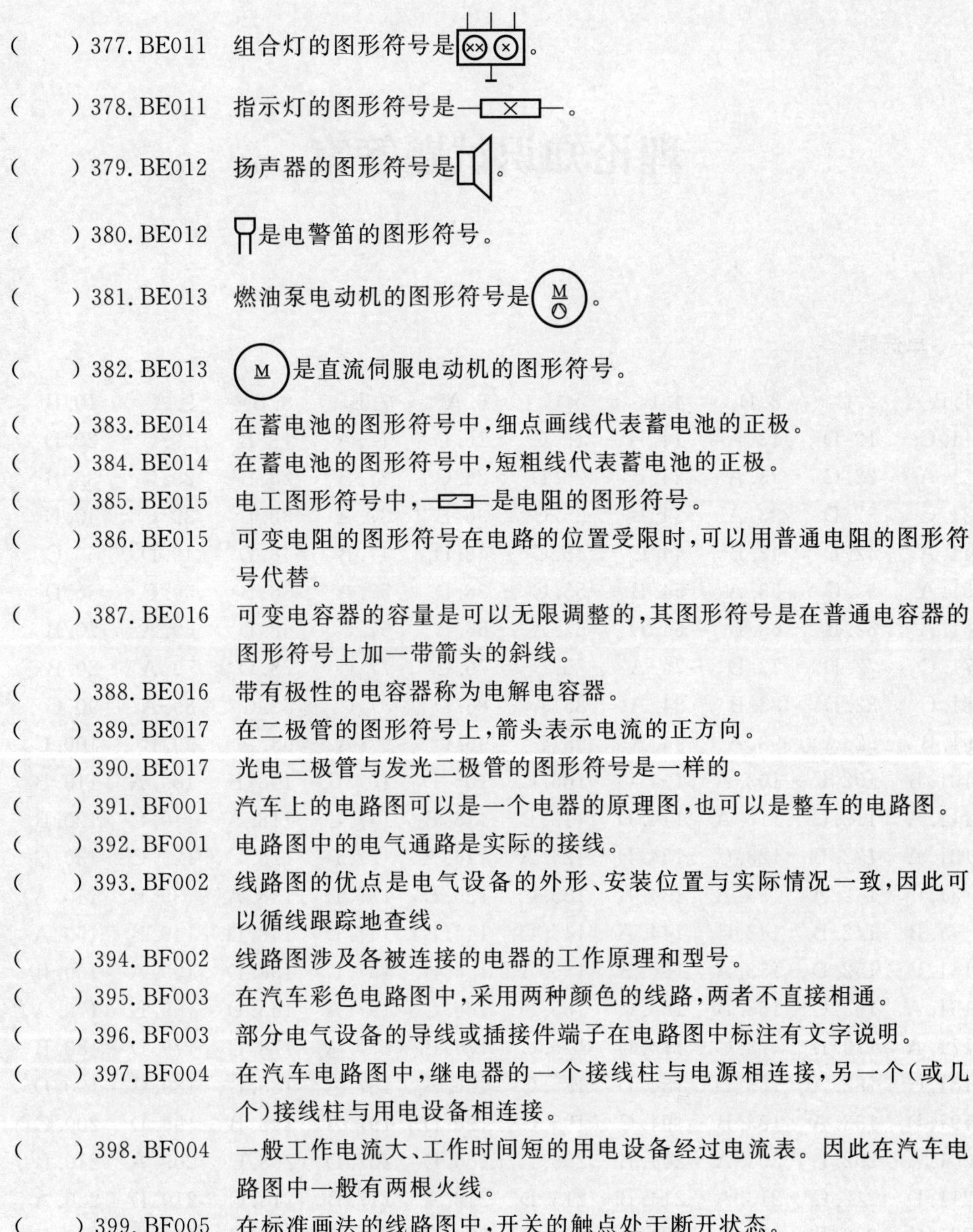

( ) 377. BE011 组合灯的图形符号是 。

( ) 378. BE011 指示灯的图形符号是 。

( ) 379. BE012 扬声器的图形符号是 。

( ) 380. BE012 是电警笛的图形符号。

( ) 381. BE013 燃油泵电动机的图形符号是 。

( ) 382. BE013 是直流伺服电动机的图形符号。

( ) 383. BE014 在蓄电池的图形符号中，细点画线代表蓄电池的正极。

( ) 384. BE014 在蓄电池的图形符号中，短粗线代表蓄电池的正极。

( ) 385. BE015 电工图形符号中， 是电阻的图形符号。

( ) 386. BE015 可变电阻的图形符号在电路的位置受限时，可以用普通电阻的图形符号代替。

( ) 387. BE016 可变电容器的容量是可以无限调整的，其图形符号是在普通电容器的图形符号上加一带箭头的斜线。

( ) 388. BE016 带有极性的电容器称为电解电容器。

( ) 389. BE017 在二极管的图形符号上，箭头表示电流的正方向。

( ) 390. BE017 光电二极管与发光二极管的图形符号是一样的。

( ) 391. BF001 汽车上的电路图可以是一个电器的原理图，也可以是整车的电路图。

( ) 392. BF001 电路图中的电气通路是实际的接线。

( ) 393. BF002 线路图的优点是电气设备的外形、安装位置与实际情况一致，因此可以循线跟踪地查线。

( ) 394. BF002 线路图涉及各被连接的电器的工作原理和型号。

( ) 395. BF003 在汽车彩色电路图中，采用两种颜色的线路，两者不直接相通。

( ) 396. BF003 部分电气设备的导线或插接件端子在电路图中标注有文字说明。

( ) 397. BF004 在汽车电路图中，继电器的一个接线柱与电源相连接，另一个（或几个）接线柱与用电设备相连接。

( ) 398. BF004 一般工作电流大、工作时间短的用电设备经过电流表。因此在汽车电路图中一般有两根火线。

( ) 399. BF005 在标准画法的线路图中，开关的触点处于断开状态。

( ) 400. BF005 看总电路时，应从分电路入手。

理论知识试题答案

一、单选题

1.B 2.C 3.D 4.B 5.C 6.A 7.B 8.B 9.A 10.B
11.C 12.D 13.A 14.B 15.C 16.D 17.A 18.B 19.C 20.D
21.A 22.C 23.A 24.B 25.D 26.C 27.B 28.B 29.C 30.B
31.C 32.D 33.A 34.B 35.C 36.B 37.A 38.B 39.C 40.D
41.A 42.D 43.B 44.C 45.C 46.D 47.B 48.D 49.D 50.C
51.A 52.C 53.A 54.B 55.C 56.D 57.A 58.B 59.C 60.D
61.A 62.B 63.B 64.D 65.A 66.B 67.C 68.D 69.A 70.B
71.C 72.D 73.D 74.A 75.B 76.C 77.C 78.D 79.A 80.B
81.C 82.D 83.B 84.A 85.A 86.D 87.C 88.C 89.A 90.C
91.B 92.A 93.A 94.B 95.C 96.D 97.A 98.A 99.B 100.C
101.B 102.C 103.A 104.C 105.C 106.D 107.C 108.B 109.A 110.B
111.A 112.C 113.A 114.D 115.B 116.B 117.C 118.A 119.C 120.B
121.A 122.B 123.C 124.D 125.A 126.A 127.B 128.C 129.C 130.C
131.C 132.A 133.A 134.B 135.C 136.D 137.D 138.A 139.B 140.A
141.B 142.B 143.C 144.A 145.D 146.B 147.D 148.D 149.B 150.A
151.D 152.D 153.A 154.B 155.A 156.B 157.C 158.D 159.A 160.B
161.A 162.C 163.B 164.C 165.D 166.C 167.A 168.D 169.B 170.A
171.A 172.B 173.C 174.D 175.C 176.B 177.A 178.D 179.D 180.B
181.C 182.A 183.D 184.D 185.C 186.A 187.A 188.B 189.C 190.D
191.D 192.A 193.B 194.C 195.C 196.D 197.A 198.B 199.D 200.C
201.A 202.B 203.A 204.B 205.A 206.D 207.D 208.C 209.A 210.B
211.D 212.C 213.A 214.B 215.D 216.A 217.B 218.C 219.D 220.A
221.C 222.B 223.B 224.A 225.D 226.C 227.B 228.C 229.A 230.C
231.C 232.A 233.B 234.D 235.A 236.B 237.C 238.D 239.A 240.B
241.C 242.D 243.A 244.B 245.C 246.D 247.A 248.B 249.C 250.D
251.A 252.B 253.C 254.D 255.A 256.B 257.C 258.D 259.A 260.B
261.C 262.D 263.A 264.B 265.C 266.D 267.B 268.C 269.D 270.A
271.C 272.B 273.A 274.D 275.B 276.C 277.A 278.B 279.B 280.C
281.C 282.C 283.C 284.B 285.C 286.A 287.A 288.D 289.A 290.B
291.A 292.B 293.D 294.C 295.B 296.A 297.D 298.D 299.D 300.B

301. C　302. D　303. C　304. B　305. A　306. A　307. A　308. B　309. D　310. D
311. C　312. D　313. C　314. A　315. B　316. C　317. D　318. B　319. B　320. A
321. C　322. D　323. D　324. C　325. B　326. A　327. A　328. D　329. B　330. C
331. C　332. D　333. A　334. B　335. C　336. D　337. A　338. B　339. B　340. C
341. D　342. A　343. D　344. D　345. C　346. B　347. D　348. B　349. C　350. D
351. C　352. A　353. B　354. C　355. C　356. A　357. D　358. D　359. B　360. A
361. B　362. C　363. D　364. C　365. B　366. A　367. C　368. B　369. D　370. A
371. C　372. B　373. D　374. A　375. C　376. B　377. D　378. A　379. C　380. B
381. D　382. A　383. C　384. B　385. D　386. A　387. C　388. B　389. D　390. A
391. C　392. B　393. D　394. A　395. C　396. B　397. D　398. A　399. C　400. B
401. D　402. A　403. C　404. D　405. C　406. B　407. C　408. B　409. D　410. A
411. C　412. A　413. B　414. D　415. A　416. C　417. A　418. D　419. C　420. B
421. A　422. D　423. D　424. C　425. B　426. A　427. A　428. D　429. D　430. A
431. B　432. C　433. C　434. C　435. C　436. C　437. A　438. B　439. A　440. D
441. A　442. D　443. D　444. A　445. B　446. A　447. B　448. B　449. D　450. C
451. D　452. A　453. B　454. C　455. C　456. D　457. A　458. B　459. A　460. D
461. C　462. B　463. D　464. A　465. B　466. A　467. D　468. A　469. B　470. A
471. D　472. A　473. B　474. C　475. C　476. D　477. A　478. B　479. A　480. C
481. C　482. D　483. B　484. C　485. D　486. A　487. A　488. B　489. C　490. D
491. B　492. A　493. C　494. B　495. B　496. C　497. A　498. B　499. C　500. B
501. D　502. A　503. B　504. B　505. A　506. C　507. A　508. B　509. C　510. D
511. A　512. C　513. B　514. D　515. A　516. C　517. B　518. D　519. A　520. C
521. B　522. D　523. A　524. B　525. C　526. D　527. A　528. B　529. C　530. D
531. C　532. B　533. D　534. A　535. D　536. A　537. B　538. D　539. C　540. D
541. A　542. B　543. C　544. B　545. D　546. A　547. A　548. C　549. C　550. C
551. A　552. B　553. D　554. D　555. D　556. C　557. C　558. D　559. A　560. C
561. A　562. B　563. A　564. A　565. D　566. C　567. A　568. C　569. B　570. D
571. B　572. C　573. D　574. A　575. A　576. C　577. B　578. D　579. D　580. A
581. B　582. C　583. C　584. D　585. A　586. B　587. B　588. C　589. D　590. A
591. A　592. B　593. C　594. D　595. D　596. A　597. B　598. C　599. D　600. B
601. A　602. B　603. B　604. C　605. D　606. B　607. D　608. B　609. A　610. A
611. B　612. D　613. C　614. B　615. A　616. B　617. C　618. A　619. C　620. B
621. B　622. A　623. B　624. A　625. C　626. D　627. A　628. B　629. C　630. D
631. D　632. A　633. B　634. C　635. A　636. D　637. C　638. B　639. A　640. B
641. D　642. C　643. B　644. A　645. C　646. C　647. B　648. C　649. D　650. A
651. A　652. D　653. C　654. B　655. A　656. D　657. C　658. B　659. A　660. D
661. C　662. B　663. A　664. D　665. C　666. B　667. A　668. B　669. A　670. D
671. A　672. B　673. C　674. D　675. B　676. C　677. D　678. A　679. D　680. A
681. B　682. C　683. C　684. D　685. A　686. B　687. B　688. C　689. D　690. A
691. A　692. B　693. C　694. D　695. D　696. A　697. B　698. C　699. C　700. D

701. A　702. B　703. B　704. C　705. D　706. A　707. A　708. B　709. C　710. D
711. D　712. B　713. D　714. C　715. B　716. C　717. A　718. D　719. D　720. B
721. C　722. A　723. A　724. B　725. D　726. C　727. B　728. A　729. D　730. C
731. B　732. C　733. D　734. D　735. B　736. C　737. D　738. D　739. C　740. D
741. D　742. C　743. B　744. B　745. A　746. C　747. C　748. A　749. B　750. C
751. C　752. B　753. D　754. D　755. C　756. B　757. A　758. D　759. B　760. A
761. B　762. A　763. C　764. A　765. B　766. D　767. C　768. A　769. C　770. A
771. B　772. B　773. A　774. A　775. A　776. B　777. B　778. C　779. B　780. B
781. B　782. B　783. B　784. C　785. C　786. A　787. B　788. A　789. B　790. A
791. D　792. A　793. B　794. C

二、判断题

1. ×　2. ×　3. √　4. ×　5. ×　6. √　7. ×　8. √　9. ×　10. √
11. ×　12. √　13. ×　14. ×　15. ×　16. √　17. ×　18. √　19. ×　20. √
21. √　22. ×　23. ×　24. √　25. ×　26. √　27. √　28. ×　29. ×　30. √
31. √　32. ×　33. ×　34. √　35. √　36. ×　37. ×　38. √　39. √　40. ×
41. √　42. ×　43. √　44. ×　45. ×　46. √　47. ×　48. √　49. ×　50. √
51. √　52. √　53. √　54. ×　55. √　56. ×　57. ×　58. ×　59. ×　60. √
61. ×　62. √　63. √　64. √　65. √　66. ×　67. √　68. ×　69. ×　70. √
71. ×　72. ×　73. ×　74. √　75. ×　76. √　77. ×　78. ×　79. √　80. ×
81. √　82. ×　83. √　84. ×　85. ×　86. √　87. √　88. ×　89. ×　90. √
91. √　92. ×　93. √　94. ×　95. ×　96. √　97. √　98. ×　99. ×　100. √
101. √　102. ×　103. ×　104. √　105. ×　106. √　107. ×　108. √　109. ×　110. √
111. ×　112. √　113. √　114. ×　115. ×　116. √　117. √　118. √　119. √　120. ×
121. √　122. ×　123. √　124. ×　125. √　126. ×　127. √　128. ×　129. √　130. ×
131. √　132. ×　133. √　134. ×　135. √　136. ×　137. √　138. √　139. ×　140. √
141. √　142. √　143. ×　144. √　145. ×　146. ×　147. √　148. ×　149. √　150. ×
151. ×　152. ×　153. ×　154. √　155. ×　156. √　157. √　158. ×　159. ×　160. √
161. ×　162. √　163. ×　164. √　165. ×　166. √　167. ×　168. √　169. ×　170. √
171. ×　172. √　173. √　174. ×　175. √　176. ×　177. ×　178. √　179. ×　180. √
181. ×　182. √　183. ×　184. √　185. √　186. ×　187. ×　188. √　189. ×　190. √
191. ×　192. √　193. ×　194. √　195. ×　196. √　197. ×　198. √　199. ×　200. √
201. ×　202. √　203. ×　204. √　205. ×　206. √　207. ×　208. √　209. ×　210. √
211. √　212. ×　213. √　214. ×　215. √　216. ×　217. ×　218. √　219. √　220. √
221. ×　222. √　223. ×　224. ×　225. √　226. ×　227. ×　228. √　229. √　230. ×
231. ×　232. √　233. √　234. ×　235. ×　236. √　237. ×　238. √　239. √　240. ×
241. ×　242. √　243. √　244. √　245. √　246. ×　247. ×　248. √　249. ×　250. √
251. ×　252. √　253. ×　254. √　255. √　256. √　257. ×　258. √　259. ×　260. √
261. ×　262. √　263. ×　264. √　265. ×　266. √　267. ×　268. √　269. √　270. ×
271. ×　272. √　273. √　274. ×　275. √　276. ×　277. ×　278. √　279. ×　280. √

281.√　282.√　283.√　284.×　285.×　286.√　287.×　288.√　289.×　290.×
291.×　292.√　293.√　294.×　295.×　296.√　297.√　298.×　299.×　300.√
301.√　302.×　303.×　304.√　305.×　306.√　307.√　308.×　309.√　310.×
311.×　312.√　313.×　314.√　315.√　316.×　317.√　318.×　319.×　320.√
321.√　322.×　323.√　324.×　325.×　326.√　327.×　328.√　329.√　330.×
331.√　332.×　333.×　334.×　335.×　336.×　337.√　338.×　339.√　340.×
341.√　342.×　343.×　344.√　345.√　346.×　347.×　348.√　349.√　350.×
351.×　352.√　353.√　354.×　355.×　356.√　357.×　358.×　359.√　360.×
361.√　362.×　363.√　364.×　365.√　366.×　367.√　368.×　369.√　370.×
371.√　372.×　373.√　374.×　375.×　376.√　377.√　378.×　379.√　380.×
381.√　382.×　383.×　384.×　385.×　386.×　387.×　388.√　389.√　390.×
391.√　392.×　393.√　394.×　395.×　396.×　397.√　398.×　399.√　400.√

1.正确:导线电阻的大小与电流的大小无关,只与该导线的材质及长度、截面积有关。

2.正确:欧姆定律揭示了电流、电压和电阻三者之间的关系,是电路的基本定律之一。

4.正确:全电路欧姆定律公式为 $I=E/(R+r_{内})$。

5.正确:交流电的电流大小是随时间并按正弦规律变化的。

7.正确:在交流电中,最大的瞬时值称为最大值,也称为振幅或峰值。

9.正确:交流电表所指示的数值是有效值。

11.正确:在纯电阻电路中,电阻起主要作用,而电感和电容的影响很小,可以忽略不计。

13.正确:纯电感电路的欧姆定律只适用于电流、电压的有效值或最大值。

14.正确:纯电感线圈在交流电路中不消耗电能。

15.正确:纯电容电路是指无电阻、电感的作用,而只有电容负载的交流电路。

17.正确:*RLC* 串联电路中的有功功率一般不等于电压有效值与电流有效值的乘积。

19.正确:采用星形连接法的三相交流发电机中,从电源中心点的引出一根与负载相接的导线叫作中线或零线。

22.正确:在线路或设备装有防止触电的断路保护装置的情况下,人体允许的电流可达到30 mA。

23.正确:漏电保护装置只用作附加保护,不能单独使用。

25.正确:电流通过人体的持续时间是影响电击伤害程度的主要因素。

28.正确:在同一供电线路中的保护措施应一致,不允许一部分电气设备采用保护接地,而另一部分电气设备采用保护接零。

29.正确:无论怎样分割磁铁,分割后所得到的每一块小磁铁总是有 N、S 两个极。

32.正确:磁力线上某一点的方向就是正电荷在这一点的受力方向。

33.正确:通电线圈的外部,磁力线从 N 极出发进入 S 极。

36.正确:对于磁场中某一个固定点,磁感应强度的大小和方向是完全确定的。

37.正确:磁通量是标量,只有大小而无方向。

40.正确:铁磁性物质的相对磁导率远远大于 1。

42.正确:形象描述磁体磁场的磁力线应是互不交叉的闭合曲线。

44.正确:在半导体中加入锑、砷、磷等元素就会产生许多带负电的电子,这种多出电子的半导体就是 N 型半导体。

45. 正确:在硅中加入硼能够合成 P 型半导体。

47. 正确:按结构的不同二极管可分为点接触型二极管和面接触型二极管。

49. 正确:二极管的伏安特性是指二极管的单向导电特性。

54. 正确:游标卡尺的精度除了 0.02 mm 外,还有 0.1 mm 和 0.05 mm 两种。

56. 正确:用游标卡尺测量工件时,先将卡脚张开,再慢慢地推动副尺,使两卡脚与工件接触,禁止硬卡硬拉。

57. 正确:千分表只能测出与标准尺寸的差值,而不能测出零件的绝对尺寸。

58. 正确:千分表的小指针每移动一格为 1 mm,是大指针的 100 倍。

59. 正确:千分尺是一种应用广泛的精密量具,使用时必须进行零位校对,以确保测量精度。

61. 正确:不可用千分尺测量表面粗糙的工件。

66. 正确:在测量间隙时,不允许将塞尺塞片用力塞入间隙。

68. 正确:百分表测量杆是沿着表圈上下移动的。

69. 正确:百分表只能测出相对数值,不能测出绝对数值。

71. 正确:曲轴推动活塞由下止点向上止点移动,这时进、排气门全部关闭,混合气受压缩,这个行程称为进气压缩行程。

72. 正确:四行程发动机的进气行程中,进气门打开,排气门关闭。

73. 正确:四行程发动机压缩行程中可燃混合气在气缸内被压缩,使其温度和压力同时上升。

75. 正确:四行程发动机做功行程中,进、排气门保持关闭。

77. 正确:在做功行程将要终了时排气门逐渐打开,气缸内气体压力高于大气压,并在上行活塞推动下,使废气从排气门排出缸外,直到活塞上行到上止点为止,这一行程称为排气行程。

78. 正确:四行程发动机的工作顺序是:进气→压缩→做功→排气。

80. 正确:汽油泵是汽油发动机的供油装置。

82. 正确:汽油滤清器应装有滤芯。

84. 正确:空气滤清器内没有沉淀杯。

85. 正确:按喉管处混合气的流动方向,化油器可分为下吸式、上吸式和平吸式三种,其中下吸式应用最广。

88. 正确:汽油泵上、下体之间装有泵膜总成。

89. 正确:在工作中,汽油泵泵油的最大压力取决于泵膜弹簧的张力。

92. 正确:在发动机燃料供给系中,柴油由油箱进入输油泵、高压泵,再通过高压油管、喷油器进入燃烧室。

94. 正确:供油提前角指喷油泵开始供油时到活塞到达上止点时的曲轴转角。

95. 正确:发动机转速的增加要适当,否则会引起平均有效压力的下降,反会得不偿失。

98. 正确:发动机排气门晚关,延长了排气时间,在废气压力和废气惯性的作用下,使排气干净。

99. 正确:稀混合气可以保证所有汽油分子获得足够的空气而实现完全燃烧,因而经济性最好,故称为经济混合气。

102. 正确:发动机在暖机工况期间,混合气的浓度随温度的升高而降低,从启动时的极浓降低到稳定怠速运转所要求的浓度为止。

103.正确:在悬架的组成构件中,减震装置可以迅速衰减车架和车身的震动,以改善汽车的行驶平顺性。

105.正确:7.00-20 表示轮辋宽度为 7.00 in、名义直径为 20 in 的平底宽轮辋。

107.正确:175/70HR13 中的 R 表示子午线胎。

109.正确:转向系组成中的转向操纵机构由转向盘、转向轴、转向万向节和转向传动轴组成。

111.正确:制动鼓正向或反向旋转时,都能借蹄鼓摩擦起自增力作用的是自动式增力车轮制动器。

114.正确:电子点火系对无线电干扰小,结构简单,质量小,体积小,使用和维护方便。

115.正确:电容储能电子点火系储存的能量大,但结构复杂,成本较高,且放电时间短。

120.正确:无触点电感储能电子点火装置以信号发生器代替断电触点,因而不存在触点抖动、触点间隙放电和触点烧蚀等弊病。

122.正确:功放电路将通电时间控制电路送来的信号放大,从而实现对一次电流的控制。

124.正确:为了改善一次电流的上升状况,在全电子点火系上取消了附加电阻,以减小一次电路的电阻。

126.正确:电容储能式电子点火系得到触发信号至产生高压电的速率低,可完全克服传统点火系的缺点。

128.正确:微机控制点火系中的爆燃传感器可检测发动机爆燃信号。

130.正确:当发动机转速急剧上升,加速状态检测电路对这种加速状态进行检测,将检测到的状态信号输送给闭合角控制电路,使其中的功率管提前导通,以增大闭合角。

132.正确:基本点火提前角随发动机转速升高而增大,随进气流量增大而减小。

134.正确:直接点火系由于高压电路中不存在分火头与旁电极间火花放电现象,且高压引线短,引线辐射降低,因而对车内外的无线电装置的电磁干扰较小。

136.正确:检测时,严禁采用“试火法”“短路法”检查电子点火系故障。

139.正确:火花塞应具有尽可能低的击穿电压,以提高点火系的可靠性。

143.正确:常用的高压阻尼线有金属阻丝式和塑料芯导线式两种。

145.正确:蓄电池放电过程中消耗了硫酸,故电解液中硫酸浓度降低。

146.正确:蓄电池放电过程中电解液的密度减小。

148.正确:蓄电池充电过程中,电解液密度增大。

150.正确:蓄电池长期存放,硫酸密度不均匀,使极板上、下部产生电位差,会引起蓄电池自行放电。

151.正确:配制电解液可在干净的铅质容器内进行。

152.正确:配制电解液时,严禁将水倒入硫酸中,必须将硫酸慢慢往水里加入。

153.正确:测量电解液密度时,若环境温度低于 15 ℃,实测数值应减去修正值,从而得出当时温度条件下的电解液密度。

155.正确:充电特性说明电解液的密度从开始充电时的 1.1 g/cm^3 上升到结束时的 1.2 g/cm^3。

158.正确:蓄电池放电终了的标志是电解液的相对密度下降至低于许可值(约 1.11)。

159.正确:在一定范围内,蓄电池电解液的容量随密度增大而增大,但密度过大,使得黏度过大渗透困难，反而使容量降低。

161. 正确：蓄电池的放电电流越大，其容量就越小。
163. 正确：蓄电池应避免大电流充电。
165. 正确：新蓄电池安装到车上之后，应定期检查电解液密度。若电解液密度高，液面低，应检查是否过充电，是否需加蒸馏水调整补充。
167. 正确：干式荷电蓄电池目前均采用穿壁跨接式联条、整体塑料容器结构。
169. 正确：干式荷电蓄电池干态储存超过 1 年的，需对其进行补充充电方可使用。
171. 正确：电控燃油喷射系主要由进气控制系统、燃油供给系统和电子控制系统组成。
174. 正确：电控燃油喷射系具有存储、记忆能力，具备自诊断能力，提高了故障诊断效率。
176. 正确：空气流量计是燃油喷射和点火控制的主控信号发生器，一般设于节气门前。
177. 正确：电控 ABS 主电脑可以根据各轮速传感器信号不断修正对制动液压调节装置的控制指令。
179. 正确：检查车轮传感器的信号电压时，其输出的波形一般从示波器上读出。
181. 正确：雨刮器电路中除装有开关和电动机外，还装有电源、保险、调整电阻等。
183. 正确：很多车辆，例如 CA1091 型汽车就没有安装间歇控制装置。
186. 正确：电动刮水器的变速，是在直流电动机变速的理论基础上，采取改变电动机磁极磁通，或者改变两电刷之间的导体数来实现的。
187. 正确：被动型电子图像显示器采用液晶显示。
189. 正确：8005 型组合仪表总成中，车速里程表的速度指示范围为 0～140 km/h。
191. 正确：在处理车速里程表的电路片时，必须使用原有的塑料盒，以免其因静电放电而损坏。
193. 正确：高压线的绝缘性能耐压应在 15 kV 以上。
195. 正确：12 V 电系转向灯线路导线截面积推荐值是 0.8 mm^2。
197. 正确：拆卸插接器时，压下闭锁，稍用力向外拉出即可，千万不要在未压下闭锁时用力猛拉，以免造成闭锁装置或导线损坏。
199. 正确：点火开关有“OFF(断)”“ON(通)”“ST(启动)”三个挡位。
201. 正确：12 V 继电器用在 24 V 继电器上会很快烧坏，而将 24 V 继电器用在 12 V 的汽车上，则工作不可靠，甚至不工作。
203. 正确：易熔线通常接在电路的起始端，即蓄电池正极端附近。
205. 正确：熔断器俗称保险丝，常用于对局部电路进行保护。
207. 正确：自动复位式电路断路器在电路断路后，双金属片冷却，会使触点重新闭合而接通电路。
209. 正确：线束不可拉得过紧，尤其在拐弯处要注意。在绕过锐角或穿过金属时，应用橡皮或套管保护，否则容易磨坏线束而发生短路、搭铁，并有烧毁全车线束、酿成火灾的危险。
212. 正确：塑料芯导线式的电阻线外面包有耐高压的 PVC 塑料或橡胶等绝缘体。
214. 正确：水温传感器内的双金属条形片温度高时容易变形，从而使触点闭合的时间缩短。
216. 正确：油压传感器触点间压力小时，指示表指示低油压。
217. 正确：油箱内油量增加时，燃油传感器的浮子随油面升高而升高。
221. 正确：汽车用硅整流发电机每相绕组中产生的电动势的有效值与发电机的转速和磁场

的磁通量成正比。

223. 正确:硅整流发电机旋转时,三相定子线圈中产生的是相位依次相差 120°的三相交流电。

224. 正确:硅整流器利用硅二极管的单向导电性,将交流电转换为直流电。

226. 正确:输出特性是指发电机输出电压一定时,发电机的输出电流与转速之间的关系。

227. 正确:从外特性曲线可知,如果发电机在高速运转时突然失去负载,则其电压会突然升高,这时发电机的硅元件和调节器的电子元件有被击穿的危险。

230. 正确:9 管交流发电机具有 3 个励磁二极管,其整流器总成共有 9 只二极管。

231. 正确:整体式交流发电机产品名称代号为 JFZ。

234. 正确:在拆装交流发电机二极管时,严禁敲击,应在小压床或虎钳上使用专业工具进行拆装。

235. 正确:用万用表检查励磁绕组时,若阻值为无穷大,说明励磁绕组断路。

237. 正确:检测发电机定子绕组时,如果三相绕组的电流不相等,则说明某相绕组有匝间短路故障,应更换定子绕组。

240. 正确:交流发电机在经过维护后,应先进行空载试验,再进行负载试验。

241. 正确:晶体管调节器能适应大功率发电机的要求。

246. 正确:检测晶体管调节器并不困难,常用的检测方法有静态测组法和动态试验法两种。

247. 正确:冷却液温度指示灯的作用主要是显示发动机内冷却液的温度,只在车辆自检时点亮数秒,平时为熄灭状态。

249. 正确:触点间隙过小会使高压断火。

251. 正确:接通点火开关,摇转曲轴,观察电流表指示的电流值,如果电流表指示的电流值在 4 A 左右,并且指针摇动,说明低压电路正常,应检查高压电路。

253. 正确:危险信号灯由单独的开关控制。

257. 正确:低压直流日光灯的电源电压为 24 V。

259. 正确:低压直流日光灯不起辉,输入电流过小,故障原因可能是可调电阻线松脱。

261. 正确:增加光导纤维的数量可以提高光缆输出端的亮度。

263. 正确:当机油滤清器滤芯堵塞,使阻力增大到 147 kPa 时,球阀开启,警报开关闭合,警报灯亮。

265. 正确:旋转式车灯总开关主要用于东风汽车。

267. 正确:在正常情况下,东风 EQ1090 型汽车的侧灯由灯光开关控制。

270. 正确:机动车装用远光和近光双光束灯时,应以调整近光光束为主。

271. 正确:对于四灯制的车辆,在检测时必须将同侧的两只前照灯遮蔽住一只进行测量,然后再交换测另一只。

274. 正确:在夜间行车时,前照灯亮度逐渐降低,关断其他辅助设备后,亮度仍然暗淡,该故障可能发生在发电机或调节器上。

276. 正确:示宽灯一侧不亮并不能说明该侧灯泡的好坏(如线路有故障灯也不亮)。

277. 正确:电子闪光器应按电压和灯泡总功率使用。

279. 正确:电子闪光器由一个三极管的开关电路、电容器和继电器所组成。

284. 正确:喇叭出现长鸣故障时,故障可能在喇叭按钮、继电器和电路等。

285. 正确:一个接柱的喇叭不可以直接代替两个接柱的喇叭。

287. 正确:喇叭按钮通常是控制喇叭电源负极的。

289. 正确:汽车为负极搭铁,装用交流发电机时,电流表的“—”应接蓄电池火线。

290. 正确:前照灯与蓄电池是并联连接,但电流表串联连接在中间。

291. 正确:汽车电流表的指针只有接线正确,充电时才向"+"方向摆动。

294. 正确:高亮度弧光灯里没有灯丝,取而代之的是装在石英管内的两个电极。

295. 正确:汽车灯泡类型分为 H1、H3、H4、H7、H11 等多种,日系车大部分用的是 H4(双灯丝)。

298. 正确:随着工作电压的升高,汽车灯泡的实际寿命会下降。

299. 正确:由于结构和使用环境等原因,汽车电气系统的某一故障现象多源于某些总成部件的故障,应先对这些常见故障部位进行检查。

302. 正确:试灯法是用试灯的一端接用电设备电源线,另一端与车身搭铁,如果试灯亮则为通路,不亮则为断路。

303. 正确:如果励磁电流不经调节器而是直接励磁时充电电流仍小,则说明故障在发电机。

305. 正确:发电机内“磁场”与“电枢”接线柱短路,会导致充电电流过大。

308. 正确:发电机内部整流脱落就不能充电。

310. 正确:发电机线圈或者电阻接触不良、断路等会使充电电流不稳。

311. 正确:柴油机用转速传感器装在喷油泵的飞锤齿轮处。

313. 正确:检修发动机转速传感器时,应断开发动机转速传感器插头,目视检查导线与插头,看导线有无松脱,插头是否受潮或腐蚀。

316. 正确:启动前齿轮与飞轮不是啮合的,启动后齿轮与飞轮也能自动分离。

318. 正确:电磁式控制装置中的两线圈通电后会产生较强的电磁力,克服回位弹簧弹力使活动铁芯移动。

319. 正确:如果保持线圈搭铁点虚焊或假焊,应在清除氧化物与污垢后再重新用松香焊剂将其焊牢。

322. 正确:用千分表检查换向器的径向圆跳动时,其径向圆跳动应小于 0.05 mm。

324. 正确:当用电枢短路器检查时,若电枢在同一槽内上下两层的导线发生短路,则其在短路检验器上的电枢短路槽不会跳动,而其余槽上的钢片会跳动。

325. 正确:启动机电枢轴的各个支撑轴承需同轴。

327. 正确:启动机装复后全制动试验的目的是测量启动机在完全制动时所消耗的电流和制动力矩,以判断启动机主电路是否正常。

330. 正确:发动机转速越快,磁通的变化率越大,所产生的磁脉冲电压也越高。

332. 正确:霍尔电压的高低与磁通的变化率无关。

334. 正确:当霍尔电压为零时,霍尔集成电路使霍尔信号发生器的输出电压急剧上升至数伏。

336. 正确:光电式信号发生器的光敏管在没有光源照射时输出高电平。

338. 正确:拆下线束接插件,用万用表电阻挡对信号发生器的线圈进行测量,若阻值较小,说明其故障为匝间短路。

340. 正确:将万用表正极连向点火线圈"+"接线柱,负极连向点火线圈"—"接线柱,拔出分电器信号线插接器,接通点火开关,电压表读数为 5～6 V,并在 2 s 左右的时间内降到零，说明控制器正常。

342. 正确：检测电动燃油泵的泵油压力，其值应为 330～350 kPa。

343. 正确：在汽车电气系统检修时，振动的线束部分应用卡子或扎带固定，以免因振动使线束与其他部件接触导致短路。

346. 正确：为保证燃油密封，轴针式阀针必须有较长的导向杆，而球阀具有自动定心作用，无需较长的导向杆。

347. 正确：查看喷油嘴滴漏情况时，若系统油压正常，要求喷油嘴呈湿润状，而无滴油发生。

350. 正确：汽车空调系统的通风装置能防止风窗玻璃起雾。

351. 正确：汽车空调效果在车内分配不均匀，这是汽车车身的结构所造成的。

354. 正确：汽车空调制冷剂性能系数高，泄漏时容易检测。

355. 正确：汽车空调冷冻机油也叫作冷冻润滑油，是制冷压缩机的专用润滑油，能保证压缩机正常运转、可靠工作并延长其使用寿命。

357. 正确：电路图绘图时要抓住关键，找到突破口，既能达到分析电路、消化电路的目的，又能提高绘图效率。

360. 正确：搭铁的图形符号是⊥。

362. 正确：┼是导线的跨越图形符号。

364. 正确：单动断双动合触点的图形符号是[符号]。

366. 正确：液位控制开关的图形符号是[符号]。

368. 正确：[符号]是热敏电阻器的图形符号。

370. 正确：[符号]是一个绕组电磁铁的图形符号。

372. 正确：Ⓦ是瓦特表的图形符号。

374. 正确：Ⓥ是速度表的图形符号。

375. 正确：转速传感器的图形符号是[符号]。

378. 正确：指示灯的图形符号是⊗。

380. 正确：[符号]是电警笛的图形符号。

382. 正确：(SM)是直流伺服电动机的图形符号。

383. 正确：在蓄电池的图形符号中，细长线代表蓄电池的正极。

384. 正确：在蓄电池的图形符号中，短粗线代表蓄电池的负极。

385. 正确：电工图形符号中，—▭—是电阻的图形符号。

386. 正确：普通电阻的图形符号不能代替可变电阻的图形符号。

387. 正确：可变电容器的容量虽然可以调整，但不是无限的，其图形符号是在普通电容器的图形符号上加一带箭头的斜线。

390. 正确：光电二极管与发光二极管的图形符号不同，光电二极管的箭头向里，发光二极管的箭头向外。

392. 正确:电路图中的电气通路只表示各元件间的电气联系,并不是实际的接线,也不表明线路的走向。

394. 正确:线路图不涉及各被连接的电器的工作原理和型号。

396. 正确:部分电气设备的导线或插接件端子在电路图中标注有数字或字母标记。

398. 正确:在汽车电路图中,一般工作电流大、工作时间短的用电设备不经过电流表。因此在汽车电路图中一般有两根火线。

第四部分

中级工操作技能试题

认定要素细目表

<table>
<tr><th>行为领域</th><th>代码</th><th>认定范围</th><th>认定比重</th><th>代码</th><th>认　定　点</th><th>重要程度</th><th>备注</th></tr>
<tr><td rowspan="20">操作技能A 100%</td><td rowspan="6">A</td><td rowspan="6">维护、调整、安装</td><td rowspan="6">35%</td><td>001</td><td>调整点火正时</td><td>Y</td><td></td></tr>
<tr><td>002</td><td>维护电动刮水器</td><td>X</td><td></td></tr>
<tr><td>003</td><td>维护、调整使用中的蓄电池</td><td>Z</td><td></td></tr>
<tr><td>004</td><td>连接汽车仪表电路</td><td>X</td><td></td></tr>
<tr><td>005</td><td>安装简易充电设备</td><td>Y</td><td></td></tr>
<tr><td>006</td><td>更换发电机定子线圈</td><td>X</td><td></td></tr>
<tr><td rowspan="8">B</td><td rowspan="8">诊断维修</td><td rowspan="8">35%</td><td>001</td><td>检修发动机转速传感器</td><td>X</td><td></td></tr>
<tr><td>002</td><td>用炭精焊法修补蓄电池极柱</td><td>Z</td><td></td></tr>
<tr><td>003</td><td>检修启动机</td><td>X</td><td></td></tr>
<tr><td>004</td><td>诊断交流发电机的充电电流过小故障</td><td>Y</td><td></td></tr>
<tr><td>005</td><td>诊断分析交流发电机的励磁绕组故障</td><td>Z</td><td></td></tr>
<tr><td>006</td><td>诊断点火模块判断错误故障</td><td>X</td><td></td></tr>
<tr><td>007</td><td>诊断转向灯电路故障</td><td>X</td><td></td></tr>
<tr><td>008</td><td>诊断充电指示灯不熄灭故障</td><td>X</td><td></td></tr>
<tr><td rowspan="6">C</td><td rowspan="6">绘图与识图</td><td rowspan="6">30%</td><td>001</td><td>用所给电气元件设计并绘制混联电路图</td><td>X</td><td></td></tr>
<tr><td>002</td><td>绘制节气门位置传感器电路图</td><td>X</td><td></td></tr>
<tr><td>003</td><td>绘制进气压力传感器电路图</td><td>Y</td><td></td></tr>
<tr><td>004</td><td>绘制氧传感器电路图</td><td>Z</td><td></td></tr>
<tr><td>005</td><td>绘制顺序喷射控制电路图</td><td>X</td><td></td></tr>
<tr><td>006</td><td>识读电喷发动机电路图</td><td>Y</td><td></td></tr>
</table>

注：X—核心要素；Y—一般要素；Z—辅助要素。

操作技能试题

一、AA001 调整点火正时

1. 准备要求

(1) 设备准备。

序号	名 称	规 格	单 位	数 量	备 注
1	汽 车	国产汽油车	辆	1	

(2) 材料准备。

序号	名 称	规 格	单 位	数 量	备 注
1	棉 纱			适 量	
2	砂 条		条	1	

(3) 工具、用具、量具准备。

序号	名 称	规 格	单 位	数 量	备 注
1	火花塞套筒		件	1	
2	梅花螺丝刀	75 mm、100 mm	把	1	
3	平口螺丝刀	75 mm、100 mm	把	1	
3	扳 手	12～14 mm、 13～15 mm、 15～17 mm	把	各 1	
4	厚薄规	中 号	组	1	
5	手摇柄		把	1	

2. 操作程序说明

(1) 准备工作。

(2) 找出第一缸压缩行程上止点。

(3) 确定分电器第一缸位置。

(4) 组装固定。

(5) 清理场地。

3. 考核规定说明

(1) 如操作违章或未按操作程序执行操作，将停止考核。

(2) 考核采用百分制，考核项目得分按认定比重进行折算。

(3) 考核方式说明:本项目为实际操作(过程型),考核过程按评分标准及操作过程进行评分。

(4) 考核技能说明:本项目主要测量考生调整点火正时的熟练程度。

4. 考核时限

(1) 准备时间:1 min(不计入考核时间)。

(2) 正式操作时间:20 min。

(3) 提前完成操作不加分,到时停止操作考核。

5. 评分记录表

序号	考核内容	评分要素	配分	评分标准	检测结果	扣分	得分	备注
1	准备工作	准备工具、用具、量具及材料	5	工具、用具、量具及材料少选、错选一件扣1分				
2	找出第一缸压缩行程上止点	取下分电器盖,调整断电触点至0.35~0.45 mm范围内	10	不会调整断电触点扣10分				
		拆下第一缸火花塞,用拇指或棉球堵住缸盖上的火花塞孔	15	未拆下火花塞扣10分;未堵住火花塞孔扣5分				
		摇转曲轴,当感到有较大气压时再慢慢转动曲轴,使正时记号与规定的符号相对准,即为正确位置	10	摇转曲轴未到指定位置扣10分				
3	确定分电器第一缸位置	停止转动曲轴,装回火花塞,旋松分电器壳体上的固定螺钉	10	未装回火花塞扣5分;未旋松分电器壳体上的固定螺钉扣5分				
		拔出中央高压线,使其端头与缸体保持3~4 mm的距离	10	未拔出中央高压线扣5分;端头与缸体间距错误扣5分				
		接通点火开关,将分电器外壳按分电器轴旋转方向转动,使触点闭合,再反向慢慢转动,当高压线端头跳火时,即为触点处于刚分开位置	15	未接通点火开关扣5分;分电器外壳旋转方向错误扣10分				
4	组装固定	拧紧分电器壳体固定螺钉,装回分电器盖,插好中心高压线,注意分火头所对方向的电极位置;将第一缸高压线插在分火头对应的电极孔内,其他各缸按旋转方向和点火顺序插装好	25	组装错一处扣5分,扣完为止				
5	清理场地	清理场地,收拾工具、用具、量具及材料		未收、少收工具、用具、量具及材料从总分中扣3分,场地不清洁从总分中扣5分				

续表

序号	考核内容	评分要素	配分	评分标准	检测结果	扣分	得分	备注
5	安全文明操作	按国家或企业颁发的有关安全规定执行		每违反一项规定从总分中扣5分;严重违规取消考核				
6	考核时限	在规定时间内完成		到时停止操作				
	合　计		100					

二、AA002　维护电动刮水器

1.准备要求

(1) 设备准备。

序号	名　称	规　格	单　位	数　量	备　注
1	工作台	2 m^2	张	1	
2	刮水电动机	12 V	台	1	
3	台　钳	100 mm	把	1	

(2) 工具、用具、量具准备。

序号	名　称	规　格	单　位	数　量	备　注
1	手　锤	1.5磅	把	1	
2	螺丝刀	75 mm、100 mm	把	各1	
3	手　钳	180 mm	把	1	
4	砂　纸	0号		适　量	
5	卡　尺	0～150 mm	把	1	

2.操作程序说明

(1) 准备工作。

(2) 解体各部件。

(3) 检查转子换向器。

(4) 检查电刷及蜗轮蜗杆。

(5) 组装试验。

(6) 清理场地。

3.考核规定说明

(1) 如操作违章或未按操作程序执行操作，将停止考核。

(2) 考核采用百分制，考核项目得分按认定比重进行折算。

(3) 考核方式说明：本项目为实际操作(过程型)，考核过程按评分标准及操作过程进行评分。

(4) 考核技能说明：本项目主要测量考生维护、检修刮水电机的熟练程度。

4.考核时限

(1) 准备时间：3 min(不计入考核时间)。

(2) 正式操作时间：25 min。

(3) 提前完成操作不加分,到时停止操作考核。

5. 评分记录表

序号	考核内容	评分要素	配分	评分标准	检测结果	扣分	得分	备注
1	准备工作	准备工具、用具、量具	5	工具、用具、量具选错一件扣1分				
2	解体各部件	解体刮水电动机,清洗零件	15	未清洁零件扣5分;未解体刮水电动机扣10分				
3	检查转子换向器	清洗转子	10	操作错误扣10分				
		检查换向器、转子线圈	10	未检查换向器、卡子线圈一项扣5分				
		轻微磨损的换向器可用砂纸修复,若损坏严重应更换	5	未修复或更换换向器扣5分				
4	检查电刷及蜗轮蜗杆	检查电刷磨损情况,若损坏严重应更换	10	不会检查电刷磨损情况扣5分,电刷损坏严重未更换扣5分				
		检查蜗轮蜗杆,并少量涂润滑油	10	未检查蜗轮蜗杆,并少量涂润滑油扣10分				
		调整蜗轮蜗杆间隙	10	蜗轮蜗杆间隙偏差太大扣10分				
5	组装试验	组装并进行试验	20	未进行试验扣10分;未组装扣10分				
6	清理场地	收拾工具、用具及量具,清理场地	5	未收拾工具、用具及量具扣5分				
7	安全文明操作	按国家或企业颁发的有关安全规定执行		每违反一项规定从总分中扣5分;严重违规取消考核				
8	考核时限	在规定时间内完成		到时停止操作考核				
合计			100					

三、AA003 维护、调整使用中的蓄电池

1. 准备要求

(1) 设备准备。

序号	名称	规格	单位	数量	备注
1	汽车		辆	1	完好状态

(2) 工具、用具准备。

序号	名称	规格	单位	数量	备注
1	扳手		套	1	
2	螺丝刀	100 mm	把	1	
3	钢锯条		根	1	

2. 操作程序说明

(1) 准备工作。

(2) 拆下蓄电池。

(3) 维护、清洗。

(4) 调整、维护电解液。

(5) 清理场地。

3. 考核规定说明

(1) 如操作违章或未按操作程序执行操作，将停止考核。

(2) 考核采用百分制，考核项目得分按认定比重进行折算。

(3) 考核方式说明：本项目为实际操作(过程型)，考核过程按评分标准及操作过程进行评分。

(4) 考核技能说明：本项目主要测量考生对蓄电池的结构、工作原理以及电解液相对密度标准的掌握程度。

4. 考核时限

(1) 准备时间：1 min(不计入考核时间)。

(2) 正式操作时间：20 min。

(3) 提前完成操作不加分，到时停止操作考核。

5. 评分记录表

序号	考核内容	评分要素	配分	评分标准	检测结果	扣分	得分	备注
1	准备工作	选择工具、用具	3	工具、用具少选、错选一件扣1分				
2	拆下蓄电池	拆下蓄电池防尘盖	5	未拆下蓄电池防尘盖扣5分				
		拆下蓄电池架螺丝	7	未拆下蓄电池螺丝扣7分				
		不便维护、调整时应拆下蓄电池	10	蓄电池应拆不拆扣10分				
3	维护、清洗	清洗蓄电池表面及桩柱	5	未清洗蓄电池表面及桩柱扣5分				
		检查并疏通加液盖气孔	5	未检查并疏通加液盖气孔扣5分				
		清除桩头导线上的氧化物	5	未清除桩头导线上的氧化物扣5分				
		清除污垢后应涂润滑油	5	清除污垢后未涂润滑油扣5分				
4	调整、维护电解液	调整支架紧固螺丝	5	未调整支架紧固螺丝扣5分				
		调整电解液相对密度，夏季应为1.25～1.27，冬季应为1.27～1.30	20	不清楚电解液相对密度标准扣10分；未调整电解液相对密度扣10分				

续表

序号	考核内容	评分要素	配分	评分标准	检测结果	扣分	得分	备注
4	调整、维护电解液	调整液面高度，应高出极板15～20 mm，不足可以加蒸馏水	20	不清楚液面高度标准扣10分；未调整液面高度扣10分				
		电解液密度严重偏低应充电	10	未处理电解液密度严重偏低情况扣10分				
5	清理场地	收拾工具、用具，清理现场	5	未收拾工具、用具扣3分，未清理现场扣2分				
6	安全文明操作	按国家或企业颁发的有关安全规定执行		每违反一项规定从总分中扣5分；严重违规取消考核				
7	考核时限	在规定时间内完成		到时停止操作考核				
合计			100					

四、AA004 连接汽车仪表电路

1. 准备要求

(1) 设备准备。

序号	名 称	规 格	单 位	数 量	备 注
1	工作台	2 m^2	张	1	
2	现有车型仪表盘		组	1	

(2) 材料准备。

序号	名 称	规 格	单 位	数 量	备 注
1	胶 布			适 量	
2	导 线	1.0～2.0 mm^2	组	1	

(3) 工具、用具、量具准备。

序号	名 称	规 格	单 位	数 量	备 注
1	尖嘴钳	180 mm	把	1	
2	螺丝刀	75 mm、100 mm	把	各 1	
3	剥线钳				
4	电流表	正负 30 A	块	1	

2. 操作程序说明

(1) 准备工作。

(2) 清除杂质。

(3) 确定导线位置。

(4) 对号插接。

(5) 试验。

(6) 清理场地。

3. 考核规定说明

(1) 如操作违章或未按操作程序执行操作，将停止考核。

(2) 考核采用百分制，考核项目得分按认定比重进行折算。

(3) 考核方式说明：本项目为实际操作(过程型)，考核过程按评分标准及操作过程进行评分。

(4) 考核技能说明：本项目主要测量考生连接汽车仪表电路(BJ121)的熟练程度。

4. 考核时限

(1) 准备时间：1 min(不计入考核时间)。

(2) 正式操作时间：20 min。

(3) 提前完成操作不加分，到时停止操作考核。

5. 评分记录表

序号	考核内容	评分要素	配分	评分标准	检测结果	扣分	得分	备注
1	准备工作	选择工具、用具、量具及材料	5	工具、用具、量具及材料少选、错选一件扣1分				
2	清除杂质	清理各导线接头及接线柱	20	未清理各导线接头及接线柱一处扣5分				
3	确定导线位置	检查各仪表的固定情况	5	未检查各仪表的固定情况扣5分				
		根据颜色及位置确定导线部位	10	导线部位确定错误扣10分				
4	对号插接	接好每条导线	20	导线接错一处扣5分				
		各插接件对号插好	15	插接件插错一处扣5分				
		接好传感器线头	10	未接传感器线头扣10分				
5	试验	通电试验	10	未进行通电试验扣10分				
6	清理场地	收拾工具、用具、量具及材料，清理现场	5	未收拾工具、用具、量具及材料扣3分；未清理现场扣2分				
7	安全文明操作	按国家或企业颁发的有关安全规定执行		每违反一项规定从总分中扣5分；严重违规取消考核				
8	考核时限	在规定时间内完成		到时停止操作考核				
合计			100					

五、AA005 安装简易充电设备

1. 准备要求

(1) 设备准备。

序号	名 称	规 格	单 位	数 量	备 注
1	调压器	0～220 V	台	1	
2	整流器	耐压 250 V	套	1	
3	蓄电池	6-Q-60	组	1	
4	比重计		个	1	

(2) 材料准备。

序号	名 称	规 格	单 位	数 量	备 注
1	蒸馏水		kg	2	
2	硫 酸		kg	1	

(3) 工具、用具、量具准备。

序号	名 称	规 格	单 位	数 量	备 注
1	活动扳手	200 mm×24 mm	把	1	
2	螺丝刀	75 mm、100 mm	把	各 1	
3	手 锤	1.5 磅	把	1	
4	电流表	正负 30 A	只	1	

2. 操作程序说明

(1) 准备工作。

(2) 摆放设备，处理导线。

(3) 连接电路。

(4) 调整电解液密度。

(5) 调整电流。

(6) 清理场地。

3. 考核规定说明

(1) 如操作违章或未按操作程序执行操作，将停止考核。

(2) 考核采用百分制，考核项目得分按认定比重进行折算。

(3) 考核方式说明：本项目为现场实际操作(过程型)，考核过程按评分标准及操作过程进行评分。

(4) 考核技能说明：本项目主要测量考生安装简易充电设备(BJ121)的熟练程度。

4. 考核时限

(1) 准备时间：3 min(不计入考核时间)。

(2) 正式操作时间：20 min。

(3) 提前完成操作不加分，到时停止操作考核。

5.评分记录表

序号	考核内容	评分要素	配分	评分标准	检测结果	扣分	得分	备注
1	准备工作	选择工具、用具、量具及材料	5	工具、用具、量具及材料少选、错选一件扣1分				
2	摆放设备，处理导线	将需要连接的设备放在胶皮上	5	未将需要连接的设备放在胶皮上扣5分				
		处理好各导线接头及接线柱	25	各导线接头及接线柱处理错一处扣5分				
3	连接电路	先用导线连接低压整流电路部分	10	导线接错扣10分				
		将电流表串联接在低压直流电路中	10	电流表接错扣10分				
4	调整电解液密度	将电解液的密度调整至1.25 g/cm³左右	20	不掌握电解液密度标准扣10分；电解液密度调整不准确扣10分				
5	调整电流	调整充电电流至5 A左右，再根据实际情况重新调整	20	不掌握充电电流标准扣10分；充电电流调整不准确扣10分				
6	清理场地	收拾工具、用具、量具及材料，清理场地	5	未收拾工具、用具、量具及材料扣3分；未清理场地扣2分				
7	安全文明操作	按国家或企业颁发的有关安全规定执行		每违反一项规定从总分中扣5分；严重违规取消考核				
8	考核时限	在规定时间内完成		到时停止操作考核				
合计			100					

六、AA006　更换发电机定子线圈

1.准备要求

(1) 设备准备。

序号	名　称	规　格	单　位	数　量	备　注
1	直流发电机	500 W	台	1	

(2) 材料准备。

序号	名　称	规　格	单　位	数　量	备　注
1	砂　纸	00		适　量	
2	绝缘纸			适　量	

(3) 工具、用具准备。

序号	名　称	规　格	单　位	数　量	备　注
1	扳　手	8～10 mm、12～14 mm	把	各 1	
2	螺丝刀	75 mm、100 mm	把	各 1	
3	电烙铁	45 W	把	1	

2. 操作程序说明

(1) 准备工作。

(2) 解体发电机。

(3) 更换发电机定子线圈。

(4) 组装并试验。

(5) 清理场地。

3. 考核规定说明

(1) 如操作违章或未按操作程序执行操作，将停止考核。

(2) 考核采用百分制，考核项目得分按认定比重进行折算。

(3) 考核方式说明：本项目为实际操作(过程型)，考核过程按评分标准及操作过程进行评分。

(4) 考核技能说明：本项目主要测量考生更换发电机定子线圈的熟练程度。

4. 考核时限

(1) 准备时间：1 min(不计入考核时间)。

(2) 正式操作时间：20 min。

(3) 提前完成操作不加分，到时停止操作考核。

5. 评分记录表

序号	考核内容	评分要素	配分	评分标准	检测结果	扣分	得分	备注
1	准备工作	选择工具、用具及材料	5	工具、用具及材料少选、错选一件扣 1 分				
2	解体发电机	拆下发电机前后端盖	5	未拆下发电机前后端盖扣 5 分				
		解体发电机总成	10	未解体发电机总成扣 10 分				
		拆除连接线，取出定子绕组	10	未拆除连接线并取出定子绕组扣 10 分				
		清洗各部件污垢、杂质	5	未清洗各部件污垢、杂质扣 5 分				
3	更换发电机定子线圈	检查备换定子线圈质量	5	未检查备换定子线圈质量扣 5 分				

续表

序号	考核内容	评分要素	配分	评分标准	检测结果	扣分	得分	备注
3	更换发电机定子线圈	检查绝缘部分是否完好无损	10	未检查绝缘部分是否完好无损扣10分				
		检查线圈的排列情况	5	未检查线圈的排列情况扣5分				
		接点焊接应正确、牢固	5	未检查接点焊接是否正确、牢固扣5分				
4	组装并试验	按与解体相反顺序组装	10	组装顺序错乱扣10分				
		紧固线圈所有接线柱	5	未紧固线圈所有接线柱扣5分				
		装复后线圈与后盖应绝缘	10	未检查线圈与后盖绝缘情况扣10分				
		检查旋转是否灵活自如	10	旋转不灵活扣10分				
		进行试验，发电机应工作正常		试验失败此项不得分（扣40分）				
5	清理场地	收拾工具、用具及材料，清理场地	5	未收拾工具、用具及材料扣3分；未清理场地扣2分				
6	安全文明操作	按国家或企业颁发的有关安全规定执行		每违反一项规定从总分中扣5分；严重违规取消考核				
7	考核时限	在规定时间内完成		到时停止操作考核				
合　　计			100					

七、AB001　检修发动机转速传感器

1. 准备要求

(1) 设备准备。

序号	名　称	规　格	单　位	数　量	备　注
1	转速传感器		件	1	现　有
2	工作台	2 m^2	张	1	

(2) 工具、用具、量具准备。

序号	名　称	规　格	单　位	数　量	备　注
1	螺丝刀	75 mm、100 mm	把	各1	
2	扳　手	12～14 mm、13～15 mm、14～17 mm	把	各1	

续表

序号	名　称	规　格	单　位	数　量	备　注
3	万用表	数　字	只	1	
4	卡　尺	0～150 mm	把	1	
5	塞　尺		副	1	
6	尖嘴钳		把	1	

2. 操作程序说明

(1) 准备工作。

(2) 拆下总成。

(3) 检查传感器。

(4) 检修传感器。

(5) 组装并实验。

(6) 清理场地。

3. 考核规定说明

(1) 如操作违章或未按操作程序执行操作，将停止考核。

(2) 考核采用百分制，考核项目得分按认定比重进行折算。

(3) 考核方式说明：本项目为实际操作(过程型)，考核过程按评分标准及操作过程进行评分。

(4) 考核技能说明：本项目主要测量考生对发动机转速传感器构造、原理的掌握程度。

4. 考核时限

(1) 准备时间：1 min(不计入考核时间)。

(2) 正式操作时间：25 min。

(3) 提前完成操作不加分，到时停止操作考核。

5. 评分记录表

序号	考核内容	评分要素	配分	评分标准	检测结果	扣分	得分	备注
1	准备工作	选择工具、用具、量具	5	工具、用具、量具少选、错选一件扣1分				
2	拆下总成	拆下传感器插头	15	拆卸顺序错一处扣5分，扣完为止				
		拆除传感器固定螺丝	5	未拆除传感器固定螺丝扣5分				
3	检查传感器	清洗传感器	10	未清洗传感器扣10分				
		检查传感器是否磨损	5	未检查传感器是否磨损扣5分				
		检查传感器插头	15	未检查传感器插头扣15分				

续表

序号	考核内容	评分要素	配分	评分标准	检测结果	扣分	得分	备注
4	检修传感器	测量传感器电阻	10	未测量传感器电阻扣 10 分				
		通电试验传感器	10	未通电试验传感器扣 10 分				
5	组装并试验	按相反顺序组装	10	组装顺序错误扣 10 分				
		进行试验	10	未进行试验扣 10 分				
6	清理场地	收拾工具、用具、量具，清理场地	5	未收拾工具、用具、量具扣 3 分，未清理场地扣 2 分				
7	安全文明操作	按国家或企业颁发的有关安全规定执行		每违反一项规定从总分中扣 5 分；严重违规取消考核				
8	考核时限	在规定时间内完成		到时停止操作考核				
合　　计			100					

八、AB002　用炭精焊法修补蓄电池极柱

1. 准备要求

(1) 设备准备。

序号	名　称	规　格	单　位	数　量	备　注
1	蓄电池	6-Q-105	块	1	

(2) 材料准备。

序号	名　称	规　格	单　位	数　量	备　注
1	铅　条	ϕ0.2 mm	根	1	
2	火　线		根	1	
3	毛　巾		条	3	
4	铁　皮			适　量	

(3) 工具、用具准备。

序号	名　称	规　格	单　位	数　量	备　注
1	手　钳	200 mm	把	1	
2	铁皮剪刀	300 mm	把	1	
3	手　锤	1.5 磅	把	1	
4	炭精棒	ϕ0.5 mm	根	1	

2. 操作程序说明

(1) 准备工作。

(2) 制作模具。

(3) 连接引线。

(4) 施焊。

(5) 检验。

(6) 清理场地。

3. 考核规定说明

(1) 如操作违章或未按操作程序执行操作,将停止考核。

(2) 考核采用百分制,考核项目得分按认定比重进行折算。

(3) 考核方式说明:本项目为实际操作(过程型),考核过程按评分标准及操作过程进行评分。

(4) 考核技能说明:本项目主要测量考生对用炭精焊法修补蓄电池极柱的熟练程度。

4. 考核时限

(1) 准备时间:1 min(不计入考核时间)。

(2) 正式操作时间:20 min。

(3) 提前完成操作不加分,到时停止操作考核。

5. 评分记录表

序号	考核内容	评分要素	配分	评分标准	检测结果	扣分	得分	备注
1	准备工作	选择工具、用具及材料	5	工具、用具及材料少选、错选一件扣1分				
2	制作模具	将湿毛巾盖在蓄电池表面,特别是极桩附近	10	未将湿毛巾盖在极桩附近扣10分				
		用铁皮制作桩头模具	10	未制作桩头模具扣10分				
3	连接引线	接好蓄电池火线,如果蓄电池自身电量不足,可另接电源,火线另一头接炭精棒	20	接错一处扣10分				利用火线
4	施　焊	一只手拿铅条,另一只手用手钳夹住炭精棒夹接处,对极桩施焊	10	操作错误扣10分				
		施焊时间不能过长	10	施焊时间过长扣10分				
		应经常往毛巾上喷水	10	不往毛巾上喷水扣10分				
5	检　验	施焊后取下模具	10	未取下模具扣10分				
		检验焊接质量	10	焊接不合格扣10分				
6	清理场地	收拾工具、用具及材料,清理场地	5	未收拾工具、用具及材料扣3分;未清理场地扣2分				
7	安全文明操作	按国家或企业颁发的有关安全规定执行		每违反一项规定从总分中扣5分;严重违规取消考核				
8	考核时限	在规定时间内完成		到时停止操作考核				
合　计			100					

九、AB003　检修启动机

1. 准备要求

（1）设备准备。

序号	名　称	规　格	单　位	数　量	备　注
1	工作台	2 m^2	张	1	
2	台虎钳		个	1	

（2）材料准备。

序号	名　称	规　格	单　位	数　量	备　注
1	砂　纸		张	1	
2	棉　纱			适　量	

（3）工具、用具、量具准备。

序号	名　称	规　格	单　位	数　量	备　注
1	万用表	500 型	只	1	
2	克丝钳	180 mm	把	1	
3	螺丝刀	75 mm、100 mm	把	各 1	

2. 操作程序说明

（1）准备工作。

（2）解体、清洁启动机。

（3）检查各零部件是否完好。

（4）组装并试验。

（5）清理场地。

3. 考核规定说明

（1）如操作违章或未按操作程序执行操作，将停止考核。

（2）考核采用百分制，考核项目得分按认定比重进行折算。

（3）考核方式说明：本项目为实际操作（过程型），考核过程按评分标准及操作过程进行评分。

（4）考核技能说明：本项目主要测量考生对启动机的构造、工作原理的掌握程度。

4. 考核时限

（1）准备时间：1 min（不计入考核时间）。

（2）正式操作时间：20 min。

（3）提前完成操作不加分，到时停止操作考核。

5. 评分记录表

序号	考核内容	评分要素	配分	评分标准	检测结果	扣分	得分	备注
1	准备工作	选择工具、用具及材料	5	工具、用具及材料少选、错选一件扣 1 分				

续表

序号	考核内容	评分要素	配分	评分标准	检测结果	扣分	得分	备注
2	解体、清洁启动机	解体启动机，不得损伤原部件	20	解体顺序错误扣10分；损伤原部件扣10分				
		清除各部件的灰尘及油污	5	未清除各部件的灰尘及油污扣5分				
3	检查各零部件是否完好	检修损伤部件	5	未检修损伤部件扣5分				
		磁场线圈应无故障	5	判断错误扣5分				
		换向器表面应符合技术要求	5	判断错误扣5分				
		电枢应无短路、断路、脱焊现象	10	有故障查不出扣10分				
		电刷应符合要求、绝缘良好，弹簧应符合要求	5	判断错误扣5分				
		电磁开关应良好	5	判断错误扣5分				
4	组装并试验	按解体的相反顺序组装全部合格零件	10	组装顺序错乱扣10分				
		测量启动齿轮端面与止推垫圈之间的间隙，应为1～4 mm	10	未测量启动齿轮端面与止推垫圈之间的间隙扣10分				
		试验电枢应旋转自如，无摩擦，启动机的转速应不低于6 000 r/min，电流应低于50 A	10	不掌握相关标准扣10分，试验失败此项不得分(扣30分)				
5	清理场地	收拾工具、用具、量具及材料，清理场地	5	未收拾工具、用具、量具扣3分，未清理场地扣2分				
6	安全文明操作	按国家或企业颁发的有关安全规定执行		每违反一项规定从总分中扣5分；严重违规取消考核				
7	考核时限	在规定时间内完成		到时停止操作考核				
合计			100					

十、AB004　诊断交流发电机充电电流过小故障

1. 准备要求

(1) 设备准备。

序号	名　称	规　格	单　位	数　量	备　注
1	工作台	2 m^2	张	1	
2	现有车辆		辆	1	

(2) 材料准备。

序号	名　称	规　格	单　位	数　量	备　注
1	砂　纸		张	1	
2	棉　纱			适　量	

(3) 工具、用具、量具准备。

序号	名　称	规　格	单　位	数　量	备　注
1	万用表	500 型	只	1	
2	克丝钳	180 mm	个	1	
3	螺丝刀	75 mm、100 mm	把	各 1	

2. 操作程序说明

(1) 准备工作。

(2) 故障判断。

(3) 检查风扇皮带。

(4) 检查低速触点。

(5) 清理场地。

3. 考核规定说明

(1) 如操作违章或未按操作程序执行操作，将停止考核。

(2) 考核采用百分制，考核项目得分按认定比重进行折算。

(3) 考核方式说明：本项目为实际操作（过程型），考核过程按评分标准及操作过程进行评分。

(4) 考核技能说明：本项目主要测量考生对交流发电机工作原理及故障排除的掌握程度。

4. 考核时限

(1) 准备时间：1 min（不计入考核时间）。

(2) 正式操作时间：20 min。

(3) 提前完成操作不加分，到时停止操作考核。

5. 评分记录表

序号	考核内容	评分要素	配分	评分标准	检测结果	扣分	得分	备注
1	准备工作	选择工具、用具、量具及材料	5	工具、用具、量具及材料少选、错选一件扣 1 分				
2	故障判断	使发动机运转速度由中速逐渐降低（或由低速逐渐增加）	10	未使发动机运转速度由中速逐渐降低（或由低速逐渐增加）扣 10 分				
		打开前照灯	10	未打开前照灯扣 10 分				

续表

序号	考核内容	评分要素	配分	评分标准	检测结果	扣分	得分	备注
2	故障判断	观察现象：电流表指示放电，或充电指示不熄灭，灯光暗淡，电喇叭声音小	20	少观察1项扣5分				
		故障原因为充电电流小（尤其在发动转速增加时，现象均存在）	10	未判断出故障原因此项不得分				
3	检查风扇皮带	检查发电机风扇皮带是否打滑及其张紧度	10	未检查发电机风扇皮带是否打滑及其张紧度扣10分				
4	检查低速触点	用螺丝刀短接低速触点	10	未用螺丝刀短接低速触点扣10分				
		充电电流在短接后增大，说明是调节器故障	10	判断错误扣10分				
		否则为发电机故障	10	判断错误扣10分				
5	清理场地	收拾工具、用具、量具及材料，清理现场	5	未收拾工具、用具、量具及材料扣3分；未清理现场扣2分				
6	安全文明操作	按国家或企业颁发的有关安全规定执行		每违反一项规定从总分中扣5分；严重违规取消考核				
7	考核时限	在规定时间内完成		到时停止操作考核				
合计			100					

十一、AB005 诊断分析交流发电机的励磁绕组故障

1. 准备要求

(1) 设备准备。

序号	名称	规格	单位	数量	备注
1	工作台	2 m^2	张	1	
2	发动机	EQ1090	台	1	

(2) 量具准备。

序号	名称	规格	单位	数量	备注
1	万用表	500型	只	1	

2. 操作程序说明

(1) 准备工作。

(2) 量程选择。

(3) 断路故障判断。

(4) 短路故障判断。

(5) 搭铁故障判断。

(6) 清理场地。

3. 考核规定说明

(1) 如操作违章或未按操作程序执行操作,将停止考核。

(2) 考核采用百分制,考核项目得分按认定比重进行折算。

(3) 考核方式说明:本项目为实际操作(过程型),考核过程按评分标准及操作过程进行评分。

(4) 考核技能说明:本项目主要测量考生对交流发电机工作原理及故障排除的掌握程度。

4. 考核时限

(1) 准备时间:1 min(不计入考核时间)。

(2) 正式操作时间:20 min。

(3) 提前完成操作不加分,到时停止操作考核。

5. 评分记录表

序号	考核内容	评分要素	配分	评分标准	检测结果	扣分	得分	备注
1	准备工作	量具准备		量具准备错误从总分中扣3分				
2	量程选择	选用万用表 $R\times1$ 挡	10	量程选择错误扣10分				
		将表笔分别触及两个滑环	10	未将表笔分别触及两个滑环扣10分				
		标准电阻值为5～6 Ω	10	未掌握标准电阻值扣10分				
3	断路故障判断	若电阻值为无穷大,说明绕组断路	20	未测出阻值扣10分;未判断出故障原因扣10分				
4	短路故障判断	若电阻值小于标准值,说明励磁绕组有匝间短路故障	10	未判断出故障原因扣10分				
5	搭铁故障判断	用万用表的一支表笔触及滑环,另一支表笔触及转子的轴和爪极	10	操作错误扣10分				
		万用表应无读数,说明励磁绕组正常	20	未测量出结果扣10分;判断错误扣10分				
		万用表指针指示为零或有一定阻值,说明励磁绕组有搭铁现象	10	判断错误扣10分				

续表

序号	考核内容	评分要素	配分	评分标准	检测结果	扣分	得分	备注
6	清理场地	收拾量具,清理场地		未收拾量具从总分中扣3分;未清理场地从总分中扣2分				
7	安全文明操作	按国家或企业颁发的有关安全规定执行		每违反一项规定从总分中扣5分;严重违规取消考核				
7	考核时限	在规定时间内完成		到时停止操作考核				
合计			100					

十二、AB006 诊断点火模块判断错误故障

1. 准备要求

(1) 设备准备。

序号	名称	规格	单位	数量	备注
1	汽车	解放1091	辆	1	

(2) 工具、用具、量具准备。

序号	名称	规格	单位	数量	备注
1	螺丝刀	75 mm、100 mm	把	各1	
2	扳手	8~10 mm、12~14 mm	把	各1	
3	万用表	数字型	只	1	
4	清洗盆		个	1	
5	工具盘		个	1	

2. 操作程序说明

(1) 准备工作。

(2) 拔出高压线。

(3) 接通点火开关,诊断点火模块。

(4) 拆下插头检查。

(5) 清理场地。

6. 考核规定说明

(1) 如操作违章或未按操作程序执行操作,将停止考核。

(2) 考核采用百分制,考核项目得分按认定比重进行折算。

(3) 考核方式说明:本项目为实际操作(过程型),考核过程按评分标准及操作过程进行评分。

(4) 考核技能说明:本项目主要测量考生对点火模块的原理和作用的掌握情况。

4.考核时限

(1) 准备时间:1 min(不计入考核时间)。

(2) 正式操作时间:15 min。

(3) 提前完成操作不加分,到时停止操作考核。

5.评分记录表

序号	考核内容	评分要素	配分	评分标准	检测结果	扣分	得分	备注
1	准备工作	选择工具、用具、量具	5	工具、用具、量具少选、错选一件扣1分				
2	拔出高压线	打开发动机罩,拔出高压线	15	未打开发动机罩扣5分,未拔出高压线扣10分				
3	接通点火开关,诊断点火模块	接通点火开关,将高压线端头置于距发动机金属部分3～4 mm处	15	未接通点火开关扣5分;高压线端头位置错误扣10分				
		启动发动机,观察火花情况	20	未启动发动机扣10分;未观察火花情况扣10分				
		如有明显火花说明点火模块故障	10	判断错误扣10分				
4	拆下插头检查	拆下点火模块插头	10	未拆下点火模块插头扣10分				
		用万用表测量插头电压	10	未测量插头电压扣10分				
		用万用表测量点火模块各脚电阻	10	未测量点火模块各脚电阻扣10分				
5	清理场地	收拾工具、用具、量具,清理场地	5	未收拾工具、用具、量具扣5分				
6	安全文明操作	按国家或企业颁发的有关安全规定执行		每违反一项规定从总分中扣5分;严重违规取消考核				
7	考核时限	在规定时间内完成		到时停止操作考核				
合计			100					

十三、AB007 诊断转向灯电路故障

1.准备要求

(1) 设备准备。

序号	名 称	规 格	单 位	数 量	备 注
1	汽 车	现 有	辆	1	

（2）材料准备。

序号	名　称	规　格	单　位	数　量	备　注
1	灯　泡	20～28 W	只	2	

（3）工具、用具、量具准备。

序号	名　称	规　格	单　位	数　量	备　注
1	克丝钳	180 mm	把	1	
2	尖嘴钳	180 mm	把	1	
3	螺丝刀	75 mm、100 mm	把	各 1	
4	扳　手	10～12 mm、14～17 mm	把	各 1	
5	万用表	500 型或数字型	只	1	
6	清洗盆		个	1	
7	工具盘		个	1	

2. 操作程序说明

（1）准备工作。

（2）检查电源。

（3）检查开关及灯泡。

（4）检查灯泡功率及闪光器。

（5）清理场地。

3. 考核规定说明

（1）如操作违章或未按操作程序执行操作，将停止考核。

（2）考核采用百分制，考核项目得分按认定比重进行折算。

（3）考核方式说明：本项目为实际操作（过程型），考核过程按评分标准及操作过程进行评分。

（4）考核技能说明：本项目主要测量考生对汽车转向灯线路故障的判断及修理技能的掌握情况。

4. 考核时限：

（1）准备时间：1 min（不计入考核时间）。

（2）正式操作时间：20 min。

（3）提前完成操作不加分，到时停止操作考核。

5. 评分记录表

序号	考核内容	评分要素	配分	评分标准	检测结果	扣分	得分	备注
1	准备工作	选择工具、用具、量具及材料	5	工具、用具、量具及材料少选、错选一件扣 1 分				

续表

序号	考核内容	评分要素	配分	评分标准	检测结果	扣分	得分	备注
2	检查电源	将转向灯开关分别扳至左右两侧	10	未将转向灯开关分别扳至左右两侧扣10分				
		观察指示灯和前后转向信号灯	10	未观察指示灯和前后转向信号灯扣10分				
		若所有灯均不亮,需检查熔断器是否断开,并检查转向灯开关及其与闪光器之间的导线	15	未检查熔断器扣5分;未检查转向灯开关与闪光器之间导线扣10分				
3	检查开关及灯泡	若有一侧灯不亮,应检查转向开关	10	未检查转向开关扣10分				
		若只有个别灯不亮,需检查连接该灯的导线及灯丝是否断开,搭铁是否良好	20	未检查导线扣10分;未检查搭铁扣10分				
4	检查灯泡功率及闪光器	观察闪光亮度和闪光频率	10	未观察闪光亮度和闪光频率扣10分				
		若闪光亮度不均、闪光频率不正常,需检查导线接柱、灯泡功率和闪光器	15	少检查1处扣5分				
5	清理场地	收拾工具、用具、量具及材料,清理场地	5	未收拾工具、用具、量具及材料扣3分;未清理场地扣2分				
6	安全文明操作	按国家或企业颁发的有关安全规定执行		每违反一项规定从总分中扣5分;严重违规取消考核				
7	考核时限	在规定时间内完成		到时停止操作考核				
	合　计		100					

十四、AB008　诊断充电指示灯不熄故障

1. 准备要求

(1) 设备准备。

序号	名　称	规　格	单　位	数　量	备　注
1	完好汽车		辆	1	发电机带中心抽头

(2) 材料准备。

序号	名　称	规　格	单　位	数　量	备　注
1	工具盘		个	1	
2	绝缘胶布			若　干	

(3) 工具、用具、量具准备。

序号	名　称	规　格	单　位	数　量	备　注
1	螺丝刀	75 mm、100 mm	把	各 1	
2	尖嘴钳	180 mm	把	1	
3	试　灯	12 V	组	1	
4	万用表	500 型或数字型	只	1	

2. 操作程序说明

(1) 准备工作。

(2) 检查皮带。

(3) 测量中性点电压。

(4) 检查充电指示灯继电器。

(5) 清理场地。

3. 考核规定说明

(1) 如操作违章或未按操作程序执行操作，将停止考核。

(2) 考核采用百分制，考核项目得分按认定比重进行折算。

(3) 考核方式说明：本项目为实际操作(过程型)，考核过程按评分标准及操作过程进行评分。

(4) 考核技能说明：本项目主要测量考生对汽车充电线路、发电机、调节器修理技能的掌握程度。

4. 考核时限

(1) 准备时间：1 min(不计入考核时间)。

(2) 正式操作时间：15 min。

(3) 提前完成操作不加分，到时停止操作考核。

5. 评分记录表

序号	考核内容	评分要素	配分	评分标准	检测结果	扣分	得分	备注
1	准备工作	选择工具、用具、量具及材料	5	工具、用具、量具及材料少选、错选一件扣 1 分				
2	检查皮带	打开点火开关观察仪表	10	未打开点火开关观察仪表扣 10 分				
		启动发动机，看充电指示灯是否熄灭	10	未启动发动机并观察指示灯扣 10 分				
		检查、调整皮带的张力	10	未检查皮带的张力扣 5 分；未调整皮带的张力扣 5 分				
3	测量中性点电压	检查发电机中性点接线柱是否有电压	10	未检查发电机中性点接线柱是否有电压扣 10 分				

续表

序号	考核内容	评分要素	配分	评分标准	检测结果	扣分	得分	备注
3	测量中性点电压	检查发电机磁场接柱是否有电	10	未检查发电机磁场接柱是否有电扣10分				
		若接柱无电，检查调节器；若有电，再检查激磁这段导线及点火开关或保险电路(如果是CA1091型汽车要检查调节器的搭铁情况)	20	漏查调节器扣10分；漏查导线扣5分；漏查其他扣5分				
4	检查充电指示灯继电器	检查充电指示灯继电器是否动作	10	未检查充电指示灯继电器是否动作扣10分				
		检查充电指示灯至继电器之间导线是否搭铁	10	未检查充电指示灯至继电器之间导线是否搭铁扣10分				
5	清理场地	收拾工具、用具、量具及材料	5	未收拾工具、用具、量具及材料扣3分；未清理场地扣2分				
6	安全文明操作	按国家或企业颁发的有关安全规定执行		每违反一项规定从总分中扣5分；严重违规取消考核				
7	考核时限	在规定时间内完成		到时停止操作考核				
合计			100					

十五、AC001 用所给电气元件设计并绘制混联电路图

1. 准备要求

(1) 材料准备。

序号	名称	规格	单位	数量	备注
1	绘图板		张	1	鉴定站准备

(2) 工具、用具、量具准备。

序号	名称	规格	单位	数量	备注
1	绘图仪		套	1	考生自备
2	三角板		副	1	考生自备
3	直尺	30 cm	把	1	考生自备
4	绘图笔	HB	支	若干	考生自备
5	绘图纸	A4	张	若干	
6	橡皮		块	1	考生自备

2. 操作程序说明

(1) 准备工作。

(2) 确定图幅。

(3) 确定元件位置。

(4) 绘制电气元件。

(5) 布线。

(6) 绘制接点。

(7) 标注元件名称。

(8) 清理场地。

3. 考核规定说明

(1) 如考场违纪,将停止答卷。

(2) 考核采用百分制,考核项目得分按认定比重折算。

(3) 考核方式说明:本项目为技能笔试题(结果型),根据评分标准对试卷内容进行评分。

(4) 考核技能说明:本项目主要测量考生对绘制混联电路图的熟练程度。

4. 考核时限

(1) 准备时间:1 min(不计入考核时间)。

(2) 笔试时间:20 min。

(3) 提前完成答卷不加分,到时停止答卷。

5. 评分记录表

序号	考核内容	评分要素	配分	评分标准	检测结果	扣分	得分	备注
1	准备工作	选择工具、用具、量具及材料	5	工具、用具、量具及材料少选、错选一件扣1分				
2	确定图幅	确定图幅比例,电路图应呈长方形,有棱有角,导线应横平竖直,应绘制边框线	15	未能确定图幅比例扣3分;未能使电路图呈长方形扣3分;未能画得有棱有角扣3分;导线未能画得横平竖直扣3分;未绘制边框线扣3分				
3	确定元件位置	合理布置电气元件位置	5	电气元件位置布置不合理扣5分				
4	绘制电气元件	正确绘制电气元件	30	电气元件图形符号错一处扣6分,扣完为止				
5	布　线	合理布置线路	5	布线不合理扣5分				
6	绘制接点	正确绘制各线接点	14	接点画错一处扣2分,扣完为止				
7	标注元件名称	正确标注电气元件名称	21	未填写说明扣5分;电气元件名称与说明不符一处扣4分				
8	清理场地	收拾工具、用具、量具及材料,清理现场	5	未收拾工具、用具、量具及材料扣3分;未清理场地扣2分				

续表

序号	考核内容	评分要素	配分	评分标准	检测结果	扣分	得分	备注
9	考核时限	在规定时间内完成		到时停止答卷				
合　　计			100					

十六、AC002　绘制节气门位置传感器电路图

1. 准备要求

(1) 材料准备。

序号	名　称	规　格	单　位	数　量	备　注
1	绘图板		张	1	

(2) 工具、用具、量具准备。

序号	名　称	规　格	单　位	数　量	备　注
1	绘图仪		套	1	考生自备
2	三角板		副	1	考生自备
3	直　尺	30 cm	把	1	考生自备
4	绘图笔	HB	支	若　干	考生自备
5	绘图纸	A4	张	若　干	
6	橡　皮		块	1	考生自备

(3) 节气门位置传感器电路图样例(如图 4-1 所示)。

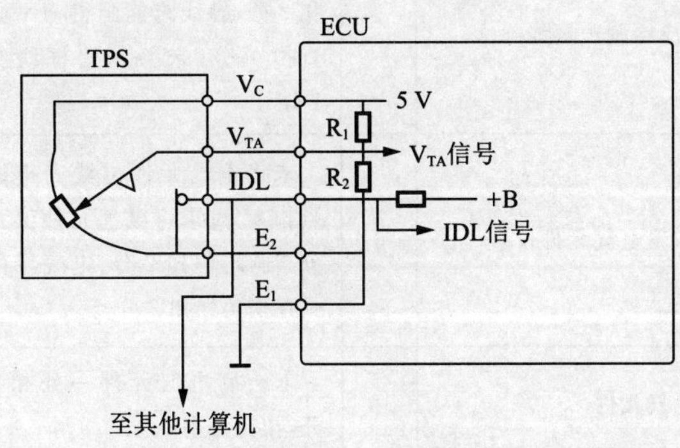

图 4-1　节气门位置传感器电路

2. 操作程序说明

(1) 准备工作。

(2) 确定图幅。

(3) 确定元件位置。

(4) 绘制电气元件。

(5) 布线。

(6) 标注符号、代号。

(7) 绘制接点。

(8) 标注电气元件名称。

(9) 标注电源、导线。

(10) 清理场地。

3. 考核规定说明

(1) 如考场违纪，将停止答卷。

(2) 考核采用百分制，考核项目得分按认定比重折算。

(3) 考核方式说明：本项目为技能笔试题(结果型)，根据评分标准对试卷内容进行评分。

(4) 考核技能说明：本项目主要测量考生对绘制节气门位置传感器电路图的掌握程度。

4. 考核时限

(1) 准备时间：1 min(不计入考核时间)。

(2) 笔试时间：15 min。

(3) 提前完成答卷不加分，到时停止答卷。

5. 评分记录表

序号	考核内容	评分要素	配分	评分标准	检测结果	扣分	得分	备注
1	准备工作	选择工具、用具、量具及材料	5	工具、用具、量具及材料少选、错选一件扣1分				
2	确定图幅	确定图幅比例，电路图应呈长方形，有棱有角，导线应横平竖直，应绘制边框线	8	未能确定图幅比例扣2分；电路图未能画得呈长方形扣2分；电路图未能画得有棱有角扣2分；导线未能画得横平竖直扣1分；未绘制边框线扣1分				
3	确定元件位置	合理布置电气元件位置	6	未将电气元件位置安排适当扣2分；未将电气元件位置分布画均匀扣2分；电气元件画在拐角处扣2分				
4	绘制电气元件	绘制电气元件	10	未绘制电气元件一处扣5分，扣完为止				
5	布　线	合理布置线路	6	布线不合理扣6分				
6	标注符号、代号	标注电气元件符号、代号	20	电气元件符号、代号标注错误一处扣5分，扣完为止				
7	绘制接点	绘制各线接点	5	未将接点表示正确扣5分				
8	标注电气元件名称	标注电气元件、部件名称	15	未标注电气元件、部件名称一处扣3分，扣完为止				

续表

序号	考核内容	评分要素	配分	评分标准	检测结果	扣分	得分	备注
9	标注电源、导线	标注蓄电池、接地及其他元件接地，标注导线代号、颜色	20	电源符号标注错误扣5分；电源正负极标注错误扣5分；未标注接地扣5分；导线代号、颜色标注错误扣5分				
10	清理场地	收拾工具、用具、量具及材料，清理场地	5	未收拾工具、用具、量具及材料扣3分；未清理场地扣2分				
11	考核时限	在规定时间内完成		到时停止答卷				
合　计			100					

十七、AC003　绘制进气压力传感器电路

1. 准备要求

(1) 材料准备。

序号	名　称	规　格	单　位	数　量	备　注
1	绘图板		张	1	鉴定站准备

(2) 工具、用具、量具准备。

序号	名　称	规　格	单　位	数　量	备　注
1	绘图仪		套	1	考生自备
2	三角板		副	1	考生自备
3	直　尺	30 cm	把	1	考生自备
4	绘图笔	HB	支	若　干	考生自备
5	绘图纸	A4	张	若　干	
6	橡　皮		块	1	考生自备

(3) 进气压力传感器电路图样例(如图4-2所示)。

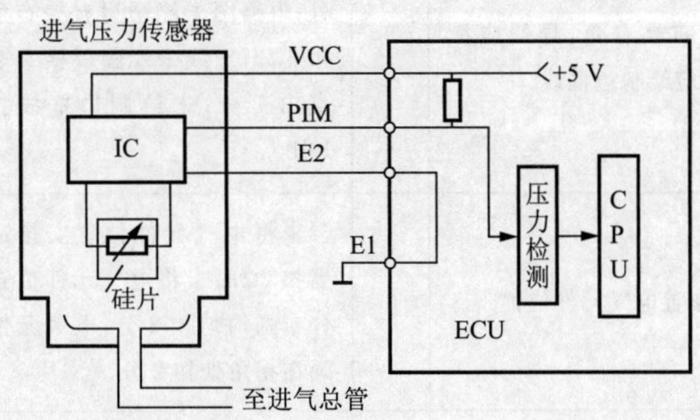

图4-2　进气压力传感器与ECU连接电路

2. 操作程序说明

(1) 准备工作。

(2) 确定图幅。

(3) 确定元件位置。

(4) 绘制电气元件。

(5) 布线。

(6) 标注符号、代号。

(7) 绘制接点。

(8) 标注电气元件名称。

(9) 标注电源、导线。

(10) 清理场地。

3. 考核规定说明

(1) 如考场违纪,将停止答卷。

(2) 考核采用百分制,考核项目得分按认定比重折算。

(3) 考核方式说明:本项目为技能笔试题(结果型),根据评分标准对试卷内容进行评分。

(4) 考核技能说明:本项目主要测量考生对绘制进气压力传感器电路图的掌握程度。

4. 考核时限

(1) 准备时间:1 min(不计入考核时间)。

(2) 笔试时间:15 min。

(3) 提前完成答卷不加分,到时停止答卷。

5. 评分记录表

序号	考核内容	评分要素	配分	评分标准	检测结果	扣分	得分	备注
1	准备工作	选择工具、用具、量具及材料	5	工具、用具、量具及材料少选、错选一件扣1分				
2	确定图幅	确定图幅比例,电路图应呈长方形,有棱有角,导线应横平竖直,应绘制边框线	8	未能确定图幅比例扣2分,电路图未能画得呈长方形扣2分;电路图未能画得有棱有角扣2分;导线未能画得横平竖直扣1分;未绘制边框线扣1分				
3	确定元件位置	合理布置电气元件位置	6	未将电气元件位置安排适当扣2分;未将电气元件位置分布画均匀扣2分;电气元件画在拐角处扣2分				
4	绘制电气元件	绘制电气元件	10	未绘制电气元件一处扣5分,扣完为止				

续表

序号	考核内容	评分要素	配分	评分标准	检测结果	扣分	得分	备注
5	布　线	合理布置线路	6	布线不合理扣6分				
6	标注符号、代号	标注电气元件符号、代号	20	电气元件符号、代号标注错误一处扣5分，扣完为止				
7	绘制接点	绘制各线接点	5	未将接点表示正确扣5分				
8	标注电气元件名称	标注电气元件、部件名称	15	未标注电气元件、部件名称一处扣3分，扣完为止				
9	标注电源、导线	标注蓄电池、接地及其他元件接地，标注导线代号、颜色	20	电源符号标注错误扣5分；电源正负极标注错误扣5分；未标注接地扣5分；导线代号、颜色标注错误扣5分				
10	清理场地	收拾工具、用具、量具及材料，清理场地	5	未收拾工具、用具、量具及材料扣3分；未清理场地扣2分				
11	考核时限	在规定时间内完成		到时停止答卷				
合　计			100					

十八、AC004　绘制氧传感器电路

1. 准备要求

（1）材料准备。

序号	名　称	规　格	单　位	数　量	备　注
1	绘图板		张	1	鉴定站准备

（2）工具、用具、量具准备。

序号	名　称	规　格	单　位	数　量	备　注
1	绘图仪		套	1	考生自备
2	三角板		副	1	考生自备
3	直　尺	30 cm	把	1	考生自备
4	绘图笔	HB	支	若　干	考生自备
5	绘图纸	A4	张	若　干	
6	橡　皮		块	1	考生自备

（3）氧传感器电路图样例（如图4-3所示）。

2. 操作程序说明

（1）准备工作。

（2）确定图幅。

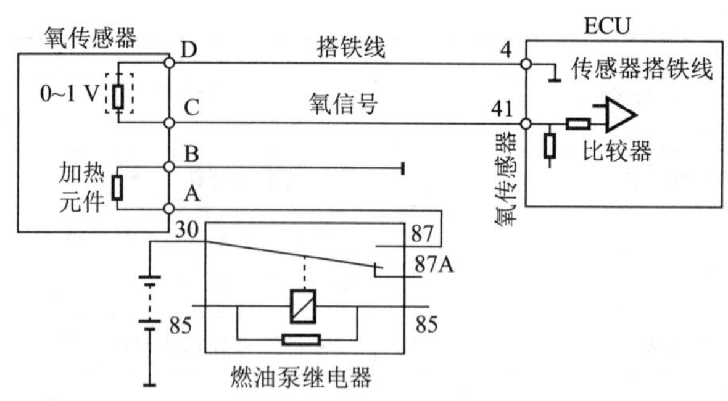

图 4-3　氧传感器工作电路

(3) 确定元件位置。

(4) 绘制电气元件。

(5) 布线。

(6) 标注符号、代号。

(7) 绘制接点。

(8) 标注电气元件名称。

(9) 标注电源、导线。

(10) 清理场地。

3. 考核规定说明

(1) 如考场违纪,将停止答卷。

(2) 考核采用百分制,考核项目得分按认定比重折算。

(3) 考核方式说明:本项目为技能笔试题(结果型),根据评分标准对试卷内容进行评分。

(4) 考核技能说明:本项目主要测量考生对绘制氧传感器电路图的掌握程度。

4. 考核时限

(1) 准备时间:1 min(不计入考核时间)。

(2) 笔试时间:15 min。

(3) 提前完成答卷不加分,到时停止答卷。

5. 评分记录表

序号	考核内容	评分要素	配分	评分标准	检测结果	扣分	得分	备注
1	准备工作	选择工具、用具、量具及材料	5	工具、用具、量具及材料少选、错选一件扣1分				
2	确定图幅	确定图幅比例,电路图应呈长方形,有棱有角,导线应横平竖直,应绘制边框线	8	未能确定图幅比例扣2分;电路图未得画得呈长方形扣2分;电路图未得画得有棱有角扣2分;导线未能画得横平竖直扣1分;未绘制边框线扣1分				

续表

序号	考核内容	评分要素	配分	评分标准	检测结果	扣分	得分	备注
3	确定元件位置	合理布置电气元件位置	6	未将电气元件位置安排适当扣2分；未将电气元件位置分布画均匀扣2分；电气元件画在拐角处扣2分				
4	绘制电气元件	绘制电气元件	10	未绘制电气元件一处扣5分，扣完为止				
5	布　线	合理布置线路	6	布线不合理扣6分				
6	标注符号、代号	标注电气元件符号、代号	20	电气元件符号、代号标注错误一处扣5分，扣完为止				
7	绘制接点	绘制各线接点	5	未将接点表示正确扣5分				
8	标注电气元件名称	标注电气元件、部件名称	15	未标注电气元件、部件名称一处扣3分，扣完为止				
9	标注电源、导线	标注蓄电池、接地及其他元件接地，标注导线代号、颜色	20	电源符号标注错误扣5分；电源正负极标注错误扣5分；接地标注错误扣5分；对导线代号、颜色标注错误扣5分				
10	清理场地	收拾工具、用具、量具及材料，清理场地	5	未收拾工具、用具、量具及材料扣3分；未清理场地扣2分				
11	考核时限	在规定时间内完成		到时停止答卷				
	合　计		100					

十九、AC006　绘制顺序喷射控制电路

1. 准备要求

(1) 材料准备。

序号	名　称	规　格	单　位	数　量	备　注
1	绘图板		张	1	鉴定站准备

(2) 工具、用具、量具准备。

序号	名　称	规　格	单　位	数　量	备　注
1	绘图仪		套	1	考生自备
2	三角板		副	1	考生自备
3	直　尺	30 cm	把	1	考生自备
4	绘图笔	HB	支	若　干	考生自备
5	绘图纸	A4	张	若　干	
6	橡　皮		块	1	考生自备

(3) 喷油器顺序喷射控制电路图样例(如图 4-4 所示)。

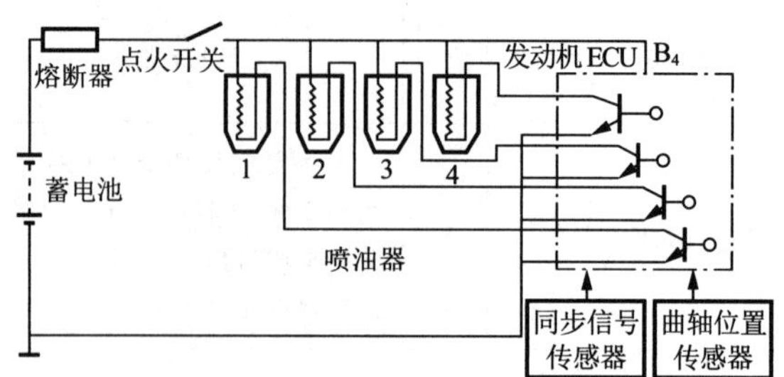

图 4-4 喷油器顺序喷射控制电路

2. 操作程序说明

(1) 准备工作。

(2) 确定图幅。

(3) 确定元件位置。

(4) 绘制电气元件。

(5) 布线。

(6) 标注符号、代号。

(7) 绘制接点。

(8) 标注电气元件名称。

(9) 标注电源、导线。

(10) 清理场地。

3. 考核规定说明

(1) 如考场违纪,将停止答卷。

(2) 考核采用百分制,考核项目得分按认定比重折算。

(3) 考核方式说明:本项目为技能笔试题(结果型),根据评分标准对试卷内容进行评分。

(4) 考核技能说明:本项目主要测量考生对绘制喷油器顺序喷射控制电路图的掌握程度。

4. 考核时限

(1) 准备时间:1 min(不计入考核时间)。

(2) 笔试时间:15 min。

(3) 提前完成答卷不加分,到时停止答卷。

5. 评分记录表

序号	考核内容	评分要素	配分	评分标准	检测结果	扣分	得分	备注
1	准备工作	选择工具、用具、量具及材料	5	工具、用具、量具及材料少选、错选一件扣 1 分				
2	确定图幅	确定图幅比例,电路图呈长方形,有棱有角,导线应横平竖直,应绘制边框线	8	未能确定图幅比例扣 2 分;电路图未能画得呈长方形扣 2 分;电路图未能画得有棱有角扣 2 分;导线未能画得横平竖直扣 1 分;未绘制边框线扣 1 分				

续表

序号	考核内容	评分要素	配分	评分标准	检测结果	扣分	得分	备注
3	确定元件位置	合理布置电气元件位置	6	未将电气元件位置安排适当扣2分;未将电气元件位置分布画均匀扣2分;电气元件画在拐角处扣2分				
4	绘制电气元件	绘制电气元件	10	未绘制电气元件一处扣5分,扣完为止				
5	布　线	合理布置线路	6	布线不合理扣6分				
6	标注符号、代号	标注电气元件符号、代号	20	电气元件符号、代号标注错误扣20分,扣完为止				
7	绘制接点	绘制各线接点	5	未将接点表示正确扣5分				
8	标注电气元件名称	标注电气元件、部件名称	15	未标注电气元件、部件名称一处扣3分,扣完为止				
9	标注电源、导线	标注蓄电池、接地及其他元件接地,标注导线代号、颜色	20	电源符号标注错误扣5分;电源正负极标注错误扣5分;未标注接地扣5分;导线代号、颜色标注错误扣5分				
10	清理场地	收拾工具、用具、量具及材料,清理场地	5	未收拾工具、用具、量具及材料扣3分;未清理场地扣2分				
11	考核时限	在规定时间内完成		到时停止答卷				
合　计			100					

二十、AC007　识读高电阻喷嘴电压驱动电路

1.准备要求

(1) 材料准备。

序号	名　称	规　格	单　位	数　量	备　注
1	轿车线路图	奥　迪	4套	1	

(2) 高电阻喷嘴电压驱动电路图样例(如图4-5所示)。

2.操作程序说明

(1) 识读标识符号。

(2) 识读电路组成。

(3) 识读电路回路。

(4) 讲解原理。

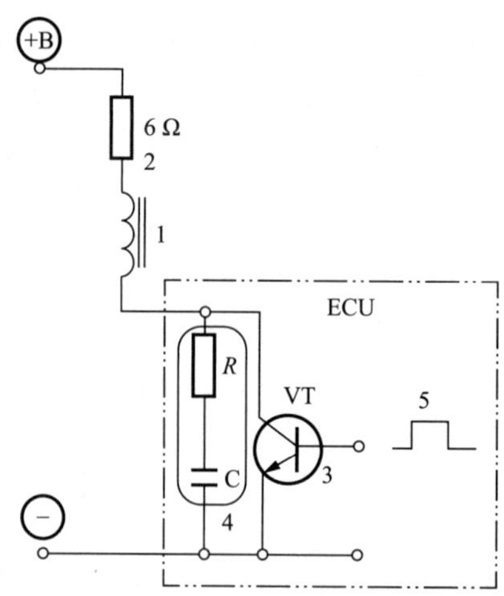

1—喷油器；2—附加电阻；3—功率三极管；4—消弧回路；5—驱动信号

图 4-5 高电阻喷嘴电压驱动电路

3. 考核规定说明

(1) 如考场违纪，将停止答卷。

(2) 考核采用百分制，考核项目得分按认定比重进行折算。

(3) 考核方式说明：本项目为技能笔试(结果型)，根据评分标准对试卷内容进行评分。

(4) 考核技能说明：本项目主要测量考生对高电阻喷嘴电压驱动电路图的掌握程度。

4. 考核时限

(1) 准备时间：1 min(不计入考核时间)。

(2) 笔试时间：15 min。

(3) 提前完成答卷不加分，到时停止答卷。

5. 评分记录表

序号	考核内容	评分要素	配分	评分标准	检测结果	扣分	得分	备注
1	识读标识符号	“+”标识电源正极，“−”标识电源负极，“R”标识电阻，“VT”标识功率三极管，“C”标识电容，“ECU”标识电控单元，“4”代表驱动信号	15	未能识读电源正极扣 2 分；未能识读电源负极扣 2 分；未能识读电阻扣 2 分；未能识读功率三极管扣 2 分；未能识读电容扣 2 分；未能识读电控单元扣 2 分；未能识读驱动信号扣 3 分				
2	识读电路组成	电路由电源线、电阻、电容、三极管、电控单元 ECU、搭铁连接线及驱动信号组成	35	未识读电路组成一处扣 5 分，扣完为止				
3	识读电路回路	电路回路：电源+→电阻→喷油器电磁线圈→三极管 VT→接地→电源−	20	识读电路回路错误一处扣 4 分，扣完为止；未识读电路回路此项不得分				

续表

序号	考核内容	评分要素	配分	评分标准	检测结果	扣分	得分	备注
4	讲解原理	讲解电路工作过程：电源通过附加电阻、喷油器电磁线圈到功率三极管，由电脑驱动信号控制三极管电路导通、截止	30	未讲解电路工作过程扣 30 分				
5	考核时限	在规定时间内完成		到时停止答卷				
合　计			100					

第五部分

高级工理论知识试题

认定要素细目表

行为领域	代码	认定范围（重要程度比例）	认定比重	代码	认　定　点	重要程度	备注
基础知识 A 25% (32:06:02)	A	电工基础知识 (17:03:01)	13%	001	基尔霍夫第一定律	X	JD,JS
				002	基尔霍夫第二定律	X	JD,JS
				003	磁场对通电导体的作用	Y	JS
				004	磁场对通电线圈的作用	Y	
				005	感应电动势的大小	X	JS
				006	感应电动势的方向	X	
				007	自感现象的分析方法	X	JS
				008	互感现象的分析方法	Y	
				009	变压器的构造分类	X	
				010	变压器的工作原理	X	
				011	三极管概述	X	
				012	三极管放大电路的组成	X	JS
				013	三极管开关电路的组成	X	
				014	三极管复合电路的组成	X	
				015	集成运算放大器的特点	X	
				016	集成运算放大器的主要参数	X	
				017	整流电路概述	Z	
				018	整流后的波形性质	X	
				019	集成电路概述	X	
				020	集成电路的分类	X	
				021	集成电路的使用要求	X	
	B	常用工、用、量具知识 (04:01:00)	3%	001	汽车专用万用表的特点	Y	
				002	汽车专用万用表的功能	X	
				003	汽车专用万用表的使用方法	X	
				004	V. A. G1552 诊断仪的使用方法	X	
				005	E. V-1000 发动机综合性能分析仪的功能	X	

续表

行为领域	代码	认定范围（重要程度比例）	认定比重	代码	认　定　点	重要程度	备注
基础知识 A 25% (32:06:02)	C	汽车构造基础知识 (11:02:01)	9%	001	润滑系的组成	X	JD
				002	机油泵的作用	X	
				003	发动机润滑的方式	X	
				004	限压阀的作用	X	
				005	机油滤清器的工作原理	X	
				006	机油泵的工作原理	X	
				007	离合器的组成	X	
				008	离合器的工作原理	Y	
				009	制动系的组成	Y	
				010	液压制动传动机构的作用和分类	Z	
				011	活塞上、下止点的内容	X	
				012	四行程发动机的工作循环	X	JS
				013	气缸的容积	X	JD,JS
				014	发动机的排量	X	JD,JS
专业知识 B 75% (95:18:07)	A	维护、调整汽车电气元件 (24:05:02)	19%	001	发电机接线柱线头的修理方法	X	
				002	硅整流发电机定子绕组的修理方法	X	JD,JS
				003	硅整流发电机转子绕组的修理方法	X	
				004	硅整流发电机滑环的修理方法	X	
				005	电子雨刮器的维护保养内容	X	
				006	汽车空调制冷系的工作原理	X	
				007	汽车空调制冷系空气压缩机的分类	Y	
				008	汽车空调制冷系冷凝器的结构	X	
				009	汽车空调积累器的作用与原理	X	
				010	汽车空调蒸发器的结构与原理	X	
				011	汽车空调电气系统低压开关的结构与作用	Y	
				012	汽车空调电气系统高压开关的结构与作用	X	
				013	汽车空调电气系统温控开关的结构与原理	Z	
				014	汽车空调电子式温度控制器的组成与原理	X	
				015	轿车空调电气离合器的检修方法	X	
				016	轿车空调压缩机轴封的检修方法	X	
				017	轿车空调压缩机维修后泄漏的检查方法	X	
				018	轿车空调冷凝器的检修方法	X	
				019	汽车计算机控制系统基本组成元件的作用	X	

续表

行为领域	代码	认定范围（重要程度比例）	认定比重	代码	认定点	重要程度	备注
专业知识 B 75% (95:18:07)	A	维护、调整汽车电气元件 (24:05:02)	19%	020	汽车计算机控制系统的使用条件	X	
				021	电子控制装置(ECU)的结构与原理	X	
				022	电子控制装置(ECU)的作用	X	
				023	电子控制系统只读存储器(ROM)的特点	Y	
				024	电子控制系统随机存储器(RAM)的特点	Z	
				025	电子控制系统断电保存存储器(KAM)的特点	X	
				026	电子控制系统输入/输出(I/O)接口的功能特征	Y	
				027	电子控制系统中总线的作用	X	
				028	电子控制系统计时器的功能特征	Y	
				029	ECU 输出级的功能特征	X	
				030	ECU 输出驱动器的功用	X	
				031	电子控制系统脉冲调制信号(PWM)的功能特征	X	
	B	更换汽车电气元件 (14:01:00)	9%	001	更换线束的技术要求	X	
				002	空气流量计的作用	X	
				003	空气流量计的种类	X	
				004	转速传感器的作用	X	
				005	转速传感器的种类	X	
				006	爆震传感器的作用	X	
				007	爆震传感器的结构分类	X	
				008	氧传感器的作用分类	Y	
				009	温度传感器的作用	X	
				010	压力传感器的作用	X	
				011	发动机怠速控制的概念	X	
				012	发动机怠速控制的作用和组成	X	
				013	发动机怠速控制的分类	X	
				014	自动变速器的分类	X	
				015	自动变速器控制系统的组成	X	
	C	诊断汽车电路故障 (30:06:02)	23%	001	暖风机停转故障的判断方法	X	
				002	暖风机没有低速故障的判断方法	X	
				003	暖风机电路调速电阻的修理方法	Y	
				004	发动机个别缸不工作的诊断方法	X	JD

续表

行为领域	代码	认定范围（重要程度比例）	认定比重	代码	认　定　点	重要程度	备注
专业知识 B 75% (95:18:07)	C	诊断汽车电路故障 (30:06:02)	23%	005	电控燃油喷射系统的优点	Y	
				006	电喷射式发动机大功率工作时的工况	X	
				007	电喷系统电子控制器的功能	X	JD
				008	桑塔纳车点火系的组成	Z	
				009	柴油机电控系统喷油时刻的控制原理	X	
				010	柴油机电控系统进气节流装置的结构与原理	X	
				011	检测空气流量传感器的技术要求	X	
				012	检测氧传感器的技术要求	X	
				013	检测节气门位置传感器的技术要求	X	
				014	检测曲轴位置传感器的技术要求	X	
				015	检测进气压力传感器的技术要求	X	
				016	检测温度传感器的技术要求	X	
				017	转向扭矩速度传感器的结构与原理	X	
				018	光电式减速度传感器的结构与原理	Y	
				019	差动变压式减速度传感器的结构与原理	Y	
				020	横向加速度传感器的结构与原理	Y	
				021	光电式车身高度传感器的结构与原理	X	
				022	发动机电子控制装置故障的诊断方法	X	
				023	减速式启动机的结构	Z	
				024	减速式启动机控制装置的结构	X	
				025	减速式启动机的工作过程	X	
				026	永磁减速式启动机的结构	X	
				027	永磁减速式启动机控制装置的工作过程	X	JD
				028	新型启动机的使用方法	X	
				029	带有启动继电器的启动控制电路	X	JS
				030	带有组合启动继电器的启动控制电路	Y	
				031	无启动继电器的启动控制电路	X	
				032	启动机不能运转电路故障的诊断方法	X	
				033	汽油机对电子点火系的性能要求	X	
				034	无触点电子点火系故障诊断的一般规律	X	
				035	发动机冷却系故障的原因	X	
				036	诊断、排除汽油发动机爆燃故障的方法	X	
				037	诊断、排除汽油发动机运转抖动故障的方法	X	
				038	诊断、排除电控喷射发动机故障的方法	X	

续表

行为领域	代码	认定范围（重要程度比例）	认定比重	代码	认定点	重要程度	备注
专业知识B 75% (95:18:07)	D	检修汽车损坏部件 (15:03:01)	12%	001	电子防抱死系统(ABS)的优点	X	
				002	电子防抱死系统的分类	X	
				003	电子防抱死系统电控装置的结构组成	X	
				004	电子防抱死系统电控装置的作用	X	
				005	电子防抱死系统电控装置的自检原理	X	
				006	电子防抱死系统电控装置进入工作状态的工作原理	X	
				007	电子防抱死系统控制质量的要求	X	
				008	电子防抱死系统车轮滑移率的控制原理	X	
				009	电子防抱死系统逻辑门限定控制的特点	Z	
				010	电子防抱死系统空气的排出方法	X	
				011	电子防抱死系统前车轮传感器的调整方法	X	
				012	电子防抱死系统压力调节器的检查方法	X	
				013	电子防抱死系统检修的注意事项	X	
				014	电子防抱死系统常见故障的检修方法	X	
				015	免维护蓄电池隔板的结构	Y	
				016	免维护蓄电池的材料构成	Y	
				017	免维护蓄电池壳体的特点	Y	
				018	蓄电池极板硫化的修理方法	X	
				019	蓄电池极桩的修理方法	X	
	E	绘制电路图 (08:02:02)	9%	001	电路图的绘制方法	Z	
				002	PNP 型三极管的图形符号	X	
				003	NPN 型三极管的图形符号	X	
				004	可控硅的图形符号	Y	
				005	单结晶体管的图形符号	Y	
				006	稳压管的图形符号	X	
				007	定子绕组发电机的图形符号	X	
				008	交流发电机的图形符号	X	
				009	信号发生器的图形符号	Z	
				010	直流电动机的图形符号	X	
				011	易熔线熔断器的图形符号	X	
				012	仪表传感器的图形符号	X	

续表

行为领域	代码	认定范围（重要程度比例）	认定比重	代码	认　定　点	重要程度	备注
专业知识 B 75% （95∶18∶07）	F	识读电路图 （04∶01∶00）	3%	001	不同颜色导线的使用要求	X	JD
				002	导线颜色的代码	X	JD
				003	敷导线的概念	X	
				004	线束安装图的概念	Y	
				005	汽车电路图的识图技巧	X	

注：X—核心要素；Y—一般要素；Z—辅助要素。

理论知识试题

一、单选题(每题有4个选项,其中只有1个是正确的,将正确的选项号填入括号内)

1. AA001　基尔霍夫第一定律是指流入某节点的电流之和(　　)从该节点流出的电流之和。
   A. 等于　B. 大于　C. 小于　D. 接近
2. AA001　任一瞬间,节点上的电流代数和为零,这是(　　)的内容。
   A. 基尔霍夫第二定律　B. 基尔霍夫第一定律
   C. 叠加定律　D. 戴维南定理
3. AA001　基尔霍夫第一定律又称(　　)。
   A. 节点定律　B. 叠加定律　C. 节点电流定律　D. 戴维南定理
4. AA002　在双电源回路中,电源电动势的代数和(　　)各电阻上的电压降之和。
   A. 大于　B. 等于　C. 小于　D. 接近
5. AA002　电路中,任一瞬间环绕某一回路一周,在绕行方向上,各段电压的(　　)恒等于零。
   A. 代数和　B. 商　C. 代数差　D. 乘积
6. AA002　基尔霍夫第二定律确定了回路中各部分(　　)之间的关系。
   A. 电流　B. 电压　C. 电位　D. 电容
7. AA003　表示磁场对电流作用力的公式是(　　)。
   A. $F=BIL$　B. $F=BS$　C. $F=BLV$　D. $F=ma$
8. AA003　左手定则中,通电导体在磁场中的受力方向永远与(　　)垂直。
   A. 左手定则的拇指方向　B. 磁力线方向
   C. 导线运动方向　D. 导线电阻方向
9. AA003　磁场对载流导体的作用力将使导体发生运动,这里磁场把(　　)转换为机械能。
   A. 电能　B. 磁通　C. 化学能　D. 势能
10. AA004　在均匀磁场中有一个通电的矩形线圈,由于磁场对通电导体有力的作用,因此磁场能使通电线圈(　　)。
    A. 发生转动　B. 发生平移　C. 向上移动　D. 向下移动
11. AA003　当通电线圈平面与磁力线(　　)时,通电线圈在磁场中受到的转矩最大。
    A. 成30°角　B. 成60°角　C. 垂直　D. 平行
12. AA003　通电线圈在磁场中时,磁场总是要使线圈平面转到与磁力线(　　)的位置上。
    A. 成30°角　B. 成45°角　C. 垂直　D. 平行

13. AA005　一根导线以 1 m/s 的速度，在磁感应强度为 1 T 的匀强磁场中运动，如得到 1 V 的电动势，则其有效长度为（　　）。

A. 0.5 m　　B. 1 m　　C. 1.5 m　　D. 2 m

14. AA005　在一个 50 匝的线圈里，0.4 s 内穿过它的磁通量由 0 均匀增加到 0.02 Wb，则其感应电动势为（　　）。

A. 0.5 V　　B. 1.5 V　　C. 2.5 V　　D. 3.5 V

15. AA005　用来判断线圈中磁感应电动势大小的规律是（　　）。

A. 法拉第电磁感应定律　　B. 楞次定律

C. 基尔霍夫定律　　D. 磁路的欧姆定律

16. AA006　在纯电感电路中，感应电动势的方向和（　　）是一致的。

A. 感应电流的方向　　B. 磁场的方向　　C. 运动的方向　　D. 场强的方向

17. AA006　在电路研究中，感应电动势是（　　），既有大小，又有方向。

A. 标量　　B. 矢量　　C. 变量　　D. 常量

18. AA006　当一根导线切割磁力线时，感应电动势的方向可用右手定则来判断，（　　）所指的方向为感应电动势的方向。

A. 四指　　B. 拇指　　C. 手心　　D. 手背

19. AA007　自感电动势与穿过线圈中磁通量的（　　）成正比。

A. 大小　　B. 方向　　C. 变化率　　D. 大小和方向

20. AA007　自感电动势的计算公式是（　　）。

A. $U=IR$　　B. $E=BLV$　　C. $E=N\Delta\phi/\Delta t$　　D. $E=L\Delta I/\Delta t$

21. AA007　自感电动势起着阻碍（　　）变化的作用。

A. 电动势　　B. 电阻　　C. 电流　　D. 磁阻

22. AA008　变压器是利用了（　　）的原理实现变压的。

A. 自感　　B. 互感　　C. 涡流　　D. 整流

23. AA008　汽车上利用互感现象的元件是（　　）。

A. 发动机　　B. 启动机　　C. 点火线圈　　D. 分电器

24. AA008　磁耦合线圈中，第 2 个线圈的感应电动势总是阻止第 1 个线圈中（　　）的变化。

A. 电压　　B. 电动势　　C. 电流　　D. 磁阻

25. AA009　变压器主要由（　　）组成。

A. 两部分　　B. 三部分　　C. 四部分　　D. 五部分

26. AA009　在变压器的结构中，属于变压器的电路部分，由绝缘良好的漆包线绕制而成的是（　　）。

A. 铁芯　　B. 绕组　　C. 散热管　　D. 绝缘套管

27. AA009　变压器的铁芯是用（　　）厚的相互绝缘的硅钢片交错叠成的。

A. 0.15～0.3 mm　　B. 0.2～0.35 mm　　C. 0.35～0.5 mm　　D. 0.5～0.65 mm

28. AA010　下列变压器的变比公式中，正确的是（　　）。

A. $I_1I_2=U_2U_1$　　B. $I_1+I_2=U_1+U_2$　　C. $I_1U_1=I_2U_2$　　D. $I_2W_1=I_1W_2$

29. AA010　变压器的变比就是绕组（　　）之比，等于电压之比。

A. 匝数　　B. 体积　　C. 电流　　D. 面积

30. AA010 变压器的变比是电压之比,等于( )之比的倒数。

A. 匝数 B. 电流 C. 电阻 D. 电感

31. AA011 三极管是由( )构成的。

A. 2 个 PN 结 B. 1 个 PN 结 C. 3 个 PN 结 D. 1 个 N 结

32. AA011 三极管的( )分界处的 PN 结叫作发射结。

A. 发射区与集电区 B. 发射区与基区 C. 集电区与基区 D. 集电极与基极

33. AA011 三极管的基极是从基区引出的电极,用字母( )表示。

A. e B. a C. b D. d

34. AA012 在三极管放大电路中,( )是电路的核心。

A. 二极管 B. 三极管 C. 电阻 D. 电容

35. AA012 在三极管放大电路中,用来传送交流信号、隔断直流信号的组件是( )。

A. 二极管 B. 三极管 C. 电阻 D. 电容

36. AA012 三极管放大器就是一个将微弱的( )放大的仪器。

A. 电信号 B. 光信号 C. 声信号 D. 磁信号

37. AA013 组成三极管开关电路的元件很多,但起开关作用的只有( )。

A. 电阻 B. 受控元件 C. 电源 D. 三极管

38. AA013 下列元件中( )不属于三极管开关电路。

A. 三极管 B. 电阻 C. 灯泡 D. 负载

39. AA013 在三极管开关电路中,起到限制电流作用的元件是( )

A. 三极管 B. 电阻 C. 灯泡 D. 受控元件

40. AA014 在三极管复合电路中,级与级之间的连接方式可称作( )。

A. 混联 B. 并联 C. 耦合 D. 串联

41. AA014 三极管复合电路必须有( )三极管。

A. 1 个 B. 2 个以上 C. 6 个 D. 10 个

42. AA014 下列三极管复合电路图中,正确的是( )。

A.  (M) B. 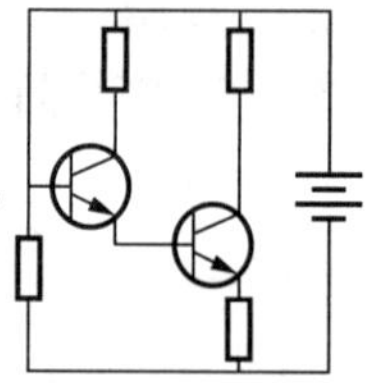 C. 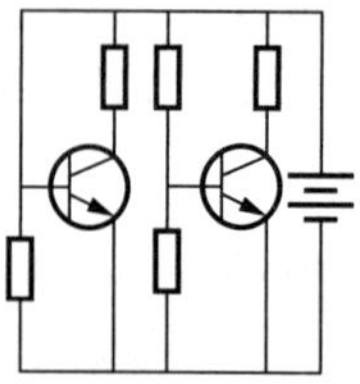 D.

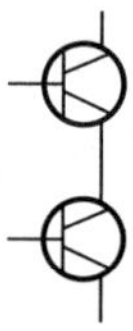

43. AA015 集成运算放大器的级间采用( )方式连接。

A. 间接耦合 B. 直接串联 C. 间接串联 D. 直接耦合

44. AA015 集成运算放大器利用( )改善电路性能。

A. 对称结构 B. 串联结构 C. 星形结构 D. 耦合结构

45. AA015 集成运算放大器中间极将输入极输出的( )加以放大。

A. 功率 B. 电流 C. 信号电压 D. 信号电流

46. AA016 共模抑制比是集成运放开环电压放大倍数和共模电压放大倍数( )。

A. 之积 B. 之和 C. 之比 D. 之差

47. AA016 集成运算放大器的主要参数——共模抑制比的值一般大于( )。

A. 80 dB B. 100 dB C. 120 dB D. 150 dB

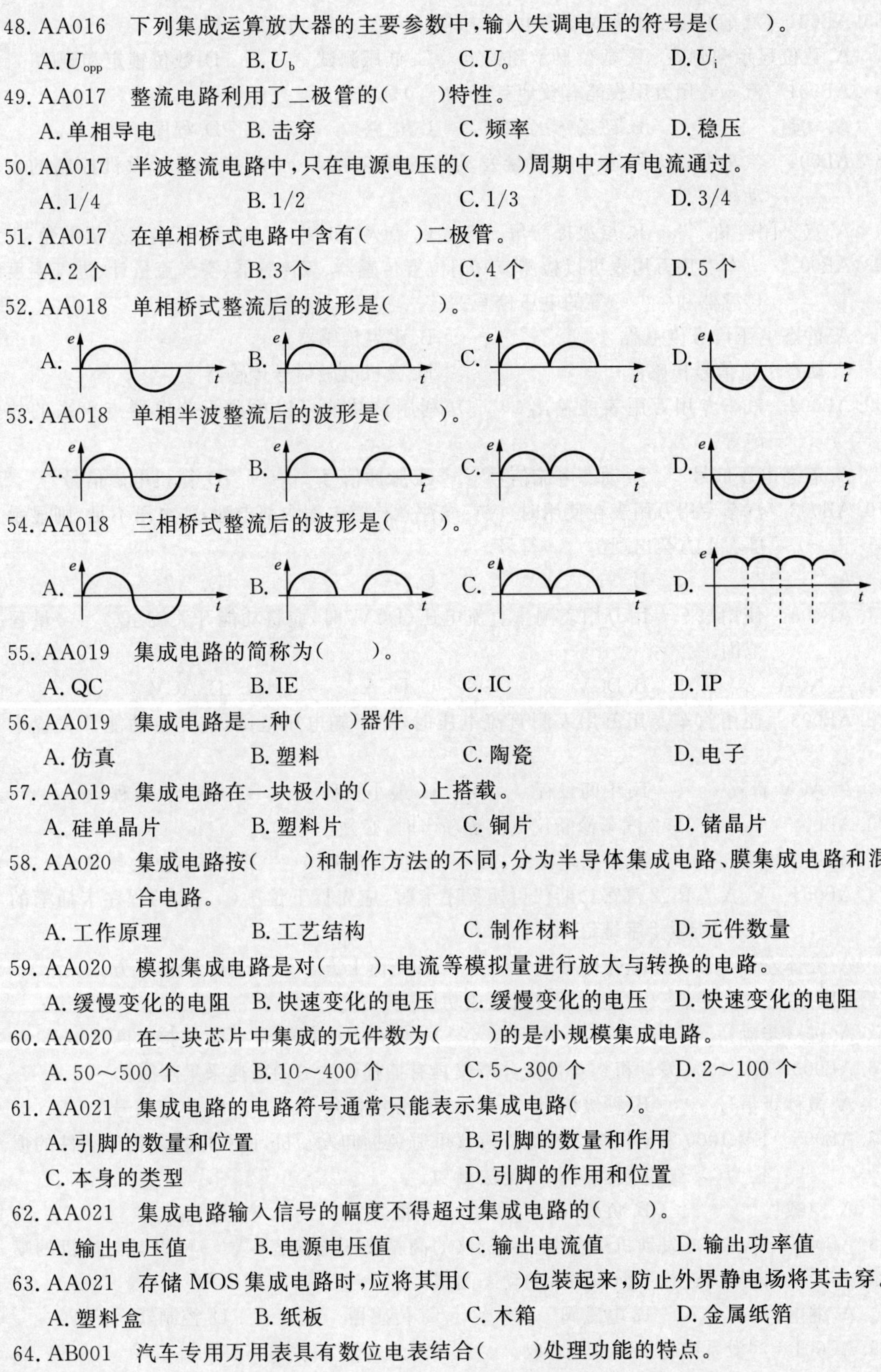

48. AA016　下列集成运算放大器的主要参数中，输入失调电压的符号是(　　)。

A. U_{opp}　　B. U_b　　C. U_o　　D. U_i

49. AA017　整流电路利用了二极管的(　　)特性。

A. 单相导电　　B. 击穿　　C. 频率　　D. 稳压

50. AA017　半波整流电路中，只在电源电压的(　　)周期中才有电流通过。

A. 1/4　　B. 1/2　　C. 1/3　　D. 3/4

51. AA017　在单相桥式电路中含有(　　)二极管。

A. 2 个　　B. 3 个　　C. 4 个　　D. 5 个

52. AA018　单相桥式整流后的波形是(　　)。

A.　　B.　　C.　　D.

53. AA018　单相半波整流后的波形是(　　)。

A.　　B.　　C.　　D.

54. AA018　三相桥式整流后的波形是(　　)。

A.　　B.　　C.　　D.

55. AA019　集成电路的简称为(　　)。

A. QC　　B. IE　　C. IC　　D. IP

56. AA019　集成电路是一种(　　)器件。

A. 仿真　　B. 塑料　　C. 陶瓷　　D. 电子

57. AA019　集成电路在一块极小的(　　)上搭载。

A. 硅单晶片　　B. 塑料片　　C. 铜片　　D. 锗晶片

58. AA020　集成电路按(　　)和制作方法的不同，分为半导体集成电路、膜集成电路和混合电路。

A. 工作原理　　B. 工艺结构　　C. 制作材料　　D. 元件数量

59. AA020　模拟集成电路是对(　　)、电流等模拟量进行放大与转换的电路。

A. 缓慢变化的电阻　　B. 快速变化的电压　　C. 缓慢变化的电压　　D. 快速变化的电阻

60. AA020　在一块芯片中集成的元件数为(　　)的是小规模集成电路。

A. 50～500 个　　B. 10～400 个　　C. 5～300 个　　D. 2～100 个

61. AA021　集成电路的电路符号通常只能表示集成电路(　　)。

A. 引脚的数量和位置　　B. 引脚的数量和作用

C. 本身的类型　　D. 引脚的作用和位置

62. AA021　集成电路输入信号的幅度不得超过集成电路的(　　)。

A. 输出电压值　　B. 电源电压值　　C. 输出电流值　　D. 输出功率值

63. AA021　存储 MOS 集成电路时，应将其用(　　)包装起来，防止外界静电场将其击穿。

A. 塑料盒　　B. 纸板　　C. 木箱　　D. 金属纸箔

64. AB001　汽车专用万用表具有数位电表结合(　　)处理功能的特点。

A. 微机　　B. 动态　　C. 电磁　　D. 手动

65. AB001　汽车专用万用表对动态电路的测试具有(　　)功能。
A. 数位显示和删除　B. 数位显示和锁定　C. 低压测试　D. 数位锁定和删除

66. AB001　汽车专用万用表能有效地克服(　　)疑难死角。
A. 气路　B. 磁场　C. 电路　D. 程序

67. AB002　汽车专用万用表可以测量发动机的转速和(　　),并适用于微机控制的发动机。
A. 点火闭合角　B. 点火提前角　C. 点火正时　D. 基本点火提前角

68. AB002　汽车专用万用表可以检测节气门位置传感器、氧传感器、空气流量计、进气温度传感器和(　　)等的电压信号。
A. 静态电压信号传感器　B. 水温传感器
C. 动态电流信号传感器　D. 微机电磁信号传感器

69. AB002　汽车专用万用表能输出(　　),利用该功能可以检测无分电器点火系的故障等。
A. 静态电压信号　B. 动态电流信号　C. 脉冲信号　D. 微机电磁信号

70. AB003　汽车专用万用表在使用时,应首先注意检查电表内部电池,如电压不足,则显示屏右上方会出现(　　)符号。
A. "＋　－"　B. "＋"　C. "－"　D. "v"

71. AB003　使用汽车专用万用表测量直流电压(DCV)时,应将功能开关旋至(　　)量程范围。
A. ACA　B. DCV　C. DCA　D. ACV

72. AB003　使用汽车专用万用表测直流电压时,如不知电压范围,应先将功能开关置于(　　)。
A. ACV 量程　B. 中间量程　C. 最小量程　D. 最大量程

73. AB004　V. A. G1552 汽车诊断仪更换程序卡时,必须(　　)。
A. 切断电源　B. 接通电源　C. 捏住触点　D. 接触触点

74. AB004　V. A. G1552 汽车诊断仪更换程序卡时,应先拆下位于(　　)的程序卡插槽的盖板,旋紧十字螺钉。
A. 壳体左侧　B. 壳体右侧　C. 壳体上方　D. 壳体下方

75. AB004　V. A. G1552 汽车诊断仪自检成功后应(　　)。
A. 进一步确认　B. 进行二次自检　C. 保存旧的程序卡　D. 连接诊断仪

76. AB005　EV-1000 发动机综合性能分析仪具有捕捉(　　)的高速采集功能。
A. 微秒级信号　B. 秒级信号　C. 分级信号　D. 快速信号

77. AB005　EV-1000 发动机综合性能分析仪可避免拆卸发动机,而利用发动机运动件的惯性为(　　)进行无外载加速法测功。
A. 空载　B. 负荷　C. 推力　D. 基准

78. AB005　EV-1000 发动机综合性能分析仪的高精度压电陶瓷(　　)可以对柴油机的喷油压力进行不拆卸油管的动态测试。
A. 继电器　B. 电磁阀　C. 传感器　D. 控制器

79. AC001　润滑系中包括(　　)总成。
A. 机油泵　B. 化油器　C. 打气泵　D. 汽油泵

80. AC001 下列选项中,( )不属于发动机润滑系的组成部件。
A. 主油道 B. 分油道 C. 水泵 D. 机油泵

81. AC001 主油道是( )的一个重要组成部分。
A. 冷却系 B. 启动系 C. 燃料供给系 D. 润滑系

82. AC002 机油泵的作用是将一定量的机油强制地送到( )各运动件的摩擦表面。
A. 发动机 B. 油道 C. 管路 D. 汽车

83. AC002 压力润滑是靠( )来实现的。
A. 汽油泵 B. 机油泵 C. 水泵 D. 喷油泵

84. AC002 机油泵可以使机油( )。
A. 增压 B. 加温 C. 变稀 D. 变稠

85. AC003 采用压力润滑方式的是( )。
A. 主轴承 B. 连杆小头 C. 凸轮 D. 气缸壁

86. AC003 可使裸露在外面承受较轻载荷的气缸壁以及配气机构的凸轮表面得到润滑的润滑方式是( )。
A. 机油润滑 B. 复合润滑 C. 飞溅润滑 D. 摩擦润滑

87. AC003 载荷较小或运动速度较小的部件一般采用( )。
A. 机油润滑 B. 飞溅润滑 C. 复合润滑 D. 压力润滑

88. AC004 限压阀的主要作用是限制( )的最高压力,防止因压力过高造成密封连接处发生漏油现象。
A. 齿轮室 B. 主油道 C. 机油泵 D. 粗滤器

89. AC004 润滑系中油压过高或过低要靠( )来调节。
A. 电磁阀 B. 阀门 C. 限压阀 D. 机油泵

90. AC004 限压阀主要靠( )来控制润滑油的压力。
A. 弹簧 B. 阀门 C. 螺塞 D. 柱塞

91. AC005 机油集滤器的( )具有弹性,当它被堵塞时,机油会从中央的孔被吸入吸油管内,流向主油道。
A. 滤芯 B. 钢球 C. 滤网 D. 弹簧

92. AC005 机油粗滤器工作时,润滑油从滤芯四周滤清片之间的空隙流入滤芯,再经( )流向主油道。
A. 滤芯 B. 弹簧 C. 上盖 D. 外壳

93. AC005 机油粗滤器积污过多导致滤芯缝隙被堵塞时,机油压力会顶开( ),使机油直接流入主油道。
A. 滤芯 B. 开关 C. 导流罩 D. 旁通阀

94. AC006 CA141 型汽车发动机的( )工作时,由曲轴前端正时齿轮直接驱动。
A. 滤清器 B. 化油器 C. 汽油泵 D. 机油泵

95. AC006 当机油泵内充满润滑油时,在凸轮轴的带动下,机油泵齿轮转动,使出油腔油压( ),润滑油便经出油口流出。
A. 升高 B. 降低 C. 波动 D. 恒定

96. AC006 机油泵在发动机工作时,起( )作用。
A. 冷却 B. 增加动力 C. 强制润滑 D. 促进燃烧

97. AC007　下列属于离合器组件的是(　　)。
A. 密封垫片　B. 滤芯　C. 分离轴承　D. 变速箱盖
98. AC007　下列不属于离合器组件的部件是(　　)。
A. 皮带轮　B. 压盘　C. 从动盘　D. 分离轴承
99. AC007　下列离合器组件中,主要作用是使离合器分离的是(　　)。
A. 密封垫片　B. 操纵机构　C. 主动部分　D. 变速箱盖
100. AC008　当需要恢复动力传递时,应(　　)抬起离合器踏板。
A. 快速　B. 踏几下再　C. 缓慢　D. 快慢结合
101. AC008　踏下离合器踏板是离合器(　　)的过程。
A. 接合　B. 半接合　C. 完全接合　D. 分离
102. AC008　当传动系载荷超过摩擦力所能传递的扭矩时,离合器的主从部分就会(　　),防止过载现象。
A. 紧紧啮合　B. 自动啮合　C. 自动打滑　D. 自动分离
103. AC009　汽车制动系包括(　　)独立的制动装置。
A. 2 套　B. 3 套　C. 4 套　D. 5 套
104. AC009　汽车行车制动装置也称为(　　)。
A. 手制动装置　B. 脚制动装置　C. 电动制动装置　D. 机械制动装置
105. AC009　汽车的每套制动装置都由产生(　　)的制动器和操纵制动器的制动传动机构组成。
A. 摩擦作用　B. 加速作用　C. 制动作用　D. 润滑作用
106. AC010　液压制动传动机构利用(　　)作为传力介质。
A. 特制油液　B. 机油　C. 柴油　D. 润滑油
107. AC010　液压制动传动机构可将驾驶员作用于踏板上的力转化为(　　)。
A. 制动器的阻力　B. 制动液的压力　C. 制动液的摩擦力　D. 制动液的热力
108. AC010　多用于中、轻型液压制动汽车上的是(　　)液压制动传动机构。
A. 真空助力式　B. 单管路　C. 真空增压式　D. 双管路
109. AC011　活塞的(　　)就是活塞顶部运动到气缸的最高点。
A. 上止点　B. 下止点　C. 行程　D. 上下止点
110. AC011　活塞在离曲轴回转中心最近时,与活塞最高点相对应的气缸壁上的位置称为(　　)。
A. 活塞下止点　B. 曲轴半径　C. 气缸工作容积　D. 压缩比
111. AC011　活塞在离曲轴回转中心最远时,与活塞最高点相对应的气缸壁上的位置称为(　　)。
A. 曲轴半径　B. 活塞上止点　C. 气缸总容积　D. 压缩比
112. AC012　对于往复活塞式发动机,活塞在气缸内往复运动(　　)完成一个工作循环。
A. 2 次　B. 3 次　C. 4 次　D. 6 次
113. AC012　四行程发动机的(　　)由进气、压缩、膨胀、排气 4 个行程组成。
A. 工作循环　B. 排量　C. 工作容积　D. 压缩比
114. AC012　在进气过程中,由于化油器、进气管等的阻力以及气缸壁和活塞等高温机件的影响,在进气行程末,气缸内压力(　　)大气压力。

A. 低于　B. 高于　C. 等于　D. 接近

115. AC013　活塞在下止点时,活塞上方的容积称为(　　)。

A. 燃烧室容积　B. 气缸工作容积　C. 气缸总容积　D. 压缩比

116. AC013　活塞从(　　)到下止点所扫过的容积,称为气缸工作容积。

A. 静止　B. 上止点　C. 前方　D. 后方

117. AC013　可用字母 V_h 表示,称为活塞排量的是(　　)。

A. 燃烧室容积　B. 气缸工作容积　C. 气缸总容积　D. 压缩比

118. AC014　发动机的(　　)可以用公式 3.14×(气缸直径)^2×活塞行程×气缸总数/4 计算。

A. 总容积　B. 燃烧室容积　C. 容积　D. 排量

119. AC014　多缸发动机各气缸工作容积的总和称为发动机的(　　)。

A. 压缩比　B. 排量　C. 转速　D. 功率

120. AC014　发动机排量可用字母(　　)表示。

A. V_h　B. V_a　C. V_L　D. V_c

121. BA001　发电机接线柱根部螺纹损坏可用(　　)的方法修理。

A. 外加垫片　B. 内加垫片　C. 换发动机　D. 换导线

122. BA001　如果发电机线头焊接不良,须将原导线(　　)再连接到接线柱上。

A. 重新做圈　B. 接铁丝　C. 接铁皮　D. 接胶布

123. BA001　发电机接线柱头部螺纹烧损可用(　　)修理。

A. 电钻　B. 刮刀　C. 锉刀　D. 绞刀

124. BA002　如果发电机定子绕组有一断路点可用(　　)修理。

A. 换绕组法　B. 换电机法　C. 锡焊法　D. 电焊法

125. BA002　如果发电机定子绕组严重短路,应(　　)。

A. 重新绕制　B. 切断绕组　C. 浸漆处理　D. 用胶布包扎

126. BA002　如果发电机定子绕组某一局部搭铁,可用锥子(　　)搭铁部位,然后进行绝缘处理。

A. 穿通　B. 挑断　C. 连接　D. 拨开

127. BA003　发电机转子绕组与滑环连接处(　　)可以进行焊接处理。

A. 短路　B. 搭铁　C. 断路　D. 锈蚀

128. BA003　发电机转子绕组内部短路须进行(　　)处理。

A. 重绕　B. 焊接　C. 浸漆　D. 包扎

129. BA003　发电机转子绕组内部断路须(　　)处理。

A. 焊接　B. 浸漆　C. 包扎　D. 重绕

130. BA004　发电机滑环表面不平度应小于(　　),超出此标准应车磨。

A. 0.8 mm　B. 0.7 mm　C. 0.6 mm　D. 0.5 mm

131. BA004　发电机滑环轻微烧蚀应用(　　)打磨。

A. 棉纱　B. 细纱布　C. 钢锯　D. 圆锉

132. BA004　发电机滑环厚度小于 1.50 mm 时应(　　)滑环。

A. 焊修　B. 粘接　C. 采取挂锡法修理　D. 更换

133. BA005　维护保养电子雨刮器,检查雨刮器工作性能时,应首先查看洗涤器储液罐中是否有充足的(　　),然后打开雨刮器电动机开关来检验刮水效果。

A. 蒸馏水　B. 清洗液　C. 润滑油　D. 自来水

134. BA005　维护保养电子雨刮器,检查喷嘴时,若喷嘴堵塞,可用(　　)捅开或更换新的喷嘴。

A. 粗的钢针　B. 螺丝刀　C. 细小的针　D. 锥子

135. BA005　维护保养电子雨刮器,检查洗涤器喷嘴时,若有脏污,需用(　　)清洗喷嘴。

A. 棉纱　B. 钢丝球　C. 干净的毛刷　D. 破抹布

136. BA006　汽车空调制冷系统(R134a 系统)工作时,制冷剂 R134a 气体通过(　　)被压缩机吸入。

A. 低压管　B. 吸气阀　C. 高压管　D. 放气阀

137. BA006　汽车空调制冷系统(R134a 系统)的冷凝器外壁装有(　　),使 R134a 由气态冷却为液态。

A. 蒸发器　B. 液窗　C. 散热翘片　D. 散热器

138. BA006　汽车空调制冷系统(R134a 系统)的 R134a 液流流入(　　)后,由滤清干燥剂将液体中残存的尘埃和水分除去。

A. 蒸发器　B. 散热器　C. 压缩机　D. 储液干燥器

139. BA007　汽车空调制冷系统的往复型曲轴式压缩机的气缸多采用(　　)压铸而成。

A. 铝合金　B. 铜铁合金　C. 金属合金　D. 铜铝合金

140. BA007　汽车空调制冷系统的斜板式压缩机是(　　)结构。

A. 往复单向活塞　B. 往复多向活塞　C. 往复双向活塞　D. 传统往复活塞

141. BA007　汽车空调制冷系统斜板式压缩机的(　　)一般安装在驱动轴上。

A. 气阀板　B. 散热片　C. 吸簧　D. 斜板

142. BA008　汽车空调制冷系统最常使用的冷凝器是(　　)。

A. 管带式冷凝器　B. 管翘式冷凝器　C. 斜板式冷凝器　D. 整体式冷凝器

143. BA008　汽车空调制冷系统管翘式冷凝器的(　　)用胀孔法将翘片和管贴合传热。

A. 外壳　B. 摇板　C. 铝翘板　D. 传动板

144. BA008　汽车空调制冷系统冷凝器中的(　　)可以压制成多孔式。

A. 水箱式　B. 一体式　C. 管翘式　D. 管带式

145. BA009　汽车空调制冷系统的(　　)可以防止液态制冷剂液击压缩机。

A. 积累器　B. 压缩机　C. 密封器　D. 蒸发器

146. BA009　汽车空调制冷系统的积累器可以储存过多的(　　)。

A. 固态制冷剂　B. 液态制冷剂　C. 气态制冷剂　D. 热空气

147. BA009　汽车空调制冷系统的(　　)内含干燥剂,可以起到储液干燥器的作用。

A. 密封器　B. 蒸发器　C. 积累器　D. 膨胀管

148. BA010　汽车空调制冷系统蒸发器的结构近似(　　)的结构。

A. 冷凝器　B. 积累器　C. 密封器　D. 蒸发器

149. BA010　汽车空调制冷系统的板翘式蒸发器内有由铝板叠在一起组成的制冷剂通道,并在每两个通道间夹有(　　)散热带。

A. 柱形　B. 三角形　C. 波形　D. 直线形

150. BA010　当制冷剂在系统中循环时,高压液态制冷剂经膨胀阀进入(　　)芯管并开始气化。

A. 积累器　B. 膨胀阀　C. 冷凝器　D. 蒸发器

151. BA011　桑塔纳 LX 型汽车空调电气系统使用触点常闭低压开关，当触点断开时，电气回路自动切断，(　　)停止运转。

A. 蒸发器　B. 压缩机　C. 积累器　D. 干燥器

152. BA011　汽车空调电气系统使用的低压开关也称简陋开关，装在制冷系统的(　　)。

A. 管路中　B. 低压侧　C. 高压侧　D. 冷凝器旁

153. BA011　汽车空调电气系统使用的(　　)在制冷系统泄漏或其他原因导致制冷剂严重不足时开始工作。

A. 节流阀　B. 单向阀　C. 高压开关　D. 低压开关

154. BA012　桑塔纳 LX 型汽车空调电气系统使用的高压开关是(　　)结构。

A. 触点常闭型　B. 触点常开型　C. 常开型　D. 常闭型

155. BA012　奥迪 100 型汽车空调电气系统使用的高压开关是(　　)结构。

A. 常开型　B. 触点常开型　C. 触点常闭型　D. 常闭型

156. BA012　奥迪 100 型汽车空调电气系统使用的触点常闭型高压开关(　　)在压缩机电磁离合器电路中。

A. 星形连接　B. 混联　C. 并联　D. 串联

157. BA013　汽车空调电气系统使用的感温式温控开关安装于蒸发器面板上，其感温筒塞入蒸发器的(　　)内。

A. 散热翘板　B. 排管　C. 出气孔　D. 泄油孔

158. BA013　当汽车空调电气系统温控开关上的感温筒温度变化时，感温筒内的制冷剂或二氧化碳会产生膨胀或收缩，感温筒内的(　　)亦随之变化。

A. 二氧化碳浓度　B. 温度　C. 压力　D. 制冷剂

159. BA013　当汽车空调电气系统温控开关上的感温筒温度变化时，感温筒内的压力亦随之变化，通过(　　)使波纹隔膜上的压力也发生变化。

A. 杠杆　B. 接点　C. 感温筒　D. 毛细管

160. BA014　目前汽车空调电气系统使用的电子式温度控制器主要是(　　)的。

A. 热敏电阻式　B. 电阻丝式　C. 电阻式　D. 光电式

161. BA014　汽车空调电气系统使用的电子式温度控制器电路设有 4 个(　　)。

A. 二极管　B. 电阻　C. 三极管　D. 传感器

162. BA014　汽车空调电气系统使用的电子式温度控制器电路设有(　　)，可控制车内温度。

A. 开关　B. 继电器　C. 感温筒　D. 电位器

163. BA015　拆卸轿车空调电磁离合器时，将“Y”形专用夹具的 3 个定位销插进离合器盘上的 3 个孔内，固定(　　)，拆下锁紧螺母。

A. 离合器驱动盘　B. 离合器压盘　C. 离合器卡簧　D. 轴承

164. BA015　拆卸轿车空调电磁离合器时，应用专用拉器拆下(　　)，并用卡簧钳拆下内卡簧。

A. 键　B. 压板　C. 皮带轮　D. 轴承

165. BA015　拆卸轿车空调电磁离合器(　　)时，应先旋下它的安装螺钉。

A. 皮带　B. 继电器　C. 垫片　D. 电磁线圈

166. BA016　拆卸轿车空调压缩机轴封时，取下密封座卡环要用(　　)。

A. 卡簧钳　B. 拉器　C. 拉拔工具　D. 夹具

167. BA016　拆卸轿车空调压缩机轴封时，密封件上的O形密封圈要用(　　)取出。

A. 钳子　B. 钩子　C. 拉具　D. 卡簧钳

168. BA016　检修轿车空调压缩机轴封时，要用清洁的(　　)清洗压缩机密封部位。

A. 润滑油　B. 煤油　C. 汽油　D. 冷冻润滑油

169. BA017　轿车空调压缩机维修后，检查内部泄漏时，安装好压力计后，必须关闭手动(　　)。

A. 高压阀　B. 高、低压阀　C. 低压阀　D. 电磁阀

170. BA017　轿车空调压缩机维修后，检查内部泄漏时，应用手转动压缩机主轴，每秒转一圈，共转(　　)。

A. 6圈　B. 8圈　C. 10圈　D. 12圈

171. BA017　轿车空调压缩机维修后，检查内部泄漏时，转动压缩机主轴达到要求圈数后，应打开手动(　　)，高压表的压力应大于0.345 MPa。

A. 单向阀　B. 电磁阀　C. 低压阀　D. 高压阀

172. BA018　拆卸轿车空调冷凝器时，应慢慢地从系统中排出(　　)。

A. 废气　B. 制冷剂　C. 气体　D. 脏物

173. BA018　检修轿车空调冷凝器时，若冷凝器由于碰撞或振动而破损，应拆下冷凝器进行焊接修补，并向压缩机补充40～50 mL的(　　)。

A. 柴油　B. 煤油　C. 冷冻油　D. 汽油

174. BA018　检修轿车空调冷凝器时，若冷凝器散热翘片弯曲变形，可用(　　)校正。

A. 手锤　B. 扳手　C. 撬杠　D. 镊子

175. BA019　汽车计算机控制系统的(　　)用各种电信号将一个虚拟的、与实际装置相同的“模拟装置”反映到控制系统中。

A. 控制器　B. 传感器　C. 电控单元　D. 执行器

176. BA019　汽车计算机控制系统的(　　)用来接收和处理传感器发出的各种信息。

A. 电控单元　B. 计算机　C. 控制器　D. ECU

177. BA019　汽车计算机控制系统的(　　)对接收到的各种信息进行分析，从而实施控制。

A. 电控单元　B. 传感器　C. 执行机构　D. 控制器

178. BA020　汽车计算机控制系统的环境温度可能出现较大幅度的变化，所以要求计算机控制系统能够耐受较大的(　　)。

A. 湿度　B. 冷热负荷　C. 压力　D. 摩擦力

179. BA020　汽车计算机控制系统的感性元件在工作过程中会产生(　　)脉冲，这要求计算机控制系统具有耐受脉冲冲击的能力。

A. 高电流　B. 低电流　C. 高电压　D. 低电压

180. BA020　汽车计算机控制系统要有较强的抗(　　)干扰能力。

A. 电子　B. 电阻　C. 电压　D. 电磁

181. BA021　电子控制装置(ECU)利用内部存储的软件与硬件处理各种(　　)输出的诸多信号。

A. 传感器　B. 执行器　C. 控制系统　D. 控制器

182. BA021　电子控制装置(ECU)是汽车计算机控制系统的(　　)。

A. 核心　B. 执行硬件　C. 辅助设备　D. 控制软件

183. BA021　电子控制装置(ECU)功能复杂，引出接头有(　　)。

A. 10～22 芯　B. 15～44 芯　C. 30～88 芯　D. 40～128 芯

184. BA022　ECU 可以处理输入信息，将之转变为(　　)能接收的信号。

A. 微机　B. 传感器　C. 控制器　D. 执行器

185. BA022　ECU 是电控系统的一部分，它可以(　　)指令。

A. 存储输入　B. 处理输出　C. 处理输入　D. 执行各种

186. BA022　ECU 还可以(　　)信息，供微机在合适的时刻使用。

A. 存储输出　B. 处理输出　C. 存储输入　D. 执行各种

187. BA023　ROM 中的信息一般是由 ECU(　　)一次性存入的，不能另行更改。

A. 制造商　B. 使用人员　C. 维修人员　D. 修理厂

188. BA023　ROM 中的信息一旦通电又可自动回到(　　)。

A. 设置点　B. 起始点　C. 终止点　D. 清零点

189. BA023　关于各种控制参数的图表已存入(　　)内。

A. 存储器　B. 处理器　C. 只读存储器　D. 移动硬盘

190. BA024　随机存储器是可以任意读写的(　　)。

A. 存储器　B. 软件　C. 硬盘　D. 处理器

191. BA024　RAM 中存入的信息，一旦(　　)断电，就会全部消失。

A. 电磁阀　B. 点火开关　C. 继电器　D. 显示器

192. BA024　从传感器输入的信息保存在(　　)中。

A. ROM　B. ECU　C. AMR　D. RAM

193. BA025　KAM 是直接由(　　)供电的只读存储器。

A. 蓄电池　B. 发电机　C. 点火开关　D. 电动机

194. BA025　当汽车蓄电池电源被切断时，(　　)中保存的信息会全部消失。

A. ROM　B. KAM　C. U 盘　D. 软盘

195. BA025　对电控汽车的故障码一般要做中期保存，应保存到完全排除故障为止。所以若非必要，不要经常拆卸电控汽车的(　　)，以免 KAM 中的信息丢失。

A. 电控单元　B. 电磁阀继电器　C. 点火开关　D. 蓄电池电源

196. BA026　根据 CPU 的命令，输入信号以所需的频率通过(　　)被 CPU 接收。

A. 电控单元　B. I/O 接口　C. 传感器　D. 执行器

197. BA026　根据 CPU 的命令，输出信号按所发出的控制信号的形式与要求通过(　　)，并以最佳的速度送出(或送入中间存储器)。

A. 电控单元　B. 传感器　C. I/O 接口　D. 执行器

198. BA026　输入/输出装置一般要通过(　　)才能与微处理器连接。

A. 电控单元　B. 执行器　C. 传感器　D. I/O 接口

199. BA027　CPU、存储器与 I/O 接口之间的信息交换是通过(　　)来完成的。

A. 总线　B. 输入接口　C. 存储器　D. 输出接口

200. BA027　与普通微处理器一样，电子控制系统中的微处理器的总线也有(　　)。

A. 连接总线　B. 数据总线　C. 分机总线　D. 执行总线

201. BA027　总线用英文表示为“buses”，它也包括(　　)。

A. I/O 接口　B. 执行器　C. 传感器　D. 控制总线

202. BA028　计时器可以对微机(　　)工作过程进行时序的控制。

A. 执行器　B. 处理器　C. 传感器　D. 总线

203. BA028　在电子控制系统中，CPU 执行指令是按精确的(　　)一步一步进行的。

A. 计算　B. 定性　C. 定时　D. 定量

204. BA028　计时器产生的节拍脉冲是(　　)操作的最小时间单位。

A. 控制器　B. 执行器　C. 传感器　D. 微处理器

205. BA029　ECU 输出级可以将微处理器输出的(　　)很小的控制命令，变成可以驱动执行器的控制信号，使执行器产生动作。

A. 信号　B. 电流　C. 电压　D. 脉冲

206. BA029　ECU 输出级具有控制信号的生成与(　　)的功能。

A. 存储　B. 控制　C. 缩小　D. 放大

207. BA029　关于 ECU 输出级可以产生的输出类型，下列表述中错误的是(　　)。

A. 定时控制　B. 电磁阀输出　C. 脉冲输出　D. 继电器输出

208. BA030　ECU 要控制的只是晶体管放大输出驱动器的(　　)。

A. 接地端　B. I/O 接口　C. 调节器　D. 开关

209. BA030　当微机输出的电平加到晶体管放大输出驱动器的(　　)后，晶体管导通。

A. 发射极　B. 基极　C. 集电极　D. 正极

210. BA030　微处理器的输出是一系列的(　　)。

A. 模拟信号　B. 输出信号　C. 数字信号　D. 电脉冲

211. BA031　脉宽调制(　　)信号是 ECU 常用的输出控制脉冲。

A. PWM　B. 电压　C. 电流　D. 磁场

212. BA031　PWM 信号经常应用的一种方式是获得稳定的平均(　　)。

A. 脉宽率　B. 电压　C. 电流　D. 脉宽

213. BA031　电控汽车电控系统的电磁阀有多种状态，当 PWM 信号用于这类电磁阀时，要求 PWM 信号的频率(　　)，以便使其工作平稳。

A. 恒定　B. 为零　C. 较低　D. 较高

214. BB001　在更换汽车线束时，电线开线打端作业中，芯线不可以进入切断面(　　)以上。

A. 0.3 mm　B. 0.4 mm　C. 0.5 mm　D. 0.6 mm

215. BB001　汽车线束必须有足够的松弛度，在线束最小长度条件下应大于(　　)。

A. 10 mm　B. 15 mm　C. 20 mm　D. 25 mm

216. BB001　所有布置在运动件附近的线束应满足至少(　　)的间隙要求。

A. 20 mm　B. 30 mm　C. 50 mm　D. 40 mm

217. BB002　空气流量计的作用是计数(　　)。

A. 排出的空气　B. 排出的废气　C. 进入气缸的废气　D. 进入气缸的空气

218. BB002　空气流量计的作用是将空气进入量转变为电信号输入(　　)控制模块。

A. 气缸　B. 进气管　C. ECU　D. ABS

219. BB002 卡门涡流式空气流量计直接利用( )测量发动机的空气进气量。

A. 电力方式 B. 滤清器 C. 控制器 D. 进气管

220. BB003 翼板式空气流量传感器在电路设计上有两种类型:一种是用绝对电压表示空气流量,另一种是用相对( )表示空气流量。

A. 温度 B. 容量 C. 电压 D. 电流

221. BB003 缓冲器中进气管压力传感器是( )。

A. 塑料传感器 B. 液体传感器 C. 直接测量传感器 D. 间接测量传感器

222. BB003 由于( )空气流量计的发热体固定在树脂膜上,不直接承受其他的冲刷,所以它的使用寿命较长。

A. 热膜式 B. 热线式 C. 叶片式 D. 卡门式

223. BB004 转速传感器是为( )工作脉冲宽度提供信号的元件之一。

A. 喷油嘴 B. 节气门 C. 怠速 D. 点火正时

224. BB004 转速传感器输出的是( )。

A. 转矩 B. 转角 C. 电信号 D. 音频

225. BB004 转速表由( )提供信号。

A. 发电机 B. 启动机 C. 转速传感器 D. 压力传感器

226. BB005 安装在飞轮壳上,同时在分电器内设置同步信号发生器的是( )转速传感器。

A. 触发轮齿霍尔式 B. 触发叶片式 C. 光电式 D. 磁感应式

227. BB005 利用电磁感应原理,以永久磁铁作为介质,将运动速度转换成传感线圈的脉冲感应电动势,并使该电动势与发动机转速及曲轴位置相对应的是( )转速传感器。

A. 机械式 B. 磁感应式 C. 霍尔式 D. 光电式

228. BB005 将光强度的变化转换成电信号的变化来实现控制的转速传感器是( )转速传感器。

A. 机械式 B. 电磁感应式 C. 霍尔式 D. 光电式

229. BB006 爆震传感器能够将发动机的震动转变为( )。

A. 损伤 B. 电信号 C. 光信号 D. 温度变化

230. BB006 点火器根据传感器的( ),修正点火时间。

A. 形式 B. 形状 C. 爆震信号 D. 大小

231. BB006 爆震传感器提供( )的爆震信号。

A. 发动机 B. 启动机 C. 发电机 D. 减震器

232. BB007 压电式爆震传感器可以制成特定形状,与( )一起安装。

A. 点火器 B. 火花塞 C. 减震器 D. 遮光器

233. BB007 爆震传感器的类型有( )和磁致伸缩式两种。

A. 电子式 B. 恒定式 C. 可调式 D. 压电式

234. BB007 压电晶体式爆震( )是利用压电晶体的压电效应制成的。

A. 减震器 B. 点火器 C. 传感器 D. 微电脑

235. BB008 氧传感器能通过检测废气中含氧量的高低,来确定( )。

A. 排油量 B. 排气量 C. 最佳喷油量 D. 进气量

236. BB008　ECU 能够根据气体传感器的信号对(　　)进行修正，实现空燃比反馈控制。
A. 进油量　B. 进气量　C. 喷气量　D. 喷油量
237. BB008　根据排气中氧气浓度来测定(　　)的传感器是氧传感器。
A. 空燃比　B. 压缩比　C. 油压　D. 水温
238. BB009　温度传感器根据冷却水温度、进气温度和(　　)温度对主要控制参数加以修正。
A. 机油　B. 燃油　C. 排气　D. 节温器
239. BB009　将信号电压值输入 ECU，ECU 根据冷却水温度通过控制点火时刻、修正喷油量等来实时控制发动机温度的是(　　)传感器。
A. 水温　B. 机油温度　C. 进气温度　D. 室内温度
240. BB009　安装在空气滤清器的壳体内或稳压箱、空气流量计内或进气歧管上，用来检测发动机吸入空气的温度的是(　　)传感器。
A. 水温　B. 进气温度　C. 机油温度　D. 室内温度
241. BB010　进气管压力传感器可以检测到进气管中的(　　)。
A. 信号　B. 负压　C. 气体流速　D. 气体流量
242. BB010　进气管压力传感器通过控制喷油量多少来使混合气最大限度地接近理想(　　)。
A. 压缩比　B. 容量　C. 体积　D. 空燃比
243. BB010　电子控制器通过进气压力传感器把检测到的气体压力转变为(　　)。
A. 电信号　B. 震动信号　C. 转速信号　D. 温度信号
244. BB011　发动机在无负荷情况下以(　　)运转，叫作发动机怠速。
A. 最低稳定转速　B. 最高稳定转速　C. 低速加速　D. 高速减速
245. BB011　发动机在怠速工况下工作时，只需克服其内部的摩擦阻力，而对外(　　)。
A. 输出最低功率　B. 无输出功率　C. 输出最高功率　D. 输出低电压
246. BB011　怠速控制执行机构通过对怠速(　　)的控制来控制发动机的怠速运转。
A. 排气量　B. 进油量　C. 空气量　D. 温度信号
247. BB012　怠速控制均采用发动机转速反馈法的(　　)控制方式。
A. 开环　B. 进气　C. 增压　D. 闭环
248. BB012　不同怠速条件下的目标转速值已预先储存于(　　)的存储器中。
A. ECU　B. 车速传感器　C. 转速传感器　D. 执行器
249. BB012　发动机转速信号是怠速控制系统的(　　)。
A. 负荷信号　B. 反馈信号　C. 开关信号　D. 温度信号
250. BB013　执行机构主要由一致比例电磁阀构成的是(　　)怠速控制执行机构。
A. 双金属片式　B. 石蜡式　C. 平动电磁阀式　D. 步进电动机式
251. BB013　怠速控制系统的 ECU 通过控制旋转步数来控制空气量大小的是(　　)怠速控制执行机构。
A. 平动电磁阀式　B. 旋转电磁阀式　C. 双金属片式　D. 步进电动机式
252. BB013　通过直接控制节气门的开启程度，实现控制进气量目的的是(　　)怠速控制执行机构。
A. 节气门直动式　B. 步进电动机式　C. 双金属片式　D. 平动电磁阀式

253. BB014 自动变速器按齿轮变速器的类型分为普通齿轮式和(　　)。

A. 双金属齿轮式　B. 行星齿轮式　C. 液压齿轮式　D. 从动齿轮式

254. BB014 自动变速器按内部控制方式的不同,分为全液压控制和(　　)两种。

A. 机械控制　B. 半液压控制　C. 微机控制　D. 电磁控制

255. BB014 后驱动自动变速器的(　　)和齿轮变矩器的输入轴及输出轴在同一轴线上。

A. 主动链轮　B. 制动器　C. 离合器　D. 变矩器

256. BB015 自动变速器的液力传动装置安装在(　　)上,其作用与采用手动变速器的汽车中的离合器相似。

A. 发动机后端的飞轮　B. 发动机前端的飞轮

C. 主动轮　D. 从动轮

257. BB015 机械传动装置是自动变速器中的重要组成部分,它将液力传动装置输入的转矩进一步增大并通过输出轴传给(　　)。

A. 机械控制装置　B. 万向传动装置　C. 液压控制装置　D. 飞轮

258. BB015 液压控制系统一般安装在自动变速器的油底壳中,是自动变速器中用于(　　)的系统。

A. 动力传递方向控制　B. 制动控制

C. 换挡控制　D. 增大转矩

259. BC001 如果暖风机开关开到任何一挡电机都不转动,检查开关处,如果没电,则说明是(　　)。

A. 电机损坏　B. 开关损坏　C. 保险熔断　D. 搭铁不良

260. BC001 如果暖风机开关开到任何一挡电机都不转动,检查电机搭铁线有电,则说明(　　)。

A. 搭铁不良　B. 开关损坏　C. 保险熔断　D. 火线不良

261. BC001 如果暖风机开关开到任何一挡电机都不转动,开关进线端有电而输出端没电,则说明是(　　)烧毁。

A. 电机　B. 保险　C. 整流子　D. 开关

262. BC002 如果暖风电路无低速而开关和调速电阻良好,则应查(　　)是否断路。

A. 保险　B. 电机

C. 搭铁　D. 开关到电阻之间导线

263. BC002 如果暖风电路无低速,则应先检查(　　)。

A. 热源　B. 电源开关　C. 电机　D. 搭铁

264. BC002 暖风电路无低速但开关良好,则应检查(　　)。

A. 保险　B. 搭铁　C. 调速电阻　D. 电机

265. BC003 如果使用万用表检测暖风电路调速电阻时,发现其在各个挡位都有异常,则进行(　　)处理。

A. 拉长电阻丝　B. 更换电阻　C. 更换保险丝　D. 拉长保险丝

266. BC003 如果暖风电路调速电阻从中间断开,则应更换(　　)。

A. 电机　B. 开关　C. 电阻　D. 保险

267. BC003 如果暖风电路调速电阻从头部断开,则可以将(　　)拉长连接继续使用。

A. 电阻丝　B. 导线　C. 保险丝　D. 弹簧

268. BC004 发动机个别缸不工作时，若拔下 1 根高压线不容易判断，可同时拔下(　　)高压线来进行判断。

A. 3 根　B. 2 根　C. 4 根　D. 5 根

269. BC004 发动机个别缸不工作时，拔下 1 缸高压线后听到的“突、突”声无变化，则说明故障在(　　)。

A. 1 缸　B. 4 缸　C. 2 缸　D. 3 缸

270. BC004 发动机个别缸不工作时，可用螺丝刀对该气缸做断火检查，如发动机转速(　　)，表明该气缸不工作。

A. 不变　B. 升高　C. 降低　D. 时高时低

271. BC005 采用汽油喷射技术的汽油发动机的(　　)有可能达到柴油机的水平。

A. 压缩比　B. 热效率　C. 动力性　D. 喷油压力

272. BC005 电控燃油喷射系统燃油雾化好，燃油消耗能够降低(　　)。

A. 3%　B. 4%　C. 5%～15%　D. 10%～20%

273. BC005 电子控制的(　　)喷射系统比电子控制的化油器更为简单可靠，造价更低，功能更为优良。

A. 节气门体　B. 喉管通径　C. 主量孔　D. 阻风门

274. BC006 电子控制汽油喷射式发动机负荷增大时，主量孔可以及时提供(　　)工况下的各种数据，输出给执行单元。

A. 小功率　B. 大功率　C. 大马力　D. 大动力

275. BC006 电子控制汽油喷射式发动机负荷增大时，执行单元根据接收到的各种数据，(　　)。

A. 减小供油量　B. 增大供油量　C. 增大供气量　D. 减小供气量

276. BC006 电喷式发动机负荷增大时，电子控制器可根据其他(　　)的信息反馈对燃油供给进行补充。

A. 传感器　B. 控制器　C. 执行器　D. 进气量

277. BC007 汽车发动机电喷系统中，(　　)具有故障保护功能。

A. 电子控制器　B. 传感器　C. 执行器　D. 供油器

278. BC007 汽车出现故障时，电子控制器可以利用已存储的数据控制(　　)的工作。

A. 启动机　B. 发电机　C. 发动机　D. 传感器

279. BC007 汽车上的电子控制器是通过接收来自各种(　　)的输入信号并对其进行实时分析处理来工作的。

A. 执行器　B. 传感器　C. 控制器　D. 仪表

280. BC008 上海桑塔纳车点火控制器为集成电路，由于在磁场和触发器转子作用下产生的电压很微弱，必须通过(　　)处理才能产生 50 kV 的电压。

A. 集成电路模块　B. 集成电路放大模块

C. 点火控制器模块　D. 集成电路模块

281. BC008 上海桑塔纳轿车使用的是(　　)无触点电子点火系。

A. 霍尔效应　B. 霍尔电压　C. 霍尔电流　D. 霍尔系数

282. BC008 霍尔效应点火控制器为集成电路，其点火控制器的电流放大级大功率管为(　　)。

A. NPN 型 B. PN 型 C. PNP 型 D. CPU 型

283. BC009 柴油机 ECD 系统的正时器位置传感器的( )直接与正时器活塞相连，该传感器将正时器活塞的位置信号反馈给 ECU，从而对喷油时刻进行反馈修正。

A. 调节阀 B. 铁芯 C. 位置传感器 D. 滚柱环

284. BC009 柴油机电控系统对喷油时刻进行补充修正后，最后确定出与各种工况相适应的喷油时刻控制信号，并以该信号来控制喷油正时( )的工作。

A. 喷油嘴 B. 单向阀 C. 控制阀 D. 溢流阀

285. BC009 柴油机电控系统的正时器活塞两端有低压室和高压室，它们之间设有通道，通道上设有( )控制的喷油正时控制阀。

A. EGR B. VSV C. ACIS D. ECU

286. BC010 柴油机进气节流电控系统的副节气门由( )控制，按全开、半开、全闭三种情况调节。

A. 传感器 B. 电控单元 C. 电磁阀 D. 喷油器

287. BC010 柴油机进气节流电控系统设有( )，它可以在发动机暖机后怠速运转时减少进气量。

A. 控制阀 B. 单向阀 C. 副节气门 D. 溢流阀

288. BC010 柴油机进气节流电控系统设有副节气门，可在发动机暖机后怠速运转时降低发动机的爆发压力，并在发动机停机运转时切断( )。

A. 电路 B. 进油 C. 排气 D. 进气

289. BC011 用万用表(欧姆挡)测量翼板式空气流量传感器各端子间的电阻来判断传感器是否正常时，应慢慢转动翼板，根据表上电阻值的变化情况来进行判断。若转动翼板时信号端子间电阻值出现( )现象，说明传感器正常。

A. 忽大忽小 B. 间断无穷大 C. 间断无穷小 D. 连续平滑变化

290. BC011 拨开热线式空气流量计在发动机怠速状态下的电压值应为( )。

A. 2.5～2.8 V B. 1.8～2.0 V C. 1.0～1.3 V D. 0.5 V

291. BC011 拨开热线式空气流量计在发动机点火开关置于“ON”、转速在 3 000 r/min 状态时，其电压值应为( )。

A. 2.5～2.8 V B. 1.8～2.0 V C. 1.0～1.3 V D. 0.5 V

292. BC012 在进行氧传感器的功能测试时，将发动机暖机到 65 ℃，并将 CO 废气分析仪安装到排气管接口上，拔下氧传感器插接器，将传感器的连接线搭铁，若 CO 的排放量( )，表明线路各电控单元良好。

A. 上升 B. 下降 C. 不变 D. 为零

293. BC012 在测量氧传感器输出电压时，一般选用( )。

A. 指针式万用表 B. 普通电压表

C. 高阻的数字式万用表 D. 试灯

294. BC012 发动机保持 2 500 r/min 左右的转速运转时，电压表指针应在 0～1 V 之间来回摆动，氧传感器的反馈电压应在 0.45 V 上下不断变化，频率约为( )。

A. 60 次/min B. 50 次/min C. 40 次/min D. 30 次/min

295. BC013 用万用表电阻挡测量线性输出型节气门传感器电源至接地间的电阻值，其电阻值应随节气门开度的增大而( )。

A. 随机增大　　B. 随机减小　　C. 呈线性增大　　D. 呈线性减小

296. BC013　检测开关型节气门位置传感器时，要拆下节气门位置传感器插头，使用万用表欧姆挡检查其端子间的（　　）。

A. 导通性　　B. 通过性　　C. 怠速信号　　D. 点火提前角

297. BC013　线性可变电阻节气门位置传感器可通过测量线性电位计的（　　）来判断其是否良好。

A. 电容　　B. 电压　　C. 功率　　D. 电阻

298. BC014　检测光电式曲轴位置传感器电源电压时，插头上电源端子与搭铁之间的电压应为（　　）。

A. 3 V　　B. 5 V　　C. 8 V　　D. 10 V

299. BC014　以捷达轿车为例，关闭点火开关，拔下曲轴位置传感器连接器的插头，检查传感器 1 号端子与 2 号端子之间的电阻，其值应在 450～1 000 Ω 范围内。若电阻为无穷大，说明信号线圈存在（　　）。

A. 过流　　B. 通路　　C. 断路　　D. 短路

300. BC014　以捷达轿车为例，检查曲轴位置传感器上 1 号或 2 号端子与 3 号屏蔽端子之间的电阻，阻值应为（　　），否则应更换传感器。

A. 无穷大　　B. 10 以内常数　　C. 零　　D. 负值

301. BC015　用电阻检查法检测半导体压敏电阻式进气压力传感器时，点火开关置于 OFF 位置，拔下 ECU 与歧管压力传感器之间的线束连接器，用万用表的电阻挡检查 ECU 与各端子间的电阻，如果电阻值为（　　），说明线束与端子接触不良或断路，应进行检修。

A. 0.2 Ω　　B. 0.3 Ω　　C. 0.4 Ω　　D. ∞

302. BC015　用电压检查法检测半导体压敏电阻式进气压力传感器时，点火开关置于 OFF 位置，用万用表的电压挡检查电压时，（　　）与端子 1 间的电源电压标准值应为 5 V 左右。

A. 端子 4　　B. 端子 2　　C. 端子 3　　D. 接地端子

303. BC015　检测电容式进气压力传感器时，打开点火开关，检查（　　）与端子 46 接地线之间的电压，应为 5 V。

A. 端子 45 电源线　　B. 端子 26 电源线　　C. 端子 46 电源线　　D. 端子 26 接地线

304. BC016　检测进气温度传感器电压时，拔下连接器，将点火开关置于 ON 位置，测量 ECU 的电源电压，（　　）与 E_2 端子间的电压应为 5 V。

A. 电阻　　B. E_1　　C. THW　　D. THA

305. BC016　将进气温度传感器置于加热的水中，应测得其（　　）。

A. 电阻值随水温的升高而下降　　B. 电阻值随水温的升高而升高

C. 电阻值保持不变　　D. 电阻值始终为零

306. BC016　检测冷却液传感器电压时，拔下连接器，将点火开关置于 ON 位置，测量 ECU 的电源电压，（　　）与 E_2 端子间的电压应为 5 V。

A. 接地线　　B. E_1　　C. THW　　D. THA

307. BC017　滑动可变电阻式转矩传感器的作用是测出负载力矩引起的扭杆扭转角位移，并将其转换为（　　）的变化。

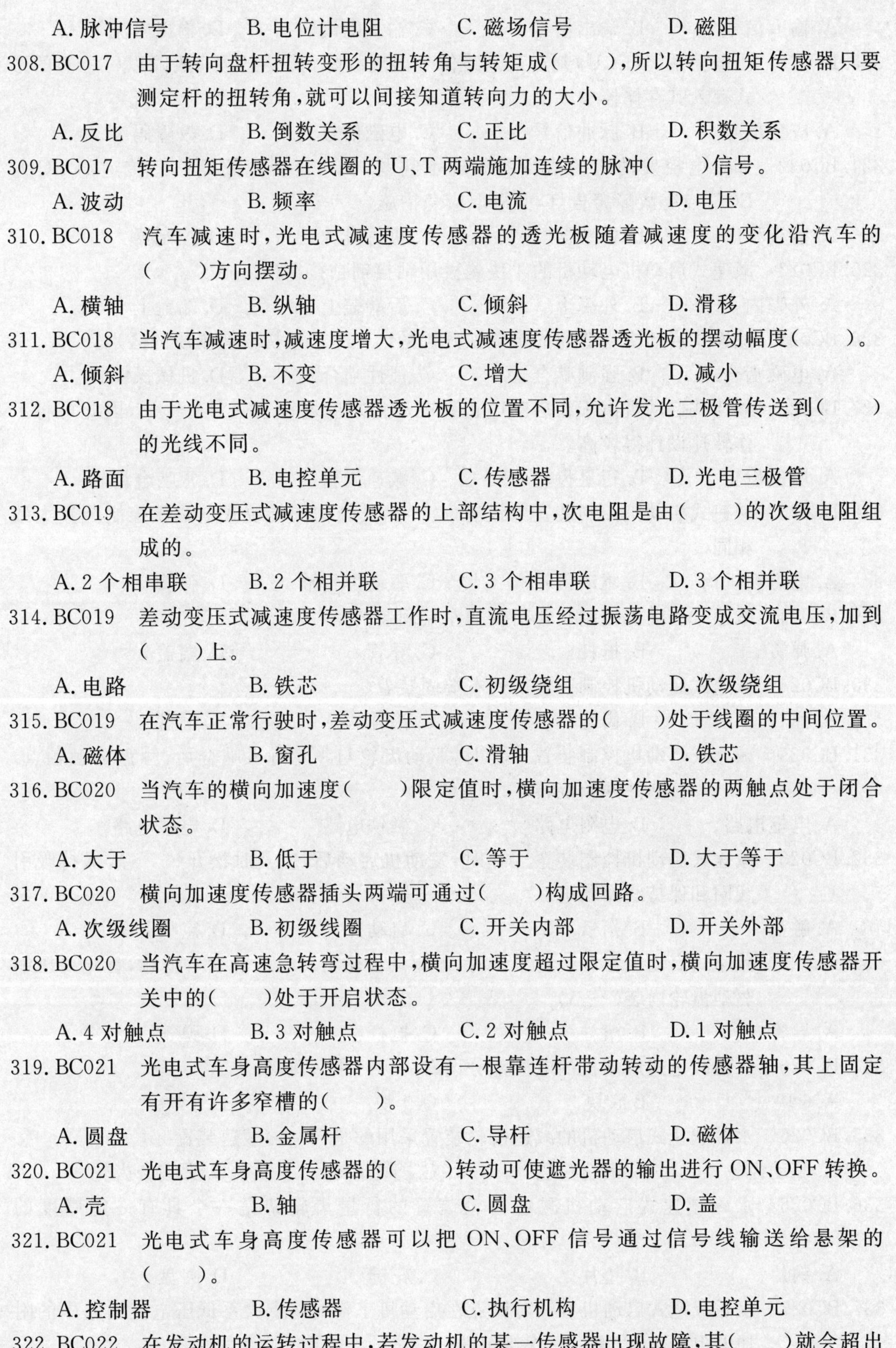

A. 脉冲信号　B. 电位计电阻　C. 磁场信号　D. 磁阻

308. BC017　由于转向盘杆扭转变形的扭转角与转矩成(　　)，所以转向扭矩传感器只要测定杆的扭转角，就可以间接知道转向力的大小。

A. 反比　B. 倒数关系　C. 正比　D. 积数关系

309. BC017　转向扭矩传感器在线圈的 U、T 两端施加连续的脉冲(　　)信号。

A. 波动　B. 频率　C. 电流　D. 电压

310. BC018　汽车减速时，光电式减速度传感器的透光板随着减速度的变化沿汽车的(　　)方向摆动。

A. 横轴　B. 纵轴　C. 倾斜　D. 滑移

311. BC018　当汽车减速时，减速度增大，光电式减速度传感器透光板的摆动幅度(　　)。

A. 倾斜　B. 不变　C. 增大　D. 减小

312. BC018　由于光电式减速度传感器透光板的位置不同，允许发光二极管传送到(　　)的光线不同。

A. 路面　B. 电控单元　C. 传感器　D. 光电三极管

313. BC019　在差动变压式减速度传感器的上部结构中，次电阻是由(　　)的次级电阻组成的。

A. 2 个相串联　B. 2 个相并联　C. 3 个相串联　D. 3 个相并联

314. BC019　差动变压式减速度传感器工作时，直流电压经过振荡电路变成交流电压，加到(　　)上。

A. 电路　B. 铁芯　C. 初级绕组　D. 次级绕组

315. BC019　在汽车正常行驶时，差动变压式减速度传感器的(　　)处于线圈的中间位置。

A. 磁体　B. 窗孔　C. 滑轴　D. 铁芯

316. BC020　当汽车的横向加速度(　　)限定值时，横向加速度传感器的两触点处于闭合状态。

A. 大于　B. 低于　C. 等于　D. 大于等于

317. BC020　横向加速度传感器插头两端可通过(　　)构成回路。

A. 次级线圈　B. 初级线圈　C. 开关内部　D. 开关外部

318. BC020　当汽车在高速急转弯过程中，横向加速度超过限定值时，横向加速度传感器开关中的(　　)处于开启状态。

A. 4 对触点　B. 3 对触点　C. 2 对触点　D. 1 对触点

319. BC021　光电式车身高度传感器内部设有一根靠连杆带动转动的传感器轴，其上固定有开有许多窄槽的(　　)。

A. 圆盘　B. 金属杆　C. 导杆　D. 磁体

320. BC021　光电式车身高度传感器的(　　)转动可使遮光器的输出进行 ON、OFF 转换。

A. 壳　B. 轴　C. 圆盘　D. 盖

321. BC021　光电式车身高度传感器可以把 ON、OFF 信号通过信号线输送给悬架的(　　)。

A. 控制器　B. 传感器　C. 执行机构　D. 电控单元

322. BC022　在发动机的运转过程中，若发动机的某一传感器出现故障，其(　　)就会超出规定范围。

A. 输入信号　B. 输出信号　C. 输入电流　D. 输出电流

323. BC022　当电控系统(ECU)判定某电路信号出现故障,就会把这一故障以(　　)的形式存入其存储器中。

A. 应急信号　B. 脉冲信号　C. 电磁信号　D. 故障码

324. BC022　如果电控发动机的执行器出现了问题,(　　)会把故障信息传递给 ECU,ECU 点亮故障警告灯,并采取应急措施。

A. 监视程序　B. 传感器　C. 执行机构　D. 控制器

325. BC023　减速式启动机电动机的 4 块磁极用粘接剂粘接在(　　)。

A. 外壳内　B. 外壳上　C. 后端盖上　D. 端盖上

326. BC023　减速式启动机与普通的带磁铁开关的(　　)启动机没有本质的区别。

A. 电磁啮合式　B. 强制啮合式　C. 惯性啮合式　D. 机械操纵式

327. BC023　减速式启动机由于在启动电机和驱动齿之间增设了一对(　　),因此可将工作转速设计得较高。

A. 增速齿轮　B. 行星齿轮　C. 减速齿轮　D. 常啮合齿轮

328. BC024　减速式启动机控制装置中设有(　　),其结构同传统式电磁铁控制装置大致相同。

A. 电磁铁机构　B. 驱动齿轮　C. 驱动齿轮轴　D. 弹簧

329. BC024　减速式启动机控制装置衔铁的左端固装的是(　　)。

A. 弹簧　B. 挺杆　C. 导管　D. 端盖

330. BC024　减速式启动机控制装置衔铁右端固装着(　　)。

A. 弹簧　B. 齿轮　C. 滚柱　D. 触盘

331. BC025　减速式启动机控制装置工作时,驱动齿轮与飞轮进入啮合后,触盘接触触点,(　　)接通并开始旋转。

A. 电枢电路　B. 电阻电路　C. 磁铁电路　D. 电感电路

332. BC025　减速式启动机控制装置工作时,发动机启动后,应及时松开(　　),保持吸引线圈和保持线圈断电。

A. 触盘　B. 衔铁　C. 启动开关　D. 点火开关

333. BC025　减速式启动机控制装置工作时,若驱动齿轮与飞轮啮合发生抵触,首先要压缩驱动齿轮内装(　　)。

A. 导管　B. 滚柱　C. 挺杆　D. 弹簧

334. BC026　永磁减速式启动机的电机部分设有(　　)永久磁极。

A. 6 块　B. 5 块　C. 4 块　D. 2 块

335. BC026　永磁减速式启动机的减速齿轮装置采用的是(　　)减速装置。

A. 驱动齿轮　B. 啮合齿轮　C. 行星齿轮　D. 常啮合齿轮

336. BC026　永磁减速式启动机减速齿轮装置的行星齿轮架是一个具有一定厚度的(　　)。

A. 钢片　B. 垫片　C. 花键　D. 圆盘

337. BC027　永磁减速式启动机有一对触点在启动机工作时将点火系低压电流通路中的附加电阻短路,以增大一次绕组的(　　)。

A. 电阻值　B. 电流值　C. 电压值　D. 阻抗值

338. BC027　永磁减速式启动机不工作时，(　　)两对触点均处于张开位置。
A. 继电器　B. 分电器　C. 启动继电器　D. 断电器

339. BC027　永磁减速式启动机不工作时，触盘与触点断开，驱动轮与(　　)分离。
A. 曲轴　B. 凸轮轴　C. 凸轮　D. 飞轮

340. BC028　新型启动机使用时，要保持蓄电池处于(　　)的状态。
A. 充足电　B. 通电　C. 清洁　D. 完好

341. BC028　新型启动机使用时，每次接通启动机的时间不应超过(　　)。
A. 1 s　B. 5 s　C. 10 s　D. 15 s

342. BC028　新型启动机使用时，两次接通启动机的时间间隔不应小于(　　)。
A. 5 s　B. 10 s　C. 15 s　D. 20 s

343. BC029　装用启动继电器的控制电路接线时，点火开关接线柱接点火开关的(　　)。
A. 启动挡　B. 一挡　C. 二挡　D. 三挡

344. BC029　装用启动继电器的控制电路接线时，电池接线柱接电源，(　　)接线柱直接接搭铁。
A. 启动机　B. 搭铁　C. 启动开关　D. 继电器

345. BC029　装用启动继电器的控制电路工作时，将点火开关启动挡接通，电源的电流便经继电器的触点通往启动机(　　)的接线柱。
A. 线圈　B. 关闭　C. 电磁开关　D. 完全关闭

346. BC030　带有组合启动继电器的控制电路工作时，启动继电器线圈通电使启动继电器的(　　)闭合。
A. 常开触点　B. 触点　C. 常闭触点　D. 电磁开关

347. BC030　带有组合启动继电器的控制电路工作时，发动机启动后，断开点火开关，钥匙自动返回点火挡(　　)。
A. Ⅴ挡　B. Ⅱ挡　C. Ⅲ挡的 ON 挡　D. Ⅳ挡的 ON 档

348. BC030　带有组合启动继电器的控制电路工作时，发动机启动后，如果点火开关没能及时返回Ⅲ挡的 ON 挡，(　　)电磁开关断电，启动机自动停止工作。
A. 混合器　B. 预热器　C. 继电器　D. 启动机

349. BC031　QD1225 型启动机工作时，蓄电池正极出来的端子最先经过的是(　　)。
A. 点火开关　B. 红色导线　C. 黑色导线　D. 中央线路板

350. BC031　QD1225 型启动机工作时，蓄电池正极端子接红色导线后，经过一系列部件，最后进入(　　)。
A. 启动机端子　B. 点火开关　C. 启动机开关　D. 中央线板

351. BC031　无启动继电器的控制电路工作时，点火开关拨到Ⅱ挡，(　　)接通后，启动机的电磁开关通电，启动机进入工作状态。
A. 导线　B. 开关　C. 蓄电池　D. 端子

352. BC032　接通启动机开关，启动机不转，开灯亮度不减弱，则说明启动机电路(　　)。
A. 接通　B. 未接通　C. 短路　D. 搭铁

353. BC032　在开亮大灯的同时接通启动机开关，灯光变暗，启动机不转，表明启动机内部电路(　　)。
A. 断路　B. 短路　C. 接触不良　D. 良好

354. BC032 接通启动机开关，启动机不转，灯光亮度减弱很大，说明蓄电池（　　）。
A. 电压正常　B. 电压不足　C. 液面过低　D. 液面过高
355. BC033 汽油机在低速大负荷时，所需的击穿电压约为（　　）。
A. 8～10 kV　B. 6～8 kV　C. 4～6 kV　D. 2～4 kV
356. BC033 为了保证汽油机可靠点火，一般应保证有（　　）的点火能量。
A. 10～30 mJ　B. 20～50 mJ　C. 30～60 mJ　D. 50～80 mJ
357. BC033 汽油机正常工作所需的击穿电压与汽油机的（　　）有关。
A. 进气量　B. 进油量　C. 转速　D. 运行工况
358. BC034 采用高压跳火法检查电子点火系高低压电路故障时，从分电器盖上拔出中央高压线，其端头离缸体距离应为（　　）。
A. 4～6 mm　B. 6～8 mm　C. 8～10 mm　D. 10～12 mm
359. BC034 诊断电子点火系故障时，测得点火信号发生器传感器的输出信号电压为（　　），说明传感器有故障。
A. 1.5 V　B. 1.2 V　C. 1 V　D. 0.5 V
360. BC034 诊断电子点火系故障时，用万用表测量霍尔效应式点火控制器两端的电压，闭合点火开关，电压表的读数约为（　　），并在几秒内迅速降到 0，说明无故障。
A. 13～15 V　B. 10～12 V　C. 5～6 V　D. 2～3 V
361. BC035 发动机过热的主要原因是发动机（　　）不正常。
A. 运转　B. 转速　C. 怠速　D. 燃烧
362. BC035 汽车发动机冷却系统内部渗漏常发生在气缸垫接缝处、缸盖螺柱或螺柱松脱的螺纹处，以及（　　）。
A. 散热器上的裂纹或细孔处　B. 水泵接水管处
C. 水温感应塞螺纹接口处　D. 缸盖或盖体裂纹、细孔处
363. BC035 发动机冬季长时间温度过低，极有可能是（　　）没装，造成冷却水始终大循环。
A. 风扇　B. 百叶窗　C. 节温器　D. 温控开关
364. BC036 汽油发动机有倒转现象，高速断火迹象明显，试火时火花强并有突爆声，高速时有回火放炮现象，表明发动机（　　）。
A. 点火时间过早　B. 点火时间过迟
C. 断电器触点间隙过大　D. 断电器触点间隙过小
365. BC036 汽油发动机启动时有倒转现象，大负荷和突然加速时有明显的突爆声，试火时火花强，表明发动机（　　）。
A. 点火时间过早　B. 点火时间过迟
C. 断电器触点间隙过大　D. 断电器触点间隙过小
366. BC036 发动机突爆现象的原因极有可能是使用的汽油（　　）。
A. 有杂质　B. 有水分　C. 辛烷值过低　D. 压缩比过低
367. BC037 汽油发动机低速、中速运转正常，而高速或突然改变转速时发抖，排气管有明显的“突、突”声，原因是发动机（　　）。
A. 高压火花断火　B. 火花塞间隙过大或过小
C. 点火顺序错乱　D. 点火正时不准

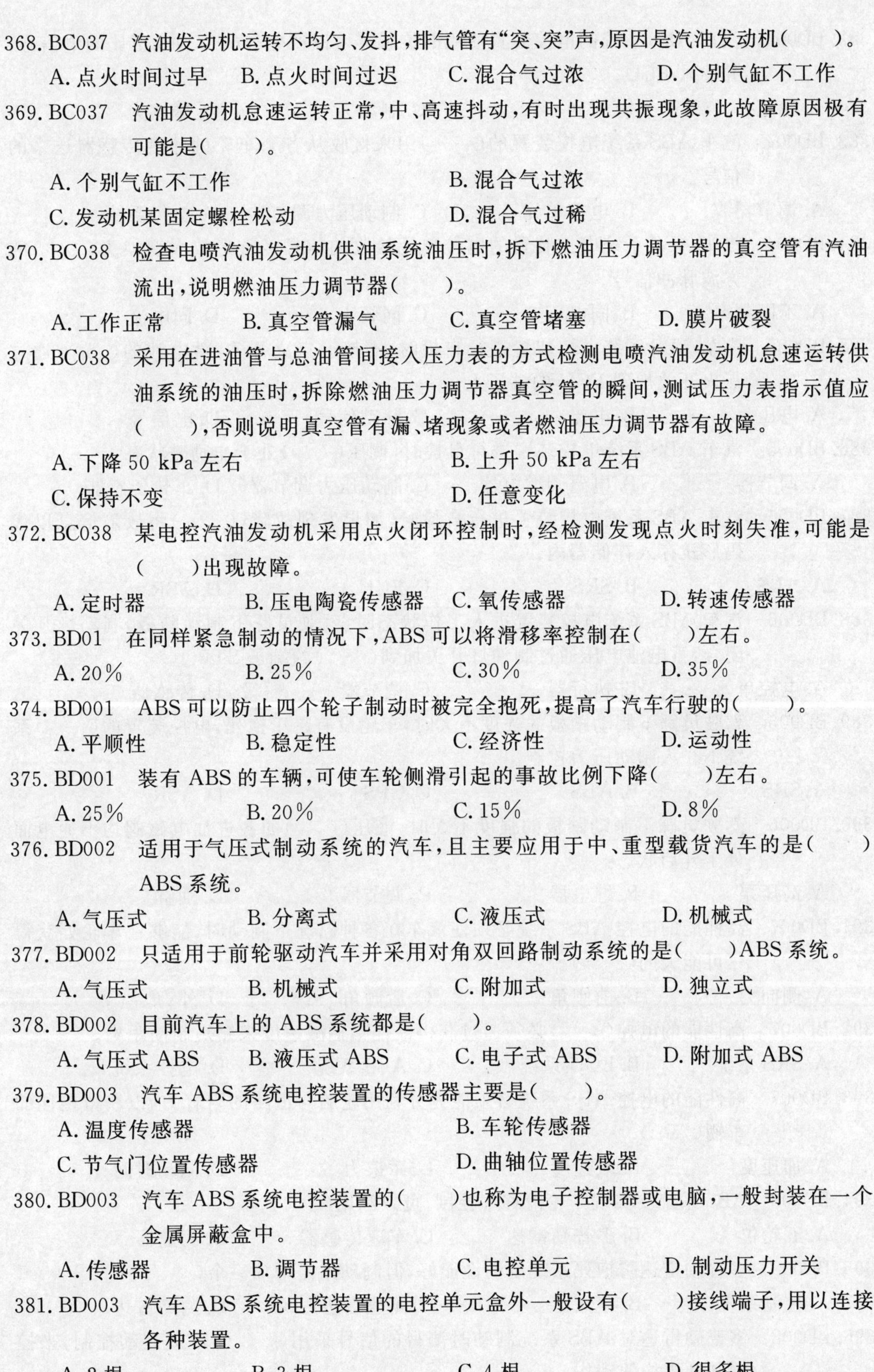

368. BC037 汽油发动机运转不均匀、发抖，排气管有“突、突”声，原因是汽油发动机（ ）。

A. 点火时间过早 B. 点火时间过迟 C. 混合气过浓 D. 个别气缸不工作

369. BC037 汽油发动机怠速运转正常，中、高速抖动，有时出现共振现象，此故障原因极有可能是（ ）。

A. 个别气缸不工作 B. 混合气过浓

C. 发动机某固定螺栓松动 D. 混合气过稀

370. BC038 检查电喷汽油发动机供油系统油压时，拆下燃油压力调节器的真空管有汽油流出，说明燃油压力调节器（ ）。

A. 工作正常 B. 真空管漏气 C. 真空管堵塞 D. 膜片破裂

371. BC038 采用在进油管与总油管间接入压力表的方式检测电喷汽油发动机怠速运转供油系统的油压时，拆除燃油压力调节器真空管的瞬间，测试压力表指示值应（ ），否则说明真空管有漏、堵现象或者燃油压力调节器有故障。

A. 下降 50 kPa 左右 B. 上升 50 kPa 左右

C. 保持不变 D. 任意变化

372. BC038 某电控汽油发动机采用点火闭环控制时，经检测发现点火时刻失准，可能是（ ）出现故障。

A. 定时器 B. 压电陶瓷传感器 C. 氧传感器 D. 转速传感器

373. BD01 在同样紧急制动的情况下，ABS 可以将滑移率控制在（ ）左右。

A. 20% B. 25% C. 30% D. 35%

374. BD001 ABS 可以防止四个轮子制动时被完全抱死，提高了汽车行驶的（ ）。

A. 平顺性 B. 稳定性 C. 经济性 D. 运动性

375. BD001 装有 ABS 的车辆，可使车轮侧滑引起的事故比例下降（ ）左右。

A. 25% B. 20% C. 15% D. 8%

376. BD002 适用于气压式制动系统的汽车，且主要应用于中、重型载货汽车的是（ ）ABS 系统。

A. 气压式 B. 分离式 C. 液压式 D. 机械式

377. BD002 只适用于前轮驱动汽车并采用对角双回路制动系统的是（ ）ABS 系统。

A. 气压式 B. 机械式 C. 附加式 D. 独立式

378. BD002 目前汽车上的 ABS 系统都是（ ）。

A. 气压式 ABS B. 液压式 ABS C. 电子式 ABS D. 附加式 ABS

379. BD003 汽车 ABS 系统电控装置的传感器主要是（ ）。

A. 温度传感器 B. 车轮传感器

C. 节气门位置传感器 D. 曲轴位置传感器

380. BD003 汽车 ABS 系统电控装置的（ ）也称为电子控制器或电脑，一般封装在一个金属屏蔽盒中。

A. 传感器 B. 调节器 C. 电控单元 D. 制动压力开关

381. BD003 汽车 ABS 系统电控装置的电控单元盒外一般设有（ ）接线端子，用以连接各种装置。

A. 2 根 B. 3 根 C. 4 根 D. 很多根

382. BD004　汽车 ABS 系统的电控装置使用的传感器可以产生与(　　)成正比的电信号，并输入 ECU。

A. 轮速　B. 时间　C. 制动力　D. 摩擦力

383. BD004　汽车 ABS 系统电控装置的(　　)用来接收从各个车轮的速度传感器送来的信号。

A. 调节器　B. 电控单元　C. 制动压力调节器　D. 执行系统

384. BD004　汽车 ABS 系统电控装置的电控单元接收的信号经整形放大变换为(　　)的方波脉冲信号。

A. 不同频率　B. 同电压　C. 同频率　D. 同电流

385. BD005　汽车 ABS 系统电控装置进行自检时，需接通点火开关，蓄电池的(　　)通过点火开关加到 ECU 的端子上。

A. 电压　B. 电流　C. 脉动信号　D. 电信号

386. BD005　汽车 ABS 系统电控装置进行自检时，调压(　　)处于非励磁状态。

A. 调节器　B. 电磁阀继电器　C. 制动压力调节器　D. 车轮传感器

387. BD005　汽车 ABS 系统电控装置进行自检时，如果发现故障，(　　)将故障信息以代码形式存入存储器内。

A. ABS　B. SRS　C. ECU　D. ASR

388. BD006　汽车 ABS 系统电控装置进入工作状态时，驾驶员踩下制动踏板，制动灯开关闭合，蓄电池电压通过制动灯开关加到(　　)的端子 STP 上。

A. 电控单元　B. 执行器　C. 调节器　D. 传感器

389. BD006　驾驶员踩下制动踏板的强度不大时，车轮没有趋于抱死，电控装置的(　　)系统不介入制动压力控制。

A. SRS　B. ABS　C. GPS　D. ASR

390. BD006　驾驶员踩下制动踏板的强度不大时，液压(　　)的各进油电磁阀均不通电而处于开启状态。

A. 高压泵　B. 继电器　C. 调节器　D. 油缸

391. BD007　高性能的电控 ABS 系统必须使汽车在各种路况下制动时，能够在车轮处获得尽可能大的(　　)。

A. 侧向力　B. 前倾角　C. 后倾角　D. 外力

392. BD007　高性能的电控(　　)必须通过获得最佳车辆减速度来缩短制动距离。

A. SRS 系统　B. ECU 系统　C. ABS 系统　D. 电控系统

393. BD007　高性能的电控 ABS 系统必须能充分利用轮胎与道路的附着力，以获得最佳的车辆(　　)。

A. 加速度　B. 减速度　C. 摩擦力　D. 制动时间

394. BD008　ABS 系统要实现车轮滑移率控制，可以利用(　　)。

A. 五轮仪　B. 多普勒雷达　C. 车速传感器　D. 测速器

395. BD008　多普勒雷达防抱死系统制动性能好，但制动系需增加一个(　　)。

A. 控制系统　B. 存储器　C. 测速雷达　D. 测路雷达

396. BD008　多普勒雷达对 ABS 系统制动时测得的信号采用(　　)，形成差动控制，来控制制动机构的动作。

A. 多信息输入 B. 双信息输出 C. 单信息输入 D. 双信息输入

397. BD009 ABS 系统( )控制方式不涉及具体的数学模型。
A. 逻辑门限制值 B. 车轮滑移率 C. 多普勒雷达 D. 滑模动态变结构

398. BD009 ABS 系统逻辑门限制值控制方式使( )控制这一复杂的非线性问题得到简化。
A. 电子 B. 防抱死 C. 电脑 D. ECU

399. BD009 ABS 系统逻辑门限制值控制方式的缺点是控制逻辑比较复杂,控制( )。
A. 参数多 B. 成本高 C. 不够具体 D. 不够平稳

400. BD010 ABS 系统的主缸储液室位于制动系的最高点,加足制动液的制动系统经过相当长的时间,系统的空气就会自动上升而排除,这就是( )。
A. 自然排气法 B. 人工排气法 C. 动力排气法 D. 真空排气法

401. BD010 ABS 系统排气时,每个排气点排气螺栓至少要放松( )(但也不可松动过多),使滞留在系统中的空气同制动液一起溢出。
A. 1/8 圈 B. 1/6 圈 C. 1/4 圈 D. 1/5 圈

402. BD010 ABS 系统排气时,当仅有液体溢出时,可拧紧( )。
A. 排气孔 B. 溢流阀 C. 排气阀 D. 排气螺栓

403. BD011 在调整坦孚 ABS 前车轮传感器时,传感器头清理完毕后要在传感器头端面上粘贴新的( )。
A. 纸垫片 B. 铜垫片 C. 铁垫片 D. 铝垫片

404. BD011 在调整坦孚 ABS 前车轮传感器时,拧松传感器固定螺栓,旋转( ),给固定螺钉提供一个新的锁死凹痕面。
A. 齿圈 B. 轮毂 C. 钢衬套 D. 后盾

405. BD011 在调整坦孚 ABS 前车轮传感器时,推动传感头向( )移动,直到垫片与其接触为止。
A. 钢衬套 B. 传感器齿圈顶端 C. 传感器齿圈末端 D. 后盾

406. BD012 对压力调节器功能进行检查时,观察车用压力,储能器预置压力应为( )。
A. 2.0～8.0 MPa B. 4.0～10.0 MPa C. 8.0～14.0 MPa D. 10.0～16.0 MPa

407. BD012 对压力调节器功能进行检查时,油泵运行时间应不长于 60 ms,储能器压力应升到( )。
A. 22.2～25.3 MPa B. 19.2～22.3 MPa
C. 16.2～19.3 MPa D. 13.2～16.3 MPa

408. BD012 对压力调节器进行检查时,拔下调节器,加不大于( )的直流电压,电磁阀发出“啪嗒啪嗒”的响声,说明压力调节器状态良好。
A. 24 V B. 18 V C. 16 V D. 12 V

409. BD013 检修 ABS 轮速传感器时一定要十分小心,拆卸时注意不要碰伤( )。
A. 轮毂 B. 齿圈 C. 传感头 D. 后端

410. BD013 检修 ABS 液压控制装置时,切记要首先( )。
A. 更换制动液 B. 测量液压 C. 清理污物 D. 泄压

411. BD013 ABS 制动液压泵至少每隔( )更换一次。
A. 两年 B. 两年半 C. 三年 D. 三年半

412. BD014 检修 ABS 泄压时，应将点火开关关闭，然后反复踩制动踏板，踩踏板的次数需在（ ）以上。

A. 10 次 B. 12 次 C. 15 次 D. 20 次

413. BD014 检修 ABS 泄压时，当（ ），即感觉不到踩踏板的液压助力时，说明 ABS 泄压完毕。

A. 踏板力明显减弱 B. 踏板力明显增强

C. 制动液压力明显减弱 D. 制动液压力明显增强

414. BD014 ABS 个别线束插头损坏时，可更换新插头，但线束插头是（ ）的，一般只能与线束一同更换。

A. 铜 B. 塑料 C. 铝 D. 铁

415. BD015 免维护蓄电池的隔板将（ ）包住。

A. 负极板 B. 通气装置 C. 正极板 D. 链条

416. BD015 免维护蓄电池隔板孔盖内增设（ ）过滤器。

A. 铅 B. 氧化铝 C. 氧化铜 D. 氧化铁

417. BD015 免维护蓄电池使用（ ），朝任何方向放置都不会漏液。

A. 普通隔板 B. 烧结塑料隔板 C. 橡胶隔板 D. 吸液式隔板

418. BD016 免维护蓄电池的内装式密度计用（ ）制成。

A. 毛玻璃 B. PVC C. 塑料 D. 金属

419. BD016 免维护蓄电池的外壳一般用（ ）热压而成。

A. 聚丙烯 B. 聚乙烯 C. 铜 D. 铝

420. BD016 免维护蓄电池的隔板采用（ ）制造。

A. 聚丙烯 B. 铜 C. 铁 D. 聚乙烯

421. BD017 免维护蓄电池壳体与普通电池壳体相比，（ ）。

A. 体积大 B. 耐腐蚀性差 C. 抗压小 D. 体积稍小

422. BD017 免维护蓄电池壳体底部（ ）。

A. 凸凹不平 B. 是平的 C. 有凸筋 D. 有微孔

423. BD017 免维护蓄电池底部无（ ）。

A. 硫酸 B. 水 C. 凸筋 D. 电解液

424. BD018 蓄电池极板中度硫化时，可采用（ ）修复。

A. 大电流法 B. 高电压法 C. 水疗法 D. 加温法

425. BD018 蓄电池出现轻度硫化时，可用（ ）的方法排除。

A. 去硫化加热 B. 去硫化充气 C. 去硫化充电 D. 去硫化加水

426. BD018 修理硫化的蓄电池极板时应用（ ）充电。

A. 小电流缓慢 B. 小电流快速 C. 大电流缓慢 D. 大电流快速

427. BD019 修补蓄电池极桩时，应用锉刀和钢丝刷清洁修整残缺的极柱，除去（ ）。

A. 钙化物 B. 机油 C. 油污 D. 氧化物

428. BD019 蓄电池极桩过细可采用（ ）修复。

A. 钻孔法 B. 挂铅锡法 C. 压力法 D. 粘接法

429. BD019 蓄电池极桩断裂可采用（ ）修复。

A. 浇铸法 B. 粘接法 C. 压接法 D. 钻孔法

430. BE001 把元器件各组成部分的图形符号绘制在一起的方法是（ ）。
A. 聚集表示法 B. 集中表示法 C. 半集中表示法 D. 分开表示法

431. BE001 把一个元器件某些组成部分的图形符号在图上分开布置，它们之间的关系用机械连接线表示的方法是（ ）。
A. 堆积表示法 B. 集中表示法 C. 半集中表示法 D. 分开表示法

432. BE001 把一个元器件某些组成部分的图形符号在图上分开布置，它们之间的关系用项目代号表示的方法是（ ）。
A. 聚集表示法 B. 集中表示法 C. 半分开表示法 D. 分开表示法

433. BE002 PNP 型三极管的箭头方向表示电流的方向，箭头的方向应该是（ ）。
A. 由外向内 B. 由内向外 C. 由基极到发射极 D. 由集电极到发射极

434. BE002 下列 PNP 型三极管的图形符号中，正确的是（ ）。
A. 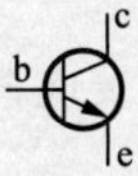 b 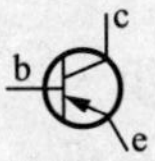 c  e B. b c e C. D. 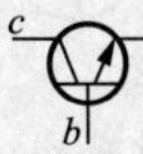 c e b

435. BE002 在 PNP 型三极管的图形符号中，字母 e 表示（ ）。
A. 发射极 B. 集电极 C. 基极 D. 正极

436. BE003 NPN 型三极管可用图形符号（ ）表示。
A. 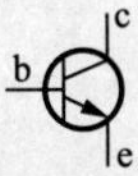 b 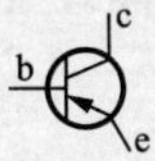 c  e B. b c e C. D. 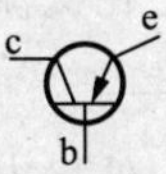 c e b

437. BE003 NPN 型三极管的图形符号中，c 代表（ ）。
A. 基极 B. 集电极 C. 发射极 D. 三极管

438. BE004 晶闸管的图形符号是（ ）。
A.  a c B. 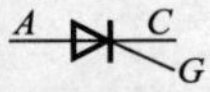 A C G C.  D.

439. BE004 可控硅的图形符号与（ ）的图形符号相似。
A. 三极管 B. 二极管 C. 稳压管 D. 导线

440. BE004 可控硅的图形符号是（ ）。
A.  a c B.  A C G C. 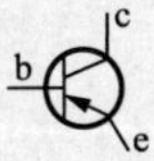 b c e D.  b c e

441. BE005 单结晶体管也称为（ ）。
A. 双基极二极管 B. 三极管 C. 单发射极二极管 D. 晶闸管

442. BE005 单结晶体管的图形符号中有（ ）基极。
A. 1 个 B. 2 个 C. 3 个 D. 4 个

443. BE005 单结晶体管的图形符号中有（ ）发射极。
A. 0 个 B. 1 个 C. 2 个 D. 3 个

444. BE006 单向击穿二极管的图形符号是（ ）。
A.  B. 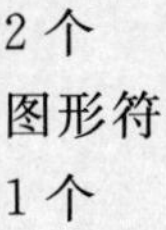 b c e C. 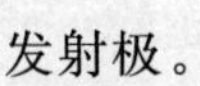 D.

445. BE006 稳压二极管的图形符号是（ ）。
A.  B. 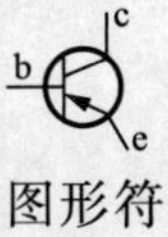 b c e C.  D.

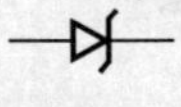

446. BE006 电压调整二极管的图形符号是(　　)。

A.　　B.　　C.　　D.

447. BE007 直流发电机的图形符号是(　　)。

A.　　B.　　C.　　D.

448. BE007 定子绕组为三角形连接的发电机的图形符号是(　　)。

A.　　B.　　C.　　D.

449. BE007 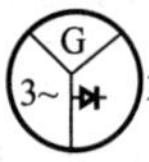 是(　　)的图形符号。

A. 分电器　　B. 定子绕组为星形连接的交流发电机

C. 直流电动机　　D. 天线电动机

450. BE008 整体式交流发电机的图形符号中,>U为(　　)的符号。

A. 电压调节器　　B. 调节器　　C. 三极管　　D. 二极管

451. BE008 在交流发电机的图形符号中,加(　　)为整体式交流发电机。

A. 　　B. G　　C. >U　　D. 3~

452. BE008 外接电压调节器交流发电机的图形符号是(　　)。

A.　　B.　　C.　　D.

453. BE009 脉冲发生器的图形符号是(　　)。

A.　　B.　　C.　　D.

454. BE009 磁感应信号发生器的图形符号是(　　)。

A.　　B.　　C.　　D.

455. BE009 G是(　　)的图形符号。

A. 分电器　　B. 点火电子组件　　C. 信号发生器　　D. 点火线圈

456. BE010 永磁直流电动机的图形符号是(　　)。

A.　　B.　　C.　　D.

457. BE010 并激直流电动机的图形符号是(　　)。

A.　　B.　　C.　　D.

458. BE010 串激直流电动机的图形符号是(　　)。

A.　　B.　　C.　　D.

459. BE011　熔断器的图形符号是(　　)。

A.　　B.　　C.　　D.

460. BE011　是(　　)的图形符号。

A. 电容器　B. 电路断电器　C. 扬声器　D. 易熔器

461. BE011　易熔线的图形符号是(　　)。

A.　　B.　　C.　　D.

462. BE012　水温表传感器的图形符号是(　　)。

A. OP　B.　C. t_w　D. t′

463. BE012　油压表传感器的图形符号是(　　)。

A. OP　B.　C. t_0　D. t′

464. BE012　Q 是(　　)的图形符号。

A. 电阻　B. 燃油表传感器　C. 速度表　D. 电钟

465. BF001　收音机等辅助装置常用(　　)导线。

A. 黑色　B. 白色　C. 绿色　D. 紫色

466. BF001　电源线常用(　　)导线。

A. 红色　B. 白色　C. 绿色　D. 棕色

467. BF001　点火及启动电路常用(　　)导线。

A. 红色　B. 白色　C. 绿色　D. 棕色

468. BF002　棕色导线用字母(　　)表示。

A. Gl　B. Bl　C. Gr　D. Br

469. BF002　如果导线为单一颜色，则用一个英文字母表示，R 代表(　　)。

A. 蓝色　B. 黑色　C. 红色　D. 灰色

470. BF002　白色导线用字母(　　)表示。

A. R　B. W　C. G　D. Y

471. BF003　为了便于汽车电气线路的布置、连接，常需要绘制(　　)。

A. 敷线图　B. 路线图　C. 线束安装图　D. 三视图

472. BF003　在敷线图中，项目只用(　　)表示。

A. 图形符号　B. 图形　C. 种类代号　D. 方形

473. BF003　在敷线图中，端子一般用图形符号(　　)表示。

A. a　B. v　C. o　D. @

474. BF004　根据电气设备在汽车上的实际安装部位绘制的全车电路图是(　　)。

A. 敷线图　B. 路线图　C. 线束安装图　D. 三视图

475. BF004　线束安装图只将漏在线束外面的(　　)详细编号。

A. 导线走向　B. 线头　C. 安装位置　D. 接地线

476. BF004　在线束安装图各线束上都有线束编号和(　　)。

A. 导线走向　B. 文字　C. 接线标志　D. 字母

477. BF005　识图和分析汽车电路图时首先应了解(　　)。

A. 电气元器件图形　B. 电路连接规律　C. 原理框图　D. 图注说明

478. BF005　在阅读局部电路图时,首先必须认真阅读(　　)。

A. 导线走向　B. 图注　C. 电路图组成　D. 开关位置

479. BF005　对于交流信号而言,在电路原理图中信号的传输方向通常是(　　),且电压也是逐级下降。

A. 从上向下　B. 从左向右　C. 从右向左　D. 从下向上

二、多选题(每题有 4 个选项,其中至少有 2 个是正确的,将正确的选项序号填入括号内)

1. AA001　因为电流具有连续性,在电路的节点上均不可能发生电荷的(　　)现象。

A. 积累　B. 间断　C. 流动　D. 排序

2. AA001　电路中,(　　)支路的连接点称为节点。

A. 1 条　B. 2 条　C. 3 条　D. 3 条以上

3. AA002　根据基尔霍夫第二定律,在列方程式前首先要确定(　　)的正负号以及回路的绕行方向。

A. 电流　B. 电动势　C. 电压降　D. 电阻

4. AA002　基尔霍夫第二定律适用的电路包括(　　)。

A. 闭合的回路　B. 假想的开路　C. 部分串联电路　D. 假想的回路

5. AA003　下列关于左手定则的内容,表述正确的是(　　)。

A. 手心对着 S 极　B. 手心对着 N 极

C. 四指指向电流方向　D. 拇指所指的是磁力线方向

6. AA003　关于磁场中的载流导体所受力的方向,表述错误的是(　　)。

A. 与磁力线的方向垂直　B. 与磁力线的方向平行

C. 与电流的方向平行　D. 与电流的方向垂直

7. AA004　在均匀磁场中,线圈受到的转矩的计算公式为 $M=BIS\cos\alpha$,下列关于各个参数的描述正确的是(　　)。

A. M 的单位为安培米(A·m)　B. B 代表磁感应强度

C. I 代表线圈长度　D. α 表示线圈平面转过的角度

8. AA004　在均匀磁场中,线圈与磁力线垂直的两个边受到两个力 F_1 和 F_2,对其关系的表述正确的是(　　)。

A. 两个力大小相等　B. 两个力方向相同

C. 两个力方向相反　D. 两个力在一条直线上

9. AA005　在(　　)不变的情况下,感应电动势的大小与磁感应强度成正比。

A. 导线的长度　B. 导线截面积

C. 导线电阻　D. 导体切割磁力线的速度

10. AA005　线圈中感应电动势的大小与(　　)成正比。

A. 线圈中的磁通量　B. 线圈中磁通量的变化速度

C. 线圈匝数　D. 线圈的磁感应强度

11. AA006　利用右手螺旋定则判断电动势方向时,下列表述正确的是(　　)。

A. 拇指指向 N 极　　B. 四指指向电流方向
C. 拇指指向 S 极　　D. 拇指指向电流方向

12. AA006　利用楞次定律确定感应电流方向时，下列表述正确的是(　　)。
A. 需确定回路原磁通的方向　　B. 需确定线圈匝数
C. 需确定回路原磁通的变化趋势　　D. 需确定线圈内的电流大小

13. AA007　线圈自感系数的大小与线圈的(　　)有关。
A. 匝数　B. 大小　C. 形状　D. 磁导率

14. AA007　下列属于自感系数单位的有(　　)。
A. A　B. Wb　C. H　D. μH

15. AA008　互感线圈的互感系数与(　　)有关。
A. 线圈的匝数　B. 线圈的几何尺寸　C. 线圈的相互位置　D. 互感磁路的介质

16. AA008　互感电动势的方向与(　　)有关。
A. 线圈的匝数　B. 磁通的变化趋势　C. 线圈的绕向　D. 磁路的介质

17. AA009　变压器的铁芯能减小(　　)损耗。
A. 涡流　B. 电压　C. 磁滞　D. 电流

18. AA009　变压器按照铁芯的结构形式，可分为(　　)。
A. 整流式　B. 芯式　C. 壳式　D. 耦合式

19. AA010　对于一个单相变压器，若忽略一次、二次绕组中的(　　)，感应电动势就等于感应电压。
A. 直流电阻　B. 漏磁通　C. 一次电压　D. 二次电压

20. AA010　当变压器的一次、二次绕组采用不同的匝数比时，就可以达到(　　)的目的。
A. 升电流　B. 升电压　C. 降电流　D. 降电压

21. AA011　根据 PN 结的组合方式不同，三极管可分为(　　)。
A. PNP 型　B. NPN 型　C. PNN 型　D. NPP 型

22. AA011　按材料的不同，三极管可分为(　　)。
A. 镍管　B. 锗管　C. 硅管　D. 钨管

23. AA012　三极管放大电路由(　　)等组成。
A. 电阻　B. 三极管　C. 电容器　D. 可控硅

24. AA012　下列三极管的放大电路图中，错误的是(　　)。
A. 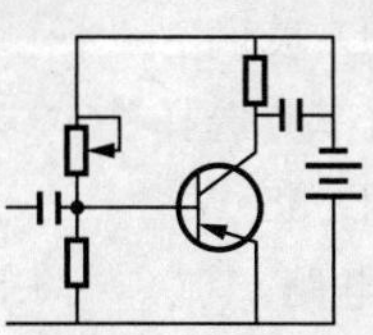　B. 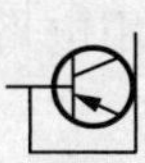　C. 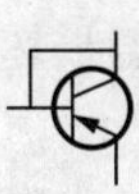　D.  M

25. AA013　三极管的开关电路由(　　)等组成。
A. 三极管　B. 电源　C. 电阻　D. 受控元件

26. AA013　下列三极管的开关电路图中，错误的是(　　)。
A. 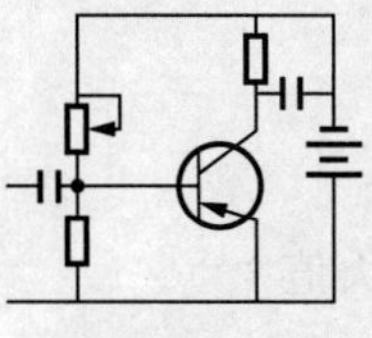　B.  G 3~　C. 　D.

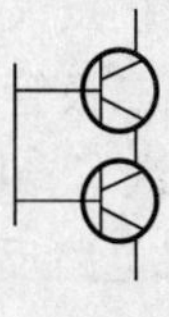

27. AA014　三极管复合电路可由(　　)等构成。

A. 相同导电极性的三极管　　B. 不同导电极性的三极管

C. 相同导电极性的电容　　D. 不同导电极性的电容

28. AA014　三极管复合电路的组成包括三极管、(　　)等。

A. 电源　　B. 电容　　C. 电阻　　D. 灯泡

29. AA015　集成运算放大器输入极是对性能有关键影响的一级,要求它(　　)。

A. 输入电阻高　　B. 零点漂移少　　C. 输入电阻低　　D. 零点漂移多

30. AA015　集成运算放大器输出极直接与负载相连,要求其有足够的(　　),从而满足负载的需要。

A. 电流放大幅度　　B. 电压放大幅度　　C. 输入功率　　D. 输出功率

31. AA016　在集成运算放大器的主要参数中,最大输出电压能使(　　)保持不失真。

A. 输入电压　　B. 输出电压　　C. 输入电流　　D. 输出电流

32. AA016　下列属于集成运算放大器主要参数的是(　　)。

A. 输入失调电压　　B. 输入偏置电流　　C. 开环电压　　D. 开环电压放大倍数

33. AA017　整流电路按被整流交流电的相数可分为(　　)。

A. 单相整流电路　　B. 两相整流电路　　C. 三相整流电路　　D. 四相整流电路

34. AA017　整流电路根据负载电流波形可分为(　　)。

A. 桥式整流电路　　B. 半波整流电路　　C. 全波整流电路　　D. 滤波整流电路

35. AA018　在单向半波整流电路中,波形形状相同的是(　　)。

A. 变压器二次电压　　B. 流过负载的电流　　C. 负载上的电压　　D. 二极管上的电压

36. AA018　在单向桥式整流电路中,波形形状相同的是(　　)。

A. 变压器二次电压　　B. 负载上的电压　　C. 二极管上的电压　　D. 流过二极管的电流

37. AA019　集成电路的优点有(　　)。

A. 结构简单　　B. 功耗低　　C. 体积小　　D. 可靠性高

38. AA019　集成电路是将(　　)等电子元件连接成具有特定功能的电子线路。

A. 晶体管　　B. 电阻　　C. 电容　　D. 电位器

39. AA020　按构成集成电路的有源元件的结构分,集成电路可分为(　　)。

A. 数字型　　B. 双极型　　C. 单极型　　D. 模拟型

40. AA020　集成电路的封装材料可分为多种,常用的封装材料有(　　)。

A. 金属　　B. 塑料　　C. 陶瓷　　D. 玻璃

41. AA021　手工焊接时,应避免高温损坏集成电路,焊接用电烙铁功率应选择(　　)。

A. 20 W　　B. 25 W　　C. 30 W　　D. 35 W

42. AA021　MOS 集成电路使用时应特别小心,防止静电击穿集成电路,其(　　)等应有良好的接地措施。

A. 仪器　　B. 设备　　C. 工具　　D. 线路

43. AB001　汽车专用万用表具有(　　)等功能。

A. DIS 直接点火测试　　B. 发动机转速测试

C. 发电机二极管动态测试　　D. 高压线测试

44. AB001　汽车专用万用表用于动态电路测试时,具有(　　)等特点。

A. 能记忆电路反应最小值　　B. 能记忆电路反应最大值

C. 能记忆信号触发基准　　D. 能记忆信号触发数据

45. AB002　汽车专用万用表可以测量电磁阀、继电器线圈、喷油器、点火线圈和(　　)等的电阻。

A. 电位计　　B. 空气流量计　　C. 水温传感器　　D. 氧传感器

46. AB002　汽车专用万用表可以检测(　　)等的性能。

A. ASR 系统　　B. ABS 系统　　C. 怠速控制阀　　D. 燃油泵

47. AB003　使用汽车专用万用表测量直流电压时,测试表笔应连接到(　　)。

A. 被测负载上　　B. 被测信号源上　　C. 地面　　D. 插座上

48. AB003　使用汽车专用万用表进行信号频率测试时,万用表表笔应将(　　)。

A. 黑线接被测信号线　　B. 黑线搭铁

C. 红线接被测信号线　　D. 红线搭铁

49. AB004　用 V. A. G1552 汽车诊断仪进行检测时,可选择的操作模式有(　　)。

A. 车辆系统测试模式　　B. 仪器自检测模式

C. 车辆排气测试模式　　D. 维修站编号模式

50. AB004　V. A. G1552 汽车诊断仪进行检测时,插头连接好后,如果显示屏没有正确显示,应检查(　　)。

A. 电源开关　　B. 电源电压　　C. 电源极性　　D. 高压电路

51. AB005　EV-1000 发动机综合性能分析仪具有与国外主要排放测试仪通信的功能,可对排放废气中的(　　)等气体进行监测。

A. CO　　B. HC　　C. SO_2　　D. CO_2

52. AB005　EV-1000 发动机综合性能分析仪是(　　)技术在发动机检测领域应用的机电一体化产品。

A. 传感　　B. 动态采集　　C. 信号处理　　D. 脉冲

53. AC001　发动机润滑系由(　　)等组成。

A. 油底壳　　B. 机油集滤器　　C. 机油泵　　D. 机油压力表

54. AC001　发动机润滑系中一般有多种能力不同的滤清器,分别是(　　)

A. 机油集滤器　　B. 机油旁通阀　　C. 机油粗滤清器　　D. 机油细滤清器

55. AC002　机油泵的作用有(　　)。

A. 建立油压　　B. 输送润滑油　　C. 过滤机油　　D. 储存机油

56. AC002　机油泵的优点有(　　)。

A. 工作可靠　　B. 结构简单　　C. 结构较复杂　　D. 使用较广泛

57. AC003　发动机工作时,采用(　　)相结合的综合润滑方式。

A. 飞溅润滑　　B. 压力润滑　　C. 齿轮油润滑　　D. 润滑脂润滑

58. AC003　发动机的润滑方式有(　　)。

A. 压力润滑　　B. 齿轮润滑　　C. 复合润滑　　D. 飞溅润滑

59. AC004　限压阀的作用是(　　),而使主油道润滑油的供给不致中断。

A. 控制油温　　B. 控制油压　　C. 避免粗滤器堵塞　　D. 控制水压

60. AC004　限压阀根据结构不同可分为(　　)。

A. 球阀式限压阀　　B. 柱塞式限压阀　　C. 液压式限压阀　　D. 电磁式限压阀

61. AC005　机油粗滤器与旁通阀一起串联于(　　)的主油道之间,用以滤去较大的杂质。

A. 机油泵　B. 滤芯　C. 浮子　D. 气缸体

62. AC005　机油粗滤器常采用的滤芯形式有(　　)。

A. 金属片缝隙式　B. 纸质滤芯　C. 锯末滤芯　D. 分流式

63. AC006　机油泵是靠凸轮轴上的(　　)正时齿轮驱动进行工作的。

A. 驱动齿轮　B. 曲轴中间　C. 曲轴后端　D. 曲轴前端

64. AC006　发动机工作时,机油泵的主动轴转动,带动主动齿轮和被动齿轮旋转,使进油腔内的机油沿着(　　)送至出油腔。

A. 斜轮　B. 齿隙　C. 泵壁　D. 泄压槽

65. AC007　离合器操纵机构由(　　)组成。

A. 分离套筒　B. 踏板　C. 飞轮　D. 分动器

66. AC007　离合器由(　　)和操纵机构组成。

A. 压紧装置　B. 主动部分　C. 传动轴　D. 从动部分

67. AC008　保证离合器处于接合状态并能传递动力的基本结构是(　　)。

A. 主动部分　B. 从动部分　C. 压紧机构　D. 操纵机构

68. AC008　离合器的工作状态是保持动力传递,中断只是暂时的,所以(　　)是经常结合的。

A. 压盘　B. 飞轮　C. 主动部分　D. 从动部分

69. AC009　液压传动机构主要由(　　)等组成。

A. 制动主缸　B. 制动踏板　C. 推杆　D. 油管

70. AC009　制动传动机构有(　　)等多种。

A. 机械式　B. 液压式　C. 气压式　D. 混压式

71. AC010　双管液压制动传动机构能分别控制(　　)的车轮制动器。

A. 前轴　B. 前桥　C. 后桥　D. 后轴

72. AC010　液压制动传动机构的优点有(　　)。

A. 制动柔和　B. 结构简单　C. 结构复杂　D. 消耗发动机功率低

73. AC011　下列关于活塞行程的表述,正确的是(　　)

A. 表示活塞上止点到活塞下止点的距离　B. 常用 S 表示

C. 常用 H 表示　D. 表示活塞头部到活塞下止点的距离

74. AC011　下列关于活塞上、下止点的表述,正确的是(　　)

A. 上止点即活塞最高位置　B. 上止点即曲柄最高位置

C. 下止点即活塞最低位置　D. 下止点即曲柄最低位置

75. AC012　在压缩行程中,活塞由下止点向上止点运动,气缸内(　　)升高。

A. 压力　B. 工作容积　C. 温度　D. 总容积

76. AC012　在膨胀行程中,下列关于进、排气门的叙述正确的是(　　)。

A. 进气门打开　B. 进气门关闭　C. 排气门关闭　D. 排气门打开

77. AC013　压缩比与(　　)有关。

A. 工作容积　B. 燃烧室容积　C. 气缸容积　D. 气缸总容积

78. AC013　气缸容积分为(　　)。

A. 气缸总容积　B. 燃烧室容积　C. 油箱容积　D. 气缸工作容积

79. AC014　气缸工作容积又称作(　　)。

A. 气缸排量 B. 活塞排量 C. 气缸直径 D. 压缩比

80. AC014 与发动机的排量大小无关的是( )。

A. 气缸燃烧室材料 B. 气缸压缩比 C. 气缸直径 D. 气缸重量

81. BA001 发电机接线柱损坏时可用的修理方法有( )。

A. 内加垫片 B. 换导线 C. 锉刀修理 D. 外加垫片

82. BA001 发电机接线柱根部螺纹损坏时不可用的修理方法有( )。

A. 内加垫片 B. 换导线 C. 锉刀修理 D. 外加垫片

83. BA002 若定子绕组有搭铁故障,应更换( )。

A. 发电机 B. 定子绕组 C. 定子总成 D. 集电环

84. BA002 常见的定子绕组故障有( )。

A. 烧蚀 B. 断路 C. 短路 D. 搭铁

85. BA0023 若转子绕组有断路或短路时,应( )。

A. 焊修 B. 更换定子总成 C. 更换转子总成 D. 更换集电环

86. BA003 若用万用表检测集电环与( )之间的电阻,显示为0,说明有搭铁故障,应更换转子总成。

A. 铁芯 B. 负载 C. 定子 D. 转子轴

87. BA004 发电机滑环表面损伤时不可用的修理方法是( )。

A. 少量铰削 B. 少量镗削 C. 少量车削 D. 少量刮削

88. BA004 发电机滑环损伤可用的修理方法有( )。

A. 焊修 B. 砂纸打磨 C. 车削 D. 更换

89. BA005 维护保养电子雨刮器,检查雨刮器工作性能时,可以打开雨刮器电动机开关来检验刮水效果,若刮水后留有( ),则从风窗玻璃上轻轻地抬起摇臂,检查摇臂的压力。

A. 雾气 B. 污渍 C. 痕迹 D. 振颤纹

90. BA005 维护保养电子雨刮器,润滑雨刮器各铰接处时,向各运动铰接处( ),然后打开雨刮器电动机开关,使雨刮器摇臂摆动,以此来润滑雨刮器各铰接处。

A. 滴注2~3滴煤油 B. 滴注2~3滴机油 C. 涂抹润滑剂 D. 滴注2~3滴柴油

91. BA006 汽车空调制冷系(R134a系统)工作时,制冷剂被压缩成( )蒸气经高压管进入冷凝器。

A. 低压 B. 低温 C. 高压 D. 高温

92. BA006 汽车空调制冷是采用( )的方法来实现的。

A. 蒸汽压缩 B. 蒸汽膨胀 C. 蒸发制冷 D. 固化制冷

93. BA007 汽车空调制冷系的往复型曲轴式压缩机的( )铸成一体。

A. 气缸体 B. 曲轴箱 C. 散热片 D. 轴承

94. BA007 汽车空调压缩机以往复式为主,在( )上,曲轴连杆活塞式应用较多。

A. 大型客车 B. 小型轿车 C. 中型卡车 D. 中型客车

95. BA008 汽车空调制冷系的冷凝器采用( )结构。

A. 冷凝器-水箱一体式 B. 管带式

C. 斜板式 D. 管翘式

96. BA008 汽车空调制冷系的冷凝器、热交换器一般由( )等组成。

A. 钢管　B. 铜管　C. 散热片　D. 铜片

97. BA009　汽车空调制冷系的积累器有(　　)的作用。

A. 过滤杂质　B. 吸收水分　C. 防止堵塞　D. 防腐蚀

98. BA009　汽车空调制冷系的积累器由(　　)组成。

A. 外壳　B. 观察窗　C. 安全熔塞　D. 管接头

99. BA010　汽车空调制冷系的蒸发器种类主要有(　　)。

A. 斜板式　B. 管片式　C. 管带式　D. 板翘式

100. BA010　汽车空调制冷系的蒸发器是通过把(　　)的液态制冷剂蒸发,吸收车箱内的热量来实现制冷的。

A. 低温　B. 高温　C. 低压　D. 高压

101. BA011　汽车空调电气系统的触点常闭低压开关主要由(　　)等组成。

A. 膜片　B. 活动触点　C. 弹簧　D. 外壳

102. BA011　关于汽车空调电气系统低压开关的结构,下列描述正确的是(　　)。

A. 触点为常开触点　B. 触点为常闭触点

C. 与压缩机电磁离合器线圈电路串联　D. 与压缩机电磁离合器线圈电路并联

103. BA012　汽车空调电气系统中的高压开关装在制冷系统的(　　)。

A. 储液干燥器上　B. 积累器上　C. 密封器上　D. 高压管路侧

104. BA012　汽车空调电气系统中的高压开关种类包括(　　)。

A. 常开型　B. 常闭型　C. 触点常开型　D. 触点常闭型

105. BA013　汽车空调电气系统使用的感温式温控开关,其感温筒内充有(　　)。

A. 制冷剂液体　B. CO_2气体　C. NO 气体　D. NO_2气体

106. BA013　压力式温控器主要由(　　)等部分组成。

A. 蒸发器　B. 感温管　C. 波纹伸缩管　D. 温度调节凸轮

107. BA014　热敏电阻式温度控制器主要由(　　)等元件组成。

A. 热敏电阻温度传感器　B. 可调电阻

C. 电子放大器　D. 执行继电器

108. BA014　关于热敏电阻式温度控制器的工作原理,下列表述正确的是(　　)。

A. 采用负温度特性的热敏电阻　B. 温控器的设定温度由电位器设定

C. 利用热敏电阻的大小控制蒸发器温度　D. 利用制冷剂控制车内温度

109. BA015　轿车空调电磁离合器拆卸时,要用拉拔工具拆卸离合器驱动盘,将压缩机(　　)取出。

A. 皮带轮　B. 锁销　C. 轴承　D. 螺钉

110. BA015　轿车空调电磁离合器拆卸后,要检查离合器从动盘摩擦表面,看是否有(　　)引起的刮痕。

A. 过热　B. 打滑　C. 过冷　D. 撞击

111. BA016　检修轿车空调压缩机轴封摩擦表面时,要查看(　　)。

A. 表面是否良好　B. 密封圈是否完好　C. 卡环是否完整　D. 石墨环是否磨损

112. BA016　轿车空调压缩机轴封检修润滑后,重新装上离合器前安装的部件是(　　)。

A. 轴封　B. O 形密封圈　C. 卡环　D. 油封盖

113. BA017　轿车空调压缩机维修后,检查内部泄漏时,应在压缩机(　　)上安装歧管压力计。

A. 轴封　B. 吸气检修阀　C. 排气检修阀　D. 阀板

114. BA017　轿车空调压缩机维修后，内部有泄漏时，须重新修理或更换(　　)。

A. 轴封　B. 阀片　C. 阀板　D. 缸垫

115. BA018　若发现压缩机排气压力过高，不能正常制冷，管外有结霜、结露现象，说明轿车空调冷凝器(　　)。

A. 管内脏堵　B. 管外弯瘪　C. 接头松动　D. 风机故障

116. BA018　轿车空调冷凝器(　　)有污垢、残渣等，会造成其散热不良。

A. 管内　B. 管外　C. 翅片外表面　D. 翅片内表面

117. BA019　汽车计算机控制系统的传感器将装置的物理参数转换为电信号，用以监测装置的(　　)。

A. 运行情况　B. 计算能力　C. 环境条件　D. 存储信息

118. BA019　汽车计算机控制系统的传感器用输入信息与自身存储的信息来决定(　　)。

A. 计算分析方式　B. 控制方式　C. 控制指令　D. 故障诊断方式

119 BA020　汽车计算机控制系统必须承受汽车驾驶中产生的(　　)，所以要求计算机控制系统能够耐受较大的动负荷。

A. 强烈冲击　B. 振动　C. 摩擦力　D. 阻力

120. BA020　汽车计算机控制系统要具有较好的(　　)。

A. 可操作性　B. 密封性　C. 抗腐蚀性　D. 抗噪声性

121. BA021　电子控制装置(ECU)内部有印制电路底板，上面有各种(　　)等。

A. 电子元器件　B. 三极管　C. 二极管　D. 集成电路芯片

122. BA021　电子控制装置(ECU)通常设计为一个金属盒，将所有(　　)包含在内部。

A. 电路　B. 芯片　C. 转换器　D. 存储器

123. BA022　电控系统中的“智能化”部分是 ECU，它可以存储(　　)等。

A. 程序　B. 车型的参数　C. 数据表格　D. 空气温度

124. BA022　ECU 能够计算、处理各种信息，以及(　　)。

A. 进行表格修复　B. 进行数据修复

C. 产生控制命令的数值　D. 进行故障诊断

125. BA023　汽车的(　　)存入 ROM 内。

A. 制造商　B. 维护标准　C. 发动机参数　D. 车辆参数

126. BA023　设计者对电控系统的(　　)等存入只读存储器内。

A. 修理标准　B. 控制策略　C. 程序　D. 技术指标

127. BA024　随机存储器中保存的信息是短时的，一般为(　　)。

A. 几秒　B. 几分钟　C. 几小时　D. 几天

128. BA024　随机存储器中保存的信息有(　　)。

A. 从传感器输入的信息　B. 计算过程产生的数据

C. 故障码　D. 输出数据

129. BA025　断电保存存储器(KAM)存储的信息有(　　)。

A. 维护码　B. 故障码　C. 自适应策略　D. 输出数据

130. BA025　下列关于断电保存存储器(KAM)的表述正确的是(　　)。

A. KAM 存储的信息是永久存在的　　B. KAM 存储的信息会丢失
C. KAM 能存储自学习的结果　　D. KAM 能存储输出数据

131. BA026　I/O 接口是 CPU 与(　　)间进行信息交流的控制电路。
A. 输入装置　　B. 传感器　　C. 输出装置　　D. 执行器

132. BA026　I/O 接口是微机系统必不可少的部分,具有(　　)等多种功能。
A. 数据缓冲　　B. 数据备份　　C. 电平匹配　　D. 时序匹配

133. BA027　在电子控制系统中,(　　)是由若干组传递信息的总线连接起来的。
A. CPU　　B. 存储器　　C. 传感器　　D. I/O 接口

134. BA027　ECU 中微处理器的总线分为(　　)等。
A. 执行总线　　B. 数据总线　　C. 地址总线　　D. 控制总线

135. BA028　微处理器一旦通电后,计时器立即通过晶体振荡电路产生一连串具有一定(　　)的脉冲送入 CPU。
A. 频率　　B. 宽度　　C. 速率　　D. 密度

136. BA028　下列关于计时器的表述,错误的是(　　)。
A. 能产生一个数字信号　　B. 产生的节拍脉冲是最小时间单位
C. 能对工作过程进行时序控制　　D. 能将控制命令变成控制信号

137. BA029　ECU 输出级是在(　　)之间起关联作用的装置。
A. 微处理器　　B. 执行器　　C. 存储器　　D. I/O 接口

138. BA029　微处理器输出的控制命令一般为(　　)。
A. 安培级　　B. 数字信号　　C. 毫安级　　D. 脉冲信号

139. BA030　电控汽车微处理器输出的是一系列的脉冲信号,当脉冲为高电平时,(　　)。
A. 放大输出驱动器的晶体管导通　　B. 放大输出驱动器的晶体管截止
C. 喷油器喷油　　D. 喷油器关闭

140. BA030　电控汽车微处理器只要控制电脉冲的形成,就可以使喷油器按需要的方式进行(　　)的控制。
A. 喷油速度　　B. 喷油加压　　C. 喷油时刻　　D. 喷油量

141. BA031　电控汽车微处理器最擅长的是处理数字信号,只要调整 PWM 的脉宽率,就可以得到(　　)平均电压。
A. 1 V　　B. 4 V　　C. 12 V　　D. 20 V

142. BA031　PWM 应用的方式有(　　)。
A. 获得稳定的平均电压　　B. 获得稳定的电流
C. 驱动喷油器　　D. 驱动温度传感器

143. BB001　在更换汽车线束时,线束应用(　　)固定,以免松动磨坏。
A. 卡簧　　B. 绊钉　　C. 螺栓　　D. 铆钉

144. BB001　在更换汽车线束时,在绕过锐角或穿过金属孔时,应用(　　)保护。
A. 卡簧　　B. 橡皮　　C. 套管　　D. 泡沫

145. BB002　叶片式空气流量计在主空气通道侧设有(　　)。
A. 二氧化碳调节螺钉　　B. 调节废气中一氧化碳浓度的旁通气道
C. 二氧化氮调节螺钉　　D. 一氧化碳调节螺钉

146. BB002　热线式空气流量计是利用(　　)之间的热传递现象进行空气质量流量测

定的。

A. 热线　B. 蒸汽　C. 空气　D. 氧气

147. BB003　热线式空气流量计的测量方式分为(　　)。

A. 主流测量方式　B. 直接测量方式　C. 旁通测量方式　D. 非主流测量方式

148. BB003　卡门涡流式空气流量传感器分为(　　)。

A. 热流式　B. 超声波式　C. 光学式　D. 电子式

149. BB004　转速传感器的作用是(　　)。

A. 检测发动机转速　B. 检测发动机功率

C. 检测发动机排气量　D. 检测曲轴位置

150. BB004　转速传感器是(　　)的信号源。

A. 控制点火提前角、确认曲轴位置　B. 控制点火提前角、确认上止点位置

C. 测量发动机转速　D. 测量发动机喷油量

151. BB005　发动机转速及曲轴位置传感器常组合为一体,主要有(　　)等。

A. 机械式　B. 光电效应式　C. 电磁感应式　D. 霍尔式

152. BB005　霍尔式转速传感器分为(　　)。

A. 触发叶片式　B. 触发卡门式　C. 触发齿轮式　D. 触发热线式

153. BB006　在发动机上采用爆震传感器检测发动机爆震,可及时将接收到的信号输入计算机,使(　　)。

A. 点火正时延迟　B. 点火正时提前　C. 废气排放提前　D. 废气排放延迟

154. BB006　爆震传感器的作用是检测发动机(　　)。

A. 爆震的时间　B. 是否发生爆震　C. 爆震的强度　D. 爆震的速度

155. BB007　磁致伸缩式爆震传感器由(　　)组成。

A. 永久磁铁　B. 线圈　C. 点火器　D. 磁致伸缩杆

156. BB007　压电式爆震传感器由(　　)等组成。

A. 接线螺母　B. 压电测震组件　C. 信号输出线　D. 绝缘压盖

157. BB008　在计算机中要求反馈排气中的含氧量,在进行(　　)的系统中,设有氧传感器。

A. 喷油量控制　B. 闭环控制　C. 点火时间控制　D. 开环控制

158. BB008　氧传感器分为(　　)。

A. 氧化锆型　B. 氧化铝型　C. 氧化钛型　D. 氧化铜型

159. BB009　进气温度传感器的检测结果可作为(　　)的修正信号。

A. 燃油喷射　B. 气体进入　C. 废气排放　D. 点火正时

160. BB009　温度传感器用于检测发动机(　　)的温度。

A. 混合气　B. 冷却水　C. 进气　D. 排气

161. BB010　进气压力传感器不能把进气歧管中的气体压力信息送至(　　)。

A. 火花塞　B. 电子控制器　C. 气缸　D. 分电器

162. BB010　关于进气压力传感器的作用,下列表述错误的是(　　)。

A. 能将检测到的气体压力转变成电压信号

B. 能检测进气管中的气体压力

C. 能将检测到的气体压力转变成速度信号

D. 能检测排气管中的负压

163. BB011 发动机怠速的高低，不但对油耗有严重的影响，而且对发动机的(　　)等有一定的影响。

A. 排放污染　B. 暖机时间　C. 使用寿命　D. 额定功率

164. BB011 发动机的怠速控制是指对发动机工作全过程的控制，其控制内容包括(　　)等。

A. 启动后控制　B. 暖机过程控制　C. 负荷变化控制　D. 减速控制

165. BB012 发动机怠速控制系统主要由(　　)组成。

A. 传感器　B. 电控单元　C. 存储器　D. 执行机构

166. BB012 用来确定发动机怠速时目标转速的信号有(　　)等。

A. 冷却液温度传感器信号　B. 空调压缩机接通信号

C. 自动变速器挡位信号　D. 蓄电池电压

167. BB013 发动机怠速控制系统按进气量调节方式的不同，一般分为(　　)。

A. 石蜡式　B. 旁通空气式　C. 节气门旁通式　D. 节气门直动式

168. BB013 旁通式怠速控制系统按阀门工作原理可分为(　　)等。

A. 步进电动机式　B. 旋转电磁阀式

C. 真空控制旁通空气阀式　D. 双金属片式

169. BB014 自动变速器按前进挡位数可分为(　　)等。

A. 2 个前进挡　B. 3 个前进挡　C. 4 个前进挡　D. 5 个前进挡

170. BB014 微机控制的自动变速器能通过传感器接收发动机的(　　)等信号。

A. 负荷　B. 水温　C. 车辆行驶速度　D. 节气门位置

171. BB015 自动变速器一般由(　　)等部分组成。

A. 电子控制系统　B. 机械传动装置　C. 液压控制系统　D. 液力变矩器

172. BB015 换挡执行元件主要由(　　)等组成。

A. 多片式离合器　B. 行星齿轮　C. 单向超越离合器　D. 制动器

173. BC001 接通电源后，若暖风机不转，应检查(　　)等。

A. 电机　B. 导线　C. 插接器件搭铁　D. 保险

174. BC001 若接通电源后，暖风机不转，电路内没有电，则说明可能是(　　)。

A. 插接器件搭铁　B. 熔断器熔断　C. 开关接触不良　D. 电机损坏

175. BC002 即使(　　)良好，暖风电路也会产生无低速故障。

A. 开关　B. 调速电阻　C. 压缩机　D. 鼓风机继电器

176. BC002 如果暖风电路无低速而开关和调速电阻良好，则说明(　　)等有问题。

A. 风机电阻　B. 电机　C. 继电器　D. 导线

177. BC003 如果暖风电路调速电阻烧毁，不可用(　　)应急代替。

A. 导线　B. 保险丝　C. 铝丝　D. 电炉丝

178. BC003 当暖风电路调速电阻烧毁，需应急使用代替物时，代替物的(　　)必须与其相同。

A. 重量　B. 材质　C. 长度　D. 直径

179. BC004 发动机个别缸不工作时，拔下中央高压线进行跳火试验，如果跳火有断续现象，表示(　　)有故障。

A. 断电器　B. 电容器　C. 火花塞　D. 高压线

180. BC004　发动机个别缸不工作时,拆下缺火气缸的高压线与火花塞接线螺母进行跳火试验,并附加火花间隙后,工作情况仍无变化,且火花塞正常,则说明(　)有故障。

A. 断电器　B. 电容器　C. 分电器盖　D. 高压线

181. BC005　电控燃油喷射系统的进气系统没有歧管,提高了(　)。

A. 进气量　B. 排气量　C. 充气效率　D. 排气效率

182. BC005　电控燃油喷射系统因采用电控单元,具有(　)能力,具备了自诊断能力。

A. 存储　B. 删除　C. 修复　D. 记忆

183. BC006　电子控制汽油喷射式发动机的负荷大小完全由(　)传感器的电信号决定。

A. 阻风门位置　B. 节气门位置　C. 主量孔　D. 进气量

184. BC006　关于电子控制汽油喷射式发动机负荷增大时的情况,下列表述正确的是(　)。

A. 由主量孔提供数据　B. 应增大供油量进行补充

C. 应增大进气量提高功率　D. 由传感器提供数据进行燃油补充

185. BC007　汽车上的电子控制器对来自(　)的信号优先作出反应。

A. 输入　B. 输出　C. 反馈电路　D. 仪表

186. BC007　汽车电子控制器的功能是对各种输送来的信息进行(　)。

A. 汇总　B. 运算　C. 处理　D. 分析判断

187. BC008　霍尔效应传感器组件有三个插孔,它们分别由(　)相连。

A. 点火开关　B. 火花塞　C. 导线　D. 点火控制模块

188. BC008　桑塔纳点火系主要由(　)等组成。

A. 点火开关　B. 霍尔式无触点分电器

C. 电子控制器　D. 高压阻尼

189. BC009　确定柴油机 ECD 系统的喷油时刻时,首先由 ECU 按(　)确定出基本的喷油时刻。

A. 发动机转速　B. 发动机扭矩　C. 加速踏板位置　D. 发动机排量

190. BC009　柴油机 ECD 系统的基本喷油时刻确定后,再根据(　)等信号对该时刻进行补充。

A. 进气压力　B. 正时器活塞的位置

C. 冷却水温度　D. 启动信号

191. BC010　柴油机进气节流电控系统在进气管的空气通路分为主、副两支,并在两支通路上设有(　)。

A. 大直径的主节气门　B. 小直径的主节气门

C. 小直径的副节气门　D. 大直径的副节气门

192. BC010　柴油机进气节流电控系统的副节气门由 ECU 控制,按(　)等情况调节。

A. 全开　B. 半开　C. 全闭　D. 1/3 开

193. BC011　打开电位计盖,启动发动机并逐渐加速,检查空气流量计的(　)是否圆滑升起。

A. 叶片　B. 弹簧　C. 调整螺钉　D. 滑臂

194. BC011　单件检查热线式空气流量计时，应首先检查空气流量计内的(　　)。
A. 热丝有无断裂　B. 热丝有无脏污　C. 护网有无堵塞　D. 护网有无破裂

195. BC012　如果氧传感器(　　)(不论高电压或低电压)，说明反馈系统有故障，不能正常工作。
A. 电压保持不变　B. 输出电压变化过缓
C. 电阻增大　D. 电压为零

196. BC012　氧传感器的电阻一般应为(　　)。
A. 4 Ω　B. 20 Ω　C. 40 Ω　D. 60 Ω

197. BC013　利用就车法检查开关型节气门位置传感器时，应拔出线束插头，用万用表在线束插孔测量怠速开关和全负荷开关的导通情况，如果传感器状态良好，下列叙述正确的是(　　)。
A. 当节气门全闭时全负荷开关导通　B. 当节气门全开时全负荷开关不导通
C. 当节气门全闭时全负荷开关不导通　D. 当节气门全开时全负荷开关导通

198. BC013　利用怠速触点导通情况检查线性输出型节气门位置传感器时，可利用万用表电阻挡检查导线连接器上 IDL 触点的导通情况，如果传感器状态良好，下列叙述正确的是(　　)。
A. 当节气门全闭时电阻为零　B. 当节气门打开时电阻为无穷大
C. 当节气门全闭时电阻为无穷大　D. 当节气门打开时电阻为零

199. BC014　检测霍尔式曲轴位置传感器的电源电压时，电源端子与搭铁之间的电压应为(　　)。
A. 6 V　B. 8V　C. 12 V　D. 15 V

200. BC014　检测磁电式曲轴位置传感器的接线端子电压时，若在传感器上能检测到脉冲电压信号，而在 ECU 连接器上检测不到信号，则应检修(　　)。
A. 传感器至蓄电池间的导线　B. 传感器至 ECU 间的导线
C. ECU 上相应端子　D. 插头

201. BC015　用电阻检查法检测半导体压敏电阻式进气压力传感器时，若其状态良好，下列对于其电阻值的描述正确的是(　　)。
A. 传感器正极导线阻值小于 0.5 Ω　B. 传感器信号线阻值小于 0.5 Ω
C. 传感器负极导线阻值大于 0.5 Ω　D. 传感器信号线阻值大于 0.5 Ω

202. BC015　检测电容式进气压力传感器时，点火开关置于 ON 位置，使用频率计测量进气压力传感器端子 45 信号输出频率，其值表述正确的有(　　)。
A. 182 Hz　B. 162 Hz　C. 100 Hz　D. 80 Hz

203. BC016　检测进气温度传感器时，插好连接器，将点火开关置于 ON 位置，测量传感器的信号电压，若其状态良好，则下列电压正确的有(　　)。
A. 0.5 V　B. 1.5 V　C. 2.5 V　D. 3.5 V

204. BC016　检测冷却液传感器的信号电压时，插好连接器，将点火开关置于 ON 位置，测量传感器的信号电压，若其状态良好，则下列电压正确的有(　　)。
A. 0.2 V　B. 0.5 V　C. 1.5 V　D. 3 V

205. BC017　转向扭矩传感器用于测定(　　)之间的相对转矩。
A. 转向盘　B. 转向杆　C. 检测环　D. 转向器

206. BC017　转向扭矩传感器用磁性材料制成的(　　)可以形成闭合的磁路。
A. 检测环　B. 定子　C. 转子　D. 线圈

207. BC018　光电式减速度传感器的(　　)组合作用,可将汽车的减速度区分为四个等级。
A. 2 个发光二极管　B. 3 个发光三极管　C. 2 个光电二极管　D. 3 个光电二极管

208. BC018　光电式减速度传感器一般由(　　)等组成。
A. 发光二极管　B. 光电二极管　C. 透光板　D. 信号电路

209. BC019　差动变压式减速度传感器的差动变压器主要由(　　)组成。
A. 初级绕组　B. 铁芯　C. 三极管　D. 次级绕组

210. BC019　差动变压式减速度传感器由(　　)组成。
A. 差动变压器　B. 稳压电路　C. 电子电路　D. 二极管电路

211. BC020　横向加速度传感器的开关是由(　　)的开关触点组成的。
A. 串联　B. 两对　C. 开启方向相同　D. 开启方向相反

212. BC020　下列关于横向加速度传感器开关的叙述正确的是(　　)。
A. 可称为横向加速度开关　B. 结构比较复杂
C. 传感器中的触点可同时处于闭合状态　D. 结构比较简单

213. BC021　光电式车身高度传感器的遮光器由(　　)组成。
A. 光电二极管　B. 发光二极管　C. 光电三极管　D. 发光三极管

214. BC021　光电式车身高度传感器主要由(　　)组成。
A. 遮光器　B. 圆盘　C. 金属油封环　D. 传感器轴

215. BC022　电控发动机自诊断系统由(　　)组成。
A. 微机系统的故障自诊断系统　B. 传感器的故障自诊断系统
C. 执行器的故障自诊断系统　D. 点火系的故障自诊断系统

216. BC022　电控系统工作时,ECU 的(　　)是在规定范围内变化的,若超出规定范围,ECU 将判定该电路信号出现故障。
A. 输入信号的电压　B. 输入信号的电流　C. 输出信号的电压　D. 输出信号的电流

217. BC023　减速式启动机减速装置的类型有(　　)。
A. 行星齿轮式　B. 常啮合式　C. 内啮合式　D. 外啮合式

218. BC023　减速式启动机减速齿轮装置中的齿轮有(　　)。
A. 行星齿轮　B. 电枢轴齿轮　C. 中间齿轮　D. 减速齿轮

219. BC024　下列关于减速式启动机控制装置结构的表述,正确的是(　　)。
A. 设有电磁铁机构　B. 没有电磁铁机构　C. 设有驱动齿轮　D. 设有挺杆

220. BC024　下列关于减速式启动机控制装置与传统式电磁铁控制装置的结构对比,表述正确的是(　　)。
A. 结构大致相同　B. 不同之处在于衔铁的左端固装的是挺杆
C. 结构不同　D. 不同之处在于衔铁的左端固装的是弹簧

221. BC025　减速式启动机控制装置工作时,电枢轴产生的力矩经(　　)等使发动机启动。
A. 齿轮　B. 离合器　C. 齿轮轴　D. 飞轮

222. BC025　当驱动齿轮与飞轮啮合发生抵触时,下列表述正确的是(　　)。
A. 使电动机开关断开　B. 使电动机开关接通
C. 使电枢轴转动　D. 使电枢轴停止转动

223.BC026　永磁减速式启动机电机部分的永久磁极是通过(　　)来定位的。
A.弹片上的孔　B.外壳内壁的孔　C.弹片上的凸起　D.外壳内壁的凸起

224.BC026　永磁减速式启动机的减速齿轮装置设有(　　)。
A.3个行星轮　B.1个太阳轮　C.2个太阳轮　D.1个固定内齿圈

225.BC027　永磁减速式启动机的电枢轴产生的力矩经(　　)等使发动机转动。
A.太阳轮　B.行星齿轮　C.驱动齿轮　D.飞轮

226.BC027　永磁减速式启动机启动时,下列表述正确的是(　　)。
A.触点分开　B.触点闭合　C.衔铁右移　D.衔铁左移

227.BC028　新型启动机启动时,应(　　)。
A.挂入一挡　B.挂入二挡　C.踩下离合器　D.挂入空挡

228.BC028　新型启动机使用时,要保持(　　)等连接牢固,接触良好。
A.蓄电池　B.启动机　C.启动开关　D.制动钳

229.BC029　装有启动继电器的控制电路中,启动继电器的接线柱分别标有(　　)。
A.启动机　B.电池　C.搭铁　D.点火开关

230.BC029　装有启动继电器的控制电路中,关于启动继电器的接线柱描述正确的是(　　)。
A.点火开关与发电机接线柱之间是继电器的触点
B.点火开关与搭铁接线柱之间是继电器的电磁线圈
C.发电机与蓄电池接线柱之间是继电器的触点
D.启动机与蓄电池接线柱之间是继电器的触点

231.BC030　带有组合启动继电器的控制电路工作时,当点火开关置于(　　)时,启动继电器线圈通电。
A.Ⅰ挡　B.Ⅱ挡　C.启动挡　D.Ⅲ挡

232.BC030　带有组合启动继电器控制电路的组合继电器由(　　)等构成。
A.Ⅰ挡　B.Ⅱ挡　C.启动挡　D.Ⅲ挡

233.BC031　在控制电路中,无启动继电器的电路具有(　　)的特点。
A.结构简单　B.工作可靠　C.耐腐蚀　D.防振动

234.BC031　在控制电路中,下列关于无启动继电器的电路的描述,正确的是(　　)。
A.电路分为2个部分　B.电路分为3个部分
C.低转速时力矩大　D.低转速时力矩小

235.BC032　启动机通电后不运转,除去蓄电池的原因外,还有可能是(　　)等造成的。
A.接法错误　B.接触不良　C.内部断路　D.啮合器损坏

236.BC032　启动机通电后不运转,若此时大灯不亮,喇叭不响,则应检查(　　)是否断路。
A.磁场线圈　B.蓄电池　C.导线　D.电枢线圈

237.BC033　点燃汽油机混合气的最低能量与(　　)等因素有关。
A.混合气成分　B.混合气浓度
C.火花塞电极的间隙　D.火花塞电极的形状

238.BC033　发动机正常工作时,所需火花能量较小,而在发动机(　　)时,则需要较高的火花能量。
A.节气门关闭　B.启动　C.怠速　D.节气门急剧打开

239. BC034　采用高压跳火法检查电子点火系高低压电路故障时,若无火花,为低压故障。此时应分别检查(　　)。

A. 点火信号发生器 B. 电子组件　C. 高能点火线圈　D. 火花塞

240. BC034　诊断电子点火系故障时,应将点火控制器的输入电压值与标准值比较,当差值较大时应检查(　　)。

A. 插接器　B. 线圈电阻　C. 屏蔽线　D. 各级晶体管

241. BC035　发动机过热的主要原因有(　　)。

A. 转速过慢　B. 转速过快

C. 冷却系统的冷却能力下降　D. 发动机燃烧不正常

242. BC035　对发动机冷却系统故障的诊断包括(　　)

A. 检测冷却水的温度　B. 检测冷却水的量

C. 检测水泵漏水情况　D. 检测发动机是否过冷

243. BC036　点火时间过早而导致汽油发动机运转突爆的原因是(　　)。

A. 高速断火　B. 调整不当　C. 触点间隙过大　D. 触点间隙过小

244. BC036　诊断排除汽油发动机爆燃故障的方法包括(　　)。

A. 检测高压线是否漏电　B. 检测各缸压力

C. 检查火花塞的热度　D. 检查发动机的温度

245. BC037　造成汽油发动机运转抖动的原因有(　　)。

A. 高压火花断火　B. 个别气缸不工作

C. 发动机某固定螺栓松动　D. 点火顺序错乱

246. BC037　发动机运转时振抖严重可能是(　　)引起的。

A. 相邻两缸高压分线互错　B. 分电器盖串电

C. 气缸垫相邻两缸之间烧穿　D. 个别气门弹簧折断

247. BC038　采用在进油管与总油管间接入压力表的方式检测电喷汽油发动机怠速运转供油系统的油压时,拆除燃油压力调节器真空管的瞬间,测试压力表指示值应上升 50 kPa 左右,否则说明(　　)。

A. 真空管有漏、堵现象　B. 燃油压力调节器有故障

C. 真空管无漏、堵现象　D. 燃油压力调节器无故障

248. BC038　电喷发动机 ECU 出现故障后,可能导致(　　)等现象。

A. 发动机难于启动　B. 发动机根本不能启动

C. 发动机没有高速、热车难以启动　D. 发动机耗油量大

249. BD001　ABS 防抱死制动系统的优点有(　　)。

A. 工作可靠　B. 使用方便　C. 能缩短制动距离　D. 减少制动力

250. BD001　ABS 有自诊断能力,如果它发现系统内部有故障,就会(　　)。

A. 自动记录　B. 点亮 ABS 故障指示灯

C. 点亮制动警告灯　D. 自动排除

251. BD002　防抱死制动系统根据制动系传动介质的不同,可分为(　　)。

A. 液压式　B. 气压式　C. 机械式　D. 电子式

252. BD002　防抱死制动系统根据控制方式的不同,可分为(　　)。

A. 附加式　B. 整体式　C. 预测控制方式　D. 模仿控制方式

253. BD003 汽车 ABS 系统的电控装置由(　　)组成。
A. 传感器 B. 制动器 C. 电控单元 D. 制动压力调节器
254. BD003 汽车 ABS 系统电控装置的传感器安装在(　　)上。
A. 主减速器 B. 变速器 C. 轮毂 D. 曲轴
255. BD004 汽车 ABS 系统电控装置的电控单元可以对(　　)进行计算比较。
A. 汽车参考车速 B. 汽车怠速车速 C. 各车轮速度 D. 减、加速度
256. BD003 汽车 ABS 系统中的制动压力调节器的主要作用是根据接收的控制指令,驱动(　　),直接调节制动压力。
A. 电磁阀 B. 永磁体 C. 电机 D. 感应线圈
257. BD005 汽车 ABS 系统电控装置进行自检时,下列关于相关组件工作状态的叙述正确的是(　　)。
A. ABS 警示灯关闭 B. ABS 警示灯点亮
C. 有故障持续点亮 D. 无故障持续点亮
258. BD005 汽车 ABS 系统电控装置自检基本完成时,蓄电池电压开始通过调压电磁阀继电器中的闭合触点加载在(　　)上。
A. 调压电磁阀线圈 B. 熔断器 C. ECU D. AST
259. BD006 汽车 ABS 系统电控装置进入工作状态时,ECU 通过控制电磁阀线圈控制端(　　)与内部地线之间的电阻值,控制通过前左、前右、后轮电磁阀线圈中的电流变化。
A. SFR B. SFL C. SRR D. AST
260. BD006 驾驶员踩下制动踏板的制动强度不大时,车轮趋于抱死防滑,其控制过程包括(　　)等。
A. 断压 B. 减压 C. 保压 D. 升压
261. BD007 高性能的电控 ABS 系统必须具备在各种路况下制动时,保持汽车在制动过程中(　　)的能力。
A. 方向的稳定性 B. 方向的灵活性 C. 转向的可操纵性 D. 转向的稳定性
262. BD007 高性能的电控 ABS 系统应保证所控制的控制力矩变化幅度较小,以防止(　　)的振动。
A. 制动装置 B. 电控单元 C. 轴 D. 传动装置
263. BD008 ABS 系统要实现车轮滑移率控制,需要准确测知(　　)。
A. 车身重量 B. 车身速度 C. 车轮速度 D. 车辆载重
264. BD008 多普勒雷达可以在 ABS 系统制动时,将所测得的(　　)同时送入电子电路。
A. 车身速度信号 B. 车辆受力信号 C. 车轮信号 D. 路面情况信号
265. BD009 ABS 系统逻辑门限制值控制方式大多数选择(　　)作为主要门限。
A. 加速度门限 B. 减压门限 C. 升压门限 D. 减速度门限
266. BD009 ABS 系统逻辑门限制值控制方式的优点有(　　)。
A. 控制稳定 B. 系统结构简单 C. 成本低 D. 无大量的数学计算
267. BD010 汽车装用制动防抱死装置后,仍可使用(　　)等方法排气。
A. 自然排气法 B. 人工排气法 C. 动力排气法 D. 真空排气法
268. BD010 汽车装用制动防抱死装置后,使系统中滞留的空气随制动液一并流出的排气

方法是(　　)。

A. 自然排气法　B. 人工排气法　C. 动力排气法　D. 真空排气法

269. BD011　在调整坦孚 ABS 前车轮传感器时,在传感器头端面上要粘贴一个新的垫片,对垫片的要求下列叙述正确的是(　　)。

A. 做标记“F”表示前轮　B. 做标记“R”表示前轮

C. 垫片的厚度为 1.3 mm 或 1.1 mm　D. 垫片的厚度为 0.65 mm 或 0.95 mm

270. BD011　在调整坦孚 ABS 前车轮传感器时,为使传感器定位,可用(　　)的力矩拧紧 M5 紧固螺钉。

A. 1.4 N·m　B. 2 N·m　C. 2.4 N·m　D. 4 N·m

271. BD012　对压力调节器进行功能检查时,为使储能器压力降低,所实施的操作正确的是(　　)。

A. 汽车怠速运转　B. 汽车静止　C. 闭合点火开关　D. 多次实施全程制动

272. BD012　对压力调节器进行检查时,用欧姆表测量其电阻值为(　　),说明其状态良好。

A. 20 Ω　B. 40 Ω　C. 60 Ω　D. 80 Ω

273. BD013　一般情况下,ABS 传感器气隙是可调的,在检修时应使用(　　)对其进行调整。

A. 塑料卡　B. 铜塞卡　C. 铁塞卡　D. 纸片

274. BD013　ABS 电控单元对(　　)非常敏感,如有不慎就会损坏电控单元中的芯片,造成整个 ABS 瘫痪。

A. 过电压　B. 静电　C. 过电流　D. 灰尘

275. BD014　通常检修 ABS 的(　　)等部件时,需要泄压。

A. 驱动电磁阀　B. 蓄压器　C. 液压泵　D. 电磁阀体

276. BD014　ABS 线束(　　)等,都会导致 ABS 无法正常工作,需对其进行更换。

A. 接头接触不良　B. 腐蚀　C. 断裂　D. 外部屏蔽损坏

277. BD015　免维护蓄电池的隔板可防止(　　)短路。

A. 正极柱　B. 正极板　C. 负极柱　D. 负极板

278. BD015　免维护蓄电池的隔板结构取消了壳体内底部的凸肋,使(　　)等得到了提高。

A. 极板上部容积　B. 电解液的储存量　C. 电解液的密度　D. 电解液的纯度

279. BD016　免维护蓄电池的极板采用(　　)制造。

A. 铅合金　B. 铝合金　C. 钙合金　D. 锡合金

280. BD016　免维护蓄电池的极板栅架采用(　　)制造。

A. 铅锑合金　B. 铅钙合金　C. 低锑合金　D. 铅铝合金

281. BD017　免维护蓄电池壳内设有专用于收集(　　)的集气室。

A. 水蒸气　B. 空气　C. 氧气　D. 硫酸蒸气

282. BD017　免维护蓄电池的通气孔采用的(　　),可以安全通风。

A. 采气装置　B. 通气装置　C. 气体收集器　D. 气孔

283. BD018　修理轻度硫化蓄电池时,可用(　　)的电流长时间充电。

A. 1 A　B. 2 A　C. 3 A　D. 10 A

284. BD018　修理轻度硫化蓄电池时,可用(　　)的充放电循环方法使活性物质还原。

A. 全放　B. 全充　C. 半放　D. 半充

285. BD019　蓄电池极桩氧化不可用(　　)清除。

A. 汽油　B. 硫酸　C. 自来水　D. 砂布

286. BD019　铸造蓄电池极桩时,没有铅锑合金,可利用(　　)来替代。

A. 废链条　B. 支架　C. 废极柱　D. 废极板格栅

287. BE001　电路图常用的绘图方法有(　　)。

A. 正向学习方法　B. 反向学习方法　C. 逆向思维方法　D. 正向思维方法

288. BE001　电路图的正向学习方法一般适用于(　　)的情况。

A. 对系统电路有所了解　B. 对系统电路不了解

C. 对系统电路陌生　D. 对系统电路很熟悉

289. BE002　下列 PNP 型三极管的图形符号中,正确的有(　　)。

A. 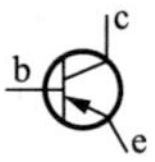

B. 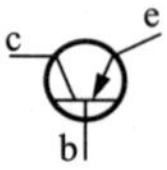

C. 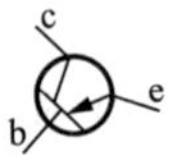

D. 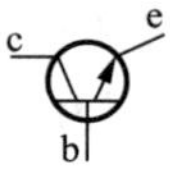

290. BE002　关于 PNP 型三极管图形各极性的表述,正确的有(　　)。

A. b 为发射极　B. b 为基极　C. e 为发射极　D. c 为集电极

291. BE003　NPN 型三极管带箭头的是发射极,箭头的方向应该(　　)。

A. 由外向里　B. 由发射极到集电极

C. 由基极到发射极　D. 由里向外

292. BE003　关于 NPN 型三极管图形各极性的表述,正确的是(　　)。

A. e 为发射极　B. b 为基极　C. c 为发射极　D. c 为集电极

293. BE004　关于可控硅的图形符号,下列叙述正确的是(　　)。

A. 有一个基极　B. 有一个发射极　C. 有一个控制极　D. 与二极管图形相似

294. BE004　关于可控硅图形符号的极性,下列叙述正确的是(　　)。

A. a 代表正极　B. c 代表负极　C. c 代表正极　D. g 代表控制极

295. BE005　下列单结晶体管的图形符号中,错误的是(　　)。

A. 
B. 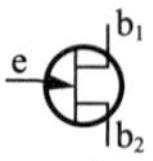

C. 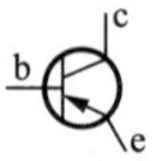

D. 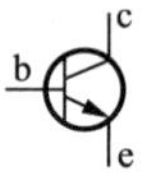

296. BE005　下列关于单结晶体管图形符号的表述,正确的是(　　)。

A. 有一个集电极　B. 有一个基极　C. 有两个基极　D. 无集电极

297. BE006　关于稳压二极管的叙述,正确的是(　　)。

A. 正向时可以代替二极管使用　B. 反向时可以代替二极管使用

C. 实际电路中利用的是其反向工作状态　D. 其图形符号与二级管有区别

298. BE006　下列稳压二极管的图形符号中,错误的是(　　)。

A. 
B. 

C. 
D. 

299. BE007　定子绕组为星形连接的交流发电机,各绕组的始端分别与(　　)相连。

A. 散热板　B. 三极管　C. 硅二极管　D. 搭铁线

300. BE007　下列定子绕组发电机的图形符号中,表述正确的是(　　)。

A. 

B. 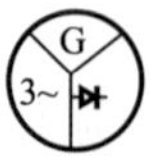

C. 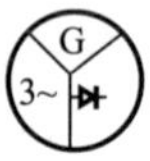

D. 

301. BE008　下列图形中属于交流发电机图形符号的是(　　)。

A.  　　B.  　　C. 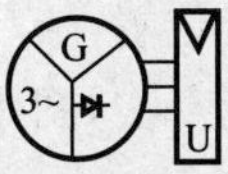 　　D.

302. BE008　下列对于交流发电机图形符号的描述,正确的是(　　)。

A. 在交流发动机图形中加过电流保护装置的为外接电流调节器交流发电机的图形

B. 在交流发动机图形中加过电压保护装置的为整体式交流发电机的图形

C. 在交流发动机图形外加电压调节器的为外接电压调节器交流发电机的图形

D. 在交流发动机图形外加过电流保护装置的为外接电压调节器交流发电机的图形

303. BE009　下列霍尔信号发生器的图形符号中,表述错误的是(　　)。

A. 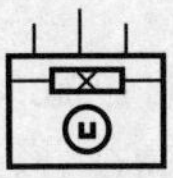 　　B. 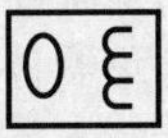 　　C.  　　D.

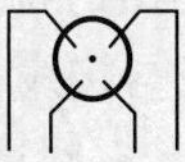

304. BE009　下列图形中,属于发生器图形符号的是(　　)。

A. 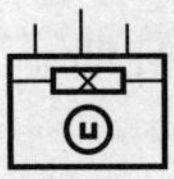 　　B.  　　C. 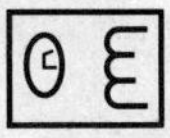 　　D.

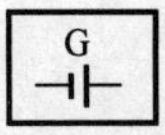

305. BE010　直流发电机图形符号上的励磁绕组(　　)。

A. 只能串联　　B. 只能并联　　C. 可串联　　D. 可并联

306. BE010　下列图形中,属于直流发电机图形符号的是(　　)。

A.  　　B.  　　C.  　　D.

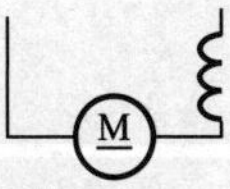

307. BE011　下列图形中,属于熔断器图形符号的是(　　)。

A.  　　B.  　　C. 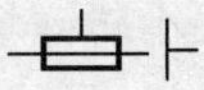 　　D.

308. BE011　下列图形中,不属于易熔线图形符号的是(　　)。

A.  　　B.  　　C.  　　D.

309. BE012　下列图形中,属于仪表传感器图形符号的是(　　)。

A.  　　B.  　　C.  　　D.

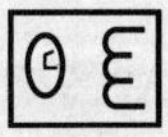

310. BE012　下列图形中,不属于仪表传感器图形符号的是(　　)。

A.  　　B.  　　C.  　　D.

311. BF001　蓝色导线常用作(　　)等照明线路的导线。

A. 车身内部照明　　B. 前照灯　　C. 雾灯　　D. 外部灯光

312. BF001　棕色导线常用作(　　)等线路的导线。

A. 仪表　　B. 警报指示　　C. 雾灯　　D. 喇叭系统

313. BF002　导线标记字母为 BO,代表(　　)的导线。

A. 主色为黑色　　B. 主色为绿色　　C. 辅助颜色为蓝色　　D. 辅助颜色为橙色

314. BF002　导线标记字母为 GY,代表(　　)的导线。

A. 主色为红色　　B. 主色为绿色　　C. 辅助颜色为黑色　　D. 辅助颜色为黄色

315. BF003 敷线图是指专门用来标记电气设备的(　　)等的指示图。
A. 外型　B. 安装位置　C. 出厂日期　D. 线路走向

316. BF003 敷线图为了尽可能真实,图中器件大多采用其(　　)等。
A. 外型轮廓　B. 特征　C. 内部结构　D. 材质性能

317. BF004 线束安装图各接线端都用(　　)准确无误地标注出来。
A. 粗实线　B. 序号　C. 颜色　D. 点画线

318. BF004 为表达清楚导线的颜色,接头的端子代号常需辅以(　　)。
A. 线束项目代号　B. 接线序号　C. 线束中断代码　D. 端子编号表

319. BF005 在阅读汽车电路图前,必须对(　　)等十分了解。
A. 电路图的特点　B. 各电气元器件的表示方法
C. 导线与接线柱的标注含义　D. 各电气元器件在电路图中的位置

320. BF005 在阅读局部电路图时,需弄清楚该部分电路所包含的电气设备的(　　)等,有利于在阅读时抓住重点。
A. 种类　B. 数量　C. 生产日期　D. 出厂日期

三、判断题(正确的填"√",错误的填"×")

(　　)1. AA001 基尔霍夫第一定律是确定节点上各支路电流关系的定律。

(　　)2. AA001 应用基尔霍夫第一定律列电流定律方程,不必事先标出各支路中电流的参考方向。

(　　)3. AA002 基尔霍夫第二定律可确定回路中各部分电压之间的关系。

(　　)4. AA002 在计算复杂电路时,若电动势的方向与回路的绕行方向一致,则此电动势取负号。

(　　)5. AA003 磁通密度的大小对磁场中载流导体的受力大小有影响。

(　　)6. AA003 一段通电直导线,导线方向与该处磁场方向垂直时,受力最小。

(　　)7. AA004 判定通电导体在磁场中的受力方向应用右手定则。

(　　)8. AA004 左手定则是将左手平伸,拇指与其他四指垂直,让磁力线垂直进入掌心,使四指方向指向电流方向,那么拇指所指方向就是载流导线在磁场中的受力方向。

(　　)9. AA005 感应电动势的大小与磁通量变化的快慢有关。

(　　)10. AA005 当电路不闭合时,不可能产生感应电动势。

(　　)11. AA006 感应电动势的方向总是要使它产生的磁场阻碍闭合回路中原来磁通量的变化。

(　　)12. AA006 如果回路中的感应电动势是由于与回路交连的磁通发生变化而产生的,感应电动势的方向不能用楞次定律来确定。

(　　)13. AA007 当线圈被切断的瞬间,开关刀口断开处会产生火花,这种现象就是自感。

(　　)14. AA007 自感现象不遵守法拉第定律和楞次定律。

(　　)15. AA008 由于邻近线圈中的电流变化而在此线圈中产生感应电动势的现象称为互感现象。

(　　)16. AA008 互感电动势就是由于相互感应而产生的电动势。

(　　)17. AA009 最简单的单相变压器是由磁铁和绕在磁铁上的两个匝数不同、相互连接的线圈构成的。

( ) 18. AA009 虽然变压器的用途、电压等级和功率大小不同,但它们的结构基本相同。

( ) 19. AA010 变压器电压之比等于电流之比。

( ) 20. AA010 变压器绕组匝数之比等于电阻之比。

( ) 21. AA011 三极管有两个区:发射区和基区。

( ) 22. AA011 三极管中从集电区引出的电极叫作集电极,用字母 c 表示。

( ) 23. AA012 三极管放大电路可以没有电源。

( ) 24. AA012 三极管放大电路中,基极直流电源实际上是给集电结加反向电压。

( ) 25. AA013 三极管开关电路中应有灯泡。

( ) 26. AA013 三极管开关电路应有负载和电源等。

( ) 27. AA014 1 个三极管就可以组成复合电路。

( ) 28. AA014 由 3 个三极管、几个负载和 1 个电源就可以组成一个三极管复合电路。

( ) 29. AA015 集成运算放大器一般使用的是无源元件。

( ) 30. AA015 集成运算放大器的中间极一般由共发射极放大电路构成。

( ) 31. AA016 集成运算放大器的输入失调电压的值一般为几毫伏,其值越小越好。

( ) 32. AA016 集成运算放大器的开环电压放大倍数越低,所构成的运算电路越稳定,精度也越高。

( ) 33. AA017 整流就是把交流电变为直流电的过程。

( ) 34. AA017 单相半波整流电路仅适用于对电压平滑程度要求不高的大功率场合。

( ) 35. AA018 在三相桥式整流电路波形图中,整流电路负载电流和整流电路负载电压波形相同。

( ) 36. AA018 单相全波整流与单相半波整流波形一样。

( ) 37. AA019 集成电路是具有特定功能的电子线路。

( ) 38. AA019 一般通用集成电路能满足每一种汽车电子产品的要求。

( ) 39. AA020 元件数为 100～1000 个的集成电路是大规模集成电路。

( ) 40. AA020 集成电路按所处理信号的性质或处理方式的不同,分为数字集成电路和模拟集成电路。

( ) 41. AA021 集成电路的电路符号不像其他元器件那样单一,它的具体电路符号有多种表示方法。

( ) 42. AA021 使用集成电路时,其电源电压、输出电流、输出功率、温度等均不得超过额定值。

( ) 43. AB001 汽车专用万用表与一般万用表相比,提供了一些更为专用的功能,如空占比、温度、转速等。

( ) 44. AB001 汽车专用万用表的缺点是长时间不使用不会自动关闭,增加了电池过度消耗,缩短了其使用寿命。

( ) 45. AB002 汽车专用万用表可以检测分油盘差压阀、风扇电机继电器等的性能。

( ) 46. AB002 汽车专用万用表具有检测喷油器喷射闭合角和传感器频率信号的功能,且具备自检功能。

( ) 47. AB003 使用汽车专用万用表检测在线电阻时,需确认被测电路已关闭电源且电容已放完电,方能进行测量。

(　　) 48. AB003 使用汽车专用万用表测量频率时，黑表笔插入正极测试棒插座，红表笔插入负极测试棒插座。

(　　) 49. AB004 V. A. G1552 诊断仪通过测试电缆提供电源，诊断仪装备有急性保护装置。

(　　) 50. AB004 连接 V. A. G1552 诊断仪时，应将诊断仪上电源供应的黑色插头插入车辆上的白色扁平插座。

(　　) 51. AB005 E. V-1000 发动机综合性能分析仪实现了对某故障缸有针对性地进行调整和检修。

(　　) 52. AB005 E. V-1000 发动机综合性能分析仪安装有强有力的二次处理软件，但不具备信息的判断识别和推理功能。

(　　) 53. AC001 机油散热器属于润滑系的组件。

(　　) 54. AC001 节温器是发动机润滑系的一个组成部分。

(　　) 55. AC002 发动机润滑系必须装有机油泵。

(　　) 56. AC002 机油泵在发动机润滑系中的作用是对机油进行加温。

(　　) 57. AC003 利用机油泵将具有一定压力的润滑油不断地送到摩擦表面的润滑方式是压力润滑。

(　　) 58. AC003 活塞与气缸壁之间的工作条件较差，所以要采用压力润滑。

(　　) 59. AC004 限压阀是控制机油压力的主要部件。

(　　) 60. AC004 限压阀主要是用来控制机油温度的。

(　　) 61. AC005 机油过滤后，可减少发动机的磨损。

(　　) 62. AC005 过滤机油会加速发动机工作时的磨损。

(　　) 63. AC006 发动机的压力润滑是通过机油滤清器来实现的。

(　　) 64. AC006 机油泵是润滑系中建立油压的装置。

(　　) 65. AC007 压盘、从动盘是离合器不可缺少的组成部件。

(　　) 66. AC007 限压阀是离合器总成的组成部件。

(　　) 67. AC008 调整车速时应使用离合器。

(　　) 68. AC008 汽车换挡时，利用离合器将发动机与变速器暂时分离。

(　　) 69. AC009 车轮制动器的旋转部分是制动底板，它固定在轮毂上并和车轮一起旋转。

(　　) 70. AC009 车轮制动器由旋转部分、固定部分、张开机构和调整机构四部分组成。

(　　) 71. AC010 双管路液压制动传动机构利用彼此独立的双腔制动总泵控制车轮制动器。

(　　) 72. AC010 真空助力式液压制动传动机构广泛用于小轿车上。

(　　) 73. AC011 活塞上止点也是活塞在气缸内的最高点。

(　　) 74. AC011 活塞上止点属于发动机的基本术语。

(　　) 75. AC012 压缩行程是发动机的一个工作循环的第二个行程。

(　　) 76. AC012 排气终了时，活塞到达上止点后，排气门和进气门关闭。

(　　) 77. AC013 气缸工作容积是活塞在上止点时活塞上方的容积。

(　　) 78. AC013 气缸总容积等于燃烧室容积和气缸工作容积之和。

(　　) 79. AC014 发动机排量等于气缸排量。

(　　) 80. AC014 发动机排量越大，其输出的最大功率越大。

( ) 81. BA001 发电机接线柱烧损严重时应更换接线柱。

( ) 82. BA001 发电机接线柱烧损应更换发电机。

( ) 83. BA002 用万用表测量定子绕组 3 个接线端间的电阻时,若测出电阻相等,表示绕组正常无故障。

( ) 84. BA002 发电机定子绕组引线头部断路必须更换发电机。

( ) 85. BA003 发电机转子绕组内部短路须重新绕制绕组。

( ) 86. BA003 发电机转子绕组与滑环处断路必须包扎修复。

( ) 87. BA004 发电机滑环表面应凹凸不平。

( ) 88. BA004 发电机滑环的圆度误差应不大于 0.025 mm。

( ) 89. BA005 维护保养电子雨刮器,检查雨刮器橡胶片时,要查看雨刮器橡胶片是否老化,以及其与风窗玻璃贴合是否紧密。

( ) 90. BA005 维护保养电子雨刮器,检查喷嘴时,若喷嘴喷射角度不合适应进行润滑。

( ) 91. BA006 汽车空调制冷系工作时,低温的 R134a 液体以雾状进入蒸发器进行热交换,吸收蒸发器周围空气的热量。

( ) 92. BA006 汽车空调制冷系工作时,蒸发器出来的制冷剂已变成了低温、高压的气体,该气体经吸气管再被压缩机吸入并压缩,这样反复循环,使车厢不断获得冷气。

( ) 93. BA007 旋转斜板式空调压缩机的 3 个双头活塞置于前后气缸中。

( ) 94. BA007 旋转斜板式空调压缩机的每个活塞有 4 个驱动球及球座,分别置于斜板的两侧。

( ) 95. BA008 目前,国外使用的空调冷凝器普遍是 36 孔或 42 孔的管带。

( ) 96. BA008 我国使用的空调冷凝器一般是 12 孔的管带。

( ) 97. BA009 在汽车空调积累器底部,出气管弯管处装有带孔的过滤器,允许少量积存在弯管处的机油返回压缩机。

( ) 98. BA009 液体制冷剂可以通过汽车空调积累器的过滤器。

( ) 99. BA010 当制冷剂在系统中循环被汽化时,汽车空调蒸发器芯管和散热片的热量被吸收。

( ) 100. BA010 当制冷剂在系统中循环时,空气中的水蒸气由于冷却而凝结在蒸发器表面,经收集排出,使空气降温。

( ) 101. BA011 桑塔纳 LX 型汽车空调电气制冷系统的压力低于规定值时,低压开关的膜片在弹力的作用下向上拱曲。

( ) 102. BA011 桑塔纳 LX 型汽车空调电气制冷系统的压力低于规定值时,高压开关的活动触点离开固定触点,电路断开,避免了压缩机因继续运转而损坏。

( ) 103. BA012 奥迪 100 型汽车空调电气制冷系统的压力高于规定的极限值时,高压开关的触点断开,自动切断电气回路。

( ) 104. BA012 触点常闭型低压开关设有膜片、一对常闭触点、弹片、推杆及外壳。

( ) 105. BA013 汽车空调电气制冷系统装有感温式温控开关,当蒸发器吹出的温度高于规定温度时,隔膜向上凸起,开关接通,压缩机运转。

( ) 106. BA013 汽车空调电气制冷系统装有感温式温控开关,当蒸发器吹出的温度低于规定温度时，电磁离合器电路被切断。

( ) 107. BA014 目前汽车空调电气制冷系统使用的电子式温度控制器主要是热敏电阻式，安装在蒸发器出风口处。

( ) 108. BA014 当车内温度高于或低于规定值时，热敏电阻式温度控制器利用二极管的导通和截止原理来控制温度。

( ) 109. BA015 轿车空调电气离合器装好后，需检查从动盘和主动盘之间的间隙，应为 0.3～0.6 mm。

( ) 110. BA015 轿车空调电气离合器的线圈发生断路或短路故障时，需修复线圈。

( ) 111. BA016 安装轿车空调压缩机轴封时，轴封座要涂抹清洁的冷冻润滑油。

( ) 112. BA016 安装轿车空调压缩机轴封时，O 形密封圈可不涂抹冷冻润滑油。

( ) 113. BA017 若轿车空调压缩机压力小于 0.310 MPa，说明压缩机内部有泄漏。

( ) 114. BA017 检查压缩机外部泄漏时，应从轿车空调压缩机吸入端注入少量制冷剂，转动其轴承，目视检查轴封、端盖、吸排气阀口等处有无泄漏。

( ) 115. BA018 若轿车空调冷凝器管接头处泄漏，应更换管接头。

( ) 116. BA018 若轿车空调冷凝器内脏堵，应拆开冷凝器出口和进口接头，用压缩空气吹洗，冲出脏物。

( ) 117. BA019 汽车计算机控制系统的控制器含有一个微处理器，并在其内存中存储着设计者事先编制的程序和控制软件。

( ) 118. BA019 汽车计算机开环控制系统中电控单元的主要功能是对控制系统的输出进行监测。

( ) 119. BA020 汽车计算机控制系统能够在较宽的温度范围内工作。

( ) 120. BA020 汽车计算机控制系统要能够在电源电压波动较小的情况下可靠工作。

( ) 121. BA021 Motronic 电控系统的 ECU 内部大约有 200 个电子元件。

( ) 122. BA021 Motronic 电控系统的 ECU 内部的印制电路板主要是数字电路部分，包括微机、芯片、存储与输出整形电路等。

( ) 123. BA022 ECU 是电控系统中的“智能化”部分，它可以存储输出指令。

( ) 124. BA022 ECU 是电控系统中的“智能化”部分，它可以产生各种参考电流。

( ) 125. BA023 存入 ROM 中的信息是永久存在的，切断电源后信息并不丢失。

( ) 126. BA023 只读存储器(ROM)是多次性存储器。

( ) 127. BA024 汽车电控装置中，随机存储器中存入的信息可以随时更新。

( ) 128. BA024 汽车电控装置中，微机计算过程中产生的数据、结果以及输出数据等，会被存入只读存储器中。

( ) 129. BA025 断电保护存储器实际上是一种随机存储器。

( ) 130. BA025 断电保护存储器中存储的信息，在点火开关断开后随即丢失。

( ) 131. BA026 I/O 接口是 CPU 与外界进行信息交换的纽带。

( ) 132. BA026 输入/输出装置一般要通过 A/D 转换器才能与微处理器相连。

( ) 133. BA027 在汽车电控系统中，总线是一束传递信息的内部连线。

( ) 134. BA027 ECU 中微处理器的总线不包括地址总线。

( ) 135. BA028 为了保证在同一时间完成一定的操作，电控系统中各部分的元件都要按计时器产生的脉冲节拍统一操作。

(　　)136. BA028　电控系统中各部分的元件不能按计时器产生的脉冲节拍统一操作。
(　　)137. BA029　汽车电控装置通过 ECU 的输出级可以产生 4 种类型的输出。
(　　)138. BA029　ECU 的输出级只能产生开关信号或定时控制的输出。
(　　)139. BA030　输出驱动器的具体形式有很多种，最为常见的是晶体管放大输出驱动器。
(　　)140. BA030　电控系统的大部分执行器均直接由蓄电池提供电源，即一直带正 36 V 电压。
(　　)141. BA031　在电控系统中，PWM 也可应用于驱动喷油器。
(　　)142. BA031　电控系统喷油器的针阀提升与落座很慢，难以在一个脉冲内完成，所以 PWM 信号的脉冲宽度决定了喷油期的长短与喷油量的大小。
(　　)143. BB001　线束与线束不关联的相邻件之间的间隙最小为 4 mm。
(　　)144. BB001　线束在装备过程中，不应有松垮、拖挂、悬吊等现象。
(　　)145. BB002　叶片式空气流量计通过调整 CO 调节螺钉旋紧程度，可以改变旁通气道长度，从而改变混合气浓度，降低废气中 CO 的含量。
(　　)146. BB002　空气流量计的功能是将进入发动机的空气量转变为电信号输入计算机。
(　　)147. BB003　叶片式空气流量计安装于空气滤清器和节气门之间，属于非电量测量的传感器类型。
(　　)148. BB003　空气流量计可分为直接传感器和间接压力传感器等。
(　　)149. BB004　转速传感器提供的电信号由执行器来接收，并调整喷油嘴工作脉冲宽度。
(　　)150. BB004　转速传感器能产生转速信号。
(　　)151. BB005　霍尔式转速传感器是一种小型封闭式传感器，具有性能稳定、功耗小、抗干扰能力强、使用温度范围宽等优点。
(　　)152. BB005　霍尔式转速传感器属于霍尔式传感器，是利用霍尔效应的原理制成的。
(　　)153. BB006　爆震传感器一般布置于发动机的缸体上侧壁处，用来修正喷油和点火时刻。
(　　)154. BB006　发动机机体的震动可以通过爆震传感器传到微电脑。
(　　)155. BB007　压电式爆震传感器也可以制成环状。
(　　)156. BB007　环状压电爆震传感器与火花塞制成一体。
(　　)157. BB008　气体传感器是用来测定混合气浓度的。
(　　)158. BB008　气体传感器是利用各种化学、物理效应将气体成分、浓度按一定规律转换成电信号输出的器件。
(　　)159. BB009　温度传感器可以随时检测节气门开度状态。
(　　)160. BB009　冷却水的温度、进排气的温度由相应的传感器传给微电脑。
(　　)161. BB010　进气压力传感器用以检测空气滤清器中的气体压力。
(　　)162. BB010　主油缸压力传感器用以检测主油缸的输出压力。
(　　)163. BB011　在发动机怠速运转使用空调时，由于发动机负荷增大，需要自动提高发动机怠速，以免发动机停转。
(　　)164. BB011　发动机启动后，冷却水没有达到最高温度之前，应自动提高发动机的

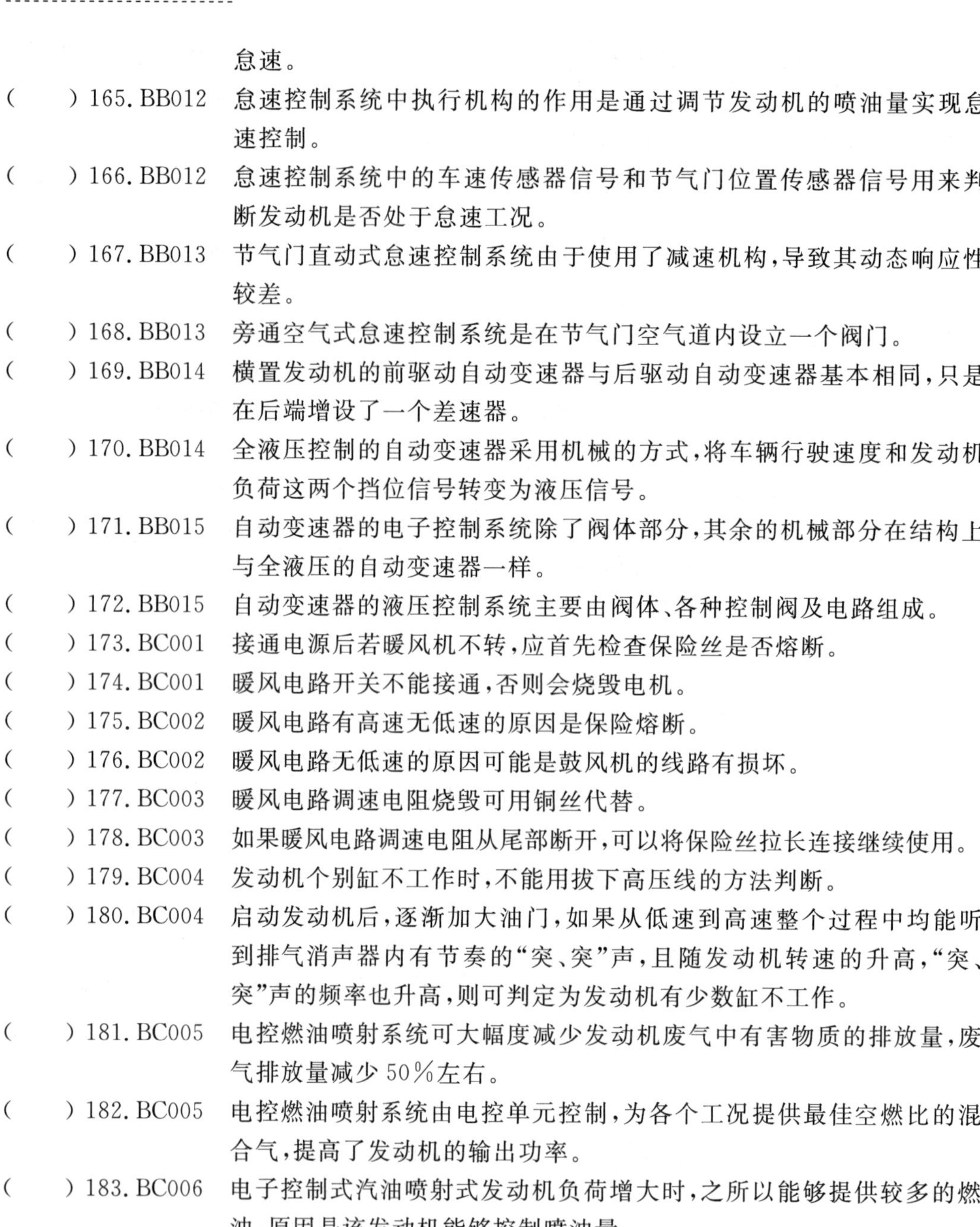

怠速。

( ) 165. BB012 怠速控制系统中执行机构的作用是通过调节发动机的喷油量实现怠速控制。

( ) 166. BB012 怠速控制系统中的车速传感器信号和节气门位置传感器信号用来判断发动机是否处于怠速工况。

( ) 167. BB013 节气门直动式怠速控制系统由于使用了减速机构,导致其动态响应性较差。

( ) 168. BB013 旁通空气式怠速控制系统是在节气门空气道内设立一个阀门。

( ) 169. BB014 横置发动机的前驱动自动变速器与后驱动自动变速器基本相同,只是在后端增设了一个差速器。

( ) 170. BB014 全液压控制的自动变速器采用机械的方式,将车辆行驶速度和发动机负荷这两个挡位信号转变为液压信号。

( ) 171. BB015 自动变速器的电子控制系统除了阀体部分,其余的机械部分在结构上与全液压的自动变速器一样。

( ) 172. BB015 自动变速器的液压控制系统主要由阀体、各种控制阀及电路组成。

( ) 173. BC001 接通电源后若暖风机不转,应首先检查保险丝是否熔断。

( ) 174. BC001 暖风电路开关不能接通,否则会烧毁电机。

( ) 175. BC002 暖风电路有高速无低速的原因是保险熔断。

( ) 176. BC002 暖风电路无低速的原因可能是鼓风机的线路有损坏。

( ) 177. BC003 暖风电路调速电阻烧毁可用铜丝代替。

( ) 178. BC003 如果暖风电路调速电阻从尾部断开,可以将保险丝拉长连接继续使用。

( ) 179. BC004 发动机个别缸不工作时,不能用拔下高压线的方法判断。

( ) 180. BC004 启动发动机后,逐渐加大油门,如果从低速到高速整个过程中均能听到排气消声器内有节奏的“突、突”声,且随发动机转速的升高,“突、突”声的频率也升高,则可判定为发动机有少数缸不工作。

( ) 181. BC005 电控燃油喷射系统可大幅度减少发动机废气中有害物质的排放量,废气排放量减少 50%左右。

( ) 182. BC005 电控燃油喷射系统由电控单元控制,为各个工况提供最佳空燃比的混合气,提高了发动机的输出功率。

( ) 183. BC006 电子控制式汽油喷射式发动机负荷增大时,之所以能够提供较多的燃油,原因是该发动机能够控制喷油量。

( ) 184. BC006 电子控制式汽油喷射式发动机中的氧传感器属于发动机的传感器之一。

( ) 185. BC007 电子控制式汽油喷射式发动机按功能可分为供油系统和电子控制系统。

( ) 186. BC007 电子控制系统是电子控制式汽油喷射式发动机的辅助装置。

( ) 187. BC008 无触点电子点火系中的高能点火线圈为油浸封闭式升压变压器,初级绕组直流电阻为 0.52～0.76 Ω(20 ℃)。

( ) 188. BC008 上海桑塔纳轿车的高能点火线圈为油浸封闭式升压变压器。

( ) 189. BC009 柴油机电控系统喷油时刻的控制是 ECU 通过改变正时控制阀电磁线圈通电时电流信号的空占比实现的。

( ) 190. BC009 曲轴位置传感器可以对柴油机电控系统喷油时刻进行反馈修正。

( ) 191. BC010 柴油机电控系统进气节流控制是用计算机控制两个电磁阀的动作，使A、B两室与大气或者真空连通。

( ) 192. BC010 柴油机电控系统进气节流控制的副节气门全开时，冷冻液的温度要在60 ℃以上。

( ) 193. BC011 拔出热线式传感器的导线，测量发动机转动和停转情况下空气流量传感器的输出电压，发动机未启动时，该电压应低于5 V。

( ) 194. BC011 在维修热线式空气流量计时，切忌将手指或工具伸入感应管中，以免误伤热线使其损坏。

( ) 195. BC012 判断氧传感器有无损坏的方法为：拔下氧传感器的线束，将电压表的正极测笔与氧传感器的输出端连接，负极测笔与氧传感器的外壳连接，运转发动机，脱开接在进气歧管上的真空软管，人为形成稀混合气，电压应下降；拔出水温传感器接头，形成浓混合气，电压应上升。

( ) 196. BC012 检查氧传感器时，应拆下氧传感器，检查传感器外壳的通气孔有无堵塞，陶瓷芯有无破损；检查氧传感器的颜色，正常颜色为红褐色。

( ) 197. BC013 在检查开关式节气门位置传感器的全负荷触点时，节气门关闭或开度小，全负荷触点电阻应为0。

( ) 198. BC013 当用0.4 mm塞尺检测线性输出型节气门时，IDL和E_2端子间应导通。

( ) 199. BC014 霍尔式曲轴位置传感器的供电检测是将点火开关置于“ON”位置，用万用表电阻挡测量曲轴位置传感器插座的2个端子间的电压，电压值均应大于0.9 V。

( ) 200. BC014 霍尔式曲轴位置传感器的性能测试过程为：将喷油器的线束拔下，用启动机带动发动机运转，用示波器检测2个端子之间的电脉冲信号。

( ) 201. BC015 用电压检查法检查半导体压敏电阻式进气压力传感器时，当加大节气门开度时，信号电压应上升，不符合要求则须更换传感器。

( ) 202. BC015 对电容式进气压力传感器进行检测时，点火开关应置于“ON”位置，若测量端子信号的脉冲电压约为2.0 V，说明其状态良好。

( ) 203. BC016 检测不同温度下冷却液温度传感器的电阻时，其阻值应随温度而变化。

( ) 204. BC016 检测不同温度下冷却液温度传感器的信号电压时，其电压值应保持不变。

( ) 205. BC017 转向扭矩传感器的线圈A、B、C、D分别绕在极靴上，接成一个桥式回路。

( ) 206. BC017 当转向扭矩传感器转向杆上的转矩为零时，定子与转子的相对转角是90°。

( ) 207. BC018 汽车匀速行驶时，光电式减速度传感器的透光板静止不动。

( ) 208. BC018 光电式减速度传感器把接收到的汽车速度等级信号送入执行器就能感知路面附着系数情况。

( ) 209. BC019 当汽车制动减速时，差动变压式减速度传感器的感应电压信号会发生变化。

( ) 210. BC019 差动变压式减速度传感器把接收到的电磁信号送入ECU来控制ABS

系统工作。

(　　) 211. BC020　横向加速度传感器可以检测汽车横向加速度范围。

(　　) 212. BC020　横向加速度传感器结构简单,主要由光电二极管组成。

(　　) 213. BC021　当车身高度变化时,光电式车身高度传感器的圆盘转动,使电控单元检测出车身高度的变化。

(　　) 214. BC021　实际结构中,光电式车身高度传感器固定在车轮上,传感器轴的外端装有导杆。

(　　) 215. BC022　当电控发动机发生故障后,ECU 系统立即启动存储器中备用的应急固有信号,保证发动机可以继续运转。

(　　) 216. BC022　电控发动机自诊断系统对于偶尔出现一次的不正常信号,也会判定为故障。

(　　) 217. BC023　减速式启动机传动机构的导管内装有驱动齿轮轴。

(　　) 218. BC023　减速式启动机传动机构传动导管的一端内表面制成花键槽型结构。

(　　) 219. BC024　对于减速式启动机控制装置,当启动机不工作时,触盘与触点是分开的。

(　　) 220. BC024　减速式启动机控制装置在启动机不工作时,驱动齿轮与凸轮处于分离状态。

(　　) 221. BC025　减速式启动机控制装置工作时,接通点火开关,吸引线圈和保持线圈处于通电状态。

(　　) 222. BC025　减速式启动机控制装置工作时,电磁力吸动衔铁右移,挺杆推动驱动齿轮轴,迫使驱动齿轮与飞轮啮合。

(　　) 223. BC026　永磁减速式启动机的减速齿轮装置中,行星齿轮支架和驱动齿轮轴制成一体。

(　　) 224. BC026　永磁减速式启动机的减速齿轮装置中,太阳轮制有 11 个齿,压装在拨叉上。

(　　) 225. BC027　永磁减速式启动机工作时,转动机构控制电动机电路的接通和切断。

(　　) 226. BC027　永磁减速式启动机工作时,其中一对触点控制吸引线圈和保持线圈的电流通断。

(　　) 227. BC028　新型启动机使用时,严禁用挂挡启动的办法移动车辆。

(　　) 228. BC028　新型启动机启动后,应及时接通启动开关,使驱动齿轮退出啮合,启动机停止工作。

(　　) 229. BC029　装用启动继电器的控制电路通过点火开关的电阻减小,防止点火开关烧损。

(　　) 230. BC029　EQ1090 型汽车采用 QD124 型启动机,启动电路是带有启动继电器的控制电路。

(　　) 231. BC030　带有组合启动继电器的控制电路工作时,发动机启动运行时如果误将点火开关置于启动挡,控制电路可起到保护发动机的作用。

(　　) 232. BC030　带有组合启动继电器的控制电路工作时,发动机启动后,由于触点闭合,切断了充电指示灯的搭铁电路,充电指示灯熄灭。

(　　) 233. BC031　桑塔纳轿车采用 QD1225 型启动机,启动系的控制电路采用的是无启动继电器的启动电路。

( ) 234. BC031 无启动继电器的控制电路中，桑塔纳轿车采用的 QD1225 型启动机电压为 36 V。

( ) 235. BC032 接通启动机开关，启动机不转，按电喇叭或开大灯，若喇叭声音变小，大灯变暗，可检查蓄电池与启动机之间的连接导线及搭铁线是否松脱，极柱或线卡子是否过脏。

( ) 236. BC032 接通启动机开关，启动机不转，若大灯亮、喇叭响，说明蓄电池有电，可用改锥搭接启动机电磁开关上的两个接线柱，若启动机运转，说明故障在启动机本身。

( ) 237. BC033 点火正时对汽油机的动力性、经济性及排放性能具有重要的影响。

( ) 238. BC033 为了可靠地点燃混合气，除了需要足够高的击穿电压外，火花塞产生的电流还应具有足够的热量。

( ) 239. BC034 诊断电子点火系故障时，检查点火信号发生器传感器线圈电阻，若电阻值为无穷大，为断路。

( ) 240. BC034 诊断电子点火系故障时，点火线圈的检查主要是用万用表测量初级绕组的电压值，并根据其大小判断是否短路、断路。

( ) 241. BC035 冷却系内部锈污、水垢沉积太厚，会严重影响散热能力，但不会使发动机发生过热现象。

( ) 242. BC035 汽车长时间低速挡超负荷行驶会导致发动机过热。

( ) 243. BC036 汽油发动机运转中产生突爆的原因有点火时间过早、压缩比过高、火花塞过热、发动机过热以及混合气突然变浓等。

( ) 244. BC036 汽油发动机中速以上高负荷运转时，拉动阻风门出现运转突爆，而推开后消失是混合气突然变稀所致。

( ) 245. BC037 分电器断电器触点烧蚀，间隙过大、过小等均会导致发动机高速运转时高压火花断火。

( ) 246. BC037 火花塞绝缘体破裂或电极间隙过大不会导致发动机中、高速运转时高压火花断火。

( ) 247. BC038 电喷汽油发动机怠速过高，通常是因为进气系统漏气或怠速控制阀有故障。

( ) 248. BC038 电喷汽油发动机怠速旁通阀在冷车时必须关闭，而在热车时必须打开。

( ) 249. BD001 汽车装用 ABS 防抱死装置，改善了轮胎磨损状况，具有一定的经济效益。

( ) 250. BC001 装有 ABS 的汽车，制动时只要把脚踏在离合器踏板上，ABS 就会根据情况自动进入工作状态。

( ) 251. BD002 ABS 系统具有自检功能和故障备用保护系统，当警告指示灯闪烁时，驾驶员仍可进行常规制动。

( ) 252. BD002 附加式 ABS 也称分离式 ABS，其压力调节装置是独立的，而制动主缸和制动助力器是一体的。

( ) 253. BD003 ABS 根据控制方式分类，可分为预测控制方式和模仿控制方式。

(　　) 254. BD003　ABS 系统使用的制动压力调节器都是和总泵分体设计的。

(　　) 255. BD004　ABS 系统电控单元具有对整个 ABS 系统工作情况进行自控的功能。

(　　) 256. BD004　ABS 系统传感器具有对整个 ABS 系统进行安全监视警告的功能。

(　　) 257. BD005　ABS 系统电控装置自检时，由于调压电磁阀继电器始终处于非励磁状态，ABS 灯将会持续点亮。

(　　) 258. BD005　ABS 系统电控装置自检后，如果未发现系统存在故障，ECU 将从其端子 BAT 接受蓄电池电流作为其工作电流。

(　　) 259. BD006　ABS 系统电控装置进入工作状态后，当制动强度较大时，通过调压器发出指令，使系统压力下降，避免车轮出现抱死现象。

(　　) 260. BD006　ABS 系统电控装置进入工作状态后，当制动强度较大(滑移率刚好处于 30%～50%之间)时，调压器通过电磁阀使制动系统维持制动。

(　　) 261. BD007　ABS 系统电控装置的正常工作必须通过一个监测电路来检测。

(　　) 262. BD007　ABS 系统的检测电路发现系统有损害制动性能的故障时，ABS 系统开始工作。

(　　) 263. BD008　ABS 系统能够实现滑移率的控制，却很难准确测定车身速度。

(　　) 264. BD008　多普勒雷达式防抱死制动装置很难实现对滑移率的控制。

(　　) 265. BD009　采用逻辑门限值控制方式的 ABS 装置在各类车型之间的互换性不佳。

(　　) 266. BD009　采用逻辑门限值控制方式的 ABS 装置，可以对系统的稳定性等品质进行评价。

(　　) 267. BD010　排气应在 ABS 系统技术状况完好时进行。

(　　) 268. BD010　真空排气法是将透明腔体用透明管连在排气装置上，在压差作用下排除 ABS 系统内滞留的空气。

(　　) 269. BD011　在调整坦孚 ABS 前车轮传感器时，应通过盘式制动挡泥板孔将传感器头装在支架上的钢衬套里，在整个安装过程中不得掉落。

(　　) 270. BD011　清除传感头表面的金属和脏物时，应用一把尖刀或类似的工具仔细刮传感头的端面。

(　　) 271. BD012　检查 ABS 压力调节器时，应连续开闭点火开关，听到调节器的电磁阀有“啪嗒、啪嗒”的响声，说明调节器状态良好。

(　　) 272. BD012　在加电压检查 ABS 压力调节器时，用手感觉调节器是否振动，有振动说明电路有问题。

(　　) 273. BD013　在更换 ABS 零部件时，一定要选用本车型高质量的配件，确保 ABS 维修后能正常工作。

(　　) 274. BD013　维修 ABS 轮速传感器后，安装时应先涂覆润滑油，安装过程中可敲击，但不可使用蛮力。

(　　) 275. BD014　检修 ABS 的 ECU 时，可用正常的电脑代替原车 ECU，观察 ABS 的工作情况，通过对比来判断原车 ECU 有无故障。

(　　) 276. BD014　检查液压元件泄漏时，应接通点火开关，液压泵匀速运转后，再等 1 min，使整个液压系统处于稳定状态。

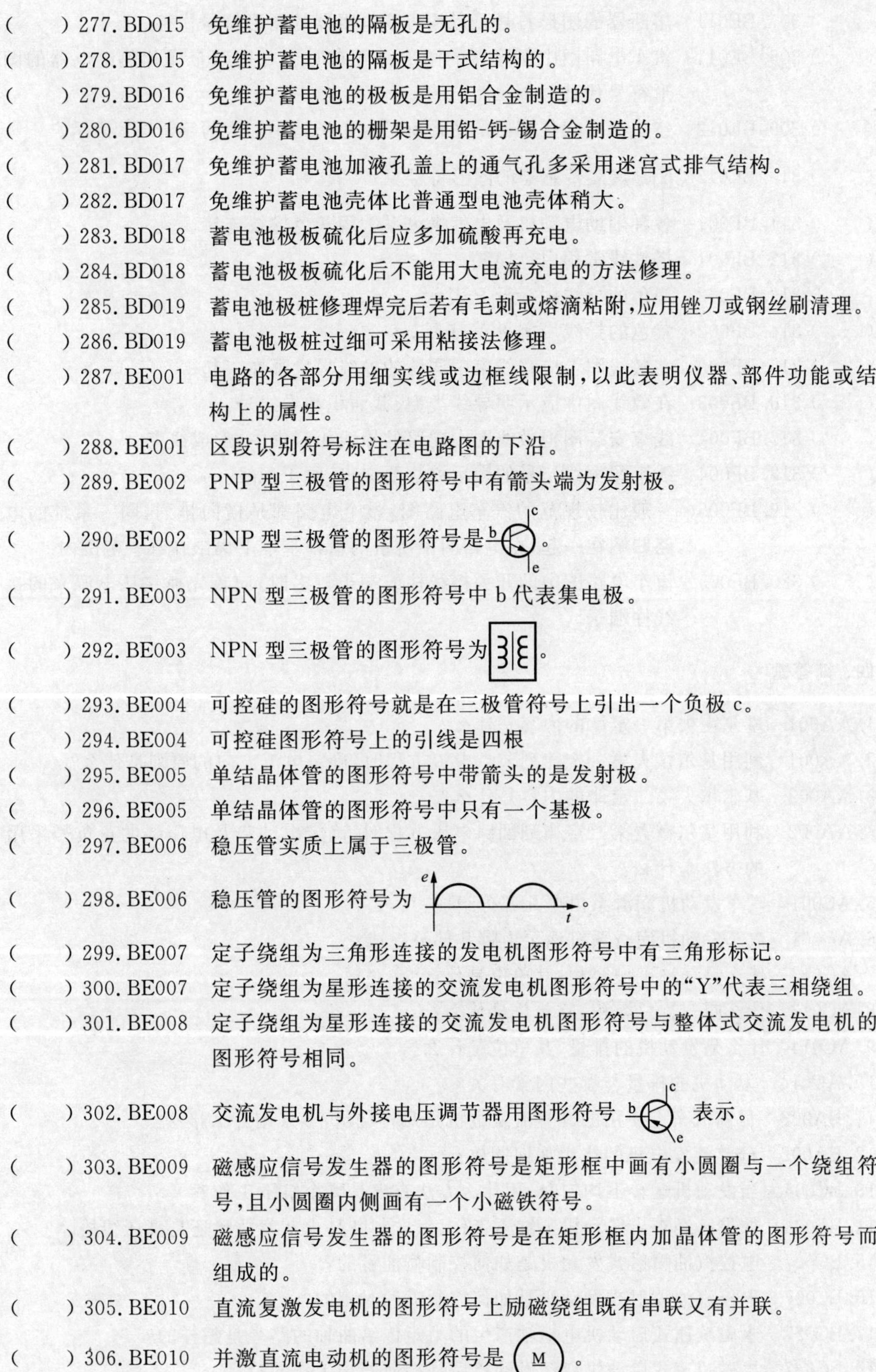

(　　)277. BD015　免维护蓄电池的隔板是无孔的。

(　　)278. BD015　免维护蓄电池的隔板是干式结构的。

(　　)279. BD016　免维护蓄电池的极板是用铝合金制造的。

(　　)280. BD016　免维护蓄电池的栅架是用铅-钙-锡合金制造的。

(　　)281. BD017　免维护蓄电池加液孔盖上的通气孔多采用迷宫式排气结构。

(　　)282. BD017　免维护蓄电池壳体比普通型电池壳体稍大。

(　　)283. BD018　蓄电池极板硫化后应多加硫酸再充电。

(　　)284. BD018　蓄电池极板硫化后不能用大电流充电的方法修理。

(　　)285. BD019　蓄电池极桩修理焊完后若有毛刺或熔滴粘附,应用锉刀或钢丝刷清理。

(　　)286. BD019　蓄电池极桩过细可采用粘接法修理。

(　　)287. BE001　电路的各部分用细实线或边框线限制,以此表明仪器、部件功能或结构上的属性。

(　　)288. BE001　区段识别符号标注在电路图的下沿。

(　　)289. BE002　PNP 型三极管的图形符号中有箭头端为发射极。

(　　)290. BE002　PNP 型三极管的图形符号是 b c e。

(　　)291. BE003　NPN 型三极管的图形符号中 b 代表集电极。

(　　)292. BE003　NPN 型三极管的图形符号为。

(　　)293. BE004　可控硅的图形符号就是在三极管符号上引出一个负极 c。

(　　)294. BE004　可控硅图形符号上的引线是四根

(　　)295. BE005　单结晶体管的图形符号中带箭头的是发射极。

(　　)296. BE005　单结晶体管的图形符号中只有一个基极。

(　　)297. BE006　稳压管实质上属于三极管。

(　　)298. BE006　稳压管的图形符号为 e t。

(　　)299. BE007　定子绕组为三角形连接的发电机图形符号中有三角形标记。

(　　)300. BE007　定子绕组为星形连接的交流发电机图形符号中的"Y"代表三相绕组。

(　　)301. BE008　定子绕组为星形连接的交流发电机图形符号与整体式交流发电机的图形符号相同。

(　　)302. BE008　交流发电机与外接电压调节器用图形符号 b c e 表示。

(　　)303. BE009　磁感应信号发生器的图形符号是矩形框中画有小圆圈与一个绕组符号,且小圆圈内侧画有一个小磁铁符号。

(　　)304. BE009　磁感应信号发生器的图形符号是在矩形框内加晶体管的图形符号而组成的。

(　　)305. BE010　直流复激发电机的图形符号上励磁绕组既有串联又有并联。

(　　)306. BE010　并激直流电动机的图形符号是 M 。

(　　) 307. BE011　熔断器的图形符号可以用可变电阻器的图形符号代替。

(　　) 308. BE011　汽车电路图中保险器的图形符号有时也可用双金属片热继电器的图形符号代替。

(　　) 309. BE012　空气温度表传感器的图形符号由矩形框中加大写字母“T”表示。

(　　) 310. BE012　[K]是爆震传感器的图形符号。

(　　) 311. BF001　各种辅助电动机及电气操纵系常用灰色导线连接。

(　　) 312. BF001　搭铁线常用白色导线。

(　　) 313. BF002　黑色的导线用字母 P 表示。

(　　) 314. BF002　紫色的导线用字母 V 表示。

(　　) 315. BF003　在敷线图上应将线束中同路的导线尽量画在一起。

(　　) 316. BF003　在敷线图中应示明导线类型、截面积和导线号。

(　　) 317. BF004　线束安装图把敷线图中同路的导线相对集中，形成线束。

(　　) 318. BF004　线束图配线记号的表示方法要突出，便于配线。

(　　) 319. BF005　一般比较规范的汽车电路图，整个电路都是横向排列，同一系统的电路归纳在一起，在电路图中所占的篇幅基本上局限在某一范围内。

(　　) 320. BF005　汽车电路图中的开关接线柱或端子较多时，应首先抓住从电源来的接线柱端子。

四、简答题

1. AA001　基尔霍夫第一定律的内容是什么？
2. AA001　利用基尔霍夫第一定律列节点电流方程时，确定电流方向的原则是什么？
3. AA002　基尔霍夫第二定律的内容是什么？
4. AA002　利用基尔霍夫第二定律列回路电压方程时，确定电动势及电压降的正负号采用的方法是什么？
5. AC001　汽车发动机润滑系由哪几部分组成？
6. AC001　汽车发动机润滑系机油泵由哪几部分组成？
7. AC013　什么是气缸工作容积，其单位是什么？
8. AC013　什么叫气缸总容积，其单位是什么？
9. AC014　什么是发动机的排量，其单位是什么？
10. AC014　发动机的排量与哪些因素有关？
11. BA002　目前汽车上使用的硅整流发电机是几相绕组，多采用什么接法？
12. BA002　硅整流发电机的绕组如何摆放？
13. BC004　当发动机运转不均匀时，用什么方法查出是哪个缸不工作？
14. BC004　如果已经查出发动机某缸不工作，怎样判断是火花塞故障还是高压线故障？
15. BC007　电控汽油喷射式发动机是如何控制喷油量的？
16. BC007　电控汽油喷射式发动机是如何控制喷油时刻的？
17. BC027　永磁减速式启动机电枢轴产生的力矩传给曲轴的路径是怎样的？
18. BC027　永磁减速式启动机启动发动机后是如何停止工作的？

19. BF001 我国汽车电系中白色与棕色的导线一般各接在哪种电路上？

20. BF001 我国汽车电系中红色和黑色的导线各代表什么含义？

21. BF002 国产汽车电路中，红色导线多用在什么电路中？常用什么符号代表？

22. BF002 国产汽车电路中，黑色导线常用作什么导线？用什么符号代表？

五、计算题

1. AA001 已知某电桥电路中，在节点 a 处，流入电流 $I_1=25$ mA，两个流出电流分别为 I_2、I_3，已知 $I_2=15$ mA，求 I_3 是多少？

2. AA001 已知某电桥电路中，在节点 c 处，有一个流入电流 I_4，两个流出电流分别为 I_5、I_6，已知 $I_5=16$ mA，$I_6=20$ mA，求 I_4 是多少？

3. AA002 如题图 1，已知电灯的 $U_{ze}=220$ V，最大负载功率 $P_{ze}=4.5$ kW，求 R_{fz} 是多少？若输电线路的电阻 $R_X=0.29\ \Omega$，内阻 $r_0=0.67\ \Omega$，电动势 $E=240$ V，求电流 I 为多少？

4. AA002 如题图 2，已知充电机的电动势 $E_1=130$ V，内电阻 $r_{01}=1\ \Omega$；蓄电池组的电动势 $E_2=117$ V，内电阻 $r_{02}=0.6\ \Omega$；负载电阻 $R=24\ \Omega$，求各支路电流 I_1 和 I_2。

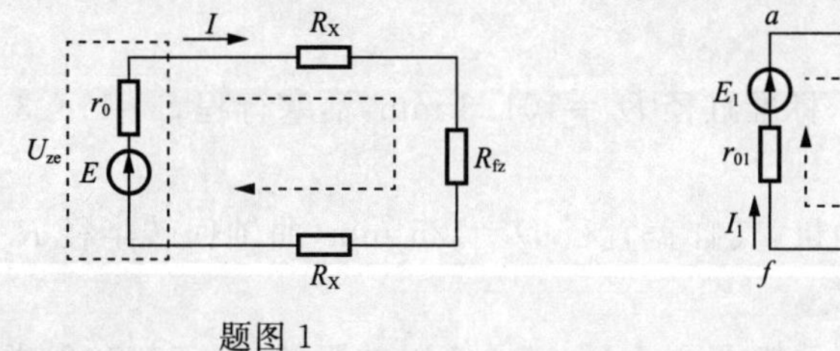

题图 1　　　　题图 2

5. AA003 某一通电导线，在磁场中做切割磁力线运动，其中磁感应强度 $B=20\ \text{V}\cdot\text{s/m}^2$，电流 $I=0.2$ A，$L=0.3$ m，求该导线受到的电磁力 F 是多少？

6. AA003 设有一直导体，在磁场中做切割磁力线运动，磁极边长 $a=4\times10^{-2}$ m，$b=6\times10^{-2}$ m，穿过磁极的磁通 $\phi=24\times10^{-4}$ Wb，电流 $I=50$ A，$L=0.4$ m，求该导线受到的电磁力 F 是多少？

7. AA005 有一长度 $L=0.3$ m 的导线在磁场中做切割磁力线运动，设从 A 点到 B 点的磁感应强度 $B=2.5\ \text{V}\cdot\text{s/m}^2$，时间 $t=3$ s，距离 $S=0.3$ m，求该导线的感应电动势 e 是多少？

8. AA005 某一通电导线，在磁场中垂直于磁力线方向的速度 $v=0.5$ m/s，受到的电磁力 $F=10$ N，电流 $I=0.2$ A，求该导线的感应电动势 e 是多少？

9. AA007 今有长 $l=30$ cm，直径 $D=6$ cm 的空心线圈，其匝数 $\omega=1\ 000$ 匝，设通电线圈的电流以 500 A/s 的速率减小，求线圈的电感和自感电动势。（磁导率 $\mu_0=4\times3.14\times10^{-7}$ H/m）

10. AA007 今有一线圈，其匝数 $\omega=800$ 匝，设通电线圈的电流以 500 A/s 的速率减小，磁阻 $R_m=4\times10^6\ \text{H}^{-1}$，求线圈的自感电动势。

11. AA012 电路如题图 3 所示，已知 $U_{cc}=16$ V，$R_b=400$ kΩ，$R_c=4$ kΩ，三极管 $\beta=50$，求静态值。

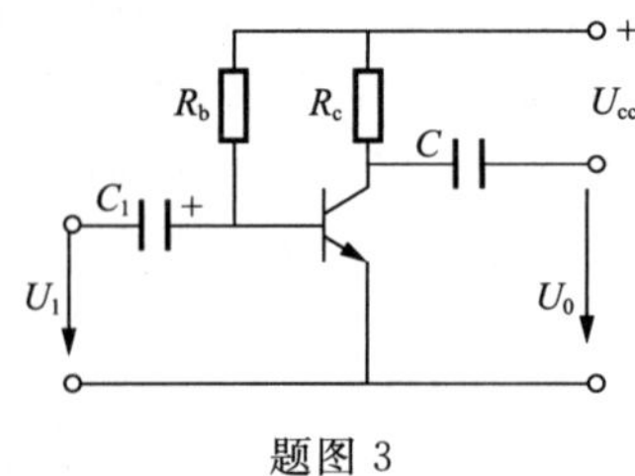

题图 3

12. AA012 分压式射极偏置电路中，$U_{cb}=12$ V，$R_{b1}=30$ kΩ，$R_{b2}=15$ kΩ，$R_c=3$ kΩ，$R_e=2$ kΩ，$R_L=6$ kΩ，晶体管的 $\beta=50$，求电压放大倍数 A_{UL}。

13. AC012 某发动机曲轴的输出扭矩 $T_{tq}=30$ N·m，转速 $n=3\ 000$ r/min，求发动机的有效功率 P_e。

14. AC012 某发动机的燃油消耗量 $B=5$ kg/h，油耗率 $b=270$ g/(kW·h)，求发动机的有效功率 P_e。

15. AC013 CA6102 型发动机的标准缸径 $D=101.6$ mm，活塞行程 $S=114.3$ mm，求工作容积 V_n。

16. AC013 Q6100 型发动机的活塞行程 $S=115$ mm，标准缸径 $D=100$ mm，求气缸工作容积 V_n。

17. AC014 CA6102 型发动机，标准缸径 $D=101.6$ mm，活塞行程 $S=114.3$ mm，求发动机的排量。

18. AC014 有一六缸柴油发动机，气缸盖直径 $D=125$ mm，曲轴回转半径 $R=76$ mm，求该发动机的排量 V_u。

19. BA002 硅整流发电机的电动势 $E=45$ V，定子绕组的阻抗 $Z=50$ Ω，发电机的端电压 $U=10$ V，求发电机的输出电流 I。

20. BA002 硅整流发电机的输出电流 $I=2$ A，电动势 $E=30$ V，发电机的端电压 $U=8$ V，求发电机定子绕组的阻抗 Z。

21. BC029 有一单相电感性负载的功率 $P=75$ kW，$\cos\phi=0.6$，接在 380 V、50 Hz 的交流电源上，试求电路中的电流。

22. BC029 已知电感性负载的功率 $P=10$ kW，$\cos\phi_1=0.6$，接在 220 V、50 Hz 的交流电源上，试求把功率因数提高到 0.95 所需并联的电容值。

高级工理论知识试题答案

一、单选题

1. A	2. B	3. C	4. B	5. A	6. B	7. A	8. B	9. A	10. A
11. D	12. C	13. B	14. C	15. A	16. A	17. B	18. A	19. C	20. D
21. C	22. B	23. C	24. C	25. A	26. B	27. C	28. C	29. A	30. B
31. A	32. B	33. C	34. B	35. D	36. A	37. D	38. C	39. B	40. C
41. B	42. B	43. D	44. A	45. C	46. C	47. A	48. B	49. A	50. B
51. C	52. C	53. B	54. D	55. C	56. D	57. A	58. B	59. C	60. D
61. A	62. B	63. D	64. A	65. B	66. C	67. A	68. B	69. C	70. A
71. B	72. D	73. A	74. B	75. D	76. A	77. B	78. C	79. A	80. C
81. D	82. A	83. B	84. A	85. A	86. C	87. B	88. B	89. C	90. B
91. C	92. C	93. D	94. D	95. A	96. C	97. C	98. A	99. B	100. C
101. D	102. D	103. A	104. B	105. C	106. A	107. B	108. C	109. A	110. A
111. B	112. C	113. A	114. A	115. C	116. B	117. B	118. D	119. B	120. C
121. B	122. A	123. C	124. C	125. A	126. D	127. C	128. A	129. D	130. D
131. B	132. D	133. B	134. C	135. C	136. A	137. C	138. D	139. A	140. C
141. D	142. B	143. C	144. D	145. A	146. B	147. C	148. A	149. C	150. D
151. B	152. C	153. D	154. B	155. C	156. D	157. A	158. C	159. D	160. A
161. C	162. D	163. A	164. B	165. D	166. A	167. B	168. D	169. B	170. C
171. D	172. B	173. C	174. D	175. B	176. C	177. D	178. B	179. C	180. D
181. A	182. A	183. C	184. A	185. B	186. C	187. A	188. A	189. C	190. A
191. B	192. D	193. A	194. B	195. D	196. B	197. C	198. D	199. A	200. B
201. D	202. B	203. C	204. D	205. B	206. D	207. C	208. A	209. B	210. D
211. A	212. B	213. D	214. A	215. D	216. C	217. D	218. C	219. A	220. C
221. D	222. A	223. A	224. C	225. C	226. A	227. B	228. D	229. B	230. C
231. A	232. B	233. D	234. C	235. C	236. D	237. A	238. C	239. A	240. B
241. B	242. D	243. A	244. A	245. B	246. C	247. D	248. A	249. B	250. C
251. D	252. A	253. B	254. C	255. D	256. A	257. B	258. C	259. C	260. A
261. D	262. D	263. B	264. C	265. B	266. C	267. A	268. B	269. A	270. A
271. B	272. C	273. A	274. B	275. B	276. A	277. A	278. C	279. B	280. C
281. A	282. A	283. B	284. C	285. D	286. B	287. C	288. D	289. D	290. C
291. B	292. A	293. C	294. B	295. C	296. A	297. D	298. B	299. C	300. A

301. D 302. C 303. B 304. D 305. A 306. C 307. B 308. C 309. D 310. B
311. C 312. D 313. A 314. C 315. D 316. B 317. C 318. D 319. A 320. C
321. D 322. B 323. D 324. A 325. A 326. B 327. C 328. A 329. B 330. D
331. A 332. C 333. D 334. A 335. C 336. D 337. B 338. C 339. D 340. A
341. B 342. C 343. A 344. B 345. C 346. A 347. C 348. D 349. B 350. C
351. D 352. B 353. B 354. B 355. A 356. D 357. C 358. A 359. D 360. C
361. D 362. D 363. C 364. C 365. A 366. C 367. A 368. D 369. C 370. D
371. B 372. B 373. A 374. B 375. D 376. A 377. B 378. C 379. B 380. C
381. D 382. A 383. B 384. C 385. A 386. B 387. C 388. A 389. B 390. C
391. A 392. C 393. B 394. B 395. C 396. D 397. A 398. B 399. D 400. A
401. C 402. D 403. A 404. C 405. B 406. B 407. C 408. D 409. C 410. D
411. A 412. D 413. A 414. B 415. C 416. B 417. D 418. C 419. A 420. D
421. D 422. B 423. C 424. C 425. C 426. A 427. D 428. B 429. A 430. B
431. C 432. D 433. A 434. B 435. A 436. A 437. B 438. B 439. B 440. B
441. A 442. B 443. B 444. C 445. D 446. A 447. B 448. A 449. B 450. A
451. C 452. A 453. D 454. A 455. C 456. B 457. B 458. A 459. A 460. B
461. A 462. C 463. A 464. B 465. A 466. A 467. B 468. D 469. C 470. B
471. A 472. C 473. C 474. C 475. B 476. D 477. A 478. B 479. C

二、多选题

1. AB 2. CD 3. BC 4. AD 5. BC
6. ACD 7. BD 8. AC 9. AD 10. BC
11. AB 12. AC 13. ABC 14. CD 15. ABCD
16. BC 17. AC 18. BC 19. AB 20. BD
21. AB 22. BC 23. ABC 24. BCD 25. ABCD
26. BCD 27. AB 28. AC 29. AB 30. BD
31. BC 32. ABD 33. AC 34. BC 35. BC
36. BD 37. BCD 38. ABC 39. BC 40. ABC
41. AB 42. ABCD 43. ABCD 44. BC 45. AC
46. CD 47. AB 48. BC 49. ABD 50. BC
51. ABD 52. ABC 53. ABCD 54. ACD 55. AB
56. ABD 57. AB 58. ACD 59. BC 60. AB
61. AD 62. ABC 63. AD 64. BC 65. AB
66. ABD 67. ABC 68. CD 69. AD 70. ABC
71. BC 72. AB 73. AB 74. AC 75. AC
76. BC 77. BD 78. AD 79. AB 80. ABD
81. ABC 82. BCD 83. BC 84. BCD 85. AC
86. AD 87. ABD 88. BCD 89. CD 90. BC
91. CD 92. AC 93. ABC 94. AD 95. ABD
96. BC 97. ABC 98. ABCD 99. BCD 100. AC

101. ABCD　102. BC　103. AD　104. CD　105. AB
106. BCD　107. ABCD　108. ABC　109. AC　110. AB
111. AD　112. CD　113. BC　114. BC　115. AB
116. BC　117. AC　118. BC　119. AB　120. BC
121. AD　122. AB　123. ABC　124. CD　125. CD
126. BC　127. ABC　128. ABD　129. ABC　130. BC
131. ABCD　132. ACD　133. ABD　134. BCD　135. AB
136. ABD　137. AB　138. BC　139. AC　140. CD
141. ABC　142. AC　143. AB　144. BC　145. BD
146. AC　147. AC　148. BC　149. AD　150. AC
151. BCD　152. AC　153. AB　154. AB　155. ABD
156. ABCD　157. AB　158. AC　159. AD　160. BCD
161. ACD　162. BCD　163. ABC　164. ABCD　165. ABD
166. ABCD　167. BD　168. ABC　169. ABCD　170. ABCD
171. ABCD　172. ACD　173. ABCD　174. BC　175. ABCD
176. ACD　177. ABC　178. CD　179. AB　180. BD
181. AC　182. AD　183. BD　184. BD　185. ABC
186. BCD　187. CD　188. ABCD　189. AC　190. ABCD
191. AC　192. ABC　193. AD　194. ABCD　195. AB
196. ABC　197. AD　198. AB　199. BC　200. BD
201. AB　202. BCD　203. ABC　204. ABC　205. AD
206. BC　207. AD　208. ABCD　209. ABD　210. AC
211. ABD　212. ACD　213. BC　214. ABCD　215. ABC
216. AC　217. ACD　218. BCD　219. ACD　220. AB
221. ABCD　222. BC　223. AD　224. ABD　225. ABCD
226. BD　227. CD　228. ABC　229. ABCD　230. BD
231. BC　232. BC　233. AB　234. AC　235. ABC
236. BC　237. ABCD　238. BCD　239. ABC　240. ACD
241. CD　242. AB　243. BC　244. BCD　245. ABCD
246. ABCD　247. AB　248. ABCD　249. ABC　250. AB
251. AB　252. CD　253. ABC　254. AC　255. ACD
256. AC　257. BC　258. AD　259. ABC　260. BCD
261. AC　262. CD　263. BC　264. AC　265. AD
266. BCD　267. ABCD　268. CD　269. AC　270. CD
271. BCD　272. BC　273. ABD　274. AB　275. ABCD
276. ABCD　277. BD　278. AB　279. AC　280. AC
281. AD　282. BC　283. BC　284. AB　285. ABC
286. ACD　287. AC　288. ABC　289. ABC　290. BCD
291. CD　292. ABD　293. CD　294. ABD　295. ACD
296. CD　297. ACD　298. ABC　299. AC　300. AB

301. AC	302. BC	303. BCD	304. ABCD	305. CD
306. BCD	307. AB	308. BCD	309. AB	310. CD
311. BCD	312. ABD	313. AD	314. BD	315. ABD
316. AB	317. BC	318. BD	319. ABCD	320. AB

三、判断题

1. √	2. ×	3. √	4. ×	5. √	6. ×	7. ×	8. √	9. √	10. ×
11. √	12. ×	13. √	14. ×	15. √	16. √	17. ×	18. √	19. ×	20. ×
21. ×	22. √	23. ×	24. √	25. ×	26. √	27. ×	28. √	29. ×	30. √
31. √	32. ×	33. √	34. ×	35. √	36. ×	37. √	38. ×	39. ×	40. √
41. √	42. ×	43. √	44. ×	45. √	46. ×	47. √	48. ×	49. √	50. ×
51. √	52. ×	53. √	54. ×	55. √	56. ×	57. √	58. ×	59. √	60. ×
61. √	62. ×	63. ×	64. √	65. √	66. ×	67. √	68. √	69. ×	70. √
71. √	72. √	73. √	74. √	75. √	76. ×	77. ×	78. √	79. ×	80. √
81. √	82. ×	83. √	84. ×	85. √	86. ×	87. ×	88. √	89. √	90. ×
91. √	92. ×	93. √	94. ×	95. √	96. ×	97. √	98. ×	99. √	100. ×
101. √	102. ×	103. √	104. ×	105. √	106. ×	107. √	108. ×	109. √	110. ×
111. √	112. ×	113. √	114. ×	115. √	116. ×	117. √	118. ×	119. √	120. ×
121. √	122. ×	123. √	124. ×	125. √	126. ×	127. √	128. ×	129. √	130. ×
131. √	132. ×	133. √	134. ×	135. √	136. ×	137. √	138. ×	139. √	140. ×
141. √	142. ×	143. ×	144. √	145. ×	146. √	147. √	148. √	149. ×	150. √
151. √	152. √	153. ×	154. √	155. √	156. ×	157. ×	158. √	159. ×	160. √
161. ×	162. √	163. √	164. ×	165. ×	166. √	167. √	168. ×	169. ×	170. √
171. √	172. ×	173. √	174. ×	175. ×	176. √	177. ×	178. ×	179. ×	180. √
181. ×	182. √	183. ×	184. √	185. ×	186. ×	187. √	188. √	189. √	190. ×
191. √	192. ×	193. ×	194. √	195. √	196. ×	197. ×	198. √	199. ×	200. √
201. √	202. ×	203. √	204. ×	205. √	206. ×	207. √	208. ×	209. √	210. ×
211. √	212. ×	213. √	214. ×	215. √	216. ×	217. √	218. ×	219. √	220. ×
221. √	222. ×	223. √	224. ×	225. ×	226. √	227. √	228. ×	229. ×	230. √
231. √	232. ×	233. √	234. ×	235. √	236. ×	237. √	238. ×	239. √	240. ×
241. ×	242. √	243. √	244. ×	245. √	246. ×	247. √	248. ×	249. √	250. ×
251. √	252. ×	253. √	254. ×	255. √	256. ×	257. √	258. ×	259. √	260. ×
261. √	262. ×	263. √	264. ×	265. √	266. ×	267. √	268. ×	269. √	270. ×
271. √	272. ×	273. √	274. ×	275. √	276. ×	277. ×	278. ×	279. ×	280. √
281. √	282. ×	283. ×	284. √	285. √	286. ×	287. ×	288. √	289. √	290. ×
291. ×	292. ×	293. ×	294. √	295. √	296. ×	297. ×	298. ×	299. √	300. ×
301. ×	302. ×	303. √	304. ×	305. √	306. ×	307. ×	308. √	309. ×	310. √
311. √	312. ×	313. ×	314. √	315. √	316. √	317. √	318. √	319. ×	320. √

2. 正确：应用基尔霍夫第一定律列电流定律方程，必须事先标出各支路中电流的参考方向。

4.正确:在计算复杂电路时,若电动势的方向与回路的绕行方向一致,则此电动势取正号。
6.正确:一段通电直导线,导线方向与该处磁场方向垂直时,受力最大。
7.正确:判定通电导体在磁场中的受力方向应用左手定则。
10.正确:当电路不闭合时,也能产生感应电动势。
12.正确:如果回路中的感应电动势是由于与回路交连的磁通发生变化而产生的,感应电动势的方向可以用楞次定律来确定。
14.正确:自感现象同样遵守法拉第定律和楞次定律。
17.正确:最简单的单相变压器是由铁芯和绕在铁芯上的两个匝数不同、相互绝缘的绕组构成的。
19.正确:变压器电压之比等于电流反比。
20.正确:变压器绕组匝数之比等于电压之比。
21.正确:三极管有三个区:发射区、基区和集电区。
23.正确:三极管放大电路建立静态工作点,必须有电源。
25.正确:三极管开关电路只能控制小电源,不能有灯泡。
27.正确:组成电路就要有电源和负载,复合电路至少要有2个三极管。
29.正确:集成运算放大器应尽可能使用有源器件代替无源元件。
32.正确:集成运算放大器的开环电压放大倍数越高,所构成的运算电路越稳定,精度也越高。
34.正确:单相半波整流电路仅适用于对电压平滑程度要求不高的小功率场合。
36.正确:单相全波整流与单相桥式整流波形一样。
38.正确:每一种汽车电子产品对集成电路规格的要求都不相同,故一般通用集成电路不能满足不同汽车电子产品性能特性的要求。
39.正确:元件数为100～1 000个的集成电路是中规模集成电路。
42.正确:使用集成电路时,其电源电压、输出电流、输出功率、温度等均不得超过极限值。
44.正确:汽车专用万用表长时间不使用会自动关闭,以避免电池过度消耗。
46.正确:汽车专用万用表可以检测喷油器喷射闭合角及传感器频率信号,但无自检功能。
48.正确:使用汽车专用万用表测量频率时,黑表笔插入负极测试棒插座,红表笔插入正极测试棒插座。
50.正确:连接V.A.G1552诊断仪时,应将诊断仪上电源供应的黑色插头插入车辆上的黑色扁平插座。
52.正确:E.V-1000发动机综合性能分析仪安装有强有力的二次处理软件,具备信息的判断识别和推理功能。
54.正确:节温器是发动机冷却系的一个组成部分。
56.正确:机油泵在发动机润滑系中的作用是使机油增压。
58.正确:活塞与气缸壁之间的工作条件较差,但为了防止过量润滑油进入燃烧室而使发动机工作恶化,都采用飞溅润滑。
60.正确:限压阀主要是用来控制机油压力的。
62.正确:含有杂质的机油会加速发动机工作时的磨损。
63.正确:发动机的压力润滑是通过机油泵来实现的。
66.正确:限压阀不是离合器总成的组成部件。

69. 正确:车轮制动器的旋转部分是制动鼓,它固定在轮毂上并和车轮一起旋转。
76. 正确:排气终了时,活塞到达上止点后,排气门关闭,进气门开启。
77. 正确:燃烧室容积是活塞在上止点时活塞上方的容积。
79. 正确:发动机排量等于气缸排量与气缸数的乘积。
82. 正确:发电机接线柱烧损应更换接线柱。
84. 正确:发电机定子绕组引线头部断路可以焊接。
86. 正确:发电机转子绕组与滑环处断路可以焊接修复。
87. 正确:发电机滑环表面应平整、光滑。
90. 正确:维护保养电子雨刮器,检查喷嘴时,若喷嘴喷射角度不合适应进行调整。
92. 正确:汽车空调制冷系工作时,蒸发器出来的制冷剂已变成了低温、低压的气体,该气体经吸气管再被压缩机吸入并压缩,这样反复循环,使车厢不断获得冷气。
94. 正确:旋转斜板式空调压缩机的每个活塞有两个驱动球及球座,分别置于斜板的两侧。
96. 正确:我国使用的空调冷凝器一般是 24 孔的管带。
98. 正确:液体制冷剂不能通过汽车空调积累器的过滤器,因而要用特殊过滤材料。
100. 正确:当制冷剂在系统中循环时,空气中的水蒸气由于冷却而凝结在蒸发器表面,经收集排出,使空气去湿。
102. 正确:桑塔纳 LX 型汽车空调电气制冷系统的压力低于规定值时,低压开关的活动触点离开固定触点,电路断开,避免了压缩机因继续运转而损坏。
104. 正确:触点常闭型高压开关设有膜片、一对常闭触点、弹片、推杆及外壳。
106. 正确:汽车空调电气制冷系统装有感温式温控开关,当蒸发器吹出的温度高于规定温度时,电磁离合器电路被切断。
108. 正确:当车内温度高于或低于规定值时,热敏电阻式温度控制器利用三极管的导通和截止原理来控制温度。
110. 正确:轿车空调电气离合器的线圈发生断路或短路故障时,需更换线圈。
112. 正确:安装轿车空调压缩机轴封时,O 形密封圈要涂抹清洁的冷冻润滑油。
114. 正确:检查压缩机外部泄漏时,应从轿车空调压缩机吸入端注入少量制冷剂,转动其轴承,用检漏仪检查轴封、端盖、吸排气阀口等处有无泄漏。
116. 正确:若轿车空调冷凝器内脏堵,应拆开冷凝器出口和进口接头,用高压氮气吹洗,冲出脏物。
118. 正确:汽车计算机开环控制系统中电控单元不对控制系统的输出进行监测。
120. 正确:汽车计算机控制系统要能够在电源电压波动较大的情况下可靠工作。
122. 正确:Motronic 电控系统的 ECU 内部的印制电路板主要是数字电路部分,包括微机、芯片、存储与输入整形电路等。
124. 正确:ECU 是电控系统中的“智能化”部分,它可以产生各种参考电压。
126. 正确:只读存储器(ROM)是一次性存储器。
128. 正确:汽车电控装置中,微机计算过程中产生的数据、结果以及输出数据等,会被存入随机存储器中。
130. 正确:断电保护存储器中存储的信息,在点火开关断开后并不丢失。
132. 正确:输入/输出装置一般要通过 I/O 接口才能与微处理器相连。
134. 正确:ECU 中微处理器的总线包括地址总线。

136. 正确:电控系统中各部分的元件都要按计时器产生的脉冲节拍统一操作。

138. 正确:为了适应不同执行器或其他装置的需要,ECU 的输出级要能产生开关信号或定时控制、电磁阀、继电器和数显 4 种输出。

140. 正确:电控系统的大部分执行器均直接由蓄电池提供电源,即一直带正 12 V 电压。

142. 正确:电控系统喷油器的针阀提升与落座很快,可以在一个脉冲内完成,所以 PWM 信号的脉冲宽度决定了喷油期的长短与喷油量的大小。

143. 正确:线束与线束不关联的相邻件之间的间隙最小为 6 mm。

145. 正确:叶片式空气流量计通过调整 CO 调节螺钉旋紧程度,可以改变旁通气道截面积大小,从而改变混合气浓度,降低废气中 CO 的含量。

149. 正确:转速传感器提供的电信号由 ECU 来接收,并调整喷油嘴工作脉冲宽度。

153. 正确:爆震传感器一般布置于发动机的缸体上侧壁处,用来检测发动机是否产生爆震。

156. 正确:环状压电爆震传感器与火花塞安装在一起。

157. 正确:气体传感器用来根据排气中的氧浓度测定空燃比。

159. 正确:节气门位置传感器可以随时检测节气门开度状态。

161. 正确:进气压力传感器用以检测进气歧管中的气体压力。

164. 正确:发动机启动后,冷却水没有达到正常温度之前,应自动提高发动机的怠速。

165. 正确:怠速控制系统中执行机构的作用是通过调节发动机的进气量实现怠速控制。

168. 正确:旁通空气式怠速控制系统是在节气门旁通空气道内设立一个阀门。

169. 正确:纵置发动机的前驱动自动变速器与后驱动自动变速器基本相同,只是在后端增设了一个差速器。

172. 正确:自动变速器的液压控制系统主要由阀体、各种控制阀及油路组成。

174. 正确:暖风电路开关不能接通就不能通电,接通不会烧毁电机。

175. 正确:如果保险熔断也无高速,暖风电路无低速多是因为开关或电阻断路。

177. 正确:暖风电路调速电阻烧毁不能用铜丝代替,因为铜丝电阻值小,达不到调速的目的。

178. 正确:如果暖风电路调速电阻从头部断开,可以将电阻丝拉长连接继续使用。

179. 正确:发动机个别缸不工作时,可以用逐缸拔下高压线的方法判断。

181. 正确:电控燃油喷射系统可大幅度减少发动机废气中有害物质的排放量,废气排放量减少 20%左右。

183. 正确:电子控制式汽油喷射式发动机,负荷增大时,之所以提供能够较多的燃油,原因是该发动机能够控制喷油持续时间。

185. 正确:电子控制式汽油喷射式发动机按功能可分为供油系统、进气系统和电子控制系统。

186. 正确:电子控制系统是电子控制式汽油喷射式发动机的核心装置。

190. 正确:正时器位置传感器可以对柴油机电控系统喷油时刻进行反馈修正。

192. 正确:柴油机电控系统进气节流控制的副节气门全开时,冷冻液的温度要在 60 ℃以下。

193. 正确:拔出热线式传感器的导线,测量发动机转动和停转情况下空气流量传感器的输出电压,发动机未启动时,该电压应低于 0.5 V。

196. 正确:检查氧传感器时,应拆下氧传感器,检查传感器外壳的通气孔有无堵塞,陶瓷芯有无破损；检查氧传感器的颜色，正常颜色为淡灰色。

197. 正确：在检查开关式节气门位置传感器的全负荷触点时，节气门关闭或开度小，全负荷触点电阻应为无穷大。

199. 正确：霍尔式曲轴位置传感器的供电检测是将点火开关置于“ON”位置，用万用表电压挡测量曲轴位置传感器插座的 2 个端子间的电压，电压值均应大于 0.9 V。

202. 正确：对电容式进气压力传感器进行检测时，点火开关应置于“ON”位置，若测量端子信号的脉冲电压约为 1.4～1.6 V，说明其状态良好。

204. 正确：检测不同温度下冷却液温度传感器的信号电压时，其电压值与温度有关，随温度变化而变化。

206. 正确：当转向扭矩传感器转向杆上的转矩为零时，定子与转子的相对转角也为零。

208. 正确：光电式减速度传感器把接收到的汽车速度等级信号送入电控单元就能感知路面附着系数情况。

210. 正确：差动变压式减速度传感器把接收到的电压信号送入 ECU 来控制 ABS 系统工作。

212. 正确：横向加速度传感器结构简单，主要由开关触点组成。

214. 正确：实际结构中，光电式车身高度传感器固定在车架上，传感器轴的外端装有导杆。

216. 正确：电控发动机自诊断系统对于偶尔出现一次的不正常信号，并不会判定为故障，只有不正常信号保持一定时间后才会被判定为故障。

218. 正确：减速式启动机传动机构传动导管的一端内表面制成螺旋键槽型结构。

220. 正确：减速式启动机控制装置在启动机不工作时，驱动齿轮与飞轮处于分离状态。

222. 正确：减速式启动机控制装置工作时，电磁力吸动衔铁左移，挺杆推动驱动齿轮轴，迫使驱动齿轮与飞轮啮合。

224. 正确：永磁减速式启动机的减速齿轮装置中，太阳轮制有 11 个齿，压装在电枢轴上。

225. 正确：永磁减速式启动机工作时，电磁铁机构控制电动机电路的接通和切断。

228. 正确：新型启动机启动后，应及时切断启动开关，使驱动齿轮退出啮合，启动机停止工作。

229. 正确：装用启动继电器的控制电路通过点火开关的电流减小，防止点火开关烧损。

232. 正确：带有组合启动继电器的控制电路工作时，发动机启动后，由于触点断开，切断了充电指示灯的搭铁电路，充电指示灯熄灭。

234. 正确：无启动继电器的控制电路中，桑塔纳轿车采用的 QD1225 型启动机电压为 12 V。

236. 正确：接通启动机开关，启动机不转，若大灯亮、喇叭响，说明蓄电池有电，可用改锥搭接启动机电磁开关上的两个接线柱，若启动机运转，说明故障在电磁开关及启动电路。

238. 正确：为了可靠地点燃混合气，除了需要足够高的击穿电压外，火花塞产生的电火花还应具有足够的能量。

240. 正确：诊断电子点火系故障时，点火线圈的检查主要是用万用表测量初级绕组和次级绕组的电阻值，并根据其大小判断是否短路、断路。

241. 正确：冷却系内部锈污、水垢沉积太厚，会严重影响散热能力，也会使发动机发生过热现象。

244. 正确：汽油发动机中速以上高负荷运转时，拉动阻风门出现运转突爆，而推开后消失是混合气突然变浓所致。

246. 正确：火花塞绝缘体破裂或电极间隙过大会导致发动机中、高速运转时高压火花断火。

248. 正确：电喷汽油发动机怠速旁通阀在冷车时必须打开，而在热车时必须关闭。

250. 正确：装有 ABS 的汽车，制动时只要把脚踏在制动踏板上，ABS 就会根据情况自动进入工作状态。

252. 正确：附加式 ABS 也称分离式 ABS，其压力调节装置与制动主缸和制动助力器在结构上是独立的。

254. 正确：ABS 系统使用的制动压力调节器有些是和总泵制成一体的。

256. 正确：ABS 系统电控单元具有对整个 ABS 系统进行安全监视警告的功能。

258. 正确：ABS 系统电控装置自检后，如果未发现系统存在故障，ECU 将从其端子 BAT 接受蓄电池电压作为其工作电压。

260. 正确：ABS 系统电控装置进入工作状态后，当制动强度较大（滑移率刚好处于 15%～20%之间）时，调压器通过电磁阀使制动系统维持制动。

262. 正确：ABS 系统的检测电路发现系统有损害制动性能的故障时，ABS 系统自动关闭。

264. 正确：多普勒雷达式防抱死制动装置实现了对滑移率的控制。

266. 正确：采用逻辑门限值控制方式的 ABS 装置，对系统的稳定性等品质无法进行评价。

268. 正确：真空排气法是将抽成真空的透明腔体用透明管连在排气装置上，在压差作用下排除 ABS 系统内滞留的空气。

270. 正确：清除传感头表面的金属和脏物时，应用一把钝刀或类似的工具仔细刮传感头的端面。

272. 正确：检查 ABS 压力调节器时，用手感觉调节器是否振动，有振动说明电磁阀阀芯卡住。

274. 正确：维修 ABS 轮速传感器后，安装时应先涂覆防锈油，安装过程中不可敲击或用蛮力。

276. 正确：检查液压元件泄漏时，应接通点火开关，直至液压泵停止运转，再等 3 min，使整个液压系统处于稳定状态。

277. 正确：蓄电池隔板必须是多孔的。

278. 正确：免维护蓄电池的隔板是袋式结构的。

279. 正确：免维护蓄电池的极板是用铅-钙-锡合金制造的。

282. 正确：免维护蓄电池壳体比普通型电池壳体小。

283. 正确：蓄电池极板硫化后要倒出电解液，加入蒸馏水慢慢充电。

286. 正确：蓄电池极桩过细可采用浇铸法或挂铅锡法修理。

287. 正确：电路的各部分用点画线或边框线限制，以此表明仪器、部件功能或结构上的属性。

290. 正确：PNP 型三极管的图形符号是。

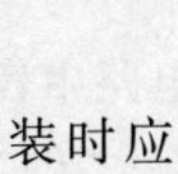

291. 正确：NPN 型三极管的图形符号中 b 代表基极。

292. 正确：NPN 型三极管的图形符号是。

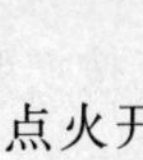

293. 正确：可控硅的图形符号就是在二极管的图形符号上引出一个控制极 g。

294. 正确：可控硅图形符号上的引线是三根。
296. 正确：单结晶体管的图形符号中有两个基极。
297. 正确：稳压管实质上属于二极管。
298. 正确：稳压管的图形符号为—▷|—。
300. 正确：定子绕组为星形连接的交流发电机图形符号中的“Y”代表三相绕组是星形连接。
301. 正确：定子绕组为星形连接的交流发电机图形符号是在交流发电机的图形符号中加上[>U]。
302. 正确：交流发电机与外接电压调节器的图形符号是在发电机图形符号的右侧加调节器图形符号。
304. 正确：磁感应信号发生器的图形符号是在矩形框中画有小圆圈和一个绕组符号组成的。
306. 正确：并激直流电动机的图形符号是励磁绕组符号与电枢绕组符号并联。
307. 正确：熔断器的图形符号是—▭—，不能用其他电气元件的图形符号代替。
309. 正确：温度表传感器的图形符号由上下带有引线的矩形框中加小写字母“ta”表示。
312. 正确：搭铁线常用黑色导线。
313. 正确：黑色的导线用字母 B 表示。
319. 正确：一般比较规范的汽车电路图，整个电路都是纵向排列，同一系统的电路归纳在一起，在电路图中所占的篇幅基本上局限在某一范围内。

四、简答题

1. 答：基尔霍夫第一定律的内容是：① 对于电路中任意一个节点，② 在任一时刻，③ 流入节点的电流之和恒等于流出该节点的电流之和。
2. 答：确定电流方向的原则是：① 对已知电流按实际方向在图中标定，② 对未知电流可任意标定。
3. 答：基尔霍夫第二定律的内容是：① 在任一回路，② 沿回路绕行一周，③ 回路中所有电动势的代数和恒等于各电阻上电压降的代数和。
4. 答：方法是：① 先在图中选择回路的绕行方向，② 然后根据回路绕行方向确定电动势和电压降的正负方向。
5. 答：汽车发动机润滑系由① 机油泵、② 机油滤清器、③ 油底壳、④ 油道、⑤ 油压表、⑥ 限压阀、⑦ 机油等组成。
6. 答：汽车发动机润滑系机油泵主要由① 浮式机油集滤器，② 主、从动齿轮，③ 主、从动轴，④ 传动齿轮，⑤ 机油泵壳体和进出油管等组成。
7. 答：① 气缸工作容积是活塞从上止点移动到下止点扫过的容积，② 其单位是升。
8. 答：① 气缸总容积是工作容积与燃烧室容积之和，② 其单位是升。
9. 答：① 发动机各气缸工作容积的总和为发动机的排量，② 其单位为升。
10. 答：发动机的排量与① 气缸数、② 气缸直径及③ 活塞行程有关。
11. 答：① 目前汽车上使用的硅整流发电机是三相绕组，② 多采用星形接法。
12. 答：① 如果 A 相绕组首端放在第 1 槽中，② 那么 B 相绕组的首端应放在第 3 槽或第 9 槽中。

13. 答：① 采用逐缸断路法，或② 采用逐缸短路法；③ 当某缸火花塞断路或短路，发动机运转无变化时，说明此缸不工作。

14. 答：①将该缸火花塞拆下，② 接在中心高压线上，放在机体上试火，③ 若间隙处有较强的火花，则说明火花塞是好的，高压线有故障；若间隙处无火花，说明火花塞是坏的。

15. 答：① 计算机将发动机的曲轴转速和负荷信号作为主信号，确定喷油量，② 并根据其他信号进行修正，③ 最后计算并确定当前工况下的喷油量。

16. 答：① 在间歇喷油系统中，要求喷油时刻与发动机的点火顺序同步实施；② 计算机根据点火顺序提出最佳喷油时刻，保证发动机正常工作。

17. 答：① 电枢轴产生的力矩经电枢轴齿轮（太阳轮）传给行星齿轮及支架；② 行星齿轮及支架传给驱动齿轮轴；③ 驱动齿轮轴传给滚柱式单向离合器；④ 滚柱式单向离合器传给驱动齿轮；⑤ 驱动齿轮传给飞轮传给曲轴。

18. 答：① 发动机启动后，及时放松启动开关；② 启动继电器线圈断电，触点断开；③ 吸引线圈和保持线圈中无电流通过，吸力消失；④ 衔铁在复位弹簧张力作用下回位，电动机停转；⑤ 衔铁回位的同时又操纵拨叉带动驱动齿轮与飞轮分离，启动机停止工作。

19. 答：① 白色的导线一般接在点火及启动线路上，② 棕色的导线一般接在仪表、报警信号及电喇叭线路上。

20. 答：① 红色的导线代表电源的正极，② 黑色的导线代表电源的负极（搭铁）。

21. 答：① 国产汽车电路中，红色导线多用在电源电路中，② 用字母“R”代表。

22. 答：① 国产汽车电路中，黑色导线常用作搭铁线，② 用字母“B”代表。

五、计算题

1. 解：根据基尔霍夫第一定律列节点电流方程式。

节点 a：$I_1=I_2+I_3$

得 $I_3=I_1-I_2=25-15=10(\text{mA})$

答：I_3是 10 mA。

2. 解：根据基尔霍夫第一定律列节点电流方程式。

节点 c：$I_4=I_5+I_6$

得 $I_4=16+20=36(\text{mA})$

答：I_4是 36 mA。

3. 解：根据 $P_{ze}=I^2R_{fz}=U_{ze}{}^2/R_{fz}$可得：

$R_{fz}=220^2/(4.5\times1\,000)\approx10.76(\Omega)$

根据基尔霍夫第二定律

$I=E/(r_0+2R_X+R_{fz})=240/(0.67+0.29\times2+10.76)\approx20(\text{A})$

答：R_{fz}约为 10.76 Ω，电流 I 约为 20 A。

4. 解：根据 $I=I_1+I_2$

$E_1-E_2=I_1r_{01}-I_2r_{02}$

$E_2=I_2r_{02}+RI$

代入数值得：

$I=I_1+I_2$

$130-117=I_1-0.6I_2$

$117=0.6I_2+24I$

解方程得：

$I_1=10(\mathrm{A})$

$I_2=-5(\mathrm{A})$

答：I_1和I_2分别为10 A和−5 A。

5. 解：由$F=BLI$得：

$F=20\times0.3\times0.2=1.2(\mathrm{N})$

答：该导线受到的电磁力是1.2 N。

6. 解：$\phi=BS=Bab$

$B=\phi/(ab)=24\times10^{-4}/(4\times10^{-2}\times6\times10^{-2})=1(\mathrm{T})$

$F=BLI=1\times0.4\times50=20(\mathrm{N})$

答：该导线受到的电磁力是20 N。

7. 解：$v=S/t=0.3/3=0.1(\mathrm{m/s})$

$e=BLv=2.5\times0.3\times0.1=0.075(\mathrm{V})$

答：该电线的感应电动势是0.075 V。

8. 解：由$F=BLI, e=BLv$得：

$e=Fv/I=10\times0.5/0.2=25(\mathrm{V})$

答：该电线的感应电动势是25 V。

9. 解：$L=\mu_0\omega^2S/l$

$=4\times3.14\times10^{-7}\times1\,000^2\times3.14\times6^2\times10^{-4}/(4\times0.3)$

$=1\,183.152\times10^{-5}(\mathrm{H})\approx11.8(\mathrm{mH})$

$e_{\mathrm{L}}=-L\mathrm{d}i/\mathrm{d}t=-0.011\,8\times(-500)=5.9(\mathrm{V})$

答：线圈的电感和自感电动势分别是11.8 mH和5.9 V。

10. 解：$L=\omega^2/R_{\mathrm{m}}=800^2/(4\times10^6)=0.16(\mathrm{H})$

$e_{\mathrm{L}}=-L\mathrm{d}i/\mathrm{d}t=-0.16\times(-500)=80(\mathrm{V})$

答：线圈的自感电动势是80 V。

11. 解：$I_{\mathrm{b}}=(U_{\mathrm{cc}}-U_{\mathrm{bb}})/R_{\mathrm{b}}\approx U_{\mathrm{cc}}/R_{\mathrm{b}}=16/400=0.04(\mathrm{mA})$

$I_{\mathrm{c}}=\beta\times I_{\mathrm{b}}=50\times0.04=2(\mathrm{mA})$

$U_{\mathrm{cb}}=U_{\mathrm{cc}}-I_{\mathrm{c}}R_{\mathrm{c}}=16-2\times10^{-3}\times4\times10^3=8(\mathrm{V})$

答：静态值是8 V。

12. 解：$U_{\mathrm{b}}=U_{\mathrm{cb}}R_{\mathrm{b2}}/(R_{\mathrm{b1}}+R_{\mathrm{b2}})=12\times15/(30+15)=4(\mathrm{V})$

$I_{\mathrm{eq}}=U_{\mathrm{b}}/R_{\mathrm{e}}=4/2=2(\mathrm{mA})$

$r_{\mathrm{be}}=300+(1+\beta)(26/I_{\mathrm{eq}})=300+(1+50)\times(26/2)=963(\Omega)$

$$R_{\mathrm{L}}'=\frac{R_{\mathrm{c}}R_{\mathrm{L}}}{R_{\mathrm{c}}+R_{\mathrm{L}}}=\frac{3\times6}{3+6}=2(\mathrm{k\Omega})$$

$A_{\mathrm{UL}}=-\beta R_{\mathrm{L}}'/r_{\mathrm{be}}=-50\times2\,000/963\approx-104$

答：电压放大倍数约为−104。

13. 解：$P_{\mathrm{e}}=T_{\mathrm{tq}}n/9\,550=30\times3\,000/9\,550\approx9.42(\mathrm{kW})$

答：发动机的有效功率约为9.42 kW。

14. 解：$P_{\mathrm{e}}=B/b=5\times10^3/270\approx18.5(\mathrm{kW})$

答:发动机的有效功率约为 18.5 kW。

15. 解:$V_n=\pi D^2 S/4=3.14\times101.6^2\times114.3/4\approx926\times10^3(mm^3)=0.926(L)$

答:该发动机的工作容积约为 0.926 L。

16. 解:$V_n=\pi D^2 S/4=3.14\times100^2\times115/4=902.75\times10^3(mm^3)=0.902\,75(L)$

答:该发动机的工作容积是 0.902 75 L。

17. 解:$V_n=\pi D^2 S/4=3.14\times101.6^2\times114.3/4\approx926\times10^3(mm^3)=0.926(L)$

$V_u=6V_n=6\times0.926=5.556(L)$

答:该发动机的排量是 5.556 L。

18. 解:$V_n=\pi D^2/4\times2R=3.14\times125^2/4\times2\times76\approx1.86\times10^6(mm^3)=1.86(L)$

$V_u=6V_n=6\times1.86=11.16(L)$

答:该发动机的排量是 11.16 L。

19. 解:由 $U=E-IZ$ 知

$I=(E-U)/Z=(45-10)/50=0.7(A)$

答:发电机的输出电流是 0.7 A。

20. 解:由 $U=E-IZ$ 知

$Z=(E-U)/I=(30-8)/2=11(\Omega)$

答:发电机定子绕组的阻抗是 11 Ω。

21. 解:$I=P/(U\cos\phi)=75\times10^3/(380\times0.6)\approx328.9(A)$

答:该电路的电流约为 328.9 A 。

22. 解:$\cos\phi_1=0.6$ 时,$\tan\phi_1=1.33$,$\cos\phi_2=0.9$ 时,$\tan\phi_2=0.33$,

所并联电容为:

$$C=P(\tan\phi_1-\tan\phi_2)/(\omega U^2)$$
$$=10\times10^3\times(1.33-0.33)/(2\times3.14\times50\times220^2)$$
$$\approx658(\mu F)$$

答:把功率因数提高到 0.95 所需并联的电容约为 658 μF。

第六部分

高级工操作技能试题

认定要素细目表

<table>
<tr><th>行为领域</th><th>代码</th><th>认定范围</th><th>认定比重</th><th>代码</th><th>认　定　点</th><th>重要程度</th><th>备注</th></tr>
<tr><td rowspan="20">操作技能A 100%</td><td rowspan="6">A</td><td rowspan="6">维护、调整、安装</td><td rowspan="6">30%</td><td>001</td><td>维护保养硅整流发电机</td><td>X</td><td></td></tr>
<tr><td>002</td><td>维护保养汽车空调制冷系</td><td>Y</td><td></td></tr>
<tr><td>003</td><td>维护保养电动雨刮器</td><td>Y</td><td></td></tr>
<tr><td>004</td><td>更换部分线束</td><td>X</td><td></td></tr>
<tr><td>005</td><td>更换点火控制系统的电气元件</td><td>X</td><td></td></tr>
<tr><td>006</td><td>更换电控燃油控制系统燃油泵的电气元件</td><td>X</td><td></td></tr>
<tr><td rowspan="8">B</td><td rowspan="8">诊断、维修</td><td rowspan="8">40%</td><td>001</td><td>使用V. A. G1551诊断测试仪读取ABS故障码</td><td>X</td><td></td></tr>
<tr><td>002</td><td>诊断排除无触点点火系故障</td><td>X</td><td></td></tr>
<tr><td>003</td><td>诊断暖风机电路故障</td><td>Z</td><td></td></tr>
<tr><td>004</td><td>诊断爆震限制器故障</td><td>Y</td><td></td></tr>
<tr><td>005</td><td>诊断启动机不能启动故障</td><td>X</td><td></td></tr>
<tr><td>006</td><td>诊断发动机个别缸不着火电路故障</td><td>X</td><td></td></tr>
<tr><td>007</td><td>检修充电电路故障</td><td>X</td><td></td></tr>
<tr><td>008</td><td>检修ABS控制系统故障</td><td>X</td><td></td></tr>
<tr><td rowspan="6">C</td><td rowspan="6">绘图与识图</td><td rowspan="6">30%</td><td>001</td><td>绘制步进电动机控制电路图</td><td>X</td><td></td></tr>
<tr><td>002</td><td>绘制低阻喷嘴电流驱动电路图</td><td>X</td><td></td></tr>
<tr><td>003</td><td>绘制电动燃油泵控制电路图</td><td>X</td><td></td></tr>
<tr><td>004</td><td>绘制空调(A/C)压缩机延时控制原理图</td><td>Y</td><td></td></tr>
<tr><td>005</td><td>绘制霍尔效应无触点电子点火系框图(桑塔纳)</td><td>X</td><td></td></tr>
<tr><td>006</td><td>识读分电器式电控点火系电路图</td><td>Y</td><td></td></tr>
</table>

注:X—核心要素;Y——般要素;Z—辅助要素。

操作技能试题

一、AA001　维护保养硅整流发电机

1. 准备要求

(1) 设备准备。

序号	名　称	规　格	单　位	数　量	备　注
1	发电机	JF132 型	台	1	

(2) 材料准备。

序号	名　称	规　格	单　位	数　量	备　注
1	棉　纱			若　干	
2	润滑油脂		盒	1	
3	砂　纸	00	张	若　干	

(3) 工具、用具、量具准备。

序号	名　称	规　格	单　位	数　量	备　注
1	电烙铁	45 W	把	1	
2	手　钳	180 mm	把	1	
3	螺丝刀	75 mm、100 mm	把	各 1	平　口
4	螺丝刀	75 mm、100 mm	把	各 1	梅　花
5	扳　手	8～10 mm、12～14mm	把	各 1	
6	万用表	500 型	只	1	
7	油　盆		个	1	
8	毛　刷		把	1	

2. 操作程序说明

(1) 准备工作。

(2) 解体清洁。

(3) 检查转子线圈。

(4) 检查滑环。

(5) 维护、调整转子间隙。

(6) 检查定子及二极管。

(7) 检查电刷。

(8) 组装并实验。

(9) 清理场地。

3.考核规定说明

(1) 如操作违章或未按操作程序执行操作,将停止考核。

(2) 考核采用百分制,考核项目得分按认定比重进行折算。

(3) 考核方式说明:本项目为实际操作(过程型),考核过程按评分标准及操作过程进行评分。

(4) 测量技能说明:本项目主要测量考生对维护保养硅整流发电机的掌握程度。

4.考核时限

(1) 准备时间:1 min(不计入考核时间)。

(2) 正式操作时间:15 min。

(3) 提前完成操作不加分,到时停止操作考核。

5.评分记录表

序号	考核内容	评分要素	配分	评分标准	检测结果	扣分	得分	备注
1	准备工作	选择工具、用具、量具及材料	5	工具、用具、量具及材料少选、错选一件扣1分,扣完为止				
2	解体清洁	分解发电机总成,清洗检查各零部件	15	分解过程中,损坏一个完好部件扣3分,未清洗扣5分,漏查一个部件扣2分,扣完为止				
3	检查转子线圈	用万用表检查转子线圈与外壳的绝缘情况	5	未检查转子线圈搭铁情况扣5分				
		检查线圈或连接线的断路情况	5	未检查线圈或连接线的断路情况扣5分				
4	检查滑环	检查滑环完好情况,滑环表面有轻微烧伤可以用“00”号砂纸打磨(严重时应车削或更换)	5	未检查滑环扣5分				
5	维护、调整转子间隙	转子对轴线跳动不大于0.1 mm,轴承对轴颈的间隙不大于0.02 mm,滑环对转子轴向圆跳动不大于0.01 mm,转子端隙不大于0.20 mm,转子与定子配合不大于0.74 mm	25	装错一个部件扣5分,间隙调整不符合标准一处扣5分,未加注润滑油一处扣5分,扣完为止				
6	检查定子及二极管	硅整流元件正向电阻不大于10 Ω,硅整流元件反向电阻不小于10 Ω,定子绕组电阻阻值应为1 Ω	25	元件检测不符合标准一处扣5分,未加注润滑油一处扣5分,安装方法错一处扣5分,扣完为止				

续表

序号	考核内容	评分要素	配分	评分标准	检测结果	扣分	得分	备注
7	检查电刷	检查电刷,高度应为75 mm	5	未检查电刷扣5分				
8	组装并试验	按分解的相反顺序组装后进行完好试验	10	组装后未进行完好试验扣10分				
9	清理场地	收拾工具、用具、量具及材料,清理场地		未收、少收工具、用具、量具及材料从总分中扣3分;场地不清洁从总分中扣5分				
10	安全文明操作	按国家或企业颁发的有关安全规定执行		每违反一项规定从总分中扣5分;严重违规取消考核				
11	考核时限	在规定时间内完成		到时停止操作考核				
合计			100					

二、AA002 维护保养汽车空调制冷系统

1. 准备要求

(1) 设备准备。

序号	名称	规格	单位	数量	备注
1	轿车		辆	1	

(2) 材料准备。

序号	名称	规格	单位	数量	备注
1	毛巾			1	
2	棉纱			若干	
3	润滑油		盒	1	

(3) 工具、用具、量具准备。

序号	名称	规格	单位	数量	备注
1	电工组合工具		套	1	
2	毛刷		把	1	

2. 操作程序说明

(1) 准备工作。

(2) 每周维护内容。

(3) 一个季度维护内容。

(4) 三个季度维护内容。

(5) 清理场地。

3. 考核规定说明

(1) 如操作违章或未按操作程序执行操作,将停止考核。

(2) 考核采用百分制，考核项目得分按认定比重进行折算。

(3) 考核方式说明：本项目为实际操作（过程型），考核过程按评分标准及操作过程进行评分。

(4) 测量技能说明：本项目主要测量考生对维护保养汽车空调制冷系的掌握程度。

4. 考核时限

(1) 准备时间：1 min（不计入考核时间）。

(2) 正式操作时间：20 min。

(3) 提前完成操作不加分，到时停止操作考核。

5. 评分记录表

序号	考核内容	评分要素	配分	评分标准	检测结果	扣分	得分	备注
1	准备工作	选择工具、用具及材料	5	工具、用具及材料少选、错选一件扣1分				
2	每周维护内容	检查电路连接导线、插头有无损坏和松动；检查管路和管接头有无松动和损坏；检查管接头有无油污；检查冷凝器散热片有无尘埃、杂物（必要时用高压水清洗）；检查蒸发器空气过滤网有无污物，并用压缩空气吹净；检查三角皮带松紧度和磨损情况；检查并调整皮带挠曲（用98 N压力压下，挠曲应为15～19 mm）	35	未检查电路连接导线、插头扣5分；未检查管路和管接头扣5分；未检查管接头有无油污或未加以修补扣5分；未检查冷凝器散热片扣5分；未检查蒸发器空气过滤网扣5分；未检查三角皮带扣5分；未调整皮带挠曲扣5分				
3	一个季度维护内容	检查蒸发器散热片，用空气吹净；检查膨胀阀结霜工作情况；检查惰轮有无松旷，视情况加注润滑脂；检查电磁离合器轴承工作情况；检查高低压端压力值；检查电气部件情况，加以调整；检查传动轴及轴承有无松旷；检查装配部件有无松脱	40	未检查蒸发器散热片扣5分；未检膨胀阀扣5分；未检查惰轮扣5分；未检查电磁离合器轴承扣5分；未检查高低压端压力值扣5分；未检查电气部件扣5分；未检查传动轴及轴承扣5分；未检查装配部件扣5分				
4	三个季度维护内容	检查并更换干燥剂润滑；检查压缩机油面，更换冷冻油；检查油封用漏卤灯；检查鼓风机运转情况，视情况加以润滑	20	未检查并更换干燥剂润滑扣5分；未检查压缩机油面扣5分；未检查油封用漏卤灯扣5分；未检查鼓风机扣5分				
5	清理场地	收拾工具、用具及材料，清理场地		未收、少收工具、用具及材料从总分中扣3分；场地不清洁从总分中扣5分				
6	安全文明操作	按国家或企业颁发的有关安全规定执行		每违反一项规定从总分中扣5分；严重违规取消考核				

续表

序号	考核内容	评分要素	配分	评分标准	检测结果	扣分	得分	备注
7	考核时限	在规定时间内完成		到时停止操作考核				
合计			100					

三、AA003 维护保养电动雨刮器

1. 准备要求

(1) 设备准备。

序号	名 称	规 格	单 位	数 量	备 注
1	刮水器	现 有	组	1	

(2) 材料准备。

序号	名 称	规 格	单 位	数 量	备 注
1	棉 纱			若 干	

(3) 工具、用具、量具准备。

序号	名 称	规 格	单 位	数 量	备 注
1	手 钳	180 mm	把	1	
2	螺丝刀	75 mm、100mm	把	各 2	平 口
3	螺丝刀	75 mm、100mm	把	各 1	梅 花
4	扳 手	10～12 mm、14～17 mm	把	各 1	
5	万用表	500 型	只	1	
6	油 盆		个	1	
7	毛 刷		把	1	

2. 操作程序说明

(1) 准备工作。

(2) 检查换向器。

(3) 检查电刷。

(4) 清洁、润滑轴承及蜗轮蜗杆。

(5) 检查轴承及蜗轮蜗杆。

(6) 检查绕组。

(7) 清理场地。

3. 考核规定说明

(1) 如操作违章或未按操作程序执行操作，将停止考核。

(2) 考核采用百分制，考核项目得分按认定比重进行折算。

(3) 考核方式说明:本项目为实际操作(过程型),考核过程按评分标准及操作过程进行评分。

(4) 测量技能说明:本项目主要测量考生对维护保养电动雨刮器的掌握程度。

4. 考核时限

(1) 准备时间:1 min(不计入考核时间)。

(2) 正式操作时间:15 min。

(3) 提前完成操作不加分,到时停止操作考核。

5. 评分记录表

序号	考核内容	评分要素	配分	评分标准	检测结果	扣分	得分	备注
1	准备工作	选择工具、用具、量具及材料	5	工具、用具、量具及材料少选、错选一件扣1分,扣完为止				
2	检查换向器	清洁换向器油污	5	未清洁换向器油污扣5分				
		检查换向器表面磨损情况	10	未检查换向器表面磨损情况或检查方法不正确扣10分				
		轻微磨损的可用细砂布修正,磨损严重应更换	10	不会处理换向器磨损扣10分				
3	检查电刷	检查电刷高度,电刷磨损严重应更换	10	未检查电刷高度扣5分,不会更换电刷扣5分				
4	清洁、润滑轴承及蜗轮蜗杆	清洁、润滑轴承及蜗轮蜗杆	10	未清洁轴承及蜗轮蜗杆扣5分,少涂润滑脂润滑一处扣5分				
5	检查轴承及蜗轮蜗杆	电动机轴与轴承配合间隙不应超过0.1 mm	10	未检查电动机轴与轴承配合间隙扣5分,不清楚相关标准扣5分				
		电动机摇臂轴向间隙不超过0.12 mm	10	未检查电动机摇臂轴向间隙扣5分,不清楚相关标准扣5分				
		蜗轮蜗杆磨损严重应更换	5	未提出正确处理方法扣5分				
6	检查绕组	检查电枢绕组与激磁绕组间的搭铁短路情况	20	未检测电枢绕组与激磁绕组间的搭铁短路情况或检测方法不正确一处扣10分,扣完为止				
		必要时应更换	5	未提出正确处理方法扣5分				
7	清理场地	清理场地,收拾工具、用具、量用及材料		未收、少收工具、用具、量用及材料从总分中扣3分,场地不清洁从总分中扣5分				
8	安全文明操作	按国家或企业颁发的有关安全规定执行		每违反一项规定从总分中扣5分;严重违规取消考核				

续表

序号	考核内容	评分要素	配分	评分标准	检测结果	扣分	得分	备注
9	考核时限	在规定时间内完成		到时停止操作考核				
合计			100					

四、AA004 更换部分线束

1. 准备要求

(1) 设备准备。

序号	名称	规格	单位	数量	备注
1	汽车	现有车型	辆	1	

(2) 材料准备。

序号	名称	规格	单位	数量	备注
1	绝缘胶布		卷	1	
2	插接件			若干	

(3) 工具、用具、量具准备。

序号	名称	规格	单位	数量	备注
1	尖嘴钳	180 mm	把	1	
2	螺丝刀	75 mm、100 mm	把	各1	平口
3	螺丝刀	75 mm、100 mm	把	各1	梅花
4	活动扳手	200 mm	把	1	
5	万用表	500型	只	1	

2. 操作程序说明

(1) 准备工作。

(2) 拆除旧线。

(3) 检查导线。

(4) 接通导线。

(5) 更换插件。

(6) 包扎导线。

(7) 完好试验。

(8) 清理场地。

3. 考核规定说明

(1) 如操作违章或未按操作程序执行操作，将停止考核。

(2) 考核采用百分制，考核项目得分按认定比重进行折算。

(3) 考核方式说明：本项目为实际操作(过程型)，考核过程按评分标准及操作过程进行评分。

(4) 测量技能说明:本项目主要测量考生对汽车电路知识及线束结构及原理的掌握程度。

4. 考核时限

(1) 准备时间:1 min(不计入考核时间)。

(2) 正式操作时间:20 min。

(3) 提前完成操作不加分,到时停止操作考核。

5. 评分记录表

序号	考核内容	评分要素	配分	评分标准	检测结果	扣分	得分	备注
1	准备工作	选择工具、用具、量具及材料	5	工具、用具、量具及材料少选、错选一件扣1分				
2	拆除旧线	将旧线束外表色皮拆掉,去掉线束中的杂质污垢	5	未拆掉旧线束外表色皮扣3分,未清除线束中的杂质污垢扣2分				
3	检查导线	根据车型线路图通电检查每根导线通路的完好情况	20	未检查导线通路的完好情况一处扣5分,扣完为止				
4	接通导线	根据车型线路图将各导线的通路接好	20	漏接或错接一处扣5分,扣完为止				
5	更换插件	检查各线端接头或插头并更换已损件	15	漏查一处扣5分,未更换一处扣5分,扣完为止				
		检查与线束相连各个开关的完好情况	10	漏查一个开关扣5分,扣完为止				
6	包扎导线	根据车型线束图检查各接头的露出位置及长度,用胶布包扎好线束	15	未检查一处扣5分,未包扎一处扣5分,扣完为止				
7	完好试验	进行通电试验并检查质量	10	未进行通电试验扣5分,未检查质量扣5分				
8	清理场地	收拾工具、用具、量具及材料,清理场地		未收、少收工具、用具、量具及材料从总分中扣3分,场地不清洁从总分中扣5分				
9	安全文明操作	按国家或企业颁发的有关安全规定执行		每违反一项规定从总分中扣5分;严重违规取消考核				
10	考核时限	在规定时间内完成		到时停止操作考核				
合计			100					

五、AA005 更换电控点火系的电气元件

1. 准备要求

(1) 设备准备。

序号	名称	规格	单位	数量	备注
1	汽车	现有车型	辆	1	

(2) 工具、用具、量具准备。

序号	名　称	规　格	单　位	数　量	备　注
1	随车工具		套	1	
2	万用表		只	1	数　字

2. 操作程序说明

(1) 准备工作。

(2) 拆解前检测。

(3) 更换点火模块。

(4) 复查。

(5) 清理场地。

3. 考核规定说明

(1) 如操作违章或未按操作程序执行操作，将停止考核。

(2) 考核采用百分制，考核项目得分按认定比重进行折算。

(3) 考核方式说明：本项目为实际操作（过程型），考核过程按评分标准及操作过程进行评分。

(4) 测量技能说明：本项目主要测量考生对更换电控点火系的电气元件的掌握程度。

4. 考核时限

(1) 准备时间：1 min（不计入考核时间）。

(2) 正式操作时间：20 min。

(3) 提前完成操作不加分，到时停止操作考核。

5. 评分记录表

序号	考核内容	评分要素	配分	评分标准	检测结果	扣分	得分	备注
1	准备工作	选择工具、用具、量具	5	工具、用具、量具少选、错选一件扣1分				
2	拆解前检测	关闭点火开关OOF；使用数字式万用表检测点火模块质量；检查模块5号脚与2号脚电压是否为10.5 V，无电压为模块故障；检查模块4号脚与2号脚电压是否为12 V；确认点火模块故障后进行更换	25	未关闭点火开关扣5分；未使用数字式万用表检测点火模块质量扣5分；未检查模块5号脚与2号脚电压扣5分；未检查模块4号脚与2号脚电压扣5分；未确认点火模块是否故障扣5分；不会检测此项不得分				
3	更换点火模块	正确连接点火模块1号脚与点火线圈负极，正确选择导线为绿色线；正确连接点火模块2号脚为接地端，正确选择导线为棕色线；正确连接点火模块3号脚与信号接地，正确选择导线为棕白双色线；正确连	65	未正确连接点火模块1号脚与点火线圈负极扣5分，未正确选择导线为绿色线扣5分；未正确连接点火模块2号脚为接地端扣5分，未正确选择导线为棕色线扣5分；未正确连接点火模块3号脚与信号接地				

续表

序号	考核内容	评分要素	配分	评分标准	检测结果	扣分	得分	备注
3	更换点火模块	接点火模块4号脚与点火开关,正确选择导线为黑色线;正确连接点火模块5号脚与信号电源,正确选择导线为黑白双色线;正确连接点火模块6号脚与信号端0,正确选择导线为绿白双色线;导线应连接牢固;检查点火模块紧固件是否牢固可靠	65	扣5分,未正确选择导线为棕白双色线扣5分;未正确连接点火模块4号脚与点火开关扣5分,未正确选择导线为黑色线扣5分;未正确连接点火模块5号脚与信号电源扣5分,未正确选择导线为黑白双色线扣5分;未正确连接点火模块6号脚与信号端0扣5分,未正确选择导线为绿白双色线扣5分;未把导线连接牢固扣5分;未检查点火模块紧固件是否牢固扣5分;不会连接此项不得分				
4	复　查	打开点火开关,启动发动机观察是否工作正常	5	未复查扣5分				
5	清理场地	收拾工具、用具、量具,清理场地		未收、少收工具、用具、量具从总分中扣3分,场地不清洁从总分中扣5分				
6	安全文明操作	按国家或企业颁发的有关安全规定执行		每违反一项规定从总分中扣5分;严重违规取消考核				
7	考核时限	在规定时间内完成		到时停止操作考核				
合　计			100					

六、AA006　更换电控燃油系统燃油泵元件

1. 准备要求

(1) 设备准备。

序号	名　称	规　格	单　位	数　量	备　注
1	汽　车	现有车型	辆	1	

(2) 材料准备。

序号	名　称	规　格	单　位	数　量	备　注
1	毛　巾		条	1	

(3) 工具、用具、量具准备。

序号	名 称	规 格	单 位	数 量	备 注
1	随车工具		套	1	
2	万用表	500 型	只	1	

2. 操作程序说明

(1) 准备工作。

(2) 拆解前检测。

(3) 拆卸燃油泵总成。

(4) 更换燃油泵。

(5) 复查。

(6) 清理场地。

3. 考核规定说明

(1) 如操作违章或未按操作程序执行操作，将停止考核。

(2) 考核采用百分制，考核项目得分按认定比重进行折算。

(3) 考核方式说明：本项目为实际操作（过程型），考核过程按评分标准及操作过程进行评分。

(4) 测量技能说明：本项目主要测量考生对电控燃油系统燃油泵结构及原理的掌握程度。

4. 考核时限

(1) 准备时间：1 min（不计入考核时间）。

(2) 正式操作时间：20 min。

(3) 提前完成操作不加分，到时停止操作考核。

5. 评分记录表

序号	考核内容	评分要素	配分	评分标准	检测结果	扣分	得分	备注
1	准备工作	选择工具、用具、量具及材料	5	工具、用具、量具及材料少选、错选一件扣 1 分				
2	拆解前检测	拆除、安装工作开始前，应断开电源 90 s 以上；拆除油箱滤清器顶盖；拆下并保持蓄电池负极导线断开	15	拆除、安装工作开始前未断开电源 90 s 以上扣 5 分；未拆除油箱滤清器顶盖扣 5 分；未拆下并保持蓄电池负极导线断开扣 5 分				
3	拆卸燃油泵总成	清洁燃油泵总成装置周围地区；拆除燃油泵装置紧固件；卸下燃油泵总成；拆下的总成必须放置于洁净的纸上或专业容器中，应特别小心不要弯曲浮子及电阻器，以免导致油箱燃油读数不准确	25	未清洁燃油泵总成装置周围地区扣 5 分；未拆除燃油泵装置紧固件扣 5 分；未卸下燃油泵总成扣 5 分；拆下总成后未放置于洁净地方扣 5 分；未特别注意浮子及电阻器扣 5 分；不会拆卸燃油泵此项不得分				

续表

序号	考核内容	评分要素	配分	评分标准	检测结果	扣分	得分	备注
4	更换燃油泵	一只手撑住燃油泵，另一只手将滤网拆下更换，注意滤网安装方向；新油泵安装滤网时，直推滤网外沿至压爪完全到位；装新油泵时导线正负极不要接错；电源插头要接触正常；更换泵油口波纹管；注意泵出口的波纹管和接口的密封性；确认电路、油路、紧固件、附件恢复原状	50	未更换滤网并注意滤网安装方向扣 5 分；未直推滤网外沿至压爪完全到位扣 5 分；未将泵导线正负极接对扣 5 分；未确保电源插头接触正常扣 5 分；未更换泵油口波纹管扣 5 分；未注意泵出口波纹管和接口密封性扣 5 分；未确认电路恢复原状扣 5 分；未确认油路恢复原状扣 5 分；未确认紧固件恢复原状扣 5 分；未确认附件恢复原状扣 5 分；不会更换燃油泵此项不得分				
5	复　查	打开点火开关 10 s 后，检查是否漏油	5	未复查是否漏油扣 5 分				
6	清理场地	收拾工具、用具、量具及材料，清理场地		未收、少收工具、用具、量具及材料从总分中扣 3 分，场地不清洁从总分中扣 5 分				
7	安全文明操作	按国家或企业颁发的有关安全规定执行		每违反一项规定从总分中扣 5 分；严重违规取消考核				
8	考核时限	在规定时间内完成		到时停止操作考核				
合　计			100					

七、AB001　使用 V. A. G1551 诊断仪读取 ABS 故障码

1. 准备要求

(1) 设备准备。

序号	名　称	规　格	单　位	数　量	备　注
1	轿　车	桑塔纳 2000 型	辆	1	

(2) 材料准备。

序号	名　称	规　格	单　位	数　量	备　注
1	毛　巾		条	1	

(3) 工具、用具、量具准备。

序号	名　称	规　格	单　位	数　量	备　注
1	诊断测试仪	V. A. G1551	台	1	
2	随车工具	桑塔纳 2000 型	套	1	

2.操作程序说明

(1) 准备工作。

(2) 连接仪器。

(3) 接通点火开关。

(4) 读取故障码。

(5) 退出。

(6) 清除故障码。

(7) 修复故障码。

(8) 清理场地。

3.考核规定说明

(1) 如操作违章或未按操作程序执行操作,将停止考核。

(2) 考核采用百分制,考核项目得分按认定比重进行折算。

(3) 考核方式说明:本项目为实际操作(过程型),考核过程按评分标准及操作过程进行评分。

(4) 测量技能说明:本项目主要测量考生对 V. A. G1551 诊断仪使用方法的掌握程度。

4.考核时限

(1) 准备时间:1 min(不计入考核时间)。

(2) 正式操作时间:10 min。

(3) 提前完成操作不加分,到时停止操作考核。

5.评分记录表

序号	考核内容	评分要素	配分	评分标准	检测结果	扣分	得分	备注
1	准备工作	选择工具、用具、量具及材料	5	工具、用具、量具及材料少选、错选一件扣1分				
2	连接仪器	将故障诊断仪 V. A. G1551 与诊断插座正确连接	5	连接错误扣5分				
3	接通点火开关	将点火开关转至"ON"位置	5	未将点火开关转至"ON"位置扣5分				
4	读取故障码	在地址(Addresswort)处键入功能代码"03",按"Q"键确认	10	未键入功能代码扣5分,未按"Q"键确认扣5分				
		在功能选择(Funktionanwahle)处键入功能代码"02",按"Q"键显示故障的数量	10	未键入功能代码扣5分,未按"Q"键扣5分				
		按"→"键将依次显示每一故障的故障码和内容	5	未按"→"键扣5分				
5	退　出	读取完毕输入"06"退出	10	未读取故障码扣5分,未退出扣5分				

续表

序号	考核内容	评分要素	配分	评分标准	检测结果	扣分	得分	备注
6	清除故障码	读取ABS故障码后或ABS系统检修后，应清除ABS ECU存储器的故障码：在点火开关位于“ON”位置时，在地址（Addresswort）处键入功能代码“03”，按“Q”键确认	15	点火开关位置选择错误扣5分，地址选择错误扣5分，未按“Q”键确认扣5分				
		在功能选择（Funktionan-wahle）处键入功能代码“05”，按“Q”键即可消除故障码	15	选择功能错误扣5分，键入代码错误扣5分，未按“Q”键扣5分				
7	修复故障码	如果故障码无法消除，表示这个故障码代表的故障没有修复	10	未判断故障码修复情况扣10分				
		故障检修完毕，应在试车后重新检查故障码	10	未在试车后重新检查故障码扣10分				
8	清理场地	收拾工具、用具、量具及材料，清理场地		未收、少收工具、用具、量具及材料从总分中扣3分，场地不清洁从总分中扣5分				
9	安全文明操作	按国家或企业颁发的有关安全规定执行		每违反一项规定从总分中扣5分；严重违规取消考核				
10	考核时限	在规定时间内完成		到时停止操作考核				
合计			100					

八、AB002 诊断排除无触点点火系电路故障

1. 准备要求

(1) 设备准备。

序号	名称	规格	单位	数量	备注
1	汽车	使用无触点点火电路	辆	1	
2	无触点分电器	EQ-1090型汽车	组	1	
3	无触点分电器	CA-1091型汽车	组	1	
4	电子点火器		组	1	

(2) 材料准备。

序号	名称	规格	单位	数量	备注
1	工具盘		个	1	
2	清洗盆		个	1	

(3) 工具、用具、量具准备。

序号	名 称	规 格	单 位	数 量	备 注
1	万用表	500 型	只	1	
2	螺丝刀	75 mm、100 mm	把	各 1	平 口
3	螺丝刀	75 mm、100 mm	把	各 1	梅 花
4	尖嘴钳	180 mm	把	1	

2. 操作程序说明

(1) 准备工作。

(2) 直观检查。

(3) 判断点火线圈质量。

(4) 判断传感器质量(或选择“检查霍尔传感器”项进行操作)。

(5) 检查控制器(大众汽车)。

(6) 清理场地。

3. 考核规定说明

(1) 如操作违章或未按操作程序执行操作,将停止考核。

(2) 考核采用百分制,考核项目得分按认定比重进行折算。

(3) 考核方式说明:本项目为实际操作(过程型),考核过程按评分标准及操作过程进行评分。

(4) 测量技能说明:本项目主要测量考生对无触点点火系工作原理、技术参数的掌握程度。

4. 考核时限

(1) 准备时间:1 min(不计入考核时间)。

(2) 正式操作时间:25 min。

(3) 提前完成操作不加分,到时停止操作考核。

5. 评分记录表

序号	考核内容	评分要素	配分	评分标准	检测结果	扣分	得分	备注
1	准备工作	选择工用、用具、量具及材料	5	工用、用具、量具及材料少选、错选一件扣 1 分				
2	直观检查	检查各导线接头	10	未检查各导线接头扣 10 分				
3	判断点火线圈质量	按检查触点式点火系故障的方法检查点火线圈及高压电路。拆下点火线圈“—”接柱上的导线,用另一根导线串接电容器搭铁,拔出中心高压线,对正机体 5~8 mm 并使电容器短路,然后断开线头	20	未做搭铁试验扣 10 分,未做短路试验扣 10 分				
		应有很强火花,若无火花说明点火线圈损坏	10	判断错误扣 10 分				

续表

序号	考核内容	评分要素	配分	评分标准	检测结果	扣分	得分	备注
4	判断传感器质量	测量传感器线圈(磁脉冲式)电阻值,国产东风牌汽车应为500～600 Ω,日本丰田牌汽车应为140～180 Ω	20	未测量扣10分,读数错误扣10分				在“4”与“5”两项中任选一项进行操作
		若数据值偏差太大,说明传感器有故障	10	判断错误扣10分				
5	检查霍尔传感器(大众汽车)	拆下分电器盖,转动发动机至触发叶片不处在空气间隙为止	10	未拆下分电器盖,转动发动机至合适位置扣10分				
		将电压表接在控制器插接器3和6之间	5	接错电压表扣5分				
		接通点火开关,电压表读数应不小0.4 V	5	读数偏差大扣5分				
		转动发动机使叶片进入空气间隙内,电压表的读数应增加1 V,否则说明传感器有故障	10	操作错误扣10分				
6	检查控制器(大众汽车)	断开点火开关,从分电器上拆下分电器线束插接器	15	未断开点火开关扣5分,未拆下分电器线束上的插接器扣10分				
		将电压表的正、负表笔分别接点火线圈的“+”“－”接柱,接通点火开关,电压表读数应为6 V左右,并在几秒钟内降到0 V	10	操作不符合要求扣10分				
7	清理场地	收拾工具、用具、量具及材料,清理场地		未收、少收工具、量具及材料从总分中扣3分,场地不清洁从总分中扣5分				
8	安全文明操作	按国家或企业颁发的有关安全规定执行		每违反一项规定从总分中扣5分;严重违规取消考核				
9	考核时限	在规定时间内完成		到时停止操作考核				
合　　计			100					

九、AB003 诊断暖风机电路故障

1. 准备要求

(1) 设备准备。

序号	名 称	规 格	单 位	数 量	备 注
1	暖风机	现 有	组	1	

(2) 材料准备。

序号	名 称	规 格	单 位	数 量	备 注
1	蓄电池	6-Q-105	块	1	
2	保险丝	15 A		适 量	
3	导 线	ϕ1.0～2.0 mm		适 量	

(3) 工具、用具、量具准备。

序号	名 称	规 格	单 位	数 量	备 注
1	手 钳	180 mm	把	1	
2	螺丝刀	75 mm、100 mm	把	各1	平 口
3	螺丝刀	75 mm、100 mm	把	各2	梅 花
4	扳 手	8～12 mm、 12～14 mm、 14～16 mm	把	各1	
7	鲤鱼钳		把	1	
8	万用表	500 型	只	1	

2. 操作程序说明

(1) 准备工作。

(2) 通电试验。

(3) 检查断路情况。

(4) 检查搭铁情况。

(5) 检查转速。

(6) 排除故障。

(7) 试验。

(8) 清理场地。

3. 考核规定说明

(1) 如操作违章或未按操作程序执行操作，将停止考核。

(2) 考核采用百分制，考核项目得分按认定比重进行折算。

(3) 考核方式说明：本项目为实际操作(过程型)，考核过程按评分标准及操作过程进行评分。

(4) 测量技能说明：本项目主要测量考生对暖风机电路工作原理的掌握程度。

4.考核时限

(1) 准备时间:1 min(不计入考核时间)。

(2) 正式操作时间:25 min。

(3) 提前完成操作不加分,到时停止操作考核。

5.评分记录表

序号	考核内容	评分要素	配分	评分标准	检测结果	扣分	得分	备注
1	准备工作	选择工具、用具、量具及材料	5	工具、用具、量具及材料少选、错选一件扣0.5分				
2	通电试验	接通电源后,察看暖风机运转情况	10	未接通电源扣5分,未察看暖风机运转情况扣5分				
3	检查断路情况	如暖风机不转应检查保险丝	5	未检查保险丝扣5分				
		检查导线插接器件接触情况	20	未检查导线插接器件接触情况一处扣5分				
4	检查搭铁情况	检查搭铁情况(如电路良好,则是电动机损坏)	15	未检查搭铁情况扣10分,未能确定电动机损坏扣5分				
5	检查转速	转速没有低速则应检查电阻质量	10	未判断扣5分,未检查电阻质量扣5分				
		如电阻烧断可用同样粗细和长度的电炉丝取代	5	取代错误扣5分				
6	排除故障	如电机转动,但没有暖风,可能是暖风冷却液开关未开或冷却液不循环	10	未诊断出故障部位扣10分				
		排除故障	10	未排除故障扣10分				
7	试验	进行完好试验	10	未进行完好试验扣10分				
8	清理场地	收拾工具、用具、量具及材料,清理场地		未收、少收工具、用具、量具及材料从总分中扣3分,场地不清洁从总分中扣5分				
9	安全文明操作	按国家或企业颁发的有关安全规定执行		每违反一项规定从总分中扣5分;严重违规取消考核				
10	考核时限	在规定时间内完成		到时停止操作考核				
合计			100					

十、AB004　诊断爆震限制器故障

1.准备要求

(1) 设备准备。

序号	名　称	规　格	单　位	数　量	备　注
1	汽　车	现　有	辆	1	带爆震限制器

(2) 材料准备。

序号	名　称	规　格	单　位	数　量	备　注
1	金属棒	ϕ20 mm	根	1	

(3) 工具、用具准备。

序号	名　称	规　格	单　位	数　量	备　注
1	手　钳	180 mm	把	1	
2	螺丝刀	75 mm(平口、梅花)	把	各1	
3	螺丝刀	100 mm(平口、梅花)	把	各1	
4	扳　手	8～12 mm、12～14 mm	把	各1	

2.操作程序说明

(1) 准备工作。

(2) 检测传感器。

(3) 检查连线。

(4) 拆除导线。

(5) 连线。

(6) 判断爆震限制器故障。

(7) 清理场地。

3.考核规定说明

(1) 如操作违章或未按操作程序执行操作,将停止考核。

(2) 考核采用百分制,考核项目得分按认定比重进行折算。

(3) 考核方式说明:本项目为实际操作(过程型),考核过程按评分标准及操作过程进行评分。

(4) 测量技能说明:本项目主要测量考生对爆震限制器结构与原理的掌握程度。

4.考核时限

(1) 准备时间:1 min(不计入考核时间)。

(2) 正式操作时间:25 min。

(3) 提前完成操作不加分,到时停止操作考核。

5. 评分记录表

序号	考核内容	评分要素	配分	评分标准	检测结果	扣分	得分	备注
1	准备工作	选择工用、用具及材料	5	工用、用具及材料少选、错选一件扣1分				
2	检测传感器	打开点火开关	5	未打开点火开关扣5分				
		靠近传感器处用金属棒敲击气缸盖	5	未靠近传感器处用金属棒敲击气缸盖扣5分				
		如小红灯随敲随闪亮说明传感器是好的	10	未判断出传感器质量扣10分				
3	检查连线	检查各连接线质量	20	未检查各连接线质量一处扣5分				
4	拆除导线	拆下分电器上的白导线和点火线圈上的绿导线	20	拆线错一处扣5分				
5	连　线	用一根导线将拆开的点火线圈与分电器的两端连接起来	20	连接错一处扣10分				
6	诊断爆震限制器故障	如发动机着火可判断为爆震限制器有故障	15	未指出故障现象扣5分，未判断出故障部位扣10分				
7	清理场地	收拾工具、用具及材料，清理场地		未收、少收工具、用具及材料从总分中扣3分，场地不清洁从总分中扣5分				
8	安全文明操作	按国家或企业颁发的有关安全规定执行		每违反一项规定从总分中扣5分；严重违规取消考核				
9	考核时限	在规定时间内完成		到时停止操作考核				
合　计			100					

十一、AB005　诊断启动机不能启动故障

1. 准备要求

(1) 设备准备。

序号	名　称	规　格	单　位	数　量	备　注
1	汽　车		辆	1	

(2) 工具、用具、量具准备。

序号	名　称	规　格	单　位	数　量	备　注
1	万用表	500型	只	1	
2	螺丝刀	75 mm(平口、梅花)	把	各1	

续表

序号	名 称	规 格	单 位	数 量	备 注
3	螺丝刀	100 mm(平口、梅花)	把	各1	
4	手 钳	180 mm	把	1	
5	扳 手	8～10 mm、 10～12 mm、 12～14 mm、 14～17 mm	把	各1	
6	工具盘		个	1	
7	清洗盆		个	1	

2.操作程序说明

(1) 准备工作。

(2) 检查蓄电池。

(3) 检查接线。

(4) 检查启动机运转情况。

(5) 检查启动机和电磁线圈。

(6) 解体检查。

(7) 清理场地。

3.考核规定说明

(1) 如操作违章或未按操作程序执行操作,将停止考核。

(2) 考核采用百分制,考核项目得分按认定比重进行折算。

(3) 考核方式说明:本项目为实际操作(过程型),考核过程按评分标准及操作过程进行评分。

(4) 测量技能说明:本项目主要测量考生对启动机电路结构及原理的掌握程度。

4.考核时限

(1) 准备时间:1 min(不计入考核时间)。

(2) 正式操作时间:25 min。

(3) 提前完成操作不加分,到时停止操作考核。

5.评分记录表

序号	考核内容	评分要素	配分	评分标准	检测结果	扣分	得分	备注
1	准备工作	选择工具、用具、量具	5	工具、用具、量具选错一件扣1分				
2	检查蓄电池	检查电源及开关	10	未检查电源及开关一处扣5分				
3	检查接线	检查搭铁线或火线的连接情况	10	未检查搭铁线或火线的连接情况一处扣5分				

续表

序号	考核内容	评分要素	配分	评分标准	检测结果	扣分	得分	备注
4	检查启动机运转情况	用螺丝刀将启动机开关上的接柱连通(时间不宜过长)	10	未将启动机开关上的接柱连通(或操作错误)扣10分				
		启动机转动应检查控制部分	10	未判断出故障部位扣10分				
5	检查启动机和电磁线圈	用火线接电磁线圈接柱	10	未用火线接电磁线圈接柱扣10分				
		若能启动则说明启动继电器触点及线圈有故障;若不能启动则应检查启动机内部	20	故障部位判断错一处扣10分				
6	解体检查	拆开启动机检查电刷、弹簧等	20	未检查电刷、弹簧质量一处扣10分				
		检查绕组质量	5	未检查绕组质量扣5分				
7	清理场地	收拾工具、用具、量具,清理场地		未收、少收工具、用具、量具从总分中扣3分,场地不清洁从总分中扣5分				
8	安全文明操作	按国家或企业颁发的有关安全规定执行		每违反一项规定从总分中扣5分;严重违规取消考核				
9	考核时限	在规定时间内完成		到时停止操作考核				
合计			100					

十二、AB006 检修发动机个别缸不着火故障

1. 准备要求

(1) 设备准备。

序号	名称	规格	单位	数量	备注
1	汽车	现有	辆	1	

(2) 工具、用具准备。

序号	名称	规格	单位	数量	备注
1	火花塞套筒		件	1	
2	螺丝刀	75 mm、100 mm	把	各1	平口
3	螺丝刀	75 mm、100 mm	把	各1	梅花
4	活动扳手	150 mm	把	1	
5	电工组合工具		套	1	

2. 操作程序说明

(1) 准备工作。

(2) 检查低压电路。

(3) 检查高压电路。

(4) 检查传感器。

(5) 检查燃油泵。

(6) 复查。

(7) 清理场地。

3. 考核规定说明

(1) 如操作违章或未按操作程序执行操作，将停止考核。

(2) 考核采用百分制，考核项目得分按认定比重进行折算。

(3) 考核方式说明：本项目为实际操作(过程型)，考核过程按评分标准及操作过程进行评分。

(4) 测量技能说明：本项目主要测量考生对发动机电路工作原理的掌握程度。

4. 考核时限

(1) 准备时间：1 min(不计入考核时间)。

(2) 正式操作时间：25 min。

(3) 提前完成操作不加分，到时停止操作考核。

5. 评分记录表

序号	考核内容	评分要素	配分	评分标准	检测结果	扣分	得分	备注
1	准备工作	选择工具、用具	5	工具、用具少选、错选一件扣1分				
2	检查低压电路	检查变速杆是否在空挡位置；拉紧驻车制动器；检查低压电路是否正常；检查电路熔断丝是否烧损；检查霍尔传感器输出信号是否正常	25	未检查变速杆是否在空挡位置扣5分；未拉紧驻车制动器扣5分；未检查低压电路扣5分；未检查电路熔断丝扣5分；未检查霍尔传感器输出信号扣5分				
3	检查高压电路	检查点火线圈电源电压是否正常；检查点火线圈高压线是否正常；检查分缸高压线位置是否正确；检查点火控制模块输入和输出电压是否正常	20	未检查点火线圈电源电压扣5分；未检查点火线圈高压线扣5分；未检查分缸高压线位置扣5分；未检查点火控制模块输入和输出电压扣5分				
4	检查传感器	检查曲轴位置传感器信号是否正常；检查进气压力传感器信号是否正常；检查空气流量传感器信号是否正常；检查传感器线路插头连接是否牢固	20	未检查曲轴位置传感器信号是否正常扣5分；未检查进气压力传感器信号是否正常扣5分；未空气流量传感器信号是否正常扣5分；未检查传感器线路插头连接是否牢固扣5分				

续表

序号	考核内容	评分要素	配分	评分标准	检测结果	扣分	得分	备注
5	检查燃油泵	检查燃油泵工作是否正常；检查燃油泵继电器是否正常；检查电路熔断丝是否烧损；检查燃油泵线路插头是否松动	20	未检查燃油泵扣5分；未检查燃油泵继电器扣5分；未检查电路熔断丝扣5分；未检查燃油泵线路插头扣5分；不会检查此项不得分				
6	复　查	启动发动机，检查是否运转正常	10	未复查扣10分				
7	清理场地	收拾工具、用具，清理场地		未收、少收工具、用具从总分中扣3分，场地不清洁从总分中扣5分				
8	安全文明操作	按国家或企业颁发的有关安全规定执行		每违反一项规定从总分中扣5分；严重违规取消考核				
9	考核时限	在规定时间内完成		到时停止操作考核				
合　计			100					

十三、AB007　检修充电电路故障

1. 准备要求

(1) 设备准备。

序号	名　称	规　格	单　位	数　量	备　注
1	汽　车	现　有	辆	1	

(2) 工具、用具准备。

序号	名　称	规　格	单　位	数　量	备　注
1	手　钳	180 mm	把	1	
2	尖嘴钳	150 mm	把	1	
3	螺丝刀	75 mm、100 mm	把	各1	平　口
4	螺丝刀	75 mm、100 mm	把	各1	梅　花
5	活动扳手	150 mm	把	2	

2. 操作程序说明

(1) 准备工作。

(2) 检查皮带。

(3) 给发动机激磁。

(4) 判断故障部位。

(5) 隔除导线。

(6) CA1091 型汽车故障诊断。

(7) 试验。

(8) 清理场地。

3. 考核规定说明

(1) 如操作违章或未按操作程序执行操作，将停止考核。

(2) 考核采用百分制，考核项目得分按认定比重进行折算。

(3) 考核方式说明：本项目为实际操作(过程型)，考核过程按评分标准及操作过程进行评分。

(4) 测量技能说明：本项目主要测量考生对充电电路工作原理的掌握程度。

4. 考核时限

(1) 准备时间：1 min(不计入考核时间)。

(2) 正式操作时间：25 min。

(3) 提前完成操作不加分，到时停止操作考核。

5. 评分记录表

序号	考核内容	评分要素	配分	评分标准	检测结果	扣分	得分	备注
1	准备工作	选择工具、用具	5	工具、用具少选、错选一件扣 1 分				
2	检查皮带	检查三角皮带有无松动	10	未检查三角皮带有无松动扣 10 分				
		检查皮带有无油污	5	未检查皮带有无油污扣 5 分				
3	给发电机激磁	使发动机中速运转	5	发动机未中速运转扣 5 分				
		拆下调节器磁场接柱导线	5	未拆下调节器磁场接柱导线扣 5 分				
		移至电源上(给发电机激磁)，保证确实有电	10	未移至电源上扣 5 分，未判断是否有电扣 5 分				
4	判断故障部位	如发电机不发电说明调节器有故障，应更换	10	判断错误扣 5 分，未处理扣 5 分				
		若仍不发电，则故障可能在发电机上，应排除	10	判断错误扣 5 分，未处理扣 5 分				
5	隔除导线	对上述导线有怀疑时可用另外一根导线给发电机激磁	10	未检查导线扣 10 分				
6	CA1091 型汽车故障诊断	如果是 CA1091 型汽车，应在保证磁场正极有电时进行试验	10	未在保证正极有电时进行试验扣 10 分				
		可用另一根导线进行搭铁试验	10	未用另一根导线进行搭铁试验扣 10 分				

续表

序号	考核内容	评分要素	配分	评分标准	检测结果	扣分	得分	备注
7	试　验	进行完好试验	10	未进行完好试验扣 10 分				
8	清理场地	收拾工具、用具，清理场地		未收、少收工具、用具从总分中扣 3 分，场地不清洁从总分中扣 5 分				
9	安全文明操作	按国家或企业颁发的有关安全规定执行		每违反一项规定从总分中扣 5 分；严重违规取消考核				
10	考核时限	在规定时间内完成		到时停止操作考核				
合　　计			100					

十四、AB008　检修 ABS 控制系统故障

1. 准备要求

(1) 材料准备。

序号	名　称	规　格	单　位	数　量	备　注
1	笔	钢笔、碳素笔	支	1	考生准备
2	纸　张	A4	张	1	

(2) 工具、用具准备。

序号	名　称	规　格	单　位	数　量	备　注
1	电工组合工具		套	1	

2. 操作程序说明

(1) 故障现象。

(2) 检查手刹及制动液。

(3) 检查连接部位。

(4) 检查蓄电池。

(5) 检查轮胎及其他。

3. 考核规定说明

(1) 如考场违纪，将停止答卷。

(2) 考核采用百分制，考核项目得分按认定比重进行折算。

(3) 考核方式说明：本项目为技能笔试(结果型)，根据评分标准对试卷内容进行评分。

(4) 测量技能说明：本项目主要测量考生对 ABS 系统结构及原理的掌握程度。

4. 考核时限

(1) 准备时间：1 min(不计入考核时间)。

(2) 笔试时间：15 min。

(3) 提前完成答卷不加分,到时停止答卷。

5. 评分记录表

序号	考核内容	评分要素	配分	评分标准	检测结果	扣分	得分	备注
1	故障现象	ABS故障指示灯不熄灭,系统不能工作	10	不清楚故障现象一处扣5分				
2	检查手刹及制动液	手刹应完全松开,制动液液面应在规定范围之内	10	漏查一处扣5分				
3	检查连接部位	ABS、ECU导线插头、插座连接应良好,连接器及导线应完好,搭铁端的接触应良好	15	漏查一处扣3分				
		六个导线连接器(插头和插座)及导线的连接应良好	10	漏查一处扣2分				
		所有继电器、熔断器应完好,插座应牢固	10	漏查一处扣2分				
4	检查蓄电池	清洁蓄电池	5	未清洁蓄电池扣5分				
		检查正负极导线连接处	10	未检查正负极导线连接情况一处扣5分				
		容量和电压应在规定范围内	10	未检查容量扣5分,未检查电压扣5分				
5	检查轮胎及其他	检查轮胎胎面及气压	10	漏查一处扣5分				
		ABS各零件应无明显损伤	5	未指出ABS各零件应无明显损伤扣5分				
		制动警告灯及故障指示灯应工作正常	5	未指出制动警告灯及故障指示灯应工作正常扣5分				
6	安全文明操作	按国家或企业颁发的有关安全规定执行		每违反一项规定从总分中扣5分;严重违规取消考核				
7	考核时限	在规定时间内完成		到时停止答卷				
合计			100					

十五、AC001　绘制步进电动机控制电路图

1. 准备要求

(1) 工具、用具、量具准备。

序号	名称	规格	单位	数量	备注
1	绘图仪		套	1	考生自备

续表

序号	名　称	规　格	单　位	数　量	备　注
2	三角板		副	1	考生自备
3	直　尺	30 cm	把	1	考生自备
4	绘图笔	HB	支	若　干	考生自备
5	绘图纸	A4	张	若　干	
6	绘图板		块	1	
7	橡　皮		块	1	考生自备

(2) 步进电动机控制电路图样例(如图 6-1 所示)。

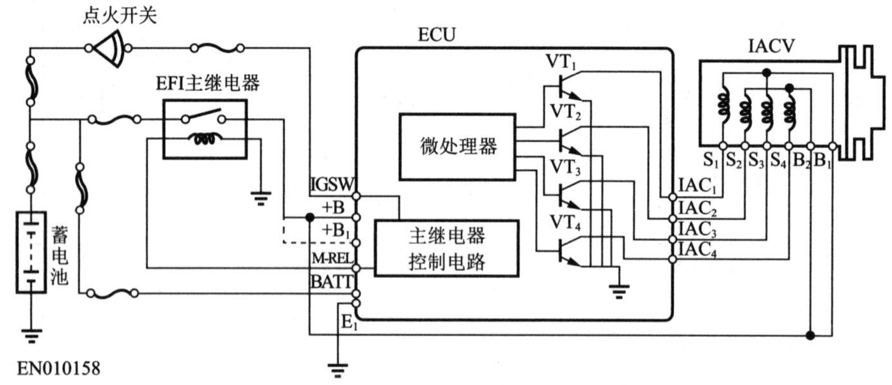

图 6-1　步进电动机控制电路的电路图

2. 操作程序说明

(1) 确定图幅。

(2) 确定元件位置。

(3) 绘制电气元件。

(4) 布线。

(5) 标注符号。

(6) 绘制接点。

(7) 标注元件名称。

(8) 标注电源、导线。

3. 考核规定说明

(1) 如考场违纪,将停止答卷。

(2) 考核采用百分制,考核项目得分按认定比重进行折算。

(3) 考核方式说明:本项目为技能笔试(结果型),根据评分标准对试卷内容进行评分。

(4) 测量技能说明:本项目主要测量考生对步进电动机控制电路图的组成、原理及图形符号表示方法的掌握程度。

4. 考核时限

(1) 准备时间:1 min(不计入考核时间)。

(2) 笔试时间:15 min。

(3) 提前完成答卷不加分，到时停止答卷。

5. 评分记录表

序号	考核内容	评分要素	配分	评分标准	检测结果	扣分	得分	备注
1	确定图幅	确定图幅比例；电路图应呈长方形，有棱有角，导线应横平竖直；应绘制边框线	15	未能确定图幅比例扣4分；未能画得呈长方形扣4分；未能画得有棱有角扣4分；导线未能画得横平竖直扣2分；未绘制边框线扣1分				
2	确定元件位置	合理布置电气元件位置	5	未将电气元件位置安排适当扣2分，未将电气元件位置分布画均匀扣2分；电气元件画在拐角处扣1分				
3	绘制电气元件	绘制电气元件	15	电气元件图形符号错一个扣3分				
4	布　线	合理布置线路	5	布线不合理扣5分				
5	标注符号	标注电气元件符号、代号	20	电气元件符号、代号标注错误一处扣4分，扣完为止				
6	绘制接点	绘制各线接点	5	未将接点表示正确扣5分				
7	标注元件名称	标注电气元件、部件名称	15	未标注电气元件、部件名称一处扣3分，扣完为止				
8	标注电源、导线	标注蓄电池、接地及其他元件接地，标注导线代号、颜色	20	电源符号标注错误扣5分；电源正负极标注错误扣5分；未标注接地扣5分；导线代号、颜色标注错误扣5分				
9	考核时限	在规定时间内完成		到时停止答卷				
合　计			100					

十六、AC002　绘制低阻喷嘴电流驱动电路图

1. 准备要求

(1) 工具、用具、量具准备。

序号	名　称	规　格	单　位	数　量	备　注
1	绘图仪		套	1	考生自备
2	三角板		副	1	考生自备
3	直　尺	30 cm	把	1	考生自备
4	绘图笔	HB	支	若　干	考生自备

续表

序号	名　称	规　格	单　位	数　量	备　注
5	绘图纸	A4	张	若　干	
6	绘图板		块	1	
7	橡　皮		块	1	考生自备

（2）低阻喷嘴电流驱动电路图样例（如图 6-2 所示）。

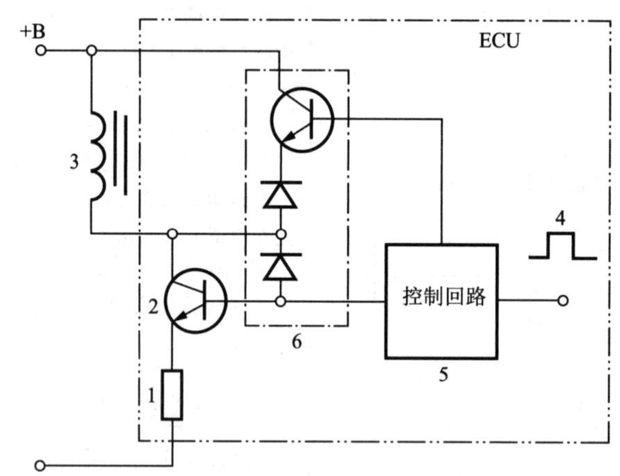

1—功率管限流电阻；2—功率管；3—喷嘴；4—输入信号；5—控制回路；6—保护电路

图 6-2　低阻喷油电流驱动电路

2. 操作程序说明

（1）确定图幅。

（2）确定元件位置。

（3）绘制电气元件。

（4）布线。

（5）绘制接点。

（6）标注元件名称。

3. 考核规定说明

（1）如考场违纪，将停止答卷。

（2）考核采用百分制，考核项目得分按认定比重进行折算。

（3）考核方式说明：本项目为技能笔试（结果型），根据评分标准对试卷内容进行评分。

（4）测量技能说明：本项目主要测量考生对低阻喷嘴电流驱动电路图的组成、原理、图形符号表示方法的掌握程度。

4. 考核时限

（1）准备时间：1 min（不计入考核时间）。

（2）笔试时间：15 min。

（3）提前完成答卷不加分，到时停止答卷。

5. 评分记录表

序号	考核内容	评分要素	配分	评分标准	检测结果	扣分	得分	备注
1	确定图幅	确定图幅比例；电路图应呈长方形，有棱有角；导线应横平竖直；应绘制边框线	15	未能确定图幅比例扣4分；电路图未能画得呈长方形扣4分；电路图未能画得有棱有角扣4分；导线未能画得横平竖直扣2分；未绘制边框线扣1分				
2	确定元件位置	合理布置电气元件位置	5	电气元件位置布局不合理扣5分				
3	绘制电气元件	正确绘制电气元件	30	电气元件图形符号错一个扣5分，扣完为止				
4	布　线	合理布置线路	5	布线不合理扣5分				
5	绘制接点	正确绘制各线接点	15	接点画错一处扣1分，扣完为止				
6	标注元件名称	标注电气元件符号名称	30	电气元件符号与名称不符一处扣3分，扣完为止				
7	考核时限	在规定时间内完成		到时停止答卷				
合　计			100					

十七、AC003　绘制电动燃油泵控制电路图

1. 准备要求

(1) 工具、用具、量具准备。

序号	名　称	规　格	单　位	数　量	备　注
1	绘图仪		套	1	考生自备
2	三角板		副	1	考生自备
3	直　尺	30 cm	把	1	考生自备
4	绘图笔	HB	支	若　干	考生自备
5	绘图纸	A4	张	若　干	
6	绘图板		块	1	
7	橡　皮		块	1	考生自备

(2) 电动燃油泵控制电路图样例(如图 6-3 所示)。

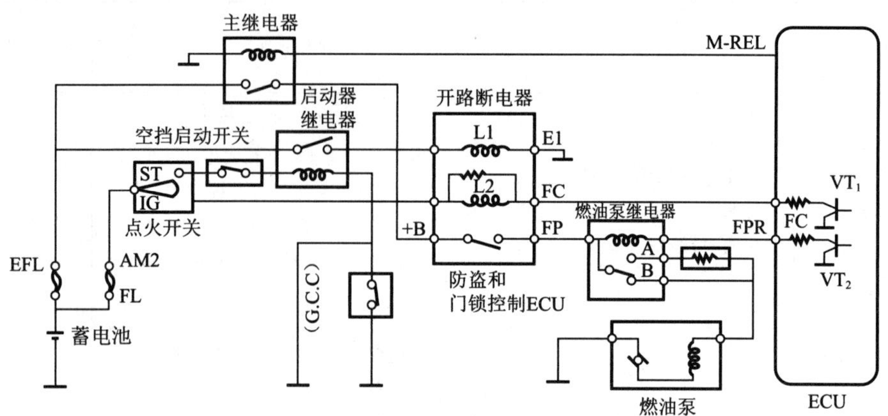

图 6-3 电动燃油泵控制电路

2. 操作程序说明

(1) 确定图幅。

(2) 确定元件位置。

(3) 绘制元件。

(3) 布线。

(4) 标注符号代号。

(5) 绘制接点。

(6) 标注元件名称。

(7) 标注电源、导线。

3. 考核规定说明

(1) 如考场违纪,将停止答卷。

(2) 考核采用百分制,考核项目得分按认定比重进行折算。

(3) 考核方式说明:本项目为技能笔试(结果型),根据评分标准对试卷内容进行评分。

(4) 测量技能说明:本项目主要测量考生对电动燃油泵控制电路图的组成、原理、图形符号表示方法的掌握程度。

4. 考核时限

(1) 准备时间:1 min(不计入考核时间)。

(2) 笔试时间:15 min。

(3) 提前完成答卷不加分,到时停止答卷。

5. 评分记录表

序号	考核内容	评分要素	配分	评分标准	检测结果	扣分	得分	备注
1	确定图幅	确定图幅比例;电路图应呈长方形,有棱有角;导线应横平竖直;应绘制边框线	15	未能确定图幅比例扣 4 分;电路图未能画得呈长方形扣 4 分;电路图未能画得有棱有角扣 4 分;导线未能画得横平竖直扣 2 分;未绘制边框线扣 1 分				

续表

序号	考核内容	评分要素	配分	评分标准	检测结果	扣分	得分	备注
2	确定元件位置	合理布置电气元件位置	5	未将电气元件位置安排适当扣2分；未将电气元件位置分布画均匀扣2分；电气元件画在拐角处扣1分				
3	绘制元件	绘制电气元件	15	电气元件图形符号错一个扣3分，扣完为止				
4	布　线	合理布置线路	5	线路布置不合理扣5分				
5	标注符号代号	标注电气元件符号、代号	20	电气元件符号、代号标注错误一处扣4分，扣完为止				
6	绘制接点	绘制各线接点	5	未将接点表示正确扣5分				
7	标注元件名称	标注电气元件、部件名称	15	未标注电气元件、部件名称一处扣3分，扣完为止				
8	标注电源、导线	标注蓄电池、接地及其他元件接地；标注导线代号、颜色	20	电源符号标注错误扣5分；电源正负极标注错误扣5分；未标注接地扣5分；导线代号、颜色标注错误扣5分				
9	考核时限	在规定时间内完成		到时停止答卷				
合　计			100					

十八、AC004　绘制空调(A/C)压缩机延时控制原理图

1. 准备要求

(1) 工具、用具、量具准备。

序号	名　称	规　格	单　位	数　量	备　注
1	绘图仪		套	1	考生自备
2	三角板		副	1	考生自备
3	直　尺	30 cm	把	1	考生自备
4	绘图笔	HB	支	若　干	考生自备
5	绘图纸	A4	张	若　干	
6	绘图板		块	1	
7	橡　皮		块	1	考生自备

(2) 空调(A/C)压缩机延时控制原理图样例(如图6-4所示)。

2. 操作程序说明

(1) 确定图幅。

(2) 确定元件位置。

(3) 绘制电气元件。

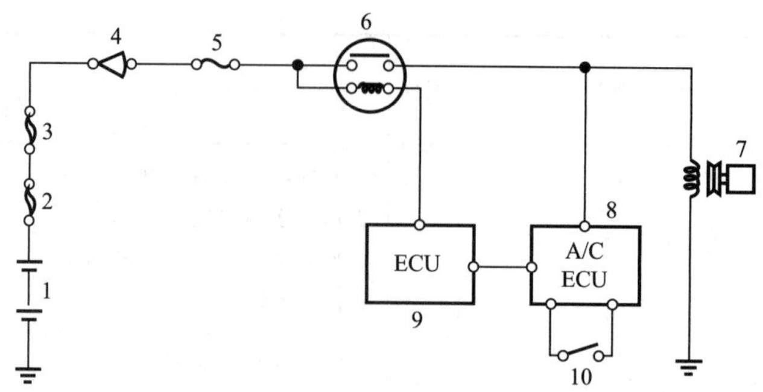

1—蓄电池；2—易熔线(ALT FL)；3—易熔线(AM_1 FL)；4—点火开关(IG1)；5—暖风机保险；6—电磁离合器继电器；7—电磁离合器；8—空调 ECU；9—发动机和 ECT ECU；10—空调(A/C)开关

图 6-4 空调(A/C)压缩机接通延时控制

(4) 布线。

(5) 绘制接点。

(6) 标注元件名称。

3. 考核规定说明

(1) 如考场违纪，将停止答卷。

(2) 考核采用百分制，考核项目得分按认定比重进行折算。

(3) 考核方式说明：本项目为技能笔试(结果型)，根据评分标准对试卷内容进行评分。

(4) 测量技能说明：本项目主要测量考生对空调(A/C)压缩机延时控制原理图的组成、原理及图形符号表示方法的掌握程度。

4. 考核时限

(1) 准备时间：1 min(不计入考核时间)。

(2) 笔试时间：15 min。

(3) 提前完成答卷不加分，到时停止答卷。

5. 评分记录表

序号	考核内容	评分要素	配分	评分标准	检测结果	扣分	得分	备注
1	确定图幅	确定图幅比例；电路图应呈长方形，有棱有角；导线应横平竖直；应绘制边框线	15	未能确定图幅比例扣 4 分；电路图未能画得呈长方形扣 4 分；电路图未能画得有棱有角扣 4 分；导线未能画得横平竖直扣 2 分；未绘制边框线扣 1 分				
2	确定元件位置	合理布置电气元件位置	5	电气元件位置布局不合理扣 5 分				
3	绘制电气元件	正确绘制电气元件	30	电气元件图形符号错一个扣 3 分，扣完为止				
4	布　线	合理布置线路	5	布线不合理扣 5 分				

续表

序号	考核内容	评分要素	配分	评分标准	检测结果	扣分	得分	备注
5	绘制接点	正确绘制各线接点	25	接点画错一处扣1分，扣完为止				
6	标注元件名称	标注电气元件符号名称与说明	20	电气元件符号与名称不符，错一处扣2分，扣完为止				
7	考核时限	在规定时间内完成		到时停止答卷				
合计			100					

十九、AC006 绘制霍尔效应无触点电子点火系框图(桑塔纳)

1. 准备要求

(1) 工具、用具、量具准备。

序号	名称	规格	单位	数量	备注
1	绘图仪		套	1	考生自备
2	三角板		副	1	考生自备
3	直尺	30 cm	把	1	考生自备
4	绘图笔	HB	支	若干	考生自备
5	绘图纸	A4	张	若干	
6	绘图板		块	1	
7	橡皮		块	1	考生自备

(2) 绘制霍尔效应无触点电子点火系框图(桑塔纳)(如图6-5所示)。

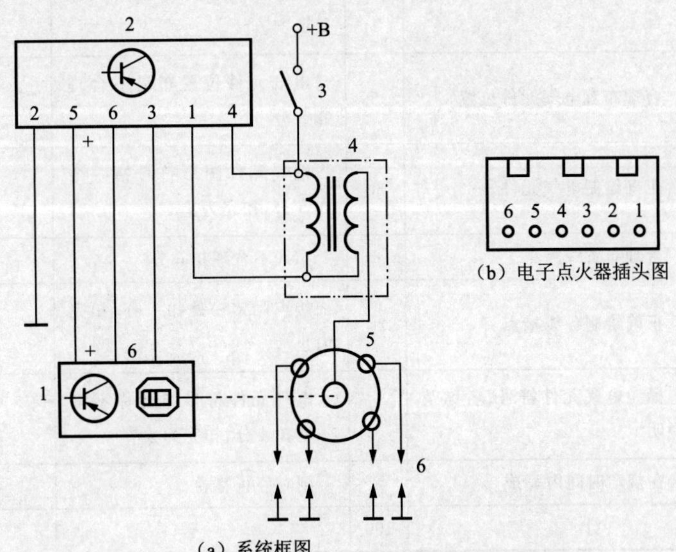

(a) 系统框图

(b) 电子点火器插头图

1—霍尔效应传感器组件；2—电子点火控制器；3—点火开关；4—高能点火线圈；5—分电器；6—火花塞

图6-5 霍尔效应无触点电子点火系框图

2. 操作程序说明

(1) 确定图幅。

(2) 确定元件位置。

(3) 绘制电气元件。

(4) 布线。

(5) 绘制接点。

(6) 标注元件名称。

3. 考核规定说明

(1) 如考场违纪,将停止答卷。

(2) 考核采用百分制,考核项目得分按认定比重进行折算。

(3) 考核方式说明:本项目为技能笔试(结果型),根据评分标准对试卷内容进行评分。

(4) 测量技能说明:本项目主要测量考生对霍尔效应无触点电子点火系框图(桑塔纳)的组成、原理及图形符号表示方法的掌握程度。

4. 考核时限

(1) 准备时间:1 min(不计入考核时间)。

(2) 笔试时间:20 min。

(3) 提前完成答卷不加分,到时停止答卷。

5. 评分记录表

序号	考核内容	评分要素	配分	评分标准	检测结果	扣分	得分	备注
1	确定图幅	确定图幅比例;电路图应呈长方形,有棱有角;导线应横平竖直;应绘制边框线	15	未能确定图幅比例扣 4 分;电路图未能画得呈长方形扣 4 分;电路图未能画得有棱有角扣 4 分;导线未能画得横平竖直扣 2 分;未绘制边框线扣 1 分				
2	确定元件位置	合理布置电气元件位置	5	电气元件位置布局不合理扣 5 分				
3	绘制电气元件	正确绘制电气元件	30	电气元件图形符号错一个扣 5 分,扣完为止				
4	布　线	合理布置线路	6	布线不合理扣 6 分				
5	绘制接点	正确绘制各线接点	20	接点画错一处扣 1 分,扣完为止				
6	标注元件名称	标注电气元件符号、名称及说明	24	电气元件符号与名称不符一处扣 4 分,扣完为止				
7	考核时限	在规定时间内完成		到时停止答卷				
合　　计			100					

二十、AC007 识读分电器式电控点火系电路图

1. 准备要求

(1) 材料准备。

序号	名 称	规 格	单 位	数 量	备 注
1	轿车线路图	捷达	套	1	

(2) 有分电器式电控点火系电路图样例(如图 6-6 所示)。

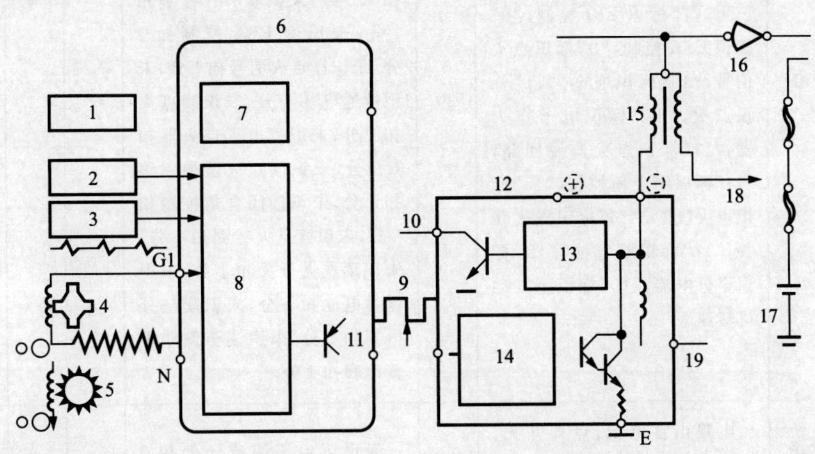

1—主继电器;2—压力传感器;3—温度传感器;4—基准位置传感器;5—转速传感器;6—ECU;
7—EFI 控制;8—ESA 控制;9—点火信号;10—通电开始;11—点火;12—电子点火器;13—点火监视回路;
14—闭合角控制;15—点火线圈;16—点火开关;17—蓄电池;18—至分电器;19—至发动机转速表

图 6-6 分电器式电控点火电路图

2. 操作程序说明

(1) 识读标识符号。

(2) 识读电路组成。

(3) 识读电路回路。

(4) 讲解原理。

3. 考核规定说明

(1) 如考场违纪,将停止答卷。

(2) 考核采用百分制,考核项目得分按认定比重进行折算。

(3) 考核方式说明:本项目为技能笔试(结果型),根据评分标准对试卷内容进行评分。

(4) 测量技能说明:本项目主要测量考生对分电器式电控点火系电路图的组成、原理、图形符号及表示方法等的掌握程度。

4. 考核时限

(1) 准备时间:1 min(不计入考核时间)。

(2) 笔试时间:15 min。

(3) 提前完成答卷不加分,到时停止答卷。

5. 评分记录表

序号	考核内容	评分要素	配分	评分标准	检测结果	扣分	得分	备注
1	识读标识符号	“1”标识主继电器，“2”标识压力传感器，“3”标识温度传感器，“4”标识位置传感器，“5”标识转速传感器，“6”标识ECU，“7”标识EFI控制，“8”标识ESA控制，“9”标识点火信号，“10”标识通电，“11”标识点火，“12”标识电子点火器，“13”标识点火监视回路，“14”标识闭合角控制，“15”标识点火线圈，“16”标识点火开关，“17”标识蓄电池，“18”标识至分电器，“19”标识至发动机转速表	20	未识读主继电器扣1分，未识读压力传感器扣1分，未识读温度传感器扣1分，未识读位置传感器扣1分，未识读转速传感器扣1分，未识读ECU扣1.5分，未识读EFI控制扣1分，未识读ESA控制扣1分，未识读点火信号扣1分，未识读通电扣1分，未识读点火扣1分，未识读电子点火器扣1.5分，未识读点火监视回路扣1分，未识读闭合角控制扣1分，未识读点火线圈扣1分，未识读点火开关扣1分，未识读蓄电池扣1分，未识读至分电器扣1分，未识读至发动机转速表扣1分				
2	识读电路组成	电路由蓄电池、点火开关、高压线圈、点火控制单元、ECU、传感器组成	30	未识读电路组成一处扣5分，扣完为止				
3	识读电路回路	点火系的低压电路：蓄电池“+”→点火开关→点火线圈初级绕组→点火控制器→搭铁；点火系的高压电路：点火线圈次级绕组→分电器→火花塞	30	未识读点火系的低压电路扣15分；未识读点火系的高压电路扣15分				
4	讲解原理	讲解电路工作过程： 分电器式电控点火系由发动机的ECU根据进气压力传感器、曲轴位置传感器、节气门位置传感器、发动机冷却温度传感器、进气温度传感器等的输入信号计算最佳点火时刻，然后输出触发型号、点火信号到点火控制器，使点火线圈的初级电路迅速截止，从而使次级线圈产生高压电，火花塞点燃混合气	20	未讲解电路工作过程扣20分				
5	考核时限	在规定时间内完成		到时停止答卷				
合计			100					

第七部分

技师理论知识试题

认定要素细目表

行为领域	代码	认定范围（重要程度比例）	认定比重	代码	认定点	重要程度	备注
基础知识A 16%（15:03:01）	A	常用工量用具知识（28:05:02）	29%	001	汽车示波器的主要类型	X	
				002	汽车示波器的使用方法	X	
				003	STS6000传感器模拟测试仪的组成	Y	
				004	STS6000传感器模拟测试仪的使用方法	X	
				005	电脑故障解码器的功能	X	
	B	机械识图知识（11:02:01）	12%	001	机械制图的一般规定	X	
				002	三视图的对应关系	X	
				003	剖视图的概念	X	
				004	公差的概念	X	
				005	配合的概念	X	
				006	形位公差的规定	Z	
				007	精度的级别	Y	
				008	相贯线的画法	X	
				009	零件图的内容	X	
				010	零件尺寸的标注方法	X	
				011	绘制零件图的技术要求	X	
				012	拆画零件图的方法	Y	
				013	零件图视图的选择原则	X	
				014	绘制零件图的注意事项	X	
专业知识B 84%（80:16:05）	A	诊断汽车电路故障（28:05:02）	29%	001	汽车空调系统常用的故障诊断方法	X	
				002	微机控制的汽车空调系统的功能	X	JD
				003	电控气动式风道控制系统空调微机的功能原理	X	
				004	电动车窗的故障诊断方法	X	
				005	电动后视镜的结构与原理	Y	
				006	中央遥控门锁执行机构的结构与原理	X	
				007	电容式门锁控制器的工作原理	X	

续表

行为领域	代码	认定范围（重要程度比例）	认定比重	代码	认　定　点	重要程度	备注
专业知识B 84% (80:16:05)	A	诊断汽车电路故障 (28:05:02)	29%	008	安全气囊的种类	Y	
				009	电子式安全气囊的组成	Z	
				010	电子式安全气囊的工作原理	X	
				011	安全气囊故障诊断的注意事项	X	
				012	电子式安全气囊系统故障的诊断方法	X	
				013	电控动力阀控制系统的工作原理	X	JD,JS
				014	电控进气惯性增压控制系统(ACIS)的工作原理	X	JD
				015	废气涡流增压控制系统的工作原理	Y	
				016	内装式电动汽油泵的结构与原理	Y	
				017	外装式电动汽油泵的结构与原理	Y	
				018	电动汽油泵的控制方法	X	
				019	电子点火系中最佳点火提前角的确定方法	X	
				020	电子点火系中点火提前角的控制方式	X	JD
				021	电子点火系中提高发动机怠速工况的目的	X	
				022	怠速控制系统的控制方式	X	
				023	步进电动机怠速控制执行机构的控制内容	X	JD
				024	怠速控制执行机构的检查(丰田车步进电动机型)	X	JS
				025	排放控制系统中三元催化转化器的结构类型	X	
				026	排放控制系统中氧传感器的结构与原理	X	
				027	发动机燃烧过程控制中的空燃比反馈控制原理	X	JS
				028	废气再循环控制系统的基本工作原理	X	
				029	带有 EGR 阀位置传感器的废气再循环控制系统的结构与原理	X	
				030	活性炭罐蒸发污染控制装置的结构与原理	X	
				031	发动机集中控制系统的功能	X	JD,JS
				032	发动机控制系统安全保险功能的作用	X	JD,JS
				033	汽车电子控制系统的故障自诊断系统的工作原理	X	
				034	汽车电子控制系统自诊断模式的分类	Z	
				035	丰田汽车发动机微机故障自诊断系统的使用方法	X	

续表

行为领域	代码	认定范围（重要程度比例）	认定比重	代码	认　定　点	重要程度	备注
专业知识 B 84%（80:16:05）	B	检修汽车损坏部件（27:06:02）	35%	001	电动座椅的结构与原理	Y	
				002	电动座椅电子控制系统的结构与原理	X	
				003	电动座椅的故障现象	X	
				004	电动座椅 PTC 热敏电阻的检查方法	X	JS
				005	自动变速器电子控制系统电控单元(ECU)的功能	X	JD
				006	自动变速器电子控制系统换挡电磁阀的结构与原理	X	
				007	自动变速器电子控制系统压力控制电磁阀的结构与原理	X	
				008	自控自动变速器的故障诊断原则	Y	
				009	自控自动变速器常见故障的部位	X	
				010	汽车防滑电子控制(ASR)系统的控制方式	Y	JS
				011	汽车防滑电子控制(ASR)系统的特点	Y	JS
				012	汽车防滑电子控制(ASR)系统的传感器的功用	X	
				013	汽车防滑电子控制(ASR)系统的电子控制单元的组成及原理	Z	
				014	汽车防滑电子控制(ASR)系统的执行机构	Y	JD
				015	流量控制式动力转向系统(蓝鸟车)的结构及原理	X	
				016	反力控制式动力转向系统的结构及原理	X	JD
				017	阀灵敏度控制式动力转向系统的结构及原理	X	
				018	电动式转向系统的组成及原理	X	JS
				019	电动式转向系统各部件的作用及原理	X	
				020	Alto 汽车电动式转向系统的结构及原理	X	
				021	Alto 汽车电动式转向系统的控制内容	X	JS
				022	悬挂电子控制系统的组成	X	JD
				023	三级可调阻尼式减震器的结构及原理	X	
				024	外部电磁铁控制减震器的阻尼选择原则	X	
				025	可连续调节阻尼力的半主动悬架系统的结构及原理	X	
				026	主动式空气悬架系统的结构及原理	X	

续表

行为领域	代码	认定范围（重要程度比例）	认定比重	代码	认　定　点	重要程度	备注
专业知识 B 84% (80:16:05)	B	检修汽车损坏部件 (27:06:02)	35%	027	主动式油气弹簧悬架系统的结构及原理	X	
				028	带路况预测传感器的主动悬架系统的结构及原理	X	
				029	控制系统中车高传感器的结构及原理	X	
				030	控制系统中车高控制装置的结构及原理	X	
				031	凌志 LS400 型轿车车高控制系统的检修方法	X	
				032	防盗装置中脉冲转发器的作用	Y	
				033	防盗装置中控制单元的作用	Z	
				034	防盗装置的工作原理	X	
				035	防盗报警器的检修方法	X	
	C	绘制电路图 (04:01:00)	4%	001	Office 办公软件绘图工具的使用方法	X	
				002	在 Word 中绘制图形的基本方法	X	
				003	用 CAD 制图的操作方法	X	
				004	用 CAD 制图的基本方法	Y	
				005	用 CAD 绘制电气元件的基本要求	X	
	D	识读电路图 (04:01:00)	4%	001	轿车空调控制系统线路图参数的含义	X	
				002	桑塔纳 LX 型轿车电路图的识读方法	X	
				003	奥迪轿车启动系统电路图中相关参数的含义	Y	
				004	桑塔纳轿车灯光电路原理图中相关参数的含义	X	
				005	汽车电路图的识读要领	X	
	E	汽车技术管理 (08:01:00)	8%	001	车辆技术管理的工作范围	Y	
				002	车辆技术管理的基本原则	X	
				003	车辆技术档案的作用	X	
				004	车辆技术档案的内容管理	X	
				005	汽车技术状况等级的划分	X	
				006	汽车技术状况的评定要求	X	
				007	车辆维护的类别	X	
				008	汽车维护的主要作业内容	X	
				009	车辆修理的工艺组织内容	X	
	F	培训指导 (09:02:01)	10%	001	培训教案的编写要求	X	
				002	Word 办公软件的基本功能	Y	
				003	用 Word 进行文字编辑的基本方法	X	

续表

行为领域	代码	认定范围（重要程度比例）	认定比重	代码	认定点	重要程度	备注
专业知识B 84%（80:16:05）	F	培训指导（09:02:01）	10%	004	在 Word 中设置字符段落格式的方法	X	
				005	在 Word 中文档页面的编辑方法	X	
				006	在 Word 中表格的编辑方法	X	
				007	Excel 办公软件的基本功能	Y	
				008	在 Excel 中设置工作表格式的方法	Z	
				009	在 Excel 中工作表的创建方法	X	
				010	在 Excel 表格中引用图表的操作方法	X	
				011	PowerPoint 中对象的操作方法	X	
				012	收发电子邮件的方法	X	

注：X—核心要素；Y—一般要素；Z—辅助要素。

理论知识试题

一、单选题(每题有4个选项,其中只有1个是正确的,将正确的选项号填入括号内)

1. AA001　汽车示波器又分为模拟汽车示波器和(　　)。
A. 虚拟示波器　　B. 双通道示波器/万用表
C. 多功能示波器　　D. 单功能型示波器

2. AA001　美国的 OTC VISION 示波器是(　　)。
A. 双通道示波器　B. 四通道示波器　C. 单通道示波器　D. 五通道示波器

3. AA001　美国的 FLUKEF98 示波器是(　　)。
A. 专用型示波器　B. 四通道示波器　C. 多功能型示波器　D. 单一功能型示波器

4. AA002　使用示波器时,当自动功能结束后,测试仪将显示(　　)。
A. 菜单　B. 符号　C. 波形　D. 列表

5. AA002　使用汽车示波器时,应将探针安装在示波器探头上,把探针扎入(　　)信号线的外绝缘层。
A. 传感器　B. 通道　C. 测试主线　D. 蓄电池

6. AA002　使用汽车示波器时,进入示波器主菜单后,可根据菜单提示选择(　　)。
A. 示波器卡　B. 适配器　C. 通道　D. 传感器

7. AA003　STS600 测试仪由(　　)组成。
A. 三部分　B. 五部分　C. 七部分　D. 九部分

8. AA003　STS600 测试仪的电源部分由隔离式(　　)构成。
A. 转换器　B. 处理器　C. 直流变换器　D. 模拟频率

9. AA003　STS600 测试仪的键盘部分由镶嵌在仪表面板上的薄膜(　　)构成。
A. 指示灯　B. 插孔　C. 接柱　D. 开关

10. AA004　传感器模拟测试仪通电时,需将电源线正确连接到(　　)两端。
A. 蓄电池(36 V)　　B. 电源(220 V)
C. 汽车蓄电池(12 V)　　D. 变压器(12 V)

11. AA004　传感器模拟测试仪的(　　)有红黑两夹。
A. 电压线　B. 电源线　C. 频率测试端　D. 信号地线

12. AA004　传感器模拟测试仪测试夹中的(　　)是信号公共端(信号地线)。
A. 红夹　B. 白夹　C. 黑夹　D. 蓝夹

13. AA005　利用电脑故障诊断仪可以快速调取和清除(　　)的故障码。
A. 发动机　B. 电控系统　C. 油路系统　D. 传感器

14. AA005　利用电脑故障诊断仪可以查阅汽车的(　　)。

A. 参数　B. 名称　C. 专业词汇　D. 种类

15. AA005　使用电脑故障诊断仪可以控制喷油嘴的喷油动作，(　　)怠速电磁阀的动作等。

A. 减缓　B. 加快　C. 测量　D. 控制

16. AB001　在机械制图中，把图样的大小与机件实际大小的(　　)叫作比例。

A. 差　B. 和　C. 积　D. 比

17. AB001　为了使图样标准化，国家标准 GB/T 14689—2008 规定了(　　)基本幅面。

A. 10 种　B. 8 种　C. 6 种　D. 4 种

18. AB001　绘图比例 1∶20 表示图样尺寸为 20 mm 的机件的实际长度为(　　)。

A. 100 mm　B. 200 mm　C. 300 mm　D. 400 mm

19. AB002　在机械制图中，按照三视图的位置关系，以主视图为准，俯视图在主视图的(　　)。

A. 正下方　B. 正右方　C. 正上方　D. 正左方

20. AB002　在机械制图中，按照三视图的位置关系，以主视图为准，左视图在主视图的(　　)。

A. 正下方　B. 正右方　C. 正上方　D. 正左方

21. AB002　在机械制图中，主视图反映物体的(　　)。

A. 长度和宽度　B. 高度和宽度　C. 长度和高度　D. 高度和弧度

22. AB003　假想用剖切平面剖开机件，将处在观察者和剖切平面之间的部分移去，而将留下的部件向投影面投影所得的图形称为(　　)。

A. 斜视图　B. 局部视图　C. 剖视图　D. 旋转视图

23. AB003　用一个剖切平面完全地剖开机件所得的视图叫作(　　)。

A. 基本视图　B. 全剖视图　C. 斜剖视图　D. 局部剖视图

24. AB003　用(　　)于任何基本投影面的剖切平面剖开机件，所得的视图称为斜剖视图。

A. 不平行　B. 不相交　C. 不垂直　D. 不重叠

25. AB004　上偏差和下偏差统称为(　　)。

A. 尺寸公差　B. 实际偏差　C. 极限偏差　D. 标准公差

26. AB004　实际尺寸减去基本尺寸的代数差称为(　　)。

A. 尺寸公差　B. 极限偏差　C. 基本偏差　D. 实际偏差

27. AB004　用来确定公差带相对于零线位置的上偏差或下偏差叫作(　　)。

A. 基本偏差　B. 实际偏差　C. 极限偏差　D. 尺寸公差

28. AB005　具体属于哪一类配合取决于(　　)。

A. 基孔制　B. 基轴制　C. 表面粗糙度　D. 孔、轴公差带

29. AB005　$\phi 50_{0}^{+0.059}$ mm 的孔与 $\phi 50_{-0.050}^{-0.025}$ mm 的轴相配是基孔制的(　　)配合。

A. 间隙　B. 过盈　C. 过渡　D. 基孔

30. AB005　国家标准将配合分为(　　)。

A. 五类　B. 四类　C. 三类　D. 两类

31. AB006　零件表面形状与位置公差简称(　　)。

A. 标准公差　B. 形位公差　C. 尺寸公差　D. 综合误差

32. AB006　图样上给定的形位公差与尺寸公差相互无关，各自独立，分别满足要求的公差

原则称为( )。

A. 相关原则 B. 独立原则 C. 分离原则 D. 组合原则

33. AB006 图样上给定的形位公差与尺寸公差互有联系，在一定条件下可以相互转化和补偿的公差原则，称为( )。

A. 独立原则 B. 组合原则 C. 相关原则 D. 分离原则

34. AB007 在国家标准(GB/T 131—2006)中，规定表面粗糙度有( )级别。

A. 10 个 B. 12 个 C. 14 个 D. 16 个

35. AB007 扩孔可以达到的精度一般为 IT10～IT9 级，表面粗糙度一般为( )。

A. *Ra*2.5～3.2 μm B. *Ra*5.5～5.2 μm C. *Ra*7.5～7.2 μm D. *Ra*9.5～9.2 μm

36. AB007 铿削的精度可达 0.01 mm 左右，表面粗糙度最低可达( )左右。

A. *Ra*0.1 μm B. *Ra*0.5 μm C. *Ra*0.8 μm D. *Ra*1.0 μm

37. AB008 在绘图中，等径圆柱体正交时，其相贯线是( )。

A. 两条直线 B. 双曲线 C. 抛物线 D. 不规则线

38. AB008 标注尺寸时不能标注的线是( )。

A. 中心线 B. 相贯线 C. 边缘线 D. 圆弧线

39. AB008 如果两圆柱正交且直径相差较大时，相贯线引用( )的半径为半径作圆弧代替非圆曲线的相贯线。

A. 大圆柱 B. 小圆柱 C. 大圆柱或小圆柱 D. 随意圆柱

40. AB009 零件图是制造( )的技术文件和依据。

A. 整件 B. 组合件 C. 零件 D. 机器

41. AB009 用来直接指导制造和检验零件的图样称为( )。

A. 零件工作图 B. 整机工作图 C. 组合件工作图 D. 机械检验图

42. AB009 画零件图时，尽量使( )的放置位置符合零件在机器中的工作位置。

A. 倒视图 B. 侧视图 C. 主视图 D. 斜视图

43. AB010 毛面标注尺寸时，在同一个方向上应分为( )尺寸系统。

A. 1 个 B. 2 个 C. 3 个 D. 4 个

44. AB010 轴套类零件上的退刀槽或砂轮越程槽等工艺结构，其尺寸应( )。

A. 简化标注 B. 共同标注 C. 单独标注 D. 不必标注

45. AB010 重要尺寸是指有配合功能要求的尺寸、重要的相对位置尺寸、影响零件使用性能的尺寸，这些尺寸都要在零件图上( )。

A. 直接注出 B. 间接注出 C. 重点注出 D. 不用注出

46. AB011 绘制机械图时应围绕( )，恰当地选择其他视图。

A. 剖视图 B. 左视图 C. 俯视图 D. 主视图

47. AB011 要根据零件的( )，恰当地选择各种剖视图和其他表达方法，既要保证内部结构形状的充分表达，又应不影响外部形状的基本完整。

A. 制造材料 B. 内外形状的复杂程度

C. 尺寸公差 D. 加工成本

48. AB011 零件的表面粗糙度、极限与配合、技术要求等，可根据零件的( )，参考同类型产品的图样或有关资料确定。

A. 作用 B. 成本 C. 加工方式 D. 材料

49. AB012 对装配图中未给出的零件局部结构，拆画零件图的时候，应考虑(　　)，补画出这些结构。

A. 设计和工艺要求　B. 对热处理的要求　C. 表面处理的要求　D. 图样比例

50. AB012 拆画零件图时，装配图上已注出的尺寸，在零件图上(　　)。

A. 核实后不用标注　B. 不用标注　C. 直接标注　D. 标注在明细栏上

51. AB012 拆画零件图时，零件上各表面的粗糙度是根据零件的(　　)确定的。

A. 作用和要求　B. 形状　C. 材料　D. 性能

52. AB013 通常选取零件的主要加工面、对称面、安装平面的(　　)、主要孔的轴线、坐标轴及某定点等作为尺寸基准。

A. 平面　B. 表面　C. 基准面　D. 端面

53. AB013 一组图形的核心是(　　)。

A. 剖视图　B. 侧视图　C. 主视图　D. 俯视图

54. AB013 绘制零件图时，如果零件较长，并且沿长度方向的形状一致或按规律变化时，允许(　　)表示，但标注尺寸时按零件实际长度标注。

A. 断开　B. 放大　C. 简化　D. 断裂

55. AB014 绘制零件图时，应按照零件的形状大小，从最能反映(　　)的那个视图开始，逐次画出其他形体的各个视图。

A. 形体特征　B. 加工要求　C. 技术要求　D. 剖视方法

56. AB014 绘制零件图时，在加深图线以前，应对底稿进行一次检查，去掉(　　)的图线。

A. 虚线　B. 多余　C. 未标注　D. 临时

57. AB014 画剖面线(　　)筋板剖切时，按规定不画剖面线，而垂直筋板剖切时，应画出剖面线。

A. 顺着　B. 垂直　C. 反向　D. 逆着

58. BA001 用目视法观察整个汽车空调系统时，应首先查看干燥过滤器视液镜中制冷剂的(　　)。

A. 流动状况　B. 剂量多少　C. 保质期　D. 浓度

59. BA001 用温度计检查汽车空调冷凝器入口管温度，应为(　　)。

A. 40～50 ℃　B. 50～60 ℃　C. 60～80 ℃　D. 70～90 ℃

60. BA001 用压力表检查汽车空调，在空气温度为30～35 ℃和发动机转速为2 000 r/min时，将风速调至高挡，温度调至冷挡，其正常高压端压力应为(　　)。

A. 1.021～1.070 MPa　B. 1.21～1.270 MPa

C. 1.421～1.470 MPa　D. 1.721～1.770 MPa

61. BA002 微机控制的汽车空调系统的节能控制包括(　　)运转速度的控制功能。

A. 压缩机　B. 发动机　C. 电动机　D. 风机

62. BA002 微机控制的汽车空调系统的节能控制包括换气量的(　　)控制功能。

A. 质量　B. 最适量　C. 数量　D. 速度

63. BA002 微机控制的汽车空调系统的节能控制功能可根据室内外温度自动切断(　　)的电源。

A. 蒸发器　B. 风机　C. 压缩机　D. 传感器

64. BA003 奔驰 W140 型自动空调系统使用时，按下(　　)按钮，系统就会自动将温度设定到最高温度。

A. 除湿　B. 除雾　C. 换气　D. 调温

65. BA003　奔驰 W140 型自动空调系统使用时，若车外有异味，按下车内循环按钮，过 20 min 后，车内(　　)会自动打开，让空气流通，避免车内缺氧。

A. 蒸发器　B. 空调机　C. 循环阀门　D. 传感器

66. BA003　奔驰 W140 型自动空调系统为微机(　　)控制。

A. 自动低温　B. 自动高温　C. 自动变温　D. 自动恒温

67. BA004　汽车电动车窗只能向一个方向运动，有可能是分开关到总开关的控制导线(　　)。

A. 断路　B. 搭铁　C. 短路　D. 导通

68. BA004　汽车电动车窗在两个方向都不能运动，有可能是分开关到(　　)的导线断路。

A. 总开关　B. 电动机　C. 熔断器　D. 继电器

69. BA004　汽车电动车窗在两个方向都不能运动，有可能是车窗(　　)有故障。

A. 总开关　B. 熔断器　C. 电动机　D. 继电器

70. BA005　汽车电动后视镜水平方向的倾斜运动由一个独立的电动机控制，此电动机为(　　)。

A. 串励式　B. 永磁型　C. 并励式　D. 电子式

71. BA005　当按下汽车电动后视镜开关时，对应的触点接触，电动后视镜做(　　)方向转动。

A. 旋转　B. 水平　C. 垂直　D. 前后

72. BA005　当汽车电动后视镜开关杆向上运动时，对应的触点接触，此时作用在电动机上的(　　)方向发生改变。

A. 作用力　B. 力偶　C. 电流　D. 电压

73. BA006　当给汽车开锁线圈通电时，由于通电电流方向与门锁线圈相反，使衔铁带动(　　)右移，即开锁。

A. 连杆　B. 线圈　C. 开关　D. 弹簧

74. BA006　汽车直流电动机式门锁(　　)的驱动力由可逆转的直流电动机提供。

A. 控制机构　B. 执行机构　C. 电控单元　D. 自诊断系统

75. BA006　电动机电枢的(　　)方向决定电动机的旋转方向，从而决定汽车电动门锁的开和关。

A. 旋转　B. 受力　C. 电流　D. 磁场

76. BA007　电容式门锁控制器工作时，转动车门钥匙，会使相应电路的(　　)接通。

A. 线圈　B. 开关　C. 断路器　D. 触点

77. BA007　电容式门锁控制器工作时，若锁门或关门，则电容器放出的电流通过继电器线圈(　　)，构成回路。

A. 旋转　B. 通电　C. 接地　D. 运动

78. BA007　电容式门锁控制器工作时，待电容器完全放电后，(　　)打开，门锁系统就不工作了。

A. 门锁开关　B. 热敏断路器　C. 分电器触点　D. 继电器触点

79. BA008　安全气囊按(　　)可分为机械式安全气囊和电子式安全气囊。

A. 总体结构　B. 功能　C. 控制方式　D. 制作工艺

80. BA008　不需要使用微机、电源，没有电子电路与电路配线，全部零件组装在转向盘盖板下面的是(　　)安全气囊。

A. 前排乘员　B. 机械式　C. 后排乘员　D. 侧面

81. BA008　安全气囊按(　　)可分为驾驶人安全气囊、前排乘员安全气囊、后排乘员安全气囊与侧面安全气囊。

A. 材质不同　B. 功能不同　C. 保护对象不同　D. 保护位置不同

82. BA009　当汽车发生撞车事故时，电子式安全气囊系统中的(　　)立刻输出电信号，触发气体发生器，使气囊迅速充气。

A. 传感器　B. 电子控制器　C. 气体发生器　D. 点火器

83. BA009　电子式安全气囊系统中，气体发生器的燃烧推进剂为(　　)。

A. 氧气　B. 叠氮化钠　C. 氢气　D. 氦气

84. BA009　电子式安全气囊系统中的碰撞传感器一般安装在车身最前端，也有的装在发动机室隔离板上或(　　)。

A. 车身外侧　B. 发动机前端　C. 转向盘内　D. 发动机后端

85. BA010　电子式安全气囊系统的碰撞传感器侦测碰撞信号，并送往安全气囊的(　　)。

A. 微机　B. 发生器　C. 接收器　D. 点火器

86. BA010　当装有电子式安全气囊的汽车在时速超过 30 km/h 的情况下发生前碰撞事故时，(　　)就会依撞击程度，在几微秒内决定是否启动安全气囊。

A. 传感器　B. 微处理器　C. 发生器　D. 点火器

87. BA010　电子式安全气囊充气时，当人体的(　　)一接触气囊，气囊的泄气孔就逐渐泄气。

A. 胸部　B. 手部　C. 脸部　D. 肩部

88. BA011　诊断安全气囊系统的故障前，首先应(　　)。

A. 读取故障码　B. 关闭点火开关

C. 拆下蓄电池正极电缆　D. 拆下蓄电池负极电缆

89. BA011　安全气囊系统维修工作务必在将点火开关关闭或转到 LOCK 位置，并从(　　)拆下电缆后才能开始。

A. 蓄电池正极端　B. 蓄电池负极端　C. 发电机正极端　D. 发电机负极端

90. BA011　应使用万用表的(　　)来诊断安全气囊电路系统的故障。

A. 低阻抗挡　B. 电压挡　C. 高阻抗挡　D. 电流挡

91. BA012　安全气囊系统的故障一般有(　　)诊断方法。

A. 2 种　B. 3 种　C. 4 种　D. 5 种

92. BA012　在利用保养提示灯法对安全气囊系统进行故障诊断时，当发动机启动后，若仪表板上的安全气囊警告灯不熄灭，应(　　)。

A. 关闭点火开关　B. 拆下蓄电池电缆

C. 进行安全气囊系统的自我诊断　D. 拆下发电机电缆

93. BA012　某些轿车的安全气囊系统配有供故障诊断的测试接口，在进行故障诊断时，只需测出各接口之间的(　　)，与手册中的正常值相比较，即可查出故障，进而进行排除。

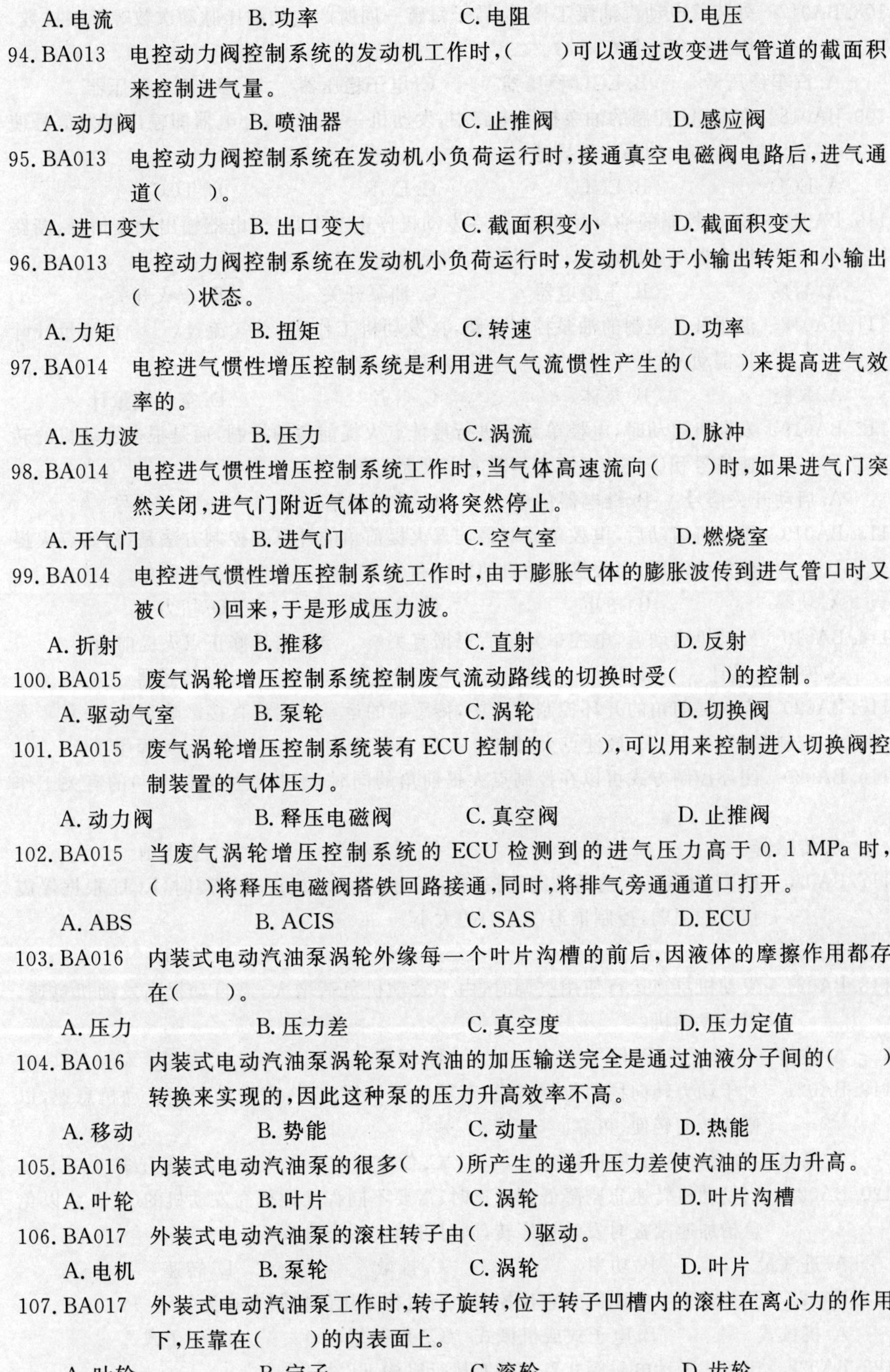

A. 电流　　B. 功率　　C. 电阻　　D. 电压

94. BA013　电控动力阀控制系统的发动机工作时,(　　)可以通过改变进气管道的截面积来控制进气量。

A. 动力阀　　B. 喷油器　　C. 止推阀　　D. 感应阀

95. BA013　电控动力阀控制系统在发动机小负荷运行时,接通真空电磁阀电路后,进气通道(　　)。

A. 进口变大　　B. 出口变大　　C. 截面积变小　　D. 截面积变大

96. BA013　电控动力阀控制系统在发动机小负荷运行时,发动机处于小输出转矩和小输出(　　)状态。

A. 力矩　　B. 扭矩　　C. 转速　　D. 功率

97. BA014　电控进气惯性增压控制系统是利用进气气流惯性产生的(　　)来提高进气效率的。

A. 压力波　　B. 压力　　C. 涡流　　D. 脉冲

98. BA014　电控进气惯性增压控制系统工作时,当气体高速流向(　　)时,如果进气门突然关闭,进气门附近气体的流动将突然停止。

A. 开气门　　B. 进气门　　C. 空气室　　D. 燃烧室

99. BA014　电控进气惯性增压控制系统工作时,由于膨胀气体的膨胀波传到进气管口时又被(　　)回来,于是形成压力波。

A. 折射　　B. 推移　　C. 直射　　D. 反射

100. BA015　废气涡轮增压控制系统控制废气流动路线的切换时受(　　)的控制。

A. 驱动气室　　B. 泵轮　　C. 涡轮　　D. 切换阀

101. BA015　废气涡轮增压控制系统装有 ECU 控制的(　　),可以用来控制进入切换阀控制装置的气体压力。

A. 动力阀　　B. 释压电磁阀　　C. 真空阀　　D. 止推阀

102. BA015　当废气涡轮增压控制系统的 ECU 检测到的进气压力高于 0.1 MPa 时,(　　)将释压电磁阀搭铁回路接通,同时,将排气旁通通道口打开。

A. ABS　　B. ACIS　　C. SAS　　D. ECU

103. BA016　内装式电动汽油泵涡轮外缘每一个叶片沟槽的前后,因液体的摩擦作用都存在(　　)。

A. 压力　　B. 压力差　　C. 真空度　　D. 压力定值

104. BA016　内装式电动汽油泵涡轮泵对汽油的加压输送完全是通过油液分子间的(　　)转换来实现的,因此这种泵的压力升高效率不高。

A. 移动　　B. 势能　　C. 动量　　D. 热能

105. BA016　内装式电动汽油泵的很多(　　)所产生的递升压力差使汽油的压力升高。

A. 叶轮　　B. 叶片　　C. 涡轮　　D. 叶片沟槽

106. BA017　外装式电动汽油泵的滚柱转子由(　　)驱动。

A. 电机　　B. 泵轮　　C. 涡轮　　D. 叶片

107. BA017　外装式电动汽油泵工作时,转子旋转,位于转子凹槽内的滚柱在离心力的作用下,压靠在(　　)的内表面上。

A. 叶轮　　B. 定子　　C. 滚轮　　D. 齿轮

108. BA017 外装式电动汽油泵工作时，转子每转一周所产生的油压脉动次数等于滚柱数，因此必须采用（　　）。

A. 汽车稳压器　B. ECU 稳压器　C. 电子稳压器　D. 阻尼稳压器

109. BA018 在 ECU 控制的油泵控制电路中，发动机一旦运转，分电器即输出触发信号使（　　）中的晶体管导通。

A. ECD　B. ECU　C. EGR　D. TCC

110. BA018 ECU 控制的油泵控制电路，在发动机停止工作时，分电器输出触发信号，断路继电器线圈断电，（　　）断开，油泵停止工作。

A. 油泵　B. 主继电器　C. 油泵开关　D. 点火开关

111. BA018 油泵开关控制的油泵控制电路，在发动机工作时，空气流过（　　），流量计叶片摆动，油泵开关闭合。

A. 泵腔　B. 泵体　C. 叶片　D. 空气流量计

112. BA019 发动机启动时，电控单元不进行最佳点火提前角的控制，而是根据发动机的转速信号和（　　）以固定不变的点火提前角点火。

A. 启动开关信号　B. 继电器信号　C. 传感器信号　D. 扭矩信号

113. BA019 发动机启动后，电控单元对最佳点火提前角的计算和控制方法是：初始点火提前角确定后，要根据发动机的转速和（　　）确定基本点火提前角。

A. 功率　B. 扭矩　C. 负荷　D. 扭力

114. BA019 发动机启动后，电控单元最后根据有关（　　）的信号修正点火提前角。

A. 空气流量计　B. Ne　C. 继电器　D. 传感器

115. BA020 点火提前角的开环控制方式中，传感器的运算精度将直接影响到（　　）。

A. 控制系统　B. 最佳点火时刻　C. 运算速度　D. 运算程序

116. BA020 闭环控制方式可以在控制点火提前角的同时，不断地检测（　　）的有关工作状态。

A. 传感器　B. 控制器　C. 发动机　D. 蓄电池

117. BA020 ECU 对点火提前角的闭环控制过程为：当发动机产生爆震时，ECU 根据爆震信号的强弱，控制推迟（　　）的大小。

A. 流量　B. 点火　C. 爆震　D. 角度

118. BA021 发动机怠速运行使用空调时，由于发动机负荷增大，需自动提高发动机怠速，以免发动机（　　）。

A. 空转　B. 停转　C. 爆震　D. 发抖

119. BA021 对于动力转向伺服机构来说，车辆（　　）行驶时，需自动提高发动机怠速，以便使转向轻便、可靠。

A. 高速转向　B. 中速转向　C. 低速转向　D. 中速直线

120. BA021 当发动机转速急剧降低到怠速时，需要不同程度地提高发动机的（　　），以免急抬加速踏板时发动机停转，同时可减少污染排放。

A. 进气量　B. 功率　C. 排量　D. 转速

121. BA022 开关式平动电磁阀式怠速控制执行机构采用的控制方式为（　　）。

A. 机械式　B. 电子式或机械式　C. 手动式　D. 电子式

122. BA022 比例式平动电磁阀式怠速控制执行机构可以提供（　　）。

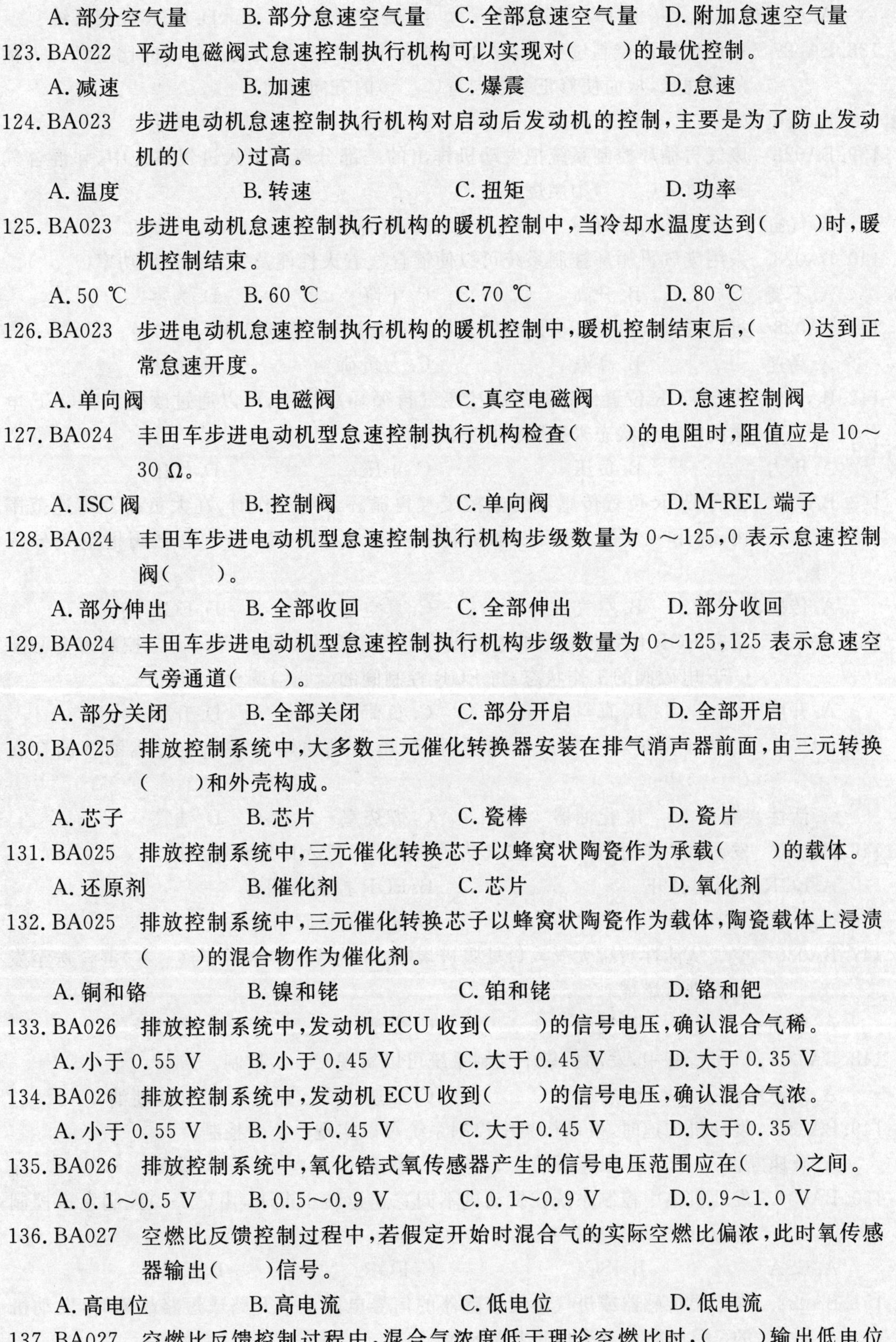

A. 部分空气量 B. 部分怠速空气量 C. 全部怠速空气量 D. 附加怠速空气量

123. BA022 平动电磁阀式怠速控制执行机构可以实现对( )的最优控制。

A. 减速 B. 加速 C. 爆震 D. 怠速

124. BA023 步进电动机怠速控制执行机构对启动后发动机的控制，主要是为了防止发动机的( )过高。

A. 温度 B. 转速 C. 扭矩 D. 功率

125. BA023 步进电动机怠速控制执行机构的暖机控制中，当冷却水温度达到( )时，暖机控制结束。

A. 50 ℃ B. 60 ℃ C. 70 ℃ D. 80 ℃

126. BA023 步进电动机怠速控制执行机构的暖机控制中，暖机控制结束后，( )达到正常怠速开度。

A. 单向阀 B. 电磁阀 C. 真空电磁阀 D. 怠速控制阀

127. BA024 丰田车步进电动机型怠速控制执行机构检查( )的电阻时，阻值应是 10～30 Ω。

A. ISC 阀 B. 控制阀 C. 单向阀 D. M-REL 端子

128. BA024 丰田车步进电动机型怠速控制执行机构步级数量为 0～125，0 表示怠速控制阀( )。

A. 部分伸出 B. 全部收回 C. 全部伸出 D. 部分收回

129. BA024 丰田车步进电动机型怠速控制执行机构步级数量为 0～125，125 表示怠速空气旁通道( )。

A. 部分关闭 B. 全部关闭 C. 部分开启 D. 全部开启

130. BA025 排放控制系统中，大多数三元催化转换器安装在排气消声器前面，由三元转换( )和外壳构成。

A. 芯子 B. 芯片 C. 瓷棒 D. 瓷片

131. BA025 排放控制系统中，三元催化转换芯子以蜂窝状陶瓷作为承载( )的载体。

A. 还原剂 B. 催化剂 C. 芯片 D. 氧化剂

132. BA025 排放控制系统中，三元催化转换芯子以蜂窝状陶瓷作为载体，陶瓷载体上浸渍( )的混合物作为催化剂。

A. 铜和铬 B. 镍和铑 C. 铂和铑 D. 铬和钯

133. BA026 排放控制系统中，发动机 ECU 收到( )的信号电压，确认混合气稀。

A. 小于 0.55 V B. 小于 0.45 V C. 大于 0.45 V D. 大于 0.35 V

134. BA026 排放控制系统中，发动机 ECU 收到( )的信号电压，确认混合气浓。

A. 小于 0.55 V B. 小于 0.45 V C. 大于 0.45 V D. 大于 0.35 V

135. BA026 排放控制系统中，氧化锆式氧传感器产生的信号电压范围应在( )之间。

A. 0.1～0.5 V B. 0.5～0.9 V C. 0.1～0.9 V D. 0.9～1.0 V

136. BA027 空燃比反馈控制过程中，若假定开始时混合气的实际空燃比偏浓，此时氧传感器输出( )信号。

A. 高电位 B. 高电流 C. 低电位 D. 低电流

137. BA027 空燃比反馈控制过程中，混合气浓度低于理论空燃比时，( )输出低电位信号。

A. 三元催化器　　B. ECU 发动机　　C. 氧传感器　　D. EGR 控制系统

138. BA027　空燃比反馈控制过程中，混合气偏浓时，由于空燃比占浓的时间比空燃比占稀的时间长，从而使修正系数向着(　　)的方向移动。

A. 低电位　　B. 高电位　　C. 增大　　D. 减小

139. BA028　废气再循环控制系统把发动机排出的一部分废气引入进气系统中，和混合气一起进入(　　)中燃烧。

A. 气缸　　B. EGR　　C. 化油器　　D. 发动机

140. BA028　采用废气再循环控制系统可以使混合气着火性能及发动机输出功率(　　)。

A. 不变　　B. 升高　　C. 下降　　D. 为零

141. BA028　过度的废气再循环会影响发动机的正常运行，特别是在(　　)时。

A. 高速　　B. 高温　　C. 大负荷　　D. 怠速

142. BA029　带有 EGR 位置传感器的电控废气再循环系统中，可以通过改变 ON-OFF 电磁阀的工作状态来控制膜片室的(　　)。

A. 压力　　B. 负压　　C. 正压　　D. 气压

143. BA029　带有 EGR 位置传感器的电控废气再循环系统工作时，在大负荷及高速范围内，利用节气门开度、发动机转速等参数，由 ON-OFF 电磁阀把空气导入(　　)。

A. 传感器　　B. 空气室　　C. 真空室　　D. EGR 阀

144. BA029　带有 EGR 位置传感器的电控废气再循环系统工作时，由 ECU 控制改变 ON-OFF 电磁阀的工作状态，将 EGR 控制阀的(　　)调至最佳值。

A. 开度　　B. 真空度　　C. 负荷　　D. 升程

145. BA030　当燃油受热或大气压力降低时，油箱形成的燃油蒸气经过燃油管储存在(　　)中。

A. 活性炭罐　　B. 化油器　　C. 燃烧室　　D. 油管

146. BA030　发动机工作时，(　　)，空气从活性炭罐大气入口处吸进炭罐。

A. EGR 控制阀打开　　B. EGR 控制阀闭合

C. 炭罐电磁阀打开　　D. 炭罐电磁阀闭合

147. BA030　空气从活性炭罐大气入口处吸进炭罐，冲洗活性炭罐后，与(　　)混合送至发动机进行燃烧。

A. 柴油　　B. 汽油　　C. 燃油　　D. 燃油蒸气

148. BA031　汽车行驶中，发动机集中控制系统可以实现(　　)控制。

A. 减速断油　　B. 怠速　　C. 加速　　D. 加速断油

149. BA031　发动机加速时，发动机集中控制系统可以实现(　　)控制。

A. 减速断油　　B. 限速断油　　C. 怠速　　D. 爆震

150. BA031　发动机集中控制系统在发动机不同怠速运转工况下，由(　　)控制怠速控制阀，从而实现怠速控制。

A. ESA　　B. ISC　　C. EGR　　D. ECU

151. BA032　当水温传感器或进气温度传感器的信号电路发生开路或短路故障时，发动机的(　　)将自动采用正常运转值。

A. 安全保险功能　　B. 启动器　　C. 位置传感器　　D. 氧传感器

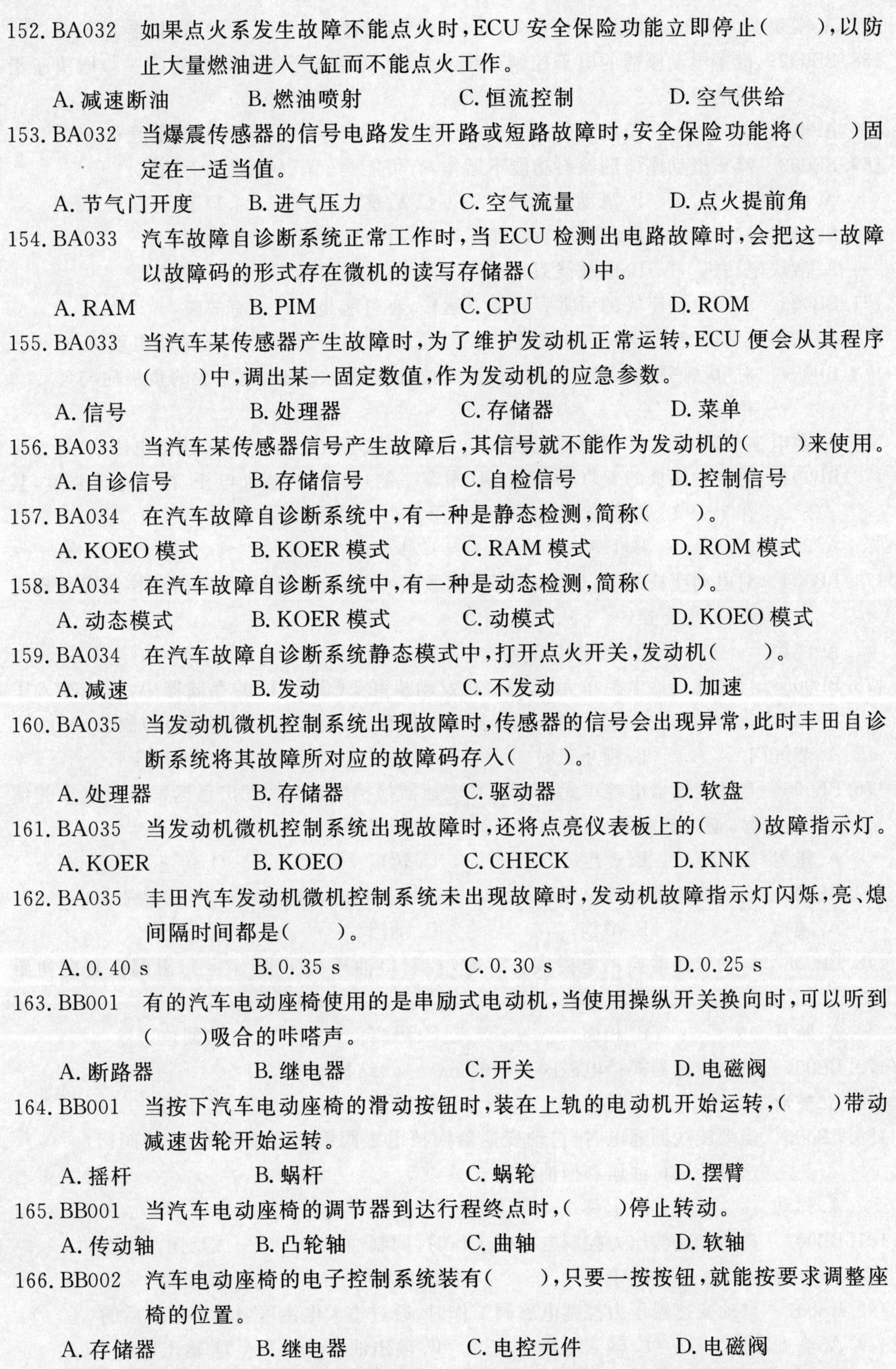

152. BA032 如果点火系发生故障不能点火时，ECU 安全保险功能立即停止（　　），以防止大量燃油进入气缸而不能点火工作。

A. 减速断油　B. 燃油喷射　C. 恒流控制　D. 空气供给

153. BA032 当爆震传感器的信号电路发生开路或短路故障时，安全保险功能将（　　）固定在一适当值。

A. 节气门开度　B. 进气压力　C. 空气流量　D. 点火提前角

154. BA033 汽车故障自诊断系统正常工作时，当 ECU 检测出电路故障时，会把这一故障以故障码的形式存在微机的读写存储器（　　）中。

A. RAM　B. PIM　C. CPU　D. ROM

155. BA033 当汽车某传感器产生故障时，为了维护发动机正常运转，ECU 便会从其程序（　　）中，调出某一固定数值，作为发动机的应急参数。

A. 信号　B. 处理器　C. 存储器　D. 菜单

156. BA033 当汽车某传感器信号产生故障后，其信号就不能作为发动机的（　　）来使用。

A. 自诊信号　B. 存储信号　C. 自检信号　D. 控制信号

157. BA034 在汽车故障自诊断系统中，有一种是静态检测，简称（　　）。

A. KOEO 模式　B. KOER 模式　C. RAM 模式　D. ROM 模式

158. BA034 在汽车故障自诊断系统中，有一种是动态检测，简称（　　）。

A. 动态模式　B. KOER 模式　C. 动模式　D. KOEO 模式

159. BA034 在汽车故障自诊断系统静态模式中，打开点火开关，发动机（　　）。

A. 减速　B. 发动　C. 不发动　D. 加速

160. BA035 当发动机微机控制系统出现故障时，传感器的信号会出现异常，此时丰田自诊断系统将其故障所对应的故障码存入（　　）。

A. 处理器　B. 存储器　C. 驱动器　D. 软盘

161. BA035 当发动机微机控制系统出现故障时，还将点亮仪表板上的（　　）故障指示灯。

A. KOER　B. KOEO　C. CHECK　D. KNK

162. BA035 丰田汽车发动机微机控制系统未出现故障时，发动机故障指示灯闪烁，亮、熄间隔时间都是（　　）。

A. 0.40 s　B. 0.35 s　C. 0.30 s　D. 0.25 s

163. BB001 有的汽车电动座椅使用的是串励式电动机，当使用操纵开关换向时，可以听到（　　）吸合的咔嗒声。

A. 断路器　B. 继电器　C. 开关　D. 电磁阀

164. BB001 当按下汽车电动座椅的滑动按钮时，装在上轨的电动机开始运转，（　　）带动减速齿轮开始运转。

A. 摇杆　B. 蜗杆　C. 蜗轮　D. 摆臂

165. BB001 当汽车电动座椅的调节器到达行程终点时，（　　）停止转动。

A. 传动轴　B. 凸轮轴　C. 曲轴　D. 软轴

166. BB002 汽车电动座椅的电子控制系统装有（　　），只要一按按钮，就能按要求调整座椅的位置。

A. 存储器　B. 继电器　C. 电控元件　D. 电磁阀

167. BB002 汽车电动座椅电子控制系统的存储器有 4 个，（　　）用来感应座椅的位置。

A. 滑块　B. 电位计　C. 传感器　D. 继电器

168. BB002　汽车电动座椅的电子控制系统工作时，传给电子控制装置的(　　)取决于滑块的位置。

A. 电流大小　B. 电流方向　C. 电压信号　D. 电流信号

169. BB003　汽车电动座椅的倾斜功能不运作，有可能是(　　)电动机有故障。

A. 倾斜　B. 滑动　C. 后垂直　D. 前垂直

170. BB003　汽车电动座椅的前垂直功能不运作，有可能是(　　)有故障

A. 滑块电动机　B. 电线线束　C. DOOR 熔丝　D. 继电器

171. BB003　汽车电动座椅的后垂直功能不运作，有可能是(　　)有故障。

A. 倾斜电动机　B. DOOR 熔丝　C. 电动座椅开关　D. 滑块电动机

172. BB004　对电动座椅的 PTC 热敏电阻(驾驶员一侧)检查时，电流表的负极应与(　　)相连。

A. 蓄电池负极　B. 蓄电池正极　C. 热敏电阻左端　D. 热敏电阻右端

173. BB004　对电动座椅的 PTC 热敏电阻(乘客一侧)检查时，施加电压，检查电流强度，其在 4～90 s 内应降低至(　　)以下。

A. 2 A　B. 1 A　C. 4 A　D. 3 A

174. BB004　对电动座椅的 PTC 热敏电阻(驾驶员一侧)检查时，如果座椅运作情况与规定不符，应更换(　　)。

A. 线束　B. DOOR 熔丝　C. 电动机　D. 开关

175. BB005　自动变速器电控单元(ECU)在发动机和 ECT-ECU 的存储器中，已经存入了每一种行驶方式下锁止离合器的工作程序，根据这些程序可以控制(　　)。

A. 节气门　B. 锁止正时　C. 电磁阀　D. 继电器

176. BB005　自动变速器电控单元(ECU)在变速器换挡时，ECU 发出延迟发动机点火的信号，通过控制发动机的(　　)保证换挡平顺。

A. 扭力　B. 速度　C. 转矩　D. 转速

177. BB005　自动变速器电控单元(ECU)在变速器换挡时，可以控制(　　)品质。

A. 减挡　B. 增挡　C. 跳挡　D. 换挡

178. BB006　自动变速器换挡电磁阀打开时，控制口油压和回油(　　)，滑阀恢复到初始位置。

A. 断开　B. 相通　C. 隔离　D. 回位

179. BB006　自动变速器换挡电磁阀采用的是(　　)结构。

A. 楔形　B. 柱形　C. 球形　D. 锥形

180. BB006　当螺旋线圈通电时，自动变速器换挡电磁阀钢球位于阀座上，使阀门(　　)，这时控制口油压和回油隔离。

A. 移动　B. 上移　C. 打开　D. 关闭

181. BB007　自动变速器压力控制电磁阀工作时，调制油压和(　　)成反比。

A. 电流　B. 电压　C. 电阻　D. 油流

182. BB007　自动变速器压力控制电磁阀工作时，通过增大电流可以减小调解后的(　　)。

A. 输入油压　B. 输入电压　C. 输出油压　D. 输出电压

183. BB007　自动变速器压力控制电磁阀工作时，当送给压力控制电磁阀一个较高的

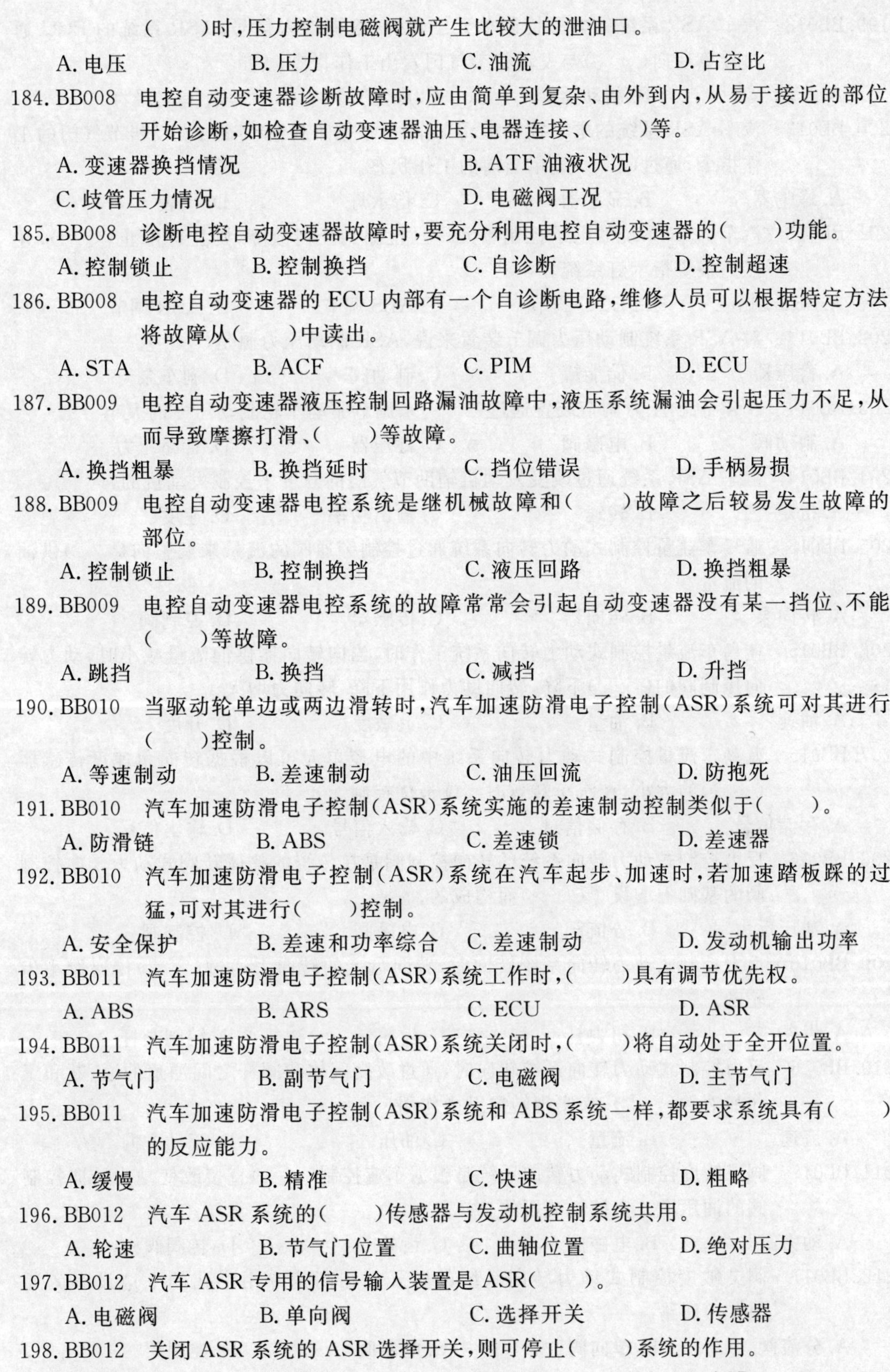

(　　)时，压力控制电磁阀就产生比较大的泄油口。

A. 电压　　B. 压力　　C. 油流　　D. 占空比

184. BB008　电控自动变速器诊断故障时，应由简单到复杂、由外到内，从易于接近的部位开始诊断，如检查自动变速器油压、电器连接、(　　)等。

A. 变速器换挡情况　　B. ATF 油液状况

C. 歧管压力情况　　D. 电磁阀工况

185. BB008　诊断电控自动变速器故障时，要充分利用电控自动变速器的(　　)功能。

A. 控制锁止　　B. 控制换挡　　C. 自诊断　　D. 控制超速

186. BB008　电控自动变速器的 ECU 内部有一个自诊断电路，维修人员可以根据特定方法将故障从(　　)中读出。

A. STA　　B. ACF　　C. PIM　　D. ECU

187. BB009　电控自动变速器液压控制回路漏油故障中，液压系统漏油会引起压力不足，从而导致摩擦打滑、(　　)等故障。

A. 换挡粗暴　　B. 换挡延时　　C. 挡位错误　　D. 手柄易损

188. BB009　电控自动变速器电控系统是继机械故障和(　　)故障之后较易发生故障的部位。

A. 控制锁止　　B. 控制换挡　　C. 液压回路　　D. 换挡粗暴

189. BB009　电控自动变速器电控系统的故障常常会引起自动变速器没有某一挡位、不能(　　)等故障。

A. 跳挡　　B. 换挡　　C. 减挡　　D. 升挡

190. BB010　当驱动轮单边或两边滑转时，汽车加速防滑电子控制(ASR)系统可对其进行(　　)控制。

A. 等速制动　　B. 差速制动　　C. 油压回流　　D. 防抱死

191. BB010　汽车加速防滑电子控制(ASR)系统实施的差速制动控制类似于(　　)。

A. 防滑链　　B. ABS　　C. 差速锁　　D. 差速器

192. BB010　汽车加速防滑电子控制(ASR)系统在汽车起步、加速时，若加速踏板踩的过猛，可对其进行(　　)控制。

A. 安全保护　　B. 差速和功率综合　　C. 差速制动　　D. 发动机输出功率

193. BB011　汽车加速防滑电子控制(ASR)系统工作时，(　　)具有调节优先权。

A. ABS　　B. ARS　　C. ECU　　D. ASR

194. BB011　汽车加速防滑电子控制(ASR)系统关闭时，(　　)将自动处于全开位置。

A. 节气门　　B. 副节气门　　C. 电磁阀　　D. 主节气门

195. BB011　汽车加速防滑电子控制(ASR)系统和 ABS 系统一样，都要求系统具有(　　)的反应能力。

A. 缓慢　　B. 精准　　C. 快速　　D. 粗略

196. BB012　汽车 ASR 系统的(　　)传感器与发动机控制系统共用。

A. 轮速　　B. 节气门位置　　C. 曲轴位置　　D. 绝对压力

197. BB012　汽车 ASR 专用的信号输入装置是 ASR(　　)。

A. 电磁阀　　B. 单向阀　　C. 选择开关　　D. 传感器

198. BB012　关闭 ASR 系统的 ASR 选择开关，则可停止(　　)系统的作用。

A. SRS　　B. ECU　　C. ABS　　D. ASR

199. BB013 汽车 ASR 系统的电子控制单元工作时，根据输入信号，ASR 系统的 ECU 通过计算后向(　　)与发动机节气门发出工作指令。

A. 车轮　　B. 制动器　　C. 底盘　　D. 差速器

200. BB013 汽车 ASR 系统的电子控制单元工作时，根据来自制动器与发动机节气门的工作指令，通过(　　)显示当前的工作状态。

A. 蜂鸣器　　B. 显示器　　C. 指示灯　　D. 仪表

201. BB013 汽车 ASR 系统的电子控制单元一旦检测到任何故障，则立即停止(　　)，并点亮报警指示灯系统。

A. SRS 调节　　B. ECU 调节　　C. ABS 调节　　D. ASR 调节

202. BB014 对 ASR 系统制动压力调节装置来说，ASR 制动压力源是(　　)。

A. 蓄压器　　B. 储能罐　　C. 制动阀　　D. 刹车泵

203. BB014 ASR 制动压力调节装置通过(　　)来调节驱动车轮制动压力的大小。

A. 制动阀　　B. 电磁阀　　C. 蓄压器　　D. 管路压力

204. BB014 汽车 ASR 系统通过改变发动机辅助节气门的开度来控制发动机的(　　)。

A. 扭矩　　B. 转速　　C. 输出功率　　D. 速度

205. BB015 蓝鸟车流量控制式动力转向系统通过控制旁通阀的流量来调整向(　　)供油的流量。

A. 转向泵　　B. 转向器　　C. 传感器　　D. 控制阀

206. BB015 蓝鸟车流量控制式动力转向系统工作时，当向转向器供油流量减小时，动力转向控制阀的(　　)下降，转向助力作用下降，转向力增大。

A. 油速　　B. 油量　　C. 灵敏度　　D. 开度

207. BB015 蓝鸟车流量控制式动力转向系统中的电控单元可以根据转向角速度传感器(　　)的大小，在汽车转弯时实施最优控制。

A. 存储信号　　B. 存储信息　　C. 输入信号　　D. 输出信号

208. BB016 反力控制式动力转向系统的转向控制阀是在传统的整体转阀式动力转向控制阀的基础上增设了(　　)而构成的。

A. 油压反力室　　B. 分流阀　　C. 电磁阀　　D. 控制阀

209. BB016 反力控制式动力转向系统转向时，转向盘上的转向力通过(　　)传递给小齿轮轴。

A. 齿条　　B. 扭力杆　　C. 齿轮　　D. 转阀阀杆

210. BB016 反力控制式动力转向系统转向时，通过改变阀体和阀杆之间油道的通、断和工作油液的(　　)，来实现转向助力作用。

A. 流速　　B. 流量　　C. 油压　　D. 流动方向

211. BB017 阀灵敏度控制式动力转向系统是根据车速控制(　　)直接改变动力转向控制阀的油压增益来控制油压的。

A. 动力缸　　B. 电磁阀　　C. 齿轮　　D. 转阀阀杆

212. BB017 阀灵敏度控制式动力转向系统的转子阀在高速专用小孔的下边设有旁通(　　)回路。

A. 分流阀　　B. 单向阀　　C. 电磁阀　　D. 控制阀

213. BB017 阀灵敏度控制式动力转向系统的阀部等效液压回路工作时，车辆停止，电磁阀（ ）。

A. 打开 2/3　B. 打开 1/2　C. 完全打开　D. 完全关闭

214. BB018 电动式转向系统工作时，操纵转向盘，装在转向盘轴上的（ ）传感器能不断地测出转向轴上的扭矩信号。

A. 扭矩　B. 车速　C. 曲轴位置　D. 节气门

215. BB018 电动式转向系统工作时，电子控制单元可根据输入信号来确定（ ）的大小和方向。

A. 扭力杆　B. 转向轴扭矩　C. 助力扭矩　D. 输出轴扭矩

216. BB018 电动式转向系统工作时，电动机的扭矩由电磁离合器通过减速机构减速增扭后，加在汽车的（ ）上。

A. 转向齿轮　B. 转向轴　C. 转向齿条　D. 转向机构

217. BB019 电动式转向系统的滑动可变电阻式扭矩传感器机构，是将由（ ）力矩引起的扭力杆角位移转换为电位器电阻的变化。

A. 输出轴　B. 负载　C. 扭力杆　D. 横拉杆

218. BB019 电动式转向系统的滑动可变电阻式扭矩传感器机构，其扭矩信号最后是经（ ）传递出来的。

A. 扭力杆　B. 转向轴　C. 滑环　D. 输出轴

219. BB019 电动式转向系统的电动机工作时，控制（ ）信号端电流的大小，就可以控制通过电动机电流的大小。

A. 变化　B. 输入　C. 输出　D. 触发

220. BB020 Alto 汽车电动式转向系统的电子控制单元安装在（ ）的下面。

A. 驾驶员座位　B. 转向盘　C. 发动机　D. 仪表盘

221. BB020 Alto 汽车电动式转向系统工作时，扭杆的扭曲变形使输入轴与输出轴之间发生相对扭转，与此同时（ ）沿轴向移动。

A. 扭杆　B. 球槽　C. 滑环　D. 控制臂

222. BB020 Alto 汽车电动式转向系统工作时，控制臂会将滑块的轴向移动变换成电位器的（ ），并输入电子控制单元。

A. 曲线运动　B. 直线运动　C. 旋转运动　D. 旋转角度

223. BB021 Alto 汽车电动式转向系统可以实现对电动机的（ ）控制。

A. 电流　B. 电压　C. 电阻　D. 频率

224. BB021 Alto 汽车电动式转向系统可以实现（ ）控制。

A. 路程　B. 速度　C. 时间　D. 角速度

225. BB021 Alto 汽车电动式转向系统可以实现（ ）控制。

A. 扭力　B. 方向　C. 临界　D. 扭矩

226. BB022 悬架电子控制系统的（ ）是用来感受汽车运动状态的。

A. 传感器　B. 电动机　C. 电磁阀　D. 执行机构

227. BB022 悬架电子控制系统的（ ）用来对汽车的运动状态作出分析判断，并发出控制指令。

A. LED　B. ECU　C. 传感器　D. 显示器

228. BB022 悬架电子控制系统的（ ）能完成各种控制动作。

A. 传感器　　B. 控制单元　　C. 执行机构　　D. 电信号

229. BB023　三级可调阻尼式减震器的执行机构可通过(　　)带动转阀旋转。

A. 电控单元　　B. 控制杆　　C. 传感器　　D. 活塞杆

230. BB023　三级可调阻尼式减震器转阀上的小孔与(　　)上的小孔接通或切断,可以增大或减小减震器上下油室之间的过流面积。

A. 电磁阀　　B. 齿轮　　C. 活塞杆　　D. 控制杆

231. BB023　当电动机通过驱动齿轮带动扇形齿轮逆时针旋转时,减震器转阀处产生较大的节流孔过流面积,此时减震器处于(　　)状态。

A. 最大阻尼　　B. 中等阻尼　　C. 硬阻尼　　D. 小阻尼

232. BB024　外部电磁铁控制的减震器被用于赛车高速时,可选择(　　)阻尼级。

A. 硬　　B. 较高　　C. 中等　　D. 最小

233. BB024　外部电磁铁控制的减震器处于(　　)阻尼时有利于安全性的提高,但舒适性会下降。

A. 硬　　B. 低　　C. 高　　D. 中等

234. BB024　外部电磁铁控制的减震器处于低阻尼时可降低系统的(　　),减少对车身的冲击。

A. 共振频率　　B. 舒适性　　C. 控制性能　　D. 自振频率

235. BB025　可连续调节阻尼力的半主动悬架系统的阻尼力能在(　　)内由最小变到最大。

A. 几毫秒　　B. 10 s　　C. 5 min　　D. 15 s

236. BB025　可连续调节阻尼力的半主动悬架系统的 ECU 计算出阻尼值后,要向(　　)发出控制信号。

A. 电磁阀　　B. 传感器　　C. 步进电动机　　D. 发动机

237. BB025　可连续调节阻尼力的半主动悬架系统工作时,向步进电动机发出控制信号后,经阀杆调节阀门,使(　　)的阻尼连续变化。

A. 节流阀　　B. 阀杆　　C. 阀门　　D. 节流孔

238. BB026　主动式空气悬架系统的空气压缩机由(　　)驱动。

A. 直流电动机　　B. 交流电动机　　C. 电子控制装置　　D. 执行机构

239. BB026　主动式空气悬架系统的空气压缩机产生的压缩空气干燥后,最后送至空气弹簧的(　　)。

A. 空气道　　B. 主气室　　C. 电磁阀　　D. 副气室

240. BB026　主动式空气悬架系统在车身需要升高时,由(　　)控制空气电磁阀,使压缩空气进入空气弹簧的主气室。

A. 执行机构　　B. 车身高度传感器　　C. 电子控制单元　　D. 悬架控制执行器

241. BB027　主动式油气弹簧悬架系统(雪铁龙 XM)的转向盘转角传感器安装在(　　)上。

A. 计算机　　B. 转向柱　　C. 发动机　　D. 副气室

242. BB027　主动式油气弹簧悬架系统(雪铁龙 XM)工作时,电磁阀在 ECU 指令下向右移动,从而接通(　　)。

A. 油气室　　B. 控制阀　　C. 压力油道　　D. 油气阀

243. BB027　主动式油气弹簧悬架系统(雪铁龙 XM)在正常行车状态时,系统处于(　　)状态。

A. 停止　B. 刚度　C.“硬”　D.“软”

244. BB028　带路况预测传感器的主动悬架系统中的控制阀通过油管与单向液压(　　)的油压腔相通。

A. 执行器　B. 传感器　C. 节流阀　D. 电磁阀

245. BB028　带路况预测传感器的主动悬架系统的油管上还接有一个支管,该支管与一个(　　)相连。

A. 电磁阀　B. 储压器　C. 油压腔　D. 副气室

246. BB028　带路况预测传感器的主动悬架系统的控制阀开度可以随控制(　　)的大小而改变,以控制进油管的油量。

A. 电压　B. 频率　C. 电流　D. 时间

247. BB029　当车高发生变化时,车身与车轮的相对运动使车身高度传感器的摆臂转动,通过传感器轴带动(　　)转动。

A. 光电耦合器　B. 遮光板　C. 传感器壳　D. 传感器盖

248. BB029　当光电式车高传感器遮光板的缺口对准耦合器时,发光二极管发出的光线通过缺口,使(　　)受光。

A. 二极管　B. 三极管　C. 光敏三极管　D. 光电耦合器

249. BB029　当光电式车高传感器遮光板的缺口没有对准耦合器时,(　　)被遮断,输出断(OFF)信号。

A. 电波　B. 光电　C. 油流　D. 光线

250. BB030　富士 SUBARV 车身高度控制系统工作时,从压缩机出来的压缩空气进入干燥器,经干燥后进入(　　)。

A. 储气罐　B. 排气阀　C. 进气阀　D. 空气室

251. BB030　富士 SUBARV 车身高度控制系统工作时,储气罐的气体压力由(　　)进行调节。

A. 进气阀　B. 调压阀　C. 出气阀　D. 伸缩膜

252. BB030　富士 SUBARV 车身高度控制系统工作时,若车身需要上升,电磁阀工作,压缩空气进入空气悬架的(　　),使其充气量增加,车身升起。

A. 进气阀　B. 减振器　C. 储气罐　D. 主气室

253. BB031　凌志 LS400 型轿车车高控制系统检修时,如果操纵高度(　　),车身高度没有任何变化,说明悬架高度控制系统有故障。

A. 控制开关　B. 传感器　C. 电磁阀　D. 控制单元

254. BB031　凌志 LS400 型轿车车高控制系统车身高度控制失灵,有可能是(　　)的电路有故障。

A. 电磁阀　B. 控制阀　C. 减振器　D. 伸缩膜

255. BB031　凌志 LS400 型轿车车高控制系统车身高度控制失灵,有可能是(　　)的电路有故障。

A. 减振器　B. 传感器　C. 储气罐　D. 进气阀

256. BB032　当点火开关打开时,读识线圈把能量用感应的方式传给防盗装置的(　　)。

A. 脉冲转发器　B. 控制单元　C. 电控单元　D. 警告灯

257. BB032　汽车防盗装置脉冲转发器接收感应能量后会立即(　　)程控代码。

A. 接收　B. 发射出　C. 处理　D. 输入

258. BB032　汽车防盗装置脉冲转发器的程控代码通过(　　)传送给防盗控制单元。

A. 脉冲转发器　B. 电磁线圈　C. 识读线圈　D. 电控单元

259. BB033　汽车防盗装置中,在把密码输入 V. A. G1551 或 V. A. G1552 之前未输入一个特定的"数据",会使控制单元(　　)。

A. 失效　B. 锁死　C. 不识读　D. 不工作

260. BB033　汽车防盗装置密码输入之后,其控制单元可编制新的(　　)。

A. 识读方法　B. 识读程序　C. 钥匙代码　D. 电控单元

261. BB033　在点火开关打开的状态下,如果错输了两次密码,控制单元锁死,大约(　　)后,可以再试两次。

A. 5 min　B. 10 min　C. 20 min　D. 30 min

262. BB034　汽车防盗装置的脉冲转发器被激活后,通过(　　)把它的控制代码传送至防盗装置控制单元。

A. 识读线圈　B. 传感器　C. 防盗器　D. 数据信号

263. BB034　汽车发动机电控单元的(　　)由发动机电控单元存储在防盗装置控制单元中。

A. 数据　B. 程序　C. 代码　D. 信号

264. BB034　每次启动发动机时,防盗装置控制单元的随机代码(　　)都会发生一个代码。

A. 识读线圈　B. 传感器　C. 防盗器　D. 发生器

265. BB035　检修分立元件防盗报警器的故障时,接通电源时,最好在电流电路内串入(　　),以便及时掌握电流是否正常。

A. 电阻　B. 电流表　C. 电压表　D. 电容

266. BB035　检修分立元件防盗报警器的故障时,换上的新元件,首先要认真细致地(　　),然后正确地装上焊牢,以免虚焊。

A. 擦净涂润滑油　B. 刮净上蜡　C. 刮净上锡　D. 擦净涂漆

267. BB035　检修分立元件防盗报警器的故障时,有继电器的电路要检查继电器的触头是否平整,若不平整,应(　　)。

A. 用锉刀用力打磨　B. 用锉刀轻轻打磨　C. 用砂纸用力打磨　D. 用油石轻轻打磨

268. BC001　在 Word 中,(　　)命令能把选定的图形置于最上层。

A. 浮于文字上方　B. 上移一层　C. 置于顶层　D. 衬于于文字下方

269. BC001　在 Word 中,当绘制的图形与其他图形交叉时,会出现重叠现象,用户可以调整(　　)避免有些图片上的重要内容被遮盖。

A. 叠放次序　B. 字体颜色　C. 字体大小　D. 删除图形

270. BC001　在 Word 中,要撤销给图形添加的阴影效果,只需在"绘图工具栏"的阴影按钮菜单中单击(　　)按钮即可。

A. 阴影设置　B. 无阴影　C. 阴影样式 1　D. 阴影样式 2

271. BC002　在 Word 文档中要绘制一个圆,单击(　　)工具栏上的椭圆图标按钮,按住 Shift 键在要绘图的地方拖动鼠标左键即可。

A. 常用 B. 格式 C. 绘图 D. 图片

272. BC002 在 Word 文档中要绘制一个正方形，单击绘图工具栏上的矩形图标按钮，按住( )在要绘图的地方拖动鼠标左键即可。

A. Ctrl 键 B. Shift 键 C. Alt 键 D. 空格键

273. BC002 在 Word 文档中画出来的各种曲线，在曲线上( )，在弹出的菜单中选择“关闭路径”，可使它们自动闭合。

A. 单击鼠标右键 B. 单击鼠标左键 C. 双击鼠标左键 D. 三击鼠标左键

274. BC003 用 CAD 绘制电路元件如电阻时，按下( )可以对所要绘制的元件进行旋转。

A. 空格键 B. 回车键 C. Tab 键 D. Ctrl 键

275. BC003 用 CAD 绘制三极管这样的电路元件时，按下( )可以对其进行水平旋转。

A. Q 键 B. R 键 C. X 键 D. T 键

276. BC003 在 CAD 制图中，双击某个物体一般会弹出设置该物体各种属性的对话框。在某一物体被选中的情况下，按( )有同样效果。

A. 空格键 B. 回车键 C. Tab 键 D. Ctrl 键

277. BC004 CAD 软件中提供的是( )绘制。

A. 一维图形 B. 二维图形 C. 三维图形 D. 四维图形

278. BC004 在 CAD 中绘制要定义的图块的图形，电阻的图形符号用 CAD 中的( )命令绘制。

A. 矩形 B. 菱形 C. 方形 D. 圆

279. BC004 在 CAD 中绘制要定义的图块的图形，电压的图形符号用 CAD 中的( )命令绘制。

A. 矩形 B. 菱形 C. 方形 D. 圆

280. BC005 在 CAD 中绘制图形时，对定义好的块还须将其( )。

A. 存储 B. 复制 C. 打印 D. 插入

281. BC005 在 CAD 中绘制图形时，电子元件定义为块后，就可以绘制电路图的导线了，用绘制( )的方法直接给定距离绘制。

A. 斜线 B. 圆 C. 直线 D. 虚线

282. BC005 在 CAD 中，设置极轴时选中应用极轴追踪，角增量设为( )。

A. 45° B. 60° C. 90° D. 120°

283. BD001 桑塔纳 2000GSI 轿车空调控制系统中的压缩机电磁离合器用符号( )表示。

A. V7 B. N25 C. N63 D. V8

284. BD001 桑塔纳 2000GSI 轿车空调控制系统中的鼓风机开关用符号( )表示。

A. E30 B. E38 C. E9 D. E33

285. BD001 桑塔纳 2000GSI 轿车空调控制系统中的 F38 表示( )。

A. 蒸发器温控开关 B. 高、低压开关 C. 水温控制开关 D. 环境温度开关

286. BD002 桑塔纳 LX 型轿车电路图的电路采用( )，将相同系统的电路归纳在一起。

A. 纵向排列 B. 横向排列 C. 上下排列 D. 星形排列

287. BD002 桑塔纳 LX 型轿车电路图的( )画有许多不同作用的继电器。

A. 下部分　B. 上部分　C. 左侧　D. 右侧

288. BD002　桑塔纳 LX 型轿车电路图中的继电器右侧都有一个小圆圈，上面标有阿拉伯数字，这些数字表示该继电器插在(　　)上的位置。

A. 仪表板　B. 中央配电盒支架

C. 中央配电盒正面板　D. 中央配电盒背面板

289. BD003　奥迪 A6 系列轿车电源与启动系统电路中，发电机用符号(　　)表示。

A. C　B. C1　C. D　D. E1

290. BD003　奥迪 A6 系列轿车电源与启动系统电路中，空挡启动开关用符号(　　)表示。

A. F25 *　B. F125 * *　C. F12 *　D. F205 * *

291. BD003　奥迪 A6 系列轿车电源与启动系统电路中，"①"的含义是(　　)。

A. 端子　B. 接点　C. 搭铁点　D. 搭铁线

292. BD004　桑塔纳轿车灯光电路原理图中，暖气开关照明灯用符号(　　)表示。

A. L21　B. L23　C. T9　D. K17

293. BD004　桑塔纳轿车灯光电路原理图中，停车灯开关用(　　)表示。

A. E4　B. E19　C. E20　D. E2

294. BD004　桑塔纳轿车灯光电路原理图中，时钟照明灯用(　　)表示。

A. L20　B. L28　C. L8　D. L40

295. BD005　汽车电路图按整车电路系统的功能和(　　)把整车电路系统划分成若干个独立的电路系统，分别进行分析。

A. 工作原理　B. 工作状态　C. 工作时间　D. 所处位置

296. BD005　识读电路图时，按(　　)的功能及不同工作状态来分析电路的工作原理。

A. 中央配电盒　B. 操纵开关　C. ECU　D. 继电器

297. BD005　阅读电路图时，把含有线圈和触点的(　　)看成线圈工作的控制电路和触点工作的主电路两部分。

A. 熔断器　B. 调节器　C. 继电器　D. 控制器

298. BE001　车辆管理包括车辆的选配、车辆使用的前期管理及其(　　)。

A. 基础管理　B. 修理管理　C. 检测管理　D. 保养管理

299. BE001　车辆使用管理主要是合理组织车辆装载和(　　)，注意车辆走合期使用。

A. 防护　B. 拖挂　C. 保养　D. 制动

300. BE001　车辆技术管理的工作范围主要包括(　　)方面。

A. 2 个　B. 3 个　C. 4 个　D. 5 个

301. BE002　择优选配的原则就是在购置前考虑运输市场的(　　)，合理确定各种不同车型的最佳配比关系，以满足实际使用的需要。

A. 具体情况和运行条件　B. 具体情况和准入条件

C. 具体情况和成本　D. 具体情况和效率

302. BE002　经过检测诊断和技术诊断，根据需要确定车辆修理的时间和项目，称为(　　)。

A. 就车修理　B. 视情修理　C. 小修　D. 大修

303. BE002　通过现代技术手段，定期正确判断车辆的技术状况，以达到控制车辆技术状况及监督汽车维修质量目的的是(　　)。

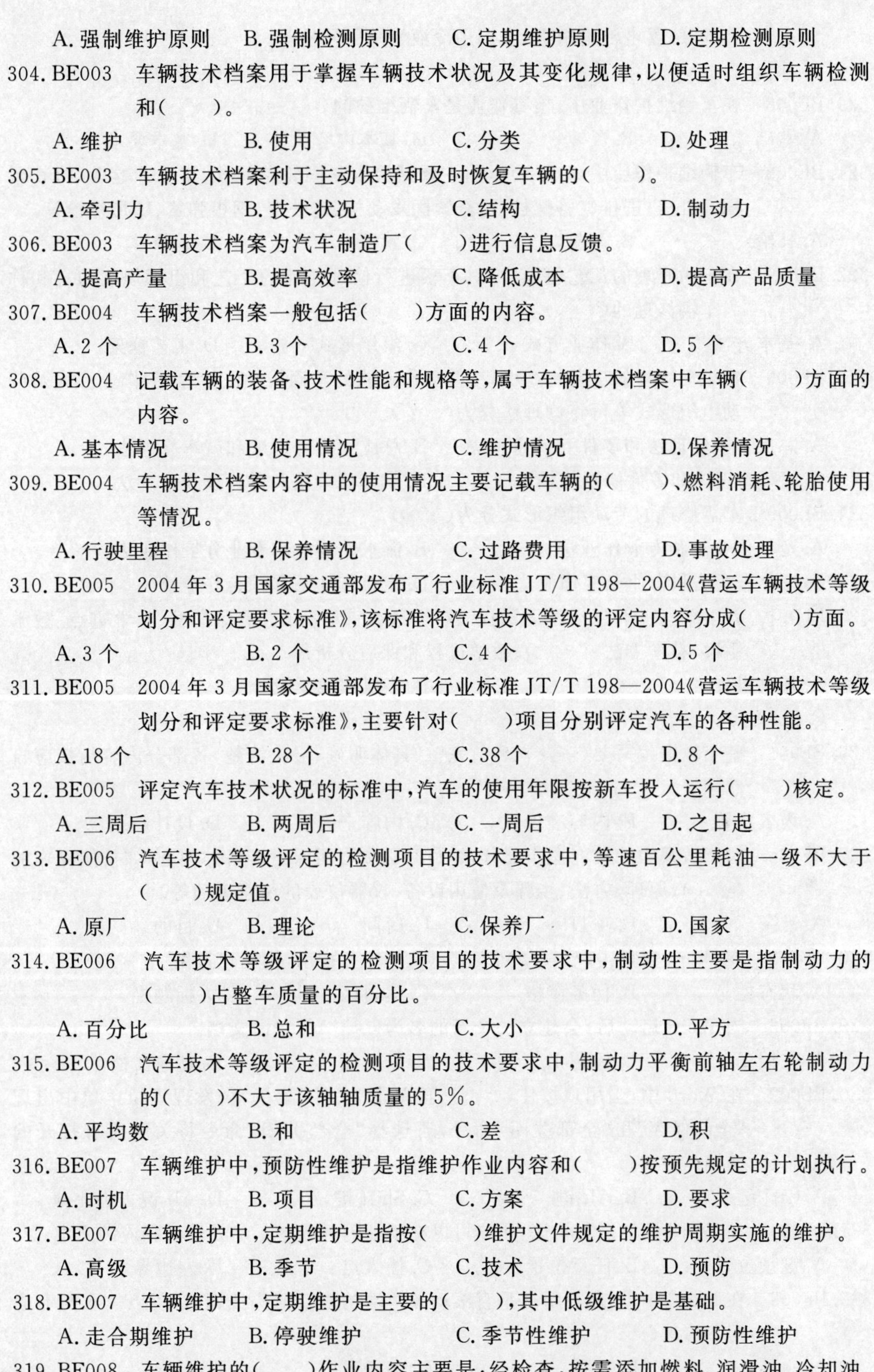

A. 强制维护原则　B. 强制检测原则　C. 定期维护原则　D. 定期检测原则

304. BE003　车辆技术档案用于掌握车辆技术状况及其变化规律，以便适时组织车辆检测和(　　)。

A. 维护　B. 使用　C. 分类　D. 处理

305. BE003　车辆技术档案利于主动保持和及时恢复车辆的(　　)。

A. 牵引力　B. 技术状况　C. 结构　D. 制动力

306. BE003　车辆技术档案为汽车制造厂(　　)进行信息反馈。

A. 提高产量　B. 提高效率　C. 降低成本　D. 提高产品质量

307. BE004　车辆技术档案一般包括(　　)方面的内容。

A. 2 个　B. 3 个　C. 4 个　D. 5 个

308. BE004　记载车辆的装备、技术性能和规格等，属于车辆技术档案中车辆(　　)方面的内容。

A. 基本情况　B. 使用情况　C. 维护情况　D. 保养情况

309. BE004　车辆技术档案内容中的使用情况主要记载车辆的(　　)、燃料消耗、轮胎使用等情况。

A. 行驶里程　B. 保养情况　C. 过路费用　D. 事故处理

310. BE005　2004 年 3 月国家交通部发布了行业标准 JT/T 198—2004《营运车辆技术等级划分和评定要求标准》，该标准将汽车技术等级的评定内容分成(　　)方面。

A. 3 个　B. 2 个　C. 4 个　D. 5 个

311. BE005　2004 年 3 月国家交通部发布了行业标准 JT/T 198—2004《营运车辆技术等级划分和评定要求标准》，主要针对(　　)项目分别评定汽车的各种性能。

A. 18 个　B. 28 个　C. 38 个　D. 8 个

312. BE005　评定汽车技术状况的标准中，汽车的使用年限按新车投入运行(　　)核定。

A. 三周后　B. 两周后　C. 一周后　D. 之日起

313. BE006　汽车技术等级评定的检测项目的技术要求中，等速百公里耗油一级不大于(　　)规定值。

A. 原厂　B. 理论　C. 保养厂　D. 国家

314. BE006　汽车技术等级评定的检测项目的技术要求中，制动性主要是指制动力的(　　)占整车质量的百分比。

A. 百分比　B. 总和　C. 大小　D. 平方

315. BE006　汽车技术等级评定的检测项目的技术要求中，制动力平衡前轴左右轮制动力的(　　)不大于该轴轴质量的 5%。

A. 平均数　B. 和　C. 差　D. 积

316. BE007　车辆维护中，预防性维护是指维护作业内容和(　　)按预先规定的计划执行。

A. 时机　B. 项目　C. 方案　D. 要求

317. BE007　车辆维护中，定期维护是指按(　　)维护文件规定的维护周期实施的维护。

A. 高级　B. 季节　C. 技术　D. 预防

318. BE007　车辆维护中，定期维护是主要的(　　)，其中低级维护是基础。

A. 走合期维护　B. 停驶维护　C. 季节性维护　D. 预防性维护

319. BE008　车辆维护的(　　)作业内容主要是：经检查，按需添加燃料、润滑油、冷却油、冷却液、蓄电池电解液、空调用冷液和减振器液等。

A. 补给 B. 检查 C. 润滑 D. 诊断

320. BE008 在车辆维护作业中，检查作业是车辆维护的（ ）。

A. 基础 B. 灵魂 C. 基本内容 D. 基本要求

321. BE008 车辆维护作业中，（ ）作业主要是检查紧固轮胎螺栓、半轴螺栓等，检查紧固气缸盖、进排气管螺栓，检查紧固发动机、驾驶室、钢板弹簧、U 形螺栓等。

A. 补给 B. 调整 C. 紧固 D. 检查

322. BE009 在车辆修理的工艺组织中，对车辆进行修理作业的工艺和组织规则的总和称为车辆修理的（ ）。

A. 基本方法 B. 作业方式 C. 组织形式 D. 工艺框架

323. BE009 在车辆修理的工艺组织中，按修理作业队的车辆属性保持程度、作业形式及劳动组织形式等可将修理法分为（ ）。

A. 总成互换修理法和零件互换修理法 B. 总成互换修理法和就车修理法

C. 就车修理法和零件修复修理法 D. 就车修理法和零件互换修理法

324. BE009 车辆修理的劳动组织形式分为（ ）。

A. 定位作业法和专业作业法 B. 流水作业法和专业分工作业法

C. 综合作业法和专业分工作业法 D. 定位作业法和综合作业法

325. BF001 教案编写一般包括教学课程、教学目的、课时分配、授课类型、教学重点、教学手段、教学方法、（ ）、教学过程和课后分析等。

A. 板书设计 B. 多媒体教学设计

C. 课后总结 D. 教学设计

326. BF001 整个教案编写要（ ）、环节完整、具体明确、层次清楚，各部分内容衔接应自然顺畅。

A. 内容新颖 B. 内容准确 C. 内容全面 D. 设计新颖

327. BF001 对于教案中的技能操作部分，编写时必须写明课前准备的问题，如技能操作的（ ）、原理、方法、步骤及使用设备、仪器仪表的注意事项等。

A. 准备 B. 项目 C. 时间 D. 目的

328. BF002 在 Word 窗口中，（ ）列表显示常用任务指示，供用户选用。

A. 状态栏 B. 任务窗格 C. 编辑区 D. 标题栏

329. BF002 当 Word 启动后，会建立一个新的名为（ ）的空白文档。

A. 文档 1 B. 标题 1 C. 新文档 D. 新建文档

330. BF002 在 Word 中，当用户按住（ ），再单击“文件”菜单，会发现下拉菜单中出现“全部保存”和“全部关闭”命令，若选择“全部关闭”命令将关闭所有打开的文档。

A. Ctrl 键 B. Alt 键 C. Shift 键 D. Alt 键＋Ctrl 键

331. BF003 在 Word 的空白文本区，用户可以在不断闪烁的（ ）处输入相应的文本。

A. 键盘位置 B. 任意位置 C. 插入点 D. 左边界

332. BF003 在 Word 中，用鼠标单击垂直滚动条两端的滚动箭头按钮时，可以一次向上或向下移动（ ）。

A. 一屏 B. 一页 C. 多行 D. 一行

333. BF003　在 Word 中，当需要编辑的文本出现在屏幕上时，将 I 形鼠标指针移动到新的位置，然后(　　)鼠标左键以设置插入点。

A. 单击　B. 双击　C. 拖动　D. 指向

334. BF004　在 Word 中，给字体加粗的快捷键为(　　)。

A. Ctrl＋U　B. Ctrl＋I　C. Ctrl＋B　D. Shift＋B

335. BF004　在 Word 中，给字体加下划线的快捷键为(　　)。

A. Ctrl＋U　B. Ctrl＋I　C. Ctrl＋B　D. Shift＋B

336. BF004　在 Word 中，选中文字，(　　)就可以选择字体。

A. 双击右键　B. 单击右键　C. 单击左键　D. 双击左键

337. BF005　在 Word 中，单击“页眉/页脚”工具栏上的(　　)按钮，可以插入页码、作者、文件名、日期或时间。

A. “插入页码”　B. “页码格式”　C. “页面设置”　D. “自动图文集”

338. BF005　在 Word 的“段落”对话框中，“间距”框有三个选项，分别是“段前”“段后”和(　　)。

A. “字符间距”　B. “行距”　C. “对齐方式”　D. “下划线”

339. BF005　在 Word 中，设置字符格式时，不能设置的是(　　)。

A. 行间距　B. 字体　C. 字号　D. 字符颜色

340. BF006　在 Word 中，如果对使用表格自动套用格式排版的结果不满意的话，可以从“表格自动套用格式”对话框的“格式”框中选择(　　)选项。

A. “网格”　B. “列表”　C. “三维效果”　D. 无

341. BF006　在 Word 中，当在表格的最后一个单元格中输完数据之后，不能按(　　)，否则会在表格的底部增加一空行。

A. Tab 键　B. Shift 键　C. Ctrl 键　D. Alt 键

342. BF006　在 Word 中，如果想选择整个表格，可以将插入点放在表格的任一单元格中，选择“表格”菜单中的(　　)命令即可选中整个表格。

A. “合并单元格”　B. “选择表格”　C. “选定行”　D. “拆分表格”

343. BF007　在 Excel 中，如果要隐藏“编辑栏”，需执行(　　)菜单中“编辑栏”命令。

A. 文件　B. 编辑　C. 视图　D. 工具

344. BF007　在 Excel“常用”工具栏中，(　　)按钮可将选择的内容剪下来并存放到剪贴板中。

A. 复制　B. 粘贴　C. 选择性粘贴　D. 剪切

345. BF007　在 Excel“常用”工具栏中，(　　)按钮可复制并粘贴单元格及对象的格式。

A. 格式刷　B. 粘贴　C. 复制　D. 选择性粘贴

346. BF008　在 Excel 中，使用“格式”工具栏的(　　)按钮可以把所选择单元格的内容加下划线。

A. 粗体　B. 加下划线　C. 正常体　D. 斜体

347. BF008　在 Excel 中，(　　)工具栏的“合并及居中”按钮可将选定单元格区域内的数据放在区域中央。

A. 常用　B. 格式　C. 编辑　D. 绘图

348. BF008　在 Excel 中，使用“格式”工具栏的(　　)按钮可以把所选择单元格的内容变成斜体。

A. 粗体　B. 加下划线　C. 正常体　D. 斜体

349. BF009　使用“常用”工具栏中的(　　)按钮，可以用默认模板建立一个新 Excel 工作簿。

A. 新建　B. 打开　C. 拼写　D. 复制

350. BF009　在一个 Excel 工作簿中最多可以创建(　　)工作表。

A. 260 个　B. 255 个　C. 250 个　D. 200 个

351. BF009　在 Excel 中，选择(　　)菜单中的“删除工作表”命令，将永久删除选定的工作表。

A. 编辑　B. 文件　C. 格式　D. 数据

352. BF010　Excel 的默认图表类型为(　　)。

A. 柱形图　B. 条形图　C. 折线图　D. 饼图

353. BF010　在 Excel 中，使用“常用”工具栏中的(　　)按钮，可创建一个图表。

A. 地图　B. 图表向导　C. 绘图　D. Web 工具栏

354. BF010　在 Excel 中，使用“图表”工具栏创建的是(　　)。

A. 新工作表　B. 图表工作表　C. 嵌入图　D. 新工作簿

355. BF011　选中某一对象后，选择“幻灯片放映”菜单中的“自定义动画”命令，可以在打开的对话框中为对象设置时间、动画、图表和(　　)。

A. 播放效果　B. 动作　C. 格式　D. 文字格式

356. BF011　在“效果”框中有“慢速”“中速”“快速”三个选项，指的是(　　)。

A. 播放速度　B. 换片速度

C. 文字的出现速度　D. 幻灯片换片时切换的速度

357. BF012　电子邮件的英文名是(　　)

A. Letter　B. @　C. Mail　D. Email

358. BF012　在 Outlook 中要发送邮件，首先要填写(　　)。

A. 新邮件　B. 收件人　C. 发件人　D. 收件箱

359. BF012　邮件中点击“添加附件”可以添加(　　)

A. 图片　B. 软件　C. 网页　D. 声音

二、多选题(每题有 4 个选项，其中至少有 2 个是正确的，将正确的选项号填入括号内)

1. AA001　美国 Matco 公司的 MPDA100A 具备(　　)等功能。

A. 发动机排故　B. 万用表　C. 示波器　D. 发动机分析

2. AA001　汽车示波器按功能分有(　　)。

A. 多功能型示波器　B. 双通道示波器/万用表

C. 四通道示波器　D. 专用型示波器

3. AA002　使用汽车示波器时，应(　　)。

A. 先接通电源　B. 后插入测试卡　C. 先开机　D. 后接通电源

4. AA002　使用汽车示波器时，描述正确的是(　　)。

A. 远离热源　B. 靠近转动部件　C. 远离转动部件　D. 靠近热源

5. AA003　STS6000 测试仪主要包括电源、键盘、显示、控制、(　　)等部分。

A. 测试　B. 模拟　C. 转换　D. 处理

6. AA003　STS6000 测试仪的控制部分由八倍微控器和(　　)构成。

A. 微控制器的外围电路　B. 专门为本仪器编制的程序

C. 测试主线　D. 接地电缆

7. AA004　关于传感器模拟测试仪的顶端插座,下列表述正确的是(　　)。

A. 左边为电源线插座　B. 右边为测试线插座

C. 左边为主机线插座　D. 右边为接地线插座

8. AA004　使用传感器模拟测试仪测试(　　)时,应先将测试夹正确接于待测点,然后按下相应的测试主功能键。

A. 电流　B. 电压　C. 电阻　D. 频率

9. AA005　元征 ADC2000 汽车诊断电脑通过软件与汽车上的电脑通信来完成(　　)。

A. 通信功能　B. 解码功能　C. 故障排除功能　D. 数据分析功能

10. AA005　通过电脑故障诊断仪可读出(　　)等动态变化的参数。

A. 冷却水温度　B. 发动机转速　C. 节气门开度　D. 发动机扭矩

11. AB001　国家标准《机械制图》对机械制图的幅面、字体(　　)等项都作出了具体的规定。

A. 图线　B. 尺寸　C. 比例　D. 方向

12. AB001　图样中的汉字应采用长仿宋体,长仿宋体汉字书写的特点为(　　)。

A. 横平竖直　B. 起落有锋　C. 粗细一致　D. 结构匀称

13. AB002　在三视图的方位关系中,主视图反映物体各机构之间的(　　)位置关系。

A. 上下　B. 左右　C. 前后　D. 侧后

14. AB002　在三视图的方位关系中,左视图反映物体各机构之间的(　　)位置关系。

A. 上下　B. 左右　C. 前后　D. 侧后

15. AB003　剖视图的标注包括(　　)。

A. 剖切线　B. 剖切位置　C. 投射方向　D. 剖视图名称

16. AB003　按剖切平面剖切物体的范围不同,剖视图可分为(　　)等几类。

A. 全剖视图　B. 半剖视图　C. 局部剖视图　D. 阶梯剖视图

17. AB004　下列关于公差的表述,正确的是(　　)。

A. 它是正值　B. 它是负值　C. 能为零　D. 不能为零

18. AB004　下列关于偏差的表述,正确的是(　　)。

A. 可以为正值　B. 可以为负值　C. 能为零　D. 不能为零

19. AB005　根据配合的孔、轴间间隙的情况,配合可分为(　　)。

A. 间隙配合　B. 过盈配合　C. 缝隙配合　D. 过渡配合

20. AB005　下列关于基孔制的表述,正确的是(　　)。

A. 基本偏差代号为 h　B. 基本偏差代号为 H

C. 下偏差为零　D. 上偏差为零

21. AB006　形位公差包括(　　)。

A. 位置公差　B. 定向公差　C. 形状公差　D. 标准公差

22. AB006　位置公差包括(　　)。

A. 定位公差　B. 定向公差　C. 形状公差　D. 标准公差

23. AB007 对同一英制螺纹,外螺纹有三种螺纹等级,分别是(　　)。
A. A 级　B. 1A 级　C. 2A 级　D. 3A 级
24. AB007 对同一英制螺纹,内螺纹有三种等级,分别是(　　),全部是间隙配合。
A. B 级　B. 1B 级　C. 2B 级　D. 3B 级
25. AB008 求画两回转体的相贯线,就是要求出相贯线上一系列的共有点。求共有点的方法有(　　)。
A. 面上取点法　B. 辅助平面法　C. 辅助同心球面法　D. 空间曲线法
26. AB008 由于组成相贯体的各立体的(　　)不同,相贯线也表现为不同的形状。
A. 尺寸　B. 形状　C. 大小　D. 相对位置
27. AB009 零件图是(　　)的依据。
A. 加工制造零件　B. 检验零件　C. 测量零件　D. 装配零件
28. AB009 一张完整的零件图应该包括(　　)。
A. 图形　B. 完整的尺寸　C. 技术要求　D. 标题栏
29. AB010 根据作用不同,零件尺寸基准可分为(　　)。
A. 装配基准　B. 设计基准　C. 定位基准　D. 工艺基准
30. AB010 合理标注零件尺寸的原则包括(　　)等。
A. 重要尺寸直接注出　B. 避免封闭尺寸链
C. 标注尺寸便于加工测量　D. 非重要尺寸不用注出
31. AB011 绘制零件图时应合理地选择主视图,应尽量令其符合零件的(　　)。
A. 工作位置　B. 工作环境　C. 加工环境　D. 加工位置
32. AB011 零件上因制造、装配需要而要求的工艺结构,如(　　)等,均必须查阅有关标准后画出。
A. 铸造圆角　B. 倒角　C. 倒圆　D. 退刀槽
33. AB012 零件可以分为(　　)。
A. 标准零件　B. 借用零件　C. 特殊零件　D. 一般零件
34. AB012 拆画零件图之前应该认真阅读装配图,了解设计意图,弄清楚(　　)。
A. 工作原理　B. 对热处理的要求　C. 装配关系　D. 结构形状
35. AB013 主视图确定后,要根据零件的(　　)来确定其他视图。
A. 结构　B. 形状　C. 基准面　D. 端面
36. AB013 每个视图都有明确的表达目的和重点,对零件的(　　)都应该有侧重。
A. 内外形状　B. 主局部形状　C. 材料　D. 数量
37. AB014 根据零件的(　　),选定绘图比例与图幅,绘制各视图的基准线。
A. 复杂程度　B. 形状大小　C. 视图数量　D. 技术要求
38. AB014 画零件图时,将零件分解为若干基本形体,从而确定表达零件的(　　)。
A. 主视图　B. 绘图比例　C. 视图数量　D. 剖视方法
39. BA001 诊断汽车空调系统的故障,一般是通过(　　),然后综合分析,找出故障所在。
A. 听　B. 看　C. 摸　D. 测
40. BA001 查看汽车空调系统时,应查看(　　)等有无结霜或结露现象。
A. 连接管道　B. 储液干燥器　C. 膨胀阀　D. 散热片
41. BA002 微机控制的汽车空调系统能显示(　　)及运转时间。

A. 给定温度　B. 控制温度　C. 控制方式　D. 运转方式

42. BA002　微机控制的汽车空调系统的功能有(　　)。

A. 节能控制　B. 故障自检　C. 故障诊断储存　D. 故障报警

43. BA003　奔驰 W140 型自动空调系统在使用时,按下左侧 AUTO 按钮,风道转换功能根据(　　)进行左侧风口自动切换。

A. 车内的温度　B. 车内的湿度　C. 车外的温度　D. 人们需要的温度

44. BA003　电控气动式自动空调系统由(　　)组成。

A. 蒸发器　B. 空调微机　C. 风道转换电磁阀　D. 阀门

45. BA004　汽车电动车窗的两扇后车窗的分开关不起作用时,应检查(　　)的工作情况。

A. 电动机　B. 断路开关　C. 短路开关　D. 总开关

46. BA004　汽车电动车窗有时不能升降,应(　　)。

A. 检查搭铁线　B. 检查控制导线　C. 清洁搭铁线　D. 紧固搭铁线

47. BA005　现代汽车的电动后视镜可通过其背后装有的电动机和驱动器来操纵其(　　)运动。

A. 向上　B. 向下　C. 向左　D. 向右

48. BA005　现代汽车的电动后视镜,开关杆能多方向运动,它可使(　　)工作。

A. 一个电动机　B. 两个电动机同时　C. 三个电动机同时　D. 四个电动机同时

49. BA006　当汽车直流电动机式门锁关锁时,下列描述正确的是(　　)。

A. 电动机流过正电流　B. 电动机流过负电流

C. 电动机正转　D. 电动机反转

50. BA006　电磁式中央遥控门锁执行机构一般由(　　)等组成。

A. 锁门线圈　B. 开锁线圈　C. 锁扣连杆　D. 衔铁

51. BA007　电容式门锁控制器工作时,把它接入控制电路放电,使(　　)。

A. 继电器通电　B. 线圈短时吸合　C. 线圈通电　D. 继电器短时吸合

52. BA007　对于电容式门锁控制器,当转动车门钥匙时,下列描述正确的是(　　)。

A. 产生电磁力　B. 继电器触点闭合　C. 继电器触点分开　D. 电磁线圈通电

53. BA008　安全气囊按数量可分为(　　)。

A. 单气囊安全气囊系统　B. 双气囊安全气囊系统

C. 多气囊安全气囊系统　D. 三气囊安全气囊系统

54. BA008　安全气囊按大小可分为(　　)。

A. 保护全身安全气囊　B. 保护整个上身安全气囊

C. 保护面部安全气囊　D. 保护腹部安全气囊

55. BA009　电子式安全气囊系统组成中的传感器有(　　)等多种类型。

A. 电量式　B. 压电陶瓷式　C. 黏性阻尼式　D. 无摩擦滚轴式

56. BA009　电子式安全气囊系统组成中的电子控制器一般包括(　　)。

A. 传感器　B. 微处理器　C. 监测系统　D. 点火器

57. BA010　电子式安全气囊的微机会依据传感器的信号,利用预先设置的程序进行(　　)。

A. 计算　B. 检查　C. 维护保养　D. 逻辑判断

58. BA010　装有前碰撞传感器的安全气囊,能同时由(　　)检测到车速突然变化的信号。

A. 安全传感器　　B. 中央碰撞传感器　　C. ECU　　D. 前碰撞传感器

59. BA011　即使只发生轻微碰撞而安全气囊未打开，也应对前安全气囊的（　　）进行检查。

A. 点火器　　B. 传感器　　C. 电路　　D. 气囊

60. BA011　手持安全气囊时，下列做法正确的是（　　）。

A. 不要使气囊指向身体　　B. 微调盖朝上放置于工作台上

C. 气囊盖指向身体　　D. 微调盖朝下放置于地面上

61. BA012　安全气囊系统故障比较难以确诊，一般有（　　）等诊断方法。

A. 保养提示灯法　　B. 参数测量法　　C. 扫描仪法　　D. 直观法

62. BA012　在电子技术没发展起来前，老一点的车型对安全气囊进行故障诊断时多采用（　　）等诊断方法。

A. 保养提示灯法　　B. 参数测量法　　C. 扫描仪法　　D. 直观法

63. BA013　电控动力阀控制系统在发动机小负荷运行时，ECU 可根据（　　）等信号来接通真空电磁阀电路。

A. 发动机转速　　B. 空气流量　　C. 空气温度　　D. 冷却水温度

64. BA013　电控动力阀控制系统在发动机小负荷运行时，接通真空电磁阀电路后，（　　）。

A. 真空电磁阀打开　　B. 气压阀关闭　　C. 动力阀关闭　　D. 感应阀关闭

65. BA014　电控进气惯性增压控制系统工作时，当气体的惯性效应消减后，下列描述正确的是（　　）。

A. 压力上升　　B. 被压缩的气体开始膨胀

C. 气体向进气气流的相反方向流动　　D. 压力下降

66. BA014　进气惯性增压是根据发动机的运行工况使进气管长度改变，从而同时（　　）的原理发展起来的。

A. 增大功率　　B. 增大扭矩　　C. 增大压力　　D. 增大输入电压

67. BA015　废气涡轮增压控制系统在 ECU 检测到的进气压力在 0.1 MPa 以下时，（　　）。

A. 释压阀的回路导通　　B. 释压电磁阀关闭

C. 释压阀的搭铁回路断开　　D. 释压电磁阀打开

68. BA015　废气涡轮增压控制系统在 ECU 检测到的进气压力在 0.1 MPa 以下时，下列描述正确的是（　　）。

A. 进气进入驱动气室　　B. 排气旁通通道打开

C. 对进气进行降压　　D. 排气旁通通道关闭

69. BA016　内装式电动汽油泵的涡轮泵由电动机驱动，当涡轮在电动机带动下旋转时，涡轮圆周槽内的（　　）一起高速旋转。

A. 泵轮　　B. 燃油　　C. 叶片　　D. 涡轮

70. BA016　内装式电动汽油泵的侧槽泵由法兰和叶轮组成，法兰包括（　　）。

A. 进油口　　B. 侧槽　　C. 叶片环　　D. 封闭式导流槽

71. BA017　外装式电动汽油泵由电动机、滚柱泵或齿轮泵、（　　）等组成。

A. 单向阀　　B. 限压阀　　C. 滤网　　D. 阻尼稳压器

72. BA017　由于滚珠泵工作过程中泵油室的容积变化大，因此它的（　　）都比叶片式油泵大。

A. 吸油速度 B. 吸油量 C. 吸油高度 D. 供油压力

73. BA018 ECU 控制的油泵控制电路在点火开关 IG 接通时,( )。

A. 主继电器闭合 B. 继电器闭合 C. 电控系统受电 D. 断路继电器闭合

74. BA018 关于具有转速控制的油泵控制电路,下列描述正确的是( )。

A. 油泵的转速可以变化 B. 油泵的转速固定不变

C. 油泵高速运转时,泵油量减少 D. 油泵低速运转时,泵油量减少

75. BA019 发动机启动后,电控单元对最佳点火提前角的计算和控制方法是:首先根据( )确定初始点火提前角。

A. STA 信号 B. G 信号 C. Ne 信号 D. A/C 信号

76. BA019 怠速稳定性修正的控制信号主要有( )等。

A. 发动机转速信号 B. 车速信号 C. 节气门位置信号 D. 空调信号

77. BA020 点火提前角的开环控制方式就是电子控制器根据有关传感器提供的发动机工况信息,进行( )来控制点火。

A. 存储 B. 读取 C. 计算 D. 修正

78. BA020 当发动机发生爆振时,关于 ECU 对点火提前角的控制,下列叙述正确的是( )。

A. 爆振强,推迟的角度小 B. 爆振强,推迟的角度大

C. 爆振弱,推迟的角度大 D. 爆振弱,推迟的角度小

79. BA021 发动机启动后,冷却水没有达到正常温度之前,应自动提高发动机的怠速,以免发动机( )等。

A. 运行发抖 B. 转速过快 C. 不稳 D. 停转

80. BA021 发动机怠速的高低,对发动机的( )等都有一定影响。

A. 排放污染 B. 暖机时间 C. 油耗 D. 使用寿命

81. BA022 旁通空气式怠速控制执行机构按结构可分为( )等。

A. 双金属片式 B. 石蜡式 C. 平动电磁阀式 D. 旋转电磁阀式

82. BA022 关于节气门式怠速控制执行机构,下列叙述正确的是( )。

A. 控制稳定性差 B. 控制稳定性好 C. 反应速度快 D. 反应速度慢

83. BA023 步进电动机怠速控制执行机构对发动机转速变化的预控制,是 EUC 在( )就控制步进电动机转动,预先把怠速控制阀开大或关小一个固定的距离。

A. 收到空调开关开关量信号 B. 收到空挡启动开关开关量信号

C. 发动机出现转速变化前 D. 发动机出现功率变化前

84. BA023 步进电动机怠速控制的内容主要有( )等。

A. 启动初始位置设定 B. 启动后控制

C. 反馈控制 D. 学习控制

85. BA024 丰田车步进电动机型怠速控制执行机构检查 ISC 阀的工况时,需( )。

A. 检查端子 B. 更换 ISC 阀 C. 阀不能关闭 D. 检查 ECU

86. BA024 在检查怠速控制阀时,若发动机熄火,怠速控制阀会发出“咔嗒”一声响,如果不响则应检查( )。

A. 端子 B. ISC 阀 C. 节气门 D. ECU

87. BA025　排放控制系统中，三元催化转换器也称触媒转换器，它主要分为(　　)。
A. 氧化触媒转化器　　B. 单芯三元催化转换器
C. 三芯三元催化转换器　　D. 三元催化触媒转化器

88. BA025　大多数三元催化转换器在陶瓷载体上浸渍(　　)的混合物作为催化剂。
A. 铂　　B. 钯　　C. 铑　　D. 镍

89. BA026　排放控制系统中，当混合气浓时，下列关于氧化锆式氧传感器的叙述正确的是(　　)。
A. 排气中氧含量低　　B. 信号电压高
C. 信号电压低　　D. 锆管内外两侧氧的浓度差大

90. BA026　排放控制系统中，当混合气稀时，下列关于氧化锆式氧传感器的叙述正确的是(　　)。
A. 排气中氧含量低　　B. 信号电压低
C. 排气中氧含量高　　D. 锆管内外两侧氧的浓度差小

91. BA027　空燃比反馈控制过程中，ECU 收到高电位信号时，下列叙述正确的是(　　)。
A. 喷油持续时间缩短　　B. 反馈修正系数增大
C. 反馈修正系数减小　　D. 喷油器的喷油量减小

92. BA027　空燃比反馈控制过程中，ECU 收到低电位信号时，下列叙述正确的是(　　)。
A. 喷油持续时间延长　　B. 反馈修正系数增大
C. 反馈修正系数减小　　D. 喷油器的喷油量减小

93. BA028　废气再循环控制系统引入气缸的废气主要是二氧化碳，下列关于二氧化碳的叙述正确的是(　　)。
A. 起催化作用　　B. 不参与燃烧　　C. 能吸收热量　　D. 参与燃烧

94. BA028　过度的废气再循环会影响发动机的正常运行，特别是在(　　)时。
A. 低转速小负荷　　B. 高温　　C. 低转速大负荷　　D. 怠速

95. BA029　带有 EGR 位置传感器的电控废气再循环系统中，根据(　　)，可预先设定好 EGR 阀升程位置。
A. 发动机转速　　B. 发动机负荷　　C. 发动机功率　　D. 节气门开度

96. BA029　带有 EGR 位置传感器的电控废气再循环系统工作时，在大负荷及高速范围内，利用(　　)等参数，来控制 ECR 阀完全关闭，停止废气再循环。
A. 发动机功率　　B. 节气门开度　　C. 发动机转速　　D. 发动机温度

97. BA030　发动机工作时，ECU 根据发动机的(　　)等信号，控制碳罐电磁阀的开闭。
A. 机油量　　B. 转速　　C. 温度　　D. 空气流量

98. BA030　桑塔纳时代超人车型的活性炭罐的结构包括(　　)等。
A. 单向阀　　B. 膜片弹簧　　C. 电磁衔铁　　D. 电磁线圈

99. BA031　发动机集中控制系统在点火开关打开后，ECU 将控制燃油泵工作(　　)，以建立必须的燃油压力，来实现燃油泵控制。
A. 0.5 s　　B. 1 s　　C. 2 s　　D. 3 s

100. BA031　汽车行驶中，发动机集中控制系统还可以实现(　　)等控制。
A. 限速断油控制　　B. 燃油泵控制　　C. 加速控制　　D. 加速断油控制

101. BA032　当节气门位置传感器产生断路或短路故障时，此时安全保险功能将采用正常运转值，通常按节气门开度为(　　)的值控制发动机工作。

A. 0°　　B. 15°　　C. 25°　　D. 45°

102. BA032　发动机控制系统具有安全保险功能，当 ECU 检测到(　　)出现故障时，会自动停机。

A. 控制阀　　B. 传感器　　C. 电路　　D. 节气门

103. BA033　汽车故障自诊断系统中，仪表板上的发动机检查警告灯一般为(　　)。

A. CHECK　　B. CHECK ON

C. SERVICE　　D. SERVICE ENGINE SOON

104. BA033　下列关于汽车故障自诊断系统工作原理的表述，正确的是(　　)。

A. 偶然出现一次不正常信号，微机会判断为故障

B. 偶然出现一次不正常信号，微机不会判断为故障

C. 不正常信号持续一定时间，微机会判断为故障

D. 不正常信号多次出现，微机会判断为故障

105. BA034　下列关于汽车自诊断静态模式的描述，错误的是(　　)。

A. 发动机处于发动状态　　B. 能读取故障码

C. 能读取存储的故障码　　D. 能进行混合气成分监测

106. BA034　汽车自诊断的诊断模式分为(　　)。

A. 静态检测　　B. 路上检测　　C. 动态检测　　D. 室内检测

107. BA035　当发动机微机控制系统工作时，丰田自诊断系统连续监测(　　)。

A. 每个传感器的输入信号　　B. 每个传感器的输出信号

C. 每个执行器反馈电路的反馈信号　　D. 每个执行器的输入信号

108. BA035　动态诊断模式下读取故障码时，用诊断跨线接微机故障检测插座中的(　　)端子。

A. TE1　　B. TE2　　C. E1　　D. E2

109. BB001　汽车电动座椅由(　　)等组成。

A. 变速器　　B. 双向电动机　　C. 传动装置　　D. 座椅调节器

110. BB001　使用永磁型电动机的汽车电动座椅，通过时间控制开关控制(　　)。

A. 电流路线　　B. 电流方向　　C. 电压方向　　D. 电阻大小

111. BB002　汽车电动座椅的电子控制系统装有电位计，它由(　　)组成。

A. 齿轮　　B. 枢轴　　C. 滑块　　D. 电阻丝

112. BB002　汽车电动座椅的电子控制系统一般由蓄电池、热过载保护(　　)等组成。

A. 主继电器　　B. 电子控制装置　　C. 电动机　　D. 电位计

113. BB003　电动座椅完全不能动作，其原因可能有(　　)。

A. 熔丝熔断　　B. 座椅开关故障　　C. 座椅电动机损坏　　D. 插接器松旷

114. BB003　电动座椅某个方向不能动作，其可能原因有(　　)。

A. 熔丝熔断　　B. 座椅开关故障

C. 座椅电动机损坏　　D. 该方向对应线路故障

115. BB004　检查电动座椅 PTC 热敏电阻(乘客一侧)时，查完电流强度后，应(　　)。

A. 从端子上拆下导线　　B. 检查座椅动作情况

C. 检查电动机　　D. 检查蓄电池

116. BB004 检查电动座椅 PTC 热敏电阻(驾驶员一侧)时,下列描述正确的是(   )。
A. 蓄电池正极导线与端子 2 相连　B. 蓄电池正极导线与端子 1 相连
C. 电流表正极导线与端子 1 相连　D. 电流表正极导线与端子 2 相连

117. BB005 自动变速器电控单元(ECU)可以(   )。
A. 控制超速行驶　B. 控制低速行驶　C. 进行自我诊断　D. 控制速度变化

118. BB005 自动变速器电控单元(ECU)控制锁止离合器,通过(   )信号使锁止电磁阀开或关。
A. 空挡　B. 车速　C. 节气门开度　D. 启动信号

119. BB006 自动变速器换挡电磁阀,可以是一种常开的两位通电电磁阀,即(   )。
A. 断电时通道打开　B. 通电时通道关闭　C. 断电时通道关闭　D. 通电时通道打开

120. BB006 自动变速器换挡电磁阀的特点包括(   )。
A. 反应迅速　B. 抗腐蚀　C. 耐磨损　D. 制造简单

121. BB007 自动变速器压力控制电磁阀工作时,计算机可以根据(   )等各种输入信号控制压力控制电磁阀。
A. 歧管压力　B. 挡位位置　C. 节气门开度　D. 油液温度

122. BB007 下列关于自动变速器压力控制电磁阀的表述,正确的是(   )。
A. 一种粗糙的电子压力调节器　B. 一种精确的电子压力调节器
C. 调节占空比可以控制电磁阀的电流　D. 调节占空比可以控制电磁阀的电压

123. BB008 电控自动变速器诊断故障时,要正确区别故障的性质属于(   )。
A. 电子的　B. 机械的　C. 电流的　D. 液压的

124. BB008 电控自动变速器诊断故障时的原则包括(   )。
A. 分清故障原因　B. 多种检验项目结合
C. 不要轻易解体　D. 分清故障性质

125. BB009 电控自动变速器液压控制回路漏油故障中,液压系统的(   )是发生故障的常见部位。
A. 油封　B. 节气门拉锁　C. 换挡手柄　D. 密封垫

126. BB009 电控自动变速器故障一般发生在变速器内部,维修起来工作量比较大的是(   )。
A. 电控故障　B. 液压故障　C. 机械故障　D. 线路故障

127. BB010 汽车加速防滑电子控制(ASR)系统的控制方式有(   )。
A. 差速制动控制　B. 发动机输出功率控制
C. 警报　D. 发动机输入功率控制

128. BB010 当驱动车轮单边滑转时,汽车加速防滑电子控制(ASR)系统使(   )动作,将车轮的滑转率控制在目标范围之内。
A. 差速制动阀　B. 喷油器　C. 节气门　D. 制动压力调节装置

129. BB011 汽车加速防滑电子控制(ASR)系统通常只在一定车速范围内起作用,当车速达到(   )时,ASR 将会自动退出防滑转调节过程。
A. 40 km/h　B. 60 km/h　C. 80 km/h　D. 120 km/h

130. BB011 关于汽车加速防滑电子控制(ASR)系统的特点,下列叙述正确的是(   )。
A. 车速较低时,对两驱动轮施加不同的制动力矩

B. 车速较低时,对两驱动轮施加相同的制动力矩
C. 车速较高时,对两驱动轮施加相同的制动力矩
D. 车速较高时,对两驱动轮施加不同的制动力矩

131. BB012 ASR 系统的传感器主要包括( )。
A. 轮速传感器 B. 温度传感器
C. 节气门位置传感器 D. 车速传感器

132. BB012 ASR 系统传感器的作用有( )。
A. 为 ASR 的 ECU 提供轮速信息 B. 为 ASR 的 ECU 提供节气门开度信号
C. 实时监控轮速 D. 主动干预车速

133. BB013 ASR 系统 ECU 的输入信号来自( )等。
A. ABS ECU B. ABS ISC C. ISC ECU D. 发动机控制 ECU

134. BB013 ASR 系统的电子控制单元配有( )等。
A. 输入电路 B. 输出电路 C. 电源电路 D. 电磁电路

135. BB014 汽车 ASR 制动压力调节器的机构形式有( )。
A. 单独方式 B. 单向方式 C. 多向方式 D. 组合方式

136. BB014 汽车 ASR 节气门驱动装置一般由( )组成。
A. 液压泵 B. 步进电动机 C. 传动机构 D. 液压机构

137. BB015 蓝鸟车流量控制式动力转向系统是在一般液压动力转向系统上增加了( )等组成的。
A. 旁通流量控制阀 B. 车速传感器
C. 转向角速度传感器 D. 电子控制单元

138. BB015 蓝鸟车流量控制式动力转向系统中的电子控制单元是接收( )的信号,以控制旁通流量控制阀的电流。
A. 控制开关 B. 车速传感器
C. 转向角速度传感器 D. 变换开关

139. BB016 反力控制式动力转向系统转向时,当转向力增大,扭力杆发生扭转变形时,( )之间将发生相对转动。
A. 分流阀 B. 电磁阀 C. 转阀阀杆 D. 控制阀体

140. BB016 反力控制式动力转向系统主要由( )等组成。
A. 分流阀 B. 电磁阀 C. 转向动力缸 D. 控制阀

141. BB017 阀灵敏度控制式动力转向系统中的电子阀的可变小孔分为( )。
A. 怠速专用小孔 B. 低速专用小孔 C. 中速专用小孔 D. 高速专用小孔

142. BB017 阀灵敏度控制式动力转向系统除了改进了转子阀,还增设了( )。
A. 动力缸 B. 电磁阀 C. 车速传感器 D. 电子控制单元

143. BB018 电动式转向系统工作时,操纵转向盘,扭矩传感器测出的( )同时被输入电子控制单元。
A. 扭矩信号 B. 车速信号 C. 输出信号 D. 扭力信号

144. BB018 电动式转向系统根据( )等,由电子控制单元完成助力控制。
A. 车速 B. 转速参数 C. 负载 D. 空气阻力

145. BB019 电动式转向系统的扭矩传感器用来测量( )之间的相对扭矩。

A. 转向盘　　B. 转向轮　　C. 转向器　　D. 输出轴

146. BB019　电动式转向系统中电动机的动力经过(　　)等传递给执行机构。

A. 主动轴　　B. 压板　　C. 花键　　D. 从动轴

147. BB020　Alto 汽车电动式转向系统工作时,施加在转向盘上的转向力经(　　)传递给输出轴。

A. 输入轴　　B. 扭杆　　C. 钢球　　D. 连接环

148. BB020　Alto 汽车电动式转向系统由(　　)等组成。

A. 扭矩传感器　　B. 电子控制单元　　C. 电动机　　D. 减速机构

149. BB021　Alto 汽车的电控单元可根据(　　)确定并控制电动机驱动电流的方向和大小。

A. 转速　　B. 车速信号　　C. 电压信号　　D. 转向力矩

150. BB021　属于 Alto 汽车电动式转向系统控制内容的是(　　)。

A. 自诊断控制　　B. 电动机电压控制　　C. 速度控制　　D. 角速度控制

151. BB022　悬架电子控制系统的传感器有多种形式,它们在系统中承担着将汽车的(　　)等工况转变为电信号的任务。

A. 震动　　B. 车速　　C. 转向　　D. 制动

152. BB022　悬架电子控制系统的执行机构根据接收的控制信号,实现对(　　)的调节。

A. 弹簧刚度　　B. 车速　　C. 减震器阻尼　　D. 车身高度

153. BB023　三级可调阻尼式减震器控制杆的上端和下端分别与(　　)相连。

A. 转阀　　B. 执行机构　　C. 电磁阀　　D. 活塞杆

154. BB023　三级可调阻尼式减震器执行机构由(　　)等组成。

A. 直流电动机　　B. 驱动齿轮　　C. 电磁线圈　　D. 扇形齿轮

155. BB024　一般车型的驾驶员可根据(　　)选择处于不同阻尼级的外部电磁铁控制减震器。

A. 路面条件　　B. 车速　　C. 负荷　　D. 路面宽度

156. BB024　外部电磁铁控制的减震器选择处于低阻尼级时,下列表述正确的是(　　)。

A. 舒适性提高　　B. 安全性提高　　C. 安全性下降　　D. 舒适性降低

157. BB025　可连续调节阻尼力的半主动悬架系统的 ECU 从传感器接收(　　)等信号。

A. 速度　　B. 位移　　C. 加速度　　D. 油压

158. BB025　可连续调节阻尼力的半主动悬架系统分为(　　)。

A. 被动悬架　　B. 主动悬架　　C. 有级半主动悬架　　D. 无级半主动悬架

159. BB026　主动式空气悬架系统一般由(　　)等组成。

A. 空气压缩机　　B. 干燥器　　C. 悬架控制执行器　　D. 电子控制单元

160. BB026　主动式空气悬架系统中(　　)可同时得到控制。

A. 车速　　B. 车高　　C. 弹簧刚度　　D. 减震器阻尼力

161. BB027　主动式油气弹簧悬架系统(雪铁龙 XM)设有(　　)。

A. 加速度传感器　　B. 制动压力传感器　　C. 车速传感器　　D. 车身位移传感器

162. BB027　主动式油气弹簧悬架系统的油气弹簧一般由(　　)组成。

A. 回转阀　　B. 气体弹簧　　C. 液压缸　　D. 电磁阀

163. BB028　带路况预测传感器的主动悬架系统中,输入 ECU 的各种信号对设置在各车轮上的(　　)进行控制。

A. 控制阀　B. 储压器　C. 主节流阀　D. 选择阀

164. BB028 带路况预测传感器的主动悬架系统设有(　　)。

A. 一个悬架弹簧　B. 两个悬架弹簧

C. 一个单向液压执行器　D. 一个双向液压执行器

165. BB029 高度传感器有(　　)等多种形式。

A. 簧片式　B. 霍尔式　C. 机械式　D. 光电式

166. BB029 光电式车高传感器中有四组(　　),组成了四对光电耦合器。

A. 发光二极管　B. 发光三极管　C. 光敏三极管　D. 光敏二极管

167. BB030 富士 Subarv 车身高度控制系统工作时,ECU 根据(　　),给控制车高的电磁阀发出指令。

A. 车速传感器信号的变化　B. 驾驶员给予的控制模式指令

C. 车高传感器信号的变化　D. 控制单元的指令

168. BB030 富士 Subarv 车身高度控制系统主要由(　　)等组成。

A. 空气压缩机　B. 排气阀　C. 进气阀　D. 储气罐

169. BB031 当空气压缩机驱动电机故障时,拆下 1 号高度控制继电器后,正确的做法是(　　)。

A. 测插座 1 端对地电压　B. 若无电压,应检查熔丝

C. 若有电压,应检查导线　D. 若有电压,应观察空气压缩机是否运转

170. BB031 若发电机输入电路故障,下列检修方法的叙述中正确的是(　　)。

A. 运转发动机,观察仪表板上的充电指示灯

B. 若充电指示灯灭,应检修发电机

C. 若充电指示灯灭,应检修蓄电池

D. 若充电指示灯亮,应检修发电机

171. BB032 汽车防盗装置的脉冲转发器是一种不需要电池驱动的(　　)。

A. 输入元件　B. 感应元件　C. 发射元件　D. 控制元件

172. BB032 关于汽车防盗装置脉冲转发器的作用,下列描述正确的是(　　)。

A. 是一种感应元件　B. 能传递能量

C. 是一种控制元件　D. 能传递钥匙代码

173. BB033 如果使用非法钥匙或系统存在故障时,汽车打开点火开关后,下列描述正确的是(　　)。

A. 警告灯一直亮　B. 警告灯不停闪烁

C. 发动机启动后就熄火　D. 发动机不启动

174. BB033 汽车防盗装置控制单元有(　　),以备防盗。

A. 14 位的识别号码　B. 4 位数的密码

C. 4 位的识别号码　D. 14 位数的密码

175. BB034 在汽车防盗装置控制单元里,(　　)先进行比较。

A. 输入的钥匙代码　B. 输入的程控代码　C. 存储的钥匙代码　D. 存储的程控代码

176. BB034 关于汽车防盗装置的工作原理,下列描述正确的是(　　)。

A. 每次启动发动机时,控制单元都会发生一个可变代码

B. 每次启动发动机时,控制单元都会发生一个固定代码

C. 防盗控制单元核对发动机电控单元的代码
D. 防盗控制单元核对变速器电控单元的代码

177. BB035 检修分立元件防盗报警器故障时，根据防盗装置电路工作原理，用万用电表或其他仪表检查防盗装置的（ ）是否在正常的工作范围以内。
A. 电路 B. 电流
C. 各个元器件的电压值 D. 烧灼情况

178. BB035 检修分立元件防盗报警器的故障时，先目测防盗装置的各元器件是否有（ ）的地方。
A. 歪斜 B. 断裂 C. 碰撞 D. 烧灼

179. BC001 在 Word 中，多个图形组合起来变成一个图形后，不能单独改变其中某个图形的（ ）等。
A. 大小 B. 颜色 C. 版式 D. 位置

180. BC001 在 Word 中，调整图形包括调整（ ）等。
A. 图形大小 B. 图形颜色 C. 图形角度 D. 图形位置

181. BC002 双击 Word 文档中的图形，将弹出设置自选图形格式对话框，使用该对话框可以对图形的（ ）等进行一系列精确的设置。
A. 颜色 B. 尺寸 C. 位置 D. 图片格式

182. BC002 Word 文档中对图形中线条的调整包括对线条（ ）等的调整。
A. 颜色 B. 虚实 C. 位置 D. 粗细

183. BC003 在 CAD 制图中，下列对线的操作方法正确的是（ ）。
A. 按 F8 变直线 B. 按 F3 变交线 C. 按 F6 变直线 D. 按 F5 变交线

184. BC003 在 CAD 制图中，下列键盘快捷命令中正确的是（ ）。
A. A：圆弧 B. B：圆 C. C：定义块 D. D：标注样式

185. BC004 在 CAD 中，通过块制成了各种（ ）等。
A. 常见结构 B. 特殊结构 C. 专业图形库 D. 标准零件库

186. BC004 CAD 有各种非常有效的（ ），所以我们可以用 CAD 命令直接画出大量的图形。
A. 图形结构命令 B. 图形绘制命令 C. 编辑命令 D. 程序命令

187. BC005 关于在 CAD 中原理图中电气元件的画法，下列叙述正确的是（ ）。
A. 须画实际外形图 B. 均不画实际外形图
C. 只画带电部件 D. 只画联电部分

188. BC005 在 CAD 中绘制自己工作中常见的电气元件时，下列叙述正确的是（ ）。
A. 使用快捷键“W” B. 利用写块指令
C. 使用快捷键“V” D. 使用快捷键“U”

189. BD001 桑塔纳轿车空调控制系统中的 S 代表熔丝，熔丝的容量通过颜色判断，下列叙述中正确的是（ ）。
A. 紫色为 3A B. 红色为 10A C. 蓝色为 15A D. 绿色为 20A

190. BD001 桑塔纳轿车空调控制系统中的 S3 代表（ ）。
A. 点烟器 B. 收音机 C. 车内灯 D. 制动灯

191. BD002 关于桑塔纳 LX 型轿车电路图上部的四根导线“30”“15”“X”“31”，下列叙述正确的是（ ）。

A."30"表示常火线　　B."15"表示零线

C."X"表示接大容量电器的火线　　D."31"表示接地线

192. BD002 桑塔纳 LX 型轿车电路图中标有"30"字样的电路,它与蓄电池直接相连,中间不经任何开关,为在(　　)时还需要使用的用电器具供电。

A. 停车　　B. 发动机怠速　　C. 发动机低速　　D. 发动机熄火

193. BD003 奥迪 A6 系列轿车电源与启动系统电路中,"㊹"的含义是(　　)。

A. 在仪表盘内　　B. 搭铁点　　C. 左侧 A 柱　　D. 下部

194. BD003 奥迪 A6 系列轿车电源与启动系统电路中,J31 表示(　　)。

A. 间歇刮水继电器　　B. 清洗装置

C. 霍尔传感器　　D. 调节器

195. BD004 桑塔纳轿车灯光电路原理图中,下列参数表述正确的是(　　)。

A. S2 表示仪表灯　　B. S23 表示后雾灯

C. X 表示牌照灯　　D. Y2 表示数字式电钟

196. BD004 桑塔纳轿车灯光电路原理图中,S7 表示(　　)。

A. 尾灯(左)　　B. 停车灯(左)　　C. 尾灯(右)　　D. 停车灯(右)

197. BD005 在分析某个电路系统前,要清楚该电路中所包括的(　　)等。

A. 各部件的功能　　B. 各部件的作用　　C. 各部件的产地　　D. 技术参数

198. BD005 识读线路图时,要正确判断(　　)。

A. 接点标记　　B. 色码标记　　C. 线型　　D. 线的长度

199. BE001 车辆修理管理要根据(　　),视情况进行修理作业。

A. 维修材料　　B. 工时长短　　C. 车辆诊断的结果　　D. 技术鉴定的结果

200. BE001 车辆维护管理要贯彻(　　)的原则。

A. 预防为主　　B. 预防为辅　　C. 强制检测　　D. 强制维护

201. BE002 车辆是否正确使用直接影响车辆的(　　)等。

A. 技术状况　　B. 使用寿命　　C. 效能发挥　　D. 运行消耗

202. BE002 车辆在使用过程中一定要根据车辆的(　　)等,掌握车辆的操作和运行规程,正确使用。

A. 性能　　B. 结构　　C. 运行条件　　D. 出厂日期

203. BE003 建立车辆技术档案,可以掌握车辆(　　)的消耗情况,以便作为制定定额、实行定额管理以及编制材料供应计划的依据。

A. 维修材料　　B. 工时　　C. 人员　　D. 运行材料

204. BE003 建立车辆技术档案,为改进车辆的(　　)以及科研工作提供了有关技术资料。

A. 油耗　　B. 结构　　C. 性能　　D. 配件生产

205. BE003 车辆技术档案内容中的检测维修情况,主要记载检测(　　)以及查明故障或隐患的部位、原因及解决对策。

A. 内容　　B. 结果　　C. 时间　　D. 地点

206. BE003 车辆技术档案的记载应做到(　　)。

A. 及时　　B. 高效　　C. 完整　　D. 准确

207. BE005 2004 年 3 月国家交通部发布了行业标准 JT/T 198—2004《营运车辆技术等级划分和评定要求标准》,该标准将汽车技术等级的评定项目分为(　　)。

A. 一般项　B. 否决项　C. 关键项　D. 次要项

208. BE005　1990 年 3 月交通部发布了《汽车运输业车辆技术管理规定》，该规定将汽车技术状况分为(　　)。

A. 一级完好车　B. 二级基本完好车　C. 三级需修车　D. 四级停驶车

209. BE006　汽车技术等级评定的一级车要求(　　)。

A. 使用年限在 8 年以内　B. 关键项分级的项目达到一级

C. 关键项不分级的项目为合格　D. 项次合格率大于等于 90%

210. BE006　汽车技术等级评定的二级车要求(　　)。

A. 使用年限超过 7 年　B. 关键项分级的项目达到二级以上

C. 关键项不分级的项目为合格　D. 项次合格率大于等于 85%

211. BE007　车辆维护中，预防性维护分为(　　)等。

A. 定期维护　B. 走合维护　C. 季节性维护　D. 停驶维护

212. BE007　车辆维护中，走合维护直接影响到新车、大修车以及大修发动机车辆的(　　)。

A. 制动性　B. 使用寿命　C. 工作可靠性　D. 经济性

213. BE008　车辆维护调整作业中，主要是按规定调整(　　)、制动踏板高度及自由行程，以及调整方向盘的游隙等。

A. 点火提前角　B. 发动机转速　C. 离合器踏板　D. 发动机怠速

214. BE008　润滑作业按汽车各总成、各部位的润滑要求进行，如更换发动机机油、(　　)等。

A. 润滑曲轴　B. 润滑门铰链　C. 更换减震器机油　D. 更换变速器机油

215. BE009　车辆修理的工艺组织包括车辆修理的(　　)等方面的内容。

A. 基本方法　B. 作业方式　C. 劳动组织形式　D. 费用定额

216. BE009　选择车辆修理的工艺组织方法，要根据(　　)等具体情况综合考虑。

A. 生产规模　B. 维修类型　C. 工艺设施　D. 材料供应

217. BF001　编写教案时一般要求教案要以(　　)为依据。

A. 教学大纲　B. 教材　C. 技能　D. 课标

218. BF001　编写教案教学目的中的技能目标时，常用(　　)等词语来表述。

A. 了解　B. 学会　C. 掌握　D. 理解

219. BF002　用 Word 软件可以编辑(　　)，还可以插入其他软件制作的信息。

A. 文字图形　B. 图像　C. 声音　D. 动画

220. BF002　Word 软件界面提供了丰富多彩的工具，利用鼠标就可以完成(　　)等操作。

A. 网页制作　B. 选择　C. 表格制作　D. 排版

221. BF003　在 Word 中，欲选定一段文字，下列操作正确的是(　　)。

A. 鼠标移到左侧空白处，双击左键　B. 鼠标移到左侧空白处，单击左键

C. 在段落中三击左键　D. 在段落中双击左键

222. BF003　在 Word 中，欲选定全文，下列操作正确的是(　　)。

A. 使用快捷键 Alt+Ctrl　B. 使用快捷键 Ctrl+ A

C. 鼠标移到左侧空白处，单击左键　D. 鼠标移到左侧空白处，三击左键

223. BF004　在 Word 中，正文默认为(　　)。

A. 中文字体宋体　B. 中文字体楷体　C. 中文字号五号　D. 中文字号四号

224. BF004　在 Word 中，设置字符间距时，如果需要加宽或紧缩，正确的操作方法是（　）。

A. 在其后的磅值上填写数字　B. 在其后的磅值上填写文字

C. 点击左右看效果　D. 点击上下看效果

225. BF005　在 Word 中，单击“页眉/页脚”工具栏上的“自动图文集”按钮，可以插入（　）。

A. 页码　B. 作者　C. 文件名　D. 日期或时间

226. BF005　在 Word 中设置字符格式时，能设置（　）。

A. 行间距　B. 字体　C. 字号　D. 字符颜色

227. BF006　在 Word 中，要想插入一个表格，首先要在“表格尺寸”栏里选择（　）。

A. 列数　B. 列宽　C. 行数　D. 行高

228. BF006　在 Word 中，单击“表格”工具栏上的插入表格按钮，在“自动调整”操作中出现（　）三个选项。

A. 固定列宽　B. 根据内容调整表格

C. 根据窗口调整表格　D. 日期和时间

229. BF007　在 Excel“常用”工具栏中，粘贴函数按钮显示（　），并允许设置参数值。

A. 一列图表　B. 一列函数　C. 函数格式　D. 一列字体

230. BF007　在 Excel“插入图片”的功能选项中有（　）。

A. 自选图形　B. 艺术字　C. 剪贴画　D. 组织机构图

231. BF008　在 Excel 中，用格式菜单中的单元格命令可对选择的单元格进行（　）等操作。

A. 对齐　B. 字体　C. 边框　D. 自动求和

232. BF008　在 Excel 中，用格式菜单中的单元格对齐命令可对选择的单元格进行（　）等操作。

A. 自动换行　B. 合并单元格　C. 水平对齐　D. 缩小字体填充

233. BF009　在 Excel 中，可以利用（　）两种方式创建工作簿。

A. 菜单新建空白工作簿　B. 工具栏新建空白工作簿

C. 编辑栏新建空白工作簿　D. 标题栏新建空白工作簿

234. BF009　在 Excel 中，工作簿是基本文件，工作簿中可包括任意多的（　）。

A. 工作表　B. 单元格　C. 活动单元格　D. 图表

235. BF010　在 Excel 中，使用图表向导创建图表，由以下（　）步骤来完成。

A. 确定图表类型　B. 确定图表源数据和坐标轴

C. 输入图表选项　D. 确定图表位置

236. BF010　在 Excel 中创建图表，确定图表的位置有两种选择，即（　）。

A. 作为新工作表插入　B. 作为老工作表插入

C. 作为其中的对象插入　D. 作为其中的数据插入

237. BF011　在 PowerPoint 中，“对象”的属性包含（　）。

A. 线条的类型　B. 颜色及背景图案　C. 背景颜色　D. 文字格式

238. BF011　创建演示文稿有（　）三种方式。

A. 文件　　B. 提示向导　　C. 模板　　D. 空白演示稿

239. BF012　每个电子邮箱都有一个邮箱地址，称为电子邮件地址；用户的电子邮件地址的格式是(　　)。

A. 先用户名@　　B. 后主机名　　C. 先主机名　　D. 后用户名@

240. BF012　关于发送电子邮件，下列说法错误的是(　　)。

A. 不必同时打开计算机

B. 必须同时打开计算机

C. 在邮件传递的过程中必须一直是开机状态

D. 应约定收发邮件的时间

三、判断题(正确的填“√”，错误的填“×”)

(　　) 1. AA001　美国艾克强袖珍型 MDDEL575 双通道示波器/万用表为专用型示波器。

(　　) 2. AA001　国产的 ADC2000 汽车诊断电脑属于多功能型示波器。

(　　) 3. AA002　使用汽车示波器时，当选择示波器主菜单 2～5 项后，因为各传感器有不同的电压和频率，自动设置要求选择传感器的类型。

(　　) 4. AA002　使用汽车示波器时，当自动设置功能结束后，测试仪将显示主菜单画面。

(　　) 5. AA003　STS6000 测试仪的测试部分由 A/D 转换器及其外电路组成。

(　　) 6. AA003　STS6000 测试仪的模拟部分由 A/D 转换器及相关的外围转换电路构成。

(　　) 7. AA004　传感器模拟测试仪测试夹的红夹是电压、电阻、频率测试的输出端。

(　　) 8. AA004　传感器模拟测试仪测试夹的红夹是模拟电压、模拟频率等信号的输出端。

(　　) 9. AA005　利用电脑故障诊断仪可以测试故障码。

(　　) 10. AA005　利用电脑故障诊断仪，不利用软件也可以实现解码和通信功能。

(　　) 11. AB001　画同一机件的各个图样，当采用不同的比例时，无须另行标注。

(　　) 12. AB001　机械制图中的视图比例指的是零件实际大小与视图大小之比。

(　　) 13. AB002　在三视图的尺寸关系中，要求主、俯视图长对正。

(　　) 14. AB002　在三视图的方位关系中，可以看出左、俯视图都有上、下方位关系。

(　　) 15. AB003　为了清楚地表达零件的内部形状，在机械制图中常采用斜视。

(　　) 16. AB003　当机件具有对称平面时，在垂直于对称平面的投影上投影所得的图形，可以以对称中心线为界，一半画成剖视图，另一半画成视图，这种组合的图形称为半剖视图。

(　　) 17. AB004　零件有一定的偏差，是影响互换性的。

(　　) 18. AB004　实际尺寸允许变动的范围称为极限尺寸。

(　　) 19. AB005　国家标准中规定有基孔制与基轴制，在一般情况下，优先采用基孔制。

(　　) 20. AB005　公称尺寸不同的轴和孔结合在一起的装配关系称为配合。

(　　) 21. AB006　零件表面形状与位置公差简称尺寸公差。

(　　) 22. AB006　形位公差带是限定形位误差变动的区域，它由公差带的形状、大小、方向和位置四个要素决定。

(　　) 23. AB007　锉削的精度可达到 0.001 mm 左右。

(　　) 24. AB007　钻孔可以达到的精度一般为 IT11～IT10 级，表面粗糙度一般为 $Ra50$～$Ra12.5$ μm，故只能加工要求不高的孔。

( ) 25. AB008 当两圆柱正交且相差较大时，其相贯线可以采用以圆弧代替非圆曲线的近似画法。

( ) 26. AB008 如果两圆柱正交且相差较大时，可用小圆柱的 $D/2$ 为半径作圆弧代替非圆曲线的相贯线。

( ) 27. AB009 零件图中只需粗略地标注出表示零件各部分形状大小和相对位置的尺寸。

( ) 28. AB009 零件图就是用一组视图（包括视图、剖视、断面等表达方法）完整、准确、清楚、简便地表达出零件的结构形状。

( ) 29. AB010 标注尺寸要便于加工测量。

( ) 30. AB010 零件上阶梯孔的加工顺序一般是先做成大孔，再加小孔，因此轴向尺寸的标注应从端面注出小孔的深度，便于测量。

( ) 31. AB011 根据零件的复杂程度，在能正确、完整、清晰地表达零件内外结构形态的前提下，应尽量用较少的视图。

( ) 32. AB011 应根据设计要求，参照有关资料确定零件的材料，必要时可按相似材料确定测绘零件的材料。

( ) 33. AB012 拆画零件图时，相邻零件接触面尺寸及连接件的定位尺寸要协调一致。

( ) 34. AB012 拆画零件图时，其他尺寸可以从装配图中随意给定标注，只要不影响整体即可。

( ) 35. AB013 设计时，确定零件表面在机器中位置的一些面、线或点，称为工艺基准。

( ) 36. AB013 选择尺寸基准的原则是使所注尺寸合理，也就是尽可能使设计基准与工艺基准一致。

( ) 37. AB014 在标注中，同一尺寸在各视图中不能重复出现

( ) 38. AB014 绘制零件时，要将零件分解为若干基本形体，来确定表达零件的图幅。

( ) 39. BA001 汽车空调制冷系的故障一般靠直观观察检测或利用专用仪器检测。

( ) 40. BA001 用温度计检测汽车空调储液器温度，正常应为 70℃左右。

( ) 41. BA002 微机控制的空调系统具有节能控制功能。

( ) 42. BA002 微机控制的空调系统主要有湿度自动控制、风量控制、运动方式给定控制、换气量控制等功能。

( ) 43. BA003 奔驰 W140 型自动空调系统在使用时，按下向上吹的按钮，此时风只能向上吹。

( ) 44. BA003 奔驰 W140 型自动空调系统右侧按钮和左侧按钮的使用功能是不一样的。

( ) 45. BA004 汽车所有电动车窗都不能升降或有时不能升降，是搭铁线搭铁不良引起的。

( ) 46. BA004 汽车电动车窗在两个方向都不能运动，应检查控制导线是否导通。

( ) 47. BA005 现代汽车在每个电动后视镜的背后都装有一套电动机和驱动器。

( ) 48. BA005 汽车电动后视镜垂直方向的运动通常由一个独立的电动机控制。

( ) 49. BA006 中央遥控门锁工作时，通过改变流过电流的方向来达到锁或开的目的。

( ) 50. BA006 中央遥控门锁工作时，门锁线圈通电后，线圈扩张推动连杆，即锁门。

( ) 51. BA007 电容式门锁控制器系统利用的是平时经常充足电的电容器。

( ) 52. BA007 电容式门锁控制器工作时，一只电容器完全放电后，另一只电容器也同时进行放电，以完成下一次工作。

( ) 53. BA008 机械式安全气囊在发生前碰撞事故时，碰撞力触发碰撞传感器，从而引爆点火剂，这些都是利用机械动作来完成的。

( ) 54. BA008 电子式安全气囊系统又称为整体式安全气囊系统。

( ) 55. BA009 电子式安全气囊系统组成中的气囊采用聚氨基甲醋酸 PU 膜制成，为防止气体发生器产生的高温对气囊织物的损伤及有毒颗粒进入车内，在气囊的表面涂有氯丁橡胶。

( ) 56. BA009 电子式安全气囊系统组成中的气体发生器是一种助推装置。

( ) 57. BA010 电子式安全气囊点火剂引爆时产生大量热量使充气剂受热分解，安全气囊被充气。

( ) 58. BA010 安全气囊从触发到驾驶员面部陷入气囊，直至气囊被压扁的全过程，耗时不超过 170 ms。

( ) 59. BA011 与安全气囊有关的全部检查，必须在安全气囊系统正确拆除后进行，安装气囊时不要试探任何连接处。

( ) 60. BA011 安全气囊系统检修完成后，可直接接入电路进行安装。

( ) 61. BA012 检查安全气囊警告灯，如果灯一直亮，则在安全气囊中央传感器中存有一个故障码。

( ) 62. BA012 安全气囊系统故障诊断直观法的一般程序是先从故障提示灯知道了故障，然后用扫描仪取出故障码，再根据手册的指导进行具体的检查。

( ) 63. BA013 电控动力阀控制系统，当发动机大负荷运行时，受 ECU 控制的真空电磁阀关闭。

( ) 64. BA013 电控动力阀控制系统，当发动机大负荷运行时，受 ECU 控制的真空阀关闭，真空室的真空度不能进入动力阀下部的真空室。

( ) 65. BA014 电控进气惯性增压控制系统，一般而言，进气管长度长时，压力波的波长长，但是发动机中低速区功率增大。

( ) 66. BA014 电控进气惯性增压控制系统的进气压力脉动波与进气门开闭配合好，在进气门打开时就会形成对进气进行减压的效果。

( ) 67. BA015 废气涡轮增压控制系统，当 ECU 检测到的进气压力高于 0.1 MPa 时，排气旁通通道口打开，废气不经涡轮室而直接排除。

( ) 68. BA015 废气涡轮增压控制系统，当 ECU 检测到的进气压力低于 0.1 MPa 时，由于废气不经涡轮室而直接排除，增压器停止工作，所以进气压力下降。

( ) 69. BA016 内装式电动汽油泵升压后的汽油通过电动机内部经多向阀从油泵出口排除。

( ) 70. BA016 内装式电动汽油泵内设有圆周上有许多叶片和沟槽的涡轮以及开有合适流道的前后泵壳。

( ) 71. BA017 外装式电动汽油泵滚柱泵是依靠滚柱与定子内壁的紧密贴合构成泵油腔，因此运行中噪声相对较小。

( ) 72. BA017 外装式电动汽油泵由于设有阻尼稳压器，减轻了油泵下游燃油管的压

力脉冲。

(　　) 73. BA018　ECU 控制的汽油泵控制电路由 ECU 和主继电器对油泵工作进行控制。

(　　) 74. BA018　ECU 控制的汽油泵控制电路，只有在发动机处于运转状态时，油泵才工作。

(　　) 75. BA019　最佳点火提前角等于初始点火提前角＋基本点火提前角＋修正点火提前角。

(　　) 76. BA019　有些电子控制点火系，发动机电控单元把 G_1 和 G_2 信号出现后的第一个 Ne 信号过零点定为压缩行程上止点前 10°，称之为基本点火提前角。

(　　) 77. BA020　点火提前角的控制方法有开式控制和闭式控制两种。

(　　) 78. BA020　点火提前角的控制方法也被称为点火正时控制。

(　　) 79. BA021　发动机启动后，冷却水没有达到正常温度之前，自动提高发动机的怠速可以缩短暖机时间。

(　　) 80. BA021　电子点火系中，怠速控制执行机构通过对怠速空气量的控制来控制发动机的喷油情况。

(　　) 81. BA022　双金属片式怠速控制执行机构只能提供低温时的附加空气量。

(　　) 82. BA022　双金属片式怠速控制执行机构采用的控制方式为电子式。

(　　) 83. BA023　步进电动机怠速控制执行机构也可以进行反馈控制。

(　　) 84. BA023　步进电动机怠速控制执行机构为了减少温度变化对怠速转速的影响，可以对发动机转速变化进行预控制。

(　　) 85. BA024　对于丰田车步进电动机，当检查其 ISC 阀的工作情况时，阀应逐步开启或关闭。

(　　) 86. BA024　怠速控制执行机构(丰田车步进电动机型)在车上就可以对怠速控制阀进行检查。

(　　) 87. BA025　排放控制系统中，三元催化转换器一般分为单芯和双芯两种。

(　　) 88. BA025　排放控制系统中，为了提高三元催化转换器芯子的抗颠簸性，芯子外面通常用铝丝包裹。

(　　) 89. BA026　排放控制系统中，当混合气稀时，由于氧化锆式氧传感器锆管内外两侧氧的浓度差小，所以氧离子扩散量低。

(　　) 90. BA026　氧化锆式氧传感器的主要元件是氧化锆烧结的单孔试管状陶瓷体，也称锆管。

(　　) 91. BA027　当氧传感器的温度在 300 ℃以下时，传感器不会产生电压信号，因而不能对混合气空燃比进行正确检测，此时反馈控制更为重要。

(　　) 92. BA027　当汽油机电控系统对混合气空燃比采用反馈控制时，混合气浓度基本上在理论空燃比附近。

(　　) 93. BA028　废气再循环可以减少发动机氮氧化物的生成量。

(　　) 94. BA028　废气再循环中，进入进气歧管的废气量一般控制在 6%～15%范围内。

(　　) 95. BA029　带有 EGR 位置传感器的电控废气再循环系统在 EGR 阀上部装有一个可以检测 EGR 阀升程的位置传感器。

(　　) 96. BA029　带有 EGR 位置传感器的电控废气再循环系统中，电位计可以检测 EGR 阀的开度。

(　　)97. BA030　发动机工作时的燃油量既包括喷油器的喷油量，又包括来自燃油箱蒸发控制的燃油蒸气。

(　　)98. BA030　在 ABS 控制系统中装设了活性炭罐蒸发污染控制装置，就可以防止燃油箱向大气排放燃油蒸气。

(　　)99. BA031　发动机集中控制系统可以实现对喷油量的控制。

(　　)100. BA031　怠速控制系统可以控制喷油正时。

(　　)101. BA032　如果空气流量计信号电路发生开路或短路故障时，安全保险功能将根据由启动信号和怠速触点接触情况确定的固定值控制喷射时间和点火正时。

(　　)102. BA032　当进气压力传感器信号电路出现开路或短路故障时，安全保险功能将进入备用状态或采用最大值来保证发动机运转。

(　　)103. BA033　汽车故障自诊断系统正常工作时，微机的输入信号变化无一定范围，但执行器件仍向微机反馈信号。

(　　)104. BA033　汽车故障自诊断系统正常工作时，如果微机收到执行器件的反馈信号，ECU 就判断该电路出现了故障。

(　　)105. BA034　汽车自诊断系统动态模式主要是在发动机运行时读取故障码。

(　　)106. BA034　汽车自诊断系统静态模式主要是在发动机运行时进行混合气成分的监测。

(　　)107. BA035　当丰田汽车发动机微机控制系统出现故障，微机记录多个故障的输出故障码时，都是数值小的在后。

(　　)108. BA035　当丰田汽车发动机微机控制系统进行自诊断时，对故障部位进行维修后，记录在微机中的故障码必须清除。

(　　)109. BB001　大多数汽车电动座椅使用永磁性电动机，通过装在左侧板或门扶手上的时间控制开关控制电流路线和方向。

(　　)110. BB001　为了防止电动机过载，大多数汽车电动座椅的永磁性电动机内不设断路器。

(　　)111. BB002　汽车电动座椅的电子控制系统工作时，座椅位置调定后，只要驾驶员按下存储器的按钮，电子控制装置就能把这些信号存储起来。

(　　)112. BB002　汽车电动座椅的电子控制系统存储的电流信号可以作为重新调整座椅位置的基准。

(　　)113. BB003　电动座椅滑动电动机出现故障可导致电动座椅不运作。

(　　)114. BB003　电动座椅开关出现故障，可导致滑动功能不运作。

(　　)115. BB004　检查汽车电动座椅 PTC 热敏电阻时，应先从前座椅上分离开电动座椅调节器。

(　　)116. BB004　检查汽车电动座椅 PTC 热敏电阻时，将蓄电池、端子及示波器连接好后，移动座椅前端的位置。

(　　)117. BB005　自动变速器电控单元(ECU)可以控制换挡时刻。

(　　)118. BB005　自动变速器电控单元(ECU)的存储器中存储有各种控制程序，因此能粗略控制换挡时刻。

(　　)119. BB006　自动变速器换挡电磁阀断电时，控制口处于泄压状态。

(　　) 120. BB006　自动变速器换挡电磁阀断电时，弹簧力强制中央的柱塞回到右侧位置，钢球脱离阀座。

(　　) 121. BB007　自动变速器压力控制电磁阀工作时，可以根据流经螺旋线圈的电流大小来控制变速器的主回路油压。

(　　) 122. BB007　自动变速器压力控制电磁阀工作时，通过增大电流可以增大泄油口的压力。

(　　) 123. BB008　电控自动变速器诊断故障时，拆检应是故障诊断的最佳手段。

(　　) 124. BB008　电控自动变速器诊断故障前，最好先阅读有关故障指南、使用说明书和该车型的自动变速器维修手册。

(　　) 125. BB009　电控自动变速器机械部分常见故障有换挡粗暴、挡位不正确等。

(　　) 126. BB009　电控自动变速器机械部分常见故障部位有换挡离合器、制动器、行星齿轮组。

(　　) 127. BB010　当车轮出现滑转时，汽车 ABS 控制器会点亮仪表板上的警告灯，向司机发出警告。

(　　) 128. BB010　汽车加速防滑电子控制（ASR）系统为了达到最理想的控制效果，可采用差速制动控制和发动机输出功率控制相结合的控制系统。

(　　) 129. BB011　汽车加速防滑电子控制（ASR）系统与 ABS 都是通过控制作用于被控车轮上的力，而将车轮的滑移率控制在设定的理想范围内。

(　　) 130. BB011　汽车加速防滑电子控制（ASR）系统与 ABS 一样，具有自诊断功能。

(　　) 131. BB012　汽车维修时，驱动车轮有时悬空转动，ASR 系统就可能对驱动轮施以制动力，从而影响故障的检查，若关闭 ASR 开关则可避免。

(　　) 132. BB012　ASR 系统的传感器主要通过温度传感器和节气门位置传感器来起作用。

(　　) 133. BB013　ASR 系统的电子控制单元以微处理器为核心。

(　　) 134. BB013　ASR 系统的电子控制单元通常均与 SRS 电子控制单元组合为一体。

(　　) 135. BB014　ASR 系统的制动压力调节装置的执行机构执行 ASR 电子控制单元的指令。

(　　) 136. BB014　ASR 系统的制动压力调节装置对滑转车轮施加制动力并能控制制动力的方向。

(　　) 137. BB015　蓝鸟车流量控制式动力转向系统在一般的液压动力转向系统上增加了旁通流量控制阀、车速传感器、控制开关等。

(　　) 138. BB015　蓝鸟车流量控制式动力转向系统在转速泵与转向器之间设有控制阀。

(　　) 139. BB016　反力控制式动力转向系统的电控单元（ECU）可以根据车速的高低线性控制电磁阀的开口面积。

(　　) 140. BB016　反力控制式动力转向系统可以根据负荷大小控制反力室油压，从而改变输入、输出增益幅度来控制转向力。

(　　) 141. BB017　阀灵敏度控制式动力转向系统可以根据车速控制阀直接改变动力转向控制阀的油压增益。

(　　) 142. BB017　阀灵敏度控制式动力转向系统对转向控制阀的定子阀作了局部改进。

(　　) 143. BB018　电动式转向系统通常由扭矩传感器、车速传感器、电子控制单元、电动机和电磁离合器等组成。

(　　) 144. BB018 电动式转向系统是利用电动机作为助力源，由扭矩传感器来完成助力控制的。

(　　) 145. BB019 电动式转向系统的减速机构是电子控制式电力助力转向系统不可缺少的部件。

(　　) 146. BB019 电动式转向系统的离合器在电动机发生故障时会自动分离，此时不能利用手动来控制方向。

(　　) 147. BB020 Alto 汽车电动式转向系统的扭矩传感器、电动机和减速机构被制成一个整体，安装在转向柱上。

(　　) 148. BB020 Alto 汽车电动式转向系统的电磁离合器安装在电动机的输入轴上。

(　　) 149. BB021 Alto 汽车电动式转向系统可以实现自诊断和安全控制。

(　　) 150. BB021 Alto 汽车电动式转向系统为了保护系统的电动机以及控制组件，设置了速度控制项目。

(　　) 151. BB022 悬架电子控制系统的 ECU 由计算机和信号输入、输出电路组成。

(　　) 152. BB022 悬架电子控制系统的电子控制单元可以是电磁阀、步进电动机或泵气电动机等。

(　　) 153. BB023 三级可调阻尼式减震器的执行机构设在减震器支柱的顶部。

(　　) 154. BB023 三级可调阻尼式减震器的活塞杆为实心结构。

(　　) 155. BB024 外部电磁铁控制减震器被用于 BMW Coupe 和 Lancia Thema 8.32 型汽车上时，采用自动控制。

(　　) 156. BB024 对于 BMW Coupe 型汽车，驾驶员可根据路面条件和车速情况来选择不同阻尼级。

(　　) 157. BB025 可连续调节阻尼力的无级半主动悬架阻尼可在整个平面内变化。

(　　) 158. BB025 可连续调节阻尼力的被动悬架阻尼能在几条直线上变化。

(　　) 159. BB026 主动式空气悬架系统的空气弹簧的主、辅气室之间有一个连通阀。

(　　) 160. BB026 主动式空气悬架系统的电子控制单元根据各传感器的输入信号控制悬架执行器。

(　　) 161. BB027 主动式油气弹簧悬架系统油气弹簧一般以氮气作为弹性介质。

(　　) 162. BB027 主动式油气弹簧悬架系统工作时，通过电磁阀控制油液管路中的小孔节流实现阻尼特性。

(　　) 163. BB028 带路况预测传感器的主动悬架系统，随着输入控制阀电流的增大，液压执行器的承载能力也增强。

(　　) 164. BB028 带路况预测传感器的主动悬架系统的 ECU 在检测路况传感器输出信号的同时，也不断地检测负载。

(　　) 165. BB029 控制系统中光电式车高传感器内部设有一根由连杆带动的传感器轴。

(　　) 166. BB029 控制系统中光电式车高传感器的传感器轴上固定有两个开有许多窄槽的遮光板。

(　　) 167. BB030 富士 SUBARV 车身高度控制系统的电磁阀不动作，悬架主气室的气量保持不变，车身维持在一定高度。

(　　) 168. BB030 当富士 SUBARV 车身需要下降时，车身高度控制系统的空气压缩机停止工作，电磁阀打开，同时排气阀也通电关闭。

( ) 169. BB031 凌志 LS400 型轿车车高控制系统检修时，若发现车身高度低于目标高度，则悬架 ECU 将使悬架气缸充气，悬架变长，将车身升高。

( ) 170. BB031 凌志 LS400 型轿车车高控制系统检修时，若发现车身高度高于目标高度，则悬架 ECU 将使高度控制阀的排气阀打开，悬架变长，将车身下降。

( ) 171. BB032 汽车防盗装置的每一把钥匙，即程控代码，有不同的电压。

( ) 172. BB032 防盗装置的每个脉冲转发器有不同的程控代码。

( ) 173. BB033 汽车防盗装置中，在把密码输入 V. A. G1551 或 V. A. G1552 之前，必须先输入一个"*"。

( ) 174. BB033 如果是一辆新车，防盗装置的密码被隐含在钥匙牌上，撕去黑胶纸后可显示出 4 位密码。

( ) 175. BB034 防盗装置工作时，控制单元通过识读线圈将热量感应后传送给钥匙中的脉冲转发器。

( ) 176. BB034 当打开点火开关时，防盗装置才开始工作。

( ) 177. BB035 检修后，应对报警器进行一次全面调试，然后投入使用。

( ) 178. BB035 分立元件防盗报警器故障检修时，有电子管器件的电路，要检查电子管电阻是否正常，电子管是否老化。

( ) 179. BC001 在 Word 中，多个图形组合起来变成一个图形后，不能单独改变其中某个图形的大小、版式、位置等。

( ) 180. BC001 在 Word 中，多个图形组合起来变成一个图形后，不能单独改变其中某个图形的颜色。

( ) 181. BC002 Word 中"绘制新图形"命令在"插入"菜单里。

( ) 182. BC002 在 Word 中，单击要绘制的图形按钮，可以绘制多个这样的图形而不必每次都重新选择按钮。

( ) 183. BC003 在 CAD 制图中，绘制各种直线时，按下 Shift 键可以绘制水平、垂直或与水平成 45°的线。

( ) 184. BC003 在 CAD 制图时，如果同时打开多个文档进行编辑，可以通过按 Ctrl+Tab 在不同的文档间进行切换。

( ) 185. BC004 在 CAD 制图中，可以通过块的调用进行图形的拼合，从而提高绘图效率。

( ) 186. BC004 在 CAD 中，定义块的操作顺序是执行绘图→块→创建，就出现块定义对话框了。

( ) 187. BC005 在 CAD 中，绘制线路图时，直接给定距离的绘制方式是用鼠标导向，从键盘直接键入相对前一点的距离。

( ) 188. BC005 在电路图中，三条或三条以上支路的连接点称为节点，规定用小黑点表示。

( ) 189. BD001 桑塔纳 2000GSI 轿车空调控制系统电路图中空调开关用"A/C"表示。

( ) 190. BD001 桑塔纳 2000GSI 轿车空调控制系统电路图中进风门电磁阀用"N25"表示。

( ) 191. BD002 桑塔纳 LX 型轿车电气设备总电路图的导线颜色采用直观表法。

(　　) 192. BD002　桑塔纳 LX 型轿车电气设备总电路图，其基本电路有条理地从右到左按电源、启动系、点火系、指示灯和仪表、照明设备、雾灯、报警闪光装置、信号灯、雨刮器和洗涤器、双音喇叭的顺序编排。

(　　) 193. BD003　奥迪 A6 系列轿车电源与启动系统电路中，“CI”表示电压调节器

(　　) 194. BD003　奥迪 A6 系列轿车电源与启动系统电路中，“T10p”表示插头 9 孔棕色，在起初锁止继电器上。

(　　) 195. BD004　桑塔纳轿车灯光电路原理图中，前顶灯用“W”表示。

(　　) 196. BD004　桑塔纳轿车灯光电路原理图中，“W3”表示点烟器照明灯。

(　　) 197. BD005　在阅读电路图时，应掌握回路原则，即电路中工作电流是由电源正极流出，经用电设备后流回电源负极。

(　　) 198. BD005　进口汽车一般配有线路图及电气原理图，供有关人员参考学习。

(　　) 199. BE001　车辆检测管理包括建设和管理好汽车维修站，定期检测车况，对车辆进行质量监控。

(　　) 200. BE001　车辆管理包括车辆应择优选购、合理配置，保证车辆装备齐全、完好，建立和健全车辆技术档案，鉴定车辆技术状况等级，制定各项技术经济指标等。

(　　) 201. BE002　车辆的合理改造、适时更新和报废是车辆全过程技术管理不可缺少的部分。

(　　) 202. BE002　车辆改装、改造前不须进行技术论证，只要经济上合理即可。

(　　) 203. BE003　车辆技术档案是车辆从购置到使用的全过程有关技术资料的系统记录。

(　　) 204. BE003　车辆技术档案的作用有掌握车辆的使用性能，作为正确使用车辆的依据。

(　　) 205. BE004　车辆技术档案实行专人负责、分级管理，基层运输单位的车队队长是技术档案的具体负责人。

(　　) 206. BE004　车辆技术档案中的事故处理情况主要记载车辆机件事故发生的情况、原因、损失、解决对策和处理情况。

(　　) 207. BE005　1995 年 2 月国家交通部发布了行业标准 JT/T 198—1995《汽车技术等级评定标准》和 JT/T 199—1995《汽车技术等级评定的检测方法》，它们对汽车的使用年限做了评定。

(　　) 208. BE005　1995 年 2 月国家交通部发布了行业标准 JT/T 198—1995《汽车技术等级评定标准》和 JT/T 199—1995《汽车技术等级评定的检测方法》，此标准适用于公路及城市道路上行驶的总质量在 26 t 以下(不含 26 t)的汽车。

(　　) 209. BE006　汽车技术等级采用汽车使用年限、关键项和项次合格率来综合评定。

(　　) 210. BE006　汽车技术状况评定中，对于汽车动力性的技术要求为：发动机功率，一级大于等于额定功率的 75％。

(　　) 211. BE007　当汽车出现故障现象时才进行必要的维护或修理作业，属于非预防性维护，又称事后维护。

(　　) 212. BE007　汽车维护周期是指不同级维护之间的间隔期。

(　　) 213. BE008　车辆维护作业内容中，清洁维护主要包括车辆外表清洁、车身擦拭、车

内打扫、保持三滤和蓄电池的清洁等。

(　　) 214. BE008　车辆维护检查作业的内容包括设备检视和仪器检视诊断。

(　　) 215. BE009　在汽车修理作业方法上，对汽车拆解和总装采用定位作业，以便集中利用起重搬运设备和专用工具等。

(　　) 216. BE009　流水作业法是指汽车在生产线的各个工位上按确定的工艺顺序和机件进行修理作业的方法。

(　　) 217. BF001　编写教案的重点和难点应是教学过程和教学方法的设计。

(　　) 218. BF001　教案是组织教学的依据，在具体教学实施中，教案不可随时进行修改和调整。

(　　) 219. BF002　在 Word 窗口中，单击最小化按钮，可以将应用程序窗口缩小成一个图标显示在状态栏中，单击该图标，又可以使其恢复成原来的大小。

(　　) 220. BF002　在 Word 窗口中，菜单栏给出各种操作命令构成的菜单项，每个菜单项可以引出一个下拉菜单，从中可以选择要执行的命令。

(　　) 221. BF003　Word 文档在输入的过程中，发现有许多内容重复，可以利用复制命令将某些文本复制下来，然后在需要的地方进行粘贴，以节省重复输入的时间。

(　　) 222. BF003　在 Word 中，复制表示将选定文本或图形移动到另一位置。

(　　) 223. BF004　在 Word 中，为了使文档中某些重要的文本变得醒目，可以给文本设置加粗、倾斜和下划线来加以强调。

(　　) 224. BF004　在 Word 中，如果要给文本添加不同的下划线，可以选择“格式”菜单的“段落”命令后从它的对话框中选择其他类型的下划线。

(　　) 225. BF005　在 Word“格式”工具栏中设置了四个对齐按钮：“两端对齐”“左对齐”“右对齐”和“分散对齐”。

(　　) 226. BF005　在 Word 中，当创建了一个表格之后，可以使用“表格自动套用格式”命令来快速设置表格样式。

(　　) 227. BF006　Word 提供了一个“条件格式”工具栏，除可以帮助用户在表格中绘制斜线外，还提供了许多功能按钮，使用户可以快速设置表格的样式。

(　　) 228. BF006　Word 软件除可以在文本中插入图片外，其本身还具有绘图功能。

(　　) 229. BF007　默认情况下，启动 Excel 时，屏幕上会出现“常用”工具栏和“表格和边框”工具栏，如果要执行某个命令，只要单击相应的按钮即可。

(　　) 230. BF007　Excel 提供了一项“工具栏屏幕提示”的功能，只要把鼠标指针移到某个按钮之上，稍停一会儿就会在该按钮的下方出现一个提示框，说明该按钮的功能。

(　　) 231. BF008　在 Excel 中，可以利用“格式”菜单中的“单元格”命令给单元格添加不同的边框和底纹。

(　　) 232. BF008　在 Excel 的工作表中，为单元格添加不同的边框可以突出显示工作表数据，使工作表更清晰明了。

(　　) 233. BF009　在使用 Excel 的命令之前，需要选择一个工作表或工作簿。

(　　) 234. BF009　删除单元格、行和列将清除它们中的内容，而且其位置从工作表中消失，空出的位置由周围的单元格补充。

(　　) 235. BF010　在 Excel 中，可根据数字、拼写、中文笔画及字符个数的顺序进行排序。

(　　) 236. BF010　在 Excel 中，使用“图表”工具栏创建的是嵌入图。

(　　) 237. BF011　在“幻灯片浏览视图”模式下，不允许设置动画效果。

(　　) 238. BF011　PowerPoint 中，选择“幻灯片放映”菜单中的“幻灯片切换”命令，可以从中选择一种放映时间和切换速度。

(　　) 239. BF012　客户端收发邮件主要借助邮件客户端(Outlook、Foxmil、Livemail 等)，它可以将邮件从服务器上下载到本地保存，查阅方便。

(　　) 240. BF012　WebMail 收发邮件须登录到邮件服务器，从服务器读取邮件，这样很不方便，需要每次都登录，查阅起来也不方便，功能较少。

四、简答题

1. BA002　轿车完全合一型空调机的功用是什么？
2. BA002　汽车空调制冷系中压缩机的功用是什么？
3. BA013　发动机小负荷时，电控动力阀是如何工作的？
4. BA013　发动机大负荷时，电控动力阀是如何工作的？
5. BA014　进气惯性增压控制系统是怎样使压力上升的？
6. BA014　进气惯性增压控制系统的压力波是怎样形成的？
7. BA020　发动机启动时点火提前角是怎样控制的？
8. BA020　发动机启动后最佳点火提前角是怎样确定的？
9. BA023　步进电动机式怠速控制装置是如何对启动初始角位置进行设定的？
10. BA023　步进电动机式怠速控制装置是如何实现暖机控制的？
11. BA031　发动机集中控制系统排放控制项目主要有哪些？
12. BA031　发动机集中控制系统是如何进行爆震控制的？
13. BA032　什么是发动机控制系统的安全保险功能？
14. BA032　发动机控制系统的安全保险功能是如何进行点火确认信号控制的？
15. BB005　电子控制系统是如何进行锁止离合器控制的？
16. BB005　电子控制系统在哪些情况下可强制解除锁止？
17. BB014　怎样保持汽车驱动轮的制动压力不变？
18. BB014　怎样减小驱动轮的制动压力？
19. BB016　汽车的反力控制式动力转向系统的特点是什么？
20. BB016　汽车反力控制式动力转向系统中分流阀的作用是什么？
21. BB022　何谓现代汽车悬架控制系统？
22. BB022　何谓现代汽车悬架控制系统的执行机构？

五、计算题

1. BA013　有一台并励直流电动机，$P_N=22$ kW，$U_N=110$ V，$n_N=1\ 000$ r/min，$\eta=0.84$，电枢电阻 $R_a=0.04\ \Omega$，励磁电阻 $R_f=27.5\ \Omega$，求其额定电枢电流。
2. BA013　有一台他励直流电动机，$P_N=17$ kW，$U_N=230$ V，$n_N=1\ 500$ r/min，$p=2$，$N=468$ 匝，$a=1$，$\Phi=10.3\times10^{-3}$ Wb，试求额定电流和电枢电动势。
3. BA024　一感应发电机的 $P_N=10$ kW，$U_N=380$ V，$I_N=19.7$ A，$I_{st}=6I_N$，若制动电流不

超过全压启动电流的一半，求制动电阻 R。

4. BA024　一感应发电机的 $P_N=17$ kW，$U_N=380$ V，$I_N=32.9$ A，$R=0.45$ Ω，若电动机进行频繁的能耗制动，试选择变压器二次侧电压。

5. BA027　若理论上，某种燃料 2 kg 完全燃烧大约需要 29 kg 空气，试求这种燃料的空燃比。

6. BA027　若某种燃料在燃烧过程中实际供给的空气质量为 13 kg，而理论上这种燃料完全燃烧时所需的空气质量为 15 kg，试求此可燃混合气体是浓混合气还是稀混合气。

7. BA031　有一铁芯线圈，电源电压 $U=220$ V，电路中电流 $I=4$ A，瓦特计读数 $P=100$ W，频率 $f=50$ Hz，漏磁通和线圈电阻上的电压降可忽略不计，试求此铁芯线圈的等效阻抗和感抗。

8. BA031　有一铁芯线圈，电源电压 $U=220$ V，频率 $f=50$ Hz，铁芯截面积是 30.2 cm^2，设截面积间隙系数为 0.91，如取 $B_m=1.2$ T，试求线圈的匝数。

9. BA032　某汽车发动机的最大转矩 $M_e=352.8$ N·m，主减速器的速比 $i_0=7.63$，变速器直接挡速比 $i_K=1$，轮胎滚动半径 $r_K=0.48$ m，传动效率 $\eta=0.9$，求汽车在直接挡行驶时的最大牵引力。

10. BA032　东风汽车发动机在转速为 1 200～1 400 r/min，最大转矩 $M_e=36\times9.8$ N·m 时，试计算汽车在直接挡行驶时的车轮牵引力。（主减速器的速比 $i_0=6.33$，变速比 $i_K=1$，驱动轮滚动半径 $r_K=0.46$ m，传动效率 $\eta=0.88$）

11. BB004　一块限量为 50 μA 的电流表，内阻 $R_a=2\ 000$ Ω，要扩程测量 5 mA 的电流，求分流电阻值 R_b。

12. BB004　有一表头，满刻度电流 $I_a=50$ μA，内阻 $R_a=3$ kΩ，若把它改装成量程为 550 μA 的电流表，应并联多大的电阻？

13. BB010　某车以 $v_0=40$ km/h 的速度行驶，发现障碍物必须采取紧急制动，驾驶员从踩下制动踏板到车辆完全停车所用时间 $t=4$ s，求该车制动时的加速度（或称减速度）a。

14. BB010　某汽车以 $v_0=20$ km/h 的速度在水平路面上行驶，遇障碍物采取紧急制动时，制动系统反应迟滞时间 $t_1=0.05$ s，减速度上升到最大值的时间 $t_2=0.03$ s，此时路面的附着系数 $\phi=0.7$，求该车速下的制动距离 S。

15. BB011　已测得某车制动时车轮转速为 120 r/min，此时的车速为 36 km/h，若该车的车轮半径为 0.5 m，试计算此时该车车轮的滑动率。

16. BB011　一轿车驶经有积水层的一良好路面公路，当车速为 100 km/h 时要进行制动。问此时有无可能出现滑水现象而丧失制动能力？（轿车轮胎的胎压为 179.27 kPa）

17. BB018　某汽车左转弯时，左前轮转速为 100 r/min，右前轮转速为 120 r/min，该汽车的轮距为 2 m，求其左前轮的转弯半径。

18. BB018　某汽车右转弯时，右前轮转速为 120 r/min，左前轮转速为 160 r/min，该汽车的轮距为 1.5 m，求其右前轮的转弯半径。

19. BB021　汽车动力性能测试中，某车迎风面积 $A=7.5$ m^2，空气阻力系数 $C_D=0.4$，空气相对于汽车的速度 $v=40$ km/h，试求空气的阻力 F_W。（保留整数）

20. BB021　汽车动力性能测试中，某车迎风面积 $A=8$ m^2，空气阻力系数 $C_D=0.211\ 5$，空气的阻力 $F_W=800$ N。试求此时空气相对于汽车的速度 v 是多少。（保留整数）

技师理论知识试题答案

一、单选题

1. A	2. B	3. C	4. C	5. A	6. C	7. C	8. C	9. D	10. C
11. B	12. C	13. B	14. A	15. D	16. D	17. C	18. D	19. A	20. B
21. C	22. C	23. B	24. A	25. C	26. D	27. A	28. D	29. A	30. C
31. B	32. B	33. C	34. C	35. A	36. C	37. A	38. B	39. A	40. C
41. A	42. C	43. B	44. C	45. A	46. D	47. B	48. A	49. A	50. C
51. A	52. D	53. C	54. A	55. A	56. B	57. D	58. A	59. D	60. C
61. A	62. B	63. C	64. B	65. C	66. D	67. A	68. B	69. C	70. B
71. C	72. D	73. A	74. B	75. C	76. B	77. C	78. D	79. A	80. B
81. C	82. A	83. B	84. C	85. A	86. B	87. C	88. A	89. B	90. C
91. B	92. C	93. D	94. A	95. C	96. D	97. A	98. B	99. D	100. A
101. B	102. D	103. B	104. C	105. D	106. A	107. B	108. D	109. B	110. C
111. D	112. A	113. C	114. D	115. B	116. C	117. D	118. B	119. C	120. D
121. B	122. C	123. D	124. B	125. C	126. D	127. A	128. C	129. D	130. A
131. B	132. C	133. B	134. C	135. D	136. A	137. C	138. D	139. A	140. C
141. D	142. B	143. C	144. D	145. A	146. C	147. D	148. A	149. B	150. D
151. A	152. B	153. D	154. A	155. C	156. D	157. A	158. B	159. C	160. B
161. C	162. D	163. B	164. C	165. D	166. A	167. B	168. C	169. A	170. B
171. C	172. A	173. B	174. C	175. B	176. C	177. D	178. B	179. C	180. D
181. A	182. C	183. D	184. B	185. C	186. D	187. B	188. C	189. D	190. B
191. C	192. D	193. A	194. B	195. C	196. B	197. C	198. D	199. B	200. C
201. D	202. A	203. B	204. C	205. B	206. C	207. D	208. A	209. B	210. D
211. B	212. C	213. D	214. A	215. C	216. D	217. B	218. C	219. D	220. A
221. C	222. D	223. A	224. B	225. C	226. A	227. B	228. C	229. B	230. C
231. D	232. B	233. C	234. D	235. A	236. C	237. D	238. A	239. B	240. C
241. B	242. C	243. D	244. A	245. B	246. C	247. B	248. C	249. D	250. A
251. B	252. D	253. A	254. B	255. C	256. A	257. B	258. C	259. B	260. C
261. D	262. A	263. C	264. D	265. B	266. C	267. D	268. C	269. A	270. B
271. C	272. B	273. A	274. A	275. C	276. B	277. B	278. A	279. D	280. A
281. C	282. C	283. B	284. C	285. D	286. A	287. B	288. C	289. A	290. B
291. C	292. A	293. B	294. C	295. A	296. B	297. C	298. A	299. B	300. D

301. A	302. B	303. D	304. A	305. B	306. D	307. C	308. B	309. A	310. A
311. B	312. D	313. A	314. B	315. C	316. A	317. C	318. D	319. A	320. B
321. C	322. A	323. B	324. C	325. A	326. C	327. D	328. B	329. A	330. C
331. C	332. D	333. A	334. C	335. A	336. B	337. D	338. B	339. D	340. D
341. A	342. B	343. C	344. D	345. A	346. B	347. B	348. D	349. A	350. B
351. A	352. A	353. B	354. C	355. A	356. D	357. D	358. B	359. A	

二、多选题

1. BCD	2. AD	3. AB	4. AC	5. ABC
6. AB	7. AB	8. BCD	9. AB	10. ABC
11. ABC	12. ABCD	13. AB	14. AC	15. BCD
16. ABC	17. AD	18. ABC	19. ABD	20. BC
21. AC	22. AB	23. BCD	24. BCD	25. ABC
26. BCD	27. ABC	28. ABCD	29. BD	30. ABC
31. AD	32. ABCD	33. ABCD	34. ACD	35. AB
36. AB	37. BC	38. ACD	39. ABCD	40. ABC
41. ABCD	42. ACD	43. ACD	44. BCD	45. BD
46. ACD	47. ABCD	48. AB	49. AC	50. ABCD
51. AD	52. ABD	53. ABC	54. ABC	55. ABCD
56. BC	57. AD	58. ABD	59. BD	60. AB
61. ABC	62. AB	63. ABD	64. AC	65. BCD
66. AB	67. BC	68. AD	69. BD	70. ABD
71. ABCD	72. CD	73. AC	74. AD	75. BC
76. ACD	77. BCD	78. BD	79. ACD	80. ABCD
81. ABCD	82. BD	83. ABC	84. ABCD	85. BC
86. BD	87. AD	88. ABC	89. ABD	90. BCD
91. ACD	92. AB	93. BC	94. AD	95. AB
96. BC	97. BCD	98. ABCD	99. CD	100. AB
101. AC	102. BC	103. AD	104. BCD	105. ABD
106. AC	107. AC	108. BC	109. BCD	110. AB
111. ACD	112. ABCD	113. ABCD	114. BCD	115. AB
116. AC	117. AC	118. BC	119. AB	120. AD
121. BCD	122. BC	123. ABD	124. ABCD	125. AD
126. ABC	127. ABC	128. ABC	129. CD	130. AC
131. AC	132. AB	133. AD	134. ABC	135. AD
136. BC	137. ABCD	138. BCD	139. CD	140. ABCD
141. BD	142. BCD	143. AB	144. AB	145. AC
146. ABCD	147. AB	148. ABCD	149. BD	150. AC
151. ABCD	152. ACD	153. AB	154. ABCD	155. AB
156. AC	157. ABC	158. ACD	159. ABCD	160. BCD

161. ABCD　162. BC　163. AD　164. AC　165. ABD
166. AC　167. BC　168. ABCD　169. AB　170. AD
171. BC　172. AB　173. BC　174. AB　175. BC
176. AC　177. ABC　178. BCD　179. ACD　180. ABCD
181. ABC　182. ABCD　183. AB　184. AD　185. ACD
186. BC　187. BC　188. AB　189. AB　190. ABC
191. ACD　192. AD　193. BCD　194. AB　195. BCD
196. AB　197. ABD　198. ABC　199. CD　200. AD
201. ABCD　202. ABC　203. ABD　204. BCD　205. ABC
206. ACD　207. AC　208. ABCD　209. BCD　210. ABC
211. ABCD　212. BCD　213. ACD　214. BD　215. ABC
216. ABCD　217. ABD　218. BC　219. ABCD　220. BD
221. AC　222. BD　223. AC　224. AC　225. ABCD
226. ABC　227. AC　228. ABC　229. BC　230. ABCD
231. ABC　232. ABCD　233. AB　234. AD　235. ABCD
236. AC　237. ABC　238. BCD　239. AB　240. BCD

三、判断题

1. √　2. ×　3. √　4. ×　5. √　6. ×　7. ×　8. √　9. √　10. ×
11. ×　12. ×　13. √　14. ×　15. ×　16. √　17. ×　18. √　19. √　20. ×
21. ×　22. √　23. ×　24. √　25. √　26. ×　27. ×　28. √　29. √　30. ×
31. √　32. ×　33. √　34. ×　35. ×　36. √　37. √　38. ×　39. √　40. ×
41. √　42. ×　43. √　44. ×　45. √　46. ×　47. ×　48. √　49. √　50. ×
51. √　52. ×　53. √　54. ×　55. √　56. ×　57. √　58. ×　59. √　60. ×
61. √　62. ×　63. √　64. ×　65. √　66. ×　67. √　68. ×　69. ×　70. √
71. ×　72. √　73. ×　74. √　75. √　76. ×　77. ×　78. √　79. √　80. ×
81. √　82. ×　83. √　84. ×　85. √　86. √　87. √　88. ×　89. √　90. ×
91. ×　92. √　93. √　94. ×　95. √　96. ×　97. √　98. ×　99. √　100. ×
101. √　102. ×　103. ×　104. √　105. √　106. ×　107. ×　108. √　109. √　110. ×
111. √　112. ×　113. ×　114. √　115. √　116. ×　117. √　118. ×　119. √　120. ×
121. √　122. ×　123. ×　124. √　125. √　126. ×　127. ×　128. √　129. ×　130. √
131. √　132. ×　133. √　134. ×　135. √　136. ×　137. √　138. ×　139. √　140. ×
141. √　142. ×　143. √　144. ×　145. √　146. ×　147. √　148. ×　149. √　150. ×
151. √　152. ×　153. √　154. ×　155. √　156. ×　157. √　158. ×　159. √　160. ×
161. √　162. ×　163. √　164. ×　165. √　166. ×　167. √　168. ×　169. √　170. ×
171. ×　172. √　173. ×　174. √　175. ×　176. √　177. √　178. ×　179. √　180. ×
181. √　182. ×　183. √　184. √　185. √　186. √　187. √　188. √　189. √　190. ×
191. √　192. ×　193. √　194. ×　195. √　196. ×　197. √　198. ×　199. ×　200. √
201. √　202. ×　203. ×　204. √　205. ×　206. √　207. √　208. ×　209. √　210. ×
211. √　212. ×　213. √　214. ×　215. √　216. ×　217. √　218. ×　219. ×　220. √

221. √　222. ×　223. √　224. ×　225. ×　226. √　227. ×　228. √　229. ×　230. √
231. √　232. √　233. ×　234. √　235. ×　236. √　237. √　238. ×　239. √　240. √

2. 正确：国产的 ADC2000 汽车诊断电脑属于专用型示波器。

4. 正确：使用汽车示波器时，当自动设置功能结束后，测试仪将显示波形。

6. 正确：STS6000 测试仪的模拟部分由 D/A 转换器及相关的外围转换电路构成。

7. 正确：传感器模拟测试仪测试夹的红夹是电压、电阻、频率测试的输入端。

10. 正确：目前的解码器大多数是以单独仪器的形式完成解码和通信，但有的是在电脑的基础上用软件来实现的。

11. 正确：画同一机件的各个图样，当采用不同的比例时，必须另行标注。

12. 正确：机械制图中的视图比例指的是视图大小与零件实际大小之比。

14. 正确：在三视图的方位关系中，可以看出左、俯视图都有前、后方位关系。

15. 正确：为了清楚地表达零件的内部形状，在机械制图中常采用剖视。

17. 正确：零件有一定的偏差，是不影响互换性的。

20. 正确：公称尺寸相同的轴和孔结合在一起的装配关系称为配合。

21. 正确：零件表面形状与位置公差简称形位公差。

23. 正确：锉削的精度可达到 0.01 mm 左右。

26. 正确：如果两圆柱正交且相差较大时，可用大圆柱的 $D/2$ 为半径作圆弧代替非圆曲线的相贯线。

27. 正确：零件图中应正确、齐全、清晰、合理地标注出表示零件各部分形状大小和相对位置的尺寸。

30. 正确：零件上阶梯孔的加工顺序一般是先做成小孔，再加大孔，因此轴向尺寸的标注应从端面注出大孔的深度，便于测量。

32. 正确：应根据设计要求，参照有关资料确定零件的材料。必要时可以采用火花鉴别、取样分析、测量硬度等方法确定测绘零件的材料。

34. 正确：拆画零件图时，其他尺寸从装配图中按比例量取标注，注意尺寸数字的圆整。

35. 正确：设计时，确定零件表面在机器中位置的一些面、线或点，称为设计基准。

38. 正确：绘制零件时，要将零件分解为若干基本形体，来确定表达零件的主视图、视图数量和剖视方法。

40. 正确：用温度计检测汽车空调储液器温度，正常应为 50 ℃左右。

42. 正确：微机控制的空调系统主要有温度自动控制、风量控制、运动方式给定控制、换气量控制等功能。

44. 正确：奔驰 W140 型自动空调系统右侧按钮和左侧按钮的使用功能是一样的。

46. 正确：汽车电动车窗在两个方向都不能运动，应检查链带或齿轮机构是否卡住，故障窗的分开关到电动机的导线是否导通。

47. 正确：现代汽车在每个电动后视镜的背后都装有两套电动机和驱动器。

50. 正确：中央遥控门锁工作时，门锁线圈通电后，衔铁带动连杆左移，即锁门。

52. 正确：电容式门锁控制器工作时，一只电容器完全放电后，另一只电容器则被充电，以完成下一次工作。

54. 正确：电子式安全气囊系统又称为分离式安全气囊。

56. 正确:电子式安全气囊系统组成中的气体发生器是一种爆炸装置。

58. 正确:安全气囊从触发到充气膨胀,再到驾驶员头部陷入气囊,直至气囊被压扁的全过程,耗时不超过 110 ms。

60. 正确:安全气囊系统检修完成后,不能急于将安全气囊系统接入电路,应先进行电气检查,确认无误后,再将安全气囊接入。

62. 正确:安全气囊系统故障诊断扫描仪诊断法的一般程序是先从故障提示灯知道了故障,然后用扫描仪取出故障码,再根据手册的指导进行具体的检查。

64. 正确:电控动力阀控制系统,当发动机大负荷运行时,受 ECU 控制的真空阀关闭,真空室的真空度不能进入动力阀上部的真空室。

66. 正确:电控进气惯性增压控制系统的进气压力脉动波与进气门开闭配合好,在进气门打开时,就会形成对进气进行增压的效果。

68. 正确:废气涡轮增压控制系统,当 ECU 检测到的进气压力高于 0.1 MPa 时,由于废气不经涡轮室而直接排除,增压器停止工作,所以进气压力下降。

69. 正确:内装式电动汽油泵升压后的汽油通过电动机内部经单向阀从油泵出口排除。

71. 正确:外装式电动汽油泵滚柱泵是依靠滚柱与定子内壁的紧密贴合构成泵油腔,因此运行中能听到较大噪声。

73. 正确:ECU 控制的汽油泵控制电路由 ECU 和断路继电器对油泵工作进行控制。

76. 正确:有些电子控制点火系,发动机电控单元把 G_1 和 G_2 信号出现后的第一个 Ne 信号过零点定为压缩行程上止点前 10°,称之为初始点火提前角。

77. 正确:点火提前角的控制方法有开环控制和闭环控制两种。

80. 正确:电子点火系中,怠速控制执行机构通过对怠速空气量的控制来控制发动机的怠速运转。

82. 正确:双金属片式怠速控制执行机构采用的控制方式为机械式。

84. 正确:步进电动机怠速控制执行机构为了减少负荷变化的对怠速转速的影响,可以对发动机转速变化进行预控制。

88. 正确:排放控制系统中,为了提高三元催化转换器芯子的抗颠簸性,芯子外面通常用钢丝包裹。

90. 正确:氧化锆式氧传感器的主要元件是氧化锆烧结的多孔试管状陶瓷体,也称锆管。

91. 正确:当氧传感器的温度在 300 ℃以下时,传感器不会产生电压信号,因而不能对混合气空燃比进行正确检测,此时反馈控制不会发生作用。

94. 正确:废气再循环中,进入进气歧管的混合气量一般控制在 6%～15%范围内。

96. 正确:带有 EGR 位置传感器的电控废气再循环系统中,位置传感器可以检测 EGR 阀的开度。

98. 正确:在发动机控制系统中装设了活性炭罐蒸发污染控制装置,就可以防止燃油箱向大气排放燃油蒸气。

100. 正确:发动机集中控制系统可以控制喷油正时。

102. 正确:当进气压力传感器信号电路出现开路或短路故障时,安全保险功能将进入备用状态或采用标准值来保证发动机运转。

103. 正确:汽车故障自诊断系统正常工作时,微机的输入信号都在规定范围内变化,执行器件都向微机反馈信号。

106. 正确：汽车自诊断系统动态模式主要是在发动机运行时读取故障码或进行混合气成分的监测。

107. 正确：当丰田汽车发动机微机控制系统出现故障，微机记录多个故障的输出故障码时，都是数值小的在前。

110. 正确：为了防止电动机过载，大多数汽车电动座椅的永磁性电动机内设有断路器。

112. 正确：汽车电动座椅的电子控制系统存储的座椅电压信号可以作为重新调整座椅位置的基准。

113. 正确：电动座椅开关、线束、DOOR 熔丝出现故障，可导致电动座椅不运作。

116. 正确：检查汽车电动座椅 PTC 热敏电阻时，将蓄电池、热敏电阻及电流表连接好后，移动座椅前端的位置。

118. 正确：自动变速器电控单元(ECU)的存储器中存储有各种控制程序，因此能更精确地控制换挡时刻。

120. 正确：自动变速器换挡电磁阀断电时，弹簧力强制中央的柱塞回到左侧位置，钢球脱离阀座。

122. 正确：自动变速器压力控制电磁阀工作时，通过增大电流可以增大泄油口的开度。

123. 正确：电控自动变速器诊断故障时，拆检应是故障诊断的最后手段。

126. 正确：电控自动变速器机械部分的换挡离合器、制动器、行星齿轮组等的加工精度一般比较高，不易发生故障。

127. 正确：当车轮出现滑转时，汽车加速防滑电子控制(ASR)系统点亮仪表板上的警告灯，向司机发出警告。

129. 正确：汽车加速防滑电子控制(ASR)系统与 ABS 都是通过控制作用于被控车轮上的力矩，而将车轮的滑移率控制在设定的理想范围内。

132. 正确：ASR 系统的传感器主要通过轮速传感器和节气门位置传感器来起作用。

134. 正确：ASR 系统的电子控制单元通常均与 ABS 电子控制单元组合为一体。

136. 正确：ASR 系统的制动压力调节装置对滑转车轮施加制动力并能控制制动力的大小。

138. 正确：蓝鸟车流量控制式转向系统在转速泵与转向器之间设有旁通管路。

140. 正确：反力控制式动力转向系统可以根据车速大小控制反力室油压，从而改变输入、输出增益幅度来控制转向力。

142. 正确：阀灵敏度控制式动力转向系统对转向控制阀的转子阀作了局部改进。

144. 正确：电动式转向系统是利用电动机作为助力源，由 ECU 来完成助力控制的。

146. 正确：电动式转向系统的离合器在电动机发生故障时会自动分离，这时仍可利用手动来控制方向。

148. 正确：Alto 汽车电动式转向系统的电磁离合器安装在电动机的输出轴上。

150. 正确：Alto 汽车电动式转向系统为了保护系统的电动机以及控制组件，设置了临界控制项目。

152. 正确：悬架电子控制系统的执行机构可以是电磁阀、步进电动机或泵气电动机等。

154. 正确：三级可调阻尼式减震器的活塞杆为中空结构。

156. 正确：对于 BMW M3 型汽车，驾驶员可根据路面条件和车速情况来选择不同阻尼级。

158. 正确：可连续调节阻尼力的被动悬架阻尼仅能在一条直线上变化。

160. 正确：主动式空气悬架系统的电子控制单元根据各传感器的输出信号控制悬架执

行器。

162. 正确：主动式油气弹簧悬架系统工作时，通过电磁阀控制油液管路中的小孔节流实现变阻尼特性。

164. 正确：带路况预测传感器的主动悬架系统的 ECU 在检测路况传感器输出信号的同时，也不断地检测车速。

166. 正确：控制系统中光电式车高传感器的传感器轴上固定有一个开有许多窄槽的遮光板。

168. 正确：当富士 SUBARV 车身需要下降时，车身高度控制系统的空气压缩机停止工作，电磁阀打开，同时排气阀也通电打开。

170. 正确：凌志 LS400 型轿车车高控制系统检修时，若发现车身高度高于目标高度，则悬架 ECU 将使高度控制阀的排气阀打开，放出悬架气缸里的压缩空气，使悬架变短，将车身下降。

171. 正确：汽车防盗装置的每一把钥匙，即脉冲转发器，有不同的程控代码。

173. 正确：汽车防盗装置中，在把密码输入 V. A. G1551 或 V. A. G1552 之前，必须先输入一个“0”。

175. 正确：防盗装置工作时，控制单元通过识读线圈将能量感应后传送给钥匙中的脉冲转发器。

178. 正确：分立元件防盗报警器故障检修时，有电子管器件的电路，要检查电子管灯丝电压是否正常，电子管是否老化。

180. 正确：在 Word 中，多个图形组合起来变成一个图形后，可以单独改变其中某个图形的颜色。

182. 正确：在 Word 中，双击要绘制的图形按钮，可以绘制多个这样的图形而不必每次都重新选择按钮。

190. 正确：桑塔纳 2000GSI 轿车空调控制系统电路图中进风门电磁阀用“N63”表示。

192. 正确：桑塔纳 LX 型轿车电气设备总电路图，其基本电路有条理地从左到右按电源、启动系、点火系、指示灯和仪表、照明设备、雾灯、报警闪光装置、信号灯、雨刮器和洗涤器、双音喇叭的顺序编排。

194. 正确：奥迪 A6 系列轿车电源与启动系统电路中，“T9”表示插头 9 孔棕色，在起初锁止继电器上。

196. 正确：桑塔纳轿车灯光电路原理图中，“W3”表示行李箱照明灯。

198. 正确：进口汽车一般只配有线路图，供有关人员参考学习。

199. 正确：车辆检测管理包括建设和管理好汽车综合性能检测站，配备必要的检查设备和人员，定期检测车况，对车辆进行质量监控。

202. 正确：车辆改装、改造前必须进行技术论证，以达到技术上可靠、先进，经济上合理的目的。

203. 正确：车辆技术档案是车辆从购置到报废的全过程有关技术资料的系统记录。

205. 正确：车辆技术档案实行专人负责、分级管理，基层运输单位的车管技术员是技术档案的具体负责人。

208. 正确：1995 年 2 月国家交通部发布了行业标准 JT/T 198—1995《汽车技术等级评定标准》和 JT/T 199—1995《汽车技术等级评定的检测方法》，此标准适用于公路及城市道路上行驶的总质量在 26 t 以下(含 26 t)的汽车。

210. 正确:汽车技术状况评定中,对于汽车动力性的技术要求为:发动机功率,一级大于等于额定功率的 85%。

212. 正确:汽车维护周期是指同级维护之间的间隔期。

214. 正确:车辆维护检查作业的内容包括人工检视和仪器设备检视诊断。

216. 正确:流水作业法是指汽车在生产线的各个工位上按确定的工艺顺序和节拍进行修理作业的方法。

218. 正确:教案是组织教学的依据,但在具体教学实施中,教案也可根据实际情况,随时做些必要的修改和调整。

219. 正确:在 Word 窗口中,单击最小化按钮,可以将应用程序窗口缩小成一个图标显示在任务栏中,单击该图标,又可以使其恢复成原来的大小。

222. 正确:在 Word 中,复制表示将选定文本或图形的备份存入剪贴板。

224. 正确:在 Word 中,如果要给文本添加不同的下划线,可以选择"格式"菜单的"字体"命令后从它的对话框中选择其他类型的下划线。

225. 正确:在 Word"格式"工具栏中设置了四个对齐按钮:"两端对齐""居中""右对齐"和"分散对齐"。

227. 正确:Word 提供了一个"表格和边框"工具栏,除可以帮助用户在表格中绘制斜线外,还提供了许多功能按钮,使用户可以快速设置表格的样式。

229. 正确:默认情况下,启动 Excel 时,屏幕上会出现"常用"工具栏和"格式"工具栏,如果要执行某个命令,只要单击相应的按钮即可。

233. 正确:在使用 Excel 的命令之前,需要选择一个单元格或一定范围的单元格。

235. 正确:在 Word 中,可根据数字、拼写、中文笔画及日期的顺序进行排序。

238. 正确:PowerPoint 中,选择"幻灯片放映"菜单中的"幻灯片切换"命令,可以从中选择一种切换效果和换片方式。

四、简答题

1. 答:①空气内循环或进新风的冷气;② 空气内循环或进新风的暖气;③ 各种工况下的除湿;④ 从冷到暖可连续改变的温度控制。

2. 答:① 它是将气态制冷剂压缩成高温、高压状态输送至冷凝器,② 同时吸入蒸发器中低温、低压的气体制冷剂;③ 它能把热量从吸热部分的蒸发器传送到放热部分的冷凝器里去。

3. 答:① 当发动机小负荷运转时,ECU 根据发动机的各种信号接通真空电磁阀电路,② 启动继电器线圈断电,触点断开;③ 真空电磁阀打开,真空室真空度进入动力阀上部的真空室;④ 动力阀关闭,进气通道截面积变小;⑤ 发动机处于小输出转矩与小功率状态。

4. 答:① 当发动机大负荷运转时,受 ECU 控制的真空电磁阀关闭,② 真空室的真空度不能进入动力阀上部的真空室;③ 动力阀打开,进气通道截面积变大,④ 发动机处于大输出功率状态。

5. 答:① 当气体高速流向进气门时,如果进气门突然关闭,进气门附近气体的流动将突然停止,② 但由于惯性,后面的气体仍在进入,③ 于是进气门附近气体将受压,压力上升。

6. 答:① 当气体的惯性效应消减后,被压缩的气体开始膨胀,② 向进气气流的相反方向流动,压力下降,③ 膨胀气体的膨胀波传到进气管口时又被反射回来,于是形成了压力波。

7. 答:① 发动机启动时,电控单元不进行最佳点火提前角调整控制,② 而是根据发动机转速信号和启动开关信号以固定不变的点火提前角点火,③ 当发动机转速超过一定值时,则自动转入电控单元的最佳点火提前角计算及控制程序。

8. 答:① 发动机启动后,电控单元首先根据 G 信号和 Ne 信号确定初始点火提前角,② 然后根据发动机转速和负荷确定基本点火提前角,③ 最后根据有关传感器的信号确定修正点火提前角,④ 这三项点火提前角的代数和即为实际的最佳点火提前角。

9. 答:① 为了保证怠速控制阀在发动机再启动时处于全开位置,② 在发动机点火开关关闭后,ECU dM-REL 端子继续向主继电器供电,③ 使它继续保持接通状态,④ 此时,ECU 将控制步进电动机转动,使怠速控制阀全部打开,⑤ 为下次启动做好准备,然后主继电器才断电。

10. 答:① 暖机过程中,ECU 控制步进电动机转速;② 使怠速控制阀启动后的开度逐渐关小,③ 当冷却水温度达到 70 ℃时,④ 暖机控制结束,怠速控制阀达到正常怠速开度。

11. 答:① 排气再循环控制(EGR),② 氧传感器及三元催化转化器开环、闭环控制,③ 二次空气喷射控制,④ 活性炭罐电磁阀控制。

12. 答:① 当主 ECU 收到爆震传感器输出信号后,② ECU 对信号进行滤波处理并判定有无爆震,然后输出相应的指令控制校正电路,对发动机的点火提前角作较准确的调整。爆震强,推迟的角度大;爆震弱,推迟的角度小,当发动机再次出现爆震时,又使点火提前角减小,如此不断调整,直到爆震消失为止。

13. 答:① 当 ECU 检测到传感器或电路出现故障时,② 安全保险功能即会自动按 ECU 原设定的程序和数据使控制系统继续工作或停机。

14. 答:① 如果点火系发生故障不能点火时,② ECU 检测不到由点火控制器返回的点火认定信号,③ ECU 安全保险功能会立即停止燃油喷射,④ 以防止大量燃油进入气缸不能进行点火工作。

15. 答:① 在发动机和 ECT、ECU 的存储器中,② 已存入了每一种行驶方式下锁止离合器工作情况的程序,③ 根据这些程序,ECU 通过车速信号和节气门开度信号使锁止电磁阀开或关,④ 从而控制锁止正时。

16. 答:① 为防止发动机失速,当汽车采取制动或节气门全闭时;② 为减小换挡冲击,在自动变速器升降挡过程中;③ 在发动机冷却液温度低于 60 ℃时。

17. 答:① 电控元件使电磁阀半通电(最大电流的一半);② 阀处于中间位置;③ 调压缸与储液器和蓄压器的液压通道均被切断;④ 调压缸活塞保持原位不动。

18. 答:① 电控元件使电磁阀断电,② 阀在其回位弹簧力的作用下回到左侧位置,③ 调压缸右腔与蓄压器隔断而与储液器连通,④ 调压缸左腔和驱动车轮制动轮缸内的制动压力下降。

19. 答:① 具有较大的选择转向力的自由度,② 转向刚度大,③ 驾驶员能确实感受到路面情况,④ 但结构复杂,价格较高。

20. 答:① 把来自转向油泵的机油向控制阀一侧和电磁阀一侧进行分流;② 根据车速和转

向要求，改变控制阀一侧与电磁阀一侧的油压；③ 确保电磁阀一侧具有稳定的机油流量。

21. 答：① 它是指利用有源或无源控制元件构成的闭环控制系统，对汽车悬架实行主动控制；② 它能根据车辆的运动状况和路面情况主动做出反应，③ 抑制车身的各种振动，使悬架处于最佳减振状态。

22. 答：① 它可以是电磁阀、步进电动机或泵气电动机等；② 它们接收来自电子控制装置的控制信号；③ 能够准确、快速、及时地做出动作反应；④ 能够实现对弹簧刚度、减振器阻尼或车身高度的调节。

五、计算题

1. 解：$P=P_N/\eta=22/0.84\approx26.19(\text{kW})$

$I_N=P/U_N=26.19\times10^3/110\approx238(\text{A})$

$I_{fN}=U_N/R_f=110/27.5=4(\text{A})$

$I_{aN}=I_N-I_{fN}=238-4=234(\text{A})$

答：额定电枢电流为 234 A。

2. 解：$I_N=P_N/U_N=17\,000/230\approx73.9(\text{A})$

$E_a=apN\Phi n_N/60=1\times2\times468\times10.3\times10^{-3}\times1\,500/60\approx241(\text{V})$

答：额定电流约为 73.9 A，电枢电动势约为 241 V。

3. 解：因为 $I_{st}=6I_N$，所以

$I_{st}=6I_N=6\times19.7\approx118(\text{A})$

$R=1.5U_N/(\sqrt{3}I_{st})=1.5\times380/(118\times1.732)\approx2.8(\Omega)$

答：制动电阻 R 约为 2.8 Ω。

4. 解：直流电流 $I=1.5,I_N=1.5\times32.9\approx49(\text{A})$

直流电压 $U=IR=49\times0.45\approx22(\text{V})$

侧电压 $U_2=1.11U=1.11\times22\approx24(\text{V})$

答：变压器二次侧电压约为 24 V。

5. 解：根据公式 $R=\frac{空气质量}{燃料质量}$，得

$R=29\div2=14.5$

答：这种燃料的空燃比为 14.5。

6. 解：根据公式 α＝燃烧过程中实际供给的空气质量÷理论上完全燃烧时所需的空气质量，得

$\alpha=13\div15\approx0.87$

因为 $0.87<1$，而 $\alpha<1$ 时为浓混合气，所以该种可燃混合气为浓混合气。

答：此可燃混合气体是浓混合气。

7. 解：铁芯线圈的阻抗为：$|Z|=U/I=220/4=55(\Omega)$

等效电阻和等效感抗分别为：

$R'=R+R_0=P/I^2=100/4^2=6.25(\Omega)\approx R_0$

$X'=X_6+X_0=\sqrt{|Z|^2-R^2}=\sqrt{55^2-6.25^2}\approx54.6(\Omega)=X_0$

答：铁芯线圈的等效阻抗和感抗分别约为 6.25 Ω 和 54.6 Ω。

8. 解：铁芯有效面积 $S=30.2\times0.91\approx27.5(\text{cm}^2)$，得：

线圈匝数 $N=U/(4.44fB_mS)=220/(4.44\times50\times1.2\times27.5\times10^{-4})\approx300$

答：线圈匝数约为 300。

9. 解：根据汽车的牵引力计算公式得：

$F_K=M_e i_0 i_K \eta/r_K=352.8\times7.63\times1\times0.9/0.48\approx5\ 047(\text{N})$

答：汽车在直接挡行驶时的最大牵引力约为 5 047 N。

10. 解：$F_K=M_e i_K i_0 \eta/r_K=36\times9.8\times1\times6.33\times0.88/0.46\approx4\ 272(\text{N})$

答：汽车在直接挡行驶时的最大牵引力约为 4 272 N。

11. 解：分流电阻 R_b 需要分流的电流值为：

$I_b=I-I_a=5\times10^3-50=4\ 950(\mu\text{A})$

电阻 R_b 两端的电压 U_b 与表头两端的电压 U_a 相等，

因此 $U_b=U_a=I_aR_a=50\times10^{-6}\times2\ 000=0.1(\text{V})$

$R_b=U_b/I_b=0.1/(4\ 950\times10^{-6})\approx20.2(\Omega)$

答：分流电阻值约为 20.2 Ω。

12. 解：流过分流电阻 R_b 的电流值为：

$I_b=I-I_a=550-50=500(\mu\text{A})$

电阻 R_b 两端的电压 U_b 与表头两端的电压 U_a 相等，

因此 $U_b=U_a=I_aR_a=50\times10^{-6}\times3\times1\ 000=0.15(\text{V})$

$R_b=U_b/I_b=0.15/(500\times10^{-6})=300(\Omega)$

答：分流电阻值为 300 Ω。

13. 解：$a=(V_t-V_0)/t=(0-40\times10^3/3\ 600)/4\approx-2.78(\text{m/s}^2)$

答：该车制动时的减速度约为 2.78 m/s²。

14. 解：

$$S=S_1+S_2$$
$$=(t_1+1/2t_2)V_0+\phi V_0^{\ 2}/254$$
$$=(0.05+1/2\times0.03)\times20\ 000/3\ 600+0.7\times\left(\frac{20\ 000}{3\ 600}\right)^2/254$$
$$\approx0.446(\text{m})$$

答：该车速下的制动距离约为 0.446 m。

15. 解：已知 $v=36\ \text{km/h}=10\ \text{m/s}$，$w=120\ \text{r/min}=2\ \text{r/s}$，

根据公式 $\delta=(v-wr)/v\times100\%$，得

$\delta=(10-2\times0.5)/10\times100\%=90\%$

答：此时该车车轮的滑动率是 90%。

16. 解：根据滑水车速的公式得

$U_k=6.34\sqrt{P_i}=6.34\times\sqrt{179.27}\approx84.9(\text{km/h})$

因为 100>84.9，所以此时会出现滑水现象

答：车速 100 km/h 时要进行制动时可能出现滑水现象。

17. 解：根据公式得

$R_0=n_1a/(n_2-n_1)=(100\times2)/(120-100)=10(\text{m})$

答：该汽车左前轮的转弯半径是 10 m。

18. 解：根据公式得，

$R_0 = n_1 a/(n_2 - n_1) = (120 \times 1.5)/(160 - 120) = 4.5(\mathrm{m})$

答：该汽车右前轮的转弯半径是 4.5 m。

19. 解：$F_W = C_D A v^2/21.15 = 0.4 \times 7.5 \times 40^2/21.15 \approx 227(\mathrm{N})$

答：空气的阻力约为 227 N。

20. 解：$F_W = C_D A v^2/21.15$

$v^2 = 21.15 F_W/(C_D A) = 21.15 \times 800/(0.2115 \times 8) = 10000$

$v = 100(\mathrm{km/h})$

答：此时空气相对于汽车的速度是 100 km/h。

第八部分

技师操作技能试题

认定要素细目表

行为领域	代码	认定范围	认定比重	代码	认　定　点	重要程度	备注
操作技能 A 100%	A	诊断维修	40%	001	诊断排除桑塔纳 2000M3. 8. 2 电喷发动机故障	X	
				002	诊断、排除电动后视镜故障	Y	
				003	诊断、排除空调电路系统故障	X	
				004	诊断、分析别克轿车安全气囊系统故障码(故障码 B0016)	X	
				005	检修凌志 LS400 电子控制空气悬架系统故障	X	
				006	检修电动座椅故障	Y	
				007	检修电子防盗装置故障	X	
				008	检修微机控制点火系故障	X	
	B	绘图与识图	35%	001	绘制汽车燃油压力控制系统原理图	X	
				002	绘制电磁感应电子点火系电路图	Z	
				003	绘制光电式点火系电路图	Z	
				004	识读奥迪轿车电气线路图	Y	
				005	识读上海桑塔纳 LX 型轿车电气设备总电路图(启动机和电源部分)	Y	
				006	识读上海桑塔纳 LX 型轿车电气设备总电路图(点火系部分)	Y	
				007	识读上海桑塔纳 LX 型轿车电气设备总电路图(信号灯部分)		
	C	综合管理	25%	001	制定车辆电气系统修理工艺流程	X	
				002	编写培训教案	X	
				003	收发电子邮件	Y	
				004	使用 Word 进行文字录入、编辑、排版	X	
				005	使用 Excel 制作表格、录入文字	X	

注:X—核心要素;Y—一般要素;Z—辅助要素。

操作技能试题

一、AA001　诊断排除桑塔纳 2000M3.8.2 电喷发动机故障

1.准备要求

(1) 设备准备。

序号	名　称	规　格	单　位	数　量	备　注
1	发动机诊断仪	V.A.G1552	个	1	
2	待测汽车	桑塔纳 2000	辆	1	

(2) 材料准备。

序号	名　称	规　格	单　位	数　量	备　注
1	毛　巾		条	1	

(3) 工具、用具准备。

序号	名　称	规　格	单　位	数　量	备　注
1	随车工具		套	1	

2.操作程序说明

(1) 准备工作。

(2) 更换程序卡。

(3) 连接检测仪。

(4) 读取故障码。

(5) 排除故障。

(6) 清除故障码。

(7) 清理场地。

3.考核规定说明

(1) 如操作违章或未按操作程序执行操作，将停止考核。

(2) 考核采用百分制，考核项目得分按认定比重进行折算。

(3) 考核方式说明：本项目为实际操作（过程型），考核过程按评分标准及操作过程进行评分。

(4) 测量技能说明：本项目主要测量考生对诊断仪使用方法的掌握程度。

4.考核时限

(1) 准备时间：1 min（不计入考核时间）。

（2）正式操作时间：15 min。

（3）提前完成操作不加分，到时停止操作考核。

5. 评分记录表

序号	考核内容	评分要素	配分	评分标准	检测结果	扣分	得分	备注
1	准备工作	选择工具、用具及材料	5	工具、用具及材料少选、错选择一件扣1分				
2	更换程序卡	按要求更换程序卡	5	未按要求更换程序卡扣5分				
		打开诊断仪电源	5	未打开诊断仪电源扣5分				
		进行自检	5	未进行自检扣5分				
3	连接检测仪	正确连接检测仪	5	未正确连接检测仪扣5分				
		打开点火开关或使发动机怠速运转	5	未打开点火开关或发动机未怠速运转扣5分				
		输入地址字“01”进入发动机电控系统	5	未输入地址字“01”进入发动机电控系统扣5分				
		按“Q”键确认	5	未按“Q”键确认扣5分				
		按“→”键显示测试选择功能	5	未按“→”键扣5分				
4	读取故障码	接通点火开关但不启动发动机	10	未接通点火开关扣5分；启动发动机扣5分				
		输入“02”查询故障存储器	5	未输入“02”查询故障存储器扣5分				
		按“Q”键确认输入（诊断仪显示故障数量）	5	未按“Q”键确认输入扣5分				
		按“→”键，显示屏逐一显示各个故障码及其文字说明	5	未按“→”键扣5分				
5	排除故障	根据维修手册，排除显示的故障	5	未排除显示的故障扣5分				
		按“→”键显示选择功能	5	未按“→”键显示选择功能扣5分				
		输入“05”清除故障存储器存储并按“Q”键确认	10	未输入“05”清除故障存储器存储扣5分；未按“Q”键确认扣5分				
		按“→”键显示选择功能	5	未按“→”键显示选择功能扣5分				
6	清除故障码	输入“06”结束输入功能并按“Q”键确认	5	未输入“06”结束输入功能并确认扣5分				

续表

序号	考核内容	评分要素	配分	评分标准	检测结果	扣分	得分	备注
7	清理场地	收拾工具、用具及材料，清理场地		未收、少收工具、用具及材料从总分中扣3分，场地不清洁从总分中扣5分				
8	安全文明操作	按国家或企业颁发的有关安全规定执行		每违反一项规定从总分中扣5分；严重违规取消考核				
9	考核时限	在规定时间内完成		到时停止操作考核				
合　　计			100					

二、AA002　诊断排除电动后视镜故障

1. 准备要求

(1) 设备准备。

序号	名　称	规　格	单　位	数　量	备　注
1	电动后视镜		个	1	

(2) 材料准备。

序号	名　称	规　格	单　位	数　量	备　注
1	毛　巾		条	1	
2	熔　丝			适　量	
3	连接导线			适　量	
4	相关零部件			适　量	
5	短路线			适　量	

(3) 工具、用具、量具准备。

序号	名　称	规　格	单　位	数　量	备　注
1	电工组合工具		套	1	
2	万用表		只	1	
3	试　灯		只	1	

(4) 后视镜开关检查图样例(如图 8-1 所示)。

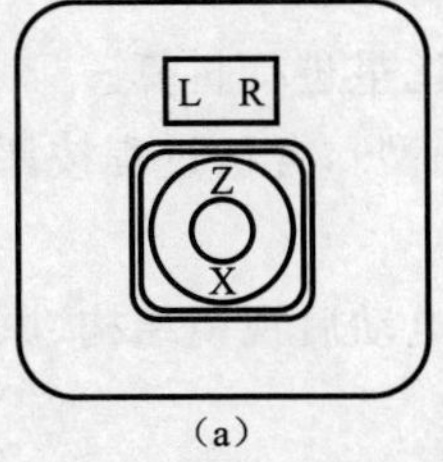

(a)

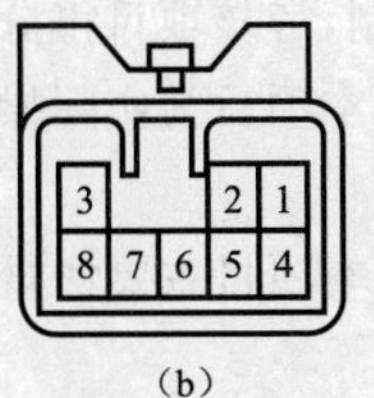

(b)

图 8-1　后视镜开关检查图样例

(5) 后视镜电动机检查图样例(如图 8-2 所示)。

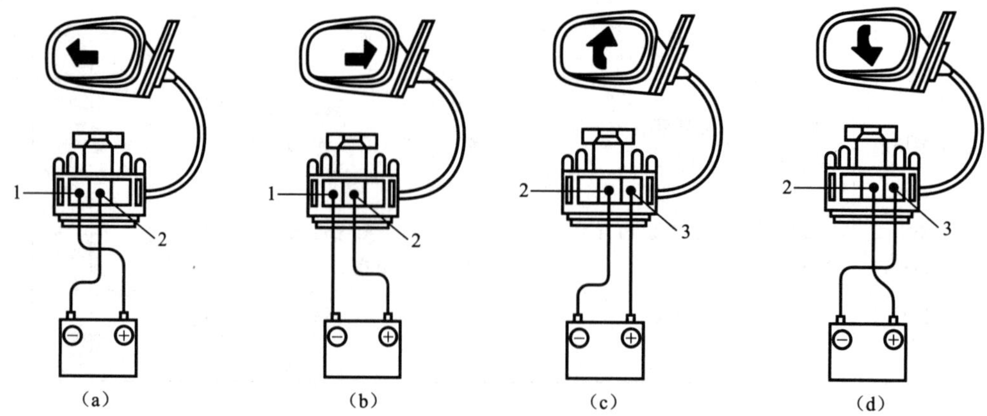

图 8-2 后视镜电动机检查图样例

(6) 后视镜开关工作状况(见表 8-1)。

表 8-1 后视镜开关工作状况

开关位置	万用表的连接		工作状况
	左 侧	右 侧	
断	—	—	不导通
上 升	2-6 1-3-8	2-5 1-3-7	导 通
下 降	3-6 1-2-8	3-5 1-2-7	导 通
向 左	1-3-6 2-8	1-3-5 2-7	导 通
向 右	1-2-6 3-8	3-7 1-2-5	导 通

2. 操作程序说明

(1) 准备工作。

(2) 检查熔丝。

(3) 检查电动机。

(4) 检查后视镜开关。

(5) 检查后视镜电动机上下动作。

(6) 检查后视镜电动机左右动作。

(7) 清理场地。

3. 考核规定说明

(1) 如操作违章或未按操作程序执行操作,将停止考核。

(2) 考核采用百分制,考核项目得分按认定比重进行折算。

(3) 考核方式说明:本项目为实际操作(过程型),考核过程按评分标准及操作过程进行评分。

(4) 测量技能说明:本项目主要测量考生对电动后视镜结构、原理的掌握程度。

4. 考核时限

(1) 准备时间:1 min(不计入考核时间)。

(2) 正式操作时间:15 min。

(3) 提前完成操作不加分,到时停止操作考核。

5. 评分记录表

序号	考核内容	评分要素	配分	评分标准	检测结果	扣分	得分	备注
1	准备工作	选择工具、用具、量具及材料	5	工具、用具、量具及材料少选、错选一件扣1分				
2	检查熔丝	检查熔断器质量	5	未检查熔断器质量扣5分				
		检查断路器质量	5	未检查断路器质量扣5分				
		用万用表检查开关总成	5	未用万用表检查开关总成扣5分				
3	检查电动机	用12 V电源的跨接线检查电动机	10	未选用12 V电源的跨接线扣5分,未检查电动机扣5分				
		接线换向时,电动机应反向转动	10	未接线换向扣5分,未判断电动机应反向转动扣5分				
4	检查后视镜开关	用万用表检查后视镜开关运动情况	15	未用万用表检查后视镜开关运动情况一处扣5分;未判断开关质量扣5分				
		检查车门或仪表板金属件的搭铁情况	5	未检查车门或仪表板金属件的搭铁情况扣5分				
5	检查后视镜电动机上下动作	将蓄电池(+)导线与端子3相连,(-)导线与端子2相连,后视镜应向上转动	10	连接导线错误扣5分;转动方向判断错误扣5分				
		反向连接电极,后视镜应向下转动	10	连接导线错误扣5分;转动方向判断错误扣5分				
6	检查后视镜电动机左右动作	将蓄电池(+)导线与端子1相连,(-)导线与端子2相连,后视镜应向左转动	10	连接导线错误扣5分;转动方向判断错误扣5分				
		反向连接电极,后视镜应向右转动	10	连接导线错误扣5分;转动方向判断错误扣5分				
7	清理场地	收拾工具、用具、量具及材料,清理场地		未收、少收工具、用具、量具及材料从总分中扣3分;场地不清洁从总分中扣5分				
8	安全文明操作	按国家或企业颁发的有关安全规定执行		每违反一项规定从总分中扣5分;严重违规取消考核				
9	考核时限	在规定时间内完成		到时停止操作考核				
合计			100					

三、AA003 诊断空调电路系统故障

1. 准备要求

(1) 设备准备。

序号	名 称	规 格	单 位	数 量	备 注
1	轿 车	捷 达	辆	1	

(2) 材料准备。

序号	名 称	规 格	单 位	数 量	备 注
1	毛 巾		条	1	

(3) 工具、用具、量具准备。

序号	名 称	规 格	单 位	数 量	备 注
1	电工组合工具		套	1	
2	万用表	MC-47 型或数字型	只	1	
3	测试灯		只	1	

2. 操作程序说明

(1) 准备工作。

(2) 检查电源。

(3) 启动发动机。

(4) 检查线路。

(5) 检查电气元件。

(6) 试验。

(7) 清理场地。

3. 考核规定说明

(1) 如操作违章或未按操作程序执行操作,将停止考核。

(2) 考核采用百分制,考核项目得分按认定比重进行折算。

(3) 考核方式说明:本项目为实际操作(过程型),考核过程按评分标准及操作过程进行评分。

(4) 测量技能说明:本项目主要测量考生对空调系统结构、原理的掌握程度。

4. 考核时限

(1) 准备时间:1 min(不计入考核时间)。

(2) 正式操作时间:10 min。

(3) 提前完成操作不加分,到时停止操作考核。

5. 评分记录表

序号	考核内容	评分要素	配分	评分标准	检测结果	扣分	得分	备注
1	准备工作	选择工具、用具、量具及材料	5	工具、用具、量具及材料少选、错选一件扣1分				
2	检查电源	接通点火开关	5	未接通点火开关扣5分				
		观察仪表，检查蓄电池和电源线路	15	未观察仪表扣5分；未检查蓄电池和电源线路一处扣5分				
3	启动发动机	启动发动机	5	未启动发动机扣5分				
		打开空调开关	5	未打开空调开关扣5分				
4	检查线路	检查线路搭铁和断路情况	20	检查方法错一处扣2分，扣完为止				
5	检查电气元件	检查各开关	15	检查方法错一处扣3分，扣完为止				
		检查熔断器、继电器和温度控制器及鼓风机	20	检查方法错一处扣5分，扣完为止				
6	试　验	检查空调运转情况	10	未检查空调运转情况扣10分				
7	清理场地	收拾工具、用具、量具及材料，清理场地		未收、少收工具、用具、量具及材料从总分中扣3分，场地不清洁从总分中扣5分				
8	安全文明操作	按国家或企业颁发的有关安全规定执行		每违反一项规定从总分中扣5分；严重违规取消考核				
9	考核时限	在规定时间内完成		到时停止操作考核				
合　计			100					

四、AA004　诊断、分析别克轿车安全气囊系统故障(故障码0016)

1. 准备要求

(1) 设备准备。

序号	名　称	规　格	单　位	数　量	备　注
1	专用扫描工具	TECH2	个	1	

(2) 材料准备。

序号	名　称	规　格	单　位	数　量	备　注
1	毛　巾		条	1	

(3) 工具、用具准备。

序号	名　称	规　格	单　位	数　量	备　注
1	电工组合工具		套	1	

(4) 乘客座前展开回路电路图样例(如图 8-3 所示)。

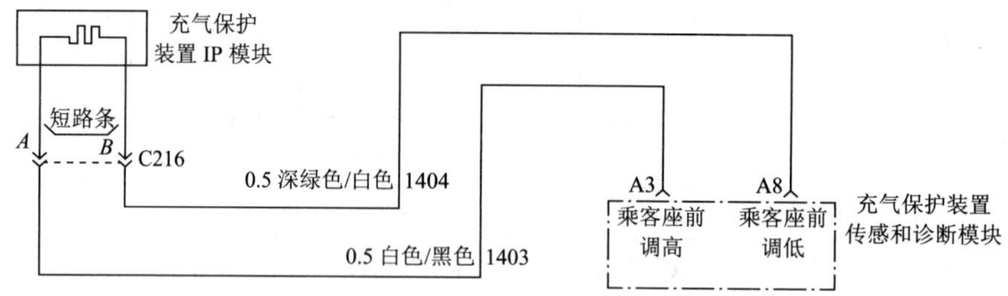

图 8-3 乘客座前展开回路电路图样例

2. 操作程序说明

(1) 准备工作。

(2) 准备条件。

(3) 故障码的设置条件。

(4) 设定故障码。

(5) 清除故障码的方法。

(6) 检查 C216 线束接头。

(7) 显示 DTC B0016 的检查。

(8) 不显示 DTC B0016 的检查。

(9) 清理场地。

3. 考核规定说明

(1) 如操作违章或未按操作程序执行操作,将停止考核。

(2) 考核采用百分制,考核项目得分按认定比重进行折算。

(3) 考核方式说明:本项目为实际操作(过程型),考核过程按评分标准及操作过程进行评分。

(4) 测量技能说明:本项目主要测量考生对乘客座前展开回路电路电阻过低故障测试方法的掌握程度。

4. 考核时限

(1) 准备时间:1 min(不计入考核时间)。

(2) 正式操作时间:20 min。

(3) 提前完成操作不加分,超时操作按规定标准评分。

5. 评分记录表

序号	考核内容	评分要素	配分	评分标准	检测结果	扣分	得分	备注
1	准备工作	选择工具、用具及材料	5	工具、用具及材料少选、错选一件扣 1 分				
2	准备条件	将点火开关置于“ON”位置	5	未将点火开关置于“ON”位置扣 5 分				
3	故障码的设置条件	展开回路电压正常,未出现电压短路、搭铁;展开回路电阻在 300 ms 内小于 1.3 Ω	10	相关标准少判断一项扣 5 分				

续表

序号	考核内容	评分要素	配分	评分标准	检测结果	扣分	得分	备注
4	设定故障码	SDM设定故障码DTC B0016；SDM通过2级串行数据指令接通安全气囊警告灯	10	未设定故障码DTC B0016扣5分；未接通安全气囊警告灯扣5分				
5	清除故障码的方法	当前故障显示：展开回路电阻在300 ms内小于1.3 Ω；以往故障码：用扫描工具发出CLEAR CODES指令清除，或经过250次点火循环自动清除	10	清除方法错误一处扣5分				
6	检查C216线束接头	检查C216线束接头质量，必要时更换	10	未检查C216线束接头质量扣5分，必要时未更换扣5分				
		断开C215和C216线束接头，把J38715-A SRS驾驶员/乘客专用工具安装到接头C215和C216线束侧	15	未断开C215和C216线束接头扣5分；未把J38715-A SRS驾驶员/乘客专用工具安装到接头C215和C216线束侧一处扣5分				
7	显示DTC B0016的检查	打开点火开关，用扫描工具显示故障码，判断DTC B0016是否为当前故障码	7	未打开点火开关扣2分，未判断故障码性质扣5分				
		若不显示DTC B0016，则应关闭点火开关，更换充气安全保护装置IP模块	13	未关闭点火开关扣3分，未更换充气安全保护装置IP模块扣10分				
8	不显示DTC B0016的检查	上述测试若显示的是DTC B0016，则进行A3和A4端子间电阻测试，标准值为0 Ω	10	未进行A3和A4端子间的电阻测试扣5分，不清楚标准值扣5分				
		若A3和A4端子间电阻不在规定范围之内，则应检修1403和1404之间的电路	5	未检修1403和1404之间的电路扣5分				
9	清理场地	收拾工具、用具及材料，清理场地		未收、少收工具、用具及材料从总分中扣3分，场地不清洁从总分中扣5分				
10	安全文明操作	按国家或企业颁发的有关安全规定执行		每违反一项规定从总分中扣5分；严重违规取消考核				
11	考核时限	在规定时间内完成		到时停止操作考核				
合　计			100					

五、AA005　检修凌志 LS400 电子控制空气悬架系统故障

1. 准备要求

（1）设备准备。

序号	名　称	规　格	单　位	数　量	备　注
1	悬架实验台		个	1	
2	待测汽车	凌志 LS400	辆	1	
3	检测仪器		台	1	

（2）材料准备。

序号	名　称	规　格	单　位	数　量	备　注
1	毛　巾		条	1	
2	熔　丝			适　量	
3	连接导线			适　量	
4	相关零部件			若　干	

（3）工具、用具准备。

序号	名　称	规　格	单　位	数　量	备　注
1	随车工具		套	1	

2. 操作程序说明

（1）准备工作。

（2）连接端子。

（3）读取故障码。

（4）排除故障。

（5）清除故障码。

（6）清理场地。

3. 考核规定说明

（1）如操作违章或未按操作程序执行操作，将停止考核。

（2）考核采用百分制，考核项目得分按认定比重进行折算。

（3）考核方式说明：本项目为实际操作（过程型），考核过程按评分标准及操作过程进行评分。

（4）测量技能说明：本项目主要测量考生对凌志 LS400 电子控制空气悬架系统结构、原理的掌握程度。

4. 考核时限

（1）准备时间：1 min（不计入考核时间）。

（2）正式操作时间：15 min。

（3）提前完成操作不加分，到时停止操作考核。

5. 评分记录表

序号	考核内容	评分要素	配分	评分标准	检测结果	扣分	得分	备注
1	准备工作	选择工具、用具及材料	5	工具、用具及材料少选、错选一件扣1分				
2	连接端子	接通点火开关，用跨接线将TDCL或检查连接器的TC与E1端子连接	15	未接通点火开关扣5分，未用跨接线将TDCL或检查连接器的TC与E1端子连接扣10分				
3	读取故障码	读取高度控制“NORM”指示灯输出的故障码	10	不会读取故障码扣10分				
4	排除故障	若显示1号高度控制继电器电路有故障(故障码41)：① 拆下1号高度控制器；② 在继电器3、4端加上蓄电池电压；③ 测端子1、2导通情况	30	未拆下1号高度控制器扣10分；未在继电器3、4端加上蓄电池电压扣10分；未测端子1、2导通情况扣10分；不会判断扣10分				任选一故障码
		若断路，应更换继电器	10	若断路，未更换继电器扣10分				
		若导通，则应拆下悬架ECU连接器，检查RCMP-RC端与1号高度控制继电器插座3、4端间的配线质量	10	若导通，未拆下悬架ECU连接器扣5分；未检查RCMP-RC端与1号高度控制继电器插座3、4端间的配线质量扣5分				
5	清除故障码	关闭点火开关	5	未关闭点火开关扣5分				
		拆下1号接线盒中的ECU B熔丝10 s以上可以清除故障码	15	未拆下1号接线盒中的ECU B熔丝扣10分；时间未达到标准扣5分				
6	清理场地	收拾工具、用具及材料，清理场地		未收、少收工具、用具及材料从总分中扣3分，场地不清洁从总分中扣5分				
7	安全文明操作	按国家或企业颁发的有关安全规定执行		每违反一项规定从总分中扣5分；严重违规取消考核				
8	考核时限	在规定时间内完成		到时停止操作考核				
合计			100					

六、AA006　检修电动座椅故障(独立座椅前后垂直电动机)

1. 准备要求

(1) 设备准备。

序号	名　称	规　格	单　位	数　量	备　注
1	电动座椅		个	1	

(2) 材料准备。

序号	名　称	规　格	单　位	数　量	备　注
1	毛　巾		条	1	
2	熔　丝			适　量	
3	连接导线			适　量	
4	相关零部件			若　干	
5	短路线			适　量	

(3) 工具、用具、量具准备。

序号	名　称	规　格	单　位	数　量	备　注
1	电工组合工具		套	1	
2	万用表		只	1	
3	试　灯		只	1	

2. 操作程序说明

(1) 准备工作。

(2) 检查电动机。

(3) 分离调节器。

(4) 连接导线。

(5) 判断 PTC 热敏电阻质量。

(6) 判断电动机质量。

(7) 清理场地。

3. 考核规定说明

(1) 如操作违章或未按操作程序执行操作,将停止考核。

(2) 考核采用百分制,考核项目得分按认定比重进行折算。

(3) 考核方式说明:本项目为实际操作(过程型),考核过程按评分标准及操作过程进行评分。

(4) 测量技能说明:本项目主要测量考生对电动座椅前后垂直电动机结构、原理的掌握程度。

4. 考核时限

(1) 准备时间:1 min(不计入考核时间)。

(2) 正式操作时间:20 min。

(3) 提前完成操作不加分,到时停止操作考核。

5. 评分记录表

序号	考核内容	评分要素	配分	评分标准	检测结果	扣分	得分	备注
1	准备工作	选择工具、用具、量具及材料	5	工具、用具、量具及材料少选、错选一件扣 1 分				

续表

序号	考核内容	评分要素	配分	评分标准	检测结果	扣分	得分	备注
2	检查电动机	正向连接电极：将蓄电池的(+)导线与端子2相连，蓄电池的(−)导线与端子1相连。此时电动机应按逆时针方向旋转	10	正向连接错误扣5分；未判断电动机旋转方向扣5分				
		改为反向连接电极，电动机应按顺时针方向旋转	10	未反向连接电极扣5分；未判断电动机旋转方向扣5分				
3	分离调节器	从前座椅上分离电动座椅调节器	10	未从前座椅上分离电动座椅调节器扣10分				
4	连接导线	将蓄电池的(+)导线与端子1相连	5	接线错误扣5分				驾驶员一侧的热敏电阻
		将蓄电池的(−)导线与电流表(−)端子相连	5	接线错误扣5分				
		将电流表(+)导线与前垂直电动机连接器上的端子2相连	5	接线错误扣5分				
		将座椅垫的前部边缘移至最高位置	5	未将座椅垫的前部边缘移至最高位置扣5分				
5	判断PTC热敏电阻质量	电流表示值在4～60 s内应下降到1 A以下	15	不会判断扣5分，不清楚标准一处扣5分				
		在5 s内从端子上拆下导线	5	未在5 s内从端子上拆下导线扣5分				
		反向连接电极，检查座椅垫，应在约60 s内开始下降	15	未反向连接电极并检查座椅垫扣10分；未判断应在约60 s内开始下降扣5分				
6	判断电动机质量	若电动机运转情况与规定不符，则更换电动机	10	不会判断扣5分；电动机运转情况与规定不符时未更换电动机扣5分				
7	清理场地	收拾工具、用具、量具及材料，清理场地		未收、少收工具、用具、量具及材料从总分中扣3分，场地不清洁从总分中扣5分				
8	安全文明操作	按国家或企业颁发的有关安全规定执行		每违反一项规定从总分中扣5分；严重违规取消考核				
9	考核时限	在规定时间内完成		到时停止操作考核				
	合计		100					

七、AA007 检修电子防盗装置故障(桑塔纳 2000)

1. 准备要求

(1) 设备准备。

序号	名 称	规 格	单 位	数 量	备 注
1	轿 车	桑塔纳 2000	辆	1	
2	诊断仪	V. A. G1552	台	1	

(2) 材料准备。

序号	名 称	规 格	单 位	数 量	备 注
1	毛 巾		条	1	

(3) 工具、用具、量具准备。

序号	名 称	规 格	单 位	数 量	备 注
1	电工组合工具		套	1	
2	万用表		只	1	

2. 操作程序说明

(1) 准备工作。

(2) 检查电源。

(3) 连接仪器。

(4) 读取故障码。

(5) 排除故障。

(6) 清除故障码。

(7) 清理场地。

3. 考核规定说明

(1) 如操作违章或未按操作程序执行操作,将停止考核。

(2) 考核采用百分制,考核项目得分按认定比重进行折算。

(3) 考核方式说明:本项目为实际操作(过程型),考核过程按评分标准及操作过程进行评分。

(4) 测量技能说明:本项目主要测量考生对 V. A. G1552 诊断仪使用方法的掌握程度。

4. 考核时限

(1) 准备时间:1 min(不计入考核时间)。

(2) 正式操作时间:15 min。

(3) 提前完成操作不加分,到时停止操作考核。

5.评分记录表

序号	考核内容	评分要素	配分	评分标准	检测结果	扣分	得分	备注
1	准备工作	选择工具、用具、量具及材料	5	工具、用具、量具及材料少选、错选一件扣1分				
2	检查电源	检查蓄电池电压,应大于11 V	5	未检查蓄电池电压是否大于11 V扣5分				
		打开点火开关	5	未打开点火开关扣5分				
3	连接仪器	关闭点火开关	5	未关闭点火开关扣5分				
		打开诊断仪接口板盖	5	未打开诊断仪接口板盖扣5分				
		将诊断线V.A.G1551/3的5针插头与V.A.G1552连接	5	未将诊断线V.A.G1551/3的5针插头与V.A.G1552连接扣5分				
		另一端的16针插头与诊断接口连接	5	未将另一端的16针插头与诊断接口连接扣5分				
4	读取故障码	按"2"或"5"键选择防盗装置,按"Q"键确认输入	10	未按"2"或"5"键选择防盗装置扣5分;未按"Q"键确认输入扣5分				
		按"→"键显示选择功能	5	未按"→"键显示选择功能扣5分				
		按"0"或"2"键选择"查询故障存储器",按"Q"键确认输入	10	未按"0"或"2"键选择"查询故障存储器"扣5分;未按"Q"键确认输入扣5分				
		按"→"键返回初始状态	5	未按"→"键返回初始状态扣5分				
5	排除故障	对照防盗器故障码手册排除显示故障	15	未阅读故障码表扣5分;未排除显示故障扣10分				
6	清除故障码	按"0"或"5"键选择清除故障存储器,按"Q"键确认输入	10	未按"0"或"5"键选择清除故障存储器扣5分;未按"Q"键确认输入扣5分				
		按"0"或"6"键选择结束输出,按"Q"键确认输入	10	未按"0"或"6"键选择结束输出扣5分;未按"Q"键确认输入扣5分				
7	清理场地	收拾工具、用具、量具及材料,清理场地		未收、少收工具、用具、量具及材料从总分中扣3分,场地不清洁从总分中扣5分				

续表

序号	考核内容	评分要素	配分	评分标准	检测结果	扣分	得分	备注
8	安全文明操作	按国家或企业颁发的有关安全规定执行		每违反一项规定从总分中扣5分;严重违规取消考核				
9	考核时限	在规定时间内完成		到时停止操作考核				
合　计			100					

八、AA008　检修微机控制点火系故障

1. 准备要求

(1) 设备准备。

序号	名　称	规　格	单　位	数　量	备　注
1	轿　车	现　有	辆	1	
2	诊断仪	V. A. G1552	台	1	

(2) 材料准备。

序号	名　称	规　格	单　位	数　量	备　注
1	毛　巾		条	1	

(3) 工具、用具、量具准备。

序号	名　称	规　格	单　位	数　量	备　注
1	组合工具		套	1	
2	万用表		只	1	

2. 操作程序说明

(1) 准备工作。

(2) 检查电路。

(3) 检查传感器。

(4) 检查微机控制器。

(5) 检查点火执行器。

(6) 清理场地。

3. 考核规定说明

(1) 如操作违章或未按操作程序执行操作,将停止考核。

(2) 考核采用百分制,考核项目得分按认定比重进行折算。

(3) 考核方式说明:本项目为实际操作(过程型),考核过程按评分标准及操作过程进行评分。

(4) 测量技能说明:本项目主要测量考生对微机控制点火系结构、原理的掌握程度。

4. 考核时限

(1) 准备时间:1 min(不计入考核时间)。

(2) 正式操作时间：15 min。

(3) 提前完成操作不加分，到时停止操作考核。

5. 评分记录表

序号	考核内容	评分要素	配分	评分标准	检测结果	扣分	得分	备注
1	准备工作	选择工具、用具、量具及材料	5	工具、用具、量具及材料少选、错选一件扣1分				
2	检查电路	检查低压电路故障；检查高压电路故障；检查电子控制电路故障	10	未检查低压电路故障扣2分；未检查高压电路故障扣3分；未检查电子控制电路故障扣5分				
3	检查传感器	检查曲轴位置传感器电源电压以及G和Ne端子是否有脉冲电压；检查曲轴位置传感器是否损坏（被击穿、接头接触不良、失效、电源开路）；检查控制点火提前角的发动机温度、进气温度、转速、节气门开度、蓄电池电压、爆震等传感器是否正常	40	未检查曲轴位置传感器电源电压、脉冲电压扣5分；未检查曲轴位置传感器是否损坏扣5分；未检查控制点火提前角的各传感器一项扣5分				
4	检查微机控制器	检查电子计算机集成块、ECU、存储器、数模转换器、接口等是否损坏或松脱；检查输入、输出电压是否正常	25	未检查电子计算机集成块扣4分；未检查ECU扣4分；未检查存储器扣4分；未检查数模转换器扣4分；未检查接口扣4分；未检查输入、输出电压扣5分				
5	检查点火执行器	检查点火器功率管是否失效，可用万用表检查正反向电阻值是否不一样；用示波器检查电子点火模块触发脉冲信号；用万用表检查火花塞绝缘电阻，应大于10 MΩ；检查高压线圈初级绕组，阻值应为约1 Ω，次级绕组阻值应为约9 kΩ	20	未检查点火器功率管是否失效及其正反电阻值扣5分；未检查电子点火模块触发脉冲信号扣5分；未检查火花塞绝缘电阻扣5分；未检查高压线圈初级绕组及次级绕组阻值扣5分				
6	清理场地	收拾工具、用具、量具及材料，清理场地		未收、少收工具、用具、量具及材料从总分中扣3分，场地不清洁从总分中扣5分				
7	安全文明操作	按国家或企业颁发的有关安全规定执行		每违反一项规定从总分中扣5分；严重违规取消考核				
8	考核时限	在规定时间内完成		到时停止操作考核				
合计			100					

九、AB001　绘制汽车燃油压力控制系统原理图

1. 准备要求

(1) 工具、用具、量具准备。

序号	名　称	规　格	单　位	数　量	备　注
1	绘图仪		套	1	考生自备
2	三角板		副	1	考生自备
3	直　尺	30 cm	把	1	考生自备
4	绘图笔	HB	支	若干	考生自备
5	绘图纸	A4	张	若干	
6	绘图板		块	1	
7	橡　皮		块	1	考生自备

(2) 燃油压力控制系统原理图样例(如图 8-4 所示)。

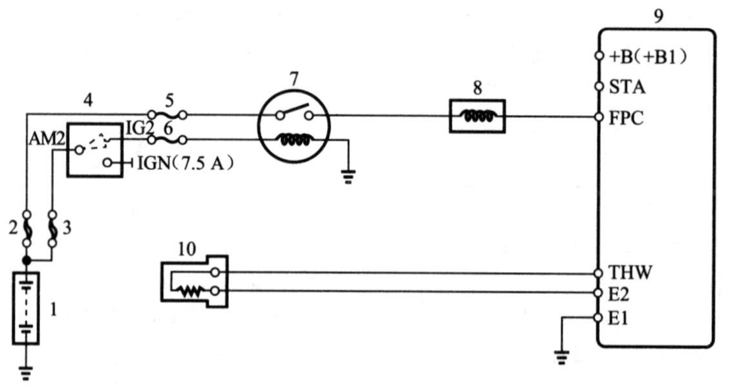

1—蓄电池;2—主易熔线(50 A);3—易熔线;4—点火开关;5—EFI 保险(15 A);6—IGN 保险(7.5 A);
7—EFI 主继电器;8—VSV;9—ECU;10—水温传感器

图 8-4　燃油压力控制系统

2. 操作程序说明

(1) 确定图幅。

(2) 确定元件位置。

(3) 绘制电气元件。

(4) 布线。

(5) 绘制接点。

(6) 标注元件名称。

3. 考核规定说明

(1) 如考场违纪,将停止答卷。

(2) 考核采用百分制,考核项目得分按认定比重进行折算。

(3) 考核方式说明:本项目为技能笔试(结果型),根据评分标准对试卷内容进行评分。

(4) 测量技能说明:本项目主要测量考生对燃油压力控制系统的组成、工作原理和图形

符号表示方法的掌握程度。

4. 考核时限

(1) 准备时间:1 min(不计入考核时间)。

(2) 笔试时间:20 min。

(3) 提前完成答卷不加分,到时停止答卷。

5. 评分记录表

序号	考核内容	评分要素	配分	评分标准	检测结果	扣分	得分	备注
1	确定图幅	确定图幅比例;电路图应呈长方形,有棱有角;导线应横平竖直;应绘制边框线	15	未能确定图幅比例或图幅比例失调扣4分;电路图未能画得呈长方形扣4分;电路图未能画得有棱有角扣4分;导线未能画得横平竖直扣2分;未绘制边框线扣1分				
2	确定元件位置	合理布置电气元件位置	5	电气元件位置布局不合理扣5分				
3	绘制电气元件	正确绘制电气元件	30	电气元件图形符号错一个扣3分,扣完为止				
4	布 线	合理布置线路	5	布线不合理扣5分				
5	绘制接点	正确绘制各线接点	25	接点画错一处扣1分,扣完为止				
6	标注元件名称	标注电气元件符号名称	20	电气元件符号名称标注错一处扣2分,扣完为止				
7	考核时限	在规定时间内完成		到时停止答卷				
	合 计		100					

十、AB002 绘制电磁感应式电子点火电路图

1. 准备要求

(1) 工具、用具、量具准备。

序号	名 称	规 格	单 位	数 量	备 注
1	绘图仪		套	1	考生自备
2	三角板		副	1	考生自备
3	直 尺	30 cm	把	1	考生自备
4	绘图笔	HB	支	若 干	考生自备
5	绘图纸	A4	张	若 干	
6	绘图板		块	1	
7	橡 皮		块	1	考生自备

(2) 电磁感应式电子点火电路图样例(如图 8-5 所示)。

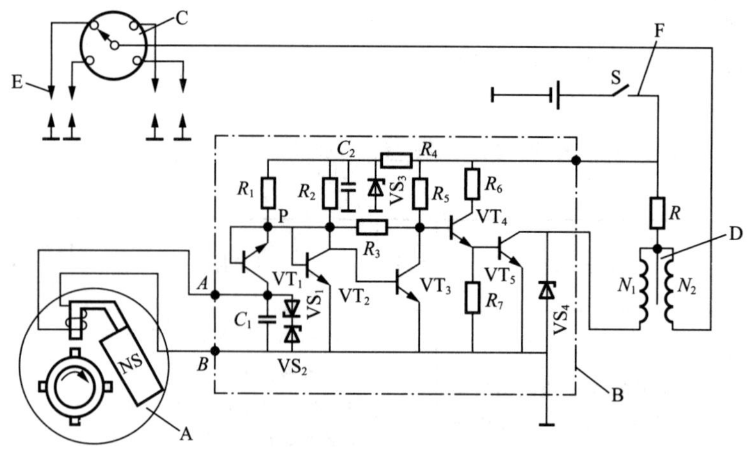

A—电磁感应式电子点火信号发生器;B—点火控制器;C—分电器;D—点火线圈;E—火花塞;F—点火开关

图 8-5 电磁感应式电子点火电路图

2. 操作程序说明

(1) 确定图幅。

(2) 确定元件位置。

(3) 布线。

(4) 标注符号、代号。

(5) 绘制接点。

(6) 绘制、标注电气元件名称。

(7) 标注电源导线。

3. 考核规定说明

(1) 如考场违纪,将停止答卷。

(2) 考核采用百分制,考核项目得分按认定比重进行折算。

(3) 考核方式说明:本项目为技能笔试(结果型),根据评分标准对试卷内容进行评分。

(4) 测量技能说明:本项目主要测量考生对电磁感应式电子点火电路的组成及图形符号表示方法的掌握程度。

4. 考核时限

(1) 准备时间:1 min(不计入考核时间)。

(2) 笔试时间:15 min。

(3) 提前完成答题不加分,到时停止答卷。

5. 评分记录表

序号	考核内容	评分要素	配分	评分标准	检测结果	扣分	得分	备注
1	确定图幅	确定图幅比例;电路图应呈长方形,有棱有角;导线应横平竖直;应绘制边框线	8	未能确定图幅比例或图幅比例失调扣 2 分;电路图未能画得呈长方形扣 2 分;电路图未能画得有棱有角扣 2 分;导线未能画得横平竖直扣 1 分;未绘制边框线扣 1 分				

续表

序号	考核内容	评分要素	配分	评分标准	检测结果	扣分	得分	备注
2	确定元件位置	合理布置电气元件位置	3	未将电气元件位置安排适当扣1分；未将电气元件位置分布画均匀扣1分；电气元件画在拐角处扣1分				
3	布　线	合理布置线路	4	未将线路布置合理扣4分				
4	标注符号、代号	标注电气元件符号、代号	20	电气元件符号、代号标注错误一处扣5分，扣完为止				
5	绘制接点	绘制各线接点	5	接点表示错误扣5分				
6	绘制、标注电气元件名称	绘制电气元件、部件；标注电气元件、部件名称	40	未绘制电气元件、部件，未标注电气元件、部件名称一项扣5分，扣完为止				
7	标注电源导线	标注蓄电池、接地及其他元件接地；标注导线	20	电源符号标注错误扣5分；电源正负极标注错误扣5分；未标注接地扣5分；未标注导线扣5分				
8	考核时限	在规定时间内完成		到时停止答卷				
合　计			100					

十一、AB003　绘制光电式电子点火电路图

1.准备要求

(1) 工具、用具、量具准备。

序号	名　称	规　格	单　位	数　量	备　注
1	绘图仪		套	1	考生自备
2	三角板		副	1	考生自备
3	直　尺	30 cm	把	1	考生自备
4	绘图笔	HB	支	若　干	考生自备
5	绘图纸	A4	张	若　干	
6	绘图板		块	1	
7	橡　皮		块	1	考生自备

(2) 光电式电子点火电路图样例(如图 8-6 所示)。

2.操作程序说明

(1) 确定图幅。

(2) 确定元件位置。

(3) 布线。

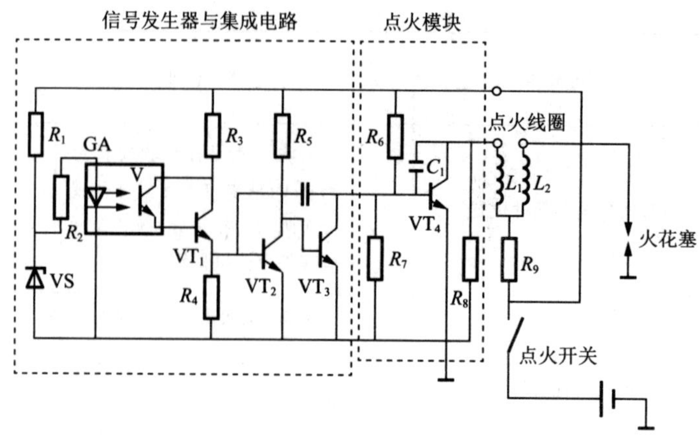

图 8-6　光电式电子点火电路图

(4) 标注符号、代号。

(5) 绘制接点。

(6) 绘制、标注电气元件名称。

(7) 标注电源、导线。

3. 考核规定说明

(1) 如考场违纪,将停止答卷。

(2) 考核采用百分制,考核项目得分按认定比重进行折算。

(3) 考核方式说明:本项目为技能笔试,根据评分标准对试卷内容进行评分。

(4) 考核技能说明:本项目主要测量考生对光电式电子点火电路的组成及图形符号表示方法的掌握程度。

4. 考核时限

(1) 准备时间:1 min(不计入考核时间)。

(2) 笔试时间:15 min。

(3) 提前完成答卷不加分,到时停止答卷。

5. 评分记录表

序号	考核内容	评分要素	配分	评分标准	检测结果	扣分	得分	备注
1	确定图幅	确定图幅比例;电路图应呈长方形,有棱有角;导线应横平竖直;应绘制边框线	8	未能确定图幅比例或图幅比例失调扣 2 分;电路图未能画得呈长方形扣 2 分;电路图未能画得有棱有角扣 2 分;导线未能画得横平竖直扣 1 分;未绘制边框线扣 1 分				
2	确定元件位置	合理布置电气元件位置	3	未将电气元件位置安排适当扣 1 分;未将电气元件位置分布画均匀扣 1 分;电气元件画在拐角处扣 1 分				
3	布　线	合理布置线路	4	未将线路布置合理扣 4 分				

续表

序号	考核内容	评分要素	配分	评分标准	检测结果	扣分	得分	备注
4	标注符号、代号	标注电气元件符号、代号	20	电气元件符号、代号标注错误一处扣5分,扣完为止				
5	绘制接点	绘制各线接点	5	未将接点表示正确扣5分				
6	绘制、标注电气元件名称	绘制电气元件、部件;标注电气元件、部件名称	40	未绘制电气元件、部件或未标注电气元件、部件名称一项扣5分,扣完为止				
7	标注电源、导线	标注蓄电池、接地及其他元件接地;标注导线	20	电源符号标注错误扣5分;电源正负极标注错误扣5分;未标注接地扣5分;未标注导线扣5分				
8	考核时限	在规定时间内完成		到时停止答卷				
合　计			100					

十二、AB004　识读奥迪轿车整车电气线路图

1.准备要求

(1) 材料准备。

序号	名　称	规　格	单　位	数　量	备　注
1	轿车线路图	奥迪	套	1	

(2) 奥迪轿车电气线路图样例(如图8-7所示)。

2.操作程序说明

(1) 识读编号。

(2) 识读颜色。

(3) 识读线径。

(4) 识读插接件。

(5) 识读熔丝。

(6) 识读其他元件。

(7) 讲解原理。

3.考核规定说明

(1) 如考场违纪,将停止答卷。

(2) 考核采用百分制,考核项目得分按认定比重进行折算。

(3) 考核方式说明:本项目为技能笔试(结果型),根据评分标准对试卷内容进行评分。

(4) 测量技能说明:本项目主要测量考生对奥迪轿车电气线路图的组成、原理、图形符号表示方法等的掌握程度。

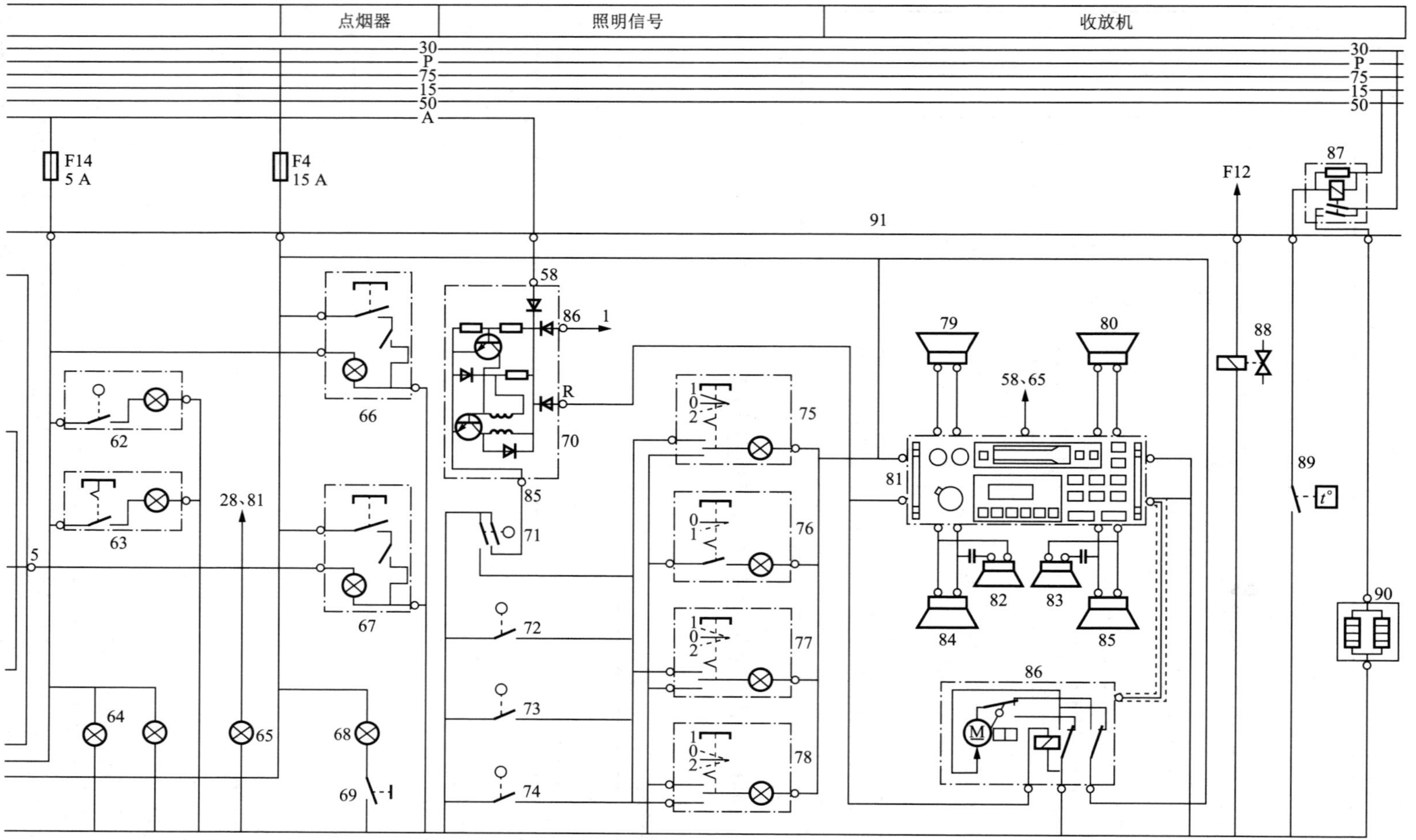

81—收放机;82—左后高音扬声器;83—右后高音扬声器;84—左后低音扬声器;85—右后低音扬声器;86—收放机天线;
87—发动机进气管加热继电器;88—停车切断怠速油路电磁阀;89—冷却液低温开关;90—发动机进气管加热器;91—中央配电盒

注:仪表引出端"○"表示接棕色插接器,"●"表示接黑色插接器

图 8-7 奥迪(AUDI)牌 100 C3GP 型轿车电路原理图

4. 考核时限

(1) 准备时间：1 min(不计入考核时间)。

(2) 笔试时间：15 min。

(3) 提前完成答卷不加分，到时停止答卷。

5. 评分记录表

序号	考核内容	评分要素	配分	评分标准	检测结果	扣分	得分	备注
1	识读编号	识读导线编号(任选5根)	20	识读导线编号错一处扣4分				
2	识读颜色	识读导线颜色(任选5根)	10	识读导线颜色错一处扣2分				
3	识读线径	识读导线线径(任选5根)	10	识读导线线径错一处扣2分				
4	识读插接件	识读插接件名称(任选5个)	20	识读插接件名称错一处扣4分				
5	识读熔丝	识读熔丝名称(任选1个)	5	识读熔丝名称错误扣5分				
6	识读其他元件	识读其他电气元件名称(任选5个)	20	识读其他电气元件名称错一处扣4分				
7	讲解原理	根据线路图讲解电气元件工作原理	15	讲解工作原理错一处扣3分，扣完为止				
8	考核时限	在规定时间内完成		到时停止答卷				
合计			100					

十三、AB005 识读上海桑塔纳LX型轿车电气设备总电路图(启动机和电源部分)

1. 准备要求

(1) 材料准备。

序号	名 称	规 格	单 位	数 量	备 注
1	轿车线路图	桑塔纳	套	1	

(2) 上海桑塔纳LX型轿车电气设备总电路图(启动机和电源部分)样例(如图8-8所示)。

2. 操作程序说明

(1) 识读编号。

(2) 识读颜色。

(3) 识读线径。

(4) 识读插接件。

(5) 识读熔丝。

(6) 识读其他元件。

(7) 讲解原理。

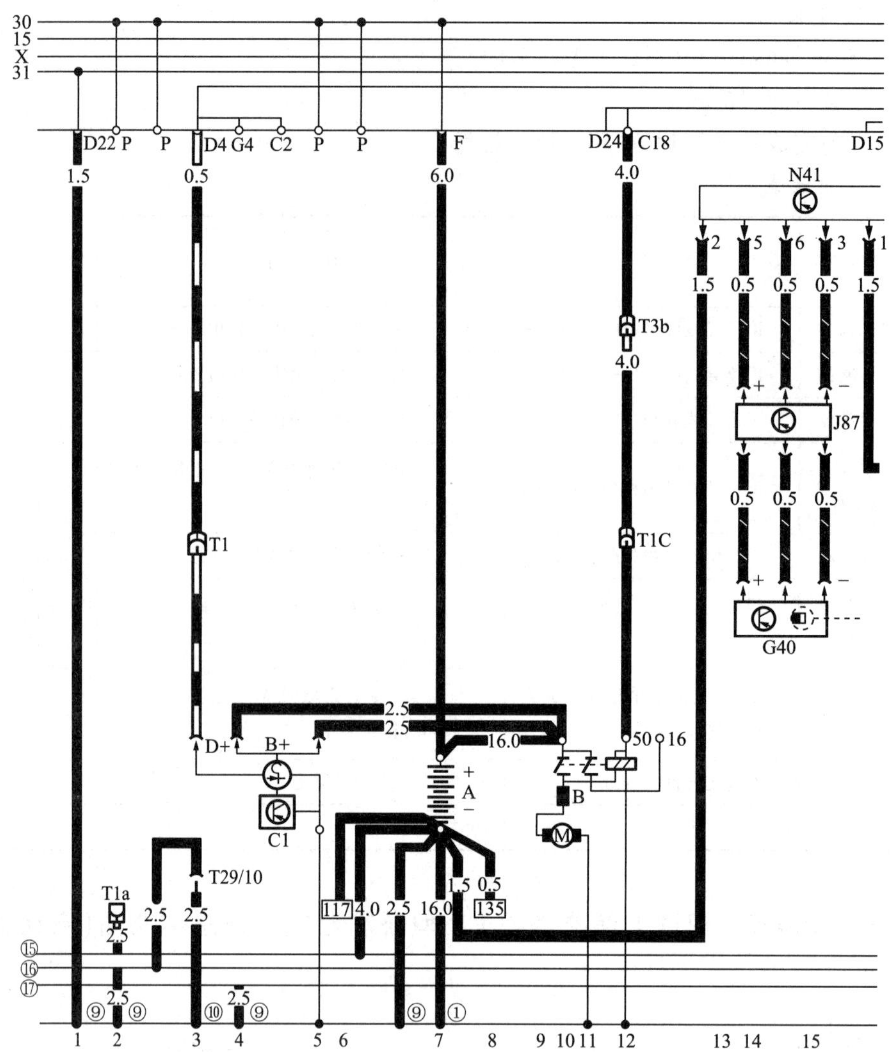

T1a—连接插头,单孔,位于发动机室左前方(2);T1—连接插头,单孔,位于蓄电池附近(3);
T29/10—连接插头,29 孔,位于仪表板下面;C—交流发电机(4,6);C1—电压调节器(4,6);
A—蓄电池(7);B—启动机(10～12);T1c—连接插头,单孔,位于蓄电池附近(12);
T3b—连接插头,3 孔,位于蓄电池附近(12,112);N41—TSZ 开关(13～16);
J87—怠速稳定开关(14,15);G40—霍尔传感器(14,15);
①—蓄电池与车身之间接地线;⑨—接地点,在中央配电盒的支架上;
⑩—接地点,在仪表板线束内,外包绝缘胶带;⑮—接地点,在前线束的绝缘软管内;
⑯—接地点,在仪表板线束内,外包绝缘胶带;⑰—接地点,在后线束的绝缘软管内

图 8-8 上海桑塔纳 LX 型轿车的电气设备总电路图(启动机和电源部分)

3. 考核规定说明

(1) 如考场违纪,将停止答卷。

(2) 考核采用百分制,考核项目得分按认定比重进行折算。

(3) 考核方式说明:本项目为技能笔试(过程型),根据评分标准对试卷内容进行评分。

(4) 测量技能说明:本项目主要测量考生对上海桑塔纳 LX 型轿车电气设备总电路图(启动机和电源部分)的组成、原理、图形符号表示方法等的掌握程度。

4. 考核时限

(1) 准备时间:1 min(不计入考核时间)。

(2) 笔试时间:15 min。

(3) 提前完成答卷不加分,到时停止答卷。

5. 评分记录表

序号	考核内容	评分要素	配分	评分标准	检测结果	扣分	得分	备注
1	识读编号	识读导线编号(任选5根)	20	识读导线编号错一处扣4分				
2	识读颜色	识读导线颜色(任选5根)	10	识读导线颜色错一处扣2分				
3	识读线径	识读导线线径(任选5根)	10	识读导线线径错一处扣2分				
4	识读插接件	识读插接件名称(任选5个)	20	识读插接件名称错一处扣4分				
5	识读熔丝	识读熔丝名称(任选1个)	5	识读熔丝名称错误扣5分				
6	识读其他元件	识读其他电气元件名称(任选5个)	20	识读其他电气元件名称错一处扣4分				
7	讲解原理	根据线路图讲解电气元件工作原理	15	讲解工作原理错一处扣3分,扣完为止				
8	考核时限	在规定时间内完成		到时停止答卷				
合　计			100					

十四、AB006　识读上海桑塔纳LX型轿车电气设备总电路图(点火系部分)

1. 准备要求

(1) 材料准备。

序号	名　称	规　格	单　位	数　量	备　注
1	轿车线路图	桑塔纳	套	1	

(2) 上海桑塔纳LX型轿车电气设备总电路图(点火系部分)样例(如图8-9所示)。

2. 操作程序说明

(1) 识读编号。

(2) 识读颜色。

(3) 识读线径。

(4) 识读插接件。

(5) 识读熔丝。

(6) 识读其他元件。

(7) 讲解原理。

3. 考核规定说明

(1) 如考场违纪,将停止答卷。

(2) 考核采用百分制,考核项目得分按认定比重进行折算。

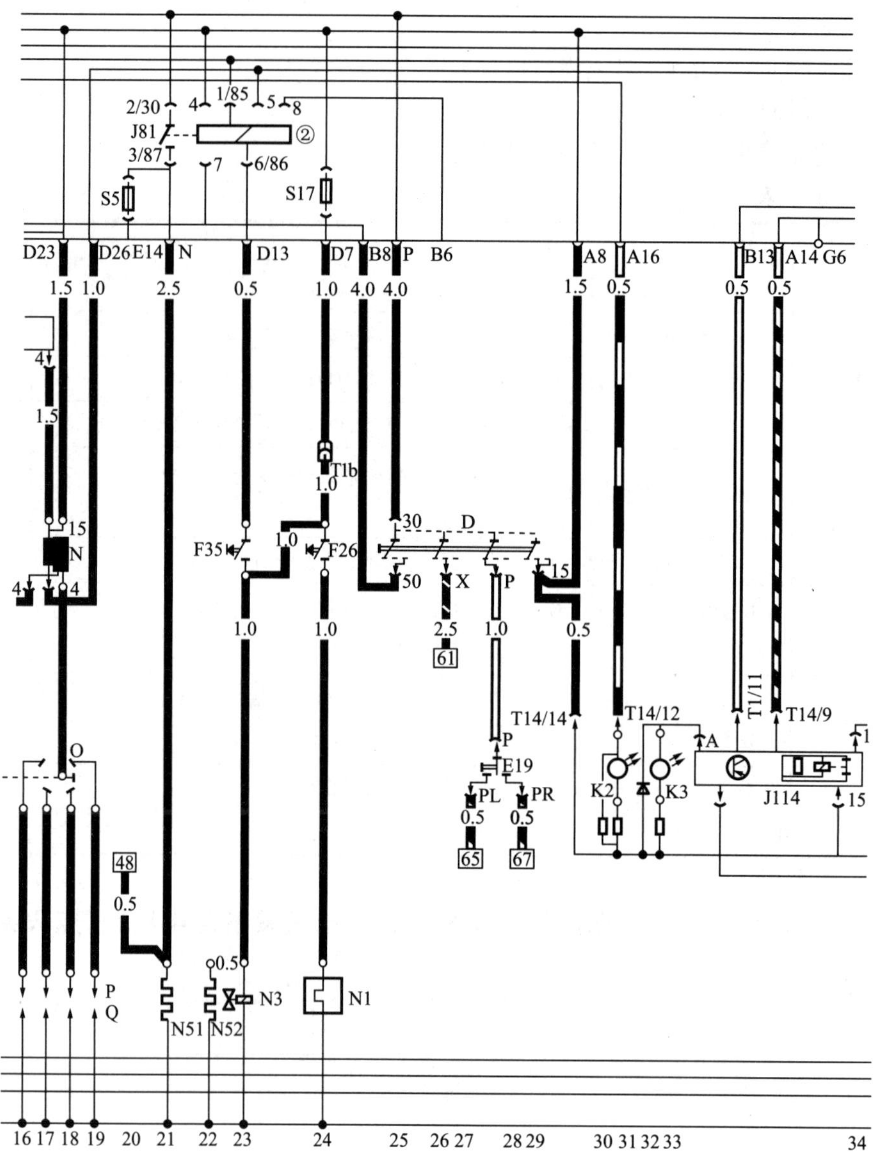

N—点火线圈(18,19);O—分电器;P—火花塞插头(16～19);Q—火花塞(16～19);
S5—继电器插座板上熔丝座中的熔丝,蓝色,15 A;J81—进气预热继电器;N51—进气管预热器的加热电阻(21);
N52—进气管道加热,即化油器的热电阻(22);F35—进气管预热器温控开关(23);N3—循环空气的截止阀(23);
S17—熔丝,红色,10 A;T16—连接插头,单孔,位于发动机室左前方(24);F26—自动阻风门温控开关(24);
N1—化油器自动阻风门(24);D—点火开关(25～29);E19—停车灯开关(27,28);K2—发电机指示灯(30);
K3—油压指示灯(32);J114—油压检查控制器(33,34)

图 8-9 上海桑塔纳 LX 型轿车的电气设备总电路图(点火系部分)

(3) 考核方式说明:本项目为技能笔试(过程型),根据评分标准对试卷内容进行评分。

(4) 测量技能说明:本项目主要测量考生对上海桑塔纳 LX 型轿车电气设备总电路图(点火系部分)的组成、原理、图形符号表示方法等的掌握程度。

4. 考核时限

(1) 准备时间:1 min(不计入考核时间)。

(2) 笔试时间:15 min。

(3) 提前完成答卷不加分，到时停止答卷。

5. 评分记录表

序号	考核内容	评分要素	配分	评分标准	检测结果	扣分	得分	备注
1	识读编号	识读导线编号(任选5根)	20	识读导线编号错一处扣4分				
2	识读颜色	识读导线颜色(任选5根)	10	识读导线颜色错一处扣2分				
3	识读线径	识读导线线径(任选5根)	10	识读导线线径错一处扣2分				
4	识读插接件	识读插接件名称(任选5个)	20	识读插接件名称错一处扣4分				
5	识读熔丝	识读熔丝名称(任选1个)	5	识读熔丝名称错误扣5分				
6	识读其他元件	识读其他电气元件名称(任选5个)	20	识读其他电气元件名称错一处扣4分				
7	讲解原理	根据线路图讲解电气元件工作原理	15	讲解工作原理错一处扣3分，扣完为止				
8	考核时限	在规定时间内完成		到时停止答卷				
合　计			100					

十五、AB007　识读上海桑塔纳 LX 型轿车电气设备总电路图(信号灯部分)

1. 准备要求

(1) 材料准备。

序号	名　称	规　格	单　位	数　量	备　注
1	轿车线路图	桑塔纳	套	1	

(2) 上海桑塔纳 LX 型轿车电气设备总电路图(信号灯部分)样例(如图 8-10 所示)。

2. 操作程序说明

(1) 识读编号。

(2) 识读颜色。

(3) 识读线径。

(4) 识读插接件。

(5) 识读熔丝。

(6) 识读其他元件。

(7) 讲解原理。

3. 考核规定说明

(1) 如考场违纪，将停止答卷。

(2) 考核采用百分制，考核项目得分按认定比重进行折算。

(3) 考核方式说明：本项目为技能笔试(结果型)，根据评分标准对试卷内容进行评分。

(4) 测量技能说明：本项目主要测量考生对上海桑塔纳 LX 型轿车电气设备总电路图(信号灯部分)的组成、原理、图形符号表示方法等的掌握程度。

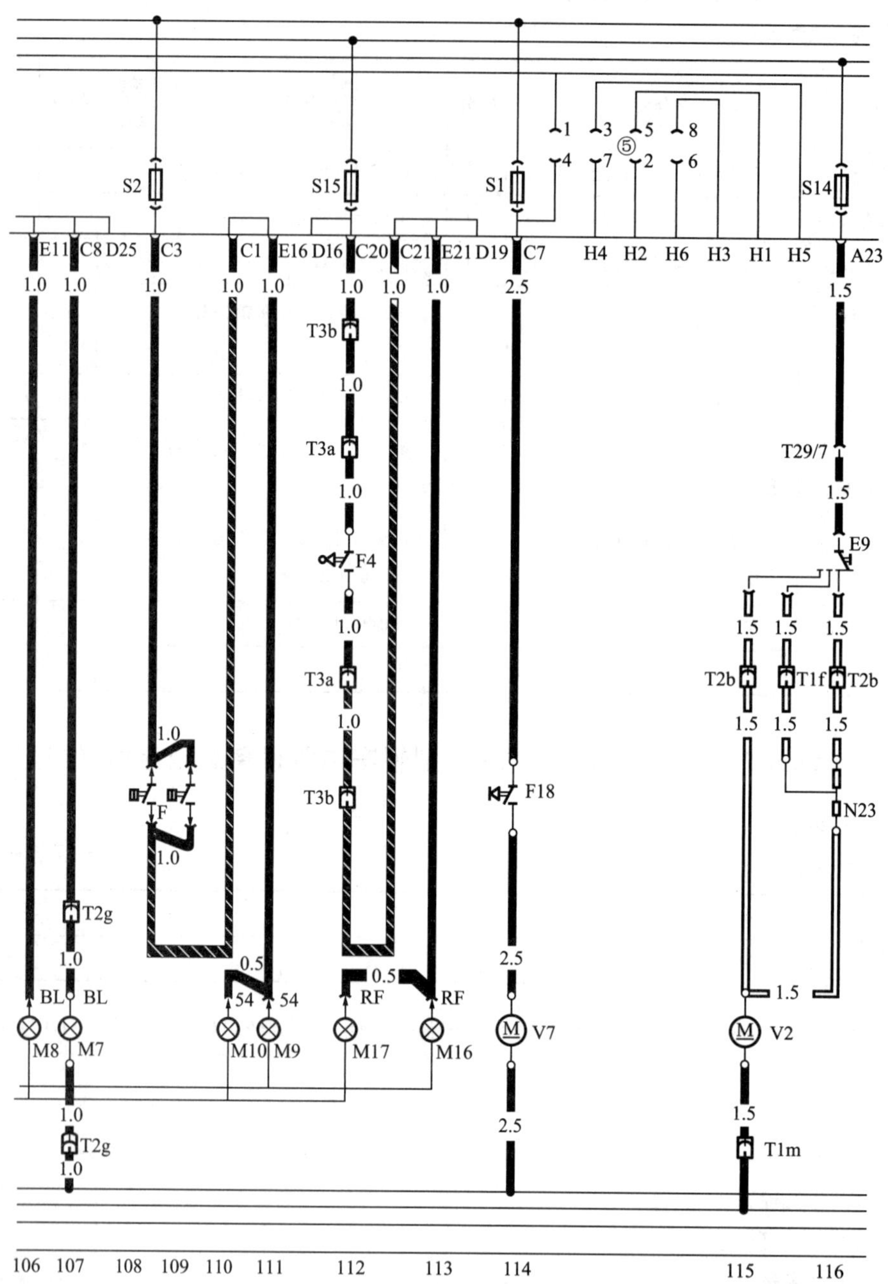

M8—后右转向灯灯泡(106);T2g—连接插头,双孔,位于发动机室右前方(107);M7—前右转向灯灯泡(107);S2、S14、S15—熔丝,均为红色,10 A;F—制动灯开关(108,109);M10—右制动灯灯泡(110);M9—左制动灯灯泡(111);F4—倒车灯开关(112);M17—右倒车灯灯泡(112);M16—左倒车灯灯泡(113);S1—熔丝,绿色,30 A;F18—散热风窗温控开关(114);V7—散热风扇(114);V2—新鲜空气鼓风机(115);T1m—连接插头,单孔,位于仪表板后面(115);T2b—连接插头,双孔,位于仪表板后面(115,116);E9—新鲜空气鼓风机开关(115,116);N23—新鲜空气鼓风机的串联电阻(116)

图 8-10 上海桑塔纳 LX 型轿车的电气设备总电路图(信号灯部分)

4. 考核时限

(1) 准备时间：1 min(不计入考核时间)。

(2) 笔试时间：15 min。

(3) 提前完成答卷不加分，到时停止答卷。

5. 评分记录表

序号	考核内容	评分要素	配分	评分标准	检测结果	扣分	得分	备注
1	识读编号	识读导线编号(任选5根)	20	识读导线编号错一处扣4分				
2	识读颜色	识读导线颜色(任选5根)	10	识读导线颜色错一处扣2分				
3	识读线径	识读导线线径(任选5根)	10	识读导线线径错一处扣2分				
4	识读插接件	识读插接件名称(任选5个)	20	识读插接件名称错一处扣4分				
5	识读熔丝	识读熔丝名称(任选1个)	5	识读熔丝名称错误扣5分				
6	识读其他元件	识读其他电气元件名称(任选5个)	20	识读其他电气元件名称错一处扣4分				
7	讲解原理	根据线路图讲解元件工作原理	15	讲解工作原理错一处扣3分，扣完为止				
8	考核时限	在规定时间内完成		到时停止答卷				
合　计			100					

十六、AC001　制定车辆电气系统修理工艺流程

1. 准备要求

(1) 工具、用具准备。

序号	名　称	规　格	单　位	数　量	备　注
1	纸　张		张	适　量	
2	笔		支	适　量	

(2) 汽车修理工艺框图样例(如图8-11所示)。

2. 操作程序说明

(1) 修理方法。

(2) 绘制修理工艺框图。

(3) 修理作业方式。

(4) 修理组织形式。

3. 考核规定说明

(1) 如考场违纪，将停止答卷。

(2) 考核采用百分制，考核项目得分按认定比重进行折算。

(3) 考核方式说明：本项目为技能笔试，根据评分标准对试卷内容进行评分。

(4) 测量技能说明：本项目主要测量考生对车辆电气系统修理工艺流程的掌握程度。

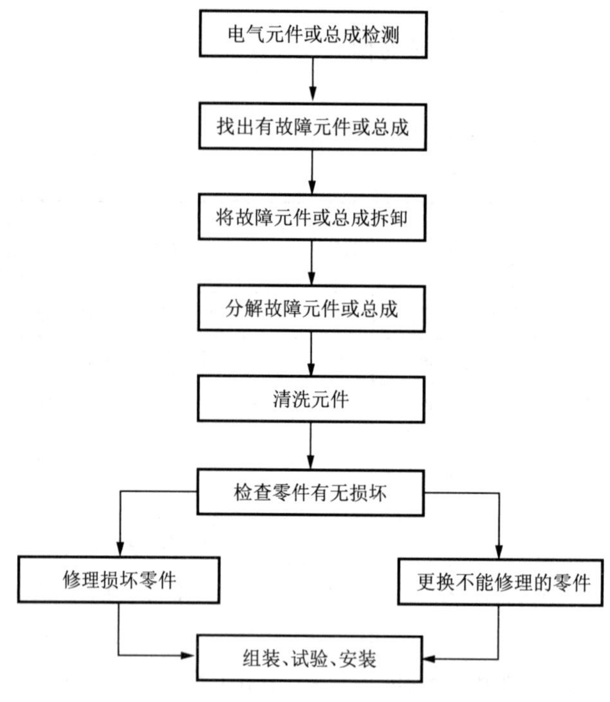

图 8-11 汽车修理工艺框图样例

4. 考核时限

(1) 准备时间:1 min(不计入考核时间)。

(2) 笔试时间:20 min。

(3) 提前完成答卷不加分,到时停止答卷。

5. 评分记录表

序号	考核内容	评分要素	配分	评分标准	检测结果	扣分	得分	备注
1	修理方法	选择合理的修理方法:总成互换修理法或就车修理法	10	修理方法选择错误扣 10 分				
2	绘制修理工艺框图	框图内容全面	50	框图内容缺一项扣 2 分,扣完为止				
		框图工艺顺序正确	20	框图工艺顺序错一处扣 1 分,扣完为止				
3	修理作业方式	选择合理的作业方式:定位作业法或流水作业法	10	作业方式选择错误扣 10 分				
4	修理组织形式	选择合理的组织方式:综合作业法或专业分工作业法	10	组织方式选择错误扣 10 分				
5	考核时限	在规定时间内完成		到时停止答卷				
合计			100					

十七、AC002　编写培训教案

1.准备要求

(1) 工具、用具准备。

序号	名　称	规　格	单　位	数　量	备　注
1	纸　张		张	适　量	
2	笔		支	适　量	

(2) 汽车电子控制系统培训教案样例。

教学题目:发动机电子控制系统的组成及工作原理			
教学课时	20	教学类型	理论教学
教学目的及教学要求。 (1) 教学目的:使学员能独立上岗,具备独立思考能力; (2) 教学要求:使学员掌握电子控制系统的组成及工作原理。			
教学内容及课时。 (1) 电控燃油喷射 EFI　2 课时; (2) 电控点火控制 ESA　2 课时; (3) 怠速控制 ISC　2 课时; (4) 排放控制　2 课时; (5) 进气控制　2 课时; (6) 增压控制　2 课时; (7) 警告控制　2 课时; (8) 自诊断与报警系统　2 课时; (9) 传感器故障诊断　2 课时; (10) 主电脑故障诊断　2 课时。			
教学重点。 (1) 发动机电控系统的组成。 (2) 发动机电控系统的工作原理。			
教学难点。 发动机电控系统的工作原理。			
教学方法和手段。 (1) 教学方法:讲授、讨论。 (2) 教学手段:多媒体授课。			
教学条件:多媒体播放室,参考资料。			

2.操作程序说明

(1) 教学课程。

(2) 教学目的。

(3) 课时分配。

(4) 授课类型。

(5) 教学重点难点。

(6) 教学手段。

(7) 教学方法。

(8) 教学过程。

(9) 板书设计。

(10) 课后分析。

3. 考核规定说明

(1) 如考场违纪,将停止答卷。

(2) 考核采用百分制,考核项目得分按认定比重进行折算。

(3) 考核方式说明:本项目为技能笔试(结果型),根据评分标准对试卷内容进行评分。

(4) 测量技能说明:本项目主要测量考生对培训教案内容的组成和编制方法的掌握程度。

4. 考核时限

(1) 准备时间:1 min(不计入考核时间)。

(2) 笔试时间:20 min。

(3) 提前完成答卷不加分,到时停止答卷。

5. 评分记录表

序号	考核内容	评分要素	配分	评分标准	检测结果	扣分	得分	备注
1	教学课程	教学课程名称正确	5	未写教学课程名称扣5分				
2	教学目的	教学目的准确	10	教学目的不准确扣5分;未写教学目的扣10分				
3	课时分配	按所给教材合理分配课时	15	课时分配不合理一处扣3分				
4	授课类型	分清新授课和复习课的授课方法	10	未写新授课的授课方法扣5分;未写复习课的授课方法扣5分				
5	教学重点难点	教学重点突出,教学难点准确	10	无教学内容重点扣5分,无教学内容难点扣5分				
6	教学手段	采用丰富的教学手段	5	无教学手段扣10分				
7	教学方法	要有两种以上的教学方法	5	无两种以上的教学方法扣5分				
8	教学过程	内容条理清楚、逻辑性强	20	教学内容条理不清楚扣10分,教学内容逻辑性差扣10分				
9	板书设计	板书设计合理美观	10	板书设计不合理不美观扣10分				
10	课后分析	课后分析精准	10	课后分析不精准扣10分				
11	考核时限	在规定时间内完成		到时停止答卷				
合计			100					

十八、AC003　收发电子邮件

1.准备要求

(1) 设备准备。

序号	名称	规格	单位	数量	备注
1	计算机	现有	台	5	

2.操作程序说明

(1) 进入邮箱程序。

(2) 收取电子邮件。

(3) 保存收取文件。

(4) 发送电子邮件。

3.考核规定说明

(1) 如操作违章或未按操作程序执行操作,将停止考核。

(2) 考核采用百分制,考核项目得分按认定比重进行折算。

(3) 考核方式说明:本项目为实际操作(过程型),考核过程按评分标准及操作过程进行评分。

(4) 测量技能说明:本项目主要测量考生对电子邮件收取和发送方法的掌握程度。

4.考核时限

(1) 准备时间:1 min(不计入考核时间)。

(2) 正式操作时间:10 min。

(3) 提前完成操作不加分,到时停止操作考核。

5.评分记录表

序号	考核内容	评分要素	配分	评分标准	检测结果	扣分	得分	备注
1	进入邮箱程序	选择开始,单击左键	5	未选择开始,单击左键扣5分				
		选择程序	5	未选择程序扣5分				
		选择 Foxmail,单击左键	5	未选择 Foxmail,单击左键扣5分				
2	收取电子邮件	选择菜单中的收取,单击左键	5	未选择菜单中的收取,单击左键扣5分				
		选择收件箱,单击左键	5	未选择收件箱,单击左键扣5分				
		选择未阅读邮件,双击左键	5	未选择未阅读邮件,双击左键扣5分				
		选择已收取的文档,双击左键	5	未选择已收取的文档,双击左键扣5分				

续表

序号	考核内容	评分要素	配分	评分标准	检测结果	扣分	得分	备注
2	收取电子邮件	选择打开，单击左键打开文件	5	未选择打开，单击左键打开文件扣5分				
3	保存收取文件	选择已收取的文档，单击左键	5	未选择已收取的文档，单击左键扣5分				
		选择保存到所需的路径，单击左键	5	未选择保存到所需的路径，单击左键扣5分				
		选择保存，单击左键	5	未选择保存，单击左键扣5分				
4	发送电子邮件	选择菜单中的撰写，双击左键	5	未选择菜单中的撰写，双击左键扣5分				
		在收件人栏中输入所给邮箱地址	10	未在收件人栏中输入所给邮箱地址扣10分				
		选择附件，单击左键	5	未选择附件，单击左键扣5分				
		在查找范围中选择“V”，单击左键	5	未在查找范围中选择“V”，单击左键扣5分				
		选择待发文件的文件夹，单击左键	5	未选择待发文件的文件夹，单击左键扣5分				
		选择待发文件，单击左键；选择打开，单击左键	10	未选择待发文件，单击左键扣5分；未选择打开，单击左键扣5分				
		在菜单栏中选择发送，单击左键	5	未在菜单栏中选择发送，单击左键扣5分				
5	考核时限	在规定时间内完成		到时停止操作考核				
合计			100					

十九、AC004 使用Word进行文字录入、编辑、排版

1. 准备要求

(1) 设备准备。

序号	名称	规格	单位	数量	备注
1	计算机	现有	台	5	

2. 操作程序说明

(1) 进入Word程序。

(2) 选择录入方法。

(3) 文字录入。

(4) 编辑文字。

(5) 排版。

3.考核规定说明

(1) 如操作违章或未按操作程序执行操作,将停止考核。

(2) 考核采用百分制,考核项目得分按认定比重进行折算。

(3) 考核方式说明:本项目为实际操作(过程型),考核过程按评分标准及操作过程进行评分。

(4) 测量技能说明:本项目主要测量考生对使用 Word 进行文字录入、编辑、排版方法的掌握程度。

4.考核时限

(1) 准备时间:1 min(不计入考核时间)。

(2) 正式操作时间:20 min。

(3) 提前完成操作不加分,到时停止操作考核。

5.评分记录表

序号	考核内容	评分要素	配分	评分标准	检测结果	扣分	得分	备注
1	进入 Word 程序	选择开始,单击左键	5	未选择开始,单击左键扣5分				
		选择程序	2	未选择程序扣2分				
		选择 Micosoft Office	3	未选择 Micosoft Office 扣3分				
		选择 Micosoft Office Word 2016,单击左键	5	未选择 Micosoft Office Word 2016,单击左键扣5分				
2	选择录入方法	选择你所熟悉的录入方法	5	未选择录入方法扣5分				
3	文字录入	对所给文章进行录入(含标点)	25	录入文字错一处扣0.5分,扣完为止				
4	编辑文字	按样稿选择正确字号	5	未选择规定字号扣5分				
		对文稿的规定文字进行删除、复制、移动和恢复误操作	20	未对规定文字进行删除、复制、移动和恢复误操作一处扣5分				
5	排　版	按要求设计页边距	12	未按要求设计页边距错一处扣3分				
		按要求选择纸张大小	3	未按要求选择纸张大小扣3分				

续表

序号	考核内容	评分要素	配分	评分标准	检测结果	扣分	得分	备注
5	排　版	按要求设计版面	10	未按要求设计版面一处扣5分，扣完为止				
		按要求设计版面方向	5	未按要求设计版面方向扣5分				
6	考核时限	在规定时间内完成		到时停止操作考核				
合　计			100					

二十、AC005　使用Excel制作表格、录入文字

1. 准备要求

(1) 设备准备。

序号	名　称	规　格	单　位	数　量	备　注
1	计算机	现　有	台	5	

2. 操作程序说明

(1) 进入Excel程序。

(2) 选择录入方法。

(3) 录入数据。

(4) 设置页面。

(5) 编辑数据。

3. 考核规定说明

(1) 如操作违章或未按操作程序执行操作，将停止考核。

(2) 考核采用百分制，考核项目得分按认定比重进行折算。

(3) 考核方式说明：本项目为实际操作(过程型)，考核过程按评分标准及操作过程进行评分。

(4) 测量技能说明：本项目主要测量考生对使用Escel制作表格、录入文字方法的掌握程度。

4. 考核时限

(1) 准备时间：1 min(不计入考核时间)。

(2) 正式操作时间：20 min。

(3) 提前完成操作不加分，到时停止操作考核。

5. 评分记录表

序号	考核内容	评分要素	配分	评分标准	检测结果	扣分	得分	备注
1	进入Excel程序	选择开始，单击左键	5	未选择开始，单击左键扣5分				

续表

序号	考核内容	评分要素	配分	评分标准	检测结果	扣分	得分	备注
1	进入 Excel 程序	选择程序	2	未选择程序扣 2 分				
		选择 Micosoft Office	3	未选择 Micosoft Office 扣 3 分				
		选择 Micosoft Office Excel 2016,单击右键	5	未选择 Micosoft Office Excel 2016,单击右键扣 5 分				
2	选择录入方法	选择你所熟悉的录入方法	5	未选择录入方法扣 5 分				
3	录入数据	输入文本格式的数据	10	未输入文本格式的数据一处扣 2 分,扣完为止				
		输入数值格式的数据	10	未输入数值格式的数据一处扣 2 分,扣完为止				
		输入日期和时间	10	未输入日期和时间一处扣 2 分,扣完为止				
4	设置页面	设置页边距	16	未设置页边距一处扣 4 分				
		设置纸张大小	4	未设置纸张大小扣 4 分				
		设置版面方向	4	未设置版面方向扣 4 分				
5	编辑数据	按要求删除相关数据	5	未按要求删除相关数据扣 5 分				
		按要求合并单元格和插入单元格	10	未按要求合并单元格和插入单元格一处扣 5 分				
		按要求复制数据	5	未按要求复制数据扣 5 分				
		按要求选择字号和字体	6	未按要求选择字号和字体一处扣 3 分				
6	考核时限	在规定时间内完成		到时停止操作考核				
合计			100					

附　录

附录 1 汽车维修电工职业技能等级标准

1. 工种概况

1.1 工种名称

汽车维修电工。

1.2 工种代码

4-12-01-01-00-02。

1.3 工种定义

从事汽车电气(电路)设备、蓄电池的维护、修理和调试作业的人员。

1.4 工种等级

本工种共设四个等级,分别为:初级工(国家职业资格五级)、中级工(国家职业资格四级)、高级工(国家职业资格三级)、技师(国家职业资格二级)。

1.5 工种环境

室内作业。

1.6 工种能力特征

身体健康,具有一定的理解、表达、分析、判断能力,动作协调灵活。

1.7 基本文化程度

高中毕业(或同等学力)。

1.8 培训要求

1.8.1 培训期限

全日制职业学校教育,根据其培养目标和教学计划确定。晋级培训期限:初级工不少于 500 标准学时;中级工不少于 400 标准学时;高级工不少于 300 标准学时;技师不少于 300 标准学时。

1.8.2 培训教师

培训初、中、高级工的教师应具有本职业技师以上职业资格证书或相关专业中、高级专业技术职务任职资格;培训技师的教师应具有本职业高级技师职业资格证书 2 年以上或相关专业高级专业技术职务任职资格。

1.8.3 培训场地设备

理论培训应具有可容纳 30 名以上学员的教室;实际操作培训场所应具有相应的设备、

工具和安全设施完善的场地。

1.9 认定要求

1.9.1 适用对象

从事或准备从事本工种的人员。

1.9.2 申报条件

参照《中国石油天然气集团有限公司职业技能等级认定管理办法》执行。

1.9.3 认定方式

认定分为理论知识考试和操作技能考核两个部分。理论知识考试以闭卷笔试方式为主,推广无纸化考试方法;操作技能考核采用现场实际操作、模拟操作、闭卷笔试等方式。理论知识考试和操作技能考核均实行百分制,成绩皆达到60分以上(含60分)者为合格。

1.9.4 认定时间

理论知识考试时间为90 min;操作技能考核时间不少于30 min;论文答辩时间为40 min(论文宣读时间为20 min,论文答辩时间为20 min)。

1.9.5 考评人员与考生配比

理论知识考试考评员与考生配比为1∶20,每标准教室不少于2名考评员;操作技能考核考评员与考生配比为1∶5,且不少于3名考评员。

1.9.6 认定场所设备

理论知识考试在标准教室进行,原则上每个教室的考生人数不超过30人,且应单排单座布置;技能操作考核应在配备了必备的检测仪器、试验仪器、仪表、设备、设施和工具的场地进行,考核场地应具有足够的作业空间和配备必要的安全设施。

2. 基本要求

2.1 职业道德

(1) 爱岗敬业,自觉履行职责。

(2) 忠于职守,严于律己。

(3) 吃苦耐劳,工作认真负责。

(4) 勤奋好学,刻苦钻研业务技术。

(5) 谦虚谨慎,团结协作。

(6) 安全生产,严格执行生产操作规程。

(7) 文明作业,质量与环保意识强。

(8) 遵纪守法。

2.2 基础知识

2.2.1 电工基础知识

(1) 电路基础知识。

(2) 电磁基础知识。

(3) 汽车电子技术的基础知识。

2.2.2 常用工用量具知识

(1) 常用工具知识。

(2) 常用量具知识。

(3) 汽车专用测量工具知识。

2.2.3 汽车构造知识

(1) 汽车概述。

(2) 汽车发动机知识。

(3) 汽车底盘知识。

2.2.4 机械识图知识

(1) 机械制图的基本知识。

(2) 零件图的绘制。

3. 工作要求

本标准对初级工、中级工、高级工、技师的要求依次递进,高级别包括低级别的要求。

3.1 初级工

职业功能	工作内容	技能要求	相关知识要求
一、 使用仪器仪表	(一) 测量电子元件	1. 能用万用表检查发电机正侧板二极管质量; 2. 能用万用表检查发电机负侧板二极管质量; 3. 能用万用表测量直流电压、电阻; 4. 能检测晶体三极管的质量	1. 电工仪表的分类、特点及使用要求; 2. 万用表的使用方法; 3. 二极管的性能参数; 4. 三极管的结构、原理; 5. 使用万用表检测二极管的方法; 6. 使用万用表检测三极管的方法
	(二) 测量发电机线圈	1. 能使用万用表检测发电机定子线圈质量; 2. 能使用万用表检测发电机转子线圈质量	1. 发电机的结构组成; 3. 发电机定子和转子线圈的技术要求; 4. 使用万用表检测发电机的方法; 5. 拆卸发电机的注意事项
二、 维护、调整、安装	(一) 维护、调整汽车电气元件	1. 能调整汽车前照灯光束; 2. 能维护、调整发动机怠速电机; 3. 能维护、调整启动机电刷; 4. 能维护电子点火模块; 5. 能维护电动燃油泵	1. 汽车照明系统的组成及作用; 2. 光束的调整方法; 3. 汽车辅助电器的组成及作用; 4. 怠速电机的工作原理、分类、组成; 5. 启动机电刷的性质及调整方法; 6. 汽车电源系的组成、作用; 7. 蓄电池的组成、作用、充电方法以及电解液的组成; 8. 点火系的组成; 9. 高、低压电路的组成; 10. 点火线圈的作用; 11. 电动燃油泵的结构组成及日常维护要求

续表

职业功能	工作内容	技能要求	相关知识要求
二、维护、调整、安装	(二)更换汽车电气元件	1.能更换启动机电磁开关与触点; 2.能更换启动机电刷; 3.能连接充电系电路	1.启动机的结构组成; 2.电烙铁的选用及使用方法; 3.焊料的选择要求; 4.焊料的作用、特点、成分; 5.更换启动机电磁开关、电刷的相关技术要求; 6.充电系导线的连接方法; 7.调节器的作用、种类; 8.汽车绝缘材料的作用、性能
三、诊断、维修	(一)诊断、分析汽车电路故障	1.能诊断汽油表指示故障; 2.能诊断水温表指示故障; 3.能诊断机油压力表指示故障; 4.能不解体诊断硅整流发电机故障	1.汽车信号系的组成; 2.汽车电气仪表的种类及用途; 3.汽油表故障的判断方法; 4.水温表故障的诊断方法; 5.机油压力表故障的诊断方法; 6.硅整流发电机的组成、特点; 7.不解体诊断硅整流发电机故障的方法
	(二)检修汽车损坏部件	1.能焊接点火开关导线接头; 2.能检修启动机磁场线圈; 3.能检修启动机空转正常但无力启动发动机(CA1091 型)故障; 4.能检修启动机电刷	1.汽车修理的分类; 2.汽车修理的基本方法; 3.汽车修理的作业形式; 4.点火开关的功用、接线要求; 5.启动机的分解方法; 6.启动机部件的检修方法; 7.汽车常用电工材料的种类及性能

3.2 中级工

职业功能	工作内容	技能要求	相关知识要求
一、维护、调整、安装	(一)维护、调整汽车电气元件	1.能调整无触点点火正时; 2.能维护电动刮水器; 3.能维护、调整使用中的蓄电池; 4.能维护 ABS 车轮转速传感器	1.电子点火系的特点、分类; 2.无触点电子点火系的原理及结构; 3.火花塞的特性、技术要求及检验方法; 4.蓄电池的工作原理; 5.电解液的技术参数; 6.电解液的配制方法; 7.防抱死(ABS)系统的工作原理; 8.防抱死(ABS)车轮转速传感器的维护方法; 9.电动刮水器电路的组成及原理

续表

职业功能	工作内容	技能要求	相关知识要求
一、维护、调整、安装	（二）更换汽车电气元件	1. 能连接汽车仪表电路； 2. 能安装充电设备； 3. 能更换发电机定子线圈	1. 汽车仪表电路的组成、原理； 2. 汽车电子仪表的组成及检测要求； 3. 导线的种类和用途； 4. 传感器的构造和工作原理； 5. 安装充电设备的技术要求； 6. 汽车电气设备总线路的结构组成； 7. 发电机的工作原理、分类、型号； 8. 发电机定子、二极管、转子的检测更换技术要求
二、诊断、维修	（一）诊断、分析汽车电路故障	1. 能诊断交流发电机充电电流过小故障； 2. 能诊断、分析交流发电机的励磁绕组故障； 3. 能诊断点火模块判断错误故障； 4. 能诊断转向灯电路故障； 5. 能诊断充电指示灯不熄故障	1. 点火模块电路的故障诊断方法； 2. 转向灯电路的故障诊断方法； 3. 转向灯的技术标准； 4. 汽车照明系统的组成、结构； 5. 汽车信号装置系统的组成、结构； 6. 汽车电气故障的诊断要领、基本方法； 7. 交流发电机充电电路的故障检查、诊断方法
	（二）检修汽车损坏部件	1. 能检修发动机转速传感器； 2. 能使用炭精焊法修补蓄电池极柱； 3. 能检修启动机； 4. 能检修电子点火系组件	1. 发动机转速传感器的分类、检修方法； 2. 电子喷油器的构造及检修要求； 3. 电动汽油泵的检修要求； 4. 启动机的修理方法及装复、检修要求； 5. 汽车空调系统的结构、功能及特性； 6. 点火信号发生器的原理； 7. 电子点火组件的检修方法； 8. 汽车电气检修的注意事项
三、绘图与识图	（一）绘制电路图	1. 能用所给电气元件设计并绘制混联电路图； 2. 能绘制节气门位置传感器电路图； 3. 能绘制进气管绝对压力传感器电路图； 4. 能绘制氧传感器电路图； 5. 能绘制顺序喷射控制电路图	1. 绘制电路图的原则； 2. 电路图的基本符号； 3. 导线、端子等的图形符号； 4. 电气元件的图形符号； 5. 仪表、传感器等的图形符号
	（二）识读电路图	能识读高电阻喷嘴电压驱动电路图	1. 汽车电路图的概念； 2. 汽车线束图的概念； 3. 汽车电路图的一般规律； 4. 识读电路图的一般方法

3.3 高级工

职业功能	工作内容	技能要求	相关知识要求
一、维护、调整、安装	（一）维护、调整汽车电气元件	1. 能维护保养硅整流发电机； 2. 能维护保养汽车空调制冷系； 3. 能维护保养电子雨刮器； 4. 能维护汽车计算机电子控制系统	1. 硅整流发电机的工作原理； 2. 硅整流发电机技术参数的调整方法； 3. 汽车空调制冷系的结构组成； 4. 汽车空调制冷系的工作原理及维护方法； 5. 汽车计算机电子控制系统的结构、组成、作用、工作原理
	（二）更换汽车电气元件	1. 能更换线束； 2. 能更换电控点火控制系统的电气元件； 3. 能更换电控燃油控制系统的电气元件	1. 线束的结构组成； 2. 更换线束的技术要求； 3. 电控点火控制系统的构造及原理； 4. 更换电控点火控制系统的技术要求； 5. 电控燃油控制系统的构造及原理； 6. 更换电控燃油控制系统电气元件的技术要求
二、诊断、维修	（一）诊断、分析汽车电路故障	1. 能使用 V. A. G1551 诊断仪读取 ABS 故障码； 2. 能诊断、排除无触点点火系故障； 3. 能诊断暖风机电路故障； 4. 能诊断爆震限制器故障； 5. 能诊断启动机不能启动故障； 6. 能诊断发动机个别缸不着火电路故障	1. 暖风机电路的组成、原理及故障诊断方法； 2. 点火系故障的诊断方法； 3. 爆震传感器的结构组成； 4. 爆震限制器的工作原理、故障诊断方法； 5. 汽车启动机故障的诊断方法； 6. V. A. G1551 诊断测试仪的使用方法； 7. 汽车传感器的种类、结构组成、原理及故障诊断方法
	（二）检修汽车损坏部件	1. 能检修 ABS 控制系统故障； 2. 能检修充电电路故障	1. ABS 控制系统的结构组成； 2. ABS 控制系统的工作原理； 3. ABS 控制系统的故障现象； 4. 充电电路的故障检修方法
三、绘图与识图	（一）绘制电路图	1. 能绘制步进电动机控制电路图； 2. 能绘制低阻喷嘴电流驱动电路图； 3. 能绘制电动燃油泵控制电路图； 4. 能绘制空调（A/C）压缩机延时控制原理图； 5. 能绘制霍尔效应无触点电子点火系框图	1. 绘制电路图的方法； 2. 汽车常用电气元件的图形符号； 3. 汽车常用设备的图形符号； 4. 汽车仪表传感器的图形符号
	（二）识读电路图	能识读分电器式电控点火系电路图	1. 汽车电路敷线图的概念； 2. 汽车线束安装图的概念； 3. 汽车电路图中的导线代码及使用要求； 4. 汽车电路图的识图技巧

3.4 技师

职业功能	工作内容	技能要求	相关知识要求
一、 诊断、维修	(一) 诊断、分析汽车电路故障	1. 能诊断、排除电喷发动机故障； 2. 能诊断、排除电动后视镜故障； 3. 能诊断空调电路系统故障； 4. 能诊断、分析轿车安全气囊系统故障码	1. 微机控制汽车空调系统的功能； 2. 汽车空调系统故障的诊断方法； 3. 安全气囊系统的种类、组成及工作原理； 4. 安全气囊系统故障诊断的注意事项、诊断方法； 5. 汽车车身电动电气装置的结构组成； 6. 汽车车身电动电气装置的工作原理及故障诊断方法； 7. 汽车发动机电子控制系统的结构组成； 8. 汽车发动机电子控制系统的工作原理及故障诊断方法
	(二) 检修汽车损坏部件	1. 能检修电子控制悬架系统的故障； 2. 能检修电动座椅故障； 3. 能检修电子防盗装置故障； 4. 能检修微机控制点火系故障	1. 悬架控制系统的组成、种类及故障检修方法； 2. 自动变速器系统的组成、功能、结构、原理及常见故障； 3. 汽车防滑电子控制系统的功能、特点以及控制方式； 4. 动力转向电子控制系统的功能、组成以及结构与原理； 5. 汽车防盗装置的作用、工作原理
二、 绘图与识图	(一) 绘制电路图	1. 能绘制汽车燃油压力控制系统原理图； 2. 能绘制电磁感应电子点火系电路； 3. 能绘制光电式点火系电路	1. Office 办公软件绘图工具的使用方法； 2. Word 中绘制图形的基本方法； 3. 用 CAD 制图的操作方法、基本方法； 4. 用 CAD 绘制电气元件的基本要求
	(二) 识读电路图	1. 能识读奥迪轿车整车线路图； 2. 能识读上海桑塔纳 LX 型轿车电气设备总电路图	1. 奥迪轿车启动系统电路图相关参数的含义； 2. 桑塔纳 LX 型轿车电路图的识读方法； 3. 桑塔纳轿车灯光电路原理图中相关参数的含义； 4. 汽车电路图的识读要领； 5. 轿车空调控制系统线路图中参数的含义
三、 综合管理	(一) 汽车维护技术管理	能编制车辆电气系统修理工艺流程	1. 车辆的基础技术管理； 2. 车辆维护的技术管理； 3. 车辆维护各类作业的主要内容； 4. 车辆修理的工艺组织

续表

职业功能	工作内容	技能要求	相关知识要求
三、综合管理	（二）培训指导	1. 能编写培训教案； 2. 能收发电子邮件； 3. 能使用 Word 进行文字录入、编辑、排版； 4. 能使用 Excel 制作表格、录入文字	1. Word 的基本功能、使用方法； 2. Excel 的基本功能、使用方法； 3. 教案的编写要求； 4. 电子邮件的收发方法

4. 比重表

4.1 理论知识

项目			初级工/%	中级工/%	高级工/%	技师/%
基本要求		职业道德				
		基础知识	30	28	25	16
相关知识	使用仪器仪表	测量电子元件	9			
		测量发电机线圈	6			
	维护、调整、安装	维护、调整汽车电气元件	18	18	19	
		更换汽车电气元件	18	16	9	
	诊断、维修	诊断、分析汽车电路故障	7	15	23	29
		检修汽车损坏部件	12	12	12	29
	绘图与识图	绘制电路图		8	9	4
		识读电路图		3	3	4
	综合管理	汽车技术管理				8
		培训指导				10
合　计			100	100	100	100

4.2 操作技能

项目			初级工/%	中级工/%	高级工/%	技师/%
技能要求	使用仪器仪表	测量电子元件	20			
		测量发电机线圈	15			
	维护、调整、安装	维护、调整汽车电气元件	15	15	15	
		更换汽车电气元件	20	20	15	
	诊断、维修	诊断、分析汽车电路故障	15	15	20	20
		检修汽车损坏部件	15	20	20	20
	绘图与识图	绘制电路图		15	15	15
		识读电路图		15	15	20

续表

项目			初级工/%	中级工/%	高级工/%	技师/%
技能要求	综合管理	汽车维护技术管理				5
		培训指导				20
合计			100	100	100	100

附录 2　汽车维修电工操作技能考核内容层次结构表

内容/级别 \ 项目	操作技能				综合能力	合　计
	使用仪器仪表	维护、调整、安装	诊断、维修	绘图与识图	综合管理	
初级工	35 分 5～15 min	35 分 5～15 min	30 分 5～15 min			100 分 15～45 min
中级工		35 分 5～15 min	35 分 5～15 min	30 分 5～15 min		100 分 15～45 min
高级工		30 分 5～15 min	40 分 5～15 min	30 分 5～15 min		100 分 15～45 min
技　师			40 分 5～15 min	35 分 5～15 min	25 分 5～15 min	100 分 15～45 min

参考文献

［1］ 纪光兰.汽车电器设备构造与维修[M].2版.北京:机械工业出版社,2014.
［2］ 李昌凤.汽车电气维修518问[M].2版.北京:机械工业出版社,2015.
［3］ 金惠云.汽车维修电工(初级)[M].2版.北京:中国劳动社会保障出版社,2007.
［4］ 金惠云.汽车维修电工(中级)[M].2版.北京:中国劳动社会保障出版社,2007.
［5］ 金惠云.汽车维修电工(高级)[M].2版.北京:中国劳动社会保障出版社,2008.
［6］ 郭建樑.轻松识读与绘制汽车电路图[M].北京:机械工业出版社,2012.
［7］ 王海林,吕恩利.汽车维修电工考试教材:高级[M].北京:机械工业出版社,2011.
［8］ 李天南.汽车维修电工基础知识[M].北京:中国劳动社会保障业版社,2004.